中国古代经济史断代研究

国家哲学社会科学重点科研课题

前无古人的学术贡献

中國經濟通史

隋唐五代

宁可 主编

经济日报出版社

图书在版编目（CIP）数据

中国经济通史．隋唐五代/宁可主编．—2版
北京：经济日报出版社，2007.1
ISBN 7-80180-610-7

Ⅰ．中…
Ⅱ．宁…
Ⅲ．①经济史-中国-隋唐时期②经济史-中国-五代（907～960）
Ⅳ．F129

中国版本图书馆CIP数据核字（2006）第115035号

书　　名： 中国经济通史．隋唐五代
本卷主编： 宁　可
责任编辑： 赵润庭
责任校对： 齐红刚　何东明　高小昆
出版发行： 经济日报出版社
地　　址： 北京市宣武区白纸坊东街2号（邮编：100054）
电　　话： 010－63568136 63567690 63567691（编辑部）63567687（邮购部）
010－63567683 63568621 63588445 63588447 83538863（发行部）
网　　址： www.edpbook.com.cn
E - mail： cehuabu@vip.sina.com
经　　销： 全国新华书店
印　　刷： 北京市耀华印刷有限公司
特种纸商： 北京灵创魔丽商贸中心
开　　本： 710×1000 1/16
本卷印张： 32.25
本卷字数： 420千字
版　　次： 2007年1月第二版
印　　次： 2007年1月第一次印刷
书　　号： ISBN 7-80180-610-7/F．251
全套定价： 1200.00元（九卷十六册·精装）

目录

第一章 农 业

第一节 人口数量与分布

古代的农业生产，由于生产工具和生产技术进步缓慢，要提高农业劳动生产率，主要靠多投入劳动力。劳动力是农业生产力的首要因素。因此，人口的增加，标志着农业生产的发展，农业生产的发展，也会促进人口的增加。人口数量与分布的变化，往往反映了农业生产状况和农业经济区域的变化。

隋代北周时的人口数，据《通典》卷7《食货典·历代户口盛衰》中说："周大象中，有户三百五十九万，口九百万九千六百四。"现代有的学者对《通典》所记这一数字表示怀疑。因为据《周书》记，建德六年（577）灭齐，齐有户330万（《通典》《隋书·地理志》均作303万）。大象户数理应包括灭齐所得户口，果真如此，除去北齐旧境户数，北周旧境则只有29万（或50余万），这一数字显然偏低，与北周国力不符。经学者们辨析，隋代周时应有户430万左右，是比较合理的①。

史称隋文帝"爱养百姓，劝课农桑，轻徭薄赋"②，重视发展农业生产。他在代周称帝后不久，就举行"亲耕藉田"典礼③，以视重农。他还采取了大索貌阅，析户和输籍之法等一系列措施，使大量浮客，特别是关东一带的浮客

① 岑仲勉：《隋唐史》上册，第72～73页。汪篯：《隋代户数的增长》，《光明日报》1962年6月6日。

② 《资治通鉴》卷180，隋文帝仁寿四年。

③ 《资治通鉴》卷175，陈宣皇帝太建十三年。

都收入编户。到开皇九年（589），北周、北齐和陈江北旧境的户数激增到600余万。当年平陈后，又得户50余万，总户数当在700万左右。自开皇九年至大业二年（606）的17年中，隋的总户数由700万左右增加到900万左右（按《隋书·地理志》记载总数为890万，按各郡户数累计则为906万），约增29%。由于检括户口的措施在开皇九年前已实行，因而，这一人口增长率可看作主要是人口的自然增殖，其增长速度是相当可观的。

隋文帝统治后期，“百姓承平日久，虽数遭水旱，而户口岁增”。至大业初年，“户口益多，府库盈溢”[①]。全国有900余万户，近5000万口，大体已恢复到东汉时的最高水平。人口的迅速增长，社会经济的恢复和发展，使隋朝呈现前所未有的富庶。“隋氏西京太仓，东京含嘉仓、洛口仓，华州永丰仓，陕州太原仓，储米粟多者千万石，少者不减数百万石。天下义仓，又皆充满。京都及并州库布帛各数千万。而锡赉勋庸，并出丰厚，亦魏、晋以降之未有”[②]。

隋炀帝即位时，虽正值隋朝全盛，但由于他穷奢极欲，挥霍浪费，大兴土木，频繁用兵，毫无节制地使用财力、物力、人力。据估计，炀帝在位期间，工役、兵役及其他杂役中役使的人丁在1000万人次以上，其中大量丁夫死于苦役。由于炀帝的残暴统治，使社会人力资源受到严重破坏，不仅阻碍了经济的发展，也加剧了社会矛盾和阶级矛盾，终于导致了隋末农民大起义的爆发。

隋炀帝的暴政和隋末的战乱，使“黄河之北，则千里无烟，江淮之间，则鞠为茂草”[③]，社会残破，人口损耗严重。损耗最严重的地区是人口稠密的黄河中下游，尤其是今山东、河南、河北一带。这一带不仅是负担建东都、修运河等巨大工程劳动力的主要来源地，而且是负担进攻高丽各项准备工作的基地，因而，这一带人民的工役、兵役负担特别沉重，加之，自然灾害严重，大业七年（611），山东、河南大水成灾，漂没40余郡。天灾人祸交加，严重地摧残了这一地区的经济和人口。用大业二年的户口数字与贞观十三年的户口数字相比较，可知这一地区人口在隋末减少了80%以上。

---

① 《隋书》卷24，《食货志》。
② 《通典》卷7，《食货典》。
③ 《隋书》卷70，《杨玄感传》。

唐初的人口，《通典》记唐高宗显庆二年（657）中书令杜正伦奏："大业初有八百余万户，末年离乱，至武德有二百余万户。"[①]《新唐书》则云："贞观初，户不及三百万。"[②] 可见武德、贞观之际，在籍人口二三百万户，只有大业时户数的约四分之一。但唐初正值战乱之后，户口的逃散相当严重，社会上实际户口远比在籍户口多，因此，隋末户口虽有大幅度减少，似不至于达到减少四分之三的严重程度。

贞观十三年（639），全国有了较为完整、精确的户口数字。据《旧唐书·地理志》记，全国有3120151户，13252894口，平均每户为4.25人。这是在籍户口。太宗贞观十一年（637）侍御史马周上疏时说："今百姓承丧乱之后，比于隋时，才十分之一。"[③] 魏征在谏阻太宗封禅时也说："今自伊洛以东，暨乎海岱，萑莽巨泽，茫茫千里，人烟断绝，鸡犬不闻，道路萧条，进退艰阻。"[④] 可见贞观年间，黄河中下游传统的人口密集地区依然呈现地广人稀的情况。

为了社会经济的恢复和发展，为了增加和加速人口的再生产，唐前期的统治者，采取了种种措施，进行了不懈的努力，取得了显著的成效。唐前期人口进入持续、稳定、高度发展的时期。以贞观十三年到安史之乱暴发前的天宝十四年（639~755）的116年中，人口发展情况如下表[⑤]：

年份	公元	户数	口数	资料来源
贞观十三年	639	3120151	13252894	《旧唐书·地理志》
永徽元年	650	3800000	—	《通典》卷7《食货典》
神龙元年	705	6156141	37140000	《资治通鉴》卷208
开元十四年	726	7069565	41419712	《旧唐书·玄宗记》
开元二十二年	734	8018710	46285161	《唐六典》卷3
开元二十八年	740	8142871	48143609	《新唐书·地理志》
天宝元年	742	8525763	48909800	《旧唐书·玄宗记》
天宝十三年	754	9619254	52880488	《旧唐书·玄宗记》
天宝十四年	755	8914709	52919309	《通典》卷7《食货典》

① 《通典》卷7，《食货典》。
② 《新唐书》卷51，《食货志》。
③ 《唐会要》卷83。
④ 《旧唐书》卷71，《魏征传》。
⑤ 本节表格系据梁方仲《中国历代户口、田地、田赋统计》一书提供数据编制，不再一一注明。

从贞观十三年到天宝十四年，户数由 3120151 增加到 8914709，总增长率为 186%，每年平均增长率为 9.1‰。口数由 13252894 增至 52919309，总增长率为 299%，年平均增长率为 12‰。天宝十四年的户口数为唐代在籍户口的最高值。

唐前期的这 116 年，如果以神龙元年为界分为前后两段，前段的 66 年中，户与口的年平均增长速度为 10.4‰和 16‰；后段的 50 年中，户与口的年平均增长速度分别为 7.4‰和 7.1‰，前段的户口增长速度较快，后段有所减缓。

唐前期人口增长的地域差异和人口分布状况，可以从贞观十三年至天宝元年各道户口数字变化情况加以分析。贞观时全国分为十道，如以秦岭、淮河为界，北方有五道：关内、河南、河北、河东、陇右。南方有五道：山南、淮南、江南、剑南、岭南。开元二十一年（733）唐玄宗把贞观十道进行了再划分，成为十五道。将关内道长安附近增设为京畿道，河南道洛阳附近增设为都畿道。江南道地广人多，经济发达，分为江南东道、江南西道和黔中道。山南道幅员广大，分成山南东道、山南西道。各道所辖州县亦略有分合变化，但这里以道为单位来观察人口分布的变化情况，可以略去不计。各道户口情况如下：

道别		户数		天宝比贞观（%）	年平均增长率（‰）	口数		天宝比贞观（%）	年平均增长率（‰）
贞观	天宝	贞观	天宝			贞观	天宝		
诸道总计		3041871	8973634	295	10	12351681	50975543	413	14
关内道	京畿道	398066	547425	206	7	174466	3151299	267	10
	关内道		271770				1503476		
河南道	都畿道	275618	264120	676	19	1169214	1456848	879	22
	河南道		1599441				9821847		
河东道	河东道	271199	63052	232	11	998403	3723217	373	13
河北道	河北道	369730	1487503	402	14	11589320	10230972	644	18
陇右道	陇右道	55956	121413	217	8	198222	536361	271	10
山南道	山南东道	180724	323144	331	12	687697	1530825	319	11
	山南西道		275483				984624		
淮南道	淮南道	91091	390583	428	14	405737	2275380	561	17

续表

道别		户数		天宝比贞观（%）	年平均增长率（‰）	口数		天宝比贞观（%）	年平均增长率（‰）
贞观	天宝	贞观	天宝			贞观	天宝		
江南道	江南东道	403939	1101450	430	14	1959510	6615977	536	16
	江南西道		605254				3723972		
	黔中道		29433				159779		
剑南道	剑南道	638200	937124	147	4	2856679	4099826	144	18
岭南道	岭南道	357348	388980	109	1	642181	361149	181	7

从上表可知，唐前期人口增长最快的地区是北方的河南道。河南道“东尽海，西距函谷，南濒于淮，北薄于河”①，约当今山东、河南两省黄河故道以南，江苏、安徽两省淮河以北，西抵陕西、河南交界的地区。其次，是北方的河北道。河北道“东并于海，南迫于河，西距太行、恒山，北通渝关、蓟门”②。约当今河南、山东黄河故道以北，河北省、北京市、天津市及辽宁中西部地区。值得注意的是，河南、河北两道地处北方东部，其辖区正是黄河中下游，是隋末遭受天灾人祸最为严重的地方，人口损耗也最大。贞观年间还是地广人稀，满目荒凉，但在之后的一百多年间，恢复和发展的速度也最快。因为这一带是传统的农业区，自然条件较好，生产技术水平高，虽然战争使大量土地荒芜，人口锐减，但土地对人口的需求，刺激着人口的迅速增长。唐廷推行均田制，使这一地区的小农经济得以恢复。由于这一带是隋末农民起义的战场，对封建势力，特别是对士族地主势力的打击也最沉重，客观上是有利于小农经济发展的。因此，这一带成为人口发展最快的地区。北方西部的关内、河东、陇右三道的人口虽有增长，和东部两道相比增长速度就慢一些。北方五道人口，天宝时比贞观年间增加了534%。

南方诸道人口发展速度最快的是淮南道。淮南道地处南方东部，“东临

① 《唐六典》卷3，《尚书户部》。

② 《唐六典》卷3，《尚书户部》。

海，西抵汉，南据江，北距淮”[1]。约当今长江以北，淮河以南，湖北应山、汉阳以东至海的地区。其次是江南道。贞观时，江南道“东临海，西抵蜀，南极岭，北带江”[2]，约当今浙江、湖南、江西、福建四省全部及江苏、安徽、湖北、四川的长江以南并贵州东北部地区，辖区幅员辽阔，分为江南东、江南西、黔中三道，其中江南东道人口最多，占三道总数的63%，其人口的增长是贞观时江南全道人口的338%，是三道中人口增长最快的地区。淮南道和江南东道都处于南方东部，其人口增长较西部诸道快。南方五道天宝时比贞观年间人口增加了309%。

从上述情况可知，唐前期人口增长，从地域差异看，北方的增长速度高于南方，东部地区的增长速度高于西部。到天宝年间人口分布的状况可由下列天宝元年诸道人口密度及比重表中看出：

道　别	面积（平方公里）	人　口	每平方公里人口平均数	各道人口数占诸道总数百分比
诸道总计	3694340	50975543	13.8	100.00
京畿道	67900	3151299	46.41	6.19
关内道	435940	1503467	3.45	2.95
都畿道	24320	1456848	58.70	2.86
河南道	257150	9821847	38.20	19.28
河东道	160400	3723217	23.21	7.31
河北道	180250	10230972	56.76	20.09
陇右道	803000	536361	0.67	1.05
山南东道	184960	1530825	8.28	3.01
山南西道	95750	984624	10.28	1.93
淮南道	112000	2275380	20.31	4.47
江南东道	210450	6615977	31.44	12.99
江南西道	324550	3723972	11.35	7.23
黔中道	114920	159779	1.39	0.31
剑南道	292990	4099826	13.99	8.05
岭南道	429260	116249	2.71	2.28

从诸道人口密度看，人口最集中的地方是都畿道，第三位是京畿道，这两

① 《唐六典》卷3，《尚书户部》。
② 《唐六典》卷3，《尚书户部》。

道是唐朝东、西两京所在地，是唐王朝政治、经济、军事的中心，人口密度自然较大。两京中，长安在隋末受战乱影响较小，唐初人口基数较大，增长速度较快。贞观十八年（644），唐太宗曾下诏："雍州录尤少田者，并给复，移之于宽乡。"① 可见关中当时已是地少人多，人口压力较大的地方。东都洛阳一带，则在隋末遭受破坏严重，唐初人口稀少，成为人口迁入的地区。特别是武则天当政期间，着意经营洛阳，她认为：关中"土狭人稠，营种辛苦，有情愿向神都编贯者，宜听"②。天授二年（691）"徙关内雍、同等七州户数十万以实洛阳"③。可见洛阳人口的迅速增加除自然增长外，还有大量外地人口迁移进来，因而，在天宝时期成为人口密度最大的地方。河北道的人口密度仅次于都畿道，再次是河南道。南方只有江南东道人口密度较大，其次为淮南道，其余诸道每平方公里皆不足15人。从各道人口在全国人口中所占比重看，以河北道居首位，其次为河南道，第三位为江南东道，而北方诸道人口占全国总人口的59.73%，南方占40.27%，即南、北方人口的比例为4:6。因此，从人口密度及比重看，唐前期人口最密集的地区仍然在黄河中下游，北方人口要多于南方，东部人口要多于西部，传统的人口分布格局并未改变。

前已述及的唐代前期人口数量是指在籍人口，由于有大量"逃户"存在，实际人口当远高于在籍人口，因此，"逃户"问题值得重视。

所谓"逃户"，是指逃避户口登记，和已经登记但又离开本土寄居他处的逃亡人户。"逃户"（亦称流民、浮户、浮客、客户等）的存在是在籍人口数与实际人口数不符的主要原因。逃户的数量有时相当可观。杜佑在论及天宝年间的户口时说："我国家自武德初至天宝末，凡百三十八年，可以比崇汉室，而人口才比于隋氏。盖有司不以经国驭远为意，法令不行，所在隐漏之甚也。"据他估计，"若比量汉室，实合有加数，约计天下人户，少犹可有千三四百万矣"④。即天宝末的实际人口约1400万户，按每户平均5.94人计，当有8314万人，而在籍人口只有961万户，5288万人，隐漏人口约400多万户，

---

① 《册府元龟》卷105，《惠民》。

② 《唐大诏令集》卷99，《置鸿、宜、鼎、稷等州制》。

③ 《旧唐书》卷6，《则天皇后》。

④ 《通典》卷7。

2600多万人。约占在籍户口的将近一半左右。

由此可见，天宝时，由于逃户众多而使户口隐漏的问题是严重的。逃户问题由来已久。早在贞观十六年（642），唐太宗即“敕天下括浮游无籍者，限来年附毕”①。这些浮游无籍者是由于隋末战乱形成的，问题还不严重。高宗、武则天时代，随着均田制的破坏，逃户问题越来越严重。证圣元年（695）凤阁舍人李峤上表说：“今天下之人，流散非一，或违背军镇，或因缘逐粮，苟免岁时，偷避徭役”②。到玄宗即位之前，中宗、睿宗时代，已经是“天下户口，亡逃过半，租庸既减，国用不足”③了。

造成逃户问题严重的原因很多，如苛敛暴征，徭役繁重，食封猥滥，吏治败坏等，但主要是由于土地兼并越来越严重。在我国封建社会，土地兼并是一种不可避免的自然历史过程，随着生产力的提高以及社会经济的恢复和发展，唐初以来，在均田制下维系的大量自耕农、半自耕农之间必然发生贫富两极分化。封建地主经济和商品经济的发展，在农村以土地兼并的形式更加剧了自耕农的分化。一部分自耕农上升为中小地主，大部分自耕农则不得不典卖土地，“弃其井邑，逋窜外州”④。其中大部分成为佃种地主土地的佃农，也有的到边远偏僻地区开荒，成为新的自耕农或半自耕农，还有的弃本逐末，流入城镇。可见逃户主要是农民，唐代还有一些地主离开本地在异乡设置庄田，以逃避赋役，称寄庄、寄住户，他们也是逃户，同逃亡的农民相比，他们数量极少，逃避户籍的原因和性质也不同，可另当别论，逃户问题并不包括他们。

为了解决逃户问题，唐政府采取括户的办法，即通过检查户口，将隐漏不报和逃亡人口搜括出来，使他们重新成为编户。武则天曾派遣十道使括天下逃户。敦煌发现的唐代文书中有武则天长安三年（703）关于检括甘、凉、瓜、肃等州所居停的沙州逃户的牒一件⑤，说明这次括户确是在广大地区实行了的。唐代规模最大的一次括户是唐玄宗开元九年至十二年（721～724）由宇

① 《资治通鉴》卷196。
② 《唐会要》卷85。
③ 《旧唐书》卷88，《韦嗣立传》。
④ 《唐大诏令集》卷110，《诫励风俗敕》。
⑤ 大谷2835号文书，见池田温：《中国古代籍帐研究》（录文）342页。

文融主持的。这次长达4年，席卷全国的括户，由于在政策上作了调整，如规定全国各地逃户于百日内自首，根据不同情况，有的遣返原籍，有的就地留住，不追究逃户的罪责，承认逃户的合法地位。并且，给就地落籍的逃户以经济上的优惠，这对于以前关于严格控制户口迁移和严惩逃亡的法令，都是重要的政策变化。因而，宇文融括户成绩颇佳，共括得80万户，田亦称是。以开元十四年全国总户数为707万计，括出的客户占总户数的11.3%，这是一个相当可观的数目。

尽管唐政府对逃户做出某些让步，但无法消除产生逃户的深刻的社会根源和阶级根源，因而有关检括逃户的敕令一下再下，但新的逃户在不断产生，已经括出的又再逃走，逃户依然很多，到天宝年间，已经是“籍帐之间，虚存户口”①，在籍户口已无法坐实了。

逃户问题，从人口的角度看，它是人口的迁徙流动；从社会的角度看，它是农民对封建剥削和压迫的反抗。逃户问题在封建社会里始终存在，但在不同的具体的历史条件下，它的性质、特征和作用都不同。在唐代，逃户问题是在士族地主已经衰落，普通地主迅速兴起，租佃关系日益发展，以庸代（正）役、以资代（色）役日益广泛，封建人身依附关系（无论是对封建政府，还是对封建地主）空前松动的背景下发生的，它对当时社会经济的影响反映在以下两方面：

其一，逃户使人口的分布更趋合理，有利于社会经济的开发。户口的逃亡，一般是由赋役繁重、土地兼并剧烈的地区到赋役较轻、土地兼并不那么剧烈的地区；由生产水平较高的地区到生产水平较低的地区；由中原繁荣的地区到边远偏僻的地区。逃亡的农民在其所到之处，或者成为佃种地主土地的佃农，或者自己开荒垦殖。他们是一支流动的生产大军，起到了扩大耕地面积、开发新的经济区的作用。特别是对边远偏僻地区的开发，做出了巨大的贡献。对开荒垦殖的逃户比较集中的地区，唐政府将他们收为编户并设州县管理。有的学者综合《元和郡县图志》《唐会要》《太平寰宇记》诸书所记载武周至玄宗时，在江淮以南，由于逃户集中，开发了荒山野泽而新设置的州县，有福建

① 《唐会要》卷85，《逃户》。

境内的汀州和尤溪、古田、永泰、长汀、宁化、归化、建宁诸县，四川境内的铜梁、巴东、壁山、巴山、七盘诸县，浙江的明州以及奉化、慈溪、翁山、金华诸县，江西境内的南丰、贵溪，皖南的旌德、太平，河南境内的化州，湖北境内的唐城县[①]等。所以，在开元天宝时出现了“耕者益力，四海之内，高山绝壑，耒耜亦满”[②]的繁荣景象。毫无疑问，这和逃户散布各地、辛勤劳动有密切的关系。

其二，逃户有利于租佃佃农制的发展。在武则天时代，与逃户问题日益严重的同时，普通地主势力也日益发展，大批逃亡的农民成为普通地主的佃农。史籍所载“土豪大族，阿隐相容”[③]，“亦有佣力客作，以济糇粮”[④]，就是说的逃户成为地主的佃农。在开元天宝时代，随着土地兼并的加剧，失去土地的农民成为地主的佃农就更普遍了。唐玄宗在天宝十一年（752）的诏书中指出：“王公百官及富豪之家，比置庄田，恣行吞并，莫惧章程”之后说：“致令百姓无处安置，仍别停客户，使其佃食，既夺居人之业，实生浮惰之端，远近皆然，因循亦久”[⑤]。就是讲的由于土地兼并加剧，失去土地的农民成为佃农的过程。到唐后期随着均田制的破坏和两税法的实行，政府已不再限制封建地主对土地的占有，土地兼并更趋激烈，土地迅速集中。一方面，农民的贫困加剧，越来越多的农民失去土地而逃亡。另一方面，封建地主的土地越来越多，广置庄田，需要大批劳动力来耕耘。因而，越来越多的逃亡农民成为地主的佃农也就势在必然了。这种状况，陆贽在奏疏中曾深刻地指出：“今制度弛紊，疆理隳坏。恣人相吞，无复畔限。富者兼地数万亩，贫者无容足之居。依托强豪，以为私属，贷其种食，赁其田庐，终年服劳，无日休息。罄输所假，常患不充。有田之家，坐食租税。贫富悬绝，乃至于斯”[⑥]。说明土地高度集中，贫苦的农民只能去做地主的佃农。大批流亡农民相继成为佃农，有利于租

① 张泽咸：《唐代的客户》，《历史论丛》第一辑。
② 《元次山集》卷7，《问进士》第三条。
③ 《陈子昂集》卷8，《上蜀川安危事》。
④ 《旧唐书》卷94，《李峤传》。
⑤ 《册府元龟》卷495。
⑥ 《陆宣公集》卷22，《均节赋税恤百姓》第六条。

佃关系的迅速发展。

从逃户对唐代社会发生的上述影响来看，他们对社会经济的发展是有积极贡献的。

当唐朝社会处于最繁荣的时期，人口的发展也达到最高峰时，天宝十四年（755）十一月爆发了安史之乱。“渔阳鼙鼓动地来，惊破霓裳羽衣曲”，安史之乱使唐前期和平、安定的社会秩序不复存在。它成为唐朝由盛而衰的转折点，也打断了唐代人口持续、稳定、迅速增长的势头，对人口的发展和分布都产生了巨大的影响。

安史之乱从天宝十四年至代宗宝应二年（763）初平定，历时 8 年，战祸所及，主要是黄河中下游的传统农业区域，此外，陇右道、剑南道西部及江南的一些地区也先后沦为战场。长期的动乱，使中原一带的农业经济遭到严重破坏。郭子仪曾对战后的社会情况作过如下描述：“夫以东周之地，久陷贼中，宫室焚烧，十不存一。百曹荒废，曾无尺椽。中间畿内，不满千户，井邑榛棘，豺狼所嗥。既乏军储，又鲜人力。东至郑、汴，达于徐方，北自覃怀，经于相土。人烟断绝，千里萧条。”①

社会残破，人口相应减少。安史之乱爆发后的第六年，即肃宗乾元三年（760），唐政府控制下的户口只有 193 万户，1699 万多口②。户只及天宝十四载的五分之一多一点，口则只有三分之一。这一数字肯定比社会实际人口数少，因为当时战乱造成人口的伤亡与流散，也使许多地方的户籍登记无法正常进行，在籍户口仅是实际户口的一部分。但由此也可以看出，唐政府在安史之乱中能控制的户口比之天宝年间有大幅度的下降。

安史之乱平息后的第二年，即广德二年（764），唐政府掌握的户与口分别为 293 万和 1692 万，比乾元三年有所回升，与天宝十四年相比，依然相差很多，户与口均为天宝十四年的三分之一。广德二年的户口数不是全国的户口数，至少不包括河北诸藩镇辖区及吐蕃控制的河陇等地区，当时，战乱刚结束，户口的统计也不会很准确。

---

① 《旧唐书》卷 120，《郭子仪传》。

② 《通典》卷 7，《食货典》。

德宗建中元年（780）实行两税法，曾“分命使臣，按比收敛，土户与客户，共计得三百余万”。而“就中浮寄，仍五分有二”①，得“客户百三十余万”②。这些为豪强隐占或逃亡在外的浮寄客户被检出，使“浮浪悉收，规避无所”③。建中元年唐政府控制的编户为3805076户④，如果按代宗广德二年每户平均5.77口计，人口约为2200万人。这时，已是安史之乱平定后的第17年，虽然户口数字有所回升，特别是两税法的推行，使户口的统计工作较为认真，但唐政府所掌握的户口仍然与天宝末相差甚远，只有天宝十四年的五分之二左右。

宪宗元和二年（807），即安史之乱平定后的44年，据《旧唐书·宪宗记》记：“史官李吉甫撰元和国计簿，总计天下方镇凡四十八，管州府二百九十五，县一千四百五十三，户二百四十四万二百五十四。其凤翔……十五道，凡七十一州，不申户口。每岁赋入倚办，止于浙江东、西、宣歙、淮南、江西、鄂岳、福建、湖南等八道，合四十九州，一百四十四万户。”这里所记户数比建中元年的380万下降了36%，显然偏低。因为在建中两税法颁布和实行后，唐朝出现了一个暂时的安定局面，社会经济有所发展，人口总数也应相应有所增加。元和户数偏低，大约有两方面的原因：一是统计范围的缩小，凤翔等十五道七十一州不申报户口，约占全国州府的四分之一。二是两税法实行之后，由于钱重货轻、税外加征等弊病，对人民的剥削日益加重，农民逃亡的问题在元和年间日趋严重。元和五年（810）衡州刺史吕温检定户口，发现隐户几乎同在籍户口一样多⑤。元和末，李渤上疏曾说：“渭南县长源乡本有四百户，今才一百余户，阌乡县本有三千户，今才一千户，其他州县，大约相似，访寻积弊，始自均摊逃户，凡十家之内，大半逃亡，亦须五家摊税。似石投井中，非到底不止”⑥。逃户的增多，成为元和在籍户口下降的重要原因。

李吉甫在其所著《元和郡县图志》保存了元和时全国各州府户数。今本

① 《通典》卷40，《职官典》。
② 《通典》卷7，《食货典》。
③ 《通典》卷7，《食货典》。
④ 《唐会要》卷84，《户口》，《旧唐书·德宗记》作3085076。
⑤ 《唐会要》卷85。
⑥ 《旧唐书》卷171，《李渤传》。

《元和郡县图志》中缺失范阳、淄青、淮南、金商、荆南、丰胜、灵盐、容管、邕管等处全部和山南道大部分户数。李吉甫在各州府下，列出了开元和元和两个时代的户数，可用以比较唐代前后期户口的变化，研究安史之乱对人口发展的影响。应该加以说明的是：（1）在天宝年间，唐代社会经济和人口都有较大的发展，开元时的户数并不是安史之乱前的最高户数。而元和年间已距安史之乱40多年，社会经济和人口都处于恢复发展之中，其时户口也非战乱后的最低数字。（2）从在籍户口的统计来看，唐后期远不如前期严格、准确，因此，这种比较只是反映变化的趋势。

从《元和郡县图志》所记开元户数与元和户数的比较可知，在北方，安史之乱后，京畿地区的户数下降了78.7%，都畿地区下降了67.5%，河南、河北战乱频繁的陕、郑、怀、魏、相、博、卫、恒、冀、深、赵、德、棣、定、易、沧等州府则下降了80.3%，元和时北方地区的户数大约只有战乱前的十之二三。在南方，以东南八道元和时的户数和开元时相比①，只下降了10.3%，可见安史之乱对南方人口发展的影响不大。不仅如此，在东南八道中，江西道人口增加了28.4%，淮南道人口增加了184.3%。在全国人口普遍下降，元和时全部在籍人口只有天宝十四年的四分之一多一些的情况下，江南地区下降幅度小，有些地区还有所增加，这是十分引人注目的。而且，东南八道人口占元和时全国在籍人口的44.8%，几乎近一半，也是十分引人注目的。所以如此，和这一地区受战乱影响较小有关，也和江南社会经济的迅速发展有关。安史之乱时，这里虽然发生过平定永王李璘及刘展的战争，并且出现过袁晁、方清的起义，但战争规模不大，时间短暂，破坏较少，社会比较安定，对人口的增加影响不大。安史之乱后，北方大都为藩镇割据，唐政府的赋税来源主要依靠江南，因而，不得不重视南方生产的发展。江南地方官普遍重视兴修水利工程，水利事业的发展，扩大了灌溉面积，促进了农业的发展。而南方水稻种植已经采用插秧移植的技术，随着双季稻、稻麦复种等耕作技术的提高，粮食亩产量有明显的提高。南方农业的稳定发展，使江淮一带成为全国重要的

① 在《元和郡县图志》中，淮南道已缺。其开元户数以《太平寰宇记》补，元和户数，因东南八道共144万，其余七道计97.7万，淮南道当为46.3万户。

粮仓，大批粮食由运河源源不绝地北上运往唐朝的政治中心洛阳和长安。江南经济的发展和粮食的丰富，为人口的增长提供了坚实的物质基础。而人口的增长，也促进了经济的发展。

江南人口的增加除了自然增长外，还由于安史之乱时，北方躲避战乱的人口大量涌入。当时，人口迁出的地区主要是受战乱影响严重的河北、河南及洛阳、长安等两京附近，这些地方都是北方人口稠密的地区。人口迁入的地区，主要是江淮、江南、四川盆地等。史载“中国新去乱，仕多避处江淮间”[①]。“衣冠士庶……家口亦多避地于江淮。”[②] 仅到苏州的避难人口就有“三编户之一”[③]。荆襄及其以南的地区迁入的北方人口也很多。“襄邓百姓，两京衣冠，尽投江湘，故荆南井邑，十倍其初。”[④] 由于鄂州地处交通要冲，所以，“居未二载，户口三倍”[⑤]。人口增加很快，其中，有不少应是迁移来的人口。

安史之乱后，中国北方的人口大幅度下降，而南方的人口却下降较少，有些地区还有所增加，这就使中国人口的分布发生重大的变化。据有的学者统计，安史之乱后，黄河流域在全国总人口中的比重由战乱前的60%下降为37%，也就是说，战乱前，北方与南方人口的比例大约为6∶4，战乱后，转变为4∶6[⑥]。黄河流域是传统的人口密集、数量最多的地方，从此为长江流域所代替，南方成为中国人口的重心，南方人口超过北方的基本格局一直保持到现在。中国人口分布的这一重大变化，并不完全是由于安史之乱造成的，或者说，主要不是因为安史之乱造成的。因为在历史上，北方曾多次遭到比南方更为严重的战乱的破坏，但战乱过后，北方人口都能迅速恢复发展，超过南方，和这一次情况大不相同。安史之乱后，南方成为中国人口的重心，主要是由于南方经过劳动人民的长期开发，其经济发展水平从唐代中期开始已逐渐超过北方，中国经济的重心逐渐由北方转移至南方，南方社会经济的发展使它有可能

① 《韩昌黎集》卷24，《考功员外卢公墓铭》。
② 《安禄山事迹》卷下。
③ 《全唐文》卷519，梁肃《吴县令厅壁记》。
④ 《旧唐书》卷39，《地理志》。
⑤ 《李白集校注》卷26，《武昌宰韩君去思碑》。
⑥ 胡焕庸、张善余：《中国人口地理》上册，第36页。

容纳更多的人口，因而南方也就成为中国人口的重心。

以安史之乱为标志开始的唐后期，政治日趋腐败，社会矛盾尖锐，中央集权削弱，集中反映在藩镇割据、宦官专权和朋党之争三个问题上。特别是藩镇割据对唐代人口的发展和人口的统计管理都有直接的影响。藩镇与藩镇之间的战争，藩镇与中央的战争，连绵不断，使社会经济遭受破坏，人民生活不得安宁，人口的增长自然受到影响。在藩镇割据的地方，土地、财物、人口，唐中央都鞭长莫及，无法控制，自然影响人口的统计和管理。唐宪宗之后人口发展变化的情况，史料中保存有下列户口数字：

年 度	公 元	户 数	口 数	每户平均口数	资料来源
穆宗长庆元年	821	2375805	15762432	6.63	《旧唐书》卷16《穆宗记》
长庆年间	821～825	3944959			《唐会要》卷84
敬宗宝历年间	825～827	3978982			《唐会要》卷84
文宗太和年间	827～836	4357575			《唐会要》卷84
开成四年	839	4996752			《旧唐书》卷17《下文宗记》
武宗会昌年间	841	2114960			《新唐书》卷52《食货志》
会昌五年	845	4955151			《通典卷》248

穆宗长庆一共4年，长庆年间户3944959，比长庆元年增加了1569154户，在两三年间，靠自然增殖是不可能增加这样多的。史载长庆元年“河北诸道各令均定两税”①，就是在割据性最强的河北诸镇征租赋，进行户口统计。因此，所增户数当主要是割据的藩镇归命时申报的户口。

唐文宗开成四年有户4996752，如果按长庆元年每户平均6.63口计，有口33128465，这是唐后期在籍户口最高峰值。唐文宗在位期间，社会还算安定，户口的增加是正常的。和敬宗宝历年间户数相比，在十二三年间增加了102万户，增长了25.6%，和天宝末年相比却下降了44%，也就是说户数减少了将近一半，可见唐后期人口虽然有所恢复和缓慢的发展，但始终没有达到唐前期的水平。

《新唐书·食货志》记武宗会昌元年有2114960户，距开成四年仅两年间，

① 《资治通鉴》卷241。

没有特殊情况，便下降了一半还多，而会昌五年的户数为4955151，接近开成四年户数。在短短几年中，不可能有如此的大起大落，因而会昌元年户数必然有误。

唐武宗于会昌五年下令废佛，除长安、洛阳及诸道保留规定的少数佛寺外，其余的一律拆毁，共计毁大中型寺院4600余处，小庙宇4万多处，勒令僧尼260500人还俗充两税户，解放寺院奴婢15万人充两税户。根据唐代统计户口的惯例，这些还俗的僧尼和解放的奴婢不会计入当年户籍。但从会昌五年之后，至唐灭亡的40年间，没有全国的在籍户口数字。会昌五年的在籍户口，加上充两税户的僧尼、奴婢，至少在510万户以上，略高于天宝末全国户数的一半。因而，会昌五年以后的数年间，应为唐政府实际控制户口最多的时期。

武宗之后，宣、懿、僖、昭、哀各朝，政治、经济形势迅速恶化。僖宗乾符二年（875）爆发了震撼全国的王仙芝、黄巢起义。唐王朝虽然竭尽全力，历经9年才镇压了黄巢起义，但唐王朝的统治在起义打击下已分崩离析，名存实亡。在唐末的动乱中，人口当呈急剧下降的趋势。

唐亡之后，进入军阀混战的五代十国时期，中国由统一又走向分裂。五代时期，战争摧残，赋役苛重，天灾频仍，边疆民族侵扰，使北方的社会经济遭到严重破坏，唐末以来，人口下降的趋势有增无减。北汉的十二州，盛唐时有户28万，而到北汉亡国时仅有3万余户，约为盛唐户口的八分之一。

五代时期中原地区的混乱残破，在后汉、后晋之际达到最严重的程度。广顺元年（951）郭威建立后周以后，开始有了新的转机。郭威和相继执政的柴荣，进行了一系列政治、经济改革，如整饬吏治，任用贤能，减免赋税，均定田租，修治黄河等。他们还特别重视户口的增加，鼓励逃户回乡定居。经过郭威、柴荣的改革，使北方的社会经济得以恢复，人口下降的趋势得以扭转。显德六年（959）柴荣为均定田租而检括户口时，“诸道使臣回，总计检到户二百三十万九千八百一十二”①。但次年，建隆元年（960）宋太祖受周禅时，却仅得户967353，两者相差颇多。究其原因，大约是宋太祖所得96万户为在籍户口，新检到的230万户当未正式列入户籍。果真如此，则后周末年应有户约

① 《旧五代史》卷146，《食货志》。

326万，人口的增长是相当可观的。

唐末至五代，军阀混战的战场主要在北方，南方战事的次数和规模都远不如北方。南方先后建立的九个小政权，都比较重视社会经济的恢复和发展，淮南地区屡经战祸，“八州之内，鞠为荒榛，圜幅数百里，人烟断绝”，破坏十分严重。杨行密据有扬州后，“招合遗散，与民休息，政事宽简，百姓便之”①。经过40多年的经营，至南唐初，“江、淮间旷土尽辟，桑拓满野，国以富强”②。蜀中也是唐末战乱破坏较严重的地区，前蜀王建、后蜀孟昶都注重休养生息，劝课农桑，使农业生产得到恢复发展，因而人口繁衍、百姓富庶。吴越位于长江下游，土地肥沃、气候适宜，是重要的农业区。钱镠立国后，重视开垦荒地，兴修水利，扩大灌溉面积，提高粮食产量，因而，吴越粮食丰富，价格低廉，“米一石不过数十文”③。

从中唐以来，南方经济发展水平逐渐赶上并超过北方。在五代十国时，南方经济仍然保持较快的发展趋势。与此相应，南方人口的增长也高于北方。五代十国缺乏完整可靠的人口资料，但从北宋初年统一全国时从各个割据政权接收户籍的情况，可大致了解当时人口发展的情况。

地区	政权	年代	户数	唐元和年间相当地域户数④	增减百分比
北方	后周	960	967353	1078314	(－) 10.3
	北汉	979	35220	152250	(－) 76.9
北方合计			1002577	1230564	(－) 18.5
南方	荆南	963	142300	99823	(＋) 42.6
	湖南	963	97388	63522	(＋) 53.3
	后蜀	965	534029	261094	(＋) 104.5
	南汉	971	170263	143711	(＋) 18.5
	南唐	975	655065	551657	(＋) 18.7
	清源	978	151978	36914	(＋) 311.7
	吴越	978	550684	342500	(＋) 60.8
南方合计			2301707	1499222	(＋) 53.5
全国总计			3304280	2729786	(＋) 21

① 《旧五代史》卷134，《杨行密传》。

② 《资治通鉴》卷270。

③ 《十国春秋》卷81，《忠懿王世家》。

④ 王育民：《中国历史地理概论》下册，第484～485页。

从上表可知，北宋初有在籍人口330万户，北方约为100万户，占30.4%，南方有230万户，占69.6%，北南方人口之比约为3:7，南方人口较唐后期更多地超过北方。从人口发展变化的情况看，在与唐元和年间相应地域的对比中可知，自元和以来，北方人口发展呈负增长，北宋初较元和时下降了18.5%，南方则在持续地增长，北宋初较元和时增加了53.5%的人口。北宋以后中国人口分布南方多于北方的格局再未改变过。

五代时期的实际人口要比在籍人口多，有相当多的人口不登户籍是肯定的。如后周检出的户口高于在籍户口一倍多，如果按籍外户口为在籍户口的一倍来估计，五代末北宋初全国实际约有600万户，3000多万口。

第二节　关于农业生产的几个数字

农业是封建社会经济最重要、最基础的生产部门，隋唐五代时期的农业生产力比魏晋南北朝时期有新的发展和提高。在隋代，由于铸铁技术的进步，铁制农业生产工具如犁、锄、铲、镰等都有广泛的应用，畜力的使用更为普遍，开皇年间，关中连年旱灾，政府“买牛、驴六千余头，分给尤贫者令往关东就食”①。可见牛、驴等畜力在农业生产上的重要。隋代对水利工程的兴修尤为重视，其规模之大，项目之多，都超越前代，如著名的广通渠、通济渠、永济渠、江南河的开凿修整，不仅有利于漕运的发展，也可使某些运渠两岸的农田受到灌溉之利，对农业生产的发展甚为有益。

唐代农业生产工具的进步，主要是表现在耕犁和灌溉工具的改进。耕犁是农业生产的主要工具，直接关系着劳动效率的提高。唐代耕犁已经摆脱了汉代使用笨重的单（双）长辕犁的单一局面，而因地制宜地向轻便化、小型化和多样化发展。如陆龟蒙在《耒耜经》中记载的曲辕犁，在江南地区已普遍使用，北方也有所推广，有些地区则根据自然条件的不同创造出新的形式。在关

① 《隋书》卷24，《食货志》。

中地区使用的耕犁就是有曲辕但无犁床的①。在河西走廊则依然使用长辕无床犁。耕犁形制的多样化表明了唐代在生产工具方面的普遍进步。在灌溉工具上，除使用传统的桔槔、辘轳、戽斗以及东汉末至三国初出现的翻车外，唐代还发明了筒车、高转筒车、立井水车等更为先进的灌溉工具，可以适用于不同的环境。如筒车用于一般江河沿岸，高转筒车则专门用于水流落差比较大的地方。唐代农业在耕作技术、栽培方法以及兴修水利工程等方面也有许多新的进步。

在农业生产力进步的基础上，唐代农业生产有显著的发展，其发展的水平如何？马克思说："超过劳动者个人需要的农业劳动生产率，是一切社会的基础。"② 因此，了解唐代农业发展水平，可以先看三个数字。

"第一个数字，农业劳动生产率有多高？这是农业生产力水平的主要标志。可以拿每个农业劳动力生产的主要产品——粮食的年产量作为代表。

"第二个数字，劳动者的个人需要有多大？由此可以看出当时农业劳动能提供多少剩余产品，这是封建社会存在和发展的基础。可以拿每个农业人口一年的口粮数作为主要标志。

"还有第三个数字：当时全国每人平均占有多少粮食？"③

以上三个数字，主要反映全国粮食财富的总数，从全国的角度看农业发展的水平。要搞清这三个基本数字，起码涉及如下一些数字：

（一）每户农民的垦田数

对于隋唐时期每户农民占有的垦田数，可以用两种方法来测算：

其一，分析有关史料中农民占有垦田的实际情况加以推测。

隋及唐前期实行均田制。隋代均田"其丁男、中男永业露田，皆遵后齐之制"④。即普通农民一夫受露田80亩，一妇受田40亩，奴婢受田与良人同。丁牛一头受田60亩，以4牛为限，又给每丁永业田20亩，为桑田。唐代均田制则取消了一般妇女、奴婢和牛的授田，规定"丁男中男以一顷，老男笃疾

① 《文物》1974年9期，《唐李寿墓发掘简报》。
② 《马克思恩格斯全集》第25卷，第885页。
③ 宁可：《汉代农业生产漫谈》，《光明日报》1979年4月10日。
④ 《隋书》卷24，《食货志》。

废疾以四十亩，寡妻妾以三十亩，若为户者则减丁之半。凡田分二等，一曰永业，一曰口分。丁之田二为永业，八为口分”①，并增加了给僧、尼、道士、女冠及工商业者授田的规定。均田令还规定了宽乡、狭乡的区别，“凡州、县界内所部受田悉足者为宽乡，不足者为狭乡。”② 事实上，隋唐两代授田普遍不足，宽乡实际指人少地多的地方，狭乡为人多地少的地方。

在宽乡农户实际占有垦田的情况如何呢?

均田令规定：“狭乡授田，减宽乡之半。”“工商者，宽乡减半，狭乡不给。”③ 宽乡授田足额是一丁百亩，减半则为50亩。以50亩为狭乡授田足额的数字，可见这一数字也应是宽乡授田普遍可行的数字。

《唐会要》卷85《逃户》记，开元十八年（730）宣州刺史裴耀卿在奏疏中提出：“其浮户请任其亲戚乡里相就，每十户以上，共作一坊。……丁别量给五十亩已上为私田，任其自营种，率其户于近坊，更供给一顷，以为公田，共令营种。”浮逃户一般由狭乡流向宽乡，宣州为浮户较多的地方，当为宽乡，裴耀卿的建议是否实行，不得而知，但他提出的“丁别量给五十亩已上为私田”则反映了宽乡授田可行的限度。

《唐律疏议》卷13《户婚律》关于土地荒芜的处罚，律文规定“户主犯者，亦计所荒芜五分论，一分笞三十，一分加一等。”疏议说：“户主犯者，亦计所荒芜五分论：计户内所受之田，假有受田五十亩，十亩荒芜，户主笞三十，故云‘一分笞三十’”。律文的规定带有普遍性，受田50亩应是宽乡的下限，狭乡的上限，普遍可行之数。

韩国磐先生根据敦煌户籍残卷，统计了索习才、张玄均等45户的实际受田亩数，共为2275亩，丁数为65.1丁，每丁授田34.95亩④，沙州敦煌郡为宽乡，若以户数平均，每户实际授田为50.5亩。

从上述材料可知，宽乡每个农户所占有的垦田数大约为50亩。

在狭乡，每个农户的垦田数就更少了。开皇十二年（592），“时天下户口

---

① 《唐六典》卷3，《尚书户部》。

② 《唐六典》卷3，《尚书户部》。

③ 《新唐书》卷51，《食货志》。

④ 韩国磐：《北朝隋唐的均田制度》第214～215页，上海人民出版社1984年版。

岁增，京辅（即关中）及三河（即河东、河南、河北）地少而人众，衣食不给，帝乃发使四出，均天下之田，其狭乡每丁才至二十亩，老少又少焉。”[①] 关中地区人多地少的情况，在唐初略有改善。《册府元龟》卷105《惠民》条记，贞观十八年（644）唐太宗“……幸灵口，村落偪侧。问其受田，丁三十亩。……诏雍州录尤少田者，并给复，移之于宽乡”。为缓解土狭人稠的状况，武则天时，曾一次自关内移民数十万至洛阳[②]。唐玄宗时，仍然是“京城地狭，民户殷繁，计丁给田，尚犹不足”[③]。

唐高宗时，员半千上书陈情，言其出身清贫：“臣家赀不满千钱，有田三十亩，粟五十石。”[④] 其家境应是自耕农，员半千少时客居晋州（今山西临汾），应是狭乡。

有些地区则授田更少，甚至无田可授。如狄仁杰曾说：“窃见彭泽（今江西湖口县东南）地狭，山峻无田，百姓所营之田，一户不过十亩、五亩。”[⑤]

可见在狭乡，一般每个农户的垦田数约为二三十亩。

在全国范围内，狭乡与宽乡的比例如何，不清楚。如果取其中，以宽乡每农户有垦田50亩，狭乡每农户有30亩计，则全国每农户平均有垦田40亩。以一唐亩合今0.786市亩计，则为31.44市亩。每农户为五口之家，当有两个劳动力，平均每个劳动力占有耕地为15.7市亩。汉代每个劳动力占有耕地为14.5亩[⑥]，唐代每个劳动力占有耕地较汉代高。唐代人口与土地的比例，符合中国传统的理想数字，即每户“三十亩地一头牛”。封建社会以一家一户为基本生产单位的个体小生产农业，在牛犁耕种的生产力条件下，这样的人口与土地的比例可以收到最佳的经济效果，因此，适当的人口与土地的比例成为唐代农业发展、国力强盛的基本原因之一。

其二，每个农户占有的土地数还可以用全国的总户数除以全国的总耕地数

① 《资治通鉴》卷178，开皇十二年；《隋书》卷24，《食货志》。
② 《旧唐书》卷6，《则天皇后》。
③ 《唐会要》卷92，《内外官职田》。
④ 《新唐书》卷112，《员半千传》。
⑤ 《全唐文》卷169，狄仁杰：《乞免民租疏》。
⑥ 宁可：《汉代农业生产漫谈》，《光明日报》1979年4月10日。

来计算。

在《通典》卷2《食货典·田制下》有三条材料：

（1）开皇九年，任垦田千九百四十万四千二百六十七顷（原注：隋开皇中，户总八百九十万七千五百三十六，按定垦之数，每户合垦田二顷余也）。

（2）至大业中，天下垦田五千五百八十五万四千四十顷（原注，按其时有户八百九十万七千五百三十六，则每户合得垦田五顷余，恐本史非实）。

（3）天宝中，应受田一千四百三十万三千八百六十二顷十三亩（原注：按十四年有户八百九十万余，计定垦之数，每户合一顷六十亩）。

汪篯先生对以上数字作了认真的研究，认为这些数字并非隋唐时期的实际耕地数字，而是应受田的数字。汪先生还对唐代实际耕地面积作了估计，认为在800万顷~850万顷（依唐亩积计），比汉代大约增加了50万顷~90万顷[①]。唐代人口与汉代差不多，但唐代耕地面积有所扩大，因而每个农户占有的耕地相应高于汉代。

《通典》卷6《食货典·赋税下》载天宝计账云："其地税约得千二百四十余万石（原注，两汉每户所垦田不过七十亩，今亦准此约计数）。"汪篯认为，杜佑这一估计，"虽不一定十分准确，但与实际情况不致相差太远"[②]。但实际上，杜佑以汉测唐，对唐代每户垦田不过70亩的估计可能是偏高的。

因为杜佑对唐代耕地数的测算是根据地税征收数量而来，地税为1240余万石，每亩收2升，则有耕地620余万顷，天宝末有户891万，则每户垦田近70亩。而地税的征收，据《唐六典》卷3《仓部郎中员外郎》规定："凡王公已下，每年户别据已受田及借荒等，具所种苗顷亩，造青苗簿，诸州以七月已前申尚书省，至征收时，亩别纳粟二升，以为义仓。"可见地税是普遍税，自王公以下，皆须交纳。但在均田制下，土地的占有是不均的，贵族、官僚等不

① 参见《汪篯隋唐史论稿》，第40~69页。
② 参见《汪篯隋唐史论稿》，第40~69页。

仅可以得到大量赐田，而且，均田制本身对各级官吏授田的名目繁多，数量也很大，如凡有爵位、勋功和官职者，授给数量不等的永业田，最高可达100顷，最低者2顷。京内外职事官可授数量不等的职分田作为俸禄，公廨田作办公用费。土地买卖限制的放宽，使贵族、官僚和地主通过经济的手段，兼并大量的土地。而各级官吏还可以凭借自己的权力，在“借荒”、“置牧”等名义下侵夺大量无主荒地，甚至良田。到天宝年间，已经形成“借荒者皆有熟田，因之侵夺；置牧者唯指山谷，不限多少”的局面。因而，在少数贵族、官僚、地主占有大量土地，而大多数农户所有土地很少的情况下，用地税的数量去推测户均土地的数量，与农户实际所占有的土地数量相比，其结果肯定是偏高的。

但是，贵族、官僚及大地主占有的大量土地也需要农户去耕种，他们往往采取租佃的方式将土地分散出租，承租的农户中有相当一部分是不在户籍的浮逃户。唐代逃户问题从武则天时代开始日益严重，大批逃户为“别停客户，使其佃食，”①“亦有佣力客作，以济糇粮”② 成为大土地所有者的佃农。逃户的数量相当可观。如前节所述，据杜佑估计天宝末的实际人口约1400万户，隐漏人口约400多万户，2600多万人。如果以天宝末的实际耕地为620余万顷，用包括逃户在内的实际户数1400万户去平均，则每户有耕地44亩，这和根据史料分析实际占有土地每户40亩的推测相差无几。可见唐代每个农户实际占有垦田数仍以40（唐）亩较为适宜。

（二）亩产量

关于唐代亩产量，学者们众说纷纭，有亩产七八斗、一石、一石五斗、二石诸说，其中多数学者认为唐代亩产以一石为宜③。但这一估计可能偏低，唐代亩产量应以一石五斗为宜④。因为：

---

① 《唐大诏令集·听逃户归首敕》。

② 《旧唐书》卷94，《李峤传》。

③ 韩国磐：《隋唐五代史论集》，第224页；胡戟：《唐代粮食亩产量》，《西北大学学报》1980年3期；曹贯一：《中国农业经济史》，第496页，中国社会科学出版社1989年版等。

④ 蒙文通：《中国历代农产量的扩大和赋役制度及学术思想演变》即持此说，文载《四川大学学报》1957年2期。

第一，虽然显示亩产一石的史料较多，但这些史料反映的大多为边疆或贫瘠地区。如开元十八年裴耀卿上疏论时政，建议安置逃户时，“更供给一顷，以为公田，共令营种，每丁一月，役功三日，计十丁一年，得三百六十日，营公田一顷，不啻得计早（平）收一年（《通典·食货典》作‘不啻得之，计平收一年’）不减一百石”[①]。垂拱中，陈子昂上书所言甘州屯田[②]，元和中韩重华为振武、京西营田、和籴、水运使所营屯田[③]均为亩产1石，但边疆屯田也有收成好的。如调露中，黑齿常之在河源军屯田，“垦田五千顷，岁收粟斛百余万石”[④]，即为亩产2石。在一些土地肥沃、水利灌溉便利的传统农业地区，一般都能达到亩产2石。如陆贽上疏说到京畿一带的私租时指出：“私家收租，殆有亩至一石者，……降及中等，租犹半之。”[⑤] 私租一般以收获量五成计，关中地区亩产量当在2石。个别地方亩产可能达到很高，如贞元八年，荆州（今湖北江陵）因重修古堤，整治废田，“广良田五千亩，亩收一钟”[⑥]。一钟为6石4斗。李翱曾说：“一亩之田，以强并弱，水旱之不时，虽不能尽地力者，岁不下粟一石。”[⑦] 可见唐代亩产一般在1~2石，取其中，则为1.5石。

第二，唐代水稻的生产较汉代以来有显著的发展。唐代亩产一般以“粟”计，虽然“粟”在唐代有时也作为谷物的泛称，但北方旱田的主要作物是粟，水田的作物则为稻，稻的产量高于粟，一般在亩收3石左右[⑧]。隋唐时期，水稻种植的地区较汉代有很大的发展，在北方，以长安为中心的关中地区，以洛阳、邺为中心的河南西部、北部、南部都是著名的水稻产区，今山东、河北、山西也都有水稻产区。南方历来以种水稻为主，经过魏晋南北朝及唐前期的发展，水稻种植的地区扩大，耕作栽培的技术提高，安史之乱后，南方的粮食生

① 《唐会要》卷85，《逃户》。
② 《新唐书》卷107，《陈子昂传》。
③ 《新唐书》卷53，《食货志》。
④ 《新唐书》卷110，《黑齿常之传》。
⑤ 《陆宣公集》卷22，《均节赋税恤百姓》第六条。
⑥ 《文献通考》卷6，《田赋考》。
⑦ 《李文公集》卷3，《平赋书》。
⑧ 参见李伯重《唐代江南农业的发展》第141~145页，农业出版社1990年版。

产已在全国居于举足轻重的地位[1]。水稻种植的发展对全国平均亩产量的提高产生的影响是不可忽视的。

第三，随着农业生产力的发展，栽培耕作技术和养地水平的提高，唐代土地利用率相应提高，轮作复种制度得到推广。在北方，轮作复种体系以粟、麦为主，粟麦复种形成了一年两熟制或二年三熟制。在南方，水稻移栽技术的广泛应用，实现了水稻的复种，可以达到一年两熟或三熟。有些地区还实行了稻麦的复种，使麦成为南方粮食种植中的重要作物[2]。土地利用率的提高也是影响全国平均亩产量的重要因素。

考虑到以上因素，唐代亩产量以粟计，当以 1.5 石为宜。以粟 1 石重 81 斤计，唐代亩产量折合为今 1 市亩产 154 斤。汉代 1 市亩产粟为 140 斤[3]，唐代亩产较汉代高出 14 斤。

（三）农业劳动生产率

根据以上两个数字，可以推测唐代的农业劳动生产率。

唐代每个农业劳动力占有垦田数为今 15.7 市亩，每市亩亩产为 154 斤，每个农业劳动力年产粮为 2417.8 斤，即 2400 斤左右。这一劳动生产率较汉代每个农业劳动力年产粮 2000 斤高出 20%，这是我国封建社会最高的农业劳动生产率。宋以后，由于人口大量增加，耕地面积却没有相应地扩大，因而，人均土地面积下降，尽管土地单位面积产量（亩产量）不断有所提高，但农业劳动生产率却一直呈现下降的趋势，再没有达到唐代这样高的水平。

（四）口粮数

关于口粮数，据《唐六典》卷 6《刑部都官郎中》条有官户、官奴婢的口粮标准："丁口日给二升，中口一升五合，小口六合。"如农户为五口之家，有丁口 2 人，中口 1 人，小口 2 人，每日全家口粮为 6.7 升，全年口粮为 24 石 4 斗 5 升。据《唐六典·尚书户部》仓部郎中员外郎条记："凡在京诸司官人及诸色人应给仓食者，皆给贮米。"可知官奴婢所给口粮为米。如以米计，则全

① 张泽咸：《试论汉唐间的水稻生产》，《文史》第 18 辑。
② 林立平：《唐代主粮生产的轮作复种制》，《暨南学报》1984 年第 1 期。
③ 宁可：《汉代农业生产漫谈》，《光明日报》1979 年 4 月 10 日。

家每年口粮折合粟40.75石，折粟3300.75斤，平均每人每月口粮为粟55斤。

（五）全国每人平均占有粮食数

根据杜佑《通典》天宝计账中地税数字，可知全国有耕地620万顷，不征地税的隐漏耕地当然会有，但其数量难以估计。620万顷土地以1唐亩合今0.786市亩计，合487.32万顷。以每市亩产粮154斤计，则全国粮食的总产量为750428万斤。天宝末的在籍人口为5292万，如加上逃亡人口，实际人口为8314万人。因此，全国平均每人占有粮食数为902斤。这个数字可以认为是唐代最高的人均占有粮食数。因为开元天宝年间是唐代经济最为繁荣的时期，当时国家仓库和农户家中都存有大量粮食。元结说："开元、天宝中，耕者益力，四海之内，高山绝壑，耒耜亦满。人家粮储，皆得数岁。太仓委积，陈腐不可较量。"[①] 据《通典》载，天宝八载正仓储谷为42126184石，义仓为63177660石，常平仓为4602220石，和籴1139530石，诸色仓12656620石，天下诸色米总计96062220石[②]。可见仓储的丰溢。杜甫在《忆昔》一诗中也写道："忆昔开元全盛日，小邑犹藏万家室。稻米流脂粟米白，公私仓廪俱丰实。"因此，天宝时人均占有粮食900斤是可能的。但考虑到唐前期农业从隋末战乱后的恢复和发展要有个过程，经历了一百多年才达到开元天宝时期的鼎盛，而安史之乱后，中原传统的农业地区长期遭受战争动乱的破坏，农业生产也相应受到影响。从唐代农业发展的总体水平看，估计全国每人平均占有粮食数可能在700～800斤左右。这也是一个相当可观的数字，它大大高出汉代每人平均占有640斤的水平，宋以后，也再没有达到唐代的水平，可以说，唐代每人平均占有粮食数是中国封建社会的最高水平。

（六）剩余产品率

剩余产品率是指一个农户在其粮食总产量中，扣除生活必须、交纳赋税及留作再生产用之后的剩余产品与总产量的比率，剩余产品率的大小反映了粮食商品化的程度，从而也是农业生产水平高低的重要标志。

唐代一个五口之家的农户，占有耕地40（唐）亩，每亩产粮1.5石，全

---

① 《元次山集》卷七，《问进士》第三。

② 《通典》卷12，《食货典·轻重》。

年粮食总收入为60石。其必要的支出为：

1. 全家五口的口粮为40.75石，占总收入的67.9%。

2. 赋税：租庸调及户、地税交纳的有粮食、绢、布及钱币等。此处当主要计交纳的粮食包括租2石，地税0.8石，共计2.8石，占总产量的5%。

3. 再生产用。种子每亩以3斤计，共1.5石，耕牛以一头计，饲料需3石。共4.5石，占总产量的7.5%。

以上三项共计48.05石，占总产量的80%，亦就是说，每个农户的剩余产品率为20%。由于在支出部分，赋税中以绢布交纳的庸调，以钱币交纳的户税（250文），以及农户生活必需品，如盐、药材，生产必需品，如铁制农具等都没有折算成粮食从总产量中扣除。因为中国封建社会个体小农业，其特点是男耕女织，农业与家庭手工业、饲养业（如养猪、羊、鸡、鸭、鱼等）相结合的，因此，以绢布、钱币交纳的赋税和购入生活、生产必需品，都不一定用粮食去交纳和换取，可用自己生产的绢布及农副产品去交纳和换取。即使必须用粮食去换取，也必然要以市场交换为中介，因而，对每个农户而言，这部分粮食仍然属于投向市场的粮食，可以放在剩余产品中计算，但这一剩余产品率是农户的最大剩余产品率，真正可用以积累或改善生活的剩余产品，当小于这一剩余产品率。在以上三项支出中，赋税不可不交，种子饲料不可不备，只有口粮数是具有伸缩性的，而所留口粮数对农民生活而言是较好的。在剩余产品不足以应付正常和非正常的支出时，则只有“缩食”，即减少口粮数来应急。

由以上几个关于农业的数字可以看出，唐代农业发展的水平高于汉代。因此，隋唐时期成为中国封建社会经济繁荣，国力强盛的辉煌时期。农业的发展也为手工业、商业及社会经济各方面的发展奠定了良好的物质基础。

第三节　农田水利建设

马克思在论述古代东方时，曾经指出：“亚洲的一切政府都不能不执行一种经济职能，即举办公共工程的职能。这种用人工方法提高土地肥沃程度的设施靠中央政府办理，中央政府如果忽略灌溉或排水，这种设施立刻就荒废下去，这可以说明一件否则无法解释的事实，即大片先前耕种得很好的地区现在都荒芜不毛。”① 中国的封建政府必然执行马克思所说的这种经济职能，即兴修水利工程和灌溉设施，是由于中国封建社会是以一家一户的小农经济为其基本生产单位的，而中国地域幅员辽阔，人口居住分散，自然环境不算好，要想兴建较大规模的水利工程和灌溉设施，不可能靠农民自发地进行，必然要靠中央政府及地方各级政府来兴建，从设计施工方案、筹措资金、组织劳动力到经营管理等，都在官府的领导和控制之下。而水利是农业生产的重要条件，直接影响着农业生产状况。农业又是封建经济的基础，因此，重视兴修水利是封建政府的一项传统的政策。

隋统一全国后，水利事业有一个很大的发展。隋朝政府重视水利事业，中央设都水台，有都水使者、丞、参军、河堤谒者等官员，主管水利的机构和官员都远比前代更完善、更多。隋朝最大的水利工程是开凿运河。运河的开凿分五段：（1）广通渠。开皇四年（584），隋文帝鉴于渭水多沙，漕运不便，命宇文恺率水工凿渠，引渭水循汉代漕渠故道向东，经潼关入黄河，长300余里。“转运通利，关内赖之。”② 故又名富民渠。（2）山阳渎。开皇七年（587），为平陈作准备，开山阳渎，沟通了北起山阳（今江苏淮安）南至江都（今江苏扬州）之间自淮河入长江的运道。（3）通济渠。大业元年（605）炀帝自东京西苑引谷、洛水循东汉阳渠故道东流入黄河，又从板渚引黄河水向东南循汴水、蕲水故道至盱眙入淮。（4）永济渠。大业四年（608），发河北诸郡军民男女百余万人，引沁水南至黄河，北至涿郡（治蓟，今北京市），全长2000余里。（5）江南河。大业六年（610）开凿，从京口至余杭，全长800余里。运河在隋唐时称漕渠或漕河。运河的开凿主要是为了解决京师粮食不足的问题。关中虽号称沃野，但地狭人众，主要靠运输山东诸州（郡）的粮食来供应关中。在唐代，特别是唐后期，由于关中缺粮主要靠漕运江南粮食供应，运河对维持唐政权的稳定发挥着重要的作用。运河除用于漕运外，运河两岸的

① 《马克思恩格斯选集》第2卷，第64页。

② 《隋书》卷24，《食货志》。

农田，也有灌溉的便利，对农业同样有利。

由于隋文帝重视农业，在全国各地兴修了为数众多的农田水利灌溉工程。如开皇初，元晖“奏请决杜阳水灌三畤原，溉舄卤之地数千顷，民赖其利”①。《隋书·李穆传附李询传》也记：“开皇元年，引杜阳水灌三畤原，询督其役，民赖其利。”可见李询当为元晖所奏引杜阳水水利工程的具体执行者。卢贲在任怀州刺史时，“决沁水东注，名曰利民渠，又派入温县，名曰温润渠，以溉舄卤，民赖其利”②。杨尚希任蒲州刺史时，“复引瀵水，立堤防，开稻田数千顷，民赖其利”③。薛胄任兖州刺史时，兖州城东沂、泗二水合而南流，河水泛滥，所经之地，尽为沼泽。薛胄“遂积石堰之，使决令西注，陂泽尽为良田。又通转运，利尽淮海，百姓赖之，号为薛公丰兖渠”④。赵轨任寿州总管长史时，“芍陂旧有五门堰，芜秽不修。轨于是劝课人吏，更开三十六门，灌田五千余顷，人赖其利”⑤。《元和郡县图志》河东道太原府晋阳县条记“隋开皇六年，引晋水溉稻田，周回四十一里”。《通典·州郡典》郎州武陵县条记，当地有白马陂，“隋开皇中，刺史高难陀修，其利不减郑、白二渠”等等。隋朝的水利灌溉工程，主要是在隋文帝统治期间兴修的，水利灌溉事业的发展，直接促进了农业发展。但隋炀帝继位之后，由于滥用民力，工役浩繁，战争频仍，致使农民负担沉重，农田荒废，生产破坏，不仅不能再新修水利工程，而且连原先的水利灌溉工程也大多受到破坏，甚至废弃了。

继隋而起的唐朝，是一个政局稳定、经济繁荣、国力强盛的时代，这就为农田水利建设创造了良好的、有利的客观条件。唐代水利工程在数量、质量和经济效益等方面，都取得了显著的成就。根据有关史料⑥的统计，唐代水利工程共计323项⑦，现将其地域分布及兴修时期，列表如下：

---

① 《隋书》卷46，《元晖传》。

② 《隋书》卷38，《卢贲传》。

③ 《隋书》卷46，《杨尚希传》。

④ 《隋书》卷56，《薛胄传》。

⑤ 《隋书》卷73，《赵轨传》。

⑥ 该史料出自《旧唐书》《新唐书》《唐会要》《元和郡县图志》《太平寰宇记》《册府元龟》《文苑英华》《全唐文》等史籍。

⑦ 同一工程在不同时期的兴建、修复各为一项；同一州县、同一时期的不同工程各为一项。

地区 / 时间	北方					南方					总计
	关内道	河南道	河东道	河北道	陇右道	山南道	淮南道	江南道	剑南道	岭南道	
唐前期 618～755	17	36	17	56	1	6	5	22	29	3	192
唐后期 756～907	17	6	2	6		8	12	50	5	4	110
修建年代不详	5	4		3		2	1	4		2	21

据此，我们可知，除修建年代不详的21项工程外，唐前期的水利工程，北方为127项，其中，河北道56项，居首位。南方为65项，其中，剑南道29项，居首位。南方水利工程的数量仅为北方的51%。唐后期的水利工程，北方为31项，除关内道工程数目与前期相同外，河北、河南、河东三道均急剧下降。南方为79项，其中，江南道为50项，最多。山南、淮南、岭南均略有增加，剑南道则大为减少。南方水利工程数为北方的254%，远远超过北方。尽管各项工程的规模有所不同，但这些数字大体可以反映唐代水利建设的情况。

显然，从唐代水利工程建设的布局看，其特点是前期施工重点在北方，后期施工重点转移至南方。由于兴建水利工程是封建国家的经济职能，因此，水利工程的布局不是盲目、自发地形成的，而是全国经济发展变化的反映，也反映了唐中央政府的指导思想，或者说，它出于中央政府的实际需要。

唐中央政府水利工程布局指导思想形成的关键是关中地区的粮食问题。唐朝建都于长安，长安及其附近聚集着为数众多的李唐宗室、贵族、中央政府各部门的官吏以及宿卫京城的部队。到天宝年间，长安及京兆府所属各县已达30余万户①。此外，驻西北的边关也需要关中或通过关中供给军粮。唐中叶，沿边设十节度使，在西北的安西、北庭、河西、朔方、陇右五节度使官兵数额达25万人之多②。因此，尽管关中是一个古老的农业区，泾渭流域的陇州（今陕西陇县）、凤翔府（今凤翔县）、京兆府（今西安市）、同州（今大荔县）、华州（今华县）都是水利发达、盛产粮食的地方。但仅靠这一地区的农

① 《新唐书》卷37，《地理志》。
② 《旧唐书》卷38，《地理志》。

业生产无法解决关中的粮食问题。特别是遇到灾年，情况更为严重，天子只得率百官就食东都。永淳元年（682）四月，“上以关中饥馑，米斗三百，将幸东都。……时出幸仓猝，扈从之士有饿死于中道者”①。高宗在位期间，曾七次行幸洛阳，离开长安的时间都是在冬末春初，青黄不接的时候，显然缺粮是重要原因。解决关中缺粮，主要靠漕运粮食，从唐初以来，随着社会经济的恢复和发展，向关中漕运的粮食也越来越多。开元二十一年（733），裴耀卿在奏疏中说：“臣闻贞观、永徽之际，禄廪不多，岁漕关东一二十万石。”② 到天宝年间，漕粮年运量已高达250万石。

唐前期，漕粮的来源南方虽有，但主要在北方。裴耀卿曾具体地指出，漕运是将“晋、绛、魏、濮、邢、贝、济、博之租输诸仓，转而入渭”③。其中，晋（今山西临汾县）、绛（今山西新绛县）属河东道。晋绛地区位于山西南部，包括汾水下游和涑水流域。这里地势平坦，土壤肥沃，气候温润，历来是北方重要的产粮区，而且，距关中最近，漕运方便，也是漕粮的重要来源地，隋代关中就已“漕关东汾晋之粟”④ 了。但这一地区，面积窄小，能外运的粮食毕竟是有限的。魏（今河北大名县）、邢（今河北邢台市）、贝（今河北清河县）、博（今山东聊城市）属河北道，经过战国秦汉以来的长期发展，唐代前期的河北道已是全国农业生产极为发达的地区之一⑤。这一地区，北至燕山，南界黄河，东濒于海，西临太行，是一片大平原。隋代开凿的永济渠由南而北从中流过，兼有交通与灌溉之利。天宝元年（742），河北道二十四州有148万余户，1023万多口，占全国约5100万人口的五分之一以上⑥。天宝八年（749），全国义仓粮6300多万石，其中河北道有1754万石，占全国十五道的首位，可见河北的富庶。河北道既是唐前期向关中漕运粮食的主要来源地，唐政府当然重视这一地区的水利工程建设，因此，河北道水利工程数目在全国位

---

① 《资治通鉴》卷203。
② 《资治通鉴》卷213。
③ 《新唐书》卷53，《食货志》。
④ 《隋书》卷24，《食货志》。
⑤ 详见史念海：《河山集》，《战国至唐初太行山东经济地区的发展》一文。
⑥ 《旧唐书》卷39，《地理志》。

居首位，水利事业的发展，也促成了河北道粮食的丰富。濮（今山东鄄城北）、济（今山东聊城、范县、东阿等县间）两州属河南道，位于黄河边上。濮、济及其邻近的郑、宋、汝、许、曹、兖诸州都是黄河中游的产粮区，因此，漕粮不仅出自濮、济两州，也应含这一产粮区在内。唐前期漕粮主要来自北方，水利工程建设的重点也就在北方。

安史之乱期间，北方广大地区沦为战场，大量田地荒芜，水利工程和灌溉设施遭到严重破坏。安史之乱以后，形成藩镇割据的局面，魏博、相卫、成德、卢龙、淄青、宣武、淮西等镇都割据一方，占有河北道全部、河南道大部以及河东道一部分，这些藩镇“既有其土地，又有其人民，又有其甲兵，又有其财赋”，“遂擅置吏，以赋税自私，不朝献于廷。”[①] 在安史之乱期间和整个唐后期，关中的漕粮主要取给于江淮。早在安史之乱初爆发的至德元年(756)，第五琦在蜀中谒见唐玄宗时就说：“方今之急在兵，兵之强弱在赋，赋之所出，江淮居多。”[②] 宪宗年间，李吉甫撰《元和国计簿》更进一步具体指出：“每岁赋入倚办止于浙江东西、宣歙、淮南、江西、鄂岳、福建、湖南等八道，合四十九州，一百四十四万户。”[③] 由于唐廷赋税主要取给于东南八道，因而，唐后期的农田水利工程以江南道、淮南道为最多。江南道的水利工程集中于太湖流域的润、升、常、苏、湖、杭诸州及浙东越州附近，淮南道则在扬州、楚州、寿州等地。这些地方都是南方重要的产粮区，也是关中漕粮的主要来源地。

唐后期的水利工程中，有的规模很大，甚至超过唐前期北方的工程。如润州丹阳的练塘、常州的古孟渎、越州会稽的镜湖、升州句容的绛岩湖及荆州江陵的汉古堤等工程，都可溉田数千顷，以至上万顷。从水利工程的数量看，唐前期总计192项，唐后期为110项，两者相差较多，但这并不足以说明后期兴修水利的势头大为减弱。因为后期北方广大地区为藩镇所割据，其水利工程无法了解，唐政府可以控制的区域较前期减少，兴修水利工程的数量必然会相应

① 《新唐书》卷210,《藩镇传》。
② 《资治通鉴》卷218。
③ 《旧唐书》卷14,《宪宗纪》。

减少。事实上，从懿宗以后至唐亡的将近50年内，水利建设的速度才大为下降。在这期间，黄巢起义的沉重打击，使唐政府摇摇欲坠，濒于崩溃，无力再去领导水利建设，这时，全国可以统计的水利工程只有9项。

唐王朝的政治、军事重心在关中地区，关中粮食供应问题关系着唐廷的兴衰安危。贞元二年（786）四月，“关中仓廪竭，……上忧之甚。会韩滉运米三万斛至陕，李泌即奏之。上喜，遽至东宫谓太子曰：米已至陕，吾父子得生矣！”① 虽然这是战乱时的情况，但也足见漕粮关中对唐廷的重要性。因此，唐中央政府必然重视供应关中粮食的产粮区，优先发展漕粮来源地区的农田水利建设，以保证对关中粮食的供应。这是社会经济发展的客观要求，也是形成唐代农田水利布局特点的原因所在。

唐代兴修的水利工程，就其作用而言，可以分为农田灌溉、漕运交通、防治水害、居民用水等四个类型。在唐代323项水利工程中，据统计，农田灌溉工程为255项，漕运交通为21项，防治水害为33项，居民用水为14项。可见绝大多数工程都是用于农田灌溉的。漕运交通水利工程，一般也兼有灌溉之利。如兴元初，杜亚为淮南节度使，到任后，修治漕渠，“以通大舟，夹堤高昂，田园得溉灌”②。防治水害的工程，有些不仅可用于灌溉，而且还能改良土壤，扩大耕地面积。神龙年间（705～707），肥乡县北漳水连年泛滥，为害甚重，县令韦景骏审度地势，高筑南堤，“暴水至，堤南以无患，水去而堤北称为腴田”③。贞元年间（785～805），江陵东北70里的汉古堤，每到夏季决坏，浸溢成灾。嗣曹王皋主持修复，“广良田五千顷，亩收一钟”④。为解决居民用水而兴建的工程，如关内道坊州，“州郭无水，东北七里有上善泉，开成二年（837），刺史张怡架水入城，以纾远汲。四年（839），刺史崔骈，复增修之，民获其利”⑤。这种工程虽然和农业生产不发生直接的关系，但它使人民得以安居乐业，免受缺水之苦，对发展生产是有益的。由此

① 《资治通鉴》卷232。
② 《新唐书》卷172，《杜亚传》。
③ 《旧唐书》卷185上，《韦景骏传》。
④ 《唐会要》卷89，《疏凿利人》。
⑤ 《新唐书》卷37，《地理志》。

可见，漕运交通、防治水害和居民用水等三种类型的水利工程都直接或间接地与农业有关。

唐政府大力兴建农田水利工程，促进了农业生产的发展，特别是使粮食产量提高。唐代农田水利建设的经济效益，主要体现在以下几个方面：

1. 扩大了耕地面积和水田面积。水利工程的兴建，往往可以把陂池沼泽中的积水排出，使陂泽化为良田。隋初薛胄在兖州城东所修的水利工程，就使陂泽尽为良田。唐代这类工程为数众多，在南方，围田（亦称圩田）已很普遍。所谓围田，就是"筑土作围，以绕田也。盖江淮之间，地多薮泽，或濒水，不时渰没，妨于耕种。其有力之家，度视地形，筑土作堤，环而不断，内容顷亩千百，皆为稼地"①。如润州练湖幅员40里，"其旁大族强家泄流为田，专利上腴，亩收倍钟"②。江陵府江陵，修复古堤，开良田5000顷，亩收1钟。开元四年（716），莫州任丘县令鱼恩贤修通利渠，"以泄陂淀，自县南五里至城西北入滱，得地二百余顷"③。这些工程都使耕地面积扩大了。水利工程的兴修，灌溉面积扩大，使不少旱地变为水田。水田增加，稻米种植面积相应扩大，既提高了产量，又改善了人民生活。永徽年间（650～655），裴行方为检校幽州都督，"引泸沟水广开稻田数千顷，百姓赖以丰给"④。开元初，姜师度为同州刺史，朝邑县北有通灵陂，他"引洛水及堰黄河以灌之，种稻田二千余顷"⑤。贞元中，杜佑任淮南节度使，"决雷陂以广灌溉，斥海频弃地为田，积米至五十万斛"⑥。即使弃地变为水田，又解决了当地的粮食问题。

2. 改良土壤。土壤盐碱化严重地影响了农作物的生长，唐人继承前代的生产经验，大规模地利用水利灌溉的方法，排除土壤中的盐碱成分，改良土质，以提高农业产量。隋初，元晖、李询在京城西武功县修的水利工程，就"溉舄卤之地数千顷，民赖其利"⑦。唐高宗初年，赵州宁晋县令程处默曾修渠

① 王祯：《农书》，《农田图谱集之一》。
② 《全唐文》卷314，李华：《润州丹阳县复练塘颂并序》。
③ 《新唐书》卷39，《地理志》。
④ 《册府元龟》卷497，《邦计部·河渠二》。
⑤ 《元和郡县图志》卷二。
⑥ 《新唐书》卷166，《杜佑传》。
⑦ 《隋书》卷24，《元晖传》。

引汶水溉田，使碱卤严重的土质得以改善，“地用丰润，民食乃甘”[1]。开元初，蒲州猗氏县有“莱田数十里，上蔽荆榛，下辟舄卤”，不可耕种，县令李孟犨引涑水溉田，“化草莽为陂塘，变硗确为坟壤”[2]。在滨海州县，由于海潮的侵袭，土地盐碱化的问题也很严重。这些州县，如海州东海县、福州闽县、长乐县以及杭州、扬州等地都采取筑捍海长堤的办法，一则可以防止海潮侵袭造成的水灾，二则可以扩大耕地面积，三则使土壤盐碱化程度降低变为良田。

3. 渔业水产的综合利用。许多为灌溉农田而兴修的陂塘均可在其中养鱼，兼有渔业之利。有的还种植有蒲苇菱芡等水生经济作物。如丹阳的练湖，“幅员四十里，菰蒲菱芡之多，龟鱼鳖蜃之生，厌饫江淮，胥润数州”[3]。元和十三年（818），湖州刺史于頔修复了长城县西湖的渠堰，使“粳稻蒲鱼之利赖以济”[4]。渔业水产的综合利用，提高了农田水利工程的经济效益。

4. 增加了粮食产量。兴修农田水利工程的最主要目的，还是发展农业，增加粮食产量。扩大耕地面积、旱地改水田、改良土壤等都是增加粮食产量的途径，而灌溉条件的改善则直接可使亩产量成倍地增长。贞元时，河中府龙门县县令长孙恕在县城东南开凿灌溉渠，“溉田良沃，亩收十石”[5]。大约是唐代亩产的最高记录，这条渠也就命名为十石墟渠。郢州京山县南有温汤水，“拥以溉稻田，其收数倍”[6]。这类因兴修农田水利而提高产量的记载很多，不一一列举。

唐代农田水利事业取得的成就是和唐政府的重视以及有关部门充分发挥其职能分不开的。中央政府负责管理农田水利的机构是尚书省工部中的水部以及都水监。水部“郎中员外郎之职，掌天下川渎陂池之政令，以导达沟洫，堰决河渠，凡舟楫溉灌之利，咸总而举之”[7]。都水监“使者掌川泽津梁之政令，

---

① 《新唐书》卷39，《地理志》。
② 《文苑英华》卷923，李轸：《泗州刺史李君神道碑》。
③ 《全唐文》卷314，李华：《润州丹阳县复练塘颂并序》。
④ 《唐会要》卷89，《疏凿利人》。
⑤ 《新唐书》卷39，《地理志》。
⑥ 《元和郡县图志》卷21，《山南道》。
⑦ 《旧唐书》卷43，《职官志》。

总舟楫、河渠二署之官属，凡虞衡之采捕，渠堰陂池之决坏，水田斗门灌溉，皆行其政令”[①]。这两个部门的职掌颇为相近，但前者负责主管水利政令，后者则“行其政令”，负责主持兴建水利工程和灌溉事宜。因此，都水监下不仅配有令、丞、府、史等行政管理人员，而且还有通晓水利、渔业的河堤谒者、渔师等专业技术人员，以便从事水利工程和渔业等具体工作。

中央政府有关机构负责制定管理农田水利的法令和规定。保留至今的唐代《水部式》是国家制定的水利法规之一。

各州、县的地方官都负有兴修水利和管理灌溉的职责。按《水部式》规定：“其州县每年各差一官检校，长官及都水官司时加巡察，若用水得所，田畴丰殖，及用水不平，并虚弃水利者，年终录为功过附考。”[②] 把管理水利灌溉的情况作为官吏考核的内容，可见对这一工作的重视。

此外，还设有渠堰使、渠长、斗门长等专职水利人员，对全国各地渠堰作具体的管理。

唐代从中央到地方配置了一整套机构和人员，以完成封建国家管理水利的经济职能。和封建中央集权体制相适应，这种经济职能也是高度集权的。

高度集权的水利体制，首先表现在水利工程的兴建和修复都要经中央政府批准，地方政府不能擅自动工。刘禹锡在《高陵令刘君遗爱碑》一文中详细地记述了刘仁师修治白渠获得批准的经过。长庆三年，刘仁师任高陵县令，当地权倖之家抢水霸水，破坏水利，民众受害，刘仁师决心整治白渠，具文上报，“掾吏依违不决，居二岁”。到宝历元年，郑覃为京兆尹，才将呈文上达唐廷。“事下丞相御史，御史属元谷实司察视，持诏书诣白渠上，尽得利病还奏”[③]。修渠工程方被批准。由于受到权贵的反对，这件事情复杂曲折一点，但我们可以从中看到水利工程审批的过程。

如果水利工程规模较大，需要两州或数州联合兴建，或者，水利工程本身需要延伸出境，则由有关州县地方官协商，联合上报中央政府。宪宗时，黄河

① 《旧唐书》卷44，《职官志》。
② 《鸣砂石室遗书》：《水部式》。
③ 《刘宾客文集》卷2，《高陵令刘君遗爱碑》。

水溢，滑州城常遭水灾，刺史薛平欲开卫州黎阳附近的黄河古道分洪，征得魏博节度使田宏正的同意，“宏正遂与平皆上闻，诏许之。乃于郑、滑两郡，征徒万人，凿古河，……遂无水患，诏并褒美焉”①。

既然“导达沟洫、堰决河渠”之权在中央，地方政府擅自兴建水利便被认为是不法行为，要受到严厉的禁止，甚至处分。德宗时，淮西节度使吴少诚擅自在辖境内兴修水利工程，唐廷派中使制止，吴少诚不奉诏。唐廷又派卢群到蔡州责问，“少诚曰：开大渠，大利于人。群曰：为臣之道，不合自专，虽便于人，须俟君命。……凡数百千言，谕以君臣之分，忠顺之义，少诚乃从命，即停工役。”② 卢群的说词已经离开水利工程的经济价值而强调和维护中央对修建水利工程的控制权。

高度集权的水利体制还表现在对于灌溉用水的严格控制和管理。唐政府在《水部式》中对全国各大渠堰的用水时间、用水量、人员配置、管理办法都作了详细而具体的规定，由各级地方政府监督执行。

《水部式》规定：“凡浇田皆仰预知顷亩，依次取用，水遍即令闭塞，务使均普，不得偏并。”“诸渠长及斗门长，至浇田之时，专知节水多少。其州县每年各差一官检校，长官及都水官时加巡察。”这些规定，各级地方政府是认真执行的。前举刘禹锡《刘君遗爱碑》中写道：“泾水东行注白渠，酾而为三，以沃关中，故秦人常得善岁。按水部式，决泄有时，畎浍有度，居上游者不得拥泉而专其腴。每岁少尹一人行视之，以诛不式，兵兴以来，寝失根本。”白渠是关中的主要渠道，开凿于汉武帝太始二年（前92）。在唐代，白渠与郑国渠也合称为郑白渠，并有三条支渠，即太白渠、中白渠和南白渠，故曰“酾而为三”。水部式对白渠灌溉用水的具体规定，在安史之乱前，显然是被认真施行的。另据记载，德宗时，“汴宋节度使春夏遣官监汴水，察盗灌溉者”③，也说明在用水季节官府是发挥了监督作用的。

官府管理灌溉用水有一套具体的办法和程序。在一般情况下，要照章办

① 《唐会要》卷89，《疏凿利人》。
② 《旧唐书》卷140，《卢群传》。
③ 《新唐书》卷55，《食货志》。

事。遇有特殊情况，如天旱急需用水，照章办事就会贻误农时，因此，也有变通的办法。著名诗人白居易在《钱塘湖石记》中曾谈及灌溉用水的情况。他说，放水溉田时，“先须别选公勤军吏二人立田次，与本所由田户据顷亩，定日时，量尺寸，节限而放之。”这和水部式中的有关规定是相符的。他还说：“若岁旱，百姓请水，须令经州陈状，刺史自便押帖，所由即日与水。若待状入司，符下县，县帖乡，乡差所由，动经旬日，虽得水而旱田苗无所及也。”①可见按正常情况，办请水手续得10天左右。由刺史押贴后，即日放水，则是在特殊情况下的变通措施。

由中央政府派出官员（或指定地方官吏），委以渠堰使、河堤使之类的官衔，代表中央政府主持水利工程，也是高度集权的水利体制的职能体现。前举刘仁师修治白渠时，大约由于工程阻力较大和刘仁师官职较低，特命“刘仁师充修渠堰副使”而主其事。唐德宗欲整治京城附近水产丰富的昆明池，诏令“京兆尹韩皋充使修堰”②。五代后周在关内道雍、耀二州疏泾水以溉田，则“以尚书司勋郎中何幼冲为关西渠堰使”主其事③。遇有较大水灾，治水工程有时由中央政府直接主持。隋文帝时，山东地区连年霖雨，大水成灾，“（开皇）十八年，天子遣使，将水工，巡行川源，相视高下，发随近丁以疏导之”④。唐承隋制，也应如是。

高度集权的水利体制职能的充分发挥，是以封建国家机器的力量为后盾的，同时，也依靠封建国家机器同各种破坏农田水利建设的因素进行斗争。

破坏农田水利建设的因素来自两个方面。一方面，由于兴修水利是人与大自然的斗争，因此要受到诸种自然因素的制约和破坏，如水灾、地震、泥沙淤积等，而工程本身，如设计不当、施工质量不高等技术方面的缺陷，也会带来灾难性的后果。另一方面，在阶级社会里，生产斗争无法脱离阶级矛盾和阶级斗争的影响。战争给农田水利建设带来的破坏是巨大而明显的。在和平环境里，对农田水利建设的破坏力量则主要来自统治阶级内部。

---

① 《白居易集》卷68，《钱塘湖石记》。
② 《唐会要》卷89，《疏凿利人》。
③ 《五代会要》卷27，《疏凿利人》。
④ 《隋书》卷24，《食货志》。

碾硙是利用水力加工粮食的机械。由于获利丰厚，贵族官僚地主在河渠上竞置碾硙，占用了很多水量，妨害了灌溉事业。这一现象，尤以京城附近最为严重。唐代围绕拆除郑白渠上的碾硙，进行了多次斗争。永徽六年（655），雍州长史长孙祥奏言："往日郑白渠溉田四万余顷，今为富商大贾，竞造碾硙，堰遏费水，渠流梗涩，止溉田一万许顷。"① 高宗令长孙祥等分检渠上碾硙，尽毁撤之。此后，虽然一再拆毁渠上碾硙，然而，"至大历中，水田才得六千二百余顷"②，郑白渠的灌溉能力只有唐初的60%。终唐一代，碾硙之害未能根绝。

按《水部式》的规定，灌溉用水的原则是"务使均普，不得偏并"。但一些贵族官僚地主却依仗权势，抢水霸水，破坏灌溉。穆宗时，白渠上游泾阳县的权贵之家，私开斗门，霸占全部渠水，使下游无水可用，出现了"泾田独肥，他邑为枯"的反常现象。由于这些权贵之家，"荣势足以破理，诉者复得罪"，下游民众"咋舌不敢言，吞冤含忍"。当刘仁师修渠奏疏被批准后，"百众云奔，愤与喜并。口谣手运，不屑鼛鼓，揆功什七八。"③ 在南方，润州丹阳练湖旁的大族强家，肆意泄流为田，截湖开壤，扩展私有土地，破坏练湖的灌溉能力，使"自丹阳、延陵、金坛，环地三百里，数合五万室，旱则悬耜，水则具舟，人罹其害，九十余祀"④，到永泰年间，韦损为润州刺史，力排众仪，克服阻力，才修复和扩建了练湖灌溉工程。

封建地主阶级为了自身的利益，还往往利用封建迷信思想阻挠和破坏水利建设。刘仁师修白渠时，泾阳权贵之家"以奇计赂术士上言，白渠下高祖故墅在焉，不宜以畚锸近阡陌，上闻，命京兆立止绝"⑤。刘仁师据理力争，官司打到皇帝那里，"有诏许讫役"，修渠工程才得以完工。在杭州，传说决放钱塘湖水，不利于钱塘县官，于是，县官制造种种借口，如放水使"鱼龙无所托"、"菱芡失其利"等等，阻挠放水溉田。白居易为杭州太守时，批驳了这些谬论，大力兴修水利，筑堤捍卫钱塘湖，泄引湖水，溉田千顷。他在

① 《通典》卷2，《食货典》。
② 《通典》卷2，《食货典》。
③ 《刘宾客文集》卷2，《高陵令刘君遗爱碑》。
④ 《全唐文》卷314，李华：《润川丹阳县复练塘颂并序》。
⑤ 《刘宾客文集》卷2，《高陵令刘君遗爱碑》。

《别州民》一诗中说："唯留一湖水，与汝救凶年。"足见对水利的重视。

封建国家是代表封建地主阶级利益的。但是，封建地主阶级中一部分人破坏农田水利建设的行为，不仅给广大劳动人民带来巨大的灾难，同时，也损害了封建国家的利益，侵犯了高度集权的水利体制的职能，因此，封建国家对这些人的破坏行为要进行限制、打击。这时，封建国家机器表现为"一种似乎凌驾于社会之上并一定程度脱离社会的'权力'"①。封建国家及其官员与封建地主阶级中破坏水利的势力的斗争，是统治阶级内部的斗争。这种斗争尽管不可能彻底，或者收效甚微，甚至受挫。但它对于农田水利建设的发展是必要的、有益的，有利于发展生产和符合广大劳动人民的切身利益。因此，在这一斗争中取得成绩的人，他们的名字和业绩是应该载入史册的。

五代时期的农田水利建设，北方与南方的发展是不平衡的。

自唐末以来的几十年军阀割据，战乱主要在北方。梁、唐相争，后梁曾三次决开黄河，放水抵御晋军，决河不仅没能制敌，反而造成严重的灾患。梁贞明四年（918），后梁将谢彦章在杨刘城"决河水迩浸数里，以限晋兵"②，造成严重后果，此后，连年水灾。史载："河自杨刘至于博州百二十里，连年东溃，分为二派，汇为大泽，迩漫数百里。又东北坏古堤而出，灌齐、棣、淄诸州，至于海涯，漂没民田庐不可胜计，流民採菰稗、捕鱼以给食。"③据《旧五代史·五行志》记，从后梁开平四年（910）至后周广顺三年（953），黄河决口及其他水灾共24次。水灾频仍，使中原地区的农业遭到严重破坏。从后唐开始，后晋、后汉诸朝都曾征发军民修治河堤，但因政局动荡，政治腐败，屡修屡决，毫无成效。后周建立之后，中原的局势才开始好转。特别是郭威、周世宗柴荣进行了一系列改革，使黄河流域的社会经济得到迅速的恢复和发展。后周非常重视兴修水利、治理黄河、疏通漕路。显德元年（954），柴荣派宰相"李谷诣澶、郓、齐按视堤塞，役徒六万，三十日而毕"④。初步控制了黄河的水灾。后又经几次整治，黄河水灾对农业生产的危害，大为减轻。在

① 《列宁选集》第2卷，第600页。

② 《资治通鉴》卷270。

③ 《资治通鉴》卷292。

④ 《资治通鉴》卷292。

治理河患的同时，柴荣也很重视对漕路的疏浚，显德四年，疏汴水，以通齐鲁运路。五年，“浚汴口，导河达于淮，于是江淮舟楫始通”①。六年，又浚汴水，自大梁导汴水入蔡水，以通陈、颍之漕。浚五丈河，以通青、郓之漕。经连年疏浚漕路，不仅使汴梁水运四通八达，而且也会有利于沿河的农田灌溉。柴荣对专为农田灌溉而修建的工程也很重视，如显德五年十一月，命何幼冲为关西渠堰使，在雍、耀二州界疏泾水以溉农田②。后周对农田水利的重视，有力地促进了中原地区农业的发展，为北宋统一全国创造了有利条件。

五代时期南方战乱较少，比较和平安定，各个封建割据政权的统治者，为了自身存在和发展的需要，都比较重视兴修水利，发展农业。因此，南方的水利灌溉工程取得了一些新的成就。如吴和南唐在楚州修筑了白水塘溉田，在寿州修安丰塘，可溉田万顷。楚在潭州东20里，“因诸山之泉，筑堤潴水，号曰龟塘，溉田万顷”③。在辰州西北凿莲花塘溉田。闽在长乐县筑有海堤，设十个斗门，以御海潮，旱则潴水，雨则泄水，堤旁尽成良田。连江县东湖方圆20里，溉田4万余顷。前蜀在眉州修通济堰，溉田15000顷。后蜀兴修的水利工程也很多，如山南节度使武漳，“以褒中用武之地，营田为急务，乃凿大洫以导泉源，溉田数千顷，人受其利。”④ 在南方诸割据政权中，吴越兴修水利成绩最为突出。钱镠在杭州城外修的捍海石塘，不仅对杭州地区农业发展有重要意义，而且也是一项优秀的古代建筑工程，体现了劳动人民的聪明才智。在吴越，著名的水利工程还有武义县的长安堰，溉田万余顷，鄞县东线湖方圆800顷，垒石为塘80里，可灌田50万顷。吴越还非常重视水利工程的维修，吴越天宝八年（915），“置都水营使以主水事，募卒为都，号曰撩浅军，亦谓之撩清，命于太湖旁置撩清卒四部，凡七八千人”⑤。撩浅军是一支专业的水利建设、维修队伍。如“钱塘湖葑草蔓合，置撩兵千人，芟草濬泉”⑥。南方

① 《资治通鉴》卷294。
② 《五代会要》卷27，《疏凿利人》。
③ 《宋史》卷173，《食货志·农亩》。
④ 《九国志》卷7，《武漳传》。
⑤ 《十国春秋》卷78，《吴越武肃王世家》。
⑥ 《十国春秋》卷78，《吴越武肃王世家》。

各割据政权对农田水利建设的重视，使五代时期南方农业生产和社会经济发展的水平，继续保持超越北方的领先地位。

第四节　农产品的商品化

隋唐时期农业劳动生产率和剩余产品率的提高，加强了农产品商品化的发展。农产品商品化的扩大标志着农业和社会经济的进步。

在探讨隋唐时期农产品商品化的问题时，有两个问题首先需要明确。

一是在封建社会以自然经济为主体的农业经济中包含有商品经济的成分。

封建社会的农业经济是由个体农民经济和地主经济两个基本的社会经济单位构成的。个体农民经济（亦称小农经济，主要指自耕农、半自耕农）以“男耕女织”为特征，即以农业和家庭手工业的结合为基本生产结构，它的规模小，一家一户就是一个生产单位，生产能力极其有限，不少维持简单再生产和劳动者生活的必需物品都不是个体农民所能自己生产解决，必须通过市场的商品交换得来。农民为了交换自己所需的商品就必须出卖一部分自己的农产品，因此，个体农民经济和商品经济有着必然的、广泛的联系。

封建地主往往把自己占有的大量土地租佃给农民进行生产，因而，地主经济是以个体经济为其生产基础的，它与商品经济也有必然、广泛的联系。而封建地主本身，一方面，要用以粮食为主的实物地租去投入市场，使之货币化，从而换取生活的必需品和奢侈品。另一方面，封建地主也需要通过出售农产品，获取利润，增殖自己的财富。

个体农民经济为出卖而进行的生产和用于交换的产品，就一家一户而言，数量是微小的，但从整体上看，其数量就十分可观了。问题在于这部分产品是由于商业使它发展成商品，还是它本身便具有商品生产的性质？它是属于自然经济，还是属于商品经济？论者对此有不同的看法。我们认为，个体农民经济中包含有商品生产的成分，农民为出卖而进行的那部分生产属于商品经济，确切地说，属于简单商品经济，即前资本主义商品经济。因为简单商品经济的特点是商品生产者以生产资料私有和个人劳动为基础，生产和出卖商品是为了重新购买其他商品，以满足自己的需要。所以，应该说，封建社会的个体农民经济以自然经济为主体，同时也包含着简单商品经济的成分。每一个个体经济的生产单位都不是纯粹的自然经济的细胞，而是自然经济与商品经济的统一体。在这个统一体中，商品经济所占的成分取决于劳动生产率和剩余产品率的高低。而农产品商品化的扩大则反映了个体经济中简单商品生产的扩大。

二是我国古代农业的生产结构是以种植业的粮食生产为中心，农、林、牧、副、渔各业并举，形成多种生产、综合经营、全面发展的格局。种植业除粮食外，还有桑麻、油料、茶糖料、饲料、药用作物等。林业有各种木材及果树栽培，牧业有马、牛、羊、猪等牲畜和鸡、鸭、鹅等家禽。渔业有各种水产的养殖和捕捞。副业有各种以农产品为原料的家庭手工业，如纺织、编织、酿造等。因此，农业的内容是十分丰富的。隋唐五代时期农业的商品生产和农产品的商品化在各个生产部门和项目中，都有较大的发展，我们不可能一一说明，仅对其中几个主要生产部门产品的商品化做一些分析。

一、粮食的商品化

粮食是最重要的农产品，早在春秋、战国时期就进入流通领域，成为商品，甚至充当货币的角色。隋唐时期粮食的买卖在史料中多有反映。

宪宗元和六年（811），凤翔节度使李惟简购买耕牛，铸造农具，以扶助农民，使垦田增加数十万亩。“属岁屡稔，公私有余，贩者流及他方”[①]。

洪州胡氏原来家贫，后因勤于农桑而致富，令其子“主船载麦，溯流诣州市出售”[②]。

《稽神录拾遗》记：“戊子岁旱，庐陵人龙昌裔，有米数千斛，粜既而米价稍贱”。

---

① 《资治通鉴》卷238。

② 《太平广记》卷374，《胡氏子》。

五代时，漳浦人林昌业，曾任泉州军事衙推，晚年居龙溪县，“有良田数顷，尝欲舂谷为米，载州货之”①。

这些史料反映了当时各地地主、农民出卖粮食的情况。

由于粮食是重要的商品，因而出现了专门贩卖粮食的粮商，在城市里则有经销粮食的粮店。广陵江阳人李珏一家“世居城市，贩籴自业”②，就是粮商。《唐国史补》卷中记“江淮贾人积米以待踊贵，图画为人，持钱一千，买米一斗，以悬于市”。这是设置商标，囤积居奇，以获厚利的江淮粮商。城市是非农业人口聚居的地方，多有粮店，如长安市内就有麸行粮店③。在《房山云居寺石经题记》中，范阳郡有米行、白米行、大米行、粳米行的记载，也都说明城市中有相当多的粮店。

隋唐时期由于农业劳动生产率和剩余产品率都有很大的提高，因而粮食商品化的程度也空前提高。这可以从以下一些社会经济现象看出：

（一）粮食成为长途贩运的商品

粮食由于价格低，分量重，体积大，大量的长途贩运，除去运费和损耗，获利极微，甚至往往蚀本，所以粮食虽然很早就成为商品，但一般都在本地销售，是农村集市贸易中的主要商品。汉代就有“千里不贩籴”的民谚。在隋唐时期，由于运河的开通，水运、海运的便利，大大降低了运输的费用，而各经济区域的差异及城市非农业人口的增加，使粮食的市场扩大，对商品粮的需求增加，促进了粮食的流动，使粮食成为长途贩运的商品。杜甫在《后出塞》一诗中写道：“渔阳豪侠地，击鼓吹笙竽。云帆转辽海，粳稻来东吴。”就说明北方有从南方贩运来的稻米。宪宗时，江南大旱，米价暴涨，有人建议官府用行政力量压低粮价，宣歙池观察使卢坦不同意，认为“宣、歙土狭谷少，所仰四方之米者，若价贱，则商船不复来，益困矣。既而米斗二百，商旅辐辏，民以赖生。”④ 这一利用价值规律来平抑粮价的事实，说明了粮食已成为长途贩运的商品。罗愿《淳熙新安志》卷1，祝穆《方舆胜览》卷16记载

① 《太平广记》卷355，《林昌业》。

② 《太平广记》卷31，《李珏》。

③ 《太平广记》卷436，《东市人》。

④ 《资治通鉴》卷237。

“祁门水入于鄱，民以茗、漆、纸、木行于江西，仰其米自给。”[①] 这也是各地区间粮食贩运流动的反映。

（二）粮食加工业的发展

隋唐时期，随着城市和工商业的发展，非农业人口大量增加，对商品粮的需求也相应增加，粮食市场的扩大，刺激了粮食加工业的发展。

以隋唐两代都城长安附近的粮食加工业为例。唐代长安人口高达百万以上，是一座著名的国际城市，要解决大量城市人口的粮食问题，必然要有发达的粮食加工业，当时加工粮食的工具主要是碾硙，碾硙的动力可用人力、畜力或水力。由于关中有郑、白渠等大型的水利灌溉工程，河流也较多，因而碾硙多用水力推动。碾硙业的发展往往会妨碍水利灌溉，影响农业生产，形成社会问题。

隋代宰相杨素广营产业，“爰及诸方都会处，邸店、水硙并利田宅以千百数”[②]。隋文帝时，曾赏赐长安清禅寺“水硙及碾上下六具，永充基业”[③]。六具水硙当然不仅是解决寺僧吃粮问题，而是加工粮食供应粮食市场，牟取利润。

唐初，长安附近，“富商大贾，竞造碾硙，渠流梗涩”[④]，严重影响了郑、白渠对农田的灌溉。因而，唐高宗派雍州长史长孙祥等“分检渠上碾硙，皆毁之”[⑤]。但问题并没有解决，贵族官僚们继续经营碾硙业以营利。史载武则天时，太平公主承恩用事，弄权营利，“与寺僧争碾硙”[⑥]。唐玄宗时，“诸王公权要之家皆缘渠立硙，以害水功”[⑦]。宦官高力士“于京城西北截丰水作碾，并转五轮，日破麦三百斛”[⑧]。代宗初年，工部侍郎李栖筠“奏请拆京城北白渠上王公寺观硙碾七十余所，以广水田之利”[⑨]。大概收效不大。大历十二年（788）

---

① 转引自张泽咸：《唐代工商业》，第307页，中国社会科学出版社，1995年版。
② 《隋书》卷48。
③ 《续高僧传》卷17，《释昙崇传》。
④ 《通典》卷2，《水利田》。
⑤ 《通典》卷2，《水利田》。
⑥ 《资治通鉴》卷208，神龙二年。
⑦ 《旧唐书》卷98，《李元纮传》。
⑧ 《旧唐书》卷184，《高力士传》。
⑨ 《唐会要》卷89，《碾硙》。

京兆尹黎干奏称“泾水碾硙拥隔”，妨害农田灌溉，代宗命升平公主、郭子仪带头拆毁私硙，因此，“坏京畿白渠碾硙八十余所”[①]。这次虽然收到一定效果，但碾硙业妨害农田水利的问题并没有彻底解决。文宗时，宰相李石建议在农作时，泾阳水“请禁碾硙，秋冬水闲，任却动用。”[②] 可见问题依然存在。

关中碾硙业与农业争水的问题所以难以解决，不仅因为碾硙业大多数由贵族官僚所垄断，更重要的是长安城中有大量的非农业人口需要商品粮，因此，粮食加工业不可能因行政命令而终止。

隋唐时期，粮食加工业在全国各地都有发展，碾硙业与农业争水成为一个普遍问题，为此，《唐六典》作了原则性的规定：“凡水有灌溉者，碾硙不得与争利（原注：自季夏及于仲春，皆闭斗门，有余乃得听用之）。”唐《水部式》更做出了具体规定：“诸水碾硙，若拥水质泥塞渠，不自疏导，致令水溢渠坏，于公私有妨者，碾硙即令毁破。”“其蓝田以东先有水硙者，仰硙主作节水斗门，使水通过。”“诸灌溉水上先有碾硙，……每年八月卅日以后，正月一日以前听动用，自余之月，仰所管官司于用硙斗门下着锁封印。仍去却硙石，先尽百姓灌溉，若天雨水足，不须浇田，任听动用，春傍渠疑有偷水之硙，亦准此断塞。”但从关中碾硙业妨塞农田水利的情况看，这些规定在实际中是很难贯彻执行的。

（三）变造与和籴之法的推行

长安是隋唐两代的都城，为皇室、贵族、文武百官聚居之处，虽然关中土地肥沃，农产丰饶，但遇到水旱灾荒，粮食依然困乏，皇帝往往率百官就食于东都洛阳。开元年间，唐玄宗行变造与和籴之法，始解决关中缺粮的问题，不再遇荒年便就食东都。

开元二十一年（733）唐玄宗接受京兆尹裴耀卿改革漕运，“更运江淮变造义仓”往京师的建议，任命他为宰相，次年，又加“江淮回造使”衔，主持此事。所谓“变造”，就是把义仓中贮存的粟变为米，以便长途运输。“耀卿令江淮舟运，悉输河阴仓，更用河舟运至含嘉仓，及太原仓，自太原仓入

---

① 《册府元龟》卷70，《务农》。

② 《册府元龟》卷58，《勤政》。

渭，输关中。凡三岁，运米七百万斛，省僦车钱三十万缗。”① 700万斛米当包括正租与义仓的粮食。大量江南粮食运往关中，使长安粮食问题得以缓解。开元二十五年（737）玄宗令停止江淮运租，“其江南诸州租，并回造纳布。”②“关内诸州庸调资课，并宜准时价变粟取米，送至京，逐要支用。其路远处不可运送者，宜所在收贮，便充随近军粮。其河南、河北有不通水利，宜折租造绢，以代关中调课。”③ 这就把变造的内容由折粟造米，扩大为折租造布、绢。天宝初，韦坚“乃请于江淮转运租米，取州县义仓粟，转市轻货，差富户押船。”④ 所谓“轻货”，即各地土特产及手工业产品。如广陵郡的锦织、铜镜、铜器、海味；南海郡的瑇瑁、珍珠、象牙、沉香等⑤。韦坚把变造的内容进一步扩大为用义仓粮食去交换各种“轻货”。天宝中，杨国忠当权，“是时州县殷富，仓库积粟帛，动以万计。杨钊奏请所在粜变为轻货，及征丁租地税，皆变布帛输京师。”⑥ 把变造之法推行到全国各州县仓库、地税丁租。变造的推行实际上使粮食进一步商品化。

在推行变造的同时，开元二十四年，玄宗命“牛仙客为相，有彭果者献策广关辅之籴”⑦，即在关中实行和籴。和籴原本是政府出资收购粮食以充军用，此制始于北魏，唐前期继续行用。《资治通鉴》卷214《开元二十五年条》记：“先是西北边数十州多宿重兵，地租、营田皆不能赡，始用和籴之法。”牛仙客在关中推行和籴，则并非为解决军粮，而是解决缺粮的问题。开元二十五年，“以岁稔谷贱伤农，命增时价什二三，和籴东西畿粟各数百万斛。……自是关中蓄积羡溢，车驾不复幸东都矣。”⑧ 可见和籴的确达到了解决关中缺粮的问题。和籴是“官出钱，人出谷，两和商量，然后交易也”⑨。并且要

① 《资治通鉴》卷214，开元二十二年。
② 《通典》卷6，《食货·赋税下》。
③ 《通典》卷6，《食货·赋税下》。
④ 《旧唐书》卷48，《食货志》。
⑤ 《旧唐书》卷105，《韦坚传》。
⑥ 《资治通鉴》卷216，天宝八年。
⑦ 《新唐书》卷53，《食货志》。
⑧ 《资治通鉴》卷214，开元二十五年。
⑨ 《白居易集》卷58，《论和籴状》。

“于时价外加估和籴”[①]。就是收购价要高于当时粮食的市价。因此，对农户来说，和籴应该不是弊政，但在实行过程中则成为害民的弊政。其原因之一，是和籴的赋税化。白居易在《论和籴状》中说：比来和籴“但令府县散配人户，促立税限，严加征催，苟有稽迟，则被追捉，迫蹙鞭挞，甚于税赋。号为和籴，其实害人。”另一原因，就是富豪、商人从中渔利。《文献通考·常平义仓租税》载司马光说：“有官吏不能察知在市斛斗实价，只信凭行人与蓄积之家通同作弊。当收成之时，农人要钱急粜之时，故意小估价例，令官中收籴不得，尽入蓄积之家。直至过时，蓄积之家仓廪盈满，方始顿添价中粜入官，是以农夫粜谷，止得贱价；官中籴谷常用贵价，厚利皆归蓄积之家。”“行人”即“行商”。富豪、商人有时还和军镇将官串通一气，盘剥农民。由此可见，“和籴”有时是通过商人为中介完成的。唐代和籴也有商人介入。《中国古代籍帐研究》收录和籴文书多件。其中天宝六年河西豆卢军军仓收纳籴粟麦牒中，纳籴者有“行客任悊子纳交籴粟一百八石六斗”的记载。“行客”即商人。商人在和籴中获利的情况应当也有。唐代和籴粮食的数量是很大的。据《通典》卷12《轻重》载：天宝八年，和籴1139530石，其中，关内509347石；河东110229石；河西371750石；陇右148204石。有的学者估计，“在开元末至天宝间，军仓储粮的60%以上来自和籴，来自屯田和正租者各占15%～20%”[②]。

变造和和籴都是政府行为，有别于商业贸易。但它们能够推行的前提条件是农民手里有剩余粮食，正如陈寅恪先生所言：“故必须其地农民人口繁殖，有充分之生产，始得行收购之实。”[③] 开元天宝时农业的繁荣和民间粮食的富足具备了这一条件。其次，变造和和籴虽然是政府行为，但它是借助于市场交换形成的，有时还需要商人为中介，因此它也促进和反映了粮食商品化的发展。

二、蚕桑丝绸业的发展

桑树是经济作物，种桑养蚕是农户经营的内容，它为丝绸纺织业提供原

---

① 《唐会要》卷90，《和籴》。

② 张弓：《唐朝仓廪制度初探》，第88页，中华书局，1986年版。

③ 陈寅恪：《隋唐制度渊源略论稿》，第153页，中华书局，1977年版。

料。丝织业是手工业，可以由官府经营，唐代少府监下设织染署，所领织纴十作，其中八作是丝织业。有些州府也生产丝绸，设有官锦坊。官府丝织业聚集了大批能工巧匠，主要生产高级丝绸，供皇室和国家所需使用。但丝绸生产的主体部分，是“男耕女织”的个体小农家庭，作为农民家庭副业的纺织业，虽然分散，规模很小，但它以家庭为单位，完成种桑、养蚕、缫丝、纺织直至生产出丝绸的全过程，而且，由于农户众多，其总体产品量是巨大的。因此，可以把蚕桑丝绸联系起来作为农产品看待。

蚕桑丝绸是我国传统的农产品，在其生产的历史上，隋唐五代正处于一个大发展的时期。首先是生产的范围有很大的发展①。

隋唐以前，蚕桑丝绸的生产主要在北方地区，隋及唐前期，大体保持着原有的格局。

隋朝蚕桑丝绸主要产地在今河北、河南，尤以黄河以北的博陵郡（定州，今河北定县）、魏郡（相州，今河南安阳县）、清河郡（贝州，今河北清河县）等地最为发达。蜀中蚕桑丝绸业在战国秦汉时就很发达，蜀锦早已享誉全国，在西汉末有成都“女工之业，覆衣天下”② 之称。至隋唐时期，由于巴蜀地区受战乱影响较少因而蚕桑丝绸业一直保持着发展的趋势，在全国丝绸业中居于重要的地位。长江下游的吴越地区也是蚕桑丝绸的产区。

唐前期蚕桑丝绸业的产地大体与隋代相同。“其一为关东地区，即唐代的河南、河北二道全境之地，约包括今河北、河南、山东三省之全部及江苏、安徽二省淮北之一部分（今河南省之东南角在唐属淮南道，西南角属山南道，亦兼产蚕丝）；其二为巴蜀区域，即唐代剑南道全境与山南道一部之地（山南道境内之产丝者多在今四川境内），约包括今四川省之全部及湖北、湖南、陕西三省之一小部分；其三为吴越区域，即唐代淮南、江南二道东端之地，约包括今江苏省之南部，浙江省之北部及安徽省的一小部分。而此三区中，又以前

① 关于丝绸生产的地域分布，可参阅严耕望《唐代纺织工业之地理分布》，《大陆杂志》，第13卷第11期。《隋唐时期丝产地之分布》，《汪篯隋唐史论稿》，中国社会科学出版社，1981年版。王永兴《试论唐代纺织业的地理分布》，《魏晋隋唐史论集》第二辑，中国社会科学出版社，1983年版，以及卢华语《唐代蚕桑丝绸研究》，首都师范大学出版社，1995年版。

② 《后汉书》卷13，《公孙述传》。

两者更为主要。”①

由于唐前期长期的社会安定，蚕桑丝绸的重点产区与隋朝相比却略有变化。据《唐六典》卷20《太府寺》条载，全国绢分八等，第一等为宋州（今河南商丘）、亳州（今安徽亳县）；第二等为郑州（今河南郑州）、汴州（今河南开封）、曹州（今山东曹县）、怀州（今河南沁阳县），除怀州外，都在黄河以南，说明这一地区经南北朝战乱破坏之后，在唐前期蚕桑丝绸业有迅速的发展。此外江南地区的丝绸业也有很大的发展，天宝中，韦坚开广运潭，运江南“轻货”至长安，其中有广陵郡（扬州）的锦，丹阳郡（润州，今镇江）的绫衫缎，晋陵郡（常州）的绫绣，会稽郡（越州）的吴绫、绛纱，吴郡的方丈绫等②。可见江南诸州都能生产工艺复杂的高级丝绸，丝绸业有很大的发展。

安史之乱的爆发，使北方中原地区，尤其是河北、河南、关中等地遭到严重的破坏，一些地方“人烟断绝，千里萧条”，“中间畿内，不满千户”③。战后，虽经努力，蚕桑丝绸业有所恢复和发展，但接连不断的中央与藩镇、藩镇与藩镇之间的战争，使北方地区蚕桑丝绸业的发展受到影响。

安史之乱对南方的影响较小，因此，唐后期蚕桑丝绸的发展主要在南方。唐后期南方蚕桑丝绸的产地扩大，产品的品种和产量都有明显的增加。“据常贡资料，唐前期长江下游18州（扬、和、寿、庐、濠、润、常、苏、湖、杭、睦、越、衢、婺、括、温、建、泉州）贡丝织品19种，后期亦18州（增加滁、明州，减少温、和州），贡38种。”④ 贡品的品种增加了一倍，质量也有显著的提高。开元年间太府寺评宋、亳所产绢为一等，但在德宗贞元元年(785)，顾况给韩滉撰行状时说：“今江南缣帛，胜于谯、宋。”⑤ 谯即亳州。由于蚕桑丝绸的发展，产品数量也大为增加。南方丝绸的总产量难于估计，但从一些史料中可约略看出。安史之乱后，“天下以江淮为国命”⑥，“赋出于天

---

① 《汪籛隋唐史论稿》，第297～298页，中国社会科学出版社，1981年版。
② 《旧唐书》卷105，《韦坚传》。
③ 《旧唐书》卷120，《郭子仪传》。
④ 卢华语：《唐代蚕桑丝绸研究》，第67页，首都师范大学出版社，1995年版。
⑤ 《文苑英华》卷973，《韩滉行状》。
⑥ 《全唐文》卷753，杜牧《上宰相求杭州启》。

下，江南居十九”[1]。赋税中的绢帛自然也出自江淮。长庆二年至大和元年(822～827) 王播任淮南节度使兼诸道盐铁转运使，于宝历元年（825）七月“进羡余绢一百万匹。仍请日进二万，计五十日方毕”。十二月，再“进羡余绢五十万匹”[2]。仅羡余绢的数量就颇为惊人。大中年间（847～859)，杜牧说，浙江地区“茧税鱼盐，衣食半天下”[3]。可见浙东丝绸业的盛况。在五代时期，江淮地区的蚕桑丝绸仍然有进一步的发展。如吴国的宋齐丘建议徐知诰免除丁税，以谷、帛、绌、绢为赋，使江淮之间，“桑柘满野”[4]。闽楚等国的蚕桑丝绸业也都有所发展。

唐代江南丝绸业的发展，是和种桑养蚕的技术提高有密切关系的。桑树种植技术，在唐中后期，出现了人工剪定养型技术，《四时纂要》卷 1 正月条记：“每年及时科斫，以绳系石，坠四向枝，令婆娑，中心亦屈节，勿令直上难采。”这种矮桑树的培育成功，实现了桑树的密植，使桑叶的产量大为增加。在育蚕上，由于桑叶增加，春蚕之外，夏蚕的饲养逐渐普及，特别是在江淮一带，更为普遍。纺织技术也有提高。如《唐国史补》卷下载：“初越人不工机杼，薛兼训为江东节制，乃募军中未有室者，厚给货币，密令北地娶织妇以归，岁得数百人。由是越俗大化，竞添花样，绫纱妙称江左矣。”严耕望先生认为，这段史料并非说薛兼训之前越州没有丝织业，而是说“越州人本亦能丝织，但不如浙西之精工，亦不如浙西之普遍，故兼训有此措施，以改进越州丝织工业，并加速其发展。”[5] 其说甚是。

隋唐五代时期蚕桑丝绸业的发展，使其商品化的程度大为提高。农民生产的丝绸自己并不消费，主要用于交纳赋税，在租庸调制下，庸调需纳绢帛，租、户税、资课等也常折纳绢。唐后期实行两税法，“定税之数，皆计缗钱，纳税之时，多配绫绢”[6]。绫绢也是主要征纳物。除交纳赋税外，其余部分只

---

① 《全唐文》卷 555，韩愈：《送陆歙州诗序》。
② 《册府元龟》卷 510，《重敛》。
③ 《全唐文》卷 748，杜牧：《李讷除浙东观察使兼御史大夫制》。
④ 《资治通鉴》卷 270，贞明四年七月。
⑤ 严耕望：《唐代纺织工业之地理分布》，《大陆杂志》，第 13 卷第 11 期。
⑥ 《陆宣公集》卷 22，《均节赋税恤百姓（第一条）》。

能投入市场出售，交换回自己所需的物品，因此丝绸的生产基本是商品生产。

蚕桑丝绸的商品化在唐代首先表现为丝绸可以充当货币，而货币是作为商品交换的媒介，固定起一般等价物作用的一种特殊的商品。唐代的货币制度实行“钱帛兼行”，即绢帛和铜钱具有同等的货币职能，可以用作价值尺度，交换流通手段，支付手段，贮藏手段等。绢帛作为货币是继承魏晋南北朝的货币制度而来的。当时，自然经济加强，钱币流通量小，往往采取实物如谷、布、绢帛等作为货币，进行交换，尤其在北方，以实物充当货币更为普遍，以至魏文帝黄初二年（221）下令“罢五铢钱，使百姓以谷帛为市”[①]。但为时不久，至魏明帝太和元年（227），“钱废谷用既久，人间巧伪渐多，竞湿谷以邀利，作薄绢以为市，虽处以严刑而不能禁也。……魏明帝乃更立五铢钱，至晋用之，不闻有所改创。”[②] 在南北朝时期，在流通中，依然是钱币与实物并行，在实物中，绢帛的地位加强，谷、布逐渐退出。因此，唐代绢帛作为货币是唐以前货币制度的继承和发展。

绢帛作为货币在唐代有广泛的使用。陈寅恪先生认为：“唐代实际交易，往往用丝织品。”[③] 绢帛作为货币在实际运用中，其数量是巨大的。但绢帛作为货币，有它不便之处，因此，随着商品经济的发展，社会上出现了重钱轻帛的倾向，绢帛有退出流通的趋势，唐王朝一再下令，强调钱帛兼行，钱帛并重，并做出了许多具体的规定，因而，有唐一代，绢帛始终发挥着货币的作用。

其次，在市场交易中，绢帛是主要的商品。长安有东、西二市，东市内“货财二百二十行”，西市“店肆如东市之制”[④]。其中，两市有“绢行”[⑤]，“帛肆”[⑥]，还有卖成品的“衣肆”、“大衣行”[⑦]。在东市附近的宣阳坊有专卖彩色染花丝绸的“彩缬铺”[⑧]。在《房山云居寺石经题记》中载范阳郡工商业

---

① 《晋书》卷26，《食货志》。
② 《三国志》卷3，《明帝纪》；《晋书》卷26，《食货志》。
③ 《元白诗笺证稿》，第252页。
④ 徐松：《唐两京城坊考》，卷3、卷4。
⑤ 《太平广记》卷363，《王愬》。
⑥ 《全唐文》卷692，白行简：《纪梦》。
⑦ 沈阮济：《任氏传》；韦述：《两京记》。
⑧ 孙棨：《北里志·王团儿》。

22行，其中经营绢帛的12行，占半数以上。在《天宝二年交河郡市估案》[1]中载，当地店铺约12行，其中经营绢帛的至少有4家，占三分之一。所经营的丝绸品种多，产地广，有梓州小练、河南府生绝、蒲、陕州絁、益州半臂等来自全国各地的丝绸。在农村的集市贸易中，蚕桑丝绸也是主要的商品，有些地方还形成了“蚕市”。史载：“蜀有蚕市，每年正月至三月，州城及属县循环一十五处。耆旧相传，古蚕蘩氏为蜀主，民无定居，随蚕蘩所在致市居。此之遗风也。又蚕将兴以为名也。因是货蚕之具及花木果药杂物。”[2] 可见无论在城市还是乡村，蚕桑丝绸都是市场交易的主要商品。

丝绸也是唐王朝与周边少数民族及外国进行贸易的主要商品。中国的丝绸就是通过著名的丝绸之路销往中亚细亚以至欧洲各国。在与周边少数民族的贸易中，绢马贸易占有重要的地位。唐前期绢马贸易的主要对象是突厥族。唐太宗时“国家买突厥马、羊，突厥将国家綵帛”[3]。开元年间，在西受降城设置了专门的绢马贸易市场，唐王朝每年用数十万匹绢换取突厥马[4]，可见绢马贸易规模之大。唐后期，回纥成为绢马贸易的主要对象，唐王朝每年用绢从回纥购买大量马匹，多者十万匹，少者数千匹[5]。这是官方购马，如加上民间购马，其数字就更为可观。此外，唐也向吐蕃等族买马。文宗时就用绢5万匹在“河西道”一带购买吐蕃等族马3000余匹[6]。

隋唐五代时期随着蚕桑丝绸业的发展，丝织物在市场交易中相应地占有越来越重要的地位。

三、茶业的兴起

唐五代农产品商品化中最为突出、最具代表性的是茶业的兴起。

茶树是一种经济作物，以茶叶作为饮料起源于何时？学者们众说纷纭，一

---

① 池田温：《中国古代籍帐研究》（录文），第447～462页。
② 黄休复：《茅店客话》9，《鬻龙骨》。
③ 《全唐文》卷40，《赐突厥玺书》。
④ 《旧唐书》卷194，《突厥上》。
⑤ 《新唐书》卷51，《食货志》。
⑥ 《唐会要》卷66，《群牧使》。

般认为，饮茶始于战国秦汉[①]，有明确的文献记载是西汉宣帝时，蜀郡人王褒所写《僮约》，规定僮奴的任务是“晨起早扫，食了洗涤，……烹茶尽具，铺已盖藏，……牵犬贩鹅，武阳买茶”[②]。可见在西汉时，四川地区的封建地主已把茶叶当作饮料，并有茶叶的买卖，茶叶已成为商品。据此，有的学者认为茶最初发现于四川，饮茶的风气，由长江上游逐渐传播至长江下游[③]。由于茶树的生长环境要求气候温暖湿润，排水通畅，多生长于山区和丘陵地带，在秦岭、淮河以南有大量野生茶叶生长。因此，饮茶之风首先是在南方兴起，并主要饮用野生茶。

魏晋时期，饮茶的风习已在南方皇室、贵族和官僚士大夫中流行。如东吴皇帝孙皓，“每飨宴，无不竟日，坐席无能否，率以七升为限，……（韦）曜素饮酒不过二升，初见礼异时，常为裁减，或密赐茶荈以当酒”[④]。孙皓让韦曜以茶代酒，可见饮茶已成为宫中习俗。晋人刘琨在《与兄子南兖州刺史演书》中说：“前得安州干茶二斤，姜一斤，桂一斤，皆所须也。吾患体中烦闷，常仰真茶，汝可信致之也。”[⑤] 这也是饮茶习俗流行的证明。

南北朝时期，南方饮茶之风已颇盛。裴渊说，茶茗“南人以为饮”[⑥]。南齐世祖武皇帝临终前遗嘱，不以牲为祭，“唯设饼、茶饮、干饭、酒脯而已”[⑦]。但在北方，饮茶之风尚未流行，社会普遍认为饮茶为怪异风俗。如南齐王肃奔魏至洛阳，“肃初入国，不食羊肉及酪浆等物，常饭鲫鱼羹，渴饮茗汁。京师士子，见肃一饮一斗，号为漏卮”[⑧]，数载之后，王肃才习惯喝北方的酪浆。给事中刘镐“慕肃之风，专习茗饮，”[⑨] 受到时人的嘲笑。“自是朝贵谯会，虽设茗饮，皆耻不复食，唯江表残民，远来降者饮焉。”[⑩] 这些情况，

① 参见张泽咸《汉唐时期的茶叶》，《文史》，第11辑。
② 《古文苑》卷8。
③ 参见李剑农《魏晋南北朝隋唐经济史稿》，第197～202页。
④ 《三国志·吴书》卷65，《韦曜传》。
⑤ 《全晋文》卷108。
⑥ 《北堂书钞》卷144，《酒食部》引。
⑦ 《南齐书》卷3，《武帝纪》。
⑧ 《洛阳伽蓝记》卷3。
⑨ 《洛阳伽蓝记》卷3。
⑩ 《洛阳伽蓝记》卷3。

说明当时北方饮茶的习惯还没有普及，但已开始有人学习饮茶，在宴会上也设茗饮，饮茶开始传入北方。

唐代在开元年间，饮茶之风在北方已普及，并传入回鹘、吐蕃等周边少数民族。《封氏闻见记》卷6《饮茶篇》说："茶，早采者为茶，晚采者为茗。本草云：止渴，令人不眠。南人好饮之，北人初不多饮。开元中，泰山灵岩寺，有降魔师，大兴禅教。学禅务于不寐，又不夕食，皆许其饮茶。人自怀挟，到处煮饮。从此转相仿效，遂成风俗。……始自中地流于塞外，往年回鹘入朝，大驱名马，市茶而归，亦足怪焉。"论者常据此以为饮茶之风的兴起与禅教传播有关。其实，禅教传播只是饮茶之风兴起的原因之一。饮茶之风所以能普及南北，根本原因还在于茶叶是一种价廉物美、适于广大劳动群众的饮料。饮茶不仅能止渴生津，而且能消除疲乏，振奋精神。陆羽认为饮茶，"茗热渴，凝闷、脑疼、目涩，四肢烦，百节不舒，聊四五啜与醍醐甘露抗衡也。"[①] 而且，茶的价格不高。王敷《茶酒论》说："茶贱三文五碗。"[②] 因此，茶叶非常适合终日劳作的普通百姓、农民在口渴、疲劳时饮用，因而，得以迅速普及。李珏说："茶为食物，无异米盐。于人所资，远近同俗。既祛渴乏，难舍斯须。田闾之间，嗜好尤切"[③]，可见茶不仅是"王公朝士无不饮者，"[④] 而且，像米、盐一样，为百姓日常生活不可缺少，"田闾之间，嗜好尤切"。广大农民尤其嗜好饮茶。茶叶有着广泛的消费基础，正因为如此，可以推想，从隋及唐初全国统一之后，茶叶就在北方中原地区逐渐普及，至开元年间，才会有兴盛的饮茶之风。

至于周边少数民族饮茶，当于茶的消食之功有关。唐玄宗时的毋煚认为饮茶有"释滞消壅"之用[⑤]。李德裕说："茶可消酒肉毒。"[⑥] 宋人程之邵也说："戎俗食肉饮酪，故贵茶。"[⑦] 回鹘、吐蕃等民族饮食为牛羊肉、奶酪，不易消

---

① 《茶经》卷上，《一之源》。
② 敦煌遗书伯二七一八号。
③ 《旧唐书》卷183，《李钰传》。
④ 《封氏闻见记》卷6，《饮茶篇》。
⑤ 《大唐新语》卷11，《褒锡》。
⑥ 《中朝故事》。
⑦ 《宋史》卷167，《职官志》。

化，浓茶有助于消食，因此，唐代边疆各地也盛行饮茶。

由于社会各阶级、各阶层普遍饮茶，茶叶的消费量很大，因此茶叶的生产和制茶业在唐代有迅速的发展。首先是茶树种植技术有很大的进步，唐以前主要饮用野生茶，茶树的种植在南方也有，但规模小，数量少。在唐代，人工种植和栽培茶树已经很普遍。在总结茶叶生产经验的基础上，陆羽写出了历史上第一部关于茶的专著《茶经》。《茶经》写于肃宗、代宗时期，反映了唐前期茶叶生产的情况。《茶经》记叙了茶树种植与土壤、地势、水分、阳光的关系，关于茶树栽培，《茶经》卷上《一之源》说："凡艺而不实，植而罕茂，法如种瓜，三岁可采。"也就是说，茶树栽培可用移栽法，也可用播种法。晚唐五代时人韩鄂所著《四时纂要》中，有关茶树种植和栽培技术的记叙，较《茶经》更为细微、具体，总结了唐后期茶叶的生产经验。《四时纂要》卷2云："种茶，二月中，于树下或北阴之地开坎，园三尺，深一尺，熟劚，著粪和土。每坑种六七十颗子，盖土厚一寸强。任生草，不得耘，相去二尺种一方，旱即以米泔浇。此物畏日，桑下、竹阴地种之皆可。二年外，方可耘治，以小便、稀粪、蚕沙浇拥之，又不可太多，恐根嫩故也。大概宜山中带坡峻，若于平地，即须于两畔深开沟垄泄水，水浸根，必死。三年后，每科收茶八两，每亩计二百四十科，计收茶一百二十斤。茶未成，开四面不妨种雄麻、穄等。收茶子，熟时收取子，和湿沙土拌，筐笼盛之，穰草盖。不尔，即乃冻不生。至二月，出种之。"这里，具体地记叙了种茶的时间，土壤的选择，灌溉施肥、中耕、除草，套种间作，茶叶产量，茶子的采摘、保护和技术处理等，茶树一般适于在山坡丘陵地带生长，而"若于平地，即须于两畔深开沟垄泄水，水浸根，必死。"则指出了平地种茶须注意排水及其具体方法。这些都反映了晚唐五代时茶树种植和栽培的技术较唐前期有很大提高。

其次，茶叶产地的扩大。唐以前，见诸文献记载的茶叶产地并不多。陆羽《茶经》中记载产茶的有44州，可视为唐初至中期的茶叶产地。现在学者根据现存唐宋人著作对唐五代茶叶产地进行统计，有的认为有69州[①]。有的认为，

① 张泽咸：《汉唐时期的茶叶》，《文史》，第11辑。

分布于8道98州，“唐代茶叶产地的分布，已基本具备了今天的规模。”[1] 这些统计，尽管有所不同，但都反映了唐末五代较唐中期茶叶的产地有很大的扩展。

在茶叶产地，茶叶的生产从生产资料的占有方式看，有不同的形式。有官府所属的茶园。穆宗即位敕文云：“诸州府，除京兆河南府外，应有官庄宅、铺店、碾硙、茶菜园、盐畦、车坊等，宜割属所管官府。”[2] 大和九年（835），王涯变更茶法，“令百姓移茶树就官场中栽，摘茶叶于官场中造”[3]。有些官府茶园规模相当大。如长城县顾山，“在县西北四十二里，贞元以后，每岁以进奉顾山紫笋茶，役工三万人，累月方毕”[4]。从役使民工数量之多，可想见茶园的规模之大。也有封建地主的茶园。如陆龟蒙“嗜茶茗，置小园于顾诸山下，岁入茶租十许簿”[5]。他的茶园采取租佃方式经营。九陇人张守珪“居山有茶园，每岁召采茶人力百余人，男女佣功者杂处园中”[6]。这个茶园采取雇工方式生产，从雇工人数看，其规模也不小。在唐代一些产茶区的寺院也有自己的茶园，所产茶叶，多为自用。产茶区为数最多的是茶农经营的小茶园。歙州祁门县，“邑之编籍民五千四百余户，其疆境亦不为小，山多而田少，水清而地沃，山且植茗，高下无遗土，千里之内，业于茶七八矣，由是给衣食、供赋役悉恃此”[7]。泸州“郡连戎僰，地接巴黔，作业多抑于茗茶，务本不同于秀麦”[8]。由此可见，茶农基本上不生产粮食，即“务本不同于秀麦”，而是完全依靠种茶来维持基本生活，交纳赋税，并通过交换来营利。他们是茶业生产的专业户，当时被称为园户或茶户，他们所从事的生产，是农业经济中的商品生产。由于茶叶生产的发展，茶农在农户中占有相当大的比重，祁门县“业于茶七八矣”，比例是高的。文宗太和时，“江淮人什二三以茶为业”[9]。这是

① 王洪军：《唐代的茶叶生产》，《齐鲁学刊》，1987年第6期。
② 《唐大诏令集》卷2，《穆宗即位敕》。
③ 《册府元龟》卷494，《山泽》。
④ 《元和郡县图志》卷25，《长城县》。
⑤ 《全唐文》卷801，陆龟蒙：《甫里先生传》。
⑥ 《太平广记》卷36，引《仙传拾遗》。
⑦ 《文苑英华》卷813，张途：《祁门县新修阊门溪记》。
⑧ 《全唐文》卷772，李商隐：《为京兆公乞留泸州刺史洗宗礼状》。
⑨ 《册府元龟》卷510，《重敛》。

较低的比例。武宗时，盐铁司奏称，“江南百姓营生，多以种茶为业”[①]。如果据上述材料估计，江南产茶区的农户有一半左右专营或兼营茶叶生产，当不为过分。

至于唐代每年茶叶的总产量，由于资料缺乏，难以估计。虽然有的学者认为年产超过亿斤[②]，也有的学者推测年产在2000万斤~4000万斤[③]。两者估计相差甚远，论据也均似嫌不足。从一些重点产茶区的情况看，茶叶产量是相当大的。如：“新安茶，蜀茶也，与蒙顶不远，但多而不精，……岁取数百万斤，”“蒙顶，始蜀茶得蒙顶也。元和以前，束帛不能易一斤先春蒙顶，是以蒙顶前后之人，竞栽茶以规厚利，不数十年间，遂斯安草市，岁出千万斤。”[④]可见仅新安、蒙顶两地产茶即在一千数百万斤以上。《封氏闻见记》卷6，《饮茶篇》说：“其茶自江淮而来，舟车相继，所在山积，色额甚多。”从市场销售的情况，反映了茶产量的巨大。

茶叶有广泛的消费，也有大量的生产，茶叶的贸易相应地非常兴旺，有大量经营茶叶的店铺和贩运茶叶的商人。开元年间，“自邹、鲁、沧、棣，至京邑城市，多开店铺，煎茶卖之，不问道俗，投钱取饮”[⑤]。从史料看，各地设茶店多有反映。如广陵有茶姥，每天卖茶于市[⑥]。阌乡有茶肆[⑦]。甚至吐蕃都有产自淮南寿州、舒州、江南湖州、蕲州以及巴蜀绵州等地的茶叶[⑧]。

由于茶叶产地在南方，茶叶的消费则遍及全国南北，以至周边少数民族。因此，茶叶成为商人在各地区间长途贩运的商品。杜牧说：“茶熟之际，四远商人皆将锦绣缯缬、金钗、银钏，入山交易。”[⑨]“天宝中，有刘清真者，与其徒二十人于寿州作茶，人致一驮，为货至陈留。”[⑩] 即从安徽贩茶至河南。洛

---

① 《册府元龟》卷494，《山泽》。
② 陈椽：《茶业通史》，第56~57页，农业出版社，1984年版。
③ 方健：《唐宋茶产地和产量考》，《中国经济史研究》，1993年第2期。
④ 杨晔：《膳夫经手录》。
⑤ 《封氏闻见记》卷6，《饮茶篇》。
⑥ 《太平广记》卷70，《茶姥》。
⑦ 《太平广记》卷341，《韦浦》。
⑧ 《唐国史补》卷下。
⑨ 《樊川文集》卷11，《上李太尉论江贼书》。
⑩ 《太平广记》卷24，《刘清真》。

阳商人王可久“岁鬻茗于江湖间，常获丰利而归”[①]。四川产茶，北方商人来贩茶的也很多。晚唐“西川富强，只因北路商旅，托其茶利，赡彼军储”[②]。由此可见，唐代茶商很多，其中，有资本雄厚的大商人，也有肩挑车推的小商贩。正是通过商人为中介，茶叶的贸易才广泛开展。

唐代茶叶贸易的发展，出现了两个值得注意的现象。一是在重点产茶区出现了一些集中的茶业交易地点，有类于专业市场。如“婺源、浮梁、祁门、德兴四县，茶货实多”[③]，就是四个茶叶贸易中心。以祁门为例，祁门茶质地优良，“色黄而香，贾客咸议，愈于诸方。每岁二三月，赍银缗缯素衣求市，将货他郡者，摩肩接跡而至”。由于当地交通不便，只好用肩挑或小车运输，为此，当地政府修浚了阊门溪，“不独以贾客巨艘，居民叶舟，往复无阻”[④]，使交通大为改善。由此可见祁门茶叶交易的盛况。白居易在《琵琶行》里写道：“商人重利轻别离，前月浮梁买茶去。”可见浮梁也是茶叶的集散地。其他地区，如今湖南、湖北、福建、四川等，也都有茶叶贸易的集散地。二是茶叶的品种甚多，并且形成了一些“名牌”产品。陆羽在《茶经》卷下《八之出》中，介绍了山南、淮南和两浙诸州所产茶叶，并区分为上、中、下三等。《唐国史补》卷下则更为具体地介绍：“风俗贵茶，茶之名称益众。剑南有蒙顶石花，或小方，或散牙，号为第一。湖州有顾渚之紫笋，东川有神泉、小团、昌明、兽目，峡州有碧涧、明月、芳蕊、茱萸簝，福州有方山之露牙，夔州有香山，江陵有南木，湖南有衡山，岳州有㴩湖之含膏，常州有义兴之紫笋，婺州有东白，睦州有鸠坑，洪州有西山之白露，寿州有霍山之黄牙，蕲州有蕲门团黄，而浮梁之商货不在焉。”这里记述了各地的名茶。这两种现象都反映出茶叶商品化程度有较高的水平。

由于茶叶贸易的日益兴盛，唐后期，政府开始征收茶税，作为解决财政匮乏的措施之一。建中三年（782）九月，判度支赵赞上奏于诸道津要置吏税商

---

① 《唐阙史》卷下。

② 《桂苑笔耕集》卷2，《请巡幸江淮表》。

③ 《全唐文》卷871，外津：《婺源诸县都制置新城记》。

④ 《文苑英华》卷813，张途：《祁门县新修阊门溪记》。

货，“每贯税二十文，竹、木、茶、漆皆什一税一，以充常平之本。”① 但至兴元元年（784）正月即停征。至贞元九年（793）正月，诸道盐铁使张滂：“请于出茶州县及茶山外商人要路，委所由定三等时估，每十税一，充所放两税。其明年已后所得税，外贮之。若诸州遭水旱，赋税不办，以此代之。”德宗同意张滂的奏请，并付诸实行，“自此每岁得钱 40 万贯，茶之有税，自此始也”②。也就是说，从此，茶税作为国家的一项正式税收，每年大约为 40 万贯。唐后期，茶税有所加重，至文宗大中年间“天下税茶，增倍贞元。”③ 茶税成为国家财政的一项重要收入。

五代十国时期，虽然处在分裂割据的局面下，但茶业仍有很大发展，南方诸国都产茶叶，其中以南唐、吴越、楚、蜀等国产量较大。南方茶叶的生产规模较唐代扩大，官私茶园也大大增加。如建州（今福建建瓯）在唐代并无名茶，南唐时茶业发展，建茶名扬天下。史载：“五代之季，建属南唐，诸县采北苑，初造研膏，继造蜡面，既而又制佳者曰京挺。”④ 京挺茶年产五六万斤，并代替江淮名茶阳羡茶成为贡品，可见建茶在五代时产量及质量都有很大的提高。茶业的贸易当时也很兴盛。楚王马殷割据湖南，“听民自采茶卖于北客，收其征以赡军”。马殷又奏请后梁在“汴、荆、襄、唐、郢、复州置回图务，运茶于河南、北，卖之以易缯纩、战马而归”⑤。马殷通过征茶税和茶业交易来满足财政、军事所需，并使湖南富足。扬行密初定江淮，以用度不足，曾派唐令回以茶万余斤往汴宋贸易。北方的统治者也派人到南方购茶，后汉派军将路昌祚到湖南买茶，适逢南唐灭楚，被俘至金陵，后来，南唐将路昌祚放回北方，“给茗荈万八千斤”⑥。五代时茶叶贸易除官方经营外，民间商人也颇多，如周世宗年轻时曾与邺中大商人颉跌往江陵贩卖茶货。此外，和周边少数民族的茶叶贸易也在进行。如吐蕃与西川地区，契丹与南唐都有密切的茶叶贸易往来。

---

① 《旧唐书》卷 12，《德宗纪》。
② 《唐会要》卷 84，《租税下·杂税》。
③ 《新唐书》卷 54，《食货志》。
④ 《茶董补》卷上，引《负暄杂录》。
⑤ 《资治通鉴》卷 266，后梁开平二年。
⑥ 《旧五代史》卷 112，《周太祖纪》。

第二章　土地关系

第一节　土地所有制、土地所有权和土地法

一、土地所有制与土地法——均田制

在唐代的土地关系研究中，土地所有制与唐朝的土地所有权、土地法规是容易混淆的问题。我们在讨论唐代的实际土地关系前，拟先辨析这些问题，并说明本章所使用的这些概念。

唐代的土地所有制或土地关系，是客观存在的封建社会经济关系。它并非单一的，而是比较复杂的、几种土地所有制并存的土地关系。唐朝的各种土地立法则是反映这些土地关系的法律规定。均田制是唐朝土地法的重要部分，它所反映的也是多种土地关系而不是某一种土地所有制。就土地所有权的实际情况而言，当时存在封建土地国家所有制、世俗地主土地所有制、寺院地主土地所有制和自耕农民小土地所有制。国有土地主要有：国家直接掌管经营的屯田、职田、公廨田、驿田、官园林等；地主所有土地主要有：官吏和庶民地主私有的庄田、园苑、牧场和寺院庄田、园林等；农民所有土地主要有：承继祖业的土地、请受于官府的土地、购买的土地和未登籍的私垦地。就土地经营的实际情况而言，当时有自营、自种、出租。就租佃关系而言，主要有：官府与农民之间的租佃、地主与农民之间的租佃、农民之间的租佃、转租转佃等。就直接生产者的人身地位而言，有官私奴婢、部曲、客女等贱民，有具有“良人”身份的自耕农、佃农、雇农，有流亡投附的佃农、雇农。

唐朝的均田制与前朝一样，是封建国家颁行的土地法规，但不是唯一的土地立法。唐朝的法制体系，自武德七年（618）根据开皇法律重新修订以后，基本上是由律、令、格、式四种形式的法律组成。在四种法律中均有关于土地占有的规定，见于《律》中的有户婚律，见于《令》中的有田令，见于《格》和《式》中的有户部格和户部式等。这些规定是互相补充的，共同构成唐朝土地法的基本内容。唐朝的法律自武德至开元，虽然累经修订，土地法也有某些改变，其立法的精神、原则和内容是相同的。

通常所说的唐朝的均田制或均田令，按其内容来说，主要是指唐《令》田令篇，这是它本来的法律篇名，是唐朝土地法的重要部分。但因研究者的理解不同，在使用上存在三种不同涵义的均田制概念：一种是仅指田令中有关官、民、僧道、工商、贱民受田的规定；一种是指田令的全部规定；一种是指律、令、格、式中有关土地占有的全部规定。我们认为，在上述第二种涵义上使用均田制概念，也就是把均田制、均田令与它本来的法律篇名田令作为一个相同的概念使用，较符合当时的立法实际情况。

我们在以后各节中，将根据上述区分，具体阐述作为社会经济关系的土地所有制与反映并影响它的唐朝土地法规。需要特别指出的是，在唐代对土地所有制有重大影响的，除土地法外，还有以户令为主的户籍法，以赋役令为主的赋役法。土地法通过对土地的继承、占有、转让的限制和公田的均平分授，在基本维护地主阶级利益的同时，也极力维持国家赋役的基础自耕农民小土地所有制。户籍法是实施土地法和赋役法的前提，户籍、计账上土地、赋役的登记和统计，是依据土地法和赋役法施行的结果。赋役法的征敛是实行“未受地者皆不课”原则，民户土地的给授首要规定是“先课役，后不课役”。在唐中期，当土地关系因政治、经济的发展而产生变化，特别是广泛出现土地兼并、农民逃亡、无籍无地的佃雇农增多的情况下，使三种立法都不能有效施行，这反过来又会加深土地关系的变化。这种变化是属于经济关系错综复杂的变化，而不是某种单一土地所有制——国家土地所有制向地主土地所有制的变化，或是由均田制向庄园制的变化。同时还须看到的是，在安史之乱以后，户籍法、土地法虽然不能有效施行，但并非全部立即废止。登记户口、土地的手实、户籍仍然在一定时期编造，只不过比唐前期的户籍内容大大简化；公田和无主土地的请授方法仍继续实行，只是不再区分永业、口分、已受田、未受田等。

唐朝的地租形态也是多样的、复杂的，有定额租制、分成租制，有力役租、实物租、货币租。唐前期赋役令规定征收的租庸调，是与地租不同的国家赋税。前者是土地所有权借以实现的经济形态，后者是"以人丁为本"按户按丁征收的赋役。唐朝的法令对此就有明确区分，唐隆元年敕规定："逃人田宅，不得辄容卖买，其地任依乡原价（例），租充课役，有剩官收。若逃人三年内归者，还其剩物。"① 敕文所说的"租充课役"，就是指逃人田地出租后所得的地租，可充作逃人的课役即租庸调，两者的区别是很清楚的。

二、财产所有权的法律规定与公田、官田、私田的区分

为要研究和区分唐代多种复杂的土地关系，分析清楚它们的性质，我们首先需要考察唐朝法律关于财产所有者、所有权的规定和公田、官田、私田的区分。

唐朝法律没有近代法律所用的"所有权"之类的概念，它在表述财产所有者的意义时，是用"主人"一词，简称"主"。当时财物按所有权的不同，基本上分为官府财物和私家财物两类，前者略称"官物"，后者略称"私物"②。在法律上，官、私物所有者有时都简称"主"，但用得较多的，是将官物所有者——官府，简称为"官"，将私物所有者——私家，简称为"主"。如《唐律疏议》规定：

> 诸以赃入罪，正赃见在者，还官、主。

《疏议》解释"还官、主"是："官物还官，私物还主。"③ 在唐代官、私文书中，私物主的用法很多，常见的有：本主、今主、旧主、物主、财主、田主、钱主、舍主、奴主、畜主等。当确认某一财物的主人是官府时，就意味着官府是该物的所有者；当确认某一财物的主人是某一私人时，就意味着他是该物的

---

① 敦煌文献斯1344号，《开元户部格残卷》。

② 《唐律疏议》卷15、卷20。

③ 《唐律疏议》卷4。

所有者。确认官物、私物的所有者，同时也就是确认他们对财物的所有权。私家对私物的合法所有权，法律上称之为“合有”。

私人财产所有权受到唐朝法律的保护。仅从《唐律》的规定来看，私物主的财产所有权也具有类似罗马法规定的私有权的三个特性：绝对性、排他性和永续性。首先，法律严厉禁止以各种方式侵犯私物主的财产的所有权。《唐律》中有关强盗、窃盗财物罪，规定都很详细，惩罚都较重；诈欺官、私以取财物罪，毁损官、私财物罪等等[①]，常常比附强盗、窃盗罪判刑。其次，法律规定私物主的财产有受法律保护的支配权，如使用、出售、赠送、遗嘱处置、子女继承等权。第三，法律规定私物主的财产只有家长才有支配权，同居卑幼家属不能擅自动用、买卖田财[②]。遗产的继承，不论遗嘱继承或是法定继承，法律规定男子都是主要继承者。这说明当时的私人财产所有权具有父家长制特征[③]。

唐代私人财产所有权虽然具有绝对性，但也不是毫无限制的。正如罗马奴隶制时代的私有权有一定限制一样，唐朝法律对私人财产所有权也规定了若干限制，主要有：犯谋反及大逆罪者，“部曲、资财、田宅并没官”[④]；法律规定的“禁物”甲、矛等和“禁书”兵书、天文图书等，“私家不合有者”，私人都不得制造、购置、收藏[⑤]；营造舍宅、坟茔等，不得违背有关规定，也不得侵占街巷道路或穿墙排污[⑥]；公私共用的山泽陂湖之利，私人不得占固[⑦]；禁止略卖良人、贱民，禁止压良人为贱民，压部曲、客女为奴婢[⑧]。此外，我们在下节详述的关于土地占有、买卖、继承方面的限制，也是法律限制私人所有权的重要内容之一。

在唐朝官府文书上常见的“公田”、“官田”、“私田”，基本上是根据土地

---

① 参见《唐律疏议》中《贼盗律》《诈伪律》《杂律》等。
② 《唐律疏议》卷12，《户婚律》；《宋刑统》卷13，引唐《杂令》。
③ 参见本章第五节户籍制度部分。
④ 《唐律疏议》卷17，《贼盗律》。
⑤ 《唐律疏议》卷5，《名例律》；卷16《擅兴律》；卷19《贼盗律》。
⑥ 《唐律疏议》卷26，《杂律》。
⑦ 《唐律疏议》卷26，《杂律》。
⑧ 《唐律疏议》卷12，《户婚律》；卷20，《贼盗律》。

所有权的不同来区分的。

在唐朝颁行的《律》《令》中，明确地使用了“公田”、“官田”、“私田”三个概念，用以区分不同的土地。但是，有时“公”与“官”是作同义词使用，有时“公田”又包括了“官田”。于是在法律规定中，既有以“公田”、“私田”来区分所有的土地，也有以“官田”、“私田”来区分所有的土地。如户婚律规定：

诸盗耕种公、私田者，……苗子归官、主。①

“公田”属于官府，盗耕种公田所得农作物归于“官”，“私田”属于私人地主，盗耕种私田所得农作物归于私田“主”。但在杂律及疏议中又规定：

诸于官、私田园，辄食瓜果之类，坐赃论；……即持去者，准盗论。

问曰：官田宅，私家借得，令人佃食；或私田宅，有人借得，亦令人佃作，人于中得宿藏，各合若为分财？

答曰：……其借得官田宅者，以见住、见佃人为主，……其私田宅，各有本主，……合与本主中分。②

在这些律文中，土地又明确区分为官田、私田两类。在唐《令》中，“官”与“公”有时则作为同义词使用：

诸州界内，有出铜铁处，官未采者，听百姓私采。……其四边，无问公私，不得置铁冶及采铜。自余山川薮泽之利，公私共之。③

从上可见，要确切了解唐朝法律有关土地所有权的规定，需要根据律、令各条规定的具体内容，来分析各类公田、官田、私田的实际区别。一般说来，法律及其他官府文书提到的“公田”，大致包括了官田、还公田、无主荒地。官田的种类，据《通典》记载的工部屯田郎中的职掌有：

掌屯田、官田、诸司公廨、官人职分、赐田及官园宅等事。④

除赐田外，这里所说基本上都是官田。其中单独提及的“官田”，是指狭义的

① 《唐律疏议》卷12，《户婚律》。
② 《唐律疏议》卷27，《杂律》。
③ 《唐令拾遗·杂令》。
④ 《通典》卷23。

官田庄，如内庄宅使、长春宫使所管庄田等。实际上，其他田都可泛称为官田，如职分田，有时就称“职分官田”①。此外，各地水陆驿站的驿田，诸牧监所管的牧地，也属于官田、官地。

官田属于公田范围，但不是所有公田都是官田。户绝田、逃死户田、民户还公田、无主荒地，都属于公田而不是官田。这些田与官田的区别是：还公田等归官府管理，用于分授欠田民户；荒地也归官府管辖，供公私垦辟之用；官田是官府直接经营，收取地租。民户还公田在改授给其他民户前，或分授民户后有剩余时，一般是由里胥出租，其地租充作逃死户的课役。

私田的范围大致包括官吏与百姓的永业田、口分田、园宅地、赐田、勋田、籍外田、新垦田等。在户籍上登记的民户“已授田”和不在户籍上登记的民户土地，都属于私田。此外，寺院共有的“常住田”和僧、道个人拥有的土地，也可看作私田一类。《令集解》释日本古代公私田的划分是：“位田、赐田及口分田、垦田等类，是为私田，自余者皆为，公田”；“释云：口分田、垦田等谓之私田也，乘田谓之公田。”② 乘田即剩田，是土地分授后剩余的公田。日本田令对民户的土地不区分永业田、口分田，统称口分田，相当于唐朝的永业、口分地。日本古代明法学家关于日本公私田范围的解释，与唐朝法律关于公私田的区分基本相同。

唐朝法律在表述土地所有者的意义时，也与表述财物所有者的意义相同，是用“主人”或“主”。它对公田（官田）、私田的区分，与对官物、私物的区分一样，是根据所有权的不同，同样在表述官田所有者的意义时是用“官”，表述私田所有者的意义时是用“地主”，有时简称“主”。如前引《唐律疏议》户婚律规定的：“诸盗耕种公、私田者，……苗子归官、主。”就是这类用法的例证。其他文书也常用“主”字来表述“私田”所有者的意义，如“田主”、“园主”、“桃（葡萄）主”、“本主”、“今主”、“有籍无主田”、“无籍无主田”、“主、佃人姓名”，等等③。这与官物所有者称“官”，私物所

① 《唐律疏议》卷13，《户婚律》。

② 《令集解》卷12，《田令》公私田荒废条、口分田条集解。

③ 池田温：《中国古代籍帐研究》（录文）；《吐鲁番出土文书》。

有者称“主”是完全相同的。私物主与私田主之称，都同样表示他们对自己的私物或私田，拥有私人所有权。

法律关于土地中发现埋藏物的所有权规定，不论在东方或是西方古代法律史上，都是土地所有权发展程度的重要表现。从古代罗马法的立法历史来看，地下埋藏物的所有权，在罗马共和国时期，有时是规定归国家所有，有时是规定归土地所有者所有。到罗马帝国时期，随着经济和法律关于土地所有权规定的完善，才规定在自己土地上发现的归自己所有；在他人土地上发现的，由发现者与土地所有人分享所有权；在政府土地上发现的，一半归政府；在无主土地上发现的，所有权归国库享有①。《唐律疏议》在这方面也有清楚的规定：

> 藏在地中，非可预见。其借得官田宅者，以见住、见佃人为主；若作人及耕犁人得者，合与佃、住之主中分。其私田宅，各有本主，借者不施功力，而作人得者，合与本主中分。借得之人，既非本主，又不施功，不合得分。②

这条规定说明，私田主拥有相当充分的土地所有权。按照此条规定的精神，如果不是他人而是自己发现埋藏物，其所有权完全归自己。如果是他人（如雇佣的作人）发现埋藏物，则由发现者与田主平均分享所有权，租借者不能分享。至于官田宅发现埋藏物，法律规定：“以见住、见佃人为主”，这是官府对地下财物所有权所作的让予；这里所谓“为主”，是法律特许临时“为主”之意，不是“正主”之主的意思。这与《唐律》中关于借他人马畜犯罪，要按“临时专制亦为主”的精神处理是相同的。唐朝法律的这些规定，基本上与罗马帝国时期的规定相同。在官田地下财物所有权的规定方面，唐朝法律承认和给予借住、借佃者、发现者的权益，比罗马法规定的还多。而后期罗马法关于土地所有者对其地下埋藏物发现后也拥有所有权的规定，被认为是土地所有权的进一步的重要发展。唐朝在这方面的规定，无疑也是土地所有权的重要发展，是对私田主的土地所有权的更进一步的确认。

---

① 周枏等编：《罗马法》，第168页，群众出版社，1985年版。

② 《唐律疏议》卷27，《杂律疏议》。

三、"私田"主的土地所有权

唐朝法律明确区分并肯定"私田"的存在，那么法律关于"私田"主的土地所有权有怎样具体的规定？法律对它又有哪些限制？民户"私田"中有部分土地依照均田令进行还授与私田主的土地所有权有何关系？下面我们将讨论这些问题。

（一）民户"私田"土地所有权的特征

唐代施行均田制时期对民户是实行"准口授田"，也就是按照田令规定的户内应授田口，分别计算应受田额（最高占田数）和在当地可以实际请授的土地数额。实际上民户请授土地，土地的给授，欠田、退田的统计，户籍上土地的登记，都是按户办理。武德令所说："世业之田，身死则承户者便授之，"就是指户主死亡，土地由承做户主者继承。给田文书上县令签注将某一段土地"给某某充分"，有许多就是写的户主名字，并不都是应授田者本人。退田文书也是一样，基本上只写户主的名字。《令集解》释令文"应还公田，皆令主自量为一段退"时说："令主，谓户主"。"主，谓户主。……若然者于逃亡人，何人可称主？又户主死者何？答：身死、逃亡人等，皆以户主可云主耳。"① 这与唐制是一致的，它使我们明白法律规定的"地主"同时就是户主②。这对我们了解唐代法律关于土地所有权的规定是很重要的。

唐代的私人财产权是同家长权结合在一起的，同样私田土地所有权也是同家长权结合在一起的。而且在某些方面，比其他私人财产权更多地表现出父家长制的特征。按照唐户令规定，户主一般是以家长为之。据唐杂令规定：

> 诸家长在（在谓三百里内非隔阂者），而子孙弟侄等不得辄以奴婢、六畜、田宅及余财物私自质举，及卖田宅。……若不相本问，违而辄与及买者，物即还主，钱没不追。③

《唐律疏议》规定：

---

① 《令集解》卷12，《田令》还公田条集解。

② 官府授田给民户是给予户主，而不是户内其他有授田资格的个人，西嶋定生先生最早指出了这点。参见他的《从吐鲁番出土文书看实施均田制的状况》一文。

③ 《宋刑统》卷13，《户婚律》。

凡是同居之内，必有尊长。尊长既在，子孙无所自专。若卑幼不由尊长，私辄用当家财物者，十匹笞十，十匹加一等，罪止杖一百。①

从律、令所作的这种规定，可知法律确认的私田田主就是作户主的家长，不是户内已受田的人都可称为地主。反映在户籍登记上，民户的已受田区别了永业、口分田，却不具体区分哪些田是谁的口分。对于户内各受田人来说，土地不论是永业田还是口分田，都是本户的“私家之地”②。只有家长才对土地有支配权，同籍其他家属均不能私自用财和处置土地。家长对财产、土地的绝对支配权是家长制能长期维系的基础，受法律维护的家长权又反过来加强了家长对财产、土地的支配权。因此唐代的土地私有制，实际上是一种家长制的私田所有制，它对法律有关私田土地所有权的规定，自然产生很大的影响。

（二）民户土地所有权的确认和取得方式

唐前期确认民户的土地所有权，是以户籍所载田籍为凭。如果妄认他人之田为已地，并向官府申报登于本户籍上，就要按“盗贸卖”罪惩处③。民户之间发生土地所有权纠纷，也以户籍所载田籍为断。民户土地的所有者发生变更，要由官府在双方的户籍上改写田地亩数、地段和主名方为有效，这就是所谓的“除籍”、“附籍”。当时民户取得土地所有权的方式有如下几种：

（1）民户户内的承继，如父死子继，或诸子分产析户，其土地主名在户籍上随之改变，因而正式获得土地所有权。

（2）民户之间合法的土地买卖，土地由甲户转到乙户，“凡卖买皆须经所部官司申牒，年终彼此除附，”④ 即在两户的户籍上一方削除，一方登附。

（3）民户从官府请授到土地，并经官府正式登入自己的户籍。

（4）民户私自开垦无主荒地，先是在事实上占有该地，以后获得官府承认，正式登入本户籍上⑤。

---

① 《唐律疏议》卷12，《户婚律疏议》。

② 《庸律疏议》卷13，《户婚律疏议》。

③ 《庸律疏议》卷13，《户婚律疏议》。

④ 《通典》卷2，《田制下》。

⑤ 参见《唐令拾遗·考课令》和《田令》。

(5) 民户向官府借佃逃亡户土地，在规定年限内逃户未归，该土地就归佃耕民户所有。这是因时效而取得土地所有权[1]。

(三) 法律关于私田主的土地权益的规定

1. 不受他人侵犯权。

《唐律疏议》规定：

诸盗耕种公私田者，一亩以下笞三十，五亩加一等，……罪止徒一年半。

诸妄认公私田若盗贸卖者，一亩以下笞五十，五亩加一等，……罪止徒二年。

诸在官侵夺私田者，一亩以下杖六十，三亩加一等，……罪止徒二年半。园圃加一等。

诸盗耕人墓田，杖一百；伤坟者徒一年。即盗葬他人田者，笞五十，墓田加一等。[2]

诸于官私田园，辄食瓜果之类，坐赃论；弃毁者，亦如之；即持去者，准盗论。

诸弃毁官私器物及毁伐树木、稼穑者，准盗论。[3]

唐律关于侵犯私田所有权罪的规定，基本上与侵犯私财物所有权罪的规定相同，而且有的就明确规定要比附盗私财物法量刑。例如，亲属盗耕种田罪，法律规定："各依服纪，准亲属盗财物法。"妄认公私田罪，法律规定："妄认者，谓经理已得；若未得者，准妄认奴婢、财物之类未得法科之。"但是，法律也注意到土地是不动产，财物是动产："田地不可移徙，所以不同真盗，故云'盗耕种公私田者'"。"地既不离常处，理与财物有殊，故不计赃为罪……"。由于有动产与不动产的这种区别，虽然对侵犯私田所有权的行为也定为"盗"罪，在量刑上却比真盗罪要轻，并且区分为"盗耕种"、"妄认"、"盗贸卖"三种主要犯罪行为[4]。这就既维护了私田的所有权，又考虑到土地

① 参见下述唐朝法律有关所有权的时效规定。
② 以上见《唐律疏议》卷13，《户婚律》。
③ 以上见《唐律疏议》卷27，《杂律》。
④ 以上均见《唐律疏议》卷13，《户婚律疏议》。

是不动产的特点。

除了上述私人侵犯私田所有权罪定为盗罪外，法律还制定了一种“在官侵夺私田”罪，其惩处比私盗罪重得多，这是为了防止官员“居官挟势”侵夺民田。如果官员“将职分官田贸易私家之地”，也要按私人盗贸易他人田治罪。所谓“百姓所有私田，皆力自耕垦，不可取也”①，就说明国家承认私田所有权是不能侵犯的。

上述法律也维护田主私田上的作物所有权和收益权，有辄食、毁弃、持去者，都要“准盗论”、“坐赃论”。私田上的作物同样有不受他人侵犯之权。

2. 出卖、抵押权。

民户的私田，唐朝法律规定在下述情况下可以出卖：“诸庶人有身死家贫无以供葬者，听卖永业田，即流移者亦如之。乐迁就宽乡者，并听卖口分(卖充住宅、邸店、碾硙者，虽非乐迁，亦听私卖)。”“若从远役外任，无人守业者，听贴赁及质。其官人永业田及赐田欲卖及贴赁者，皆不在禁限。”②

仅从唐朝法律允许的土地买卖而言，民户的土地基本上都可以出售、抵押。在均田制施行的唐前期，民户土地的买卖是普遍的。《新唐书·食货志》叙述开元年间禁止买卖土地的原因说：“初，永徽中禁买卖世业、口分田。其后豪富兼并，贫者失业，于是诏买者还地而罚之。”这正说明，法令禁止不住非法的土地买卖，至于合法的买卖就更不用说了。武则天大足元年，李峤在上谏中说：“天下编户，贫弱者众，亦有佣力客作，以济糇粮；亦有卖舍贴田，以供王役。”③ 同时期的狄仁杰也在上疏中说：“比缘军兴，调发烦重，伤破家产，剔屋卖田，人不为售。”④ 前者讲的是全国情况，后者讲的是山东情况。到开元、天宝之际，这种情况就更为严重。由此可以看到，土地的合法买卖与非法买卖都广泛存在，它作为土地所有者私人财产的一部分，与其他财产一样可以出售、抵押。

民户的土地不仅可以出售，还可充作借债的担保物。在吐鲁番出土的一批

① 《旧唐书》卷98，《李元纮传》。
② 《通典》卷2，《田制下》。参见《唐律疏议》卷12；《唐令拾遗·田令》。
③ 《唐会要》卷49，《像》。
④ 《新唐书》卷115，《狄仁杰传》。

“举钱契”中，常见有以口分田作保的借契。如武则天长安三年（703）曹保保举钱契：曹借史玄政铜钱320文，契约规定，到期本利“如延引不还，及无本利钱可还，将来年辰岁石宕渠口分常田贰亩，折充钱直。”[①] 高昌地区是实际授田标准低的狭乡。这里的民户土地都能用于折偿债务，其他宽乡地区的民户土地就更可想而知了。

3. 继承权。

有无土地继承权，是我们考察唐代民户的私田是不是具有私人所有权的重要内容。马克思指出：“同所有一般的民法一样，继承法并不是一种原因，而是一种结果，是从现存社会经济组织中得出的法律结论，这种经济组织是以生产资料即土地、原料、机器等的私有制为基础的。”因此，马克思认为：“我们在考察继承法时，必然要假定生产资料的私有制继续存在。如果私有财产在人们生前已经不存在，那么它就不会被人转让，同时也不会在人死后从死者那里传给别人。”[②] 我们对唐代的继承法，特别是土地的继承法，也应从这种观点进行研究。

唐朝法律关于民户土地的继承，也与其他财产的继承一样，有法定继承和遗嘱继承两种规定。据唐户令应分条规定：

> 诸应分田宅及财物者，兄弟均分。……兄弟亡者，子承父分（继绝亦同）。兄弟俱亡，则诸子均分（其父祖永业田及赐田亦均分，口分田即准丁中老小法。若田少者，亦依此法为分）。……寡妻无男者，承夫分；若夫兄弟皆亡，同一子之分（有男者，不别得分，谓在夫家守志者。若改适，其见在部曲、奴婢、田宅，不得费用，皆应分人均分）。[③]

唐丧葬令户绝条规定：

> 诸身丧户绝者，所有部曲、客女、奴婢、店宅、资财，并令近亲（亲依本服，不以出降）转易货卖，将营葬事及量营功德之外，余财并

① 《吐鲁番出土文书》第7册，第453页。
② 马克思：《总委员会关于继承权的报告》，《马克思恩格斯全集》第16卷，第414、415页。
③ 马克思：《唐令拾遗·户令》；《宋刑统》卷12；《唐律疏议》卷12。

与女。（户虽同，资财先别者，亦准此）无女均入以次近亲。无亲戚者，官为检校。若亡人存日，自有遗嘱处分，证验分明者，不用此令。[①]

综合上述两条唐令的规定，可以看到遗嘱继承优先于法定继承，凡死者生前“自有遗嘱处分”时，就“不用”令文有关法定继承的规定。在法律上确认遗嘱继承先于法定继承的原则，在各国历史上都是私有制进一步发展的结果。古罗马时代的继承法，在经历了漫长的演变后，最后才由法定继承为主，变为遗嘱继承为主，法定继承为辅。近代资本主义国家的遗嘱继承权，就是承袭罗马法而来。马克思认为，这种遗嘱继承权是“私有制原则本身的恣意的和迷信的夸张”[②]。

唐令对法定继承规定得比较详细，对遗嘱继承没有详细规定。在法定继承的规定中，如应分财产条，是明确地包括了“田宅”在内；在户绝令中，却没有提及土地。因此，死者的遗嘱继承权，是否也可以立遗嘱处理其土地，不是很明确的。根据其他文献资料，土地是包括在遗嘱继承权之内的。日本令全文照抄了上述两条唐令，实行相同的继承法。当时日本明法家在解释绝户田还公问题时就说：“地主存日卖讫者，不可更还；”“卖受直已讫，证验分明者听，不然与亲属并舍施之属，犹还公耳。”[③] 法律既然承认死者生前已出卖土地，或将土地赠给亲属、寺院，都是有效的，自然也会承认他有权在遗嘱中处理自己的土地。在唐代史籍中，也记有遗嘱继承的实例：

永徽元年刘弘基死时，“遗令给诸子奴婢各十五人，良田五顷，……余财悉以散施。”[④] 开元初，姚崇在死前“先分其田园，令诸子侄各守其分。”[⑤]

寺院僧尼私人田宅、财物的继承，也与世俗一样，以遗嘱继承为主，法定继承为辅。大历二年以前，唐朝曾一度规定僧尼亡后，资财官收。大历二年和德宗时期才又规定“依旧，一准律文分财法。”[⑥] 寺院僧尼的遗嘱继承，称之

---

① 《唐令拾遗·丧葬令》；《宋刑统》卷12。又见《白氏六帖事类集》卷22引《户绝令》。
② 马克思：《总委员会关于继承权的报告》，《马克思恩格斯全集》第16卷。
③ 《令集解》卷12，《田令》园地条集解。
④ 《旧唐书》卷58，《刘弘基传》。
⑤ 《旧唐书》卷96，《姚崇传》。
⑥ 《佛祖统记》卷55，《德宗敕》。

为“嘱授”。僧尼死亡，分其财物之前，要先问有无负债、嘱授。如果有嘱授，就要按嘱授处理。所谓“嘱授”，是死者临终时将财物“言嘱手授”与人。奴婢、田宅、车牛等重物和“不可转”的轻物（布帛等），属于“言嘱”处理的东西；衣服用物等可付与的东西，属于“手授”处理的东西。由死者“言嘱”分给众僧的东西，“最后人得”；由死者手授给众僧的东西，“在前者得”。但是，凡是“嘱授”，都是“舍财”，不能有任何条件，也不能“变悔”，否则“嘱授”不能“成就”①。这类“嘱授”的实例，有大中六年《比丘尼正言疏》，其中说：

> 正言自小入道，……今缘身婴风疾，恐僧务多有故用、误用……有少许赒利，充众僧外，请将自出钱买得废安所在万年县沪川乡并先庄，并院内家具什物兼庄内若外若轻若重，并嘱授内供奉报圣寺三教谈论首座……庄悉是自出钱物买得，不忓诸同学等事，并皆无分。今法师为主，一捨永捨生死……②

这份处理田庄的遗嘱虽是大中年间的，其“嘱授”的方式、条件与唐前期寺院内律有关规定是完全相符的，说明它是承袭唐前期寺院的遗嘱继承法而来的。

法定继承是在死者生前没有遗嘱时，其田宅、财物按法律规定的继承法处理。法律规定有土地继承权的人均为男系直系亲属，女子不能继承。兄弟中如有人死亡，则“子承父分”；如果兄弟均亡，则“诸子均分”。但是，土地的继承与其他财产的继承有所不同。其他财物是“诸子均分”，土地中只有永业田实行均分，口分田则按田令规定的丁中老小法分。如果土地少，也按丁中老小法分。法律虽然想对土地继承给予这些限制，实际上民户土地仍实行均分。前引刘弘基分给诸子土地各五顷就是实证，敦煌户籍上有几户的土地是均分继承也说明这点。此外，《令集解》的解释也可参考：“穴云：问：‘口分田何?’答：‘父母之口分田亦放财物作处分耳。或说……但不入财物之文耳。……师说云：口分不入此文，但而准此依法作处分者何。’”③

---

① 参见道宣：《四分律删繁补缺行事钞》。

② 《金石粹编》卷114。

③ 《令集解》卷10，《户令》，应分条集解。

女子不能继承土地，但是法律规定“寡妻无男者，承夫分；若夫兄弟皆亡，同一子之分。”寡妻如果改嫁，其土地等则由户内其他有继承权的人均分，不能费用。

女子只有户内无男继承人或已户绝的情况下，才对土地有继承权。户籍上一些以大女为户主的女户，就属于这一类。女子如已出嫁，法律规定在经营死者的葬事之后，“余财并还女”。开成元年敕文规定：“自今以后，如百姓及诸色人死绝，无男空有女，已出嫁者，令文合得资产。”① 此所谓“令文合得资产”，当系重申唐前期的户令。该敕文还补充规定：“其间如有心怀觊望，孝道不全，与夫合谋有所侵夺者，……不在给与之限。”出嫁女如不尽孝道，与夫合谋夺产的，就取消其继承权。这是继承法在唐后期的发展。

法律还规定，死者如果子女也无，其土地财产则“均入以次近亲”。如果没有亲戚，则收入官府。

唐朝的法定继承土地的规定，虽然是以男系直系亲属为主，但不是只由嫡长子继承。只要是男子，不论是嫡、庶或继嗣，均有同等“均分”的继承权。这一方面说明唐代的法定继承法是比较进步的，另一方面它对私人土地所有权也产生很大影响，是导致唐代私人土地所有权较快转移的重要因素。

4. 私田所有权的时效规定。

唐朝为了鼓励民户耕种逃户土地和招抚逃户还乡，也实行了类似罗马法规定的时效制度。日本养老户令规定：“凡户逃走者，令五保追访，三周不获除帐，其地还公。……户内口逃者，同户代输，六年不获亦除帐，地准上法。”② 此条现存唐令已逸，从下节复原的唐户令中，可以肯定唐户令也有此相同的规定。据唐隆元年敕规定：“逃人田宅，不得辄容卖买，其地任依乡原价（例），租充课役，有剩官收。若逃人三年内归者，还其剩物。”③ 这说明逃户的土地所有权的时效，唐初法律规定是三年，超过三年，其地要还公。如果在三年内逃户复业，其土地仍为逃户所有。因王事没落外藩的人，法律规定：“有亲属

① 《宋刑统》卷12。

② 《令集解》卷9，《户令》户逃走条集解。

③ 敦煌文献，斯1344《开元户部格残卷》。唐隆元年敕文又见《唐大诏令集》卷110，《文苑英华》卷465。

同居，其身分之地，六年乃追。身还之日，随便先给。”①

由于民户逃亡越来越严重，天宝年间唐朝曾规定：“天下诸郡逃户有田宅产业妄被人破除，……应有复业者，宜并却还。”② 这是不限年限远近，凡逃户回乡，其土地、住宅等都要归还。此一规定可能是天宝十四年特别颁发的临时处理逃户土地的规定，不是长期性的立法。从唐后期的规定可以看到，逃户土地所有权的时效，大致在2~5年之间。如广德二年规定：“如有浮客，情愿编附，请射逃人物业者，便准式据丁口给授。如二年以上，种植家业成者，虽本主到，不在却还限，任别给授。”③ 会昌元年规定：“自今已后，二年不归复者，即仰县司，召人给付承佃，仍给公验，任为永业。”④ 到大中二年，上述规定就改为：“五年内不来复业者，便任佃人为主，逃户不在论理之限。”⑤

在唐代，取得土地所有权的时效与土地所有者诉追土地所有权的时效基本上是一致的，而且时期一般是比较短的。在罗马法中，最早曾规定：“凡占有土地（包括房屋）二年，其他物品一年的，即因时效取得所有权。”⑥ 但后来又实行长期时效原则，当事人同住一省的10年，异省区的20年。长期时效与取得时效在时期上的差别，以后逐渐消失，基本上是依长期时效原则处理所有权问题。唐后期对现有民户之间田土、房舍产权纠纷的审理，也有近似长期时效的规定，与对逃户土地的时效规定不同。如长庆二年敕规定，“经二十年以上不论”，即不在论理之限⑦。这是唐前期短期时效规定的进一步发展。

我们从唐代法律关于私田权益的规定，即不受他人侵犯权、耕种收益权、子孙继承权、遗嘱处置权、转卖抵押权、出租权、赠送权和所有权的时效规定等等，可以看出民户对自己的私田拥有私有权。私田的性质应是民户私有的土地，它在本质上与私人支配的其他财产相同。

---

① 《唐令拾遗·田令》;《通典》卷2,《田制下》。
② 《唐会要》卷85,《逃户》。
③ 《唐会要》卷85,《逃户》。
④ 《唐会要》卷85,《逃户》。
⑤ 《唐会要》卷85,《逃户》。
⑥ 《十二表法》第六表，第三条。见《罗马法》第366页。
⑦ 《宋刑统》卷13。

（四）永业、口分田的区分与私田所有权

唐朝均田令规定民户的土地区分为可以继承、买卖的永业田和限制买卖、须要还授的口分田。但是，由于私田是民户拥有私有权的土地，永业田与口分田不仅在上述法律规定的私有权上没有根本差异，而且在实际生活的许多方面也没有很大的区别。首先，从户籍登记来说，不论民户土地的来源是什么，都不按原来的永业、口分田的类别登录，而是根据户内受田人口重新计算，分别登载永业、口分田数，一般是先按每个中、丁20亩永业田数登记，超过部分才计入口分田。这就是说，原先在某民户户籍上是永业田或口分田的土地，经过买卖、继承或户绝、还公改授成为另一民户的土地时，却可能将永业田改登为口分田，口分田改登为永业田。其次，从户内回受继承来说，假如民户土地长期没有增减，户内有成丁、人老、死亡，在每三年造籍时，会依现有应受田人口重新登记土地。这时，原有的口分田会改登为永业田，永业田会改登为口分田。如某户有一丁男，占地百亩，户籍登记应是20亩永业、80亩口分。其子成丁后，土地登记则为40亩永业、60亩口分。如果孙子也成丁，土地登记就是60亩永业、40亩口分。以后，该丁成为老男或死亡，其土地登记又会改为40亩永业、60亩口分，其他情况均可由此类推。在此期间土地如有增减，户籍上的登记也相应改变。唐代民户（主要是农民）占田普遍不足法定数额，土地一般都是户内继承，很少还公的可能。对这些民户继承土地来说，永业田、口分田就没有实际的区别。第三，民户将土地出卖、抵押、出租、赠送、还公，并不因户籍登记区分为永业、口分田而有根本的不同。也就是说，只要符合法律规定的条件，永业、口分田都可以买卖和还公。

有的学者认为永业田、勋田、买田是私有地，口分田是国有地。其主要论据之一是户籍登记时，两类土地因所有权性质不同均严格保持原名不变。此说源出于仁井田陞先生，现在的研究证明是难于成立的①。首先，这种说法很难回答这样的问题：永业田既然本户继承，在户籍上登记时保持原名不变，籍上

① 《唐宋法律文书研究》第十五章，户籍。但是，仁井田陞主张永业田是“无限期永久的土地私有权”的土地，口分田是“有限期的土地私有权”的土地，二者并无根本性质的区别，这与国内一些学者的观点是不同的（参见《中国法制史研究——土地法、取引法》第八章）。

登载的各户永业田应该越来越多。可是，为什么现在敦煌户籍登载的各户永业田都未超过一丁（或当户者）20亩的规定？户内历代继承的多余的永业田到哪里去了呢？其次，户籍上常在同一地段下混合登记永业、口分等地亩数，如大足元年籍载邯寿寿户的第四段地是："一段伍亩，四亩永业，一亩口分；"大历四年籍载索思礼户首段地1顷19亩下面分记了永业、勋田、口分、买田四种土地亩数，都没有具体区分其中哪些是永业、口分等田。如果两类土地有严格区分，户籍为什么会这样登记呢？在这些地段上怎么分别两类土地呢？第三，户籍是据民户手实编制的，如果两类土地在籍上登记是严格保持原名不变，首先在民户呈报的手实上应有严格区分。可是，1962~1972年在新疆阿斯塔那出土的贞观、载初年间手实残卷，均无"永业"、"口分"之名，各户的土地都记作"地一段"若干亩，或"一段×亩常田"。只有哈拉和卓墓群出土的贞观年间手实注有"世业"。这显然是各地里正抄写本里手实的规格不一造成的。在西州各县的户籍残卷上，民户土地都标注有"永业"。由此我们可以明白，籍上的永业、口分田名并非都是原来就有的，它们是官府造籍时才据田令的规定统一计算、区分和加注上的。按照两类土地不变说，就很难解释从手实到户籍的这种变化。至于这些学者列举敦煌户籍上几种类型的田籍都不足为证。一些民户的勋田、买田充作口分田额后仍记为勋田、买田，个别民户多余的永业、口分田仍记为永业、口分田，是与当时的造籍制度、授田制度和转录旧籍时的疏失错误有关，并非因为土地性质不同。

永业、口分田的区分只是户籍上登记的一种形式，在实际上没有区别，最早是日本学者铃木俊先生从唐代户籍研究得出来的重要结论①。我国邓广铭先生也持相同的观点②。但是，由于他们据此推论均田制没有施行，遭到许多学者的反对。现在看来，他们的推论是不正确的，上述见解却不应完全否定。随着均田制度研究的深入，不少学者也采纳了他们这一合理意见来解释新的问题。1969年池田温先生在《〈吐鲁番社会经济资料〉书评》一文中，在谈到应如何解释高昌地区永业田的还授问题时，就认为当地"文书上记载的'永

① 《敦煌发现的唐代户籍与均田制》，《史学杂志》，第47编，第7号。

② 《唐代租庸调法的研究》，《历史研究》，1954年第4期。

业’土地没有田令规定的永业田性质，而所有的退田、给田却都有口分田的性质”，也就是说二者没有实质上的区别[①]。1972年，山本达郎先生在一篇文章中比较研究了开元十年户籍和大历四年手实（户籍）上的田地四至记载后，更得出一个明确的结论：土地的所有者变了，土地四至的记载却没有改写，而且“在法律上区分的土地种类永业田和口分田，在实际上是不加区别地处理的”，即在户籍登记土地时，永业、口分田的名称可以用于同一块田地[②]。堀敏一在《均田制的研究》中，基本上肯定这些学者的意见，同样认为永业、口分田在实际上没有区别[③]。他们这些意见，是值得我们重视的。

四、法律对私田所有权的限制

唐代民户对其土地虽然有私有权，但它与近代资本主义时期的土地私有权是不同的。一个重要的区别是，封建国家通过均田令、户令这样的土地法和户籍法，对土地的占有、转让、继承进行了一定的限制和干涉，并以国家管理和处置的无主公田对民户的土地占有进行调节。同时，国家实行的以“人丁为本”的赋役制度对土地的占有也有很大的影响。从这些方面来说，民户私田所有权虽然具有“绝对性”，却没有资本主义时期法律规定的那样绝对自由的私有权，而是有限制的私有权[④]。

在均田制性质的讨论中，有的学者主要根据法律对民户私田所有权的限制，认为民户土地是国家所有制，或部分是国家所有制。我们在前两节论证了民户拥有的私田所有权，下面就从法律对民户私田所有权的限制方面，作进一步的研究。

唐朝法律对私田所有权的限制，要比对其他私人财产所有权的限制多，归纳起来主要有：

---

① 《史学杂志》，第69编，第8号，第77页。

② 《关于均田制末期敦煌地区土地四至记载的考察》（一），《东方学论集》，第788页。

③ 《均田制的研究》，第187、188页。

④ 日本学者中田熏、仁井田陞、堀敏一等先生都主张唐代均田制施行时期民户私田的私有权是有限制的，不同于近代资本主义时期的绝对自由的私有权。但他们也认为国家权力对土地私有权有极大影响。参见《中国法制史研究——土地法、取引法》第八章，《均田制的研究》第八章。

(一) 土地占有额的限制

田令规定的官、民等各类人的“应受田”额，就是占地的最高限额。《唐律疏议》关于“占田过限”的惩处规定，就是为了实行田令的规定而制定的。此问题我们在后节中将作专门讨论，不在此重复。

(二) 土地买卖的限制

唐朝法律关于土地买卖的限制有几个方面。

一是对卖地者的限制。民户的永业田在家贫无以供葬的情况下可以出卖；赐田及职事官和勋官的永业田均可出卖。口分田在卖充碾硙、邸店及自狭乡迁宽乡时，可以和永业田一样出卖。法律对土地买卖所作的这种限制，并非绝对禁止买卖，只是规定了出卖土地的条件即所谓“应合卖者”[①]。按照这些条件，实际上民户都可出卖其土地，转移土地所有权。比较罗马法关于外省土地所有权的规定，就可看到两者的差别。罗马统治者最初将征服得来的外省土地视为国有财产，占有土地的达官显贵等奴隶主名义上为土地执有人。这种享有永久性耕种权的土地执有人与市民法上的土地所有人不同之处在于，他们不能适用市民法转移土地所有权（耕种权、用益权除外）的规定，也不能起诉要求确定土地所有权。所谓不能适用市民法转移土地所有权的规定，最主要的就是不能用买卖土地方式（拟诉弃权方式）转移土地所有权[②]。由此可见，土地能不能以买卖方式转移土地所有权，是判断土地持有者是否有土地所有权的重要标志。唐朝法律只是对土地买卖加以限制，并非绝对禁止民户以买卖方式转让土地所有权。

在《唐律》中，明确规定了禁卖口分田，却未明确规定禁卖永业田。《疏议》虽然对此作了解释，这条律文还是值得注意的。这是因为官员、勋官的永业田是可以任意出卖的，只是对百姓出卖永业田规定了一定的限制。实际上从法律规定来说，意味着百姓的永业田都是可以出卖的，故不能在律文中规定禁卖永业田。至于禁卖口分田，只能说明国家对这部分土地的买卖限制得更严一些。由于永业、口分田在实际生活中并无区别，而且两者在户籍上登记时可

① 《唐律疏议》卷12。

② 参见《罗马法》第157、160页。

以互换地段，这种限制也只能起有限的作用。

二是土地买卖双方要到官府登记，并经官府认可后在双方户籍上“除附”方为有效。如果“田无文牒，辄卖买者，财没不追，苗子及买地之财并入地主。”① 这是为了防止盗卖他人土地和其他违法买卖，既有维护私人土地所有权的一面，也有限制非法的土地所有权转移的一面。

三是凡是出卖了土地的人不能再向官府申请土地，买地的人不能超过田令规定的限额。即田令规定的“诸买地者不得过本制，……其卖者不得更请。”对买地数量的限制与取消卖地者请田的资格，会影响土地所有权的转移，却不是对土地所有权本身的否定。

（三）土地继承的限制

唐朝田令对民户土地的继承有较多的限制，与户令等有关继承法的规定存在明显的矛盾。如按田令的规定，死者的永业田由户内承户者继承，“口分田则收入官，更以给人”。而按户令的规定，却是永业田诸子均分，口分田准丁中老小法分。户内无男子或户绝，则可由在室女子或出嫁之女继承。我们在后节中将说明，民户普遍受田不足，死者的口分田一般是回受户内受田口，多数情况下不存在还公问题。唐朝的法令常常规定，在特殊情况下地方官府可依“乡法”行事，“不须准令”。在处理民户遗产的继承问题时，多半是遵循本地的习惯，由后人继承。而且，关于口分田还公的规定，主要是武德时期制定的，后来已有修改。我们要从以后已允许户内回授和遗产继承法去考虑，不能把它看成是绝对的，更不能认为唐前期始终实行这一规定。

高昌、敦煌地区部分民户土地的还公，无疑也证明了国家对土地继承的限制。但如我们在后节中分析的那样，高昌地区大部分土地还公的民户是死绝户、逃死户、移住户，只有少数是死剩退田、漏籍剩退田和无劳力耕种退田。这种情况是与高昌地区土地特别少，因而不得不按当地“乡法”实行土地还授有关。民户所退土地不仅有口分田，还有永业田，就是按“乡法”实行土地还授的证明。我们还应看到，在高昌这种地少的地区，即使按“乡法”实行土地还授，死剩退田在全部退田户中也只是极少数，说明多数民户的土地是

① 《唐律疏议》卷13，《户婚律疏议》。

由户内继承和回授。少数民户死剩退田，有的是与赋役有关。我们从下述文书就可看到高昌地区繁重的赋税对土地还授的影响。

1 令狐隆贞欠垂拱四年悬逋米三斗三［升］
2 三合 青科（稞）七斗二升 粟一石四斗
3 牒：玄政今年春，始佃上件人分地二亩半，
4 去年田地曾是索拾力佃食，地子见在拾
5 力腹内。隆贞去年五月身死，地子亦无人受领，今被
6 里正成忠追征，遣替纳逋悬，又不追寻拾力。
7 今年更有事，不敢□词诉，请共拾力等各知纳半，
8 实乃甘服，（中略）请裁。谨牒。①

文书所说有二亩半地的令狐隆贞，在其死后一年多，还未将其土地改授别的民户。死者两亩半土地，每年要纳2石4斗5升3合粮食的赋税，差不多是每亩缴纳一石粮食，显然是很重的。隆贞死后，他欠下的当年地子，“无人受领”，里正要新承佃该地的史玄政替死者缴纳，史玄政认为不合理，向县府申诉，要求与上一年租佃该地的索拾力各纳一半。上述文书说明，某户丁男死亡，没有人继承，其赋税就要由佃种者代纳，包括死者的欠税在内。如户主逃亡，户内有非丁男可以继承其土地，那么其赋税就要同里人代替缴纳。高昌景龙四年一份文书陈述的就是这类情况：

1 （上缺）［口］分常田二亩
2 右上件大女已向北庭逐粮在外，死活不知。昨
3 被前里正左仁德追逐阿弥分地入收授出给。比来
4 阿弥所有户内（缺）钱，恒是本里代
5 出。其户内更两人，户见未绝，地未出，望乞处分。②

由于这一户的税钱是“本里代出”，里正就要“追逐”其分地，转给别户，以便由新户承担税钱。但该户并非绝户，按规定是不能追收其地的。从这件文书我们看到，赋税的征收对土地的还授起着很大作用。高昌地区有少数民

① 《吐鲁番出土文书》第7册，第412页。
② 《吐鲁番出土文书》第7册，第517页。

户土地剩退，一个原因是该户不能承担赋税，需要转授给可以承担赋税的新受田者。

高昌地区的赋税征收对民户土地所有权能产生影响，是与唐朝户令的下述规定有关：户内口逃者，同户代输赋税；全户逃走者，邻保代输租税。逃户土地有的由邻保租佃，代纳赋税；有的承佃还不足以缴纳逃户租税，就将其土地、房屋等出卖[①]。从这种情况来看，高昌地区的民户土地剩退，也不是很特殊的。既然内地的一些地区的邻保能将逃亡户土地出卖，以供赋税，那么高昌地区让部分不能承担赋税的民户退出部分土地，以解决赋税承担问题，也就是很自然的。在这里，我们看到民户土地所有权受到的另一种局限，即民户享有土地所有权的权利是以必须履行国家规定的纳赋服役的义务为前提。当他不能履行这种义务时，就只能以逃亡方式自动放弃土地所有权，或者被迫让出土地所有权。在这种情况下出现的部分民户土地还公，并非民户土地所有权真正转移到官府手中，而是经过官府无偿地转移给别的可以承担国家赋税义务的民户。在这个过程中，民户土地的私有性质并未改变。

（四）对民户土地私有权的其他限制

除上述几方面重要限制外，法律规定的对土地私有权的限制还有：

（1）私田主因犯谋反、大逆罪，土地没归官府[②]。

（2）私田主在均田令限额之外多占的土地和在户籍之外非法“私隐”的土地，国家不承认其土地所有权，一经查出，均要按规定改正[③]。

（3）五品以上官的永业田，不能在狭乡请授，但可以买荫赐田充分。官员有解免、降品、除名的，均按现有身份应得的永业田，追减其永业田和赐田；家内有官爵及少口分应授地的，可以回授[④]。

（4）工商户请占土地限额为农村人户口分的二分之一，“在狭乡者并不给。”[⑤]

---

① 参见《唐会要》卷85，《逃户》。
② 《唐律疏议》卷17，《贼盗律》。
③ 《唐律疏议》卷4，《名例律疏议》。
④ 《唐令拾遗·田令》。
⑤ 《唐令拾遗·田令》。

上述法律规定没收犯反逆罪者的土地和不承认非法占地的所有权，都是国家为惩处违法犯罪行为制定的，是特殊情况。追减贬降除名官员永业田，是因官员的永业田是按官品请占的，它带有行政处罚的性质。对工商户占田的限制，体现了重农抑商思想，企图防止商人兼并土地。所有这些限制，表现了封建国家对土地占有的干预，并非是国家对土地拥有所有权的结果。

综上所述，唐代民户的土地私有权确实受到一定的限制，它是封建政治关系对经济关系的影响的表现，不能因此认为民户的土地没有私有性质。同样，均田令关于永业、口分田的不同规定，也不是由于前者是私有地，后者是国有地。土地作为私有财产继承和买卖，是当时客观存在的经济关系。唐代法律对民户土地区分为永业、口分田，就是企图在承认这种关系和维护土地私有制的同时，又对民户土地的继承、转让、占有进行某些限制，使负担赋役的广大农民能保持一定数量的土地。但是，对土地私有权的各种限制，特别是两类土地的区分和不同的限制，即使起过一定的作用，也不能改变现有的经济关系和民户土地的私有性质。永业、口分田的区分实际上成为土地登记的一种形式而无本质差别，就说明最终是一定的经济关系决定法律内容及其施行，而不是相反。

第二节　国有土地制

一、屯田与营田

（一）屯田的设置、规模和兴废变化

在隋唐五代时期官府管辖的“公田”中，完全具有封建国家土地所有制性质的，是官府直接经营的各种“官田”。屯田与营田是其中规模最大的、组织最严密的一类。它们在各个时期虽然有兴废盈缩的变化，但自隋至五代始终存在；屯田、营田的收入是官府军需及部分财政的重要来源。

隋和唐初继承北朝的屯田制度，在边疆驻军地区设置屯田。这些屯田基本上是军事屯垦性质。如开皇三年（583），朔州总管赵仲卿，“于长城以北，大

兴屯田，以实塞下”[①]。开皇五年（585）继任朔州总管的郭衍，“选沃饶地，置屯田，岁剩粟万余石，民免转输之劳”[②]。大业年间，在陇右河西地区设置河源、西海、鄯善、且末等郡，“谪天下罪人，配为戍卒，大开屯田”[③]。武德年间，在京畿设置了玉田屯监，贞观年间又增设醴泉屯监。河东道的并州、代州、朔州，都曾于武德贞观初，广营屯田，有的“岁致谷十万斛，边粮益饶”[④]。此外，唐初任山南道副大使的薛大鼎，任荆州大总管的王孝恭，也都开置屯田，以实仓廪。

贞观以后，在唐境的北部地区与西北地区，“边境未宁，镇戍不息”，边防驻军大量增加，军需供给紧张困难，屯田的设置遂有很大的发展，有的达到相当大的规模。如黑齿常之在永隆年间“以河源军正当贼冲，欲加兵镇守，恐有运转之费，遂远置烽戍七十余所，度开营田五千余顷。”[⑤] 蓟门的屯田，能“省两河之粟，资三年之费”。到开元时期，唐朝的屯田已遍布七道州县。据《唐六典》记载，“凡天下诸军州管屯总九百九十有二。”今本原注文记各地屯田的设置情况是：

河东道：大同军四十屯，横野军四十二屯，云州三十七屯，朔州三屯，蔚州一屯，岚州一屯，蒲州五屯；

关内道：北使二屯，盐州监牧四屯，太原（?）一屯，长春一十屯，单于三十一屯，定远四十屯，东城四十五屯，西城二十五屯，胜州一十四屯，会州五屯，盐池七屯，原州四屯，夏州二屯，丰安二十七屯，中城四十一屯；

河南道：陈州二十三屯，许州二十二屯，豫州三十五屯，寿州（?）二十七屯；

河西道：赤水三十六屯，甘州一十九屯，大斗一十六屯。建康一十五屯，肃州七屯，玉门五屯，安西二十屯，疏勒七屯，焉耆七

① 《隋书》卷24，《食货志》。
② 《隋书》卷61，《郭衍传》。
③ 《隋书》卷24，《食货志》。
④ 《旧唐书》卷83，《张俭传》。
⑤ 《旧唐书》卷109，《黑齿常之传》。

屯，北庭二十屯，伊吾一屯。天山一屯；

陇右道：渭州四屯，秦州四屯，成州三屯，武州一屯，岷州二屯，军器四屯，莫门军六屯，临洮军三十屯，河源二十八屯，安人一十一屯，白水十屯，积石一十二屯，富平九屯，平夷八屯，绥和三屯，平戎一屯。河州六屯，鄯州六屯，廓州四屯，兰州四屯，南使六屯，西使一十屯；

河北道：幽州五十五屯，清夷一十五屯，北郡六屯，威武一十五屯，静塞二十屯，平川三十四屯，平卢三十五屯。安东一十二屯，长阳使六屯，渝关一十屯；

剑南道：嶲州八屯，松州一屯。

开元二十二年，河南道陈、许、豫、寿（?）又置百余屯；二十五年敕，以为不便，并长寿官田三百四十余顷，并令分给贫人。[①]

今本《唐六典》这段注文，是摘录自开元七年的令、格、式，而非开元二十五年令、格、式[②]。它说明开元时期的屯田，绝大部分在边区，内地很少。这些屯田基本上是军屯，是唐一代军屯设置最多时期。注文中所列太原，属河东道，寿州属淮南道，可能原宋本有误。据《旧唐书》卷八《玄宗纪》，开元二十二年八月，“遣张九龄于许、豫、陈、亳等州置水屯。”这可能就是注文所说“开元二十二年，河南道陈、许、豫、寿（?）又置百余屯”。因此，原注中的寿州可能是亳州之误。《玉海》卷一七七引《唐六典》屯田注文，与上述注文基本相同，唯多各道屯田总数，合计为1041屯。《唐六典》注各屯合计总数实为1039屯，其中可能也有讹误。《唐六典》所云“凡天下诸军州管屯总九百九十有二”，可能未包括各地盐屯、监牧之数。据《通典》卷二记载：“天宝八年（749），天下屯收者百九十一万三千九百六十石。”按亩收一石计算，当有近200万亩土地。而按上述屯数计算，除去盐屯、监牧地，每屯按30顷至50顷计，大致应有300万至500万亩土地。因此，天宝年间的屯

① 《唐六典》卷7，中华书局1992年版点校本。该注文是1973年日本广池学园补订本据宋本补入。

② 参见仁井田陞：《唐令拾遗·序论》。

田，如不是比开元时期有所减少，就是屯田平均亩产量较低。

安史之乱以后，唐朝内外军事形势发生较大变化。吐蕃进占陇右地区，内地藩镇割据，战争频繁，军队扩至近百万。唐朝不仅在新的边境地区开置屯田，也在内地兴置屯田。

在与吐蕃、突厥对峙的西部、北部边境地区，唐朝设置一系列军屯。如刘昌任泾州刺史兼泾原支度、营田等使，"在边凡十五年，身率士卒垦田，三年而军有羡食"①。陇右节度使李元谅，也在贞元年间移镇良原，率军屯田，"岁收菽粟数十万斛"②。长庆年间，杨元卿在泾原地区"奏置屯田五千顷"，至太和年间，纳粟20万石③。

灵武地区的屯田，李听在元和年间，"开决旧渠，溉田千余顷"④。长庆年间，又新置营田600顷⑤。

北边丰州地区振武军的屯田，在元和时期以韩重华为振武西营田和籴水运使，沿黄河地区东西600余里，"垦田三千八百余顷，岁收粟二十万石，省度支钱二千余万缗"⑥。

除边区屯田设置因唐朝边境后撤而发生变化外，更重要的是内地屯田随驻军的增多而迅速发展。

在京畿地区，京兆府及同、华、邠、岐四州，均开置有屯田，如京西的营田，同州的军田，普润县的屯田。规模较大的，则是大中年间任邠宁节度使的毕诚，"召募军士，开置屯田，岁收谷三十万斛，"所垦地当在30万左右⑦。

在都畿及河南地区，新置屯田很多。贞元年间，王翃任东都留守等职，

---

① 《新唐书》卷170；《旧唐书》卷152，《刘昌传》。

② 《旧唐书》卷144；《李元谅传》。

③ 《旧唐书》卷161；《杨元卿传》。

④ 《旧唐书》卷133；《李听传》。

⑤ 《唐会要》卷89。

⑥ 《新唐书》卷53；《食货志》。又见《昌黎先生集》卷21，《送水陆运使韩侍御归所治序》。《资治通鉴》卷239记：元和七年，在振武、天德地区开置营田4800顷，收谷40余万斛。此与《新唐书》《昌黎先生集》所记当为同一事。两书所述屯田域区："东起振武，西逾云州，极于中受降城。"按：云州在河东道，今大同市，疑是云中守捉之误。参阅《中国历史地图集》第5册。

⑦ 《册府元龟》卷503，《屯田》；《元氏长庆集》卷38，《同州奏均田状》；《唐会要》卷57。

“凡开置二十余屯”[1]。其他如元载在汝州开置的屯田，宪宗等时期在东都旧苑内的屯田，都有相当数量。汴州地区，“大梁彭城，控两河，皆屯兵居卒，食出官田”[2]。汴河附近驻军的屯田和汴河漕运因“筑塞两河斗门”问题而发生尖锐矛盾，说明那里的屯田对驻军供给的重要[3]。平蔡后，在新置的溵州任刺史的高承简，“始开屯田，列防庸，濒溵（水）绵地二百里，无复水败，皆为腴田”[4]。

河北道在开元以前就设有屯田。河北藩镇割据后，屯田也在继续。宝历年间，杨元卿为沧景节度使兼营田使，曾上奏朝廷：“营田收廪粟二十万斛，请付度支充军粮”[5]。其屯田规模是相当大的。

在内地屯田发展中，最为突出的是淮南道的楚州、寿州、扬州和江南东道的苏州。这些地区，有的在开元前已有屯田的设置，这个时期则更加发展。楚州的屯田达到5000顷。杜佑为淮南节度使时，“斥滨海弃地为田，积米至五十万斛，列营三十区。”苏州的屯田，“嘉禾大田二十屯，广轮曲折，千有余里”[6]。

其他地区也时有屯田设置。如容州，在元和年间曾有屯田24所。

除上述正规屯田外，唐朝边境镇戍烽铺也有屯田。据唐《令·军防令》：“防人在防，守固之外，……各量防人多少，于当处侧近，给空闲地，逐水陆所宜，斟酌营种，并杂蔬菜，以充粮贮及充防人等食”[7]。开元二十五年唐朝下诏规定：“镇戍可耕者，人给十亩以供粮。方春，屯官巡行，谪作不时者”[8]。镇戍屯田规模，小于正规的军屯。据吐鲁番出土《唐西州都督府上支度营田使牒》[9] 所记三镇四戍，共营田仅拾余顷。烽铺的屯田，则规模更小。

---

① 《旧唐书》卷157，《王翃传》。

② 《沈下贤集》卷5，《淮南都梁山仓记》。

③ 《白居易集》卷66，《判》。《文苑英华》《全唐文》“两河”作“两岸”。

④ 《新唐书》卷170，《高承简传》。

⑤ 《册府元龟》卷503，《屯田》。

⑥ 《文苑英华》卷812，《楚州修城南门记》。《新唐书》卷166，《杜佑传》。《唐文粹》卷21，李翰：《苏州嘉兴屯田纪绩颂》。

⑦ 《唐律疏议》卷16，《擅兴律》。《唐令拾遗·军防令》考订此令为开元二十五年令。

⑧ 《新唐书》卷53，《食货志》。

⑨ 《吐鲁番出土文书》第8册，第219页。

烽指烽燧，铺指马铺。前主放烽，后主传牒[①]。吐鲁番出土开元年间诸烽铺剷田文书，使我们了解到，在唐代边境，除屯田外，还有烽堠、马铺的屯田，其名称为“剷田”。如开元某年伊吾军典王元琮牒：

[　　　　] 狀上

合当军诸烽铺今年剷田壹顷 [　　　　　]②

据《说文解字》《龙龛手鉴》及《齐民要术》《四时纂要》的解释，“剷”，一指锄类农具，一指剷地，即锄地。后者的用法有：“剷地令熟”、“剷去恶根”、“剷荒”等。上述文书所云“剷田”，与农书所说“剷地”、“剷荒”义同，当指不用畜力而以人力锄地[③]。据这些文书所记，每烽所垦土地，大多为五亩、六亩、八亩；每烽以烽子三人计，平均每人只有二三亩，说明大都是在烽铺附近开垦，规模极小。

（二）屯田法规与屯田的经营管理

唐朝对屯田的经营管理，制定有严格的立法和设立有系统的组织机构。立法方面，主要见于唐《令》中的“田令”和唐《格》中的“屯田格”。但因《令》和《格》已佚，现仅可见个别遗文。仁井田陞在《唐令拾遗》中曾复原“屯田令”条文三条，皆为开元二十五年令。这三条令文主要是诸屯设置条、诸屯配牛条、诸营田五十顷外有地剩条。《唐六典》卷七也简录了部分“屯田令”条文，基本上是开元七年令，与开元二十五年令稍有不同。“屯田格”，现今尚可见到的有两条，一是《唐六典》卷七注所引屯田力役程数条，一是《通典》卷十所引盐屯配丁、兵及收率等数条。根据这些法令，我们可以大致看到唐代屯田的组织及其规模。

首先，屯田的设置是由尚书省统管。尚书省工部的屯田郎中、员外郎“掌天下屯田之政令。……其水陆腴瘠，播植地宜，功庸烦省，收率等级，咸取决焉”[④]。在中央统管之下，屯田又分两个系统，一是隶属司农寺的屯田，

① 程喜霖：《汉唐烽燧制度研究》，第230～239页。

② 《吐鲁番出土文书》第8册，第202页。

③ 唐人诗中也屡见此种用法，如元稹《田家词》：“重铸锄犁作斤剷”；聂夷中《田家》：“父耕原上田，子剷山下荒。”

④ 《唐六典》卷7。

一是隶属诸军、州的屯田。

据《唐六典》，司农寺下设京、都苑总监，京、都苑四面监，诸屯监，九成宫总监，统管京畿地区和都畿地区的宫苑及屯等。如贞观四年（635）设置的醴泉监，就辖屯五所。各监有监一人，丞一人；各屯设有屯官（屯主）一人，屯副一人，主簿一人，录事一人，府三人，史五人。“苑内屯以善农者为屯官、屯副，御史巡行莅输”①。“隶司农者，岁三月，卿、少卿循行，治不法者。凡屯田多收者，褒进之”。而屯主之责则是“劝率营农，督敛地课”②。

司农寺所管屯田，至迟在开元年间出现了变化。这就是设置专使来管理宫苑屯田。开元七年（719）任王毛仲为苑内营田使，将原来司农寺的苑内诸监归其管辖。将同、蒲、绛、并州等地的苑内田以及新丰、朝邑屯田，收入长春宫，设长春宫使检校③。姜师度、王铁、李辅国等大臣都曾任过此职。此外，至唐末五代仍存的两京的庄宅使或内庄宅使，也在此时设有了。这些专使所管庄宅庄田称为“官庄”、“官田”、“官宅”等，苑内屯田有的也归其管辖。它们的发展，与不同于军屯的“营田”的发展，在时间上大致相近。

隶属诸军、州的屯田，最早是由地方军政长官都督、刺史等主管。高宗、武则天时期，开始设置“知营田事”、“营田使”，但仍多由地方军政长官及州刺史兼领。各州设有田曹参军事，负责屯田事宜。营田使下则设有副使、判官、巡官等。各屯设屯主（或称屯官）、屯副。据《通典》记载，开元年间全国共有屯主、屯副1984员，其中当包括了司农寺所管屯主、屯副官员人数。如果加上屯主的属吏主簿、录事等人，全国管理各屯的官吏总人数达12000人左右。屯官的选任，在开元七年令中，仅限于前资官、尝选人、文武散官，而在开元二十五年令中，则扩大至“勋官五品以上”，前资官则包括了边境地区州县镇戍八品以上文武官。这反映了当时边区驻军的增加和屯田的扩大，因此不得不扩大屯官的选任范围。

其次，屯田土地的来源与设置规模。按照屯田令的规定，“其旧屯重置

---

① 《新唐书》卷53，《食货志》。

② 《新唐书》卷53《食货志》；卷48，《百官志》。

③ 《唐会要》卷59。

者，一依承前封疆为定。新置者，并取荒闲无籍广占之地”。所谓“荒闲无籍广占之地”，是指在官府籍账上未登记的无主荒闲土地。也就是说，屯田的设置，不能占用有主的已垦土地，包括官府的各类官田与民户的私田。开元年间，李元纮反对在关辅置屯，其理由就是：“今百官所退职田，散在诸县，不可聚也。百姓所有私田，皆力自耕垦，不可取也。若置屯田，即须公私相换，征发丁夫。征役则业废于家，免庸则赋阙于国。内地置屯，古所未有”①。屯田设置，需要连成一片的土地，故在安史之乱以前，除苑内屯田已占之地外，内地一般是不设屯田的。因此，当时屯田土地的主要来源，是归国家管辖的“荒闲无籍广占之地”，即所谓的“公田”。这些土地经国家设屯开垦并登记入官府籍账后，就成了有籍的也即属于官府直接经营的土地，赋予国有土地的性质。

每屯垦种的土地，司农寺为20~30顷，诸军、州为50顷。边州地区，一般按田令规定，50顷设置一屯。如陈子昂奏状所陈甘州屯田，共40余屯，“每（岁）收获常不减二十万（石）”；以亩产一石计，当为200顷，每屯约50顷②。但有的每屯多于50顷或少于50顷。如姜师度在朝邑、河西二县“收弃地二千顷为上田，置十余屯”，每屯则在百顷以上③。元和年间，韩重华在振武军设屯田，“募人为十五屯，屯置百三十人而种百顷”，则每屯为100顷④。

每屯垦地50顷，所用人数多少，因田令有关条文佚失而不甚清楚。但从韩愈所引任振武京西营田使韩重华的奏文来看，既说“田五千顷，法当用人七千”，则平均50顷用70人，正当一屯所用人数。这基本上是按每人耕种地约71亩来制定的。因此，当韩重华将每屯扩至100顷时，用人就为130人。陈子昂在甘州所见屯田，“管户不满三千”，共置40余屯，年收20万石，每屯

---

① 《旧唐书》卷98，《李元纮传》。

② 《陈伯玉文集》卷8，《上西蕃边州安危事》。

③ 《新唐书》卷100，《姜师度传》；《旧唐书》卷185下，《姜师度传》：“凡二千余顷，内置屯十余所。”

④ 《昌黎先生集》卷21，《送水陆运使韩侍御归所治序》。按：《新唐书》卷53，《食货志》记为：“募人为十五屯，每屯百三十人，人耕百亩。”据此，每屯为130顷。唐代每屯一般人耕70亩左右，当以韩愈所述为是。

约50顷，平均每户种地也是70亩左右，每屯大致70户。从“屯田格”规定盐屯每屯配丁50人来看，农业屯田每屯50顷用70人，当是法定数额。

第三，边区屯田所在地区，大多筑有防御性的城堡。如韩重华组织的屯田，长达600余里，皆“就高为堡”，形成“屯堡相望，寇来不能为暴，人得肆耕其中”。杨元卿奏置屯田5000顷，“每屯筑墙高数仞，键闭牢密，卒然寇至，尽可保守”①。屯堡与边境的镇戍烽堠，互相呼应，构成军事防御系统。

第四，屯田所需耕牛、农具、种粮等，均由官府供给。屯田令有关按土质情况及所种作物配给耕牛的规定，说明当时还有许多具体的条例，来保证屯田设置的需要。

（三）屯田上的主要劳动者

军屯的主要劳动者是“屯兵”。《资治通鉴》所说：“前世屯田，皆在边地，使戍兵佃之”，就是讲的唐前期的军屯②。宋白所说：“缘边多隙地，蕃兵镇戍，课其播殖，以助军须，谓之屯田”，也是讲的这类军屯③。天授年间，娄师德检校丰州都督兼知营田事，曾“率士屯田”；黑齿常之任河源道经略大使，“远置烽戍七十余所，度开营田五千余顷”，使用的也是兵卒。唐后期一些屯田，仍多使用士兵。如宪宗时期的苑内营田有“营田兵”；贞元年间，刘昌在泾原“躬率士众，力耕三年，军食丰羡”；大中年间，毕诚在河西“召募军士，开置屯田”④。至于镇戍烽铺的小块屯田，更是用兵士耕垦。根据吐鲁番出土《唐西州都督府上支度营田使牒》，可以了解这类兵士屯田情况：

西州都督府　　　　　牒上　敕[　　　]

合当州诸镇戍营田总壹拾□顷陆　拾□

赤亭镇兵肆拾贰人营□□顷　　维磨　戍□

柳谷镇兵肆拾人□□肆顷　　酸枣　戍□

① 《旧唐书》卷161，《杨元卿传》。

② 《资治通鉴》卷291，广顺三年正月。唐代官文书中，有的就称这类屯田为“军屯”，见《册府元龟》卷488，《邦计部》，长庆四年三月制。

③ 《资治通鉴》卷248，胡三省注。

④ 《册府元龟》卷503；《旧唐书》卷152，《刘昌传》；《唐会要》卷57。

白水镇兵叁拾［ ］营田陆顷 曷畔戍 兵□

银山戍兵［ ］营田柒拾 伍□

（下略）[①]

西州的三镇四戍共营田十余顷，其中柳谷镇兵平均人种10亩，白水镇兵平均人种20亩。这与唐朝规定的“镇戍地可耕者，人给十亩以供粮”基本相符[②]。

在屯田上的劳动者，还有从各地征发服役的“屯丁”和少数罪徒。民丁男被差遣到屯田服役，是色役的一种。如天宝十年（742）曾规定：“京兆府及三辅郡，百役殷繁，自今以后，应差防丁、屯丁，宜令所由支出别郡。”[③] 屯丁一般是以正丁充任，折免其正役、杂役和课赋，但有的也征发中男。开元年间“西州诸曹符帖目”记有：“兵曹符：为差输丁廿人助天山屯事。”[④] 就是以见输课丁即正丁差作屯丁服役。屯丁役期未见记载，但据敦煌发现开元水部式残卷，其中规定：沧、瀛、贝等十州所差海运、平河水手，“宜二年与替，不烦更给勋赐，仍折免将役年与正役年课役。兼准屯丁例，每夫一年各帖一丁，其丁取免杂徭人家道稍殷有者，人出二千五百文资助。”[⑤] 如果屯丁每年除免课役外，还给一丁的资助，其服役期大致也会与海河水手相同，要一年或二年才能替换。水手是每年分四番上役，每番三个月。日野开三郎先生根据屯丁所受资助推测，他们上役时期当增加一倍，为每番6个月[⑥]。这是长期服役的屯丁，此外还有短期服役的屯丁，如西州所差输丁助屯，可能就是这一类。

属于司农寺及地方州府所管的屯田，与军屯有所不同，可以称之为官屯。在这些屯田上的劳动者主要是征发服役的屯丁、官奴婢与雇工。如钟绍京在景龙年间任苑总监，“玄宗之诛韦氏，绍京夜中帅户奴及丁夫以从。”[⑦] 李元纮反对在

① 《吐鲁番出土文书》第8册，第219页。
② 《新唐书》卷53，《食货志》。
③ 《唐大诏令集》卷68。
④ 池田温：《中国古代籍帐研究》（录文），第362页。
⑤ 敦煌文献伯2507《开元水部式残卷》。
⑥ 《唐代租庸调研究》第2卷，第421页。
⑦ 《旧唐书》卷97，《钟绍京传》。

关辅地区设置屯田，因为“若置屯田，即须公私（田）相换，征发丁夫。”[①] 说明京畿、都畿区内的屯田，主要是征用丁夫耕种。这类官田园征用丁夫的情况，从武则天证圣、圣历年间高昌四角官萄园征用人夫的文书可以看得清楚：

文书一：

四角陶（萄）

夫索君贞　令狐磨埴　张小仁　翟安智　猪苟仁

右件人从今月五日差充官陶内

作，频追不到

牒件状如前，谨牒

证圣元年六月　日前官阴名子牒

（下略）

文书二：

四角陶（萄）所

合陶内抽枝、覆盖、踏浆并收拾□枝埋柱等总料得夫玖拾陆人，人各役单功，各合伍日

七　十　七　人　役　讫

一　十　九　人　未　役

合运浆及运枝□料得车牛贰拾伍乘，乘别各一日役，

十　乘　运　浆　役　讫

一　十　五　乘　未　役

右陶内昨准往例料得夫及车牛数各

具件如前，请处分。

牒件状如前，谨牒。

圣历元年十月　日前官史玄政牒[②]

唐朝高昌地区征发民夫服役虽有鞠氏高昌时期徭役制度的影响，但它基本上反映了唐朝征用丁夫在官田园服役的制度，与差遣屯丁服役是同一性质。

① 《旧唐书》卷98，《李元纮传》。

② 《吐鲁番出土文书》第7册，第444、448页。

（四）屯田制度的重要变化和“营田”的产生、发展

唐朝的屯田制度在经历唐前期一百多年的发展后，从唐中期开始逐渐变化。特别是在安史之乱以后，兵役制度、赋役制度、户籍制度及土地关系和军事形势的变化，使屯田制度发生了较大的改变。国家控制的在籍户口，从天宝年间的近900万户骤降至乾元六年间的190余万户，至大历时期也仅恢复到330余万户。户口大批逃亡、死亡，有的州县户口仅及原有的十分之一甚至1%。土地大量荒芜，所谓“河淮之北，千里荒草，自关已东，海滨之南，屯兵百万，不胜征税”①。在这种情况下，出现了“归耕之人，百无其一”，“一夫家食一伍”，“二户资一兵”的严重局面②。为了解决财政困难和军队的粮食问题，唐朝不得不在边区和内地都开置屯田，并改变旧的屯垦制度，以适应新的赋役、兵役制度和土地关系的变化。

首先在军屯方面，唐朝虽然仍用兵士屯垦，但这时的兵士已不是唐朝前期强制检点、轮番服役的府兵之类，而是招募来的具有职业性的长期服役的兵士。募兵制是在开元年间开始实行的。开元二十五年（737）规定：“置兵防健儿，于诸色征行人内及客户中召募，取丁壮情愿充健儿长住边军者，每年加常例给赐，兼给永年优复；其家口情愿同去者，听至军州，各给田地、屋宅。”③ 不仅兵士是募兵，而且可以携带家属在边区落户，他们无疑要被组织起来屯垦。这种办法，实际上在唐前期于岐、豳、泾、宁广大地区设置的8个养马坊中的屯田，就已有施行。“八坊营田一千二百三十余顷，析置十屯，密迩农家，悦来租垦。”“八坊之田，千二百三十顷，募民耕之，以给刍秣。”④ 这类以募兵、募民屯田的制度，仍是军事性质的屯田。安史之乱以后，进一步发展这种制度。许多军屯上的劳动者，都是这类募兵及招募来的民户，贞元三年（787），李泌建议市牛六万余头，“又命诸冶铸农器，籴麦种，分赐沿边军镇，募戍卒，耕荒田而种之，约明年麦熟倍偿其种，其余据时价五分

---

① 《元次山文集》卷9，《左黄州表》。

② 《唐文粹》卷21，李翰《苏州嘉兴屯田纪绩颂》；《资治通鉴》卷237。

③ 《唐六典》卷5。《全唐文》卷31，《令诸道节度使募取丁壮诏》，文字有脱讹，当以《唐六典》引文为是。

④ 《全唐文》卷361，《岐邠泾宁四州八马坊颂碑》；《新唐书》卷50，《兵志》。

增一，官为籴之。来春种禾亦如之。”此建议被德宗采纳施行，“戍卒应募，愿耕屯田者什五六，”“戍卒因屯田致富，……有愿留者，即以所开田为永业”①。李泌的建议，实与开元二十五年实行的募兵及其家属屯垦边区的办法相同。至元和年间，韩重华在振武军，“募人为十五屯，屯置百三十人而种百顷”，就进一步发展了这种募兵、募民进行军事屯田的制度。被招募屯田的人虽非兵士，却在“无事时督习弓矢为战守备，……庶几所谓兵农兼事”②。其他如大中年间任邠宁节度使的毕諴，“召募军士，开置屯田”；王宰在云、蔚、朔三州，“请立耕战三城，募卒六千任其事，务农习战，……至（大中）二年九月，秋成境肃”③。大致上也是前述募兵、募民屯边制度的延续。到一定时期，这些屯田兵士就成为有田产、家属的“土著”士兵，如幽州北榆关的戍兵，“常自耕食，惟衣絮岁给幽州，久之皆有田宅，养子孙”④。这样，我们就看到军屯上的劳动者，由过去轮番无偿服役的士兵、屯丁，演变为由官府供给的募兵与有偿招募的民户。除此之外，仍然还有配流的罪徒用于军事屯田。

其次是官府屯田制度的变化。在这些屯田上的劳动者，也由过去征发的屯丁变为雇民耕种，即所谓“僦募”。建中年间，京兆尹严郢在奏疏中谈到内园雇工种稻情况时说：“其内园丁皆京兆人，于当处营田，月一替……然每人月给钱八千，粮食在外，内园丁犹僦募不占，奏令府司集事，计一丁一岁当钱九十六千，米七斛二斗。计所僦丁三百，每岁合给钱二万八千八百贯，米二千一百六十斛。不知岁终收获几何？臣计所得，不补所费”⑤。《册府元龟》所载内园丁每月雇价高达“八千”文，显然有误。《唐会要》卷89记为每月“给钱八千”文，“计一丁一岁当钱九百六十”文，300人“合给钱二万八千八百贯。”此也有误。两书记载的总数均为“二万八千八百贯”，合每人一月8000文。据唐代雇工价，一般为每月1石粟（折6斗米）左右。德宗时期粮价每斗

---

① 《资治通鉴》卷232。
② 《昌黎先生集》卷21，《送水陆运使韩侍郎归治所序》。
③ 《旧唐书》卷177，《毕諴传》；《金石续编》卷11，《王宰记石》。
④ 《新五代史》卷72，《四夷传》。
⑤ 《册府元龟》卷503，《邦计部·屯田》。

米在 70～150 文之间[①]，因此，当时内园丁月雇工钱大约为 800 文，一年为 9600 文；300 人一年为 288 万文，合 2880 贯。按 800 文 1 石计，一年雇价可购粮 3600 石。每人月食米 6 斗，折粟 1 石；300 人一年食粮 3600 石，总计食粮、雇价为 7200 石。据前引《唐六典》载屯田格规定的功役计算，营稻一顷，需单功 948 日；种禾（粟）需 283 日。屯田一般种粟，法定人种 70 亩，合单功 198 日。也就是说，一人每年计算的功役日为 200 日。则种稻一顷需 4.7 人，平均人种 20 亩多。如果亩产 1.5 石，20 亩产 30 石；亩产 1 石，则只有 20 石。而内园丁每年食粮、雇价为 24 石。这还不包括种子、耕牛、农具及管理官员的费用在内。故严郢说，这些内园丁一年所种的收获，不补所费。严郢所说的虽是内园官田雇工，但他是作为反对在丰州设置屯田提出的，因此他又说："况二千余里，发人出屯田，一岁方替……又每岁人须给钱六百三十，米七斛二斗，"这说明官府经营的屯田，已大量征募民丁。贺兰广在《对屯田佃百姓荒地制》中也说："开都护之屯田，辟天子之县内，且耕且战，岁取十千以饷农"[②]。这是指"诸畿县置屯田"雇民耕种，月雇价是 800 余文，说明这是当时的雇工价。

第三是民屯的发展。由官府组织的民屯，在唐前期已经存在。景龙年间，王晙为桂州都督，"奏罢屯兵及转运，又堰江水，开屯田数千顷，百姓赖之"[③]。既是罢屯兵，耕垦者就只能是百姓了。如开元五年（717）营州都督宋庆礼，"开屯田八十余所，招安流散，数年之间，仓廪充实，市里浸繁"[④]。招流民屯田，其中有民屯在内。安史之乱以后，民屯有较大发展。代宗时期曾命"天下郡国，散置诸屯。……州县闲田，分署农官"[⑤]，是一次较大规模地在内地由州县官府组织民户屯田。李翰在《苏州嘉兴屯田纪绩碑颂》中，详述了这次民屯的组织发展情况。该碑颂说：广德初，"分命诸道节度、观察、

① 参见《李文公集》卷 3；《资治通鉴》卷 232；《陆宣公翰苑集》卷 18。当时京城及关辅地区粮价受供需影响较大，史载此时期的粮价有"米斗千钱"、"粟一斗盈百"、"粟斗直百五十"、"每斗只粜得三十七文"、"米价（每斗）约七十（文）以下"等等。此处的计算，大致依陆贽所说粮价。

② 《全唐文》卷 408。

③ 《旧唐书》卷 93，《王晙传》。

④ 《资治通鉴》卷 211；《旧唐书》卷 185 下，《宋庆礼传》。

⑤ 《唐大诏令集》卷 111，《废华州屯田制》。

都团练使统其事，择封内闲田荒壤，人所不耕者为其屯，求天下良材善政以食为首者掌其务”。这种屯的组织是：“屯有都知，群士为之；都知有治，即邑为之官府。官府既建，史（《玉海》作吏）胥备设。田有官，官有徒，野有夫，夫有任（《玉海》作伍）。上下相维如郡县，吉凶相恤如乡党。”①著名的嘉兴屯田就是当时按此组织建设的最大屯田，由大理评事朱自勉主持，有“大田二十七屯，广轮曲折千有余里”。其中有“公田”，有“私田”；有“屯人”，有“邑人”。朱自勉“朝巡夕课，日考旬会……勤者劳之，惰者勉之，合耦助之，移田救之……元年冬，收入若干斛，数与浙西六州租税埒”②。其中，“屯人”所耕者当是“公田”，邑人耕者当是“私田”。两者都由官府组织，并统称为“屯”，说明屯田制度的变化，它与设置屯主、屯副的军屯组织是不同的。

官府管辖屯田的另一变化，是屯田实行租佃制。这是仿职田、公廨田等官田的租佃制而来。唐代屯田实行租佃制，比较明确见于记载的是德宗贞元元年（785）发布的制文：“天下应荒闲田，有肥沃堪置屯田处，委当管节度使、观察、都团练、都防御等使、刺史，审细检行，以诸色人及百姓情愿者使营佃。如部署精当，收获数多，本道刺史，特加褒升，屯田（官）等节度（级）优赏。”这是代宗之后，再次诏令各地官府利用荒闲田地设置屯田。“营佃”虽非完全肯定都是租佃，但从当时官田广泛租佃情况来看，至少有相当一部分是租佃。所谓“以诸色人及百姓情愿者”，是包括了官、军、民等在内所有在籍的、有田无田的人，它不同于军屯上的募民，民屯上的“屯人”，也不同于后来营田上无籍浮客。这些人营佃屯田，大多只可能是一种租佃的方式。后来广泛发展的“营田”，与这种屯田租佃制有密切关系③。

第四，是“营田”的产生与发展。在唐后期屯田制度的发展变化中，最

---

① 《唐文粹》卷21，李翰：《苏州嘉兴屯田纪绩碑颂》。

② 李翰：《苏州嘉兴屯田纪绩碑颂》。

③ 《陆宣公翰苑集》卷2，《冬至大礼大赦制》。“营佃”，《文苑英华》卷425、《唐大诏令集》卷69作“营田”，当以“营佃”为是。“屯田等节度优赏”，《文苑英华》作“屯官等节级优赏”，今据校改。按：吐鲁番出土大谷文书4915号残卷记有：“浑孝仙纳天宝元年屯田地子青麦贰硕，又吕才艺纳屯田地子青苗壹硕贰斗”（见池田温《中国古代籍帐研究》第446页）。有学者认为这是租佃屯田。但屯丁耕种屯田，缴纳所获也可称为“地子”，故仅此还不能确证天宝时期屯田已实行租佃制。

显著的是所谓的“营田”。宋白与司马光均对此有清楚的概述：

“宋白曰：使臣曰：营田之名，盖缘边多隙地，蕃兵镇戍，课其播殖，以助军须，谓之屯田。其后，中原兵兴，民户减耗，野多闲田，而治财赋者，如沿边例开置，名曰营田。行之岁久，不以兵，乃招致农民强户，谓之营田户。复有主务败阙犯法之家，没纳田宅，亦系于此。自此诸道皆有营田务”。

“（广顺三年正月）前世屯田，皆在边地，使戍兵佃之。唐末，中原宿兵，所在皆置营田，以耕旷土。其后又募高赀户使输课佃之，户部别置官司总领，不隶州县，或丁多无役，或容庇奸盗，州县不能诘。”①

五代、宋初存在的所谓“屯田以兵，营田以民”的区别，大致是从唐后期逐渐形成的。“营田”的含义，原本是营种田地之意，不是专门名词。在唐前期的官府文书中，屯田与营田，有时是作同义词使用，二者并无根本区别。任“营田使”、“营田判官”的官员，也就是管理屯田的官员；而州县属下的“检校营田官”，则是专管督导百姓农事的官吏②。自安史之乱以后，代宗、德宗时期相继在内地设置屯田。这种屯田虽是规定占用荒闲地，使用士兵，或组织流民，或租佃，但实际上往往侵占民田，占役在籍编户，这不仅引起官民矛盾，也影响国家的纳税民户减少。穆宗时期曾规定：诸道所管营田“不合取百姓营田，并以瘠薄地回授百姓浓肥地。其军中如要营田，任取食粮健儿，不得辄妄招”③。敬宗时期，也曾规定：“军屯营种有侵占丁田、课役税户者，宜委御史台切加访察，仍限敕到一月内，每道各具所还州县顷亩，分析闻奏。”④但唐后期的军健，多仰给县官，“不习农桑之业”，募民屯田，往往也须征募现有税户。因此，内地军屯对屯田逐渐更多采用雇工或租佃方式。到宪宗末时期，已经是“天下营田皆雇民或借佣以耕”⑤，经穆宗、敬宗时期，就形成一种与军屯不同的“营田”。

营田在组织管理上，不归州县，而是设立由户部直接掌管的“营田务”

---

① 《资治通鉴》卷248，大中三年八月胡三省注；卷291。

② 参见《长安三年敦煌县录事董文御牒》，池田温：《中国古代籍帐研究》（录文），第343页。

③ 《全唐文》卷66，《登极德音》。

④ 《全唐文》卷68，《御丹凤楼大赦文》。

⑤ 《新唐书》卷53，《食货志》。

来管理。太和六年（832），户部尚书判度支王起，奏请在灵武邠宁“立营田”，“置营田务”[①]。到唐末五代，这种“营田务”组织进一步发展。后唐庄宗同光三年（925），在三白渠“地置营田务一十一”。长兴年间，诸州府的营田都设有“营田务”，京城还有“稻田务”。直到后周广顺三年（953），因营田害民，除京兆府庄宅务等外，“敕悉罢户部营田务，以其民隶州县”[②]。但到宋初，营田务仍存在一段时期。

“营田”上的劳动者，是“雇民或借佣以耕”，前者是雇工，后者实际上就是“募高赀户使输课佃之”，侵占民户土地和国家税户。因此，在后唐长兴时期，曾规定：“凡置营田，比召浮客，若取编户，实紊常规。……诸道营田，只耕佃无主荒田及召浮客”[③]。所谓“浮客”，即非州县所管在籍编户的“客户”，又称“营田人户”。在唐末五代时期，他们是营田上的主要劳动者。后周广顺三年（953）下敕废罢户部营田务时规定：“应诸道州府系属户部营田及租税课利等……并割属州县”；“应有客户元佃系省庄田、桑土、舍宇，便令充为永业，自立户名，仍具元佃桑土、舍宇、牛具动用实数，经县陈状，县司给与凭由”[④]。这道敕文清楚说明，这时期的营田劳动者是客户。官府向他们提供庄田、桑土、舍宇、牛具。他们与官府的关系是“佃”耕关系，向官府缴纳的是“租税课利”。从户部后来增户三万余来看，这些客户营田的土地面积约在百万亩左右。

《文献通考》在谈到五代宋初营田与屯田共同问题时说：“屯田因兵屯得名，则固以兵耕。营田募民耕之，而分里筑室以居其人，……故以营名。”由于营田有时也用民，屯田有时也用兵，因此“屯田营田，实同名异，而官庄之名，最后乃出”[⑤]。营田“分里筑室，以居其人”，并向官庄田发展，是与唐后期私田庄发展趋势相一致的。天福六年（941），晋昌军节度使安审琦于庄宅营田务请射到万年县陈知温庄一所和泾阳县教坊庄、孙藏用庄、王思让庄三

---

① 《册府元龟》卷503，《屯田》；《旧唐书》卷17下，《文宗纪》。
② 《资治通鉴》卷291。
③ 《五代会要》卷15。
④ 《旧五代史》卷112，《周书》，《太祖纪》；《五代会要》卷15，《户部》。
⑤ 《文献通考》卷7，《屯田》。

所，被赐“充为永业，……依例供输差税”①。其后人安守忠于宋淳化二年将其中万年县庄与教坊庄田土庄舍施舍于广慈禅院，前一庄有地 17 顷 34 亩，后一庄有地 40 顷 36 亩。总计达 5700 余亩。从此可以看出，营田务下的营田，已经是以庄为地区，各庄皆有名称，地租收入称“课利”。这类官田性质庄田，一部分转移到贵族、官员手中，成为私人庄田；一部分则被赐予“见佃人户”，也成为私庄田；还有一部分，成为官庄。这都说明，原具有屯田性的营田，带有不稳定性质，是在唐后期至五代时期出现的一种比较特殊的国家土地所有制。

二、职田、公廨田、驿田等诸种官田

隋唐五代时期官府直接经营管理的国有土地，除屯田、营田外，还有各种官田。《通典》卷 23 记唐朝屯田郎中掌管的官田有：“屯田、官田、诸司公廨、官人职分、赐田及官园宅”。其中的“官田”是指屯田、公廨田、职田以外的各种官田，如内庄宅使、太子家令寺所管之田，以及全国 1643 所水陆驿馆的驿封田。实际上，屯田郎中所掌之田，都可称为“官田”，如“官人职分田”，《唐律疏议》就称为“职分官田”②。除此之外，见于记载的还有下列唐朝官府所管的官田、官地：

虞部郎中员外郎所掌苑囿；

司农寺上林署、司竹监、温泉汤、西京东都苑总监、西京东都苑四面监、九成宫总监所掌宫苑、苑囿；

太仆寺诸监、牧所掌牧地、耕地；

宗正寺诸陵署（开元二十五年前隶太常寺）所掌陵区土地；

太常寺太医署所掌药园；

尚寝局司苑所掌园苑；

东宫家令寺所掌庄宅田园，厩牧署九牧监所掌牧地、耕地，司园所掌

---

① 《金石续编》卷 13《广慈禅院庄地碑》。录文中的“营田”、“差务”，据原拓本，应为“营佃”、“差税”。

② 《唐律疏议》卷 13。

园地；

唐前期的庄宅使、长春宫使，唐后期的内庄宅使、西京东都庄宅使、闲厩宫苑使、内园使等所掌庄宅田园。

这些官田占地规模及其管理机构，各时期兴废不一，制度多变。但在隋唐五代时期，均以不同规模、不同形式存在。它们占地的总数，历史虽无明确记载，从某些官田在当时的规模来推测，仍可看到官田占地是极为广大的。

下面分叙职田、公廨田、驿田等主要官田地。

（一）职田、公廨田等官田发展概况

隋朝继承前代，设职田、公廨田，《隋书》卷二四《食货志》载：

"京官又给职分田。一品者给田五顷，每品以五十亩为差，至五品，则为田三顷，六品二顷五十亩。其下每品以五十亩为差，至九品为一顷。外官也各有职分田。又给公廨田，以供公用。"

授给内外官职田，以其田租所入，作为官员俸禄的一部分。隋朝开皇二年（582）这项规定，使职田制度更为完备并表现出等级占有的特点。公廨田的设置当晚于职田。开皇十四年（594）隋文帝据苏孝慈建议，罢出举生利的公廨钱，"诏省、府、州、县，皆给公廨田，不得治生，与人争利"①。这是最早设置公廨田②。

唐承隋制，进一步发展、完善了职田、公廨田制度。贞观、开元时期虽曾一度收回职田给贫下民户，但不久又皆恢复。关于职田数额，武德至天宝前的规定，迄今所见只有开元二十五年令的规定。《唐会要》卷92和《册府元龟》卷505记载的武德元年给内外官职田数，与开元二十五年令相同。日本学者认为那是开元令，并非武德令③。此说似可成立，因为武德元年唐朝建立时还来不及制定这方面的法令。武德四年虽宣布行用开皇律、令，其职田数额应与隋

① 《隋书》卷2，《高祖纪》。

② 《隋书》卷46，《苏孝慈传》："先是，以百寮供费不足，台省府寺咸置廨钱，收息取给。孝慈以为官民争利，非兴化之道，上表请罢之，请公卿以下给职田各有差，上并嘉纳焉。"按：开皇初，已设职田，本传所云"给职田"，当是"给公廨田"之误。

③ 堀敏一：《均田制研究》，第200页。

朝的规定一样。隋朝的职田一品为五顷，九品为一顷，开元令的规定则增加一倍以上。唐朝职田数增加如此之多，显然不会是从开元时代开始的，可能是从唐初修改开皇律、令时就开始增加。景龙四年（710）曾规定：“凡属文武职员五品以下，各加田五亩，五品以上各加田四亩”[①]。每品仅各加四五亩地是不可能的，因此多数学者认为这可能是记载错误。根据敦煌文献中的《职官表》，天宝时期二品到九品的职田数额，比开元令的规定多一些，就说明唐前期职田数额是有变化的，其总的趋势是逐渐增多，至唐后期又有较多增加。

唐朝职田总数，因各时期内外官员人数及其职田数不尽相同，难于准确计算。但《通典》曾记载：“自大历以来，关中匮竭，时物腾贵，内官不给，乃减外官职田三分之一以给京官俸。每岁通计，文武正员、员外官及内侍省、闲厩、五坊，南北衙宿卫、并教坊内人家粮等，凡给米七十万石”[②]。如果这70万石就是外官职田收入的三分之一，那么外官全部职田的收入就是210万石米。一石粟米折粟1.66石，共合348.6万石。按职田每亩最高收租粟六斗计（按元稹所说则是亩收3斗），则外官占有职田581万亩。开元时期，共有内外官18805人（内官2620人，外官16185人），各色胥吏349863人（内职掌35177人，外职掌314686人）[③]。外官人均占田358亩。内外官的比例大致是1∶6，内外胥吏比例大致是1∶9。如按内外官比例推算，内官占有职田数至少在96万亩~100万亩之间，其人均占有职田数应比外官高，可能在400亩以上。加上胥吏中的旅帅、队正副也有职田，因此，唐朝内外官的全部职田总数约在700万亩左右，约占唐朝全国垦田800万顷的1%[④]，而官员人数按户计，则只占全国890多万户的2‰。

职田的来源主要有三：荒地、官地与百姓私田。开元二十五年令规定，京官职田“并去京城百里内给”，“即百里内地少，欲于百里外给者亦听之。”诸

---

① 《唐会要》卷92，《内外官职田》。

② 《通典》卷35。杜佑所说“凡给米七十万石”，可能有部分来自其他收入，但大部分当是出自外官职田。

③ 《通典》卷40。

④ 汪篯：《隋唐史论稿》，第67页。汪先生认为，唐政府实际掌握的垦田为620余万顷，天宝年间实有耕地面积约在800万顷~850万顷之间。

州县职田“皆领所州县界内给”①。这必然要占取部分百姓田地。如田令规定，“亲王出藩者给地一顷作园，若城内无可开拓者，于近城便给。如无官田，取百姓地充，其地给好地替”②。职田的设置，也会如此，或取官地，或取百姓地充。开元十八年“以京兆府、岐、同、华、分、坊州隙地、陂泽可垦者，复给京官职田”③。这是以荒地设置职田。元和十四年三月，“屯田奏：左右神策中尉，准令式，二品官令（合）受田二十顷。请取京兆府、折冲府院戎场……公廨等地七十七顷二十六亩八分数内，取二十顷充前件官职田。依奏”④。这是取其他官田充作职田。

正因职田占地甚多，往往侵占百姓土地，故贞观年间敕书就说：“内外官职田，恐侵百姓。”开元二十九年敕书也说：“京畿地狭，民户殷繁，计丁给田，尚犹不足，兼充百官苗子，固难周济，……宜令所司，具作定额，计应受职田，并于都畿给付。”元和六年诏书说：“百官职田，其数甚广”⑤，仅从元和七年放免元和六年京畿“诸色税草并职田税草共一百一十五万束”，元和十五年放免元和十四年京畿22县所欠百司职田229001石、束、贯，就可看出这些免征的职田已在几万亩或二三十万亩以上。

唐朝的公廨田，据《唐会要》卷93记载，在唐初已有：“贞观元年，京师及州县皆有公廨田，以供公私之费”。开元二十五年《田令》规定的内外诸司公廨田如下表：

1. 在京诸司公廨田

部　门	数额（顷）	部　门	数额（顷）	部　门	数额（顷）
司农寺	26	太子左春坊	11	左右威卫	各5
殿中省	25	工部	10	左右领军卫	各5
少府监	22	光禄寺	9	左右金吾卫	各5
太常寺	20	太仆寺	9	左右监门卫	各5

① 《通典》卷2、卷35。
② 《通典》卷2。
③ 《唐会要》卷93。
④ 《册府元龟》卷507，《邦计部·俸禄三》。
⑤ 《唐会要》卷92。

续表

部　门	数额（顷）	部　门	数额（顷）	部　门	数额（顷）
京兆府	17	秘书监	9	太子右春坊	各5
河南府	17	礼部	8	太子左右卫率府	各4
太府寺	16	鸿胪寺	8	太史局	4
户部	15	都水监	8	宗正寺	3
吏部	15	太子詹事府	8	太子仆寺	3
兵部	14	御史台	7	左右千牛卫	各3
内侍省	14	国子监	7	左右司御率府	各3
中书省	13	京县	7	左右监门率府	各3
将作监	13	左右卫	各6	左右清道率府	各3
刑部	12	太子家令寺	6	内坊	2
大理寺	12	卫尉寺	各5	左右内率府	各2
尚书都省	11	左右骁卫	各5	率更寺	2
门下省	11	左右武卫	各5		

2. 在诸司公廨田

部　门	数额（顷）	部　门	数额（顷）	部　门	数额（顷）
大都督府	40	上牧监	5	上关	3
中都督府	35	上镇	5	互市监	2
下都督府	30	下县	4	诸屯监	2
都护府	30	中牧监	4	上戍	2
上州	30	下牧监	4	中关	2
中州	20	司竹监	4	津	2
宫总监	15	中镇	4	下关	1.5
下州	15	折冲府	4	中戍	1
上县	10	诸冶监	3	下戍	1
中县	8	诸仓监	3	岳	1
中下县	6	下镇	3	渎	1

按上述法令规定各级官府可占公廨田数，在京各官府公廨田总数约522顷以上。在外诸司的公廨田数，据《通典》所记①，开元时期全国共有各级地方官府数是：

① 《通典》卷35，《职田公廨田》。

诸道采访使 15

节度使、经略使、都护府等 17

郡府 328

县 1573

诸折冲府 593

镇 204

戍 393

关 27

除诸监外，仅以上述各级官府数平均按中等官府公廨田数计算，共约占公廨田 23374 顷。加上在京诸司及诸监占有公廨田数，总数约为 24000 顷，占全国 800 万顷耕地的 3‰。公廨田的来源，大致与职田相同。

公廨田的配给是"皆视其品命，而审其分给"，也就是"各准官品、人数均配"[①]。这是因为公廨田的收入是"供公私之费"，也就是一部分供官员的"常食公用"，一部分充外官"月料"[②]。它们与禄米、俸钱、杂课钱、职田地租等成为官员的经常"俸给"。日本《令集解》引《古记》释公廨田是："外官食料给田，谓之公廨田耳。"此说当沿自唐朝，与《通典》所记充外官"常食公用"与"月料"基本相符。日本《弘仁民部格》载天平宝字二年敕："礼乐所兴，唯在二寮。门徒所苦，但在衣食亦是。天文、阴阳、历算、医针等学，国家所要，并置公廨之田，应用诸生供给，其大学寮三十町，雅乐十町，阴阳寮十町，内药司八町，典药寮十町。所司宜准件施行。"[③] 这使我们对所谓"公廨田"收入的用途及其性质，能有更清楚的了解。特别是从当时日本令将公廨田、职田合为"职分田"，并解释二者是同一种田来看，唐朝公廨田、职田收入均为官员所用，两种田在性质上并无根本差别。大历十四年八月敕文曾说："内外文武官职田及公廨田……，近来不守规，多不申报，给付之际，先付清望要官，其闲慢卑官，即被延引不

① 《唐六典》卷 7。

② 《通典》卷 35，《禄秩》。

③ 《类聚三代格》，卷 15。

付。”① 也证明两种田收入用途基本上是相同的。它们唯一的差别，只是职田所入，全归官员个人；而公廨田所入，有一部分要充作官员在官府办公时的“常食公用”。

与公廨田、职田性质相同的还有驿田。驿田也称“驿封田”，日本《田令》称“驿起田”。《唐六典》卷五：“凡三十里一驿，天下凡一千六百三十有九所。（原注：二百六十所水驿，一千二百九十七所陆驿，八十六所水陆相兼……每驿皆置驿长一人，量驿之闲要以定其马数：都亭七十五疋，诸道之第一等减都亭之十五，第二、第三等皆以十五为差，第四减十二，第五减六，第六减四，其马官给）。”② 据开元《田令》规定：

“诸驿封田皆随近给，每马一匹，给地四十亩。若驿侧有牧马之处，匹各减五亩。其传送马，每匹给田二十亩”③。

据此计算，各等驿馆的配马数及占田数是：

都亭	75 匹	3000 亩
一等	60 匹	2400 亩
二等	45 匹	1800 亩
三等	30 匹	1200 亩
四等	18 匹	720 亩
五等	12 匹	480 亩
六等	8 匹	320 亩

若平均按四等驿计算，1643 所驿馆当配马 29574 匹，应占田 1182960 亩，约占全国耕地的 1.4‰。驿田土地来源，由于“皆随近给”，大都是取自官田与私田。

以上所叙职田、公廨田、驿田，总计约在 10 万顷以上，占全国耕地 800 万顷的 1.3% 以上。

---

① 《唐会要》卷92。

② 《唐六典》卷5，各驿总数相加，实为1643 所。《通典》卷33：“驿各有将，以州里富强之家主之（原注：自至德之后，民贫不堪命，遂以官司掌焉。凡天下水陆驿一千五百八十七）”，此是开元以后之制。

③ 《通典》卷2。

职田、公廨田、驿田的管理，在中央主要是由尚书省工部的屯田郎中、员外郎掌管，而田地的占用及地租等征收，则由地方官府主持。职田等的具体管理办法，当在令式中有详细规定。例如职田的占用，《唐六典》注："若应给职田无地可充者，率亩给粟二斗"。日本养老《令》田令规定："凡郡司职分田……狭乡不须要满此数。"注释："《古记》云：问：'狭乡皆随乡法给，如何其意?'答：'准百姓口分之例增减耳，'问：'公廨职田，当国郡无田者，遥受以不?'答：'亦授'"。"《穴》云：……问：'狭乡不足分田……如何?'答：'不足分田，更不给者。'"[①] 日令的规定可能沿自唐朝的规定。如果唐朝也有此规定，那么狭乡地区占田作职分田，也要"准百姓口分之例增减"，即"率百姓口分减数折者"[②]。从《唐六典》注文所说："若应给职田无地可充者"，似也有类似之规定。据吐鲁番出土天授二年天山县主簿高元祯职田案卷之一《知田人郭文智辩辞》：

> 主簿南平职田总有五十五亩八十步。出租已外，见佃廿五亩八十步，总有五段：一段四亩，一段九亩，一段四亩八十步，一段二亩，一段六亩。如后不依此款，求受重罪。[③]

县主簿为九品，当有职田2顷50亩。高元祯共有职田55亩80步，占应有职田的22%。高昌为狭乡，民户应受占田额为60亩。高昌地区欠田丁平均请授田标准（实际占田标准）为10亩，占应受田60亩的17%[④]。从高元祯占有的实际职田数来看，唐朝狭乡地区官员的职田应当实行了"准百姓口分例增减"之法，不是都依田令规定的宽乡数占田。由于官府凭借权势，占民田为官田，"职田侵渔百姓"的情况也势所难免[⑤]。

职田、公廨田的占有，看来也是极其分散的。据吐鲁番出土文书，可以看到：

---

① 《令集解》卷12，《田令》郡司职分田条。

② 《令集解》卷12，《田令》郡司职分田条。

③ 《吐鲁番出土文书》第8册，第156页；池田温：《中国古代籍帐研究》，第322页。此件由72TAM230：68与大谷4940、4937拼合。参见陈国灿《对唐西州都督府勘检天山县主簿高元祯职田案卷的考察》，载《敦煌吐鲁番出土文书初探》。

④ 参见宋家钰：《唐朝户籍法与均田制研究》，第8章第4节。

⑤ 《新唐书》卷45，《食货志》。

（一）天授二年高昌县青苗簿

（1）匡渠：张贞子捌亩半州公廨地　公廨陆亩

……

司马拾贰亩

（2）马寺子堰：

仓曹职官田七亩

（3）某渠第一堰：

都督职田捌亩半

都督职田拾壹亩半

……

县公廨柒亩壹佰步

……

张少府壹亩

……

明府贰亩

（4）匡渠：

县公廨柒亩　　更叁亩

牛参军陆亩

……

（5）索渠第四堰：

县公廨十七亩

（二）如意元年青苗簿

（1）某堰：

县令陆亩　东慧灯寺　西塞　南寺　北□

（2）某堰：

县公廨佐史田拾亩　东康多允　西康倚山　南渠

北渠

县令田贰亩　东县公廨佐史田　西安文通　南渠

北宋神托

……

县令田贰亩　东白赤奴　西道　南张子仁　北和隆

定[①]有　者

上述青苗簿所记职田、公廨田是与寺田、百姓田交错在一起，并不连成一片。例如塞渠某堰的土地，共37.5亩，其中“一十亩官，一十六亩寺，一十一亩百姓”，另一堰土地共十二亩，其中“二亩官，一十亩并百姓”[②]。造成职田、公廨田与百姓土地一样互相交错，是与职田、公廨田有相当部分是从逃户、死户、绝户等的退田而来有关。如开元二十九年高昌县退田簿记：

成化里

[会先给充府田泰]

张调君壹段贰亩常田　城北贰拾□[③]

“给充府田”，就是充郡府公廨田。这说明职田、公廨田的部分来源。只有从退田而来，它们才会如此分散并与民户土地交错。

（二）职田、公廨田、驿田的经营

职田、公廨田、驿田的经营基本上是由州县官府直接管理。《唐六典》卷30：

仓曹、司仓参军掌公廨、度量、庖厨、仓库、租赋、征收、田园、市肆之事。

户曹、司户参军掌户籍、计帐、道路、逆旅、田畴、六畜、过所、蠲符之事。

职田等的出租，地租的催征，是由司户参军主掌，职田的分配及地租等的收纳与支付似为司仓参军主持。如吐鲁番出土天授二年天山县主簿高元祯职田是否占用逃死户田的审理案件，即由西州都督府仓曹及判仓曹参军康义感负责[④]。而开元二十二年赤亭镇将杨嘉麟为职田76亩出租申请公验一案，以及

① 池田温：《中国古代籍帐研究》（录文），第322～333页。
② 池田温：《中国古代籍帐研究》（录文），第322～334页。
③ 池田温：《中国古代籍帐研究》（录文），第410页。
④ 《吐鲁番出土文书》第8册，第145～159页。

同年西州录事王亮申诉职田佃人欠交地子案，则都由西州都督府户曹摄录事参军判处[①]。这说明职田、公廨田等的管理，州府的户曹、仓曹两司，是直接掌管着这类官田，重要事情，州府长官还要亲自过问。

职田、公廨田等的经营方式，主要有以下几种：

第一种方式是出租。

这是主要的经营方式。开元二十五年田令规定诸州县官人职分田“亦借民佃植，至秋冬受数而已”；“已自种者，准租分法。其价六斗以下者依旧定，以上者不得过六斗，并取情愿，不得抑配”[②]。此规定当沿自开元十九年四月敕的规定：

“天下诸州县并府镇戍官等职田四至、顷亩，造帐申省。仍依原租价对定。六斗以下者依旧定；以上者不得过六斗。地不毛者，亩给二斗。”[③]

此敕文是对开元七年以前旧田令中有关职田规定的一项重要修改，至开元二十五年正式修订入新的田令。

根据以上田令规定可以看出，在开元十九年加强了对职田等官田的管理。

首先，规定了各州县官的职田等，要定期将官员所占职田的四至、顷亩造账申报尚书省。其申报格式，已在《式》中作了具体规定。据大历十四年敕：“内外文武官职田及公廨田，准《式》：州县每年六月三十日勘造白簿申省，与诸司文解勘会。至十月三十日征收，给付本官。……又准《式》：职田黄籍，每三年一造。自天宝九年以后，更不造籍。宜各委州县，每年差专知官巡覆，仍造簿依限申交所司，不得隐漏，及妄破蒿荒”[④]。加强职田管理，是为了保证职田等收入，按期付给本官，防止“隐漏”及“妄破蒿荒”。“白簿”是每年一报，主要是地租收入；黄籍则是申报田亩。

其次，是限定租价，最高者不得过每亩6斗，“地不毛者”，官府按每亩二斗付给官员。这说明开元十九年前，有的职田地租量超过6斗。

---

① 《吐鲁番出土文书》第9册，第101、110～114页。

② 《通典》卷2，《田制下》；卷35《职田公廨田》。

③ 《唐会要》卷92，《内外官职田》；《册府元龟》卷507，《邦计部·俸禄三》。今本《唐会要》脱误甚多，此据两书记载校引。

④ 《唐会要》卷92。

第三，职田等“借民佃植”，但要“并取情愿，不得抑配”。据“开元二十年（732）正月至三月西州天山县到来符帖目”有：

仓曹符：为宴设及公廨田萄不高价抑百姓佃食讫申事。

户曹符：为宴设及公廨田萄等顷亩依旧价□。

［镇］戍官职田不得抑令百姓佃食处分讫申事。

镇戍见任官职田非抑百姓租并迟由同上事。①

这是西州地方官府执行开元十九年四月敕文规定，核查当地官府、官员职田、公廨田等的租价及有无抑令百姓佃食的情况的报告记录，说明开元十九年以后，唐朝确实加强了这类官田的管理。

根据吐鲁番出土文书，职田等出租的情况基本上是分配给民户租佃，其租额多不相同。今引下述三件文书进行分析：

（一）高昌县史成忠帖

高昌县

一段九亩杜渠　亩别麦、粟各七石二斗四亩㲋车　佃人张玄应

一段三亩卅步樊渠　亩别麦、粟各一石二斗五升佃人成嘉礼

一段一十二亩樊渠　亩别麦、粟一石一斗五胜（升）　四亩佃人王玄艺　四亩佃人朱文行　二亩赵洛胡　二亩令孤贞信

一亩半一十步樊渠　亩别麦、粟各一石一斗四升佃人张信泰

三亩樊渠　亩别麦、粟各一石三斗

（中略）

右件人并佃田参军地，帖至仰即送地子

并㲋。限帖到当日纳了。计会如迟，所由当

杖。六月五日史成忠帖。

尉张②

（二）西州柳中（?）县官田租簿

---

① 池田温：《中国古代籍帐研究》（录文），第359～361页。此文书年代应为开元二十年，参见宋家钰《唐朝户籍法与均田制研究》，第99页。

② 《吐鲁番出土文书》第8册，第34～35页。

(前略)

一段三亩　佃人曹隆悦亩别三斗七升五合

一段二亩　佃人斐文过亩别豆二斗五升

一段四亩　佃人孙弘爽亩别豆二斗五升

一段五亩　佃人高苟子亩别豆二斗五升

一段十亩　佃人高苟子亩别豆二斗五升

六十［亩］粟出租

(以上下部略)

一段半亩五十步　佃人张隆贞计粟三斗六升

一段三亩佃人□□□计粟一石五斗

一段三亩　佃人杨具足计粟一石五斗。

一段一亩　佃人焦□□计粟五斗

……

一段十亩　佃人僧慈恭计粟二石五斗（下略）

四段十二亩　佃人赵海才计粟六石见佃人□□□

一段四亩四十步佃人宋□□计粟二石九斗

一段一亩七十步　佃人□□□计粟六斗四升五合（下略）

(后略)①

(三) 开元二十二年（734）杨景璿为父赤亭镇将杨嘉麟职田出租请给公验牒

］镇押官行赤亭镇将杨嘉麟职田地七十六亩　亩别粟六斗　计四十五石六斗　草一百五十二围

］璿父上件职田，先租与蒲昌县百姓范小奴，其开廿二年

］付表兄尹德超，景璿今却赴安西，恐有□□

］县分付并各给公验，庶后免有交错。谨牒。

开元廿二年七月　日赤亭镇将男杨景璿牒②

① 池田温:《中国古代籍帐研究》(录文)，第340页。

② 《吐鲁番出土文书》第9册，第101页。

前引（一）高昌县名史成忠的帖，出土墓志为开元二年（714）。帖中佃人朱文行、成嘉礼名见于武则天天册万岁二年（696）康和牒，成嘉礼名还见于先天二年（713）队副王奉琼为当队兵见在及不到人事牒①。文书中的“成礼部曲白无难”，成礼即成嘉礼之省略。因此，该帖当是武周至开元二年前的文书。该文书所记租额分别为亩别麦、粟各1.25石、1.15石、1.14石、1.3石。前行所记“亩别麦、粟各七石二斗四”，当系“一石二斗四”之误。这些“田参军地”，每亩共收麦、粟2石以上，高昌地区不可能有如此高的地租。该帖所记斗、石，可能是小斗、小石。据麹氏高昌时期及唐初高昌地区部分租田契（夏田契）所记“依高昌故斛”的租价，每亩有3.5石、2石、2.5石、5石（大麦）12种，除收大麦的为5石外，其他皆在亩收2石~3.5石之间，合唐大斗为1.16石、0.66石、0.8石②。这比较接近唐代一般私租价。因此，将上述租额按三小斗折一大斗计，则为：

麦、粟每亩各1.25石=2.5石（小斗）=8.3斗（大斗）
1.15石=2.3石（小斗）=7.6斗（大斗）
1.14石=2.28石（小斗）=7.6斗（大斗）
1.3石=2.6石（小斗）=8.6斗（大斗）
1.24石=2.48石（小斗）=8.1斗（大斗）
平均每亩8.03斗（大斗）

从以上计算，每亩平均收租8斗，与前述私田租契所记地租水平相近，说明职田地租是较高的。

上引（二）柳中县官田租簿，日本学者考证是武周时期的。其中种豆的土地，每亩收租分别为3.75斗、2.5斗两种，多数为2.5斗。种粟的土地，除佃人僧慈恭每亩租为2.5斗外，其他均是5斗。

上引（三）杨嘉麟职田文书，每亩田租6斗，草2围（据元稹《弹奏山南西道两税外草状》，每围禾草重20斤，折钱120文）③。

---

① 《吐鲁番出土文书》第7册，第217页；第8册，第17页。

② 《吐鲁番出土文书》第4、5册。

③ 《元稹集》卷37。

从上述三件文书可以看到，在开元十九年敕文之前，职田的地租额没有法定限额。高的可达每亩8斗余，低的约为5斗，个别的则只有2.5斗。开元十九年以后，最高的则只有6斗。

职田地租的征收，从上述及其他文书来看，均由佃户直接送交职田官员。如开元二十二年西州录事王亮职田文书说：

“问得上件人等牒，比年地子常纳程录事讫。今被县司催令纳王录事……”；“令纳王录事家”①。

但在开元二十九年敕中，却规定：

“外官职田，委所司准例，仓中受纳；纳毕，一时分付。县官亦准此。”②

由佃户统一缴纳入仓，再分配给官员，这是职田地租征收方式的一个重要改变。至天宝十二年（753），则规定除两京百官职田去城50里内者，依旧令佃民自送入城，其余按50里外每斗征2文，100里外每斗征3文，称为“脚价”，由官府运送地租所入。以后外官职田也征收脚钱。元稹《同州奏均田状》：

> 其诸色职田，每亩约税粟三斗，草三束，脚钱一百二十文。若是京官上司职田，又须百姓变米雇车般送，此量正税，近于四倍加征。既缘差税至重，州县遂逐年抑配百姓租佃。或有隔越乡村，被配一亩二亩之者，或有身居市井，亦令虚出税之者。其公廨田、官田、驿田等，所税轻重，约与职田相似，亦是抑配百姓租佃，疲人患苦，无过于斯！③

元稹所奏同州职田等官田的地租为每亩粟3斗，草3束，脚钱120文。一束草为11斤，3束草33斤。每围草20斤当钱120文，每斤草价6文。3束草价为198文。当时每斗粟价为80文，脚钱、草合计为318文，当粟4斗。总计每亩要纳粟7斗。这与上述开元前职田每亩平均8斗相近。元稹说京官职田“又须百姓变米雇车般送，比量正税，近于四倍加征。”据元稹奏文，百姓正税，“每亩只税粟九升五合，草四分，地头榷酒钱共出二十一文已下”④。“草

---

① 《吐鲁番出土文书》第9册，第112～113页。

② 《唐会要》卷92。

③ 《元稹集》卷38。

④ 《元稹集》卷38。

四分”，为4斤，合钱26文，加榷酒钱为47文，当粟5升。总计为每亩纳粟约1.5斗。如是“四倍”，则为6斗。而职田每亩纳粟为3斗及草3束，加上变米及搬运费，约当正税粟、草价的4倍，则为四五斗或6斗。因此，这类纳京官职田的负担，在每亩8斗至1石之间，无怪元稹要说“疲人患苦，无过于斯!”而且，按元稹所说，“当州田地，碱卤瘠薄，兼带山原，通计十亩，不敌京畿一二”[①]。如按亩产计算，京畿田与同州田为10:2，京畿亩产2石，2亩就当同州10亩产量，则当地亩产约为4斗左右。因此，同州配佃职田，并非实际亩产的租分，而是带有地租与赋税的两重性质，它征收的地租，多超过实际亩产量，已不是100%的剥削率，而是100%以上。

第二种方式是“自佃”。《如意六年（692）西州高昌县诸堰头申青苗亩数佃人牒》记有两堰二段县令田[②]：

> 县令陆亩　自佃　东慧灯寺　西塞　南寺　北☐
>
> 县令田贰亩　自佃　东白赤奴　西道　南张子仁　北和隆定

天授二年（691）天山县主簿高元祯职田案卷之一《知田人郭文智辩辞》[③]：

> 主簿南平职田总有五十五亩八十步。出租已外，见佃廿五亩八十步……

“县令田”即县令职田。同一文书中，官田、百姓田有注“自佃”，有注“佃人某某”。县令职田“自佃”，显然有别于出租给“佃人”耕种的田，可能是由自己的部曲、奴仆耕种。同样，主簿高元祯的职田，“除出租已外”，“见佃廿五亩八十步”，也可能是由自己的家人耕种或雇工耕种。由官员“自佃”职田与官员自己出租职田，看来都是开元二十九年前的情况。开元二十九年以后，职田、公廨田地租统纳官仓，土地就由官府直接租佃与民了。

第三种是虚名配佃。安史之乱以后，职田等官田基本上采取“配地出子”方式，强制性地抑配给民户佃种。但是，这种方式也“日久弊生”，地方官吏

---

① 《元稹集》卷39。

② 池田温：《中国古代籍帐研究》，第332～333页。

③ 《吐鲁番出土文书》第8册，第156页；池田温：《中国古代籍帐研究》，第322页。

与豪富侵占职田或用薄瘠地替换，于是出现了民户“虚额配佃”的情况。长庆元年（821）敕文就说：“百司职田在京畿诸县者，访闻本地，多被所由侵隐，抑令百姓佃食蒿荒，百姓流亡，半在于此。宜委京兆府堪会均配，务使公平。”① 宝历元年（825）唐王朝曾下制令京兆府研究“配地出子”与“随税出子，逐亩均摊”，哪一种方式合适，看来没有结果，仍维持“配地出子”的旧制。唐武宗会昌二年、五年（842、845）两次在赦文中谈到职田问题：

应畿内在京百司职田，方（访）闻本地，多被狡吏及豪强平直隐蔽回换，遥指荒闲瘠薄田地，即配与浮客佃食。

畿内诸县百姓租佃百官职田地，访闻其中有承虚名配佃多时，县司但据额征收租子。或无本地及被形势庄园将瘠薄田地回换，令人户虚头纳子，岁月既久，无因申明。②

元稹在《同州奏均田状》所说“或有身居市井，亦令虚额出税之者”，也与上述情况相同。这种令人户虚名配佃职田，或狡吏、豪强隐占职田令民户或浮客佃种薄瘠田地，其剥削比之佃种职田民户，就更为沉重。这些民户、浮客所纳“地租”，实际上已不是土地所有权的实现，而是国家权力的实现，是一种赤裸裸地掠夺，变相的赋税。

第三种方式是雇工营种。建中年间，京兆尹严郢在奏疏中谈到内园官田雇工情况时说：

其内园丁皆京兆人，于当处营田，月一替，……然每人月给钱八千，粮食在外，内园丁犹僦募不占，奏令府司集事。计一丁一岁当钱九十六千，米七斛二斗。计所僦丁三百，每岁合给钱二万八千八百贯，米二千一百六十斛。③

《册府元龟》所载内园丁每月雇价高达8000文，显然有误。《唐会要》卷89记为每月“给钱八千”文，“计一丁一岁当钱九百六十”文，300人“合给钱二万八千八百贯”。此恐也有误。两书记载300丁每岁给钱总数均为“二万八

① 《唐会要》卷92。
② 《全唐文》卷78，《加尊号赦文》《加尊号后郊天赦文》。
③ 《册府元龟》卷503，《邦计部·屯田》。

千八百贯”，合每人一月8000文。据唐代雇工价，一般为每月1石粟（折米六斗）左右。德宗时期粮价每斗米在70文～150文之间[①]。因此，当时内园丁月雇工钱大约为800文，一年为9600文。按800文一石计，一年的雇价可购粮12石。每人月食米6斗，折粟1石；一年给粮食7.2石米，合12石粟。总计每丁每年雇价、食粮为24石粟。据《唐六典》载“屯田格”规定的功役计算，营稻一顷，需单功948日；种禾（粟）需283日。屯田一般种粟，法定每人70亩，合单功198日。也就是说，一人每年计算的功役日为200日。则种稻一顷需4.7人，平均人种20亩多。

大中年间，襄州“官田在城居侧近者近百顷，统谓之马禾。比每年配诸将官健出力营种，率岁出功钱，人不下六七百（文），例入屯将。所由官田，元无所获，徒遗虚竖将额，添市耕牛，破费甚多，收获无几，（徐）公乃废却其地，反租与人。每岁所收，却耕种之利，租人皆获利，使将健永免工佣”[②]。这是雇佣兵士耕种官田，但其雇价皆落入“屯将”的腰包，对兵士来说，实际上是一种无偿劳役。但这也反映出，各地的一些官田，可能有用极低雇价，强制性地配征民户耕种官田。这与“内园丁犹僦募不占，奏令府司集事”一样，强征雇工种田，性质完全相同。

第四种方式是差发民丁和官奴婢耕种。如钟绍京在景龙年间曾任苑总监，“玄宗之诛韦氏，绍京夜中帅户奴及丁夫以从”[③]。司农寺所管京畿各种田园中，显然也使用“户奴及丁夫”。高昌县的官葡萄园，就征发丁、中人夫和车夫服役。证圣元年（695）、圣历元年（698）两份牒文清楚说明这种情况：

（一）

四角陶（萄）

夫索君　令狐磨踸　张小仁　翟安智　猪苟仁

① 《李文公集》卷3；《资治通鉴》卷232；《陆宣公翰苑集》卷18。当时京城及关辅地区粮价受供需影响较大，此处的计算大致依陆贽所说粮价。参见上节第135页注②。

② 《文苑英华》卷870，《徐襄州碑》。原文“在田”，应为“官田”；“废却其他，叛租与人”，应为“废却其地，反租与人”。

③ 《旧唐书》卷97，《钟绍京传》。

右件人从今月五日差充官萄内

作，频追不到

牒件状如前，谨牒

证圣元年六月　日前官阴名子牒

（下略）

（二）

四角陶（萄）所

合陶内抽枝、覆盖、踏浆并收拾□枝埋柱等总料得夫玖

拾陆人，人各役单功，各合伍日

七十七人役讫

一十九人未役

合运浆及运枝□料得车牛贰拾伍乘，乘别各一日役

十乘运浆役讫

一十五乘未役

右陶内昨准往例料得夫及车牛数各

具件如前，请处分

牒件状如前，谨牒

圣历元年十月　日前官吏玄政牒①

高昌县差遣丁夫到官葡萄园服役，每人五日一番，轮流上番，虽是受麴氏高昌时期徭役制影响，但它与唐朝官田园征用丁夫服役制度基本相同。唐朝前期的部分官田园，是征役丁夫耕种，从日本《令集解》有关杂役的解释，可大致了解当时唐朝的规定：

> 凡官田应役丁之处，每年宫内省预准来年所种色目及町段多少，依式料功，申官支配。其上役之日，国司乃准役月闲要，量事配遣。

此令文中的“役”，《古记》等注释是：“充杂徭驱使”；“役月闲要”，注释是：“释云：‘要月差多丁户，闲月差少丁户之类’。朱云：‘……假量百姓农

① 《吐鲁番出土文书》第7册，第444、448页。

业，要月者役五日，闲月者役十日之类耳者。'”《穴记》还解释“役丁”为：“丁谓杂徭”①。前述钟绍京率“户奴及丁夫”，高昌县官葡萄园征役的“夫”，都有正役、杂徭。《唐律疏议》释“丁夫”：“丁谓正役，夫谓杂徭”②。高昌县所征“夫”，役期为五日，与日本《令集解》的注释“要月者役五日”相符，说明是征的杂徭来耕种官田园。这也说明日本当时的规定有部分是袭自唐制，即官田园有的是征役丁夫营种。《令集解》关于在外诸司职田的“阙官田”也曾规定：“阙官田用公力营种，所有当年苗子，新人至日，依数付给。”注释“公力”为：“谓公力者，杂徭也。……释云：‘用公力，杂徭之类也。’”③ 这大约也是袭自唐前期的制度。不仅阙官职田，其他职田、公廨田，在唐代早期大约也是征役民丁民夫耕种。《令集解》引《古记》：“问：‘国司公廨田以谁人作？’答：‘役事力作也。’”④ 日本职田、公廨田没有区别，可统称“职田”。这类田“役事力作”，当然就是征役丁夫耕种。这说明，唐朝早期的官田，多役用丁夫，以后才发展为配给民户佃种，而有的官田园则仍采用征役丁夫之制。

第三节　地主私有土地制

一、地主私有土地制的发展与变化

隋唐五代时期法律上所说“私田”，包括了劳动者的“私田”和非劳动者的“私田”两大类。后一类私田所有者主要有贵族、官吏、庶民地主、寺院和商人。唐朝均田令有关这些人的占田规定，就反映了当时普遍存在的地主私有土地制。

隋和唐前期实行的均田令虽然在某些方面限制了地主的土地占有，但地主私有土地制仍在唐前期就有很大的发展。

① 以上均见《令集解》卷12，《田令》。
② 《唐律疏议》卷28，《捕亡律疏议》。
③ 《令集解》卷12，《田令》。
④ 《唐律疏议》卷28，《捕亡律疏议》。

首先，是贵族、官僚地主私人占有土地的发展。以李唐皇室为首的军事贵族、官僚集团，不仅在政治上享有种种特权，在土地占有上也享有各种特权。仅据均田令的规定，贵族、官僚们按官品和勋品就可以占有大量能够买卖、继承的永业田：最高的为亲王，可占田百顷；职事官正一品，可占田60顷。最低的八九品官，可占田2顷。贵族、官僚和军人获得勋位的，自上柱国至武骑尉，可依勋占田30顷～60亩。此外，他们家中的丁男、中男还可每人占地100亩。他们根据田令规定的占田额，通过请射公田、无主地，或是承继祖业，或是购买、变相侵占民户土地等等方式，基本上都能达到法定的占田额。隋唐王朝还常常以“赐田”方式奖赏贵族、官僚，使他们获得更多的土地。如唐初的裴寂一次就得到“赐田”10万亩[①]。武则天的父亲武士彟曾得到“赐田”3万亩[②]。贞观时期的李袭誉，在京城附近“有赐田十顷”，“河内有赐桑千树”[③]。李勣曾得赐田5万亩。元结的曾祖元仁基从唐太宗征辽东，“以功赐宜君田二十顷”[④]。安史之乱以后，肃宗为赏十几名功臣，“赐得公田五十万亩”[⑤]。赐田一般也是赏赐的可占田数额。但这些达官显贵，凭借权势，在富庶州县请射到肥沃良土。在唐后期，随着官庄的出现和均田令的不能有效施行，对贵族、官僚的赏赐，又多用赐庄、赐宅的形式。如贞元初，“赐克宁庄一区”给李澄；僖宗时，“赐天兴县庄、善和里宅各一区”给孔纬[⑥]。这就不是赏赐占田数额或土地，而是包括土地上的房屋、树木等设施的官庄，都赐予官僚、勋贵。

贵族、官僚地主除合法占有大量土地外，往往利用自己的权势和财富，以各种方式兼并土地，根本不受田令的限制。太平公主“田园遍近甸，皆上腴。”[⑦] 她在陇右的牧场，养马多至万匹。玄宗时期，“京师甲第、池园、良

① 《旧唐书》卷57，《裴寂传》。

② 《文苑英华》卷875，李峤：《攀龙台碑》。吐鲁番出土西州户籍文书残卷上的地段记载中，有的注有“赐田”，说明边区有的官吏也能得到赐田，并不限于史籍所记的有名大臣。

③ 《旧唐书》卷59、《新唐书》卷91，《李袭誉传》。

④ 《新唐书》卷143，《元结传》。

⑤ 《文苑英华》卷801，《邓州刺史厅壁记》。

⑥ 《新唐书》卷141，《李澄传》；《旧唐书》卷179，《孔纬传》。

⑦ 《新唐书》卷83，《太平公主传》。

田、美产，占者什六”的是宦官①。

其次是富豪大地主也在这个时期发展起来，同样大量兼并土地。永徽初，洛州的“豪富之室，皆籍外占田。”② 当时唐朝虽曾一度禁止买卖永业、口分田，以后仍然越来越多地出现了“豪富兼并，贫者失业”的现象③。到开元年间，土地兼并的严重就如唐玄宗诏书所说：“如闻王公百官及富豪之家，比置庄田，恣行吞并，莫惧章程。借荒者皆有熟田，因之侵夺；置牧者惟指山谷，不限多少。爰及口分、永业，违法卖买，或改籍书，或云典贴，致令百姓，无处安置，乃别停客户，使其佃食。”④ 富豪们所占土地往往是“膏腴水陆上田”，有的“自城及阙口，别业相望”；有的“大族强家，泄流为田，专利上腴，亩收倍钟；”有的“良田收百顷，兄弟犹工商”⑤。安史之乱以后，土地占有几乎无任何限制；大批逃亡客户的涌现，又为大地主广占土地提供了劳动力。因此，陆贽说当时情况是“富者兼地数万亩，贫者无容足之居，依托强豪，以为私属。”⑥ 元和年间的情况，也就是自两税法施行后30年，“百姓土田为有力者所并，三分踰一其初矣！”“今疆畛相接，半为豪家；流庸无依，率是编户。”⑦ 栎阳县豪富占田情况，有的官员说，当县土地是“瘠沃相半，豪户寒农之居，三分以计，而豪有其二焉”⑧。占人户少数的豪富地主，占有了全县三分之二的土地。特别是一些侨寓州县的退职官员，称为“衣冠户”，例无徭役。他们与当地奸豪地主勾结，兼并土地，影覆民户，州县不能征派他们税役。因此出现了“今凡称衣冠，（占田）罔计顷亩”的现象，导致这类地主庄田的广泛发展。

第三是寺院地主势力在唐前期迅速发展。唐朝在政治上和经济上都支持

---

① 《新唐书》卷207，《高力士传》。

② 《旧唐书》卷185上，《贾敦颐传》。

③ 《新唐书》卷51，《食货志》。

④ 《全唐文》卷33，《禁官夺百姓口分永业田诏》。

⑤ 《旧唐书》卷187下，《李憕传》；《文苑英华》卷279，《润州丹阳县复练塘颂》；张锡厚：《王梵志诗校辑》第191页。

⑥ 《陆宣公翰苑集》卷22。

⑦ 《李文公集》卷3；《皇甫持正文集》卷3。

⑧ 《沈下贤文集》卷6。

佛、道的宗教活动，大大助长了寺院经济的扩张。早在武德时期，有些寺院已是“驱策田产，聚集货物，耕织为生，估贩成业”①。到武则天时期，则是“所在公私田宅，多为僧有”②。中宗时期，辛替否的上疏甚至说：“今天下之寺盖无其数，……是十分天下之财而佛有七八。”③ 由于寺院广占田地，唐隆元年唐朝曾下令没收寺院多占的土地和官人百姓布施的田宅④；开元时期也曾下诏检括寺院土地，法外占田“一切管收，给贫下欠田丁，……一百人以上不得过十顷，五十人以上不得过七顷，五十人以下不得过五顷。”⑤ 实际上都未能阻止寺院兼并土地。例如，开元十八年，金仙长公主就奏请将自己在范阳县的“麦田庄并果园一所及环山林麓，……永充供给山门所用”⑥。润州茅山道观占有了大、中、小茅山的全部山林土地，唐朝禁止百姓入山弋猎采伐⑦。安史之乱后，随着佛、道的兴盛和限制土地占有的均田法令不能有效施行，寺观土地占有迅速扩大。仅在代宗时期，“凡京畿之丰田美利，多归于寺观，吏不能制。”⑧ 五台山十寺有 42 个庄，到宋初，边臣还能“夺其良田三百余顷”⑨，足见其占地之多。扬州六合县灵居寺，元和年间，在明远等僧人经管下，“大致资货，遂收复常住旧典赁田三千余顷”⑩。正是由于寺院经济势力的发展严重危及唐政府的财政，导致武宗会昌年间实行严厉打击佛教的“毁佛”政策。当时“天下所拆寺四千六百余所，还俗僧尼二十六万五百人，收充两税户，拆招提、兰若四万余所，收膏腴上田数千万顷，收奴婢为两税户十五万人”⑪。此后，寺院经济虽有所恢复，但都远不及会昌以前。

---

① 《旧唐书》卷 1，《高祖本纪》。
② 《资治通鉴》卷 205，天册万岁元年。
③ 《旧唐书》卷 101，《辛替否传》。
④ 《唐大诏令集》卷 110，《唐隆元年七月敕》。
⑤ 《唐会要》卷 59，《祠部员外郎》。
⑥ 《金石粹编》卷 83，《记石浮屠后》。
⑦ 《茅山志》卷 2，《太和禁山敕牒》。
⑧ 《旧唐书》卷 118，《王缙传》。
⑨ 《续清凉传》卷下。
⑩ 《全唐文》卷 745，《大唐扬州六合县灵居寺碑》。文内“三千余顷”，疑为“三十余顷”之误。
⑪ 《旧唐书》卷 18 上，《武宗纪》。按：《新唐书》卷 52《食货志》、《樊川文集》卷 10《杭州新造南亭子记》均记会昌时期没收寺院田数千万顷。《李文饶文集》卷 20《贺废毁佛寺德音表》则记为“得良田约数千顷”。两数可能都有误。如以每寺平均占地 10 顷计，4000 余寺当占地数万顷。

值得注意的是，在寺院经济发展过程中，除了有属于寺院共有的“常住田”外，还出现了僧尼道士个人私有的财产和田庄，改变了佛道历来限制僧道个人拥有私产的规定。如龙朔三年，曾封为朝散大夫、骑都尉的道士郭行真，因犯“徒知仆妾是求，庄宅为务”等罪，被除名配流，“其私蓄奴婢、田宅、水硙、车马牛等，并宜没官。”① 我们在前节叙述的佛律关于亡僧私产的继承规定，就反映了寺僧拥有私人财产的现实。唐田令规定寺观按僧道人数受田，但土地并不授给个人，而是归于寺院共有。因此，僧道个人占有的私田庄，不属于田令规定的寺院受田范围。这也从一个侧面反映了唐前期地主私人土地所有制的存在和发展。

上述各种地主的土地，基本上来自三个方面：继承祖业或他人赠送，官府授给、赐予，购买或占夺农民土地。政治权势、继承制度和土地买卖对土地的私有权产生很大影响。地主阶级依靠门第和土地财富，垄断了文化教育和各级官府要职，而做官所得到的政治、经济特权又使他们能够扩大土地的占有。因此，在唐前期，随着地主在政治上权势的增长，其土地等财富也会相应地扩大。相反，如果某家地主不能世代保持权势或本人在世时就丧失权势，家业也会逐渐衰落。除此之外，遗产实行诸子均分，不是嫡长子一人继承；加之商品经济发展，地主在城市的寄生性消费需求扩大，土地普遍可以作为私财进入流通过程，这一切就使地主土地所有权的转移比前代加快，世袭性比前代削弱。开元时期张嘉贞所说：“比见朝士，广占良田，及身没后，皆为无赖子弟作酒色之资，甚无谓也。”② 当是官僚地主中常见的情况。甚至一些名臣的后代，也落到出卖祖居的穷困地步。一些地主占有的大地产，往往经几代之后，不断分割为小地产，逐渐转移到别的地主手中，于是出现了父富子贫、父贫子富、兄富弟贫、兄贫弟富的现象。唐户令规定三年一定户等，就是考虑到民户贫富经常在发生变化。《旧唐书·杨炎传》说开元以后“田亩移换，非旧额矣；贫富升降，非旧第矣”③，实际上是唐前期都存在的情况，只是开元以后，特别

---

① 《法苑珠林》卷69。

② 《旧唐书》卷99，《张嘉贞传》。

③ 《旧唐书》卷118。

是安史之乱以后，由于户籍法与均田法不能有效施行，这种情况更为普遍、更为严重而已。

二、地主“庄田”的构成与规模

唐代地主的田产常称“庄”、“庄田”、“庄园”、“田园”等。有的学者认为这是均田制破坏后兴起的庄园制度。唐代庄田完全不同于西欧中世纪的庄园，一些学者已有考论。但有的仍认为地主私人庄园是在均田制崩溃过程中发展起来的地主土地私有制，是与均田制——土地国有制相对立的。我们已说明均田制是唐朝颁行的土地法规，自然不宜把唐代土地关系的变化看做是从均田制到地主私人庄田的发展。在均田制施行时期，地主的田产就多称庄或田庄，只是文献记载不如中唐以后多而已。

“庄”或“田庄”、“庄田”，不论在唐前期或唐后期的官私文书中，都有多种涵义。甚至在同一份文书中，就有几种意义不同的用法。此类用例甚多，今举部分如下：

1. 称有土地、水碾之处为庄：《皇唐嵩岳少林寺碑》云：唐太宗为秦王时，赐寺“地四十顷，水碾一具，即柏谷庄是也”①。武则天如意年间，路敬淳“庄在济源，有水碾”②。

2. 称居宅为庄：开成中，卢涵有庄于万安山之阴，“遂独跨小马造其庄，……及庄门已三更，”窥见大汉“以戟刺庄内小儿，……及旦，忽闻庄院内客哭声云……。”③“至庄门，扣开以寄宿，主人容之，舍于厅中，乃崔庄也。”④ 其他如：“庄后穿井”、“在其庄前桑下”、“庄前竹园下”⑤，所说的“庄”，均是指居舍，有时也称“庄居”、“庄舍”，不包括园林土地。

3. 不包括奴婢的庄宅、庄园：开元中，王毛仲获“赐庄宅、奴婢……不

---

① 《金石粹编》卷77。
② 《太平广记》卷143，《路敬淳》。
③ 《太平广记》卷372，《卢涵》。
④ 《太平广记》卷121，《崔尉子》。
⑤ 《太平广记》卷20，《阴隐客》；卷338，《高励》。《元氏长庆集》卷19。

可胜数”[①]。

4. 不包括山林、果园的田庄：开元十八年，金仙长公主布施给佛寺“麦田庄并果园一所及环山林麓”[②]。

5. 包括土地、屋舍、果园的庄或庄田：《重修大像寺记》碑记该寺“庄田”：“管庄大小共七所。都管地总伍拾叁顷伍拾陆亩叁角荒熟并柴浪等。捌顷叁拾捌亩半坡侧荒。肆拾伍顷壹拾捌亩（叁角）熟。（中缺）瓦屋壹拾贰间，草舍贰拾间。果园壹所。东市和善坊店舍共六间半……。”[③] 该寺庄田“曾典卖于乡里”，开成年间赎回，当系很早以前置的。

6. 称园林别墅为庄：大历年间，鱼朝恩在通化门外有庄，“是庄连城带郭，林沼台榭，形胜第一。”[④] 李德裕的平泉庄，“庄周围十余里，台榭百余所，四方奇花异草与松石靡不置其后。”[⑤]

由上可见，唐代文书中的庄、庄田是没有确定涵义的。举凡土地、屋舍、园林、别墅、山林可以用它指其中的一种、两种，也可指其全部。正因其涵义有多种，唐律令在有关财产的处理规定中，不用庄田一类词，而采用了比较明确的“田宅”、“田园”等词。“田宅”是指土地与住宅，“田园”是指大田与园圃，意义不会误解。如果按此来解释地主的田庄，一般地说指两部分，即土地和土地上的屋舍，也可包括其他附属建筑物，如水碾之类。《重修大像寺记》碑所记载该寺的庄田内容，可以看做是唐代地主庄田的一种典型。该寺7个庄分在7处，共69段土地，并不都连在一起；另有房舍32间，店舍6间半，果园一所。店舍是在城内东市和善坊，显然是作为寺产最后附带记入的，不属于7个庄的范围。这个寺的庄田内容，基本上是由土地与房舍构成，与我们上面分析的地主庄田的内容完全相符。

唐代地主的庄田，由于来源的不同，规模不等，庄田的构成往往差异也很大。大的庄田，有的是与别墅、园林连成一片，如司空图在中条山王官谷的庄：

---

① 《旧唐书》卷106，《王毛仲传》。

② 《金石粹编》卷83，《记石浮屠后》。

③ 《金石粹编》卷113。

④ 《长安志》卷10，引《代宗实录》。

⑤ 《唐语林》卷7。

“周回十余里，泉石之美，冠于一山。……良田数十顷；”① 有的则是分散各处设庄。一般中小地主的田庄，则多为几顷、十几顷。如柳宗元的从弟谋，“归家江陵，有宅一区，环之以桑；有僮指三百，有田五百亩，树之谷，艺之麻，养有牲，出有车，无求于人。”② 王维说：“吾河诸间，有先人故田十五六顷，河水四绕……”③ 陆龟蒙有田数百亩，屋30楹，耕夫十余人④。唐代地主庄田的这种构成与规模，显然与土地转移较快有关。

三、地主庄田的经营

地主庄田的经营方式，基本上有自营和出租两种。如贞观年间的王方翼家，“躬率佣保，肆勤给养，垦山出田，燎松鬻墨，一年而良畴千亩，二年而厦屋百间。”⑤ 杜诠“自罢江夏令，卜居于汉北泗水上。烈日笠首，自督耕夫……凡十五年，起于垦荒，不假人之一毫之助，至成富家翁”⑥。就属自营一类。在这种方式下受剥削的劳动者，主要有贱民、雇农和“佃食”的客户。从唐初西州的乡户口账和武周时期西州某乡申报的漏附部曲、客女、奴婢名籍来看⑦，民户的贱民主要是奴婢，部曲、客女只占极少数。奴婢多用于家内服役，也有部分用于生产。武攸绪“市田颍阳，使家奴杂作”⑧，就是一例。杜甫在四川时，“课奴仆”入谷伐木、修改泉筒、树鸡栅、种秋菜，他在诗中提及的男女奴仆名字就有数人⑨。柳宗元的从弟在江陵用僮仆30人耕种土地和从事家内劳役。吴兴许氏，有田200亩，“镃基之功，出一僮指”，主要是用家仆耕作⑩。这与《周书》卷四十二《肖大圜传》所记“侍儿五三，可充纴

---

① 《南部新书》辛。
② 《柳宗元集》卷24，《送从弟谋归江陵序》。
③ 《文苑英华》卷688，《答冯子华处士书》。
④ 《甫里先生文集》卷16。
⑤ 《全唐文》卷228，张说：《唐故夏州都督太原王公神道碑》。
⑥ 《樊川文集》卷9《唐故复州司马杜君墓志铭》。
⑦ 西州乡户口帐见《吐鲁番出土文书》第4册、第6册；部曲、客女、奴婢名籍见《吐鲁番出土文书》第7册第455页《武周先漏新附部曲客女奴婢名籍》。
⑧ 《新唐书》卷196，《武攸绪传》。
⑨ 《全唐诗》第7册，卷221，《课伐木》等诗。
⑩ 《文苑英华》卷825，《许氏吴兴溪亭记》。

织；家僮数四，足代耕耘”，基本上相同。但是，唐朝法律禁止掠人为奴、压良为贱，而购买奴婢也需一笔投资，因此在地主庄田上不可能主要使用奴婢进行生产。在寺院的庄田上，可能使用奴婢多些。《唐律疏议》对寺观共有的部曲、奴婢也有相应的规定。僧人私有的，据道宣《量处轻重仪》的解释：“部曲者，门胄本是残品，赐姓从良，而未离本主。本主身死，可入常住，衣资畜产，随身所属，不合追夺。”“奴隶贱隶，所有子息资生，并入常住，若身死无亲者，常住收之。”这与《唐律疏议》的规定基本相同。寺院奴婢有时称“常住奴”、“寺奴”或“家人”[①]。会昌时期毁佛曾收奴婢15万人，占还俗僧尼数的五分之三，说明他们在唐后期的寺院经济中仍占相当重要地位。

在地主自营田庄中使用较多的是雇农和佃食农民。他们有的是本地农民，有的是流亡的“浮客”。隋代已有“被强家收大半之赋”，“避公税，依强豪作佃家”的浮客[②]。在唐前期，赋役的繁重，迫使许多农民逃亡，武则天时期的李峤在上疏中就说：“天下编户，贫弱者众，亦有佣力客作，以济糇粮。”[③] 杜甫在四川也看到这类农民：“近者交互其乡村而已，远者漂寓诸县而已，实不离蜀也，大抵只与兼并豪家力田耳。”[④] 武则天长安三年，沙州地方官在一份报告中，描述了该州农民逃往甘、凉等州的情况：“例被招携安置，常遣守庄农作，抚恤类若家僮。好即薄酬其佣，恶乃横生构架。……荏苒季序，逡巡不归。”[⑤] 开元年间诏令所说“乃别停客户，使其佃食”，就包括了上述这些“佣力客作”的农民在内。在这种方式下，劳动者的剩余劳动的大部分甚至是全部，都为地主所掠取。

地主田庄的另一种经营方式是出租给农民耕种，收取地租。关于这方面情况，除有一些史籍记载外，还在敦煌、吐鲁番地区发现了几十件租佃契约，其中有地主与农民之间的租佃，也有农民与农民之间的租佃，逃户土地由里正出

---

① 唐代世俗地主的部曲、奴婢也称“家人，”但并非所有称“家人”的都是奴婢。参见滨口重国：《唐王朝的贱人制度》第六章，《部曲与家人》。

② 《通典》卷7。

③ 《旧唐书》卷94，《李峤传》。

④ 《全唐书》卷6，杜甫：《东西两川说》。

⑤ 《敦煌吐鲁番社会经济资料》（下），第12~14页。

佃[1]。这些契约一方面说明租佃制在当时是比较普遍的，另一方面说明租佃关系比较复杂，并非都具有封建剥削性质，需要具体研究。如果仅从这些契约来分析，大致上有以下内容：

1. 出租的土地是民户的“已受田”，包括永业田、口分田、菜园和葡萄园等。这说明民户籍上所载的“已受田”是可以任意出租的。

2. 租期有短期和长期之分。短期的一般为一年，长期的一般是几年。在现有契约中，未发现有永久性的租佃，这说明当时还未出现后世租佃关系中的永久租佃权。

3. 地租形态主要是产品地租和货币地租。产品地租有的规定按当年实际收成对半均分，有的则是预付当年或几年的粮食。货币地租一般是预付绢或银钱。这就是说，当时的地租既有分成制，也有定额制。缴纳产品定额地租的，大约每亩是麦（粟）6斗至1石。缴纳货币定额地租的多为菜园、葡萄园，其租额比粮田高几倍。

4. 土地税和地主原有的差役，如高昌土地的“租殊（输）百役”，一般规定是由田主承担；“渠破水谪”，则由租佃人负责。

5. 契约一般都规定了土地交付佃种的时期和交租的时间。租佃一方违约，则要加倍罚钱或物，赔偿对方。有的契约甚至规定，租地人违期不纳地租，听任田主取其家资财物作抵，或由担保人代付。

契约一般是私契，但法律承认它的有效性。有的租田者为了避免纠纷还要求出租者取得官府的“公文”，证明该户土地可以出租。如永徽元年严慈仁呈县府牒云：“今春三月，粮食交无，逐（遂）将此田租与安横延。立卷（券）六年，作练八匹。田既出赁，前人从索公文，既无力自耕，不可停田受饿。谨以牒陈，请裁。”[2] 可能由于严慈仁的土地是转租与人，故租佃者索要官府的“公文”，以确保佃耕权益。这反映了在均田制施行时期，民户土地不仅可以私契方式出租，而且允许转租。

上述租佃契约虽然不都是农民与地主之间缔结的，但其中有一部分可以肯

① 参见沙知：《敦煌契约文书辑校》；《吐鲁番出土文书》第3～7册。

② 《吐鲁番出土文书》第6册，第223页。

定属于这类性质。我们可以由此推论隋唐时期一般地主庄田的出租，大致上也会与农民签订类似内容的契约。契约没有反映出农民对地主的人身依附关系，说明有些佃种地主土地的农民在人身上是保持独立的良人身份。但是，有些农民则会如《新唐书》与陆贽所说："依富室为奴客，役罚峻于州县；"[①]"依托强豪，以为私属，贷其种食，赁其田庐。"[②] 他们在人身上对地主有较强的依附关系。

唐代和五代时期，地主除在本地占田外，还常在他县占地，称为"寄田"、"寄庄"。对这类庄田，有的地主除派奴仆管理外，有许多是出租给农民耕种，征收所谓"庄租"。"寄田"、"寄庄"在中唐以后有较大的发展，以租佃方式经营土地也会多于雇工和使用奴仆的自营方式。这是隋唐五代地主土地私有制的基本发展趋势，它无疑是以侵吞自耕农民的土地和把自耕农民变为有不同依附关系的佃食农户为前提。

第四节　农民小土地所有制

一、自耕农民的数量及其占有的土地

唐朝法律承认并予保护的民户"私田"，有很大一部分是具有良人身份的农民的私田，它们是劳动者的土地私有制，即自耕农民小土地所有制。唐朝均田法令中许多有关民户土地占有、买卖、继承的规定，主要是为了维持并保护这些农民的土地占有而制定的，反映了现实中存在的这种小土地所有制。

在隋唐五代时期，自耕农民的数量是很大的，但他们究竟有多少，史籍中没有清楚地记载。隋唐时期户部计账统计的全国在籍户口最多的时期，是天宝十三年（754），总户数为906万余户，总口数为5288万余口[③]。此外，大约还有未登籍的三四百万隐户和相当数量的客户；另立籍账的皇室、僧道、官贱

---

① 《新唐书》卷52，《食货志》。

② 《陆宣公翰苑集》卷22，《论兼并之家私敛重于公税》。

③ 梁方仲：《中国历代户口、田地、田赋统计》，第69页。

人及工商户，不在上述户部计账统计数内。各阶级的人口数，据有关记载和近人的研究，可大致剖析如下：

隋唐时期，社会人口基本上分为三大等级：官吏、良人、贱人。官吏的总人数，开元二十一年（733）时，全国品官有 17000 余员，吏自佐使以上有 57000 余员①。如按唐人的估计每名官员的家口平均是 20 人，则官吏家口的总数约为 140 多万人，约占在籍总口数的 2.8%。

私贱人，包括部曲、客女、奴婢，史籍中没有总人数统计资料，但据吐鲁番出土的一批唐初乡户口账，其中 3 个乡的统计分别是：

1. 口 2064，贱口（奴婢）116，占总口数的 5.6%。

2. 口 1200 余，贱口（奴婢）约 140 余，占总口数的 12%。

3. 口 2300 余，贱口（部曲 3，奴婢 334）337，占总口数的 14.7%。

唐长孺先生认为，唐初西州的奴婢所占人口比例较内地高，大致约占总人口数的 10% 左右②。如据此计算，唐代贱口总数应在四五百万以下。滨口重国推测，唐代贱口总数约在 200 万左右，即占在籍人口数的 5%③。从有关资料估计，唐代贱口总数可能在 300 万左右。

良人，包括士族和庶民两大部分，总人口约 4500 万。滨口重国估计士族占良人总数的十分之一④，即有四五百万人。据此推测，庶民总人口约在 4000 万左右。据杜佑《通典》所述民户纳赋等级情况："大约高等少，下等多，今一例为八等以下户计之"，也就是说，庶民中的绝大部分，是贫下的八九等户。因此杜佑在估算全国近 900 万户民户的户税总数时，是依八等以下户的户税率计算："八等户所税四百五十二（文），九等户则二百二十二（文），今通以二百五十（文）为率。"⑤ 杜佑这种估算方法是符合实际的。不仅八九等户占民户的多数，在八九等户中，又以九等户居多。开元时期高昌县的一份欠田簿记载⑥：

---

① 《资治通鉴》卷 213。

② 唐长孺：《唐诸州乡户口帐试释》，载《敦煌吐鲁番文书初探》。

③ 《唐王朝的贱人制度》，第 575 页。

④ 《唐王朝的贱人制度》，第 575 页。

⑤ 《通典》卷 6。

⑥ 池田温：《中国古代籍帐研究》（录文），第 395 页。

宁昌乡

合当乡第九、第八户欠田丁中总一百人

八　十　七　人　第　九　户

虽然不能完全据此推论全国八九等户的比例，但从杜佑基本上是以九等户的户税率作为推算全国民户户税平均数基础，可以证明九等户是占绝对多数。这些八九等户的民户，基本上是仅占有少量土地的自耕农民，是隋唐五代时期民户的主要部分。

除此之外，未在户籍、计账上登记的隐户和客户，约有几百万户。他们大多是佃雇农和有少量土地、投附大地主的农民，其总人数仅次于自耕农民。

自耕农民所占土地数量，据杜佑估算开元天宝时期全国地税征收亩数每户平均占地是："西汉每户所垦田不过七十亩，今亦准此约计数。"[①] 上述4000万口庶民民户，约为800万户，共占田约560万顷。但是，西汉的三亩只当唐亩一亩，杜佑的估算，显然没有考虑到汉唐亩制的差异。唐朝各州县土地分宽乡、狭乡，宽乡每丁占地限额为百亩，狭乡每丁占地限额为60亩。据吐鲁番出土《神龙三年（707）高昌县崇化乡点籍样》记载的33户土地统计，每户最少的有地2.5亩，最多的有地25亩，平均每户有地9.58亩[②]。这是狭乡地区情况，户均土地仅有10亩左右。宽乡地区情况，如敦煌县，据现存大足、先天、开元、天宝等时期的户籍残卷记载的33户土地统计，每户最少的有地8亩，最多的有地92亩，平均每户有地44.09亩[③]。唐人认为，有田50亩者犹是贫人。如果宽狭乡平均按每户占地40～50亩估算，则全国800万庶民民户占地约300万～400万顷，占当时在籍耕地的40%～50%。除去庶民民户中的大、中、小地主，自耕农民如按占庶民民户80%计算，也占有300万顷左右的土地。

自耕农民经营土地的规模，从开元年间两份定户等文书，可以大略看到。开元二十一年蒲昌县所定4户下上户（七等户），列为他们的"资财"的，大

① 《通典》卷6。
② 《吐鲁番出土文书》第7册，第468～484页。
③ 池田温：《中国古代籍帐研究》（录文）。

多有：宅一区，部曲或婢一人，菜园一所，车牛一两乘，麦粟十余石至四十余石不等。这显然是比较富裕的农户或中小地主。敦煌地区的一份定户等文书，其中列为两户“资财”的，仅有：宅一所，园一亩，麦粟十余石。这显然就是八九等户的状况。一户的粮食，不可能仅有十余石，可能在评户等、计资产时，仅计扣除种粮、赋税等后的剩余粮食。当时亩产量，低的在一石左右，高的在二石左右。自耕农民经营的土地，比较精耕细作，大多远高于国有屯田亩产一石的水平。每户五口的自耕农民，按耕种 40 亩计算，也需亩产达到 1.5 石的产量，才能基本上满足种粮、农具和纳赋的需要，维持其简单的再生产。土地占有仅有一二十亩的农民，就不得不依靠租入土地或作雇工来补足生活所需。这就是在唐代不仅普遍存在农民与地主间的租佃、雇佣关系，也较多地存在农民与农民间的租佃、雇佣关系的一个重要原因。

我们已经说明唐代的“私田”是民户拥有私有权的土地。自耕农民的“私田”，也毫无疑问是农民拥有私有权的土地。但是，历来不少研究者认为，这些自耕农民是国家佃农、国家农奴或国家奴隶，认为他们的土地是公社份地或国有土地。有的即使承认他们是自耕农民，但也认为在封建时代，农民对土地只能有占有权而无所有权。

唐代户籍上登记的民户“已受田”，我们将在下节中说明它只是民户现有土地的登记，其来源有多种，官府的授田只是其中之一。除法律明确规定农民“私田”具有私有权外，下面我们从历史记载和出土文书，更具体考察自耕农民土地的私有性质。

（一）土地的买卖典质

自耕农民的土地被迫出售的情况，史籍中屡有记载。如李峤所说：“天下编户，贫弱者众，亦有佣力客作，以济糇粮，亦有卖舍贴田，以供王役。”[①] 狄仁杰在上疏中也说：“比缘军兴，调发烦重，伤破家产，剔屋卖田，人不为售。”[②] 按照田令的规定，农民的田地只能在贫无以供葬等情况下，才能出卖。但在赋役和债务的逼迫下，实际上是可以不受限制地出卖。至于逃户的土地，

① 《唐会要》卷 49，《像》。
② 《新唐书》卷 115，《狄仁杰传》。

则如唐隆元年敕文所说："或逃在他州，横征邻保，逃人田宅，因被贱卖。"①这种情况，在施行均田制的唐前期始终存在，它说明农民的土地是可以买卖的。

吐鲁番出土的一些以"口分田园"作为借贷担保物的契约文书，也可以旁证农民土地是能出卖与典质的。如乾封元年郑海石举银钱契就规定："若郑延引不还左钱，任左牵掣郑家资杂物、口分田园，用充钱子本直。"②

（二）土地的继承

从敦煌户籍上所载田籍，可以看出民户土地一般是由户内继承的情况。吐鲁番阿斯塔那239号墓出土的景龙三年争地文案，更具体证明了农民土地在户内有受田口的情况下，是由户内继承的。该文案共五份文书，反映的是高昌县同籍别财的堂兄弟三家分地、争地问题，现摘其中两件如下：

景（龙）三年十二月　日宁昌乡人严令子妻白辞

　夫堂弟住君

县司：阿白夫共上件堂弟同籍，各自别居。一户总有四丁，三房别坐。籍下见授常田十亩已上。除夫堂兄和德，为是卫士，取四亩分外，余残各合均收。乃被前件夫堂弟，见阿白夫并小郎等二人逃走不在，独取四亩，唯与阿白二亩，充二丁分。每年被征阿白两丁分租庸，极理辛苦，请乞处分，谨辞。

……追住君过对，得坊正白君才状送，问得款：王渠二亩，杜渠二亩，樊渠二亩半，充伯及堂兄一丁一老丁分。樊渠二亩，充兄令子分。一弟新丁，未授地。王渠一亩，匡渠一亩，充住君分。三易部田总廿三亩，伯老一丁，每易六亩；令子、住君二丁，每易各授二亩。其地……种收如前。三家同籍别财，其地先来各（自）均分讫，不敢偏并授田……③

这份争地文案说明，同籍别财的一户三房，原是一家，有兄弟二人，各有

① 《文苑英华》卷465。

② 《吐鲁番出土文书》第6册，第417页。其他类似文书见该书第422页、432页。

③ 《吐鲁番出土文书》第7册，第508～523页。

二子。后来叔父死了，只有伯父，堂兄弟四人就分家为二房，堂兄和德又与其弟住君分家，遂成为三房。他们原来共有土地常田10亩，三易部田23亩，由于没有分别立户，故还登在同一户的籍上。三家“各自别居”、“别财”后，其土地自然按遗产继承法均分。阿白认为堂弟住君多占了地，而她家有两丁只得到一份土地，却承担两丁的租庸，故向县府呈辞起诉。县府向坊正调查，坊正报告土地是“均分”的，没有“偏并授田”。

该户显然是拥有少量土地的自耕农民。尽管阿白的丈夫及其弟逃走了，土地仍然实行均分，这是因为土地为该户所有，阿白有权提出“各合均收”的要求。从这里，我们看不到任何公社份地制的痕迹，只更清楚地看到农民继承土地的私有权利。

（三）“已受田”之外的私种地

自耕农民的土地基本上都作为“已受田”登在户籍上，通常称之为“口分地”、“分地”、“口分”。除此之外，农民还有一种不登籍的私田，这就是私垦地。今举一件高昌文书为证：

　　城南营小水田家　　状上

□□老人董思举

右件人等所营小水田，皆用当城四面豪（壕）坑内水。中间亦有口分，亦有私种者，非是三家五家。每欲浇溉……只如家有三人两人者。重浇三回，惸独之流不蒙升合，富者因滋转赡，贫者转复更穷，总缘无人检校。……前件老人，……望差检校，庶得无漏。（下略）①

这些不只“三家五家”的农民，他们所种的小水田，有“口分”，也有“私种者”。呈牒的民户公然把这种情况报告给官府，说明官府是承认的。唐朝始终奖励垦荒，并以此作为考核地方官政绩的内容之一。考课令规定：“其有劝课农田，能使丰殖者，亦准见地为十分论，加二分各进考一等，每加二分进一等（此为永业、口分之外，别能垦起公私荒田者）。其有不加劝课，以致减损者……每损一分降一等（谓永业、口分之外，有荒废者）。”② 这里说得很

① 《吐鲁番出土文书》第9册，第146～147页。

② 《唐令拾遗·考课令》。

清楚，在户籍登记的永业、口分田之外，还有农民垦种荒废的土地。上述文书中说的“私种者”，正是这类土地。

（四）土地所有权的时效

唐朝关于私田所有权的时效规定，主要是为自耕农民制定的。关于私田所有权的时效，唐朝早期一般规定是3年；在处理遗产继承时，则规定分居3年以上、逃亡6年以上，有继承权的人不能再提出分产的要求。但在实际执行中，对农民土地所有权的时效规定，要比令文规定的时间长。吐鲁番出土神龙三年高昌县崇化乡点籍样记载一户是：

户主康迦卫年五十七　　卫士

右件户逃满十年田宅并退入还公①

在开元十三年的一件西州户籍残卷上，记有一户两人分别死于开元（?）二年和三年，“虚挂籍帐”，准开元拾年敕“除削”，末记“（右件户虚挂其）田宅并退还官。”② 根据以上文书，可以看到在神龙至开元年间，逃亡户和逃死户的土地所有权时效是7至10年。在天宝十四年的制文中，则临时规定：“天下诸郡逃户，有田宅产业，妄被人破除；并缘欠负租庸，先已亲邻买卖，及其归复，无所依投。永言此流，须加安辑。应有复业者，宜并却还。”③ 这是不论时间长短，田宅是否出卖，逃亡农民回乡复业时，都要归还。

农民土地所有权的实际时效比令文规定要长，显然是与赋役有关。有的农户逃亡多年，仍“虚挂籍帐”，就是地方官府不愿从籍账“削除”，收回田宅，而要邻保分担赋役。天宝八年敕文对此说得很清楚：“浮食未还，其数非广。……盖为牧宰等授任亲人，职在安戢，稍有逃逸，耻言减耗，籍帐之间，虚存户口，调赋之际，旁及亲邻。此弊因循，其事自久。”④ 这说明，地方官府延长农民土地所有权的时效，主要是为了保证赋役的征敛，而不完全是为了保证农民的土地权益。到了唐后期和五代，情况却又相反。为了鼓励农民垦种

---

① 《吐鲁番出土文书》第7册，第471～472页。

② 池田温：《中国古代籍帐研究》（录文），第250页。括号内字是池田温所补。死者年代不详，但最晚也当是开元年间。

③ 《唐会要》卷85，《逃户》。

④ 《册府元龟》卷487，《邦计部・赋税一》。

逃户土地，朝廷却一再限制土地占有的时效。如广德二年就规定：“请射逃人物业者，便准式据丁口给授。如二年以上，种植家业成者，虽本主到，不在却还限，任别给授。”① 会昌元年又再度重申承佃逃户产业二年者，“仍给公验，任为永业”②。大中和咸通年间，也只延长至五年。到后周显德二年，则规定：“起今后应有逃户庄田，并许人请射承佃，供纳租税。如三周年内本户来归者，其桑土不以荒熟并庄园，并交还一半。五周年内归业者，三分交还一分。如五周年外归业者，其庄田除本户坟茔外，不在交还之限。”③ 逃亡农民土地所有权时效在这时期趋于缩短，是因赋税制度改变，土地税居重要地位，故国家着重保护现有耕佃者的权益。

仅从上述几个方面，我们看到唐前期的自耕农民对其土地拥有私有权，但是，为什么许多农民会弃地逃亡呢？这是落后的封建赋役制度必然的结果。当赋税和徭役的征敛超过农民实际负担能力的时候，特别是兵役、正役和杂役的征发繁重的时候，逃亡往往就是他们的主要出路。有的可以靠出卖土地抵偿赋役，有的全部土地卖了也不够缴纳赋税，还有的是“剔屋卖田，人不为售”。土地私有权对农民固然是非常重要的，但当赋役、债务压迫得他们无以为生的时候，他们就宁可放弃土地而到他乡去充当地主的佃雇农。这就是说，只有当国家的赋役剥削轻于佃雇农所受地主的地租剥削时，土地才对农民具有重要意义；反之，即使农民对自己土地有私有权，也不能把他们束缚在土地上。这是中国封建时代前期农民小土地所有制与近代资本主义时期农民小土地所有制主要不同点之一。

二、自耕农民负担的租庸调和杂役的性质

唐朝赋役令规定：“诸课户每丁租粟二石，其调绫绢絁布，并随乡土所出。绫绢絁各二丈，布二丈五尺。输绫绢絁者，兼调绵三两；输布者，麻三斤。”“诸丁岁役二十日，……若不役者收庸，每日絁绢各三尺，布三尺七寸五分。须留役者，满十五日免调，三十日租调俱免，通正役并不得过五十

---

① 《唐会要》卷85，《逃户》。

② 《唐会要》卷85，《逃户》。

③ 《册府元龟》卷495，《邦计部·田制》。

日。”[①] 这就是通常所说的租庸调，加上中男所服的杂役（丁男服杂役以正役折充），基本上是每一丁中农民一年应输纳的赋役。这种赋役是地租与课税的合一，还是单纯的课税？学者之间有较大的分歧。

租庸调是一种“以人丁为本”，按户按丁征敛赋役的制度。换句话说，它不是根据土地及其他财产来征收赋税的制度。但是，由于均田制或均田令规定了每一丁中可以占地百亩，这很容易使人把这一规定与租庸调联系起来，认为后者是建立于前者之上的税法。实际上两者都是国家法令，彼此虽有密切的关联，却不是土地所有权与地租的关系。租庸调与杂徭基本上是国家向居民征收的赋税，这从以下几个方面可以看得很清楚。

1. 租庸调及杂徭征收的对象，是除了国家规定的可以享受免课优待的人以外的全部人户，并不是只向农民征收。按赋役令、户令等的规定，免课役的只有下列各类人：

皇室及内命妇一品以上皇亲；

文武职事官五品以上父祖子孙及国公以上父子；

内外文武视流内九品以上官；

各官府所用诸色职掌人；

孝子顺孙、义夫节妇及同籍者[②]；

卫士[③]；

男子 20 以下、老男、废疾、笃疾、妻妾女、部曲、客女、奴婢[④]；

僧、尼、道士、女冠[⑤]。

此外还有部分赋役的免课、短期的免课等。

在法令规定的上述免课役范围之外的人，包括六品以下官的家属、各级下层胥吏的家属、未任官的地主、工商户等，都须按赋役令规定缴纳租庸调。例

---

① 《唐令拾遗·赋役令》。

② 以上见《唐令拾遗·赋役令》。高级官员亲属的免课范围，开元时期比唐初宽。参见《唐代租庸调研究》第 2 卷。

③ 《通典》卷 6，《赋税下》。参见《令集解》卷 13，《赋役令》舍人史生。

④ 《唐令拾遗·户令》。

⑤ 《唐律疏议》卷 4，《名例律疏议》。

如日本《令集解》曾引唐军防令："释云：'……问：'五位孙未出身者何处分'？答：'准贡人得第未叙而免徭役耳，案见唐军防令''"。据"穴记"的解释："未贡以前，差科如白丁。"[①] 唐军防令此条已逸，但由此可知，地主士人在未贡之前，"差科如白丁"，至于租调更得缴纳了；贡人得第未叙，也只免本身徭役，不免租调，其待遇与驿子、烽子、侍丁、残疾相同[②]。又如官员除名未叙时，按赋役令规定可以"免役输庸，并不在杂徭及征防之限"[③]。这算是优待免官的人，但他们需要缴纳全部租庸调。据《令集解》的规定，如果他们不愿输庸而"愿役身者，听之"。当然，地主们不会自己去服正役或杂役，一般都是派遣部曲、奴隶代役，或雇人代役。这是唐朝法律允许的。《令集解》赋役令规定："其丁赴役之日，……若欲雇当国郡人，及遣家人代役者听之。"日本明法家对此的解释是："释云：'唐令遣部曲代役者，即知是家人也，案奴婢亦听耳''"[④]。可见日令的此条规定是袭自唐令，它证明不享受免课役优惠的地主，同样是要纳租调服徭役的。

上述地主向国家缴纳的租庸调虽是他们剥削农民的地租的一部分，但都是以赋税形式上缴给国家的。国家向这些地主征收赋役，显然不是凭借土地所有权而是行使国家的主权。农民缴纳的赋役在形式上与地主所纳完全相同，只不过它是以农民剩余劳动直接提供的赋税。

2. 租庸调的征收与土地占有的关系，主要表现在唐朝继续实行隋朝的"未受地者皆不课"的原则。所谓"不课"，是指不征租调两项，无田丁男仍须每年服20天正役，或纳庸代役。敦煌文书中的判集有云："雍州声称地狭，少地者三万三千户，全无地者五千五百人。每经申请，无地可给。……其人并是白丁、卫士，身役不轻。"[⑤] 雍州有5500名白丁、卫士，全无土地，却皆"身役不轻"。这至少可以证明役或庸不是根据土地而来。至于有田丁男要纳

---

① 《令集解》卷13，《赋役令》三位以上条集解。

② 参见《令集解》卷13，《赋役令》舍人史生。该条规定，贡人得第未叙与侍丁等均免徭役。据《唐律疏议》卷3《名例律疏议》："侍丁，依令免役，惟输调及租。"

③ 《唐律疏议》卷3，《名例律疏议》；参见《令集解》卷13，《赋役令》除名未叙条。

④ 《令集解》卷13，《赋役令》岁役条集解。

⑤ 池田温：《中国古代籍帐研究》（录文），第318页。

的租调，乃是国家制定的一种征税原则。租调是按丁征收的等额赋税，而不是据土地的多少。《令集解》记载的“八户明意”授田法，有“富而无田”、“贫而少田”。“富而无田”的人当然就可以不纳租调，而只有几亩地、或一二十亩的农民，即使是“贫而少田，”也要照纳租调。至于成丁农民的田是请授于官府，还是购买而来，或私垦荒地而来，官府并不区分，只要有田，就要征收租调。因此，租调虽是根据丁男有无田来征收，却不是土地所有权借以实现的经济形式。

3. 唐代的租庸调与官私田地租有明显的区别，如我们在前节所述那样，官田一般是强制分配给农民佃种，按亩征收产品地租。地主庄田出租给农民时，也是按亩征收产品地租或货币地租。佃种官田和地主私田的农民，有的就是有少量土地的自耕农民。他们缴纳的官田、私田地租与缴纳给国家的租庸调，存在明显的界线：前者是官府、私人地主凭土地所有权收取的地租，后者是国家根据主权向成丁农民征收的等额赋税；前者不分耕种者年龄的老小，只要佃种官田和地主私田，就得按亩纳租；后者只限于丁男，非丁男不纳租庸调。

唐令关于逃户课役由邻保代纳的制度，也说明作为赋税的租庸调与作为地租的“租”，是完全不同的。唐隆元年敕文规定：“逃人田宅，不得辄容卖买，其地任依乡原价（例），租充课役，有剩官收。若逃人三年内归者，还其剩物。”① 所谓“租充课役”，就是将逃人的土地出租，以其地租充作逃人的课役，两者的分别是很清楚的。但是，在很多情况下，特别是在逃人土地少或产量低的情况下，地租并不足以充纳逃人的课役，以致被摊征的邻保，不得不将逃人田宅出卖。这与部分农民“卖舍帖田，以供王役”相同，说明国家的赋税不仅掠取了农民的剩余劳动和必要劳动，还吞噬农民的生产资料——土地。这是任何凭借土地所有权征收的地租不可能具有的。因为佃种地主土地的农民可以因地租沉重而逃亡，却不可能将地主的土地出卖来缴纳地租。

从以上分析，我们可以清楚看到隋唐五代时期自耕农民占有的土地，是具有私有权的土地。拥有这种“私田”的自耕农民，既不是所谓亚细亚生

---

① 敦煌文献，斯1344号《开元户部格残卷》。

产方式占有份地的村社农民，也不是耕种国有土地的国家农奴或佃农。他们构成居民的大多数，在人身上依附于国家，直接受到封建王朝的统治和奴役，是国家统治的基础。但是，他们却是具有独立小经济和受法律维护的良人身份，不同于贱民。他们虽占人口大多数，也占有相当数量的土地，在经济上却受封建经济规律的支配。因此，自耕农民的小生产只能是封建性质的，是封建经济关系的一部分。占支配地位的地主经济与广泛的自耕农民小经济长期同时存在，是中国封建经济制度不同于西欧封建经济制度的主要特点之一。

第五节　隋唐时期的土地法——均田制

一、均田制实施的重要条件——户籍制度

隋唐王朝继承前代，施行土地法。土地法是在律、令、格、式中分别做出不同的规定。其中《令》中的《田令》即通常所称的“均田令”或“均田制”，是最主要的土地法规。隋朝的均田制，基本上沿袭北朝，至大业年间“除妇人及部曲、奴婢之课”后①，妇女、奴婢不再授田。唐朝的均田制，也基本上承袭此制，只有丁男、中男、老男和当户主的妇女可以“受田”，即按田令规定限额占田。隋朝的均田制，历史记载简略，唐朝的均田制，因有较多唐朝田令条文遗存和有大量唐代户籍文书、授田还田文书发现，使我们有可能比较清楚地给予分析、说明。本节将主要叙述唐朝的均田制度。

隋唐王朝为统治和奴役广大民户，制定和实行了三大重要法规——以户令为主的户籍法，以田令为主的土地法，以赋役令为主的赋役法。户籍法是实施后两种法规的重要条件。在叙述唐朝的均田制度前，需要简要说明与其有密切关系的唐朝户籍制度。

根据日本学者仁井田陞等的复原研究，唐《令·户令》已可复原出40余条。其主要内容有：

---

① 《隋书》卷24，《食货志》。

(1) 诸户以百户为里，五里为乡，四家为邻，五家为保。每里置正一人（若山谷险阻，地远人稀之处，听随便量置），掌按比户口，课植农桑，检查非违，催驱赋役。每乡置耆老一人，掌……

(2) 诸户主皆以家长为之。户内有课口者为课户，无课口者为不课户。诸视流内九品以上官及男年二十以［下］、老男、废疾、［笃疾］、妻妾［女］、部曲、客女、奴婢，皆为不课［口］。

(3) 诸男女三岁以下为黄，十五岁以下为小，二十岁以下为中；其男年二十一为丁，六十为老。无夫者为寡妻妾。

(4) 诸户皆五家相保，以相检查，勿造非违。如有远客来过止宿，及保内之人，有所行诣，并语同保知。

(5) 诸户逃走者，令伍保追访，三年不获除帐，其地还公。未还之间，邻保近亲（或四邻伍保及三等以上亲），均分佃食，租庸代输。户内口逃走者，同户代输，三年（或六年）不获，亦除帐，地准上法。

(6) 诸户籍三年一造，起正月上旬，县司责里正收所部手实，具注家口、年纪、田地。若全户在乡者即依旧籍转写，并显不在所由。收讫依式勘造，乡别为卷，总写三通，其缝皆注某州、某县、某乡、某年籍。州名用州印，县名用县印，三月三十日纳讫，并装潢。一通送尚书省，州县各留一通。所需纸笔装潢，并皆出当户，县司勘量多少，临时斟酌，不得侵损百姓。其籍至省，并即先纳后勘。若有增减隐没不同，随状下推，州县承错失，即于省籍具注事由，州县亦注帐籍。

(7) 诸造计帐，每年三月三十日以前，州县官司，依式造帐，连署，五月三十日以前申送尚书省。①

在唐《律》中也有户籍法方面的规定。主要有：

(1) 脱漏户口增减年状法：对民户脱口、脱户、增减年状等罪，规定了量刑定罪原则。

(2) 逃亡法：对民户逃亡和非逃亡而“浮浪”他所者，以及再役工

① 以上唐户令复原条文，参见仁井田陞：《唐令拾遗》；宋家钰：《唐朝户籍法与均田法研究》，第二章。

匠、服兵役者和官户、奴婢逃亡，规定了不同的刑罚。

(3) 相纠、互保、缘坐法：主要对重罪犯家属，实行连坐治罪；对盗贼、同伍犯罪民户，规定了知情不报者将给予的惩处。

(4) 析户、合户法：规定了父母在，子孙不得析户、分财；禁止为逃赋役而相冒合户。①

在唐朝户籍法的规定中，对民户土地占有有重大影响的是《律》《令》中有关继承法的规定。继承法规定的继承方式有法定继承和遗嘱继承两种。法定继承的规定，除“立嫡法”是有关爵位继承的外，“分财法”和“户绝法”均与土地占有有密切关系，现分叙于后。

(一) 分财法

唐朝私人财产继承法，是分别在户令和户婚律中规定的。据开元户令，应分田财条全文如下：

诸应分田宅及财物者，兄弟均分，(注:其父祖亡后，各自异居，又不同爨，经三载以上；逃亡经六载以上，若无父祖旧田宅、邸店、碾、部曲、奴婢见在可分者，不得辄更论分。) 妻家所得之财，不在分限。(注：妻虽亡没，所有资财及奴婢，妻家并不得追理。) 兄弟亡者，子承父分，(注:继绝亦同。) 兄弟俱亡，则诸子均分。(注：其父祖永业田及赐田亦均分，口分田即准丁中老小法。若田少者，亦依此法为分。) 其未娶妻者，别与聘财；姑姊妹在室者，减男聘财之半。寡妻无男者，承夫分；若夫兄弟皆亡，同一子之分。(注：有男者，不别得分，谓在夫家守志者。若改适，其见在部曲、奴婢、田宅，不得费用，皆应分人均分。)②

户婚律的有关规定是：

即同居应分，不均平者，……

疏议：“即同居应分”，谓准令分别。而财物不均平者，准户令：“应分田宅及财物者，兄弟均分；”“妻家所得之财，不在分限。兄弟

① 《唐律疏议》。

② 《唐令拾遗·户令》。

亡者，子承父分。”违此令者，是为“不均平”。①

上述户令首先规定了继承遗产的范围是“田宅及财物”，明确地将土地列为可继承的遗产，这是确认民户土地所有权的重要表现。法律还规定了“妻家所得之财，不在分限”，划定了可继承的遗产只是父祖产业。

其次，法律规定继承人的范围是同居的、被继承人的直系亲属，规定享有主要继承权的是男子，女子不能与兄弟平等分产。“寡妻无男者”，是按“承夫分”处理。

第三，法律规定遗产分割方法是在男继承人之间“均分”。如果同辈的男继承人都死亡，则由他们的儿子共同均分。

第四，法律对土地的继承作了特别的规定，即户内永业田、赐田由诸子均分，口分田按田令规定的丁、中、老、小法分。各地在实施这一土地继承法时，可能还得从本乡习惯。根据其他资料，唐代民户土地的继承，普遍是实行诸子均分，并不具体区分永业、口分田。

以上就是唐朝著名的“诸子均分法”，表现了父家长制的特点，对唐代土地所有权的转移有很大影响。

（二）户绝法

户绝法主要是为处理户内没有男系直系亲属继承人的民户遗产而制定的。“户绝令”属于唐《令·丧葬令》，据仁井田陞复原的该条文是：

> 诸身丧户绝者，所有部曲、客女、奴婢、店宅、资财，并令近亲（亲依本服，不依出降）转易货卖，将营葬事，及量营功德之外，余财并与女。（户虽同，资财先别者，亦准此）无女均入以次近亲。无亲戚者，官为检校。若亡人存日，自有遗嘱处分，证验分明者，不用此令。②

所谓“户绝”，是指户内没有死者的同籍亲属家口，如户内还有女口，则不能称为户绝。法律规定，男子为第一顺序继承人；没有男子，女子为第二顺序继承人；没有女子，近亲为第三顺序继承人。令文规定死者遗产用于营葬

---

① 《唐律疏议》卷12。

② 《唐令拾遗·丧葬令》。

外，“余财并与女”，承认已出嫁之女有户绝者的遗产继承权。据此可知，死者未出嫁之女，自然更是遗产的合法继承人。

户绝法规定的可以继承的遗产中，没有土地。这是因为在均田令施行时期，户绝田是归公处理。但是，这是指户内没有任何家口的绝户。此外，户绝田还有其他几种处理方式。一是允许近亲承佃，二是死者生前已卖者，法律予以承认，三是户绝田虽不给出嫁之女继承，他们可以在“卖供葬”的借口下出卖土地。从这里可以看到，户绝田的处理与其他财产处理有所不同，已嫁女子在继承户绝田上受到较多限制。

除户绝令规定的法定继承方式外，也规定了遗嘱继承方式：“若亡人存日，自有遗嘱处分，证验分明者，不用此令。”这就是说，遗嘱继承优先于法定继承。死者生前对遗产的处理留有处分清楚的遗嘱，按其遗嘱处理遗产。这条规定不仅适用于绝户，也适用于有男子继承人的非户绝之户。

与均田制施行关系密切的，是按户令在各州县建立的民户申报手实制度，登记民户户口、土地的户籍制度和统计民户户口、赋役的计账制度。

唐朝实行的民户自报户口、土地的手实制度，基本上是由汉代以来的民户自占户口的制度演变而来。手实是属于牒、状一类文书，主要内容有：民户家口、年纪和民户土地亩数、地段、四至，户主保证申报内容属实的保证词①。手实是官府按户令规定时间，责令民户申报，一般与造户籍时间相同，三年申报一次。安史之乱以后，随着经济关系和赋税制度的变化，手实文书的形制、内容也有所改变。元稹在同州令人户自呈的“手实状”，主要内容是田地。后唐明宗令人户自供“手状”，主要申报的是当年夏苗土地亩数。敦煌文献中发现的唐后期的手实文书，其户口、土地申报内容，都比唐前期的手实简化。

唐代户籍制度也是沿袭于前代，它的主要特点是由户口籍与田地籍两部分组成。在北魏实行均田制之前，户籍登记的内容主要是户口。北魏实行均田令后，详细登记土地亩数、地段、四至、受田数，成为户籍的重要部分。唐朝的户籍制度基本上是承袭北魏以来的户籍形制而进一步形成的。土地登

① 《吐鲁番出土文书》第4册，第2～73页；第7册，第414～415页。

记之所以成为户籍的重要内容，是为了保证均田令的施行。田令规定了各类人占地的最高限额，户籍上登记的各户“应受田”总数，就是依据田令，按户内受田人口计算出来的。田令规定民户可以通过向官府请授无主土地、买卖等方式占有土地，户籍上登记的“已受田”数，就是表示民户实际占有的土地。官府审查民户土地，基本上依据户籍所载土地数。到唐后期，均田制不能完全施行，不再实行土地占有限制，户籍上虽仍登记土地，却不区分永业田、口分田，也不再登记应受田、已受田、未受田。除此之外，户籍上登记民户土地还有两个重要用途：一是由于法律规定已受田者才纳课税，户籍登记民户土地的有无，是划分课户、不课户、课口、不课口的根据之一；二是民户私田产权确认的依据。由于当时没有土地证之类凭据，凡是发生土地占有的产权纠纷，官府均以籍载田地亩数、四至及主人为断。户籍是由州县官府，每三年一次根据民户的手实编造。一份留县，一份留州，一份上呈尚书省。

唐朝的计账制度主要沿袭于北朝。唐朝的计账有多种，从编制单位、范围来说，有户部计账、州计账、县计账三级之分；从内容说，有总账与细账之分；从性质来说，有关于户口、赋役统计性质的计账，也有关于财政收入、预算性质的计账。户部、州、县的计账，主要是有关户口、课口、不课口及赋役的统计性计账。计账基本上根据户籍、手实等文书，每年编造一次。计账虽不统计土地，但它统计的户口、赋役，即是政府赋役征敛依据，对民户土地的占有也有很大影响。

二、唐朝均田令的主要内容

唐朝建立后，沿袭前代，实行均田制度。这是自北魏以来，均田制最盛行和发展的时期，也是均田制由盛而衰，走向崩溃的时期。

唐朝的法制体系，自武德七年（618）根据开皇律、令修订后，基本上由律、令、格、式四种形式的法律组成。在四种法律中均有关于土地占有的规定。唐朝的这些法律自武德迄于开元，虽曾多次修订，土地法也有某些改变，但立法的基本精神、原则和内容是相同的。

唐朝的法律除唐《律》外，《令》《格》《式》均已散佚，现仅能从

《通典》《唐六典》两唐书等史籍中见到部分遗文。通常所说的均田制或均田令，按其内容来说，是指《令》中的“田令”篇。日本学者仁井田陞在《唐令拾遗》中，共复原出“田令”篇的条文39条，其中重要的有：永业、口分田条，官人永业田条，永业田传子孙条，五品以上受永业田条，赐田条，狭乡受田条，卖买永业口分田条，买地不过本制条，卖买田申牒除附条，工商给田条，收授田条，授田先后条，道士给田条，杂户官户受田条，在京在外诸司公廨田条，在京在外官人职分田条，驿田条，置屯田条，等。唐《令》条文，据记载，贞观《令》是30卷，1500余条。仁井田陞据以复原唐《令》的日本养老《令》是1000余条，只有唐《令》条文的三分之二。养老《令》田令篇仅有37条，仁井田陞复原的唐田令条文只有39条，显然还有部分条文未能复原出来。仁井田陞复原的唐田令条文，后来虽有学者提出一些修订意见，但总的来说，他所复原出的条文是研究唐朝均田令内容的比较可信的基础。

现存武德七年田令遗文比较简约，开元二十五年田令遗文较为详细。开元令比武德令有不少修改，但基本内容并无根本改变。

根据仁井田陞复原的唐田令条文，可以看到有关官府和官民等土地占有的规定约有27条，构成田令的主要内容。田令有关官府占田部分，已在前面国有土地制一节中叙述，下面主要据仁井田陞《唐令拾遗》复原的开元田令及一些学者的研究，分别叙述均田令有关私人占田部分的规定：

（一）关于官人占田

开元二十五年令：诸永业田，亲王百顷，职事官正一品六十顷，郡王及职事官从一品各五十顷，国公若职事官正二品各四十顷，郡公若职事官从二品各三十五顷，县公若职事官正三品各二十五顷，职事官从三品二十顷，侯若职事官正四品各十四顷，伯若职事官从四品各十一顷，子若职事官正五品各八顷，男若职事官从五品各五顷；上柱国三十顷，柱国二十五顷，上护军二十顷，护军十五顷，上轻车都尉十顷，轻车都尉七顷，上骑都尉六顷，骑都尉四顷，骁骑尉、飞骑尉各八十亩，云骑尉、武骑尉各六十亩；其散官五品以上同职事给。兼有官爵及勋俱应给者，唯从多，不并给。若当家口分之外，先有地，非狭乡者，并即回受，有剩追收，不足者更给。

诸［官人］永业田，皆传子孙，不在收授之限。即子孙犯除名，所承之地亦不追。

诸所给五品以上永业田皆不得狭乡授，任于宽乡隔越射无主荒地充（即买荫赐田充者，虽狭乡亦听）。其六品以下永业，即听本乡取还公田充，愿于宽乡取者亦听。①

（二）关于民户占田

武德七年令：诸丁男中男给田一顷。笃疾、废疾给四十亩，寡妻妾三十亩，若为户者加二十亩。所授之田十分之二为世业，八为口分。世业之田，身死则承户者便授之，口分则收入官更以给人。狭乡授田，减宽乡之半。

开元二十五年令：诸丁男给永业田二十亩，口分田八十亩。其中男年十八以上亦依丁男给。老男、笃疾、废疾各给口分田四十亩，寡妻妾各给口分田三十亩。先有永业者，通充口分之数。黄、小、中、丁、男女及老男、笃疾、废疾、寡妻妾当户者，各给永业田二十亩，口分田二十亩。应给宽乡并依所定数，若狭乡新授者，减宽乡口分之半。其给口分田者，易田则倍给（宽乡三易以上者，仍依乡法易给）。②

（三）关于工商、僧道等占田

武德令和开元二十五年令：诸以工商为业者，永业、口分田各减半给之，在狭乡者并不给。

开元七年令和开元二十五年令：诸道士受老子经以上，道士给田三十亩，女官（冠）二十亩。僧尼受具戒准此。

开元二十五年令：杂户者，依令，老免进丁受田，依百姓例。

开元七年令：官户受田，减百姓口分之半。③

---

① 《唐令拾遗·田令》。
② 《唐令拾遗·田令》。
③ 《唐令拾遗·田令》。

（四）关于土地买卖

武德七年令：诸庶人徙乡及贫无以葬者，得卖世业田，自狭乡而徙宽乡者，得并卖口分田。

开元二十五年令：诸庶人有身死、家贫无以供葬者，听卖永业田，即流移者亦如之。乐迁就宽乡者，并听卖口分（卖充住宅、邸店、碾硙者，虽非乐迁，亦听私卖）。

武德七年、开元二十五年令：诸买地者不得过本制，虽居狭乡亦听依宽制。其卖者不得更请。

开元二十五年令：诸卖买田，皆须经所部官司申牒，年终彼此除附，若无文牒辄卖买，财没不追，地还本主。诸田不得贴赁及质，违者财没不追，地还本主。若从远役外任，无人守业者，听贴赁及质。其官人永业田及赐田欲卖及贴赁者，皆不在禁限。①

（五）关于土地请授、还授等手续

武德令、开元二十五年令：诸州县界内所部受田悉足者为宽乡，不足者为狭乡。

开元二十五年令：诸狭乡田不足者，听于宽乡遥受。

武德令、开元二十五年令：诸应收受之田，每年起十月一日，里正预校勘造簿，历十一月，县令总集应退、应受之人，对共给授，十二月内毕。

武德令、开元二十五年令：诸受田：先课役，后不课役；先无，后少；先贫，后富。其退田户内有合进受者，虽不课役，先听自取，有余收授。②

上引武德七年令和开元七年令，均非原令文本，而是《旧唐书》等概述的令文大意。上引开元二十五年令，出自《通典》，是令文原文。根据这些令文，我们可以做出以下解释。

1. 关于给田数额

---

① 《唐令拾遗·田令》。
② 《唐令拾遗·田令》。

令文中关于官人、庶民、工商、僧道的“给田”数额，都是一种最高占田限额，不是由官府实际给予的土地数。据现在所见敦煌、吐鲁番地区发现的唐代户籍残卷，每户所载“应受田”数，基本上符合令文规定民户每一丁、中、老男占田限额数；各户的“已受田”数，敦煌户籍残卷上登记的33户土地，合计平均每户仅有44.09亩。狭乡地区的高昌，据一份土地登记资料统计，平均每户只有9.58亩[①]。令文关于土地买卖规定：“诸买地者不得过本制，虽居狭乡，听依宽制。”这里所说“本制”、“宽制”，即指令文有关宽、狭乡占田限额。《唐律疏议》解释“占田过限”律文，也做了明确说明：

> 王者制法，农田百亩，其官人永业准品，及老小寡妻，受田各有等级，非宽闲之乡，不得限外更占。若占田过限者，一亩笞十，……[②]

由此可知，令文的“给田”，就是律文的“占田”。“不得限外更占”，就是指不得在田令规定的限额数外多占土地。天宝十一年诏书规定：“王公百官勋荫等家，应置庄田，不得踰于《式》《令》。”[③] 正是重申田令关于官民私人占田限额的规定。当然，有权有势的官员，一般都能通过买卖或请受公田等方式，占足土地，但也有“未请及未足”的情况。田令对此也作了若干规定，世袭爵位的子孙可追请部分永业田额，而官位因不世袭，死者子孙不能追请土地额。勋官永业田数额与官人永业田数额相同，本人死后，子孙不能追请未足的土地数额。

2. 关于民户永业田的继承

关于民户永业田的继承，武德令规定是“身死则承户者便授之”，开元二十五年令规定是“先（有）永业者，通充口分之数”。两者的精神是一致的。也就是说，民户的永业田是由户内受田口回受。有的学者认为，“通充口分之数”是充口分田之数，表明永业田的性质改变。实际上令文所说的“口分”，

---

① 参见本书第160页。
② 《唐律疏议》卷13，《户婚律疏议》。
③ 《册府元龟》卷495，《邦计部·田制》。

是指一口应受之田，或户内各受田口应受之田。“口分”一词的这种用法，在田令其他条文中也有。在敦煌、吐鲁番文书中，这类例子更是常见。如西州岸头府开元十九年帖目中就有：“为括检高昌县百姓口分讫申事。”① 敦煌判集中有：“雍州申称地狭，百姓口分不充。”② 在有些文书中，还简称为“分”，如给田簿中，县令签署将某段土地给某户时，就写作“给某某充分”。因此，对于田令中提及的“口分”，须仔细区别是指口分田还是指一口应受之田。开元令的上述规定，在《白氏六帖事类集》引的授田令则为：“先有永业者，则通其众口分数也。”③ 清楚地说明不是都充作口分田。根据敦煌户籍来看，民户继承的永业田，的确都合计入本户已受田总数之中，也就是说，在登记土地时，如本户应受田口永业田不足额，则以继承的永业田充作永业田数；如永业田足额，剩余的部分则充作口分田数。

3. 关于官人永业田的继承和勋田

仁井田陞复原的官人永业田皆传子孙条，是据《通典》所载令文：“诸永业田皆传子孙，不在收授之限……” 此条长期被认为是单独条文，适用于所有官民永业田。这是一种误解。民户永业田的继承，令文在民户受田条中已清楚规定：“先（有）永业者，通充口分之数”，即允许户内回授，有余收授。官人永业田是无条件传之子孙，不存在有余收授问题。《通典》所载此条令文，是列在官人受永业田条之后，其他有关官人永业田条之前，其性质也当是有关官人永业田继承的规定。因此，该条令文显然脱漏“官人”二字，原文应为“诸官人永业田，皆传子孙……”。

田令关于官人永业田的规定，包括了勋官在内。户籍上登记的“勋田”，当即《唐律疏议》所称“勋官永业地”④。官人永业田与勋官永业田的性质完全相同，给授的地域和继承原则都是：五品以上限于宽乡请授，“皆许传之子孙，不在收授之限。”⑤

---

① 池田温：《中国古代籍帐研究》（录文），第357页。
② 池田温：《中国古代籍帐研究》（录文），第318页。
③ 白居易：《白氏六帖事类集》卷23，《给授田第十六》。
④ 《唐律疏议》卷12，《户婚律疏仪》。
⑤ 《唐六典》卷3。

4. 关于民户口分田还公

武德令规定受田者身死，其“口分则收入官更以给人”。这就是说，唐初的田令只允许永业田在户内回授，口分田是身死时还公，不允许户内回授。但是，《令集解》穴记引了一条唐田令遗文：“其退田户内有合进受者，虽不课役，先听自取，有余收授者。”[①] 此条令文所说的“退田”，不清楚是仅指永业田，还是包括了口分田。仁井田陞是将它作为武德、开元七年、开元二十五年田令条文复原[②]。从条文的内容来看，与武德令的规定有所不同。武德令既然明确规定永业田由户内继承，就不存在有所谓退田先听自取的问题。武德令规定死者口分还公，这一部分田也不存在是否由户内“有合进受者”先听自取的问题。因此，该条令文可能是对武德令关于永业、口分田继承规定的修改，也就是说，户内受田口除可以回授永业田外，也可回授死者的口分田，有余时才收授。开元二十五年令重申了武德令中关于永业田由户内继承、回授的规定，却没有死者口分田还公的规定。但从令文只讲“先有永业者，通充口分之数”来看，实即意味着死者口分田不能充口分之数。据此可以判断《令集解》所引唐田令遗文，不是武德和开元二十五年田令的内容，而是武德以后、开元二十五年以前田令的内容。这就是说在武德以后、开元二十五年以前，对于民户内死者的永业田和口分田，曾长期实行“先听自取，有余收授”的原则；规定死者口分田还公只是武德令和开元二十五年令，为时较短。

5. 关于土地买卖

武德令与开元令都对土地买卖作了限制性规定。但对比两令，可以看到开元令的限制已有所放宽，即在卖充住宅、邸店、碾硙等情况下，也允许出卖土地。贴质的限制不见于武德令，可能也有所放宽。从武德令到开元令的变化，反映出土地买卖的普遍。按照开元令的规定，土地的买卖基本上已没有多大限制，在实际生活中，其作用自然更小。特别是唐户令规定死者生前如已将土地等财产出卖，或遗嘱赠送亲属、寺院，均为有效，更使土地的买卖受到的限制缩小。有关土地买卖情况，参见前节关于土地所有权的部分。

---

① 《令集解》卷12,《田令》授田条集解。

② 《唐令拾遗》，第637页。

6. 关于宽、狭乡的划分与授田原则

田令关于宽狭乡的划分，主要是根据本县民户占田是否可以达到法定田额为标准。据日本古代明法家对日本田令宽狭乡的解释，唐朝宽狭乡的划分，大致是以县为基本地域。狭乡县的民户可以在宽乡县请授土地，叫做“遥受”。但要隔州授田，则须上报户部了。根据这些解释，敦煌县就属宽乡，因为该县土地可授足民户，故户籍上登记每户“应受田”数，均按一丁百亩计算。高昌县属狭乡，户籍上登记每户“应受田”数，均按狭乡每丁60亩计算。但是，敦煌县虽为宽乡，各乡土地多少不同，也有宽狭乡之分，土地又有生、熟、良、劣之分。当既有耕地已为本乡民户占有之后，新成丁民户需要土地，就只能在宽乡遥受。敦煌户籍上登记的民户土地，有的就是在他乡授的。但是，遥受之地毕竟较远，土地也不一定良沃，不愿遥受的民户还是居多，这是户籍上民户占田普遍不足法定限额的原因之一。

田令规定的授田原则是：“先课役，后不课役；先无后少；先贫，后富。”这个原则的实施，应还有更具体的办法，日本《令集解》注释日令相同的此条令文说：“此条具依‘八户明意’。”① 所谓“八户明意”，就是将民户按有无课役、土地和贫富等级，分作甲、乙、丙、丁……八种授田先后次第。这种授田办法，是以民户有无课役为第一原则，有课役的优先授田。但是田令又规定了死者的田如户内“有合进受者”，“虽不课役，先听自取”。此条唐令现存遗文已逸，仁井田陞据《令集解》补入，是正确的。这是田令关于土地收授的重要规定。因为大多数民户都占田不足法定限额，确定户内受田不足的人有优先承受本户死者土地的权利，不受上述授田原则限制，才与继承法的规定不相矛盾。这实际是承认民户内土地继承权的另一种方式。

关于唐朝均田令包括或适用的土地范围，学者之间意见不同。有的认为包括民户全部土地，不存在其他私有地；有的认为仅适用于国家授予的部分土地，不包括户籍记载的“自田”之类私有地。此问题需要结合户籍法来研究。按照唐户令规定，民户土地都应登于手实和户籍，但实际上民户土地并未全部登于籍上。前者当时称为“有籍田”，后者称为“籍外田”。“有籍

① 《令集解》卷12，《田令》授田条集解。

田”是民户呈报、登于户籍的田地，官府承认其私有权，是合法占有的土地。狭乡地区不许限额外多占土地，这些地区户籍登记的民户土地即“已受田”，应包括民户的所有土地。宽乡地区许可限额外多占土地，多占的地暂不登户籍，这些地区户籍上登记的民户土地“已受田”，就不包括民户所有的土地。

“籍外田”有合法与非法两种。合法籍外田是官府允许宽乡地区民户限外多占地和劝课民户开垦的公私荒地。非法的籍外田，主要是民户隐漏未报的土地和违法多占的土地。由于田令规定了民户占地限额，因此每三年民户申报土地时，地主多占的土地一般不可能呈报。同时，土地还要按亩征税，多报土地就得多纳地税。这就势必出现大量隐漏田地、窜改籍书、别籍异居、他乡寄田等现象。这是唐代户籍登记的民户中，看不到超过田令限额的大土地占有者的原因。因此，唐代户籍上的田籍所能反映的民户土地占有情况，并非当时全部真实情况。

根据以上分析，唐朝均田令包括的土地范围，基本上是民户占有的全部土地。官府允许的合法“籍外田”，暂未登入民户“已受田”数内，可以看做是田令施行范围外土地。非法的籍外田，随时可能被官府检括出来按田令处理。这类虽然是隐漏无籍土地，实际上应属于田令包括的民户土地范围。

三、唐朝均田令的施行

关于唐朝均田令是否曾有效施行，曾是学术界长期争论的问题。这与如何理解田令的施行有关。如果我们将田令关于官民授田的数额，理解为最高的占田限额，同时了解唐代民户呈报手实和户籍编造过程，弄清户籍记载的民户“已受田”的来源、民户“退田”的性质和官府怎样向民户授田，则均田令的施行问题就不难明白。下面将依次分析这些问题。

（一）户籍记载民户“已受田”的来源和永业田、口分田的区分

唐代户籍上分别记载每户民户的“应受田”数、“未受田”数、“已受田”数和哪些地段、亩数是永业田、口分田。现存敦煌、吐鲁番地区的户籍残卷说明，户籍上这些有关民户土地的记载，是与田令的规定相符的，是均田令确实施行的可信证明。但是，户籍上这些民户“已受田”是怎么来的？他们的土

地是怎样被划分为永业、口分田的？弄清这些问题，才能确切了解民户“已受田”的性质和均田令施行的具体情况。

根据唐户令规定的造籍程序和对出土的民户呈报的手实文书的研究，可以确定户籍上登记的民户家口和土地，是转录自民户自报的手实。高昌地区发现的唐初手实文书，第一部分为民户家口的姓名、年龄、性别，第二部分为土地的亩数、地段、四至。值得注意的是，有的乡的手实文书所报的土地，并无永业、口分田的区分，也无应受田数①。户籍上登记的“应受田”数、“未受田”数和永业田、口分田区分，显然是造籍时转录民户手实上的田籍，按田令规定计算后加上的。民户手实上申报的田地，都是民户现有的土地。户籍是每三年一造，每户人口与土地在三年内都有变化。户籍上详记三年间人口的变化，却无土地占有变化的记载，就是因为土地登记的变更主要是依据每三年一报的手实而来。

户籍上的田籍是民户现有土地的登记，是来自民户自报的手实，那么民户所报土地的来源是什么呢？据现有史料，可以确知的来源如下：

1. 承继的祖业。这是主要来源。田令规定：“世业之田，身死则承户者便授之，口分则收入官更以给人”；“先有永业者，通充口分之数”；“诸［官人］永业田皆传子孙，不在收授之限。”官人永业田“皆传子孙”，庶民永业田是回授户内受田口。关于武德田令规定死者口分田要收入官问题，我们在上节已说明这是武德时期的规定，后来已改为永业、口分田皆可由户内受田口“先听自取，有余收授”。即使武德田令的这条规定后来未曾修改，死者口分田也会由户内受田口优先继承。一是户令的继承法作了这方面的规定；二是法令划分宽、狭乡，狭乡为受田不足之乡，一般不存在身死收入官的问题，当然由户内受田不足者继承。宽乡可以“限外多占”，身死后也可由后人继承。唐代户籍登记的民户土地，一般都不足法定限额。他们只有成了逃绝户、死绝户、出嫁绝户或无劳力不能负担赋役的贫户，其土地才会还公。除此之外，他们的永业、口分田一般都是户内回授、继承。

2. 向官府“请授”的荒田、无主田、还公田等。这是民户“已受田”的

---

① 参见《吐鲁番出土文书》第4册、第7册所录贞观、载初年间手实。

另一大来源。由于田令只规定了官、民各类人的最高占田限额，并不实际如数给田。官、民各类人要获得土地，其中一种方法就是向官府申请无主地和荒地。如法律规定，五品以上官的永业田，“皆不得狭乡受，任于宽乡隔越射无主荒地充。”① 地方官吏请地，“不得于部内请射田地”②。一般民户如欲占有无主地等，同样须向官府申请，称为“请授”。即使在宽乡地区可以限外多占，“仍须申牒立案，不申请而占者，从应言上不言上之罪。”③ 吐鲁番出土的一些“请授”田辞，就是这类申请授给土地的牒文。他们的申请，经县府批准后，才能得到土地，登入他们的户籍。此外，法律有条明确的限制，凡是曾出卖过自己土地的人，“其卖者不得更请”，不能再请授土地。

3. 买田。这也是官吏和民户“已受田”的重要来源。田令规定，五品以上官的永业田，可以“买荫赐田充，虽狭乡亦听。”由于田令允许庶民在一定条件下出卖永业、口分田，因此私人可通过购买方式获得法定限额内土地。田令规定：“诸买地者不得过本制，虽居狭乡，听依宽制。”有的敦煌户籍上注明土地是“买田”，西州地区户籍上注明是“买附”，即由此而来。由于在下次造籍时，这些土地不再注明是“买田”，加之有的是“违法买卖，或改籍书”④，故现存户籍上记注买田的不多。

4. 赐田、勋田。敦煌户籍上有的官、民土地注明为“赐田”、“勋田”。赐田与勋田也都是给的一种占田数额。赐田是唐朝指名赐给某官的一种特殊土地，不在均田令规定的占田数额内。得赐人也须办理申请某处土地才能实际获得。高级官员因有权势，其赐田都能如数获得，有的却可能有官人永业田“未请及未足”的情况。勋田与官人永业田性质相同，“其地并于宽乡请授，亦任隔越请射莅帅。”⑤ 唐代授勋不限于职事官、散官，一般卫士也可因战功得勋。法律规定，得勋者“若未请受（田地）而身亡者，子孙不合追请”⑥。

---

① 《唐令拾遗·田令》。
② 《唐六典》卷3。
③ 《唐律疏议》卷13。
④ 《册府元龟》卷495，《邦计部·田制》。
⑤ 《唐六典》卷3。
⑥ 《唐六典》卷3。

现存敦煌户籍上所见勋田数多不足额，与一般民户占田不足法定限额情况相同。

从上可知，户籍记载的“已受田”基本上有两大来源：一是民户（包括官吏）的祖业、买田，一是向官府请授的田地。对前一类土地，法令限制较少，对后一类土地，官吏、民户要请授到它，则有一定限制。

民户土地从民户手实转录到户籍之上后，造籍胥吏即按均田令的规定，计算出各户应受田口合计“应受田”多少，“已受田”多少，“未受田”多少。田令规定丁、中、老男等可占有的永业田、口分田最高限额数，但每户土地的统计却是按户总计，并不具体注明哪一个应受田口有多少地，在何地段。在区分每户的永业、口分田时，也是按户内应受田口总计出应有多少田是属于永业田，多少田属于口分田。一般是将民户现有土地，先按永业田数额登记，剩余部分才登记为口分田。如大足元年敦煌县效谷乡邯寿寿户，户内有一丁男一寡妻为受田口，现有土地44亩。户籍记载该户土地是：“合应受田壹顷叁拾壹亩，肆拾肆亩已受，八十七亩未受”；已受地又分别登记为：“廿亩永业，廿三亩口分，一亩居住园宅。”[①] 该户各段土地的登记，也是先登记为永业田，永业田20亩足额后，剩余的各段23亩才登记为口分田。假如以后该户新增一名男丁，则土地登记会变成40亩永业，3亩口分。这说明户籍上区分的永业、口分田，不是实际的土地类别的划分，主要是各户永业、口分数额的划分。各户土地地段类别在户籍上的划分是可以变动的，而各户受田口确定的应占永业田额和口分田额却是固定的，不能随意改变。户籍上登记民户土地的规律，最早是日本学者铃木俊发现的，因此他认为户籍上这种区分永业、口分田的方法，只是一种登记的形式。他的这个看法，已得到学术界的肯定。但是，正是在这种形式下，体现了均田令的立法精神。唐王朝实行均田制的重要目的之一，是限制土地占有额，并对土地的继承、转让实行不同的限制。关于前者，就表现在户籍上登记“应受田”额，以备核查各户占田是否过限；关于后者，就表现为永业、口分田在户籍上的区分，以便官府审核民户土地的继承、转让是否合法。这就是户籍上要登载民户“应受田”数和区分永业、口分田的

---

① 池田温：《中国古代籍帐研究》（录文），第167页。

原因。

（二）民户退田的原因和种类

我们在上面已经说明，由于民户普遍受田不足法定限额，户内不论有死者、逃者或是有从丁入老者，其土地大都是户内其他受田口继承，一般不存在退田问题。但是，在大谷文书和吐鲁番出土文书中，有一批民户土地还公文书，证明民户确有退田。下面根据西州地区的这些退田文书，研讨民户土地还公的原因、种类及其与田令的关系。

根据这些退田文书[①]，民户退田的原因有：

1. 户绝退田。户绝退田有两种，一是死绝退田，一是女子出嫁户绝退田。大谷2855号文书记载："大女史阿堆死绝退二亩常田"，"大女车寿持出嫁绝退一亩常田"。户绝，是指户内没有任何本户亲属。按田令规定，绝户田均还公，由官府处理。但是，如果死者生前留有遗嘱，将土地给予亲属或施舍寺院，也可视为还公。日本《令集解》说：死者生前遗嘱将土地"与亲属并施舍之属，犹还公耳"[②]。唐朝可能有此相同的规定。此外，户内若无劳力或无人承户，如户内仅有孤幼子女之类，其地也可作为绝户还公处理。

2. 逃死退田。逃死退田有两种，一是户主没落外地，身死除籍，家中还有人，退回部分土地；二是逃亡在外死亡，或限满未归除籍，收回其名下的土地。前一类见大谷3377、2855号文书，其中记有："（鄯索）师死退一段二亩"，"阴久托死无籍剩退……"，此二人均是"户主没落有继后"。后一类见大谷2395号文书，其中记有："康文感逃走除退一段壹亩常田"。逃亡或没落人户土地的处理，在未知逃亡者是否死亡前，其地在限期内不作还公处理。如逃人或没落外蕃人死亡，户内有人，只是本人名籍削除，其田在户内回授，有剩余作为"死无籍剩退"处理。逃人如死亡户绝，按"死绝退"处理。逃人未死，限满未归，户籍除名，按"逃走除退"处理。后三种情况，官方文书一般称"逃绝户宅地"、"逃死户田宅"。

3. 死亡退田。大谷退田文书中，许多民户退田仅记"死退"。除上述"死

① 池田温：《中国古代籍帐研究》（录文）。下引大谷文书，均见此书。

② 《令集解》卷12，《田令》。

绝退”、“死剩退”外，属于“死退”的还有在家死退，并非都是死绝退田或逃亡死后退田。如大谷 2855 号文书记“和静敏死退二亩常田三亩部田”。和静敏死后，其家尚有母及叔母。该户所退之地，属于户内回授后剩余的部分土地。大谷文书记有许多“剩退”，一部分是逃亡、没落死亡，剩退之地；一部分是和静敏类在家死亡剩退的土地。这类退田，都属于“死退”。

4. 漏籍剩退田。大谷 2996 号文书记载：“漏籍剩地一段一亩常田……右件人地漏剩令退”。漏籍地检括出来后，除户内回授部分外，剩余部分也还公处理。

5. 移户退田。民户迁移他乡，其地还公。高昌县一份授田簿记载：“康申海移户部田二亩……右给张充充充分”①。这些移户退田，多的达十亩，少的有二亩。这些移户可能是自狭乡迁宽乡，有的可能是因犯罪移乡。他们是合法迁移，故其退田明记为移户田。

6. 还公田。“还公田”有时泛指所有民户退还之地，有时则仅指死绝户、逃死户以外人户还公的土地。上述移户还公土地，就属后一种。有的民户因无劳力耕种，不能承担赋税，也可能将部分地还公。无劳力又不能逃亡的民户，当出租、出卖都不如退地有利时，自然会选择将土地还公办法来免除赋税。

从上可见，民户退田基本上有三大类。上述第一种死绝退田、出嫁绝户退田，属户绝田；第二种逃亡、没落死亡退田，属逃死田；其余四种属于还公田。在官府文书上，有时概称这些退田为“逃死、户绝、还公等田”，它基本上包括了官府在正常情况下收回的民户土地。现在所见高昌县开元年间的退田文书，“死退”占多数，其次是剩退。总的来说户绝退田、逃死退田和死亡退田是主要的，其他一些还公田只占少数。这就是说，官府从民户收回的土地，主要是逃死户、绝户和受田者死后剩退的田。

高昌地区的退田，凡注有土地类别的，都是永业田。永业田为什么会还公？按田令规定，官人永业田皆传子孙，不在收授之限；庶民的永业田则是：“先（有）永业者，通充口分之数”。更具体说，民户土地，一般是“先听自取，有余收授”。高昌地区属狭乡，民户大多只有永业田，而少口分田。如依

① 《吐鲁番出土文书》第 6 册，第 256 页。

上述田令执行，自然也包括永业田在内，在“通充口分之数”后，剩余的部分也会还公。但这些退田户多是逃亡、死绝户，对那些非逃亡、死绝户来说，基本上还是户内继承，一般不会退田。

（三）官府的授田标准与“均平给授”

唐朝地方官府掌握部分荒地，每年又从民户中收回部分少量土地，这些地统称为“公田”。官府每年如何将这些土地分授给民户，是探讨均田制施行情况的主要问题。

唐朝官府向民户授田有一个完整、严密的程序。《唐律疏议》卷13记载：“应收授之田，每年起十月一日，里正预校勘造簿，县令总集应退应授之人，对共给授。”这里所说的里正预先校勘编造的田簿，就是在西州出土的退田簿、欠田簿等，县令的“对共给授”，就是出土的给田簿。根据这些文书，我们可知其具体程序是：首先由民户户主向官府提出户内欠田口需请授田的辞牒。县府据户籍检核属实，才予批准，并通知乡里，列入欠田人名簿，再汇集县府，以备授田。官府的审核，实际是对请田者资格的审查，只有合乎请授土地条件的人，即“欠田”人，才考虑授给土地。其次是里正编造退田簿和欠田簿。退田簿注明退田原因、地段、四至。欠田薄登记欠田丁姓名及欠田数。这些欠田数是按当地授田标额计算，不是按田令规定的最高占田限额计算。最后由县府属吏编造给田簿，县令对照欠田簿，在给田簿上每段土地之后，批上给某某充分，就形成给田文书，完成一年一度的授田。给田文书下达乡里，登附于各户户籍之上，正式确定该段土地属该户所有。

高昌县的欠田文书所载每丁欠田数都很小，最多者10亩；给田文书所载每丁授田数也很小，大多只有二三亩，最多者10亩①。日本学者西嶋、西村两先生认为，当地制定了一种授田标准额，大约为每丁10亩②。这个意见大致上是正确的。

据现有材料分析，各地官府对民户已退土地及其他公田，基本上是采取“均平给授”办法。要实行这种办法，就要先确定当地各种受田口平均授田标

① 《吐鲁番出土文书》第6册，第243～269页；池田温：《中国古代籍帐研究》（录文）。

② 见《敦煌学译文集》。

准数额。只有实际占田没有达到这个标准数额的，才属可以向官府请地的“欠田”人，并不是所有占地未达田令规定限额（如宽乡每丁100亩，狭乡每丁60亩）的人，都有资格请地。各地区不同，其标准额也不同。高昌地区属狭乡，据《神龙三年高昌县崇化乡点籍样》记载的33户受田情况分析，平均每户受田为9.58亩。通过对受田口与受田数比例关系的分析，可以看到当时该县的民户请授田标准是：丁男、中男10亩，老男、寡妇4亩，当户主的小男、丁女等是5亩。凡是占田不足这些标准额的，则属于“欠田”人。

敦煌地区属于宽乡，据敦煌大足至天宝年间的户籍残卷所记33户土地统计，平均每户占地44.09亩。分析各户受田口与受田数之间的比例关系，可以看出也存在实际的授田标准：当户主的小男、老男等非丁男口是10亩，中男、丁男是20亩，勋官等是30亩~35亩。这些授田标准可能是根据当地应受田口数与现有耕地数平均得出来的。一般说来，狭乡地区的授田标准要远低于宽乡，10亩当是唐代一些狭乡最低的授田标准。

县府确定本地授田标准，只是每个欠田丁、中男或其他欠田人的可请地数，每年实际能给欠田者多少地，要视当年的退田情况和县府掌握的公田情况而定。到授田时候，官府根据已退田人数和其他可授给的公田数，与请田人数平均计算，得出每一丁中及其他人可以实际授给的田数，才据此进行授田。《唐律疏议》卷13记载：“部内总计，准口授田”；“部内，谓州县及里正所管田。”所讲的就是上述方法。《令集解》也说：“通计所在之田均给”，“古记云：‘不足者为狭乡，谓依乡法，少少均分给讫’”[①]。高昌按10亩、5亩、4亩等标准授给丁、中等欠田人土地，正是“狭从乡土法”。

官府在实际授田时，还要按户、按口均给。高昌的欠田簿、退田簿、给田簿，都是按户编制的，说明可能还要考虑各户土地占有情况。《令集解》释“均给”是：“均给，每人均给”，“均给，谓每户均给”[②]。这个解释，可能也源于唐朝。

此外，官府授田时还执行“先课役，后不课役，先无后少，先贫后富”

① 《令集解》卷12。
② 《令集解》卷12。

原则。这就是说，授田考虑的先后顺序，第一是有无课役，其次是贫富等第，第三才是田之有无。高昌县的欠田簿按户等编制，正是按上述原则实行授田的。

按照上述方法授田，一般每个欠田者得到的田，数量都很小，高昌地区每丁的给田大多是一二亩。同时，民户得到的土地比较分散，隔越者多，以致在城的东南西北都有。除因土地有诸种来源外，官府这种授田方法也是重要原因。

综上所述，官府每年收授的民户土地，仅限于少部分民户。它主要是处理无主土地的方法。这些原属民户的土地，或因逃亡和被迫还公而无偿地放弃土地主权，或因户绝而自然丧失土地主权。这些土地成为公田，再经官府改授，又成为另一些民户的土地。这在本质上是土地权的一种转移方式，它与买卖、户内继承不同，是经官府无偿地实现这种转变。在这个过程中，虽带有国家干预性质，土地的民有性质并未发生根本变化。

第三章　手　工　业

第一节　手工业的管理体制

隋唐手工业的管理体制，取决于当时手工业的类型。隋唐手工业的类型，主要有官府手工业（中央政府经营的手工业、建筑业及公共工程手工业、地方政府经营的手工业、军事手工业等）、家庭副业手工业（农民家庭副业手工业、地主家庭副业手工业）、私营手工业（个体手工业经营者、私营手工业作坊）、寺院手工业等等①。隋唐手工业的类型比较齐全，其管理体制也相应比较完善，呈现出不同层次的管理内容。在隋唐手工业管理中，中央、地方和军队多管齐下，既有作为六部之一的工部这种最高手工业行政官署，也有各司其职的少府、将作、军器、都水等诸监，另外还有地方政府经营的手工业的管理机构，甚至各级地方政府也有管理当地工匠的职能。与不同类型的手工业相对应的不同层次的管理体系在当时既相互独立又相互交叉，比较完整地构成了隋唐手工业的体制。

一、手工业的管理机构

隋唐手工业类型比较齐全。就中央政府及其有关职能部门而言，其对官府手工业侧重于直接经营，因为官府手工业是统治阶级获取生活必需品

① 魏明孔：《隋唐手工业研究》上篇，第一章《隋唐手工业的类型》，甘肃人民出版社，1999年版。

及奢侈品的重要场所；中央政府及其有关职能部门对于官府以外的手工业类型则采取间接管理的手段，其关心的是对生产者赋税徭役的获得。因此，隋唐手工业机构设置的重点在于官府手工业，这也是我们在这里讨论的重点。

在阶级社会里，统治阶级的需要是在最大程度上能够得到满足的有效需要。官府手工业直接服务于皇室及其他统治阶级，以满足其对手工业产品的需求，保证国家机器的正常运转，因此历代统治阶级都对官府手工业比较重视，隋唐也不例外。隋唐确定三省六部制时，六部之一的工部就是手工业的最高行政管理机构。其中工部尚书及侍郎掌管山泽、屯田、工匠等等，其下属的工部司掌城池、土木之工役程式，虞部司管京师街巷营建和修缮等，水部司掌舟津、渠堰、碾硙等等。

工部作为手工业的最高行政管理机构，其政令则由少府、将作、军器与都水监等具体负责实施。少府监掌管工匠，下设中尚、左尚、右尚、织染、掌冶等五署，其中前四署主要负责管理皇室器用服饰、百官冠冕仪仗等专用品；掌冶署所属诸冶监则主要掌铸农器及铜铁器物等。将作监主要负责大型建筑土木工程，包括修建宫殿、坛庙、官署、陵墓等。将作监所属的甄官署及其作坊，主要从事采石料并加工、烧砖瓦，制作碑碣、石人、石柱、石兽、碾硙及贵族百官丧葬冥器等。除此之外，将作监还在京师附近设有百工、就谷、库谷、邪谷、太阴、伊阳等监，主要掌伐树木，以准备土木工程等原料①。至于军器监则掌管兵器制造及修理②。工部及其下属的手工业机构，其主要职能是基于官府手工业尤其京师手工业的。

---

① 《唐六典》卷7,《工部尚书》：工部郎中员外郎“掌经营兴造之众务。凡城池之修浚、土木之缮葺、工匠之程式，咸经度之”。“凡兴建修筑材木工匠，则下少府、将作，以供其事”。当时的常规是，“少府监匠一万九千八百五十人，将作监匠一万五千人。散出诸州，皆取材力强壮、技能工巧者，不得隐巧补拙，避重就轻。其驱役不尽及别有和雇者，征资市轻货，纳于少府、将作监。其巧手供内者，不得纳资。有缺，则先补工巧业作之子弟。一入工匠后，不得别入诸色。其和雇铸匠有名解铸者，则补正工。凡计功程者，夏三月与秋七月为长功，冬三月与春正月为短功。春之二月、三月，秋之八月、九月为中功。其役则依户部式”。《唐六典》卷23《将作监大匠》：“将作大匠之职，掌供邦国修建土木工匠之政令，总四署三监，百工之官属，以供其职。”

② 《旧唐书》卷42~44,《职官志》;《新唐书》卷46~49,《百官志》。

隋唐除了中央及京师手工业机构比较健全外，在地方还设有专门的官府手工业机构，以作为中央手工业机构的补充。这主要包括两种情况：一是在产铜、铁、锡、金、银及铸币的地区，或由中央派遣官吏直接经营，或由当地地方官员代为管理①；二是由地方政府在当地设置官府手工业作坊，以生产向中央政府进贡及用于当地官府消费的具有地方特色的手工业品。如刘晏在扬子县设置的造船场，扬州、洪州、宣州、成都等地设置的兵器、铜器、造纸、陶瓷、丝织品等作坊，在当时都是比较有名的。至于有些地方官吏为了博得帝王后妃的欢心，不惜成本在地方官府作坊生产奇异贡品，已是见怪不怪，相当普遍。

民间私营手工业作坊及农民家庭副业手工业，虽然是当时手工业的主体，但是中央政府对于官府手工业以外的其他类型的手工业，主要的不是从机构设置上对其生产和工匠进行控制，而是通过政府户籍管理程序，来保证国家赋税徭役的获得。当然，隋唐政府对于非官府直接经营的其他类型手工业的生产并非消极放任不管，政府往往对工匠产品的规格、档次、样式等都有一系列规定。也就是说，官府对于民间工匠的产品，主要通过流通环节而干涉其质量，而非直接干预生产过程。这一方面的情况下面还要涉及，此不赘述。

二、手工业管理体制的主要内容

与手工业的类型相一致，隋唐手工业管理方面的内容非常丰富，对其进行全面论述有诸多困难，这里只是就其中对工匠的征集、工匠户籍的管理及对手工业产品质量的监督等几个主要方面略作说明。

（一）以征集及和雇形式保证官府对手工业人手的需要

隋唐官府手工业中的工匠，有个最低数目限度，如唐代少府监中有固定工匠 19850 人，将作监有 15000 人。这些工匠均“散出诸州，皆取材力强壮、技

① 《新唐书》卷41，《地理志》四：“有桂阳监钱官”。据《元和郡县图志》卷29《江南道》：“桂阳监，在城内，每年铸钱五万贯”。与其相邻的平阳县，“亦出铜矿，供桂阳监鼓铸”。只有监钱官从中统一筹划与协调调拨，才有可能将不同产地的原料统一管理和使用。可见当时官府手工业具有一定的协调和组织功能。

能工巧者，不得隐巧补拙，避重就轻”。如果官府一时不需要如此多的工匠，则向不服役的工匠“征资，市轻货，纳于少府、将作监”。即使如此，“其巧手供内者，不得纳资”，即为宫廷需要制作的技术最好的手工业工匠，不在纳资代役之列。不仅如此，工匠“有缺，则先补工巧业作之子弟”，这类规定带有强制性，“一入工匠后，不得别入诸色”。也就是说不论在任何情况下，都必须首先保证官府手工业内的能工巧匠及其他人手。古代实行日出而作，日暮而息的作息时间，为了体现劳役均等，根据一年四季白昼长短不同而对生产者的服役时间也有所调整：“凡计功程者，夏三月与秋七月为长功；冬三月与春正月为短功；春之二月、三月，秋之八月、九月为中功。其役功则依户部式”[①]。唐代前期如此，即使在中唐以后纳资代役相对普遍的情况下，也并不意味着所有工匠均可以纳资代役，而有不在官府从事生产的自由，相反，那些能工巧匠必须首先满足官府的需要，以确保官府手工业作坊的生产人手及其产品质量。因为在纳资代役条件下，那些在官府长期从事生产的所谓“长上匠”之类所得到的报酬，并不是对其劳动付出的合理报酬，而是带有一定的强制性。“凡功有长短，役有轻重”，“凡诸州匠人长上者，则州率其资纳之，随以酬雇”[②]。这里的长上匠，是指经常在官府作坊从事生产的工匠[③]。少府、将作监的情况如此，至于军器监更是如此，据《唐六典》卷22《北都军器监》记载，军器丞的职掌包括“凡材革出纳之数，工徒众寡之役，皆督课焉”。因为这里的生产直接攸关阶级统治与对劳动人民的控制等，政府更是不遗余力地确保工匠从事不可一日或缺的军工生产。

再如铸造钱币，据《新唐书》卷54《食货志》四记载，玄宗时全国有铸币炉99，以每炉工匠30人计，也有工匠3000人左右，工匠长年累月从事体力繁重的铸币生产。中央设置的官府手工业如此，地方政府设置的手工业亦是如此。

上面只是讲的正常情况下官府手工业的生产，实际上，隋唐政府经营的官

---

① 《唐六典》卷7，《工部尚书》。

② 《唐六典》卷23，《将作监丞》。

③ 唐长孺：《魏晋至唐官府作场及官府工程的工匠》，载《魏晋南北朝史论丛续编》，三联书店，1959年版。

府手工业生产往往因皇帝的变化、宠信后妃的需要、最高统治者的临时决定等，额外增加内容的现象比较普遍。唐高宗永淳元年（682）太常博士裴守真上表中道出了这一情况：“征戍阔远，土木兴作，丁匠疲于往来，饷馈劳于转运”；“少府聚天下之伎”，但仍是“造作不息”[①]。就连在以实行轻徭薄赋著称的一代明君唐太宗时，也是“凡诸营缮，工徒未息。正丁正匠，不供驱使，和雇和市，非无劳费”[②]。“假使和雇取人，岂无烦扰之弊”[③]？就是唐太宗时人们普遍存在的疑问。可见当时这种对工匠的和雇带有一定的强制性，与民间作坊对工匠的雇佣关系有所不同。尤其值得一提的是，一旦发生对内或对外战争，则将手工业生产纳入战时经济的轨道，对工匠的征用就更带有强制性，工匠在正常的服役期外，被无限期地强制在官府从事生产。隋炀帝大业时，为了讨伐高丽，曾敕幽州总管元弘嗣在东莱海口造战船三百艘，“官吏督役，昼夜立于水中，略不敢息，自腰以下皆生蛆，死者什三四”；隋炀帝曾经“发江淮以南民夫及船运黎阳及洛口诸仓米至涿郡，舳舻相次千余里，载兵甲及攻取之具，往还在道常数十万人，填咽于道，昼夜不绝，死者相枕，臭秽盈路，天下骚动”[④]，在这种情况下，工匠最基本的生存条件都很难得到保证，至于工匠不想超过服役期限就更无从谈起了。正是隋末赋役繁重，包括广大工匠在内的生产者“往往自折肢体”，以逃避赋役，还将其美称为“福手”、“福足”，甚至在唐太宗贞观年间这种惨绝人寰的现象也仍然存在[⑤]。

（二）通过户籍管理来保证政府对民间手工业品的获得

尽管官府所征用及和雇的工匠人数并不少，但相对民间所有个体工匠及其民间私营作坊的工匠来说，其人数还是有限，而对民间手工业生产者产品及其税收的获取，才是隋唐政府财政税收的主体部分之一。对此则主要通过对其户籍管理来完成。

---

① 《唐会要》卷83，《租税》上。

② 《全唐文》卷135，高冯：《上太宗封事》。

③ 《大唐新语》卷2，《极谏》。

④ 《通鉴》卷181，隋炀帝大业七年条。

⑤ 《通鉴》卷196，唐太宗贞观十六年条：秋七月“庚申制：‘自今有自伤残者，据法加罪，仍从赋役’。隋末赋役重数，人往往自折支体，谓之‘福手’、‘福足’。至是遗风犹存，故禁之”。

对直接生产者户籍的严格管理，不仅是隋唐政府对所需工匠来源的基本保证，而且也是获得民间手工业品的重要保证，故对工匠户籍管理自始至终都十分重视。隋代依北周制，男女3岁以下为“黄”，10岁以下为“小”，17岁以下为“中”，18岁以上为“丁”。“丁从课役，六十为老，乃免”。隋制“五家为保，保有长；保五为闾，闾四为族，皆有正。畿外置里正，比闾正，党长比族正，以相检察焉”。在这种户籍制度下，“役丁为十二番，匠则六番”[①]，以此作为隋王朝境内工匠赋税徭役征收的基本依据。值得注意的是，这时工匠的负担要较一般个体小农业生产者为重，即前者的服役期是每年一个月，而个体工匠则是两个月。为了防止诈老诈小，隋文帝时实行“大索貌阅”，“大功已下，兼令析籍，各为户头，以防容隐”。“于是记帐进四十四万三千丁，新附一百六十四万一千五百口”。高颎制定“输籍定样”，即规定按户等纳课的具体标准，颁行诸州。“每年正月五日，县令巡人，各随便近，五党三党，共为一团，依样定户上下”，“自是奸无所容矣”，从此收到了诈老诈小有所收敛、比较如实上报户籍的效果。正是由于国家对手工业生产者进行了比较严密的户籍控制，“诸州调物，每岁河南自潼关，河北自蒲坂，达于京师，相属于路，昼夜不绝者数月”[②]。隋代之盛，实由于此。

唐代在高祖武德年间规定，以“始生者为黄，四岁为小，十六为中，二十一为丁，六十为老”，与隋代相比略有调整。后来这些规定屡有变化，如高宗开耀二年（682）敕令百姓50岁皆可免课役[③]。唐代手实制度比较严密[④]，“每岁一造（计）帐，三年一造（户）籍，州县留五比，尚书省留三比”[⑤]。对于官府手工业作坊工匠基本组成之一的官奴婢，唐代也是“每年正月造籍二通，一通送尚书，一通留本司”，并且每年置簿点身阅貌，然后送金仓部并由其供给一定数额的衣食开支[⑥]。延载元年（694），武则天令“诸户口计年将

---

① 《隋书》卷24，《食货志》。

② 《隋书》卷24，《食货志》。

③ 《旧唐书》卷48，《食货志》上。

④ 关于唐代的赋役和计账制度，可参考宋家钰《唐朝户籍法与均田制研究》，中州古籍出版社，1988年；《唐代计帐制度探索》，《北京师院学报》，1988年第3期。

⑤ 《唐会要》卷85，《籍帐》；《册府元龟》卷486，《邦计部·户籍》。

⑥ 《唐会要》卷86，《奴婢》。

入丁老疾应免课役及给侍者，皆县亲貌形状，以为定薄，一定以后，不得更貌；疑有奸欺者，听随事貌定，以付手实”。唐玄宗开元二十九年（741）进一步将团貌制度化：鉴于“天下诸州每岁一团貌，既以转年为定，复有籍书可凭，有至劳烦，不从简易，于民非便”的现状，规定“自今已后，每年小团宜停，待至三年定户日，一时团貌，仍令所司，作条件处分”。但是，全国郡县“虽三年定户，每年亦有团貌”，几乎成了一种定制①。唐代实行的这种手实和团貌，与隋代一样，是政府获取工匠和农民赋税徭役的基本依据。而唐代的一个比较大的变化是，后期工匠所承担的徭役期限，与个体小生产农业趋于一致，如唐中后期规定，“诸丁匠岁役工二十日，有闰之年加二日”②。丁匠并称且服役期趋于一致，反映了工匠身份提高的社会现实。

唐代在实行记账户籍管理时，“凡天下之户，量其资产，定为九等”。当时的户籍确定是比较严格的，“每三年县司注定，州县覆之，然后注籍，而申之于省”③。在九等户中，“其百姓有邸店行铺及炉冶，应准式合加本户二等税者，依此税数勘责征纳”④。这里主要指的是工商业者，按当时现任官吏一品准上上户，九品准下下户，可见将官吏的户等定得较低，而把手工业作坊主及商人的户等定得较高。

在严格的户籍管理制度下，工匠按规定或在官府服役从事手工业生产，或上缴纳资代役钱，不得规避。隋唐二代均对于工匠服役控制很严，以确保官府的手工业人手。如隋文帝朝营建仁寿宫时，崔善为“领丁匠五百人。右仆射杨素为总监，巡至善为之所，索簿点人。善为手持簿暗唱之，五百人一无差失，素大惊”⑤。至于隋文帝以“王业初基，百度伊始，征天下工匠，纤微之巧，无不毕集”于京师⑥，更是在特殊条件下对工匠任意征用的实例。为了“检察非违，催驱赋役”，唐政府在工匠及商人居住比较集中的城镇设“坊”

① 《唐会要》卷85，《团貌》。
② 《通典》卷6，《食货典·赋税》下。
③ 《唐六典》卷3，《户部尚书》。
④ 《旧唐书》卷48，《食货志》上。
⑤ 《旧唐书》卷191，《方伎·崔善为传》。
⑥ 《隋书》卷46，《苏孝慈传》。

等，坊内置“坊正”一人，由其掌“坊门管钥，督察奸非”，以保证官府对工匠劳役的征用和税收的征收，而政府则给予“免其课役”的待遇[①]。在严格的匠籍制度下，除了京师官府手工业生产外，其他官府的生产任务一般是通过地方政府组织下达的，也有官府直接将生产任务下达以州县为“团”的“团头”及“火长”的情况。《吐鲁番出土文书》第七册452页《唐西州高昌县下团头帖为追送铜匠造供容器事》便透露了这一信息：

1　高昌县　　帖团头傅□□□

2　　铜匠安明智　安大寿、石思□□

3　　　右件人等先造供容[器]□

4　　　至，仰速追送立待三□

5　　　　　　　　尉张仁

据《樊川文集》卷13《与汴州从事书》记载：“某每任刺史，应是役夫及竹木瓦砖工巧之类，并总置板簿；若要役使，即自检自差，不下文帖付县”可知，官府征用工匠，不管下帖于团头、火长，还是直接下帖于工匠，都属于不正规途径，而正途是中央及州郡征用工匠，则必须下帖于县。

另外一种情况是，有些工匠生产具有地方特色的手工业品，因系地方政府的上供品，这类工匠的名籍在地方政府的严厉控制之下，其产品由地方政府包收。如《全唐诗》卷427《紫毫笔》言：“管勒工名充岁贡”，“每岁宣城进笔时，紫毫之价如金贵”。名笔昂贵，市场难能购买，全部作为进贡品，但工匠却得不到相应的报酬。《全唐诗·织锦曲》记载了这种纺织专业户的情况：

大女身为织锦户，名在县家供进簿。
长头起样呈作官，闻道官家中苦难。
回花侧叶与人别，唯恐秋天丝线干。
红缕葳蕤紫茸软，蝶飞参差花宛转。

---

① 《文献通考》卷12，《职役考》一。

一梭声尽重一梭，玉腕不停罗袖卷。
窗中夜久睡髻偏，横钗欲堕垂著肩。
合衣卧时参没后，停灯起在鸡鸣前。
一匹千金亦不卖，限日未成宫里怪。
锦江水涸贡转多，宫中尽著单丝罗。
莫言山积无尽日，百尺高楼一曲歌。

王建描述的这种专门为朝廷生产高级丝织品的织锦户，在政府的严厉控制之下，他们必须按官府规定的样式和要求从事织造，官府规定的时间短促，工匠甚至到了夜以继日工作的地步。像织锦户、管勒工之类的工匠身份不及一般民间工匠自由。不尽如此，这种工匠还往往受到官府的额外盘剥，少付原料，多收产品就是其中的一种情况。“或于所部，频倩织作，少付丝麻，多收绢布；或营造器物，耕事田畴，役即伍功，顾无半直”①，是连皇帝都知道的盘剥现象。

（三）采取必要措施以保证手工业产品质量

手工业生产发展的标志，不仅仅指生产规模的扩大和产品数量的增加，它还要求手工业产品质量的不断提高和生产技术的不断改进，比较健康的手工业经济，应该是质与量的有机统一。从整体上看，隋唐二朝对手工业产品质量比较重视。隋唐采取措施既要保证官府作坊手工业生产的质量，也对民间上缴政府的手工业品的质量与样式做出硬性规定，甚至连进入流通领域的作为商品的手工业品的质量，也有一定的规定。这种情况体现了国家政权的经济干预职能。下面就隋唐为保证手工业产品质量而采取的主要措施作一些必要交代。

1. 在官府手工业作坊中实行工匠培训制

“不耻相师”② 是唐代工匠的一个传统。在信息相对闭塞而又有一定竞争氛围的封建社会，手工业生产者的一技之长往往需要若干年乃至若干代的摸索积累才能具备。为了保证官府作坊内产品的精致优良，首先需要有一定数量的

① 《唐大诏令集》卷82，高宗：《申理冤屈制》。
② 《全唐文》卷558，韩愈：《师说》。

技术娴熟的工匠在官府作坊内从事生产。这样，唐代便在官府内实行工匠培训制度。唐代工匠培训期限主要视工种的难易程度而定。其中“钿镂之工，教以四年；车路乐器之工，三年；平漫刀槊之工，二年；矢镞竹漆屈柳之工半焉，冠冕牟帻之工，九月”。另外，一些简单工种则“有三月者，有五十日者，有四十日者”。为了确保能工巧匠认真传授家技与新工匠，还规定了若干惩罚措施，规定“教作者传家技，四季以令丞试之，岁终以监试之，皆物勒工名”①。在培训期间，培训者要向被培训者无保留地传授技艺，新工匠生产的产品同时注明培训者的名字，实行责任连带。这样，就保证了官府手工业作坊生产的质量与生产技术的延续性。

2. 在大型工程中实行工头技术负责制

除了具体管理部门的官吏全面负责生产外，唐代还在有些大型工程建设中设置工头，以负责工程并组织工匠从事具体劳作。工头必须是技术全面且具有组织才能的工匠。工头在生产中能得到较一般工匠高得多的经济报酬；但其不享受政治特权，不属于当时官和吏的范畴，其基本上属于高级技术工匠。

武则天时曾修建工程浩大的明堂，由薛怀义“充使督作”。在所役使的数万工匠中“置号头，头一喊，千人齐和”②。这里所谓“号头”就是工头。柳宗元曾生动地记述了工头指挥工程生产时的情形：有位“善度材，视栋宇之制，高深、圆方、短长之宜”，“指使而群工役”的高级工匠——“梓人”，在官府生产时他较一般工匠“受禄三倍”，而在“私家”生产时，则“收其直大半焉”。据这位梓人自己讲，施工时工匠“皆视其色，俟其言，莫敢自断者。其不胜任者，怒而退之，亦莫敢愠”。等到工程结束前书写题记时，只写“某年、某月、某日、某建”，即只书写梓人而不及他人。柳宗元笔下的这位梓人，能“画宫于堵，盈尺而曲尽其制，计其毫厘而构大厦”，既能自己设计、绘制比例图，又善于验收材料、调度和制定施工方案，技术非常全面③。这种

---

① 《新唐书》卷48，《百官志》三；《唐六典》卷22，《少府监》。
② 《旧唐书》卷183，《外戚·武承嗣传附薛怀义传》。
③ 《全唐文》卷592，柳宗元：《梓人传》。

以设计和指导施工为主要职业的高级工匠，在当时被称为“都料匠”，类似于今天的工程师。正因为技术工头在唐代大型工程中扮演着重要角色，甚至出现了如少府匠柳佺掌造三阳宫时，将工程组织和技术工作“全模授于梓匠”[①] 的情况。

3. 制定样式，作为工匠生产时遵照的标准

样式制，即立样制，在隋唐手工业生产中比较流行。隋唐二代在手工业生产中制定一定的样式，以作为各种工匠生产时的参考标准，在官府作坊内将其作为考核工匠的依据，也是官府验收调物和税收物的标准，同时还是市场交换时买卖双方参照的商品质量依据。政府就是这样通过制定样式制度，使全国范围内的手工业产品基本上有了一个统一标准，这无疑对于发展手工业生产，提高手工业产品质量，具有积极的推动作用。

样式制在官府手工业生产中因为工匠众多，原料充足，生产规范，可操作性比较强，因而被普遍采用。早在隋炀帝时，就对少府、将作监“改创多务”，其中一项重要内容就是在官府内建立样式制。史称巧思绝人的黄亘、黄衮兄弟按何稠的要求，在官府作坊“立样”以作为工匠生产时参考的标准，当时参加生产的工匠“皆称其善，莫能有所损益”[②]。这条史料至少包含两层含义，一是由黄氏兄弟制定的样式合理，制作简便，便于工匠操作；二是官府内的“立样”，工匠在生产时必须严格遵照，“莫能有所损益”。隋代在军事手工业生产中，同样严格实行立样制。兵器生产验收时要求很高，“皆令精新”，“滥恶则使人便斩”[③]。如果没有实行立样制，要保证所有的兵器“精新”简直是不可想象的事。隋代在铸币中严格实行立样制，以防止民间私造伪劣钱币进入流通领域。《隋书》卷24《食货志》记载，文帝时铸新五铢钱后，令“四面诸关，各付百钱为样。从关外来，勘样相似，然后得过；样不同者，即坏以为铜，入官”。

唐代手工业生产中不但继续实行立样制，而且比隋代更加完善，“凡砖瓦

---

① 《全唐文》卷173，张鷟：《少匠柳佺掌造三阳宫，台观壮丽，三月而成，夫匠疲劳而死者十五六，掌作官等加两阶被选，挝鼓诉屈》。

② 《隋书》卷68，《何稠传》。

③ 《隋书》卷24，《食货志》。

之作，瓶缶之器，大小、高下各有程准”①。甚至有时有由皇帝亲自选定水车样式，再“令依样制造，以广溉种”② 的例子。推广标准水车于地方，可见政府对于手工业立样制的重视程度。唐代为军事手工业生产制定的样式标准，不但比较细致，而且还有对不按标准进行生产者进行处罚的法律依据。按《唐律疏议》卷16《擅兴》规定，上至最高行政长官军器监，下至一般官吏及工匠，都必须按一定的程式生产兵器，生产如果“不如法”或“辄违样式”，使武器不堪“任用”时，要追究管理者及生产者的法律责任。当时对武器的验收相当严格，只有军器监“辨其名物，审其制度”后，方能“以时纳于武库”③。在兵器生产中，法律规定“造横刀及箭镞用柔铁者，亦为滥”。凡属于“滥”者，则“工物没官”，一律作为次品而被处理，当事人要受到“各杖六十”的处罚④。按当时的横刀及箭镞等系用钢制造，若以熟铁制成，便属于假冒伪劣产品。

唐代手工业生产中样式制对社会生活影响最直接者莫过于纺织业，这里将对此做比较详细的讨论。宫廷所用纺织品一般都系高级奢侈品，官府手工业作坊不遗余力地对此进行改进。唐初窦师纶绘制的《内库瑞锦、对雉、斗牛、翔凤、游麟图》，是当时宫中作坊生产的标准样式，作为唐代的发明而被保留在《新唐书·艺文志》内，并对后来产生过较大影响。按窦师纶“字希言，太宗秦王府谘议、相国录事参军，封陵阳公”⑤。后人张彦远《历代名画记》卷10有如下介绍：

> （窦师纶，官益州大行台，兼检校修造）凡创瑞锦、宫绫，章彩奇丽，蜀人至今谓之“陵阳公样”。……高祖、太宗时，内库瑞锦、对雉、斗羊、翔凤、游鳞之状，创自师纶，至今传之。

窦师纶所创的内库纺织品样式图，是他在益州为检校修造时总结工匠技术的基础上修订而成的，后来被宫廷认可并作为官府纺织手工业作坊的样式。这位纺

① 《唐六典》卷23，《甄官署》。
② 《册府元龟》卷497，《邦计部·河渠》二。
③ 《唐六典》卷22，《北都军器监》。
④ 《唐律疏议》卷26，《杂律》。
⑤ 《新唐书》卷59，《艺文志》注文。

织品设计大师设计的样式，其最基本的特点是图案讲究对称，以家禽、动物、鸟类为表现内容。据专家考证，唐代的陵阳公样以团窠为主体，围以联珠纹，团窠中央饰以各种对称动物纹样，显得新颖秀丽华美①。如此纺织品在地下考古中多有发现。

前面已经讲过，对于在地方上专门生产进贡品的织锦户来说，他们的生产必须严格遵照官府规定的样式，所谓“长头起样呈作官”就指此。白居易《红线毯》中谓宣州地区的红线毯，也是“宣城太守加样织，自谓为臣能竭力”，再由织户严格按样式加工。吴越地区所出的缭绫，专供宫廷享用，正如白居易在《缭绫》诗中记述的，这种“不似罗绡与纨绮，应似天台山上明月前，四十五尺瀑布泉。中有文章又奇绝，地铺白烟花簇雪”的高超新型丝织品，也是由宫中提供样式，再由民间按样加工的，“去年中使宣口敕，天上取样人间织”即谓此。但是，这些专供宫廷享用的高级丝织品，政府却严禁民间私自生产和销售。如由敦煌文书伯 3078 号和斯 4673 号拼合而成的《唐神龙年代（705～706）散颁刑部格卷》② 云：

［前略］

110　一、私造违样绫锦，勘当得实，先决杖一百，造意

111　者徒三年，同造及挑文客织，并居停主人，并

112　徒二年半。总不得官当荫赎。踏锥人及村正、

113　坊正、里正，各决杖八十。毛褐作文者，不得服用、

114　买卖。违者，物并没官，有人纠者，物入纠人，官

115　与市取。其敕赐者，听与应服用人。如管内

116　□□者，官司量事贬附。

［后略］

绫锦系高级丝织品，“违样”织作要受到法律处分；毛褐本是一般居民服用的织品，如果增饰花纹，也便成为高级织品，故均在严格限制之中。有时皇帝为

① 吴淑生、田自秉：《中国染织史》，第 146～147 页，上海人民出版社，1986 年版。

② 唐耕耦、陆宏基编：《敦煌社会经济文献释录》第二辑，第 563～569 页，全国图书馆文献缩微复印中心，1990 年版。

了表示节俭，对高级纺织品的生产作硬性限制。唐玄宗开元二年（714）就有如下敕令：

> 敕：雕文刻镂，衣纨履丝，习俗相夸，殊涂竞爽，致伤风俗，为弊良深。珠玉锦绣，既令禁断。……天下更不得采取珠玉，刻镂器玩，制作锦绣珠绳，织成帖绢二色，绮绫罗作龙凤、禽兽等异文字及竖栏文者。违者决一百，受雇工匠降一等科之。两京及诸州旧有官织锦坊悉停。①

官府在对高级纺织品的生产进行限制的同时，对于民间纺织品的粗恶、短狭等不合政府制定样式者，同样作了硬性限制，并且有法律保证措施。唐文宗太和三年（829）更是采取焚烧伪劣纺织品织机的强硬措施。《唐大诏令集》卷71唐文宗《太和三年南郊赦》：

> ……其机杼织作，纤丽尤甚，若花丝布缭绫之类，及幅尺广狭不中常度者，并宜禁断，仍仰天下州府，敕到一月日内，所有此色机杼，一切焚弃。犯者以故违敕论。

唐律规定，“诸造器用之物及绢布之属，有行滥、短狭而卖者，各杖六十”。这里所谓造器用之物，特指“公私用”的绢、布、绫、绮等等。其中“行滥”谓“器用之物不牢、不真”；“短狭”指“绢匹不充四十尺，布端不满五十尺，幅宽不充一尺八寸之属而卖”者，对其处罚是“各杖六十”②。

按唐代纺织品样式中有关尺寸、重量和等级的具体规定是：锦、罗、纱、绫、绸、绢、布等纺织品，“皆广尺有八寸，四丈为匹。布五丈为端，绵六两为屯，丝五两为绚，麻三斤为綟”。为了体现森严的等级制度，规定“凡锦绫文织，禁示于外”③。并且规定纺织品进入市场后，价格根据质量依次分为三种：“精为上贾，次为中贾，粗为下贾”。市场交易时严格执行“以三贾均市”的原则④。据大谷文书记载，唐代纺织品实际上分为9个等级，即精、次、粗每个等级之下又分为上中下3个等级。如当时绁布等纺织品，在当时就有9种

---

① 《唐大诏令集》卷108，玄宗：《禁奢侈服用敕》。
② 《唐律疏议》卷26，《杂律》。
③ 《新唐书》卷48，《百官志》三。
④ 《唐六典》卷20，《两京诸市署》。

不同的价格。大谷文书中关于纺织品的种类及价格，冻国栋先生在《唐代的商品经济与经营管理》一书有详细介绍和研究，此不赘述。唐代最高统治者历来比较关心并不断采取措施，以落实民间纺织品生产中的样式，并由中央政府“作样以颁诸州”[①]，以体现其权威性和一致性。但是在具体执行政府颁行样式的过程中，往往会出现一种倾向，即只强调重量而对于其长短、宽窄却有所忽略。因“庸调无凭，好恶须准”，短斤少两在所难免，而地方官吏“诸州送物，作巧生端，苟欲副于斤两，遂则加其丈尺，至有五丈为匹者”。开元八年（720）正月敕令“遣作样以颁诸州”，在重申纺织品重量的同时，还强调纺织品的长短尺寸，“阔一尺八寸，长四丈，同文共轨，其事久行，立样之时，亦载此数”[②]，将二者同时并重。唐代因所纳纺织品“粗恶短狭”，地方官吏受到处罚的例子不少[③]。总之，唐代在纺织品生产中颁行的立样制，在质量方面坚持一个标准，这就是“好不得过精，恶不得至滥”[④]。在一般情况下，生产者和政府对纺织品质量的标准要求，都能较准确地把握，尤其对于地方官吏和市场管理人员来说，便于操作。同时还将生产者上交的庸调手工业品的质量，作为考核官吏政绩的基本依据之一。如《新唐书》卷51《食货志》一记载玄宗开元十六年（728）的诏令：“庸调折租所取华好，州县长官劝织，中书门下察滥恶以贬官吏，精者褒赏之”。

4. 采取措施，确保官府手工业生产原料来源

与封建社会的任何时期一样，官府手工业是隋唐自始至终优先发展的生产行业。中央政府在手工业机构设置和管理方面，其中一个不可忽视的内容就是要保证官府手工业生产的原料来源，这对于官府生产来说与手工业人手同样重要，是当时官府手工业存在和发展的物质前提之一。纵观史书，隋唐主要是通过下面三个途径来保证官府手工业生产原料的获得。

一是地方上的土特产及一些特殊原料，作为贡品直接为官府手工业生产所利用。

---

① 《通典》卷6，《食货典·赋税》下。
② 《旧唐书》卷48，《食货志》上。
③ 《册府元龟》卷504，《邦计部·丝帛》。
④ 《旧唐书》卷48，《食货志》上。

隋炀帝时，“课天下州县，凡骨角齿牙，皮革毛羽，可饰器用，堪为氅毦”者[①]，以作为官府手工业生产的原料。虽然这里主要指的是炀帝时的滥征，但亦能看出政府征用民间手工业原料的一般情形。

唐代作为少府监五署之一的中尚署，其“所用金、木、齿、革、羽毛之属，任所出州土，以时而供送焉”；左尚署“其用金帛胶漆材竹之属，所出方土，以时支送”；中尚署“所用金木齿革羽毛之属，任所出州土，以时而供送焉”，甚至连地方所产的成品及半成品也是“所用方土，以时支送”[②]。织染署是少府监所属的负责纺织和印染的官府机构，这里所用的着色染料也是“出有方土，采以时月”，由地方上按时令采集加工后供送。另外，“百工等监，掌采伐材木之事，辨其名物而为之”；“凡修造所须，材干之具，皆取之有时，用之有节”。不仅如此，由地方向中央政府进贡半成品，官府工匠仅仅“增饰”而已的例子也较多[③]。总之，“凡物之精者与地之近者”以供应少府、将作监的生产原料，是当时的定制[④]。因此，包括半成品在内的地方贡品的获得，是隋唐官府手工业生产原料的基本保证之一。

二是官府委派官吏在地方上直接采办手工业生产原料。

由封建国家经营并直接服务于统治阶级的官府手工业，尽管以贡赋形式无偿地获得大量生产原料，但这还远远不够，官府还须下派官吏在全国各地直接采集各种手工业原料，以作为手工业生产的基本保证之一。唐代将作监下属的“百工、就谷、库谷、斜谷、太阴、伊阳监，监各一人，……掌采伐材木”[⑤]。再如“掌供琢石陶土之事”的甄官令，专门负责石料加工，各种石料均“出有方土，用有物宜”，并且石物加工“各有程准”[⑥]。除此之外，唐代有时还在军队驻地直接向当地居民摊派手工业原料。《唐某年十二月二十三日杰谢镇知镇官将军杨晋卿限纳牛皮及鹁鸟翎帖》[⑦]，就是其中的一例。该帖

---

① 《隋书》卷24，《食货志》。
② 《唐六典》卷22，《少府监》。
③ 《唐六典》卷22，《少府监》。
④ 《唐六典》卷3，《度支郎中员外郎》。
⑤ 《新唐书》卷48，《百官志》三。
⑥ 《唐六典》卷22，《少府监》;《新唐书》卷48，《百官志》三。
⑦ 转录自陈国灿:《斯坦因所获吐鲁番文书研究》，第537页，武汉大学出版社，1995年版。

略云：

1　杰谢镇

2　鞔鼓牛皮一张，鹁鸟翎破碎不堪，焦烂难蓄，皮并蹄骨等

3　右奉处分，上件等物为镇器械，破折损，箭

4　无翎修造，帖至仰准数采觅，限五日内送纳。

5　帖至准覆。十二月二十三日帖

6　　　　　　　知镇官将军杨晋卿

帖下至一镇，并限定在一定期限内缴纳，所征之物军器原料，帖也由军事长官下发。由此可见，军事手工业生产中的一些原料，有向军队驻地居民摊派的情况，尽管我们目前就这一方面的材料发现得还不是很多。

三是官府通过市场购买部分手工业市场原料。

隋唐中央政府通过贡品和直接采办手工业原料，大都是指那些特殊物品，而对于一般的原料，则主要通过市场购买来获得。如将作监所属的右校署，其职是“掌版筑、涂泥、丹垩”等事宜，“有所须，则审其多少而市之”[①]。唐高宗曾下诏规定，诸国船舶到达后，应委托地方长吏“依数交付价值”来购买官府所需要的舶来品，剩余部分才允许在民间自由贸易，其中官府购买的部分是先“送少府监简择进内”[②]，可见有相当部分是作为官府手工业作坊内奢侈品原料购买的。不仅如此，官府在采购外来商品时，享有一般居民所难能比拟的优先权，这是讨论隋唐官府手工业时不可忽略的一个重要内容。

官府通过市场购买手工业原料，在隋唐二朝都比较普遍，尤其纳资代役比较普遍实行后，国家利用已经获得的部分剩余劳动的结晶——货币，来更多地购买原来主要靠进贡和采办而获得的手工业原料成为可能。官府手工业生产原料“换科配以和市之名”[③]，反映了当时的社会发展变化，而这确实与以前“任所出州土，以时而贡”有所不同。但是，我们也应该看到，当时官府在市场上购买手工业原料，虽有“和市”之名，而无按市价买卖之实。因为按规

① 《新唐书》卷48，《百官志》三。

② 《唐会要》卷66，《少府监》。

③ 《陆宣公集》卷22，《均节赋税恤百姓》第一条《论两税之弊须有厘革》。

定“凡与官交易”一律用“中价”，当时市场价格则按商品的质量分为上中下三种[1]。而官府购买一般为精细上等之物，用中价购买已使卖方大吃其亏，购买中官吏还要一再压价、压量，少付钱物非常普遍，就连不出钱物的事也时有发生。尤其由宦官操纵“宫市”时，掠夺程度无以复加：

> 先是，宫中市外间物，令官吏主之，随给其值。比岁以宦官为使，谓之宫市，抑买人物，稍不如本估。其后不复行文书，置白望数百人于两市及要闹坊曲，阅人所卖物，但称宫市，则敛手付与，真伪不复可辩，无敢问所从来及论价之高下者，率用直百钱物买人直数千物，多以红紫染故衣、败缯，尺寸裂而给之，仍索进奉门户及脚价钱。人将物诣市，至有空手而归者。名为宫市，其实夺之。商贾有良货，皆深匿之。每敕使出，虽沽浆、卖饼者皆撤业闭门[2]。

唐代还出现过政府大肆掠夺工商业者而引起“长安为之罢市，百姓相率千万众邀宰相于道理诉之”的严重事件[3]。所有这些，我们在讨论隋唐官府手工业生产原料购买时，切不可忽略。

5. 处罚手工业生产中的各种违章、违法行为

隋唐对各种类型的手工业生产都有一系列的具体规定，内容主要包括对管理人员的职责要求，对工匠服役期限及产品质量的规定，生产的组织、产品的验收和贮存，工匠人数及培训等等。在对手工业的一系列规定中，对手工业生产中的各种违章、违法行为进行处罚，占有重要地位，它是隋唐保证各种类型的手工业发展的必备条件之一。由于国家的经营重点及立足点有所不同，其对各种类型的手工业生产中违章违法行为的处罚轻重差别很大，即使同一种类型的手工业，也因当时的条件不同而处罚轻重相差甚远。

在对手工业生产中违章违法的处理方面，政府对官府手工业类型最为严厉，其中有些生产关系到帝王及贵族的安全，甚至有对违章违法处以极刑的法律条文，这以御船的制作最为典型。按《唐律疏议》卷9《职制》规定，“御

---

① 《唐六典》卷20，《两京诸市署》。

② 《资治通鉴》卷235，唐德宗贞元十三年十二月。

③ 《旧唐书》卷135，《卢杞传》。

幸舟船者，皇帝所幸舟船，谓造作庄严”。“诸御幸舟船，误不牢固者，工匠绞”。如果不属于“不甚牢固、可以败坏者”，而只是“不整饰及缺少者”，则处以“徒二年”的刑罚。后一种情况具体指“其舟船若不整顿修饰，及船篙、棹之属，所须者有所缺少”。皇帝的专用品当然不仅仅限于舟船一类，凡“乘舆服御物，持护修整不如法者，杖八十”；如果“进御乘失者，杖一百”。另外，对于皇室专用的“车马之属不调习，驾驭之具不完牢，徒二年”。这里所谓车马之属不调习，特指“驾驭之具不完牢”，按要求皇室车辇要做到“升车则马动，马动则銮鸣”。要是“车舆及鞍辔之属有损坏”，则处以二年徒刑。从这些材料中不难看出，当时对官府手工业生产中皇室的器物质量要求最高，对工匠生产中的违章以至微小失误，都要受到严厉惩罚。地方上为皇室生产特殊产品的专业户，如果产品不合规定，其所得到的处罚也比较严厉。如唐肃宗时进士盛鸿，据《景德镇陶录》卷10《陶录余论》引《南昌记》载，盛鸿族人是为皇室生产陶瓷的专业户，因“以敕造不称获罪”。所有这些，都是皇权在手工业生产中的体现，系封建国家控制和干预手工业生产的职能的具体体现。

铸币业是国家政权控制经济命脉的大柄，在一般情况下不允许私人染指其中，违者要受到严厉惩罚。由敦煌文书伯3078号、斯4673号拼合而成的《唐神龙年代（705～706）散颁刑部格卷》[①] 内容中有如下记载：

［前略］

40　一、私铸钱人，勘当得实，先决杖一百，头首处尽，

41　家资没官；从者配流。不得官当荫赎。有官

42　者，仍除名。勾合头首及居停主人，虽不自铸，

43　亦处尽，家资亦没官。若家人共犯罪，其家

44　长资财并没；家长不知，坐其所由者一房资财。

45　其铸钱处，邻保处徒一年，里正、坊正各决杖一百。

46　若有人纠告，应没家资，并赏纠人。同犯自首

① 唐耕耦、陆宏基编：《敦煌社会经济文献释录》第二辑，第563～569页，全国图书馆文献缩微复印中心，1990年版。

47 告者，免罪，依例酬赏。

[后略]

隋唐有关政府惩罚盗铸的史例很多，仅从上举刑部格卷就可以看出，当时对私人铸币处罚十分严厉，内容包括没收财产，处死当事者，株连有关人员等。这些严厉措施对于整顿货币秩序，维护经济生活的正常发展是不可或缺的。但是，我们也应该看到，当时对铸币整顿并没有取得应有的成效，这是因为只要有铸币存在，就不可能从根本上禁止盗铸，隋唐当然亦不能例外。与铸币业一样，隋唐对于兵器生产的限制也相当严格，并有一整套包括生产、库存、使用、管理和修理的程序，以及对违犯生产和使用规定人员的处罚措施①。

除了对皇室用物、兵器、铸币等手工业生产内容有严格规定，并严厉处罚违章违法行为外，隋唐政府还对其他手工业生产也有一些硬性限定及处罚措施，其中攸关国计民生的纺织业是政府关注的重点，唐律中对纺织品生产的标准和质量作了比较详细的法律规定，并对伪劣产品的生产及交换等作了法律界定，以及比较具体的法律处罚条例。《唐律疏议》卷26《杂律》有这样的法律条文："诸造器用之物及绢布之属，有行滥、短狭而卖者，各杖六十"。"不牢谓之行，不真谓之滥"。《疏议》对此做出的法律解释是："凡造器用之物，谓供公私用，及绢、布、绫、绮之属。行滥谓器用之物不牢、不真；短狭谓绢匹不充四十尺，布端不满五十尺，幅阔不充一尺八寸之属而卖，各杖六十。……其行滥之物没官，短狭之物还主"。这里"诸器物"是个笼统概念，而对纺织品的规定才是具体的，可见政府对纺织品生产的重视程度。

唐律在这里界定了纺织品生产和流通过程两个方面的违法概念，无论从法律的角度还是从经济学的角度看，都是比较全面的。政府在这里对伪劣产品制造者的法律处理，既要使其得到刑事处罚，同时还要使其受到经济损失。这只是就一般情况而言，如果因制作或出卖伪劣产品而获暴利，则对其处罚就更为严厉，将其与偷盗罪相提并论。"得利赃重者，计利，准盗论。贩卖者，亦如之。市及州县官司知情，各与同罪；不觉者，减二等。"《疏议》对此做了如

① 参见魏明孔：《隋唐手工业研究》，第一章《隋唐手工业的类型·军事工业》，甘肃人民出版社，1999年版。

下解释："得利赃重者，谓卖行滥、短狭等物，计本之外，剩得利者，计赃重于杖六十者；准盗论，谓准盗罪，一尺杖六十，一匹加一等，计得利一匹一尺以上，即从重科，计赃累而倍并；贩卖者，亦如之，谓不自造作，转买而卖求利，得罪并同自造之者；市及州县官司知行滥情，各与造、卖者同罪，检察不觉者，减二等；官司知情及不觉，物主既别，各须类而倍论。"制作伪劣产品与盗窃同罪，可见对纺织品生产中违法行为的打击力度，即使只参与买卖而非制作者，也要受到同样的法律制裁。不尽如此，对于知情或不知情的有关部门的官吏，也要进行不同程度的处罚。这些法律规定在实际执行过程中并没有认真付诸实施，包括纺织品在内的伪劣商品在市场上的销售时有发生。但有严格的法律规定，对于限制伪劣商品的生产和流通仍有一定的积极意义。因制作和销售伪劣产品而受到处罚的例子很多，地方官吏因所辖范围内出现粗恶短狭物品而受到处分的事件，史不绝书。

三、手工业管理体制的特点

从上面的叙述中不难看出，隋唐手工业在管理方面比较完善，中央、地方、军队与市场管理多管齐下，政府将其纳入了一个比较严密的管理体系之中，这是当时手工业发展的必不可少的条件之一，也是隋唐手工业经济高度发展并且在历史上占有重要地位的基本原因之一。但是，隋唐手工业在管理中也存在一些严重问题，影响了管理质量与手工业的进一步发展。下面就隋唐手工业管理体制的特点从正反两个方面进行简要论述。

（一）在注重生产的同时，兼及流通、消费等环节

在隋唐手工业尤其官府手工业管理体系中，政府将其重点放在生产方面，从生产时原料的选用、生产工艺、产品规格和质量及价格等都有一个比较明确的标准，并且还要对产品进行验收。官府生产过程中，实行比较严格的样式制，生产过程中工匠严格按规定样式操作，产品验收的标准也是划一的。对于民间手工业生产，政府也并非放任不管，只是其直接干预的成分相对少一些而已，比如对于民间纺织品的生产就规定了一个基本标准，或生产伪劣产品，或产品过于豪华，均在严格控制之中。或者说隋唐对于官府手工业的管理侧重于生产环节，而对于民间手工业则重视流通环节的质量验收（包括对上交官府

的纺织品等手工业品的质量验收)。

对手工业生产的管理，生产环节显得非常重要，若仅仅限于生产环节还是远远不够的，只有同时兼及流通和消费等环节，才能行之有效。隋唐在流通领域至少从法律规定上不允许不合标准的手工业产品进入市场，对伪劣商品的交换要追究当事人的经济乃至法律责任。在实际生活中，对于手工业品的交换，有关职能部门对于其质量要求依章行事。政府在城镇市场内设置诸市令掌管交易，“凡建标立候，陈肆辨物，以二物平市，以三贾均市”；“凡与官交易……官为立样，仍题工人姓名，然后听鬻之”。如果发现“以伪滥之物交易者，没官；短狭不中量者，还主”①。按规定手工业品作为商品进入市场后，要明码标价注明生产者的姓名，在指定区域内进行公开交易。按照政府关于手工业品的质量高低，将价格依次定为精、次、粗3个不同的等级，其中精为上价，次为中价，粗为下价。在实际执行过程中，将价格分为9等；而具体标准的把握，则主要依据市令在市场内设置的由官府颁行的标准。买卖双方依据的唯一标准是市场上颁行的样式。如果发现有不合格的手工业品进入市场要将其没收②，甚至要焚毁制作伪劣纺织品的织机③。这是实际中执行的情况，若严格按照《唐律疏议》的法律条文，则还要追究伪劣商品生产者及销售者的刑事责任，实际执行过程中的处罚往往较法律规定要轻一些。

在对手工业品的消费方面，隋唐也有一定的规定，不同的阶层有不同的消费标准，如果超过了规定，要按僭越行为对待。隋唐实行严格的上可兼下，而下不得兼上的原则。这一方面体现了当时消费领域内的阶级性，同时对于调节消费，将统治阶级的消费控制在一定的度之内，无疑有一定的积极意义。不时发现的隋唐或以皇帝的诏令形式，或以有关部门的具体规定对手工业产品的规格进行限制，就说明了这一点。

总之，隋唐在对手工业生产管理中，在重视生产过程的同时，兼及交换和消费等不同环节，政府的监督职能发挥得比较充分。正因为如此，隋唐手工业

---

① 《唐六典》卷20，《两京诸市署》。

② 《唐会要》卷86，《市》。

③ 《册府元龟》卷504，《邦计部·丝帛》。

生产的繁荣程度，在我国封建社会经济中占有不可忽略的地位。

（二）根据手工业类型的不同，采取分类管理的原则

隋唐手工业的类型如前面所罗列的，有官府手工业、家庭副业手工业、私营作坊手工业及寺院手工业等不同类型，而且每个类型又可分为若干种不同的情况。对如此复杂的手工业类型作划一的管理在实际生活中是行不通的，这不但指统一管理影响手工业经济的发展速度及管理效率，而且因不具备可操作性，不可能在实际中付诸实施。从整体上看，隋唐对手工业生产的管理，基本上做到了根据不同类型采取不同的管理方式，分类管理是这一时期的一大特色。

官府手工业关系到维护国家政权及满足皇室和其他统治阶级的奢侈消费及一般生活消费，是封建社会所经营的手工业的重点。正因为如此，隋唐政府将手工业管理的重点放在官府手工业生产方面，这从当时手工业机构的设置中看得非常清楚。少府监、将作监、军器监及涉及到手工业生产的其他机构，均将官府手工业作为经营的重点，其中有的机构，诸如军器监、将作监等，就是专门为官府手工业生产设置的。少府监则作为官府手工业最基本的管理机构，“主簿掌勾检稽失，凡财物之出纳，工人之缮造，簿帐之除附，各有程期，不如期者，举而按之”①，将官府手工业生产放在最重要的经营地位。

隋唐对于官府手工业的管理内容最为具体，包括工匠人数的确定和征用，生产样式的制订与颁行，工匠的培训，生产过程的组织与管理，产品质量的验收，生产中违纪违章行为的处理；大型土木建筑工程的设计，原料的供应，工期的限定，技术工头的选用等；特殊生产如铸币、金银器、陶瓷、造船、造纸等地点的选定、管理机构的设置或委派地方官吏代管等；贡品品种和数量及上贡程序的确定等；兵器生产的组织、产品验收和库存以及修理等等。在官府手工业中，不管中央政府在京师直接经营的部分或中央政府在地方经营的部分，还是兵器制造业以及大型土木建筑公共工程等，中央政府都十分重视，而对其管理却又分为直接管理经营、委托管理、包买官户生产物等不同类型。总之，隋唐政府对官府手工业生产管理严格，方式灵活，要

① 《唐六典》卷22，《少府监》。

求具体，处罚严厉。

隋唐政府对于家庭副业手工业、个体及作坊手工业的生产，采取了与官府手工业内容相差较大的管理形式，二者最大的区别在于对非官府类型的手工业，主要采取对其产品质量如“好不得过精，恶不得至滥”之类的规定来完成。为了使这种间接管理不至于流于形式，政府通过制订法律条文来完成，即通过经济处罚和刑事处罚的手段，整治民间手工业生产，使其产品质量合乎政府要求。唐德宗建中元年（780）实行两税法以后，为全国性的纺织品标准统一既提出了客观要求，也创造了实际可能，因为两税征收时以绢折钱的情况一直存在，各级政府对纺织品的规格和质量要求进一步趋于一致。对于这些手工业品的生产，政府不直接干预其具体生产过程，而只是对其产品的质量和规格提出要求，至少上缴政府税收部分或进入市场交换的部分，必须严格执行有关部门颁行的标准。这种管理办法，既没有因为国家的干预而影响生产者或所有者的积极性，也没有因为政府的不直接干预其生产过程而影响产品质量和规格。应该说，隋唐对手工业生产的这种管理模式，在当时是比较成功的，隋唐民间以纺织业为主要内容的手工业经济的活跃，当与此不无关系。

相对而言，隋唐对寺院手工业经济的管理最为薄弱，这是由寺院手工业的特殊性所决定的。隋唐是我国佛教如日中天、道教也相当活跃的重要时期，寺院、道观手工业发展迅速。寺院、道观手工业生产的主要内容之一为法器，这种生产一般不受政府的干预，即使生活日用品的生产，也因寺院在一般情况下享有免除赋税徭役的特权而没有上缴官府的义务，官府不作过多的规定和限制。寺院经济主要以集体共同占有为主，再加上政府对其给予一定的特权，使寺院手工业经济成为比较严格意义上的自给自足的经济类型。

总之，隋唐在手工业中采取分类管理的措施，灵活多样，既照顾了不同类型手工业的生产需要，也使各种类型的手工业经济均纳入了国家的统筹管理之中，系我国封建社会手工业生产管理中比较成功的时期之一。

（三）手工业生产中各司其职、责任明确

明确生产者和管理者的具体责任，责任到人，各司其职，是隋唐手工业管理的又一特点。唐政府在官府手工业生产中规定，“教作者传家技，四季以令

丞试之，岁终以监试之，皆物勒工名”[1]。如前所述，当时在大型工程建设中要像梓人那样注明技术工头的姓名，即使一般工匠也要在产品上注明姓名等。进入市场的手工业产品，在规定区域内除了明码标价外，还要注明制作者的姓名。国家法律条文中有对生产和管理失误的比较明确的处罚规定，刑罚之鼎高悬，凡质量不合标准者均要受到制裁。

地方官府手工业作坊内的生产，也实行严格的责任制，制作者与管理者共同在产品上注名。宋代人赵希鹄在《洞天清录集·古钟鼎彝器辨》记载，当时还能看到唐代“天宝时大凤环瓶，此极品也”，是著名的勾容器。勾容器在唐代实行严格的生产者与管理者共同责任制，“自唐天宝间至南唐后主时，于升州勾容县置官场以铸之，故其上多有监官花押”。幸运的是，我们今天亦能看到在唐代手工业品中工匠和监官共同注明姓名的不少例子，其中法门寺地窟所藏金银器最有代表性[2]。当然，当时民间手工业品的情况比较复杂，除了主要地是用来明确生产者与管理者的职责以外，有时还在市场上以名产品商标的形式出现。

工匠和监制者责任最为明确的手工业行业在隋唐当数军事手工业。“军器则勒岁月与工姓名”[3]；“凡营军器，皆镌题年月及工人姓名，辨其名物而阅其虚实”[4]；“其造弓矢长刀，官为立样，仍题工人姓名，然后听鬻之”。从军器生产后面所言“诸器物亦如之”[5] 的规定者可知，对于军事手工业产品生产的管理明显较一般手工业要严格。

隋唐手工业生产中制作者和管理者共同注名的情况比较普遍，这是当时提高手工业品质量的重要保证。

(四) 隋唐手工业生产管理弊端

在我国封建社会，隋唐手工业管理是比较健全的时期之一，但是也应该看到这时的手工业管理中也存在如下一些严重弊端。

---

① 《新唐书》卷48，《百官志》三。

② 参见李发良：《法门寺志》，陕西人民出版社，1995年版。

③ 《新唐书》卷48，《百官志》三。

④ 《唐六典》卷23，《将作监》。

⑤ 《唐六典》卷20，《两京都诸市署》。

1. 机构重叠，政出多门

从隋唐手工业管理机构来看，既有只管政令的工部，也有具体管理手工业市场和工匠的少府监、将作监和军器监等，各个机构的管理职能有所交叉重叠，手工业的管理成本比较高。在工匠征用方面，中央和地方州县政府直接下帖于县，实际上，地方政府任意征用工匠的事时有发生，工匠完成应服徭役期限后，用工部门不按规定放免工匠的事也十分常见。不仅如此，州县长吏直接向“团”、“火”或工匠下帖的现象也存在。这一方面的情况将在后面有所涉及，这里从略。不仅如此，甚至有如鉴真和尚所见的情形，李林甫之兄给地方官吏写信，“令造大舟，备粮送遣”鉴真东渡日本。慑于李林甫的权势，地方官不敢怠慢，如数如期照办①。机构重叠，势必影响生产效率；官吏插手者多，必然会加重工匠负担。

2. 贪污之风屡见不鲜

隋唐手工业生产中，尤其在官府手工业生产中，有些官吏乘主持工程或生产之机，不择手段进行贪污。杨务廉曾多次主持过大型工程，并由此而晋升为将作大匠，“坐赃数十万”，后东窗事发②。贪污如此巨额者，在官场却仍然青云直上，可见手工业生产及大型工程建设中高级官吏的贪污已是屡见不鲜。宝历二年（826）四月，曾经揭发出了一起重大贪污事件，崔元略任京兆尹兼桥道使时，曾负责修造东渭桥，其部下郑位、郑复等人“虚长物价，抬估给用，不还人工价值，率敛工匠破用，计赃二万一千七百九贯”。对此，唐敬宗敕云：“元略不能检下，有涉慢官，罚一月俸料”，不痛不痒地处分了事。耐人寻味的是，这次贪污事件的被揭发，并非出于正常的检查，而是因朝廷权力之争所致③。手工业生产中的贪污事件揭发出来者可谓挂一漏万，即使如此，其记载仍不绝于书。

3. 盘剥工匠现象严重

隋唐手工业生产中，负责管理的官吏往往将此视作中饱私囊的手段，除了

---

① 《唐大和上东征记》，第39、43页，中华书局，1979年版。

② 《朝野佥载》卷2。

③ 《旧唐书》卷163，《崔元略传》。

贪污政府拨款外，还将克扣工匠报酬作为自己敛财的重要途径之一。上面讲的造东渭桥贪污事件中，“不还人工价值，率敛工匠破用”，是其贪污的主要内容之一。唐宪宗死后，令狐楚为山陵使，亲吏韦正牧、于翚及翰林阴阳宫等人，“同隐官钱，不给工徒价钱，移为羡余十五万贯上献，怨诉盈路”。最后韦正牧等人被处以极刑，令狐楚被贬为衡州刺史①。这是唐代处罚官吏盘剥工匠最为严厉的一次。苛剥工匠的价钱虽说上缴政府，而对于工匠来言效果是一样的。地方政府对于工匠的盘剥同样严酷，据《册府元龟》卷160称：“诸道州府各有作院”，当地政府却“更于本部内广配土产物，又征敛数倍，部民苦之”，不仅如此，后来“节度使、刺史又私造器甲，以进贡为名，功费又倍，悉取之于民”。至于有关部门对专为官府生产的织锦户等，采用少付原料多收成品的例子，就更为普遍了。

4. 浪费人力、物力严重

直接为统治阶级服务的官府手工业，其生产以满足统治者的生活需要和奢侈需求为主要目的，这种生产既不考虑成本核算，也不以市场需求为出发点，因此官府手工业生产对人力、物力的浪费是触目惊心的，这种生产对社会财富构成了巨大浪费，是影响社会经济进一步发展的制约因素之一。隋唐时期，官府手工业生产中对社会财富的浪费也是很严重的。隋炀帝除了日常生活糜烂外，因满足其幸游的需要，仅豪华造船业一项开支就使正常的手工业生产秩序遭到严重破坏。章怀太子在《西明寺钟铭》中记述，他奉命为其父皇高宗和母后“二圣”于西明寺造一口重达万斤的巨型铜钟，“发汉水之奇珍，采蜀山之秘宝”②。其原料采自汉水流域和今四川地区，花费人力、物力之巨当是不言而喻的。唐代曾在扬州制造铜灯树，工料钱四万贯，仅运费就多达万贯，“百姓辛苦，将办实难”③。仅专供杨贵妃一人的工匠就不下千人④。如此史例，举不胜举。隋唐官府手工业生产中的大量人力物力的消耗与浪费，是封建社会官府手工业的特征之一，也是由封建统治者的剥削本质所决定的。当然，隋唐

---

① 《旧唐书》卷172，《令狐楚传》。

② 《全唐文》卷99。

③ 《全唐文》卷959，《代崔大夫谏造铜灯树表》。

④ 《旧唐书》卷51，《后妃·杨贵妃传》。

不同时期官府手工业生产对社会财富的浪费程度不尽相同，它随最高统治者的奢侈消费意识的强弱而有所变化，隋文帝、唐太宗以及唐玄宗前期，官府手工业生产因皇帝提倡节俭，对社会财富的浪费有所收敛。隋炀帝和唐玄宗天宝年间，最高统治者生活奢侈，上行下效，官府手工业生产对生活财富的浪费达到了惊人的地步。

再就官府手工业的生产效率和经济效益来说，均是比较差的。如《新唐书》卷54《食货志》四称，“天下炉九十九”，而“每炉岁铸钱三千三百缗，役丁匠三十，费铜二万一千二百斤”；“每千钱费钱七百五十。天下岁铸钱三十二万七千缗”。按99炉的固定铸币工匠为2970人，费铜2098800斤，计费钱245250缗。从这里可以看出，当时铸币的成本是非常高的，政府铸钱的利润率仅仅是25%。这说明了官府手工业生产的效率之低与管理成本之高，其在市场中的竞争力非常有限，其存在主要靠的是它的垄断性与强制性。

第二节　手工业的发展变化

隋唐既是我国封建社会的鼎盛时期，也是我国封建社会由前期到后期过渡的分界线，这一时期社会政治、经济、军事和文化等方面都发生了比较大的变化，手工业方面也不例外。从隋唐手工业的发展变化来看，隋及唐初以官府手工业、家庭副业手工业为盛，私营作坊手工业尚处于初创阶段；中唐以后，则私营手工业发展比较迅速，家庭副业手工业仍保持强劲势头，官府手工业呈现明显衰落的趋势。隋唐手工业的发展变化是多方面的，限于篇幅，这里只就其中手工业生产者的身份变化、民间工匠负担形式的前后不同以及官府工匠与民间工匠和个体小生产农业身份比较等三个主要方面略作论述。

一、手工业生产者身份的变化

处于我国封建社会转型时期的隋唐，社会生活的各个方面都在发生着比较深刻的发展变化，其中就手工业生产者的身份来说，隋及唐初，明显地带有魏晋南北朝时期的痕迹，而中唐以后又开启宋代之先河，隋唐前后期手工业生产者的身份，体现了我国封建社会前后不同阶段的特征[①]。

（一）官府工匠由以征集为主到以和雇为主

官府手工业是封建社会国家所经营的手工业主体。官府手工业生产直接服务于统治阶级，其生产包括为统治阶级提供日用品和奢侈手工业品，以及生产维护国家政权的兵器和从事城市建设等大型公共工程。就隋唐而言，官府手工业门类齐全，规模巨大，为了保证其正常的生产，必须要有比较固定且数量充足的手工业生产者。隋唐时期，在官府手工业作坊从事生产的劳动者，主要有奴婢（主要是罪犯及其家属）、上番工匠与和雇工匠三大类。隋唐官府工匠构成比例在不同时期发生了比较大的变化，即使同一类型的工匠，其身份待遇在隋唐前后期也有比较明显的差异。

1. 官奴婢的身份及在官府手工业中的生产

奴婢生产在隋唐官府手工业中自始至终都存在，他们主要是因触犯当时法律而服刑者及其家属，也有长期保持其低贱身份而在官府服役者，这种情况在中唐以前的社会生活中比较普遍，其后虽然一直存在官府奴婢从事手工业的情况，但是就数量而言，已经同中唐以前不可同日而语。

隋代官府手工业生产中，罪犯及其家属充任工匠的例子很多，如云定兴一家就是典型的一例。云定兴女，曾为皇太子杨勇的昭训，在尔虞我诈的宫廷斗争中，杨勇失宠被废，云定兴一家受株连“除名配少府”[②]。唐代明文规定，“凡反逆相坐，没其家为官奴婢”。奴婢“其应徒皆配居作”，即一部分主要从事官府手工业生产。其中没有技艺者“从其能，而配诸司；妇人工巧者，入于掖庭”。这些触犯唐代法律者，“在京送将作监，妇人送少府监缝作；外州者供当处官役及修理城隍仓库及公廨杂使。犯流应住居者亦准此，妇人亦留当州缝作及配舂”[③]。这些“没其家配官曹”者，“长役为官奴婢”[④]。《旧唐书》

① 这里只是从整体方面着眼，实际情况是比较复杂的，如后期在变化过程中有时也有反复，即使同一时期各地的情况也不尽一致。参见陈寅恪：《唐代政治史述论稿》，上海人民出版社，1982年版；金宝祥：《唐史论文集》，甘肃人民出版社，1982年版。

② 《隋书》卷61，《宇文述传附云定兴传》。

③ 《唐六典》卷6，《都官郎中》；《新唐书》卷46，《百官志》一；《唐会要》卷86，《奴婢》。

④ 《新唐书》卷46，《百官志》一。

卷112《李暠传附李齐物传》记载，“先时西原叛乱，前后经略使征讨反者，获其人皆没为官奴婢，配作坊重役”。当时被没为官府从事手工业劳役者人数一定不少。除了谋反相坐外，以其他罪名而被没为官奴婢者亦为数不少[①]。凡属这类官府工匠者，在进行生产过程中，除了劳动强度大以外，其所受人身限制也相当严格。这些“居作者”在进行劳作时，甚至“着钳若校”，“京师隶将作，女子隶少府缝作”。对于这些手工业生产者“旬给假一日，腊、寒食二日，毋出役院。病者释钳校，给假，疾差陪役”[②]。掖庭局是专司宫中“女工”的机构，“凡宫人名籍，司其除附，公桑养蚕，会其课业，供奉物皆取焉。妇人以罪配没，工缝巧者隶之，无技能者隶司农。诸司营作须女功者，取于户婢”[③]。唐代官奴婢的“格式”为：“诸司每年正月造籍二通，一通送尚书，一通留本司，并每年置簿，点身团貌，然后关（送）金仓部给衣粮”[④]。每年“孟春上其籍”时，“自黄口以上印臂，仲冬送于都官，条其生息而按比之”。“凡居作者，差以三等：四岁以上为小，十一以上为中，二十以上为丁。丁奴，三当二役，中奴、丁婢，二当一役；中婢，三当一役”[⑤]。

从上面所引材料可以清楚地看到，隋唐尤其隋及唐初官奴婢在手工业作坊内从事技术或体力劳动，一般来说没有什么经济报酬可言，且其身份还要世袭。这种以罪犯及其家属为主体的官奴婢，政府对其劳役带有惩罚的性质，官府作坊实际上成了其服刑的场所。官奴婢在宫廷从事劳作时，为了统治阶级的人身安全，往往使其身着刑具，史称“或兄犯国章，或弟罹王法，往来御苑，出入禁闱，钳凿缘其身，槌杵在其手”[⑥]，即如上面说的“着钳若校”。这些由官奴婢充当的官府工匠，身份低下，没有什么人身自由可言。按唐代一般规定，在官府服役的官奴婢工匠，只有其年及六十以及“废疾”者，方可免为

---

① 《资治通鉴》卷189，唐高祖武德四年：“敢盗铸者，身死，家口配没”。《唐律疏议》卷3，《名例》：所谓官户，系“前代以来配隶相生，或有今朝配没，州县无贯，唯属本司”。

② 《新唐书》卷56，《刑法志》。

③ 《新唐书》卷47，《百官志》二。

④ 《唐会要》卷86，《奴婢》。

⑤ 《新唐书》卷46，《百官志》一。

⑥ 《旧唐书》卷78，《于志宁传》。按：魏明孔《浅论唐代官府工匠的身份变化》（《中国经济史研究》1991年第四期）对这一条史料的解释有误，特此说明并作以更正。

番户，七十岁时才可成为良人。官奴婢的劳动强度大，生活待遇低，精神负担重，其生命年限一般都比较短，能活至六七十岁者可谓微乎其微，这一条规定实际上形同虚设。除此之外，只有在政府的特赦下才有改变奴婢命运的可能。官奴婢即使改变身份，一般情况下也不会直接免为编户良人，而是“一免为番户，再免为杂户，三免为良人”。当然，实际生活中情况并不完全一样，或“得降一等、二等，或直入良人”[①] 的情况是存在的。番户、杂户身份较官奴婢高一些，番户“一岁三番役”；“杂户亦称官户”，“二岁五番役”[②]。按番为一月服役期。但是，官奴婢、番户及杂户改变身份谈何容易！如在隋代就已成为番户者，在唐代景龙年间（707～710）其子孙仍然保持着番户身份，甚或有人还在谋算要将其中的数千家沦为官奴婢，这虽然最后没有成为事实[③]，却清楚地反映出官奴婢、番户和杂户身份确实不易改变。

2. 官府手工业生产中的征集工匠及其身份变化

官府手工业生产中有数量可观的工匠是由征集而来的，他们在官府内的生产属于为封建国家负担徭役义务的性质，在法定的服役期间，工匠是不会得到任何报酬的。这种工匠在中唐以前的官府手工业生产中占有较大的比例，随着商品经济的活跃、赋役制度的变化以及直接生产者的身份的逐渐提高，其后数量在明显地减少。

按隋代规定，“匠则六番”[④]，即工匠必须每年有两个月在官府服役的时间。这只是指正常时期的情况，至于特殊时期打破这一规定的情况普遍存在，当然只能是服役期的增加而非减少。隋代一建立，“百度伊始，征天下工匠，纤微之巧，无不毕集”于京师[⑤]，以适应官府对于手工业生产人手的需要。炀帝时曾营建东都洛阳，每月征集包括工匠在内的约200万劳动者，再加上筑长城、修运河的劳动人手，致使“丁男不充，以妇女充役，而死者大半。天下

① 《唐六典》卷6，《都官郎中》。

② 《新唐书》卷46，《百官志》一。

③ 《唐会要》卷86，《奴婢》：“景龙三年，司农卿赵履温奏请，以隋代番户子孙数千家，没为官奴婢，仍充赐口，以给贵幸。监察御史裴子余以为，官户承恩，始为番户，且今又是子孙，不可抑之。奏免之”。

④ 《通典》卷5，《食货典》五。

⑤ 《隋书》卷46，《苏孝慈传》。

之人，十分之九为盗贼，以至于亡”[①]。农民和个体工匠所承担的力役是很繁重的，史称隋末“赋役重数，人往往自折支体，谓之‘福手’、‘福足’”。劳役繁重不但在隋代如此，在唐代前期情况也并没有得到明显改善[②]。

唐代对工匠的征集相对比较稳定，但期间也多有变化。唐初继承隋制，工匠的服役期也是每年两个月，同样较一般个体小农业生产者的负担的徭役要重：“凡丁，岁役二旬”，“若不役，则收其庸，每日三尺”；“有事而加役者，旬有五日免其调，三旬则租调俱免”；“通正役并不过五十日”[③]。唐代中后期尤其建中元年（780）实行两税法时，才比较明确地规定，个体工匠与个体小生产农业者一样，“岁役工二十日，有闰之年加二日。须留役者，满十五日免调，三十日租调俱免。通正役并不过五十日”[④]。按规定在正常情况下，少府监有官工匠 19850 人，将作监有官工匠 15000 人，这似乎并不包括其他寺台及由政府为王公贵族配备的工匠在内。官府工匠的征集部分，“散出诸州，皆取材力强壮、技能工巧者”。为了保证官府作坊的工匠来源，唐政府严格规定民间个体工匠“不得隐巧补拙，避重就轻”，甚至还规定“其巧手供内者，不得纳资”。官府工匠“有缺，则先补工巧业作之子弟，一入工匠后，不得别入诸色”[⑤]。这些个体工匠，平时散居在全国各地：“凡工匠，以州县为团，五人为火，五火置长一人”[⑥]。对民间个体工匠有一套非常严格的管理制度，其中政府对民间工匠与对个体小农业生产者一样，实行严格的“团貌”制，以对其进行严厉控制。工匠户籍三年一造，“每岁一团貌”[⑦]，在当时是一个通例。

---

① 《文献通考》卷 10，《户口考》一。

② 《资治通鉴》卷 196，唐太宗贞观十六年七月：“庚申制：‘自今有自伤者，据法加罪，仍从赋役’。隋末赋役重数，人往往自折支体，谓之‘福手’、‘福足’。至是遗风犹存，故禁之。”

③ 《旧唐书》卷 48，《食货志》上。

④ 《通典》卷 6，《食货典》六。

⑤ 《唐六典》卷 7，《工部尚书》。

⑥ 《新唐书》卷 46，《百官志》一。

⑦ 《唐会要》卷 85，《团貌》：武则天延载元年八月敕：“诸户口计年将入老疾应免课役及给侍者，皆县亲貌形状，以为定簿。一定以后，不得更貌。疑有奸欺者，听随事貌定，以付手实”。唐玄宗开元二十九年三月二十六日敕：“天下诸州，每岁一团貌，既以转年为定，复有籍书可凭，有至劳烦，不从简易，于民非便，事资厘革。自今已后，每年小团宜停，待至三年定户日，一时团貌。仍令所司作条件处分。”可见唐代团貌普遍存在，而团貌的对象一定包括民间工匠在内。

《唐律疏议》卷16《擅兴》对在官府应役工匠的报到时间、延期惩罚等均有严格规定："诸被差充丁夫、杂匠而稽留不赴者，一日笞三十，三日加一等，罪至杖一百，将领主司加一等"。具体解释为："丁夫杂匠被官差遣，不依程限，而稽留不赴者"。与隋代一样，唐代延长工匠服役时间的情况始终存在，尤其在大型工程施工过程中情况就更为严重，服役是工匠不堪忍受的沉重负担，自折肢体而美其名曰"福手"、"福足"的现象，在唐代初期依然存在，以致于贞观十六年（642）唐太宗不得不下敕强调："今后自害之人，据法加罪，仍从赋役"①。

当时采取的这些具体措施，保证了官府手工业生产中的工匠来源，是官府手工业存在和发展的必要前提。

在隋唐官府手工业生产中，和雇工匠也是其中生产的主要承担者之一，这在中唐以后越来越显得重要。官府手工业作坊及大型工程中所需要的工匠的人数、用工时间等，因时因地有异，服役工匠的技术与正在生产或建筑的工种要求不一定相一致，这会造成人力资源配置方面的浪费。另外，工匠长途跋涉在指定的时间和场所前去服役，往来花费的时间及各种物质消费，甚至超过了真正服役的负担。另外，工匠在服役期间的生产积极性并不高，其唯一目的只是完成徭役日期而已。所有这些，都为和雇工匠提出了客观要求。当然，和雇的出现与比较普遍地存在，涉及到社会深层的一系列发展变化，诸如直接生产者人身依附关系的相对减轻、商品经济的相对活跃、封建剥削率的提高等等②。从隋唐和雇工匠的一般情况看，当时的和雇主要有两种情形，一是工匠上番结束后，如果需要，则继续由官府留雇；一是政府用没有服役工匠上缴的代役钱，根据需要就近如数直接和雇工匠。

和雇工匠在历史上出现得比较早，与以前不同的是，隋唐和雇工匠要相对普遍一些，尤其中唐以后，官府手工业生产中和雇工匠的比例进一步增大。早在唐太宗时期，"杂匠之徒，下日悉留和雇"已经比较普遍，与此相适应，官府的一部分手工业物品则通过市场而获得，所谓"和市之物不绝于乡闾"就

---

① 《唐会要》卷39，《议刑轻重》。另见《资治通鉴》卷196，唐太宗贞观十六年七月。

② 魏明孔：《浅论唐代官府工匠的身份变化》，《中国经济史研究》1991年第四期。

指此[①]。唐肃宗乾元元年（758），“长安、万年两县，各借一万贯，每月收利，以充和雇”[②]。尤其在一些大型工程及一些临时性工程中，和雇工匠相对要普遍一些。如唐高宗永徽五年（654）筑京师罗城，“和雇京兆百姓四万一千人，板筑三十日而罢”[③]。中唐及其以后“以时估酬钱”相对比较普遍。《唐阙史》卷上《真陵开山》条记载当时和雇工匠的情况：

> 丞相夏侯公为宣宗山陵使，有司妙选陵寝，虽山形外正，而蕴石中顽。丞相衔命，以丰价募丁匠，开凿皇堂，弥月不就。京府两邑隶纳锻具，联车以载，辙迹相望，至则镬醯以沃之，且煎且凿，役百万丁力……

“丰价募丁匠”，即是按时价和雇工匠及其他劳动者。杨国忠专权时，“多征诸州县农人令铸钱”，因农民无专门技术，结果是“费力无功”。韦纶建议“厚悬市估价，募工晓者为之”，“由是役用减而鼓铸多”[④]。和雇匠已被广泛用于唐代官府手工业生产的各个方面，成为当时官府工匠的重要组成部分之一。

就隋唐而言，官府手工业生产中各种类型工匠的比例各个时期有所不同，即使对同一时期，也已很难确定具体比例，但有一点至少是比较明确的，这就是和雇匠所占比例越来越大，同样，征集工匠所占比例愈来愈小。

（二）民间工匠负担形式的变化

随着隋唐社会政治、经济、文化和军事的一系列变化，与这一时期官府手工业生产者构成比例变化相适应，民间工匠为国家所承担赋税徭役的形式也发生了比较大的变化，这就是由以必须定期直接到官府服役到可以纳资代役，同样政府可以用代役钱随时根据需要和雇必要的工匠。

1. 隋及唐初民间工匠以服役为主要负担

户籍在地方州县，并以“团”、“火”为编制单位的民间个体工匠，在隋及唐初以劳役为其最重要的负担，其必须直接到官府手工业作坊内从事一定期

---

① 《贞观政要》卷10，《慎终》。

② 《唐大诏令集》卷69，《乾元元年南郊赦》。

③ 《旧唐书》卷4，《高宗纪》。

④ 《旧唐书》卷138，《韦纶传》；《新唐书》卷54，《食货志》四。

限的手工业生产。隋文帝时“仍依周制，役丁为十二番，匠则六番”①。按工匠六番，即每年在官府服役时间是60天，而一般自耕农则是每年在官府服役30天，可见当时个体工匠较自耕农的服役期多一倍。其后工匠的服役期有所变化，在实行均田制及租庸调制时，庸役为年20天，若租调均不纳时，年服役期限是50天。而根据当时的情况看，这实际上成了工匠服役的最低期限标准。

在以力役为工匠主要负担时，隋代存在“豫追番丁，辄配东宫使役，营造亭舍，进入春坊”② 的普遍情况。尤其在统治阶级奢侈欲望膨胀、工程建设不断的形势下，“天下死于役，而家伤于财”③ 的状况在所难免。不但隋代如此，就在唐代前期也是“土木兴作，丁匠疲于往来”④，他们为了完成国家规定的服役义务，必须在所指定的具体时间和地点内从事手工业劳作。对于注籍于国家匠籍的民间工匠，政府采取一系列行之有效的措施严禁其随意改变自己的职业，“若回避本业，改入他色之类”，要受到法律的制裁⑤。只要各级政府需要工匠，则“下文帖付县”，县再对工匠以“团”、“火”为单位进行征用。民间工匠在为官府服役时，“一人就役，举家便废”；“入军者督其戎仗，从役者责其糇粮，尽室经营，多不能济”⑥。由于京师及关中地区是官府最集中需要工匠的地区，这里的工匠负担要较其他地区工匠负担繁重一些。“比者疲于徭役，关中之人，劳弊尤甚”，不仅如此，魏征还指出了工匠严重超过役期的严重问题：“杂匠当下，顾而不遣”⑦。即使唐初唐太宗朝被后世誉为“贞观之治”时，仍是“供官徭役，道路相继，兄去弟还，首尾不绝，远者往来五六千里，春秋冬夏，略无休时”。唐太宗“虽每有恩诏令其减省，而有司既不废，自然须人，徒行文书，役之如故”。尤其严重的是，“今京师及益州诸处，营造供奉器物，并诸王妃主服饰，议者皆不以为俭”⑧。工匠直接在官府服役

---

① 《隋书》卷24，《食货志》。
② 《隋书》卷45，《杨勇传》。
③ 《隋书》卷24，《食货志》。
④ 《唐会要》卷83，《租税》上。
⑤ 《唐律疏议》卷2，《名例》；卷12，《户婚》。
⑥ 《全唐文》卷153，戴胄：《谏修洛阳宫表》。
⑦ 《新唐书》卷97，《魏征传》。
⑧ 《旧唐书》卷74，《马周传》。

的负担相当沉重，唐太宗君臣提倡轻徭薄赋时尚且如此，其他时期的情况更可想而知。隋末和唐初农民大起义，均以反徭役为其主要内容，正是当时社会现实的体现。

尽管隋及唐初工匠以力役为其沉重负担，但这并不排除当时业已存在着和雇的情况。在我国封建社会，纯粹单一的赋役制度在实际中并不存在，社会的发展往往体现在赋役侧重点的变化上。我国工匠和雇出现的时间比较早，《梁书》卷38《何琛传》记载梁武帝时的规定比较典型："凡所营造，不关材官及以国匠，皆资雇借，以成其事"。因为当时人们已经知道和雇的优越性："近之得财，颇为方便，民得其利，国得其利，我得其利，营诸功德"。隋及唐初这种和雇工匠的情况更是存在。《全唐文》卷135高冯《上太宗封事》称："凡诸营缮，工徒未息。正丁正匠，不供驱使，和雇和市，非无劳费"；《全唐文》卷17中宗《即位赦文》也指出，"若要和市和雇，先依时价付钱"。另外，免役收庸、纳资代役也更加普遍了。隋文帝开皇十年（590）六月，"制人年五十，免役收庸"[①]。唐高祖武德七年（624）进一步规定，"若不役，则收其庸，每日三尺"[②]。唐玄宗开元二十五年（737）明确强调，"诸丁匠不役者收庸，无绢之乡，絁布三尺"[③]。这些偶尔出现的和雇现象，逐渐发展为后来的纳资代役。唐玄宗时对和雇的规定相对来说比较具体，"番上不至者，闲月督课，为钱百七十，忙月二百"，并将钱数上缴"州县官"[④]。应该指出，隋及唐初虽然存在着和雇，但只是偶尔为之，主要指"正丁、正匠，不供驱使"时，方可"和市、和雇"[⑤]。这时出现的"丁匠不能给驱使，又和雇以重劳费"[⑥]，只是当时和雇作为力役的一种补充形式而存在，它与后面将要论述的中唐以后比较盛行的和雇及纳资代役，不可同日而论。即使如此，历史上曾经出现的和雇在社会生活中的事例越来越多，并且其规定也越来越具体，它是社

---

① 《隋书》卷2，《高祖纪》；《隋书》卷24，《食货志》；《资治通鉴》卷177，隋文帝开皇十年六月。

② 《旧唐书》卷48，《食货志》上。

③ 《通典》卷6，《食货典·赋税》下。

④ 《新唐书》卷55，《食货志》五。

⑤ 《全唐文》卷135，高冯：《上太宗封事》。

⑥ 《新唐书》卷104，《高季辅传》。

会发展的一种趋势。

2. 中唐以后和雇及纳资代役相对普遍

上面已经强调过，隋及唐初和雇工匠的现象确实在社会现实中已经存在，而这时政府对工匠仍以征集为主，和雇只是偶尔为之，充其量只是力役的补充部分。中唐以后，形势有了比较大的发展变化，随着社会生产力的发展，直接生产者人身依附关系有所减轻，封建商品经济相对活跃，政府在较大范围内实行和雇，工匠纳资代役比较普遍。这一变化，正是我国赋役史和手工业史上的一大变革，昭示着我国封建社会由前期过渡到后期的初步完成，同样也反映出工匠在官府从事生产的基本形式发生了一定程度的变化。

唐玄宗开元天宝及其以后，工匠服役形式有了比较大的变化，这就是工匠由直接在官府服役变为在较大范围内可以纳资代役，政府通过征收工匠上缴的部分绢或钱之类，即用已经获得的工匠的部分剩余劳动，来作为和雇工匠的开支，如玄宗开元二十三年（735）诏书指出："两京城内今年所有杂诸夫役，并宜放免；应须使役，以诸钱和雇取充"①。当时"诸丁匠不役者收庸"的规定人人皆知且被广泛征引。开元天宝时期这种变化，从当时人们的观念变化中已比较明确地反映出来，如玄宗时大商人王元宝之富首屈一指，就连玄宗本人也承认"我闻至富可敌贵。朕天下之贵，元宝天下之富"②。这不但反映了当时工商业经济的活跃，同时更说明了人们观念的变化，在商品经济相对活跃的社会条件下，人们才会对财富的占有给予一定的承认，而不再是只重视政治地位，在商品经济比较活跃的情况下，"官本位"的观念受到了一定程度的挑战。尤其这话出自唐玄宗之口，可见社会现实对人们观念影响之大，这应该引起我们的重视。

唐德宗建中元年（780）在全国范围内实行两税法，这是我国经济史上的一件大事，尤其在赋役变化方面体现了社会的变革。史称"自建中初，杨炎定两税法，不令民输其土之所产而督钱"③。宋代人马端临在《文献通考》

① 《唐大诏令集》卷74，《籍田赦书》。
② 《太平广记》卷495，"邹凤炽"条引《独异志》。
③ 《资治通鉴》卷241，元和十四年四月胡三省注文。

卷3《田赋考》三中指出，唐代“两税不征粟而征钱”。征收钱币作为唐代两税法的重要特色之一，在这种经济环境下，“取两税钱和雇工匠”[①] 比较普遍，这正是工匠赋役形式和身份变化的前提条件。我们知道，唐代政府从“悉总诸税”的两税总额中，拿出一部分作为和雇工匠的正常开支，即政府的财政预算中包括和雇工匠的部分。两税法的征收原则是“以资产为宗”，而制税原则是“量出以制入”[②]，即根据两税法实行的上年（即大历十四年，——779年）的支出数额来编制当年的财政收入情况。从两税的支出项目中亦包括和雇工匠的费用来看，工匠身份相对有了提高，他们可以通过缴纳户税来避免服役时路途往来之辛苦，可以集中时间和精力从事自己所擅长的手工业生产；对于政府来说，可以根据实际需要雇佣工匠从事手工业生产。因此，两税法实行后，对于政府和工匠来说各得其所。明乎此，便可以清楚唐政府有时直接经营高利贷以支付和雇工匠的原因。如贞元年间：

> 令京兆尹与度支计会，长安、万年两县，每县委与贮备钱五千贯文，于县库收纳，定清干官专知。应缘卒须别索及杂供拟升工匠等，县令与专知官先付给价钱，冬季以后，申度支勘会所是和市和雇，并须先给价钱。[③]

这和隋及唐初的工匠征集制迥然有别。因为按当时两税条例规定，“两税外一物以上，不得科配百姓”[④]。政府只能用两税收入作为和雇正常工匠所需开支，而政府经营高利贷的收入将用来和雇临时的额外急需工匠。中唐及其以后，和雇工匠比较普遍，如玄宗天宝时，“内作判官韦纶，请厚价募工”，且终于成为事实，并且收到了“役用减而鼓铸多”[⑤] 的效果，经济效益非常明显；唐宣宗时也曾以“丰价募丁匠”[⑥]。如此记载在史书上非常普遍。陆贽认

---

① 《唐会要》卷86，《街巷》。

② 《资治通鉴》卷226，唐德宗建中元年正月；《旧唐书》卷48，《食货志》上；《新唐书》卷52，《食货志》二。

③ 《唐大诏令集》卷69，《贞元元年南郊大赦天下制》。

④ 《唐大诏令集》卷69，《贞元元年南郊大赦天下制》。

⑤ 《新唐书》卷54，《食货志》四。

⑥ 《唐阙史》卷上，《真陵开山》。

为，唐代自实行两税法后，“变征役以召雇之名，换科配以和市之名”①。陆贽所言，比较深刻地揭示了两税法实行后工匠身份待遇变化的总趋势：大部分官府工匠由和雇而来，官府手工业生产所需原料也由以进贡为主变为以和买为主。“变征役以召雇之名，换科配以和市之名”，与府兵制瓦解后个体小农业生产者“永无征发之役”② 相一致。这种情形，与中唐以前的“预追番丁，辄配使役”形成了强烈对比。

和雇及纳资代役的相对普遍，反映了工匠身份的提高，这对于工匠来说增加了比较充裕的时间来自由从事手工业生产与改进技术，对其提高生产效率意义重大。但是，这并非意味着工匠所受剥削的减轻，恰恰相反，政府对工匠的剥削则有了进一步的加重。两税法实行时，以大历年间税收的最高额为基数，便足以说明这一点③。实际上远不至于此，随着钱重物轻现象的日益严重，包括工匠在内的税户的实际负担在成倍地增加④。另外，还有皇帝的“属意聚敛，常赋之外，进奉不息”，掊克之吏的横征暴敛，如韦皋在剑南有“日进”，李兼在江西有“月进”，更有甚者美其名曰“进奉”、“羡余”等等。“当是时，户部钱物，所在州府及巡院皆得擅留，或矫密旨加敛，谪官吏、刻禄禀，增税通津、死人及蔬果。凡代易进奉，取于税入，十献二三，无敢问者”⑤。这显然是地方官吏为了取宠，对生产者的盘剥已经到了竭泽而渔的地步。为了兑现其言，官吏往往“乃大搜市廛，夺所入献，逮捕匠徒，迫胁就功，号曰敕索，弗雠其值；名曰和雇，弗与之庸”⑥。从“羡余”中包括对工匠额外敲诈中可以清楚地看出，工匠的剩余劳动乃至一部分必要劳动，是唐政府提高剥削率的主要物质来源之一，也是在较大范围内实行和雇，而又能在更大程度上

---

① 《陆宣公集》卷22，《均节赋税恤百姓》第一条《论两税之弊须有厘革》。

② 《唐六典》卷5，注文。

③ 《旧唐书》卷48，《食货志》上。参见魏明孔：《建中元年两税税额基数考》，《南都学坛》1991年第2期。

④ 《陆宣公集》卷22，《均节赋税恤百姓》第一条《论两税之弊须有厘革》：“定税之数，皆计缗钱，纳税之时，多配绫绢。往者纳绢一匹，当钱三千二三百文；今者纳绢一匹，当钱一千五六百文。往输其一者，今过于二矣。”

⑤ 《新唐书》卷52，《食货志》二。

⑥ 《新唐书》卷167，《裴延龄传》。

满足统治阶级奢侈消费的重要经济保证之一。首先有纳资代役，然后才有可能在更大范围内实行和雇。这也从一个侧面反映了政府对工匠剥削率的提高，以及政府和工匠均与市场联系的进一步加强。宋代王安石变法中的助役钱，其意图是“欲多得雇钱”[①]。宋代的助役钱与唐代的纳资代役出于同样的目的，这对于我们理解唐代的和雇和纳资代役很有裨益。

自中唐以后和雇比较普遍后，力役显然退居次要地位，并且越来越显得不再重要。最后连匠籍制度也在封建社会后期被废除了。但是，官府手工业是一种特殊的生产部门，其设置的目的主要在于满足统治阶级的各种消费及维护地主阶级的国家政权，这种职能决定了政府对官府工匠的技术要求越来越高，并且需要相当数额的技术骨干维持正常的生产。官府手工业的性质决定了其在封建社会绝不会处于一种萧条乃至被取而代之的局面。由此所规定，即使在和雇比较普遍的情况下，一些高手工匠还须长年累月在官府从事手工业生产，下面将对唐代这一部分工匠的待遇和身份作一简单分析。

唐代规定，“凡诸州匠人长上者，则州率其资纳之，随以酬雇”[②]。这里的长上匠，据唐长孺先生考证，系指经常在官府从事生产的工匠[③]，这是很有见地的。尽管长上匠等比较固定的官府工匠，按规定是不能纳资代役的，但从政府给予其比较固定的“酬雇”来看，其待遇及身份性质当与和雇匠并无严格区别。中唐以后官府工匠主要由和雇而来，而因技术方面的需要必须在官府长期从事生产的工匠，其身份不可能没有提高，他们能够得到与和雇匠大体相当的报酬。或者可以说，长上匠在官府生产，并不是其身份地位低下的表现。鞠清远早在30年代就指出，“唐宋官工业的劳动者的人格与征集方法，随社会组织的变化，而前后微有不同。换言之，即随两代之兵制与赋役制之变化，而有所不同也”。这确为公允之结论。然而鞠清远下面的观点我们却不敢苟同：“一般说来，则两代之官工业劳动者，唐为输役之匠，而宋则为招募工匠也”[④]。实际上，这

---

① 《宋会要辑稿》，“食货”六五之七。

② 《唐六典》卷23，《将作监》。

③ 唐长孺：《魏晋至唐官府作场及官府工程的工匠》，刊《魏晋南北朝论丛续编》，三联书店，1959年。

④ 鞠清远：《唐宋官私工业》，第17页，新生命书局，民国二十三年（1934）。

与其前面的结论相抵触。唐代中期以后，府兵制已被募兵制取而代之，力役已不复再为个体小农业生产者最繁重的负担，而官府工匠的来源不可能仍无变化，及至宋代才为之一变。比较能站住脚的结论应该是，唐代前期官府手工业生产中的工匠主要由征集而来，中唐以后则以和雇匠为主。

封建国家在营建宫殿、陵墓之类的大型工程时，一般要集中数量可观的工匠，对此进行考察对于我们了解工匠报酬及身份颇有意义。中唐以后，几乎每次大型工程竣工时，皇帝都要按惯例下诏对参加工程的劳动者进行优劳行赏。比如景陵完工后，下诏对“白身及直司掌上巧儿、工匠”等各给予赐勋两转的奖励[①]；咸通七年（866）曾对参加太皇太后陵墓的“白身及直司掌上巧儿工匠”各赐勋一转[②]。如此之类的记载俯拾即是。值得注意的是，这里还有一个共同点，就是每次诏令中奖赏包括工匠在内的参加大型工程建设者的附加条件是：“其给直和雇者不在此限”。即按规定当时受到奖励的只限于官府工匠，并不包括和雇匠在内；既然和雇匠已经得到了报酬，当不在优赏之例。对于非和雇而来的工匠的这种奖励，实际上是在和雇比较普遍的历史条件下，给予他们的物质报酬，而这些报酬的实际价值，当与其他和雇匠所得到的报酬相差无几。正是基于这样的原因，唐王朝才保证在和雇比较普遍的情况下，亦能做到对官府工匠的有效控制。

从上面官府工匠参加大型工程后得到一定报酬的记载中可以看出，官府工匠的身份在中唐以后确实有了比较明显的提高，官府工匠可以得到与和雇匠大体相当的报酬。如此论述，似乎仍有笼统之嫌，还有作进一步分析的必要。

这是一个非常有趣的故事：为唐德宗制作玉带的玉工，一次不小心将其中的一副玉銙弄碎了。这在君权神圣的封建社会堪称大事，按唐朝法律规定当事者要受到严厉制裁。为了蒙混过关，玉工们背着皇帝私自上市买到了一副玉銙。但不幸得很，这件事被德宗当场识破[③]。官府玉工能买得起质量上乘的

---

① 《唐大诏令集》卷77，《景陵优劳德音》。

② 《唐大诏令集》卷77，《孝明太皇太后山陵优劳德音》。

③ 《旧唐书》卷125，《柳浑传》唐德宗贞元三年，“时上命玉工为带，坠坏一銙，乃私市以补。及献，上指曰：‘此何不相类？’工人伏罪，上命决死。……（后）以误伤乘舆器服，杖六十，余工释放”。

玉，当是其平时有报酬的最好说明。只是这里记载语焉不详，许多问题模糊不清，需要作进一步的考察。《唐会要》记载同一件事时，说是由六个玉工同时出资数万钱买到这副玉铐的[①]。现在问题在于记载当时一副玉铐的价钱是否可靠，而这又能否为六个玉工所能支付得起的。据其他史料记载，当时的上等玉的价格是相当昂贵的[②]。况且玉工们是私自上市，既来不及讨价还价，更不敢声张出去，一副玉铐售价数万，并非漫天要价。唐代大历年间，有“老玉工”曾自我披露，他为霍小玉制钗时“酬我万钱”[③]。这对我们了解玉工所得报酬很有帮助。唐代有给参加大型工程的官府工匠每人三匹绢的记载[④]。由于唐代不同时期绢价悬殊不一，若将不同时期的价格进行比较并无多大实际意义。我们在这里还是取德宗时的官价：颁布两税法时，规定每匹绢价为3200文[⑤]。如此看来，六个玉工一次凑齐数万钱不是没有可能。另外，德宗时的营田客月得钱8000文的记载[⑥]，也是唐代官府工匠可以得到一定数额报酬的有力旁证。

在宋代，官府工匠的报酬就更显得清楚具体和固定了。开宝四年（971），监绫锦院右拾遗梁周翰曾在“院内见管户头逐人料钱七百文，粮三石五斗，口食米豆六斗。各用女工三四人，每人月粮二石，米豆又六斗。有一户头并女工共请一十六石五斗者，或少者一十三石五斗”[⑦]。工匠在绫锦院的报酬是如此具体，其他部门的工匠所能得到的报酬推论也大体如此。大中祥符二年（1009）曾下诏饶、池等州铸钱监：“比者岁给缗钱以赡工匠，宜例加给，饶州岁七十万，池州三十万”；五年诏“增给诸州铸钱监匠率分钱”[⑧]。只有在这

---

① 《唐会要》卷51，《识量》上：“贞元三年正月，上命玉工为带坠。有一铐误堕地坏焉。工者六人，私以钱数万，市玉以补坏者。既与诸铐相埒矣。及献，上即指所补者曰：‘此铐光彩，何不相类？’工人叩头伏罪。上震怒，令于京兆府各决重杖处死，责其欺罔。诏至中书。宰相柳浑执奏曰：‘陛下若便赐死则已，今事下有司，请存详理。况玉工之罪，或未详审。只缘人命至重，所以狱谳有疑。……遂案律文，但罪坏玉者，以误伤乘舆器服，杖一人，余五人并释之’。以闻，诏可其奏。”

② 《太平广记》卷243，“窦乂”条引《乾𦠆子》。

③ 《太平广记》卷487，“霍小玉”条。

④ 《唐大诏令集》卷66，《后土赦书》。

⑤ 《李文公集》卷9，《疏改税法》；《陆宣公集》卷22，《均节赋税恤百姓》第一条《论两税之弊须有厘革》。

⑥ 《新唐书》卷145，《严郢传》。

⑦ 《宋会要辑稿》，“食货”六四之一六。

⑧ 《宋会要辑稿》，“食货”一一之五。

两次之前就已有支付官府工匠的具体数额，才有可能规定每年增加若干钱，以及诸州铸钱工匠的率分钱，不然就无“宜例加给”可言。再从对工匠工钱的分配方式来看，亦较以前趋于成熟。这时已非平均分摊，而是根据工匠完成的具体数量[①]，再“视粗精、利纯以为之赏罚”[②]，即根据完成工作的数量和质量来考核工匠，这在一定程度上具备了计件付酬的性质。其实早在唐代，就有“善度材，视栋宇之制，高深、圆方、短长之宜”而“指使群工”的高级技术工匠，在官府较一般工匠“受禄三倍”[③]的个别例子。

（三）隋唐官府工匠、民间工匠和农业个体小生产者身份比较

要将隋唐时期的各种工匠之间以及将其与个体小生产农业之间的身份进行比较，是件非常困难的事情，但是只因讨论隋唐手工业尤其要涉及工匠的身份地位，便不能回避这一问题。下面仅就其中一些现象作一简单分析，主要包括官府工匠与民间工匠的比较、工匠与自耕农身份地位比较等内容。

在隋唐史籍中，工匠尤其官府工匠，有时是以“丁奴”[④]、“户奴”[⑤]和“官奴”[⑥]等称谓出现的，隋及唐初更是如此。可见当时工匠尤其官府工匠的身份，至少在人们的观念中要较一般个体小农业生产者低下，这主要表现在以下几个方面。

一是工匠职业不易改变，他们进入仕途要比个体小生产农业者为难。隋文帝时曾有“工商不得仕进”[⑦]的规定，这一规定被唐代统治者所继承，所谓工匠“不得别入诸色”[⑧]就指此。唐太宗曾说过这样的话：“工商杂色之流，假令术逾侪类，止可厚给财物，必不可超授官秩，与朝贤君子比肩而立，同坐而

① 《宋会要辑稿》，“食货”六四之一八：“（景德三年五月）诏润州造罗务人工，仍旧限十二日成一匹”。

② 《宋史》卷165，《职官志》五。

③ 《全唐文》卷592，柳宗元：《梓人传》。

④ 《新唐书》卷51，《食货志》一；《旧唐书》卷48，《食货志》上。

⑤ 《唐会要》卷30，《洛阳宫》。

⑥ 《旧唐书》卷78，《于志宁传》。

⑦ 《资治通鉴》卷178，隋文帝开皇十六年正月。

⑧ 《唐六典》卷7，《工部尚书》：“其巧手供内者，不得纳资。有缺，则先补工巧业作之子弟。一入工匠后，不得别入诸色”。

食”，“遣诸衣冠以为耻累”[1]。这被终唐之世奉为金科玉律。工商身份在中唐以后有了比较大的变化，但工商地位鄙贱的传统看法，在当时人们的观念中还是根深蒂固的。隋唐尤其中唐以后，作为杂流的工匠乃至官府工匠跻身于仕流者比比皆是。如神功元年（697）有“比来诸色伎术，因荣得官”[2] 的说法；元和年间，“少府监金忠义以机巧进”，并“请荫其子为两馆生”[3]。然而，这些都被视作不配登大雅之堂的僭越之举，受到士大夫的非议[4]。科举考试中工商子弟中第者大有人在，但在规定中却有不少限制，反映了传统观念与社会现实发展变化之间的冲突。

二是政府对工匠的控制程度较其他编户为严。唐代继承隋制，“凡工匠以州县为团，五人为火，五火置长一人”[5]，以作为政府征集工匠或向工匠征收税收的依据。相对而言，政府对官府工匠的控制要更严一些，宫廷内工匠生产时“皆物勒工名”，工匠受到国家户籍的严格控制。隋唐时期，直接生产者的身份发生了比较大的变化，前辈学者对此已有深刻论述，笔者在前面也已略作了交代。尽管隋唐时期工匠的身份明显的有所提高，但在隋唐史籍中，工匠尤其官府工匠所受控制较其他生产者要严格一些，宫廷内的官府工匠更是如此，生产时必须“皆物勒工名”。兵器作为官府手工业生产的基本内容之一，其生产中的工匠情形也大体相当，凡工匠生产“军器则勒岁月与工姓名”[6]。尤其宫廷内的一些特殊生产，对工匠的处罚更加严厉。如《唐律疏议》卷9《职制》规定：“诸御幸舟船，误不牢固者，工匠绞（疏议曰：御幸舟船者，皇帝所幸舟船，谓造作庄严。不甚牢固，可以败坏者，工匠合绞）。若不整饰及缺少者，徒二年（疏议曰：其舟船若不整顿修饰，及在船篙、棹之属，所须者有所缺少，得徒二年……）。诸乘舆服御物，持护修整不如法者，杖八十；若

---

① 《旧唐书》卷177，《曹确传》；《贞观政要》卷7，《择官》。

② 《唐大诏令集》卷100，《厘革伎术官制》。

③ 《唐会要》卷59，《礼部员外郎》。

④ 《全唐文》卷380，元结：《问进士》第二：“问：往年天下太平，仕者非累资序，积劳考二十许年，不离一尉。至于入廊庙、总枢辖，则当时名声籍甚者得至焉。今商贾贱类，台隶下品，数月之间，大者上污卿监，小者下辱州县。至于廊庙，不无杂人……”。

⑤ 《新唐书》卷46，《百官志》一。

⑥ 《新唐书》卷48，《百官志》三。

进御乖失者，杖一百。其车马之属不调习，驾驭之具不完牢，徒二年；未进御，减三等”。再如前面谈到的，曾经为皇帝制造玉带的工匠，只因损坏一枚玉銙，便差一点处死六名当事的工匠。可见对官府工匠尤其宫廷工匠的处罚是非常严厉的。官府工匠生产时出现失误及逃亡时所受到的处罚，也比其他工匠要严厉一些。在官府从事生产的工匠如果逃亡的话，政府不遗余力对其进行通缉，并要株连亲属。这种情况在军事手工业中表现得尤其突出。《唐开元二十八年土右营下建忠赵伍那牒为访捉配交河兵张式玄事一》①：

1 □右营　牒建忠赵伍那

2 　兵张式玄______

3 牒得上件人妹阿毛经军称辞：前件兄身是三千军兵名，

4 当今年三月②配交河车坊上，至今便不回，死活不分。阿

5 毛③兄别藉，又不同居，恐兄更有番役，浪有牵挽。阿毛孤

6 独④一身，有（又）无夫（婿），客作佣力，日求升合养姓（性）命，请乞处分者。

7 □□使，判付营集问□玄身当三月番上，今妹阿毛

8 □所由例皆指注，具状录申都司听裁。

9 □那访捉，以得为限者，牒至准状，故牒。

10 　　　开元廿八年五月四日典□□通牒

11 　　　　　　判官孟能反

12 　　　　　　总管王使

① 《吐鲁番出土文书》第八册，第385～386页，文物出版社，1987年版。

② 原空字系笔者据《吐鲁番出土文书》第八册第387页《唐开元二十八年土右营下建忠赵伍那牒为访捉配交河兵张式玄事二》增补。

③ 原空字系笔者据《吐鲁番出土文书》第八册第387页《唐开元二十八年土右营下建忠赵伍那牒为访捉配交河兵张式玄事二》增补。

④ 原空字系笔者据《吐鲁番出土文书》第八册第387页.《唐开元二十八年土右营下建忠赵伍那牒为访捉配交河兵张式玄事二》增补。

从这件文书中可以看出，当时对工匠控制是非常严格的，工匠在服役期间走失，其亲属即使“别籍，又不同居”者，似乎也在所株连范围之内。文书中如这样的事件还有不少。

三是工匠所受的剥削程度较其他生产者要重。工匠的服役期，隋初继承北周制，每年服役两个月，这较个体小农业生产者的服役期多一倍[①]，这种情况一直维持到中唐前后。据《新唐书》卷48《食货志》上记载，大历四年（769）定九等户税钱制时强调：“其百姓有邸店行铺及炉冶，应准式合加本户二等税者，依此税数勘责征纳”。坐贾与手工业作坊，按户等加二等收税。再从唐代法定服役年龄来看，工匠小于其他生产者：一般人成丁的岁数为21～23岁不等[②]，而工匠在一般情况下是16岁就开始服役[③]。

上面只是就总体情况来言，具体情况却存在着差异，即大的时段中的不同时期和各地甚至不同的行业中均存在着差异，在有的情况下这种差异还比较大。这是我们应该明确的史实。下面将讨论一下官府工匠和一般工匠之间的异同之处。

尽管隋唐手工业有不同的类型，而各类工匠的社会地位彼此是比较接近的，由他们组成了为封建国家提供手工业品的基本阶层。即使如此，有一点还是比较明确的，这就是在中唐以前工匠的地位较一般个体小生产农业者要低；就连工匠之间也有差异，官府工匠同作为编籍于地方政府的个体工匠之间的婚姻、社会地位、仕途限制等方面不完全一致。再从政府对官府工匠的控制来看，也较其他工匠为严。这在前面已经多次交代过，此不赘述。

在一般情况下，官府工匠的身份不易改变，据说隋代的有些番户子孙，在唐代景龙（707～710）年间仍然保持着其原来的身份，甚至还有人谋算要将其中的数千户沦为官奴婢[④]，这虽然最后未成为事实，却清楚地反映出官府工匠身份不易改变的实际情况。官府工匠只有授勋或入老后，才有可能变为国家的编户齐民，而由官户到番户，以及再由番户到杂户直至良人，只有在国家的

---

① 《隋书》卷24，《食货志》。

② 《唐会要》卷85，《团貌》。

③ 《唐六典》卷6，《都官郎中》：番户“十六已上当番”。

④ 《唐会要》卷86，《奴婢》。

恩宥特赦下才有可能①。杂户身份要较官奴婢高一些，敦煌文书中有“工乐杂户犯者，没为官奴婢，并不在赦限”的刑部格卷②。但从严格意义上讲，番户、杂户及官户之间并无本质区别，均属于官府工匠的范畴。这我们从“诸律令格式有言官户者，是番户之总号，非谓别有一色”③ 的规定中可以得出结论。

中唐及其以后，官府工匠的身份有了比较大的变化，官府中的大部分工匠由和雇而来，就是确因技术方面的需要而须在官府长期从事生产的工匠，也能得到与和雇匠大体相当的报酬。尤其重要的是，这时官私工匠的身份差别只保留在名义或形式上，是传统观念的痕迹，在社会实际中已不复存在，并且这种分辨已经失去了意义。这可以从当时人们的看法中得到证实。开元二年(714) 励精图治的唐玄宗为了改变奢靡风俗，曾下诏禁止采珠玉、织锦绣等高级消费品，规定“违者决一百，受雇工匠降一等科之”④。《通鉴》在记载这一件事时则称，“违者杖一百，工人减一等”⑤。一说受罚的是官府工匠（工人），一说是个体工匠（受雇工匠），显然在当时人们的观念中二者已无甚区别了。再如唐敬宗时张韶曾在宫廷内率领工匠起义，因对唐王朝震动极大，虽说只有数百人参加，史书亦多有记载。《旧唐书》卷 17 上《敬宗纪》称这次起义领袖张韶的身份是“染坊役夫”。《通鉴》卷 243 长庆四年条采用此说，视张韶为上番的工匠，即“染夫供人”。胡三省特为此作注曰：“染夫供人，供役于染坊者也”。而《新唐书》卷 8《敬宗纪》则称张韶为“染坊匠”，即官府工匠。史书对同一张韶，有的称为官府工匠，有的则称为上番民间工匠，这既非鲁鱼亥豕之讹，也不是欧阳修因文字精炼的缘故而称“染坊役夫”为“染坊匠”，而是说在纳资代役比较普遍后，大部分官府工匠由和雇而来，即使确因技术上的需要而必须在官府从事生产的能工巧

① 《唐会要》卷 86，《奴婢》。

② 前揭《敦煌社会经济文献真迹释录》第二辑，第 564 页，伯 3078 号《唐神龙年代散颁刑部格卷》。

③ 《唐会要》卷 86，《奴婢》注文。

④ 《唐大诏令集》卷 108，《禁奢侈服用敕》。

⑤ 《资治通鉴》卷 211，唐玄宗开元二年七月。

匠，亦能得到与其他和雇工匠大体相当的报酬，官私工匠在身份上已无严格区别，当然也就没有斟字酌句的必要了。中唐及其以后官私工匠身份已趋于相同。这正是造成唐人观念中官私工匠混淆的原因所在，也是后来史书对其不加区分的理由。

我们认为，反映工匠身份不同的主要标准是其服役形式的差异，那么，开元年间“诸丁匠不役者收庸，无绢之乡绝布三尺”①；大历时“诸色丁匠如有情愿纳资课代役者，每月每人任纳钱二千文”②，正是工匠服役形式的变化，亦即其身份提高的实际表现。在纳资代役比较普遍的历史条件下，即使在官府内从事生产的高手名匠，除了如上面一再强调其能得到一定的报酬外，就其服役形式来看也不是固定不变，他们所受官府控制也比以前为松：“内中尚巧匠，无作则纳资”③；官府工匠“其驱役不尽及别有和雇者，征资市轻货纳于少府、将作监”；番户“请纳资者亦听之”④。官府工匠在一定条件下，已经不再是非要到官府从事生产不可了。正由于此，乾符二年（875）赦文曰：“如闻作坊唯使杂伎，弓甲之匠，十无一人”⑤。似乎可以将其诠释为，在纳资代役比较普遍的情况下，官府工匠主要由和雇而来的“杂伎”充任，其流动性比较大，而那些长期在官府从事生产的“弓甲之匠”，已经是所剩无几了。这种情况发展到宋代，更是“兵匠有缺，则随缓急以招募”⑥；“自熙宁（1068～1077）为募役法，尽官府之役，官自募之”⑦。这里的“尽官府之役”，当包括官私工匠在内。这样一来，确实已无必要再从身份上区别官私工匠了。官私工匠身份的这种变化，根源于地主土地所有制的变革，而官私工匠身份的不再分辨，只有在工匠身份与个体小农业生产者趋于一致时才有可能。下面就这一问题再作一点说明。

中唐及其以后纳资代役的比较普遍实行，这首先意味着工匠与个体小农业

① 《通典》卷6，《食货典》。
② 《册府元龟》卷487，《邦计部·赋税》。
③ 《新唐书》卷46，《百官志》一。
④ 《唐六典》卷7，《工部尚书》。
⑤ 《唐大诏令集》卷72，《乾符二年南郊赦》。
⑥ 《宋史》卷163，《职官志》三。
⑦ 《水心别集》卷13，《役法》。

生产者的身份都有了一定的提高，力役已不复是他们最沉重的负担。为了说明问题，这里先就工匠的服役期限及其变化作一简单叙述。前面已经讲过，中唐之前工匠的服役期较个体小生产农业者要长。隋代开皇三年（583）一改北周制，规定丁役由原来的每年30日为每年20日[①]。这被唐初所沿袭，规定丁“岁役二旬”[②]。但是，我们却不见对工匠的任何规定。这一现象并没有引起学术界应有的重视，一般只是不加考辨地认为这时工匠的服役期与此别无二致。其实，这时工匠的服役期同以前相比并没有减少。即每年的服役期为两个月，既然与以前没有什么变化，也就没有注明的必要了。中唐及其以后，丁、匠服役期一致的明确记载开始见于史书：“诸丁、匠岁役二十日，有闰之年加二日。须留役者，满十五日免调，三十日租调俱免”[③]。中唐及其以后丁匠身份趋于一致，这才有丁匠连称且服役期五异。这样一来，工匠和个体小农业生产者之间，不论在服役形式上还是在服役期限上，均已再无什么严格差异可言，与此相适应，官私工匠在身份上的差别，也就在实际中不复存在。至于中唐及其以后官奴婢所从事的手工业劳作，只是一种特殊情况，这并不影响我们对工匠身份变化的整体评价。

还有一个问题需要在这里辨析一番，这就是在隋唐文献中不见对手工业生产者征收租调的记载，如《唐六典》卷30有允许百姓私自采煮，官府征收课税的规定，这只是国家占有山泽、矿藏等生产资料的说明，是封建国家所有权的体现，并不反映对手工业生产者的一般情况。实际上，隋及中唐以前在均田制下，均田户按规定向政府缴纳租庸调，工匠虽然在宽乡可以得到一般均田户一半的土地，而对于大多数狭乡的工匠来说则无地可受[④]，这样工匠在一般情况下，便按两个月的期限服役，即使在实行纳资代役的情况下也是如此。天宝年间，随着均田制的破坏，政府已不复再征收租庸调，而主要按户等高低来征收户税。鉴于“高等少，下等多”的实际情况，规定“今一例为八等以下户

① 《资治通鉴》卷175，梁后主至德元年。

② 《旧唐书》卷48，《食货志》上。

③ 《通典》卷6，《食货典》。

④ 《新唐书》卷51，《食货志》一。按《唐六典》卷6《户部·郎中员外郎》记载，“凡官户受田，减百姓口分之半”，这在社会实际中并没有认真付诸实施。

计之。其八等户所税四百五十二，九等户则二百二十二，今通以二百五十为率”[①]。在按户等征税时，才将个体手工业生产者包括进去。如大历四年(769)诏令规定“其百姓有邸店行铺及炉冶，应准式合加本户二等税”[②]。自建中元年实行两税法后，则按资产多寡征收户税，当然也将个体工匠包括在内。

隋唐各种类型的工匠身份的异同及其变化，取决于当时生产力的发展及其由此而发生的社会变革。魏晋南北朝至唐初，力役是工匠的主要负担，“预追番丁，辄配使役”，乃这一时期的主要特点，中唐以后，随着纳资代役的比较普遍，官府工匠大部分由和雇而来，“变征役以召雇之目”，则是这一时期的现象。这一现象反映了生产力的发展，封建商品经济的相对活跃，剥削率的提高和生产者人身依附关系的相对减轻等等社会变化[③]。因为首先有纳资代役，尔后才有可能在较大范围内实行和雇，即政府用已经获取的工匠的剩余劳动，再根据实际需要和雇其中的部分工匠。这时因技术方面的需要而须在官府从事生产的工匠，不但能得到相应的报酬，而且也在一定程度上摆脱了非到官府生产不可的限制，其已非是身份上的原因而在官府从事生产。工匠身份变化的主要标志是其服役形式的变化，若再配合工匠服役期限与个体小农业生产者趋于一致的实际，就会发现中唐以后官府工匠与个体民间工匠乃至个体小农业生产者之间在身份上已无什么严格区别。如果还要说这时官私工匠之间、农匠之间在身份上还存在差别的话是可以的，但须承认这种差别仅仅保留在形式上。当然，我们也应清楚地看到，工商地位卑贱的传统观念，不但在中唐以后存在，而且在我国整个封建社会后期也是根深蒂固的。一种观念的消失要比实际现象的消失困难得多，这从唐代后期人们对工商者的态度中可以得到印证。

二、手工业经济重心的南移

长期以来，我国手工业经济重心在黄河中下游地区，北方地区的手工业，

---

① 《通典》卷6，《食货典》。

② 《旧唐书》卷48，《食货志》上。

③ 金宝祥：《唐史探赜》，载《西北师范学院学报》，1986年第2期。

不论在产品数量还是在产品质量上，都明显地占有优势。相对而言，南方地区的手工业经济要落后一些。但是，这种状况在唐代却发生了变化。经过魏晋南北朝和隋及唐初的不断开发，南方地区的优势逐渐发挥出来，及至中唐以后，南方地区的手工业经济超过了北方。手工业经济重心的南移，与我国古代整个社会经济重心的南移相一致。手工业经济重心的南移，是我国经济史上的一件大事，它反映了手工业生产中布局和生产结构的变化，而且对我国政治中心的变迁也产生了不可低估的影响。

(一) 中唐之前南北手工业经济的消长及重心所在

这里讨论手工业经济南北消长及重心所在，只是就整体而言的，并非说在手工业经济重心南移之前，北方的任何方面均超过了南方，而是有些方面诸如铜镜制造、造船业等，在隋代南方地区就比较发达，系这一领域的生产中心。这里仅就隋代南北手工业经济的状况、中唐之前北方手工业经济的优势的保持与南方手工业经济急起直追的情况进行叙述，并将学术界关于经济重心的基本观点作一简要介绍。

1. 学术界关于经济重心讨论之现状

讨论我国古代手工业经济重心之所在，必然要涉及到对整个社会经济重心的估计。关于我国古代经济重心的研究，目前学术界方兴未艾，出现了一些对我们颇有启发的观点。这里有必要就其中有代表性的观点作一简要介绍。

有的观点认为，我国经济重心南移完成于六朝。六朝时江南经济在农业、工业和商业等方面都已经超过了北方地区[①]；有的学者指出，中国古代从东晋至北宋末年为经济重心向南转移的过渡期[②]；有的著作强调，直到唐代中叶以后，南方作为全国经济重心的地位大体确立，这一变局的形成，对长江下游的进一步开发无疑至关重要。但这时长江中游的长足开发，却为根本上改变中国古代经济社会发展以黄河流域为重心的格局，添加了一个关键的砝码[③]；有的专家则认为，中国古代经济重心南移的起始点为唐代安史之乱以后，经济重心

① 罗宗真：《六朝时期全国经济重心的南移》，《江海学刊》，1984 年第 3 期。
② 桑原骘藏：《由历史上观察中国南北》，《东洋史论丛 · 白鸟博士还历纪念》，1925 年。
③ 牟发松：《唐代长江中游的经济与社会》，武汉大学出版社，1989 年版。

南移至北宋后期已接近完成，至南宋则全面实行了①。这些富有创见性的观点，是我们讨论我国经济重心的主要依据。

笔者认为，关于我国古代经济重心是牵涉面广、理论性强的重大研究课题，经济重心南移的完成并非一蹴而就，而是经历了一个比较长的演进过程，但从整体上看，中唐以后经济重心南移的基本完成，是能够站住脚的。下面关于手工业经济重心南移的讨论，就是基于此而展开的。

2. 隋代南北手工业经济的状况

经过东汉末年以来的政治、经济、文化、军事、民族、人口流动等一系列的发展变化，南方地区社会经济由于大量北方人口的南迁和先进生产工具的引进有了长足的进步，但就整体状况而言，隋代全国经济重心在北方无疑。就手工业经济来看，隋代北方呈现继续发展的势头，南方则有奋起直追的趋势。

关中系隋代京师之所在，当时这里的手工业经济比较发达。史称关中百姓“去农从商，争朝夕之利，游手为事，竞锥刀之末”②。可见隋代关中地区手工业和商业都比较活跃。今河北地区居民“务在农桑”、“人多重农桑”，个体小农业家庭副业手工业相当发达，“魏郡，邺都所在，浮巧成俗，雕刻之工，特云精妙，士女被服，咸以奢丽相高，其性所尚习，得京、洛之风矣”③。手工业经济在全国名列前茅。正因为黄河流域手工业经济比较发达，所以就有“户口岁增，诸州调物，每岁河南至潼关，河北自蒲坂，达于京师，相属于路，昼夜不绝者数月”④ 的记载。这些源源不断运往京师的调物，包括大量的手工业品，而其中以黄河流域的产品占有绝大部分。黄河流域系隋王朝财赋重心之所在，隋政府所从事的声势浩大的“大索貌阅”，其重点就在黄河下游的山东地区：“是时山东尚承齐俗，机巧奸伪，避役惰游者十六七。四方疲人，或诈老诈小，规免租赋”。通过对山东地区的重点“貌阅”，即“户口不实者，正长远配，而又开相纠之科。大功已下，兼令析籍，各为户头，以防容隐”。这次“大索貌阅”对于隋政府来说收到了明显成效：“于是计帐进四十四万三

① 郑学檬:《中国古代经济重心南移和唐宋江南经济研究》，岳麓书社，1996年版。
② 《隋书》卷29,《地理志》上。
③ 《隋书》卷30,《地理志》中。
④ 《隋书》卷24,《食货志》。

千丁，新附一百六十四万一千五百口”[1]。

与黄河流域相比，隋代长江流域及其沿海地区的手工业要显得逊色得多：“江南之俗，火耕水耨，食鱼与稻，以渔猎为业，虽无蓄积之资，然而亦无饥馁”。因手工业比较落后，其消费水平也就显得比较低：“尚淳质，好俭约，丧祀婚姻，率渐于礼”[2]。长江中游的荆州地区“男子但著白布裈衫，更无巾绔；其女子青布衫、班布裙，通无鞋屩。婚嫁用铁钴鏻为聘财”[3]。这种穿戴风俗固然与当地的气候、地理和传统有关，但作为手工业主体部分的纺织业的比较落后，不能不说是其中的一个重要原因。就整个南方经济来看，当时并非国家的财赋所倚之重心。炀帝时贯穿南北大运河的开凿，在当时首先不是基于经济方面考虑的，而是首先基于政治、军事方面的因素，当然也有隋炀帝热衷于幸游江南的用意在内，而不见有包括手工业品在内的江南财赋源源不断地运往京师的记载，这与我们在后面将要论述到的唐代的情形迥然不同。

尽管如此，并不是说隋代南方地区手工业生产一点起色也没有，这里只是说明其较北方还要落后一些，而其本身也还是有了比较大的发展。或者说，隋代南方地区的手工业横向比较是落后一些，纵向比较则有了长足的发展。今四川地区的纺织业自汉代以来就比较发达，隋代仍然保持着强劲的势头。这里水陆所凑，货殖所萃，“人多工巧，绫锦雕镂之妙，殆侔于上国”[4]，是人人皆知的史料，说明四川地区的手工业在全国占有一定地位。即使长江中游的豫章地区，这时亦出现了“一年蚕四五熟，勤于纺绩”的新气象。这里“亦有夜浣纱而旦成布者，俗呼为鸡鸣布”[5]。这种“鸡鸣布”的出现不但对当地的纺织品数量的增加和质量的提高意义重大，而且对周边民族地区也产生过影响，这在前面已经有所介绍。除了纺织业以外，隋代南方地区其他手工业部门也有一定程度的发展。扬州、鄂州、益州，是隋代铸币业的重要基地[6]；扬州地区的

---

① 《隋书》卷 24,《食货志》。
② 《隋书》卷 31,《地理志》下。
③ 《隋书》卷 31,《地理志》下。
④ 《隋书》卷 29《地理志》上。
⑤ 《隋书》卷 31,《地理志》下。
⑥ 《隋书》卷 24,《食货志》。

铜镜、铜屏风饮誉国内外①。同时，扬州的造船业在当时相当出名，炀帝幸游所用船只就是在这里生产的。“杨玄感之乱，龙舟水殿，皆为所焚，诏江都更造，凡数千艘，制度仍大于旧者”②。在很短的时期内就能制造出如此数量多、质量高、规模大的龙舟，足以说明扬州地区造船业基础非常雄厚，系全国造船业的中心。这些情况已经充分说明，隋代南方部分地区的手工业经济有了比较大的进步，其后来者居上的势头已初现端倪。

3. 中唐之前北方手工业优势的保持与南方的急起直追

中唐之前，就手工业生产来说，仍基本上保持着隋代的格局，即北方地区系全国手工业经济重心之所在，这从各种手工业尤其作为手工业经济主体的纺织业的生产情况可以清楚地看出。

唐高祖代隋后，“仍置钱监于洛、并、幽、益等州”，长江流域铸币地除益州外，还有桂州监③，北方仍是铸币的基本场所。铸币业以外的其他金属铸造业，同样是北方地区较南方地区占有优势。而作为封建社会手工业经济主体的纺织业，更是北方明显占有优势。

史称唐玄宗天宝年间（742~756）“中国强盛，自安远门西尽唐境万二千里，闾阎相望，桑麻翳野，天下称富庶者无如陇右”④，这说明唐代前期黄河上游地区蚕桑丝麻业比较发达，也是纺织手工业从整体上重心在北方的最后见于史书记载，尤其陇右地区更是如此。实际上，我国在中唐以前纺织手工业比较发达的地区一直在黄河中下游。河北诸道调赋中，“相州调兼以丝，余州皆以绢”，河南道“陈、许、汝、颍州，调以绝绵”，“余州并以绢及绵”⑤。据学者最新研究成果表明，黄河下游所有51州均生产绵绢，即均为蚕桑丝绸区⑥。据《唐六典》所载，天宝初年的情况是，关内道贡赋中有绢、绵、布、麻；河南道有绢、绵、布、绸、文绫、丝葛；河东道有布、绢，河北道有绢、

① 《资治通鉴》卷183，隋炀帝大业十二年十二月。

② 《资治通鉴》卷182，隋炀帝大业十一年十月。

③ 《旧唐书》卷48，《食货志》上。

④ 《资治通鉴》卷216，唐玄宗天宝十二载八月。

⑤ 《唐六典》卷3，《户部尚书》。

⑥ 卢华语：《唐代桑蚕丝绸研究》，首都师大出版社，1995年版。

绵、罗、绫、平绸、丝、布、丝绸；陇右道有布、麻、毛褐、白毡等。这时全国的绢产地分为八等，其中一等在宋、亳；二等在郑、汴、曹、怀；三等在滑、卫、陈、魏、相、冀、德、海、泗、徐、兖、贝、博等州。上等绢主要产地基本在黄河中下游地区。尽管这时长江流域蚕桑丝绸纺织业也有进步，但主要却以麻布生产为主。按唐代麻布生产品种繁多，计有细白苎布、班布、赀布等数十种之多。同样，唐代也将布按质量分为八等，其中一等产地为复州，二等为常州，三等为扬、湖、沔州。赀布为九等，一、二、三等产地是黄、庐、和、晋、泗、绛、楚、滁等州。另外，毛织品中有毡、褐等产品，其中贝、夏、会、凉、宁、灵、宥、蒲、汾等州贡赋中有毡，安西有绯毡，洮、凉等州出毛褐布，安西出氍毹，兰州出绒[①]，北方边远地区尤其少数民族地区的毛纺织业是非常普及的。另外，政府多次禁止毛织品中绣花和生产精品，也从一个侧面反映了这种纺织业的成熟[②]。毛织业这个传统的手工业，在唐代前期主要集中于西北及其周边地区，而且不管从生产数量上、品种上还是产品质量上都有了相当的进步。

在讨论唐代前期纺织业时，不得不重点讨论河北定州的情况，因当时这里的纺织业在全国首屈一指。据上引史书可知，唐代定州所产绢为四等，在八等之中当亦属比较好的产品。据《新唐书》卷39《地理志》三载：

> 定州博陵郡，上。本高阳郡，天宝元年（742）更名，土贡罗、绸、细绫、瑞绫、两窠绫、独窠绫、二包绫、熟线绫。

其中开元时期进贡质地精美、在全国独树一帜的两窠细绫14匹[③]。定州上贡的纺织品不管数量和质量及品种，在当时全国都属名列前茅，尤其这些上贡丝绸品，均系质量优美的高级奢侈品，这反映出定州纺织业之发达。正因为唐代定州纺织业发达，才有了开元时期定州何明远“赀财巨万，家有绫机五百张”[④] 的记载，而这样的记载不见于其他地区。另外，据《安禄山事迹》称，安禄山为了筹集反唐的资本，曾违法与少数民族及外籍商人在河北地区做买

---

① 李仁溥：《中国古代纺织史稿》，岳麓书社，1983年版。

② 这一方面的记载多见于正史记载，前揭《敦煌社会经济文献真迹释录》对此也多有录文。

③ 《元和郡县图志》卷18，《河北道·定州》。

④ 《朝野佥载》卷3。

卖，而定州地区的纺织业发达，正是对“胡商”最有吸引力的地方，而那位“主官中三驿”的何明远，“专以袭胡为业”，正是向少数民族及外商出卖定州绫，才有厚利可图，而成“赀财巨万”者。所有这些，充分说明唐代前期定州纺织业的盛况[①]。

但是，黄河流域的纺织业及其他手工业在开元时期已呈现滑坡的趋势，正如玄宗于开元二十五年（737）三月敕文所言：“关辅庸调，所税非少，既寡蚕桑，皆资菽粟，常贱粜贵买，损费逾深”[②]。纺织业已非昔日所比，开始出现了衰落迹象，而北方手工业经济在全国所占比例的减小，意味着南方手工业经济的发展及在全国所占比例的提高。而这种情况在向我们昭示，唐代手工业经济重心的南北易位，已经指日可待。

（二）中唐以后手工业经济重心南北易位的完成

隋及中唐之前，手工业生产发展的态势是：北方地区手工业在历史的基础上有了长足的进步，仍然保持着手工业生产经济重心的地位。南方地区手工业则奋起直追，逐渐有后来者居上的势头。安史之乱使北方经济遭受到严重摧残，相对来说，南方地区在社会生产秩序方面要稳定得多，而长期以来的北方人口的南移与生产技术和工具的引进，至此使南方地区的开发达到黄金时代，南方地区的手工业经济终于超过北方，我国手工业经济的重心南北易位在中唐以后基本完成。

1. 中唐以后南北手工业经济比较

中唐及其以后我国经济重心发生了根本性的变化，这就是北方经济在原来的基础上继续发展，而南方社会经济则超过了北方居于领先地位，南北经济重心的易位最终完成。应该指出的是，中唐以后我国社会经济的南北易位，并非意味着北方经济变得萧条，只是与南方比较而言显得在整体方面要落后一些。

反映中唐及其以后南方经济发展的史料相当丰富，《旧唐书》卷105《韦坚传》记载非常典型：

---

① 巫宝三：《试释关于唐代丝织业商人的一条史料》，《中国经济史研究》，1996年第2期；魏明孔：《唐代私营作坊手工业之管见》，《中国经济史研究》，1998年第2期。

② 《旧唐书》卷48，《食货志》上。

> （韦）坚预于东京、汴、宋取小斛底船三二百只置于潭侧，其船皆署牌表之。若广陵郡船，即于栿背上堆积广陵所出锦、镜、铜器、海味；丹阳郡船，即京口绫衫段；晋陵郡船，即折造官端绫绣；会稽郡船，即铜器、罗、吴绫、绛纱；南海郡船，即玳瑁、真珠、象牙、沉香；豫章郡船，即名瓷、酒器、茶釜、茶铛、茶碗；宣城郡船，即空青石、纸、笔、黄连；始安郡船，即蕉葛、蚺蛇胆、翡翠。船中皆有米，吴郡即三破糯米，方文绫。凡数十郡。驾船人皆大笠子，宽袖衫，芒屩，如吴、楚之制。先是，人间戏唱歌词云："得体纥那也，纥囊得体耶？潭里船车闹，扬州铜器多。三郎当殿坐，看唱《得体歌》"。[①]

按韦坚是天宝元年（742）任陕郡太守、水陆转运使的，他是因"以转运江淮租赋，所在置吏督察，以裨国之仓廪，岁益钜百"而得到玄宗器重的[②]。韦坚主持运进京师的数百只船中盛装南方地方手工业特产，是天宝二年（743）之事。这次声势浩大的船运队，"其船皆署牌表之"，这何尝不是一次盛大的南方地方手工业精品的展览会！从这些按南方数十郡标牌手工业产品的展览会中可以看出，天宝年间南方手工业精品甚多。《旧唐书》作者如此重笔记载南方手工业精品，民间歌谣尽情歌颂扬州的手工业产品，韦坚大张旗鼓地在京师宣传南方手工业精品等等，这决非《旧唐书》作者的夸张之词，也不是百姓的有意重此轻彼，更不是韦坚个人对南方的情有独钟，而是说明这一时期南方手工业生产在全国已经处于领先地位，其产品代表着全国的最高水平。韦坚的这次南方手工业精品展览活动充分反映了南北手工业经济消长的历史进程，也说明南方手工业经济将要超过北方地区成为不可逆转的态势。《唐国史补》卷下记载，大历年间浙江东道"风俗大化，竞添花样，绫纱妙称江左矣"。这样，黄河流域曾经出现的"齐纨鲁缟车班班，男耕女织不相失"的个体小生产农业及其家庭副业手工业的繁荣局面，只是留给诗人向往开元盛世的主题，而诗人对现实手工业品的讴歌重点，则由黄河流域转向南方地区。如白居易《红线毯》认为宣州线毯质量远在太原和四川之上，成了朝廷的重要贡

① 可参见《旧唐书》卷48，《食货志》上；《新唐书》卷53，《食货志》三。

② 《旧唐书》卷105，《韦坚传》。

品："太原毯涩毳缕硬，蜀都褥薄锦花冷，不如此毯温且柔，年年十月来宣州。"白居易在另一首《缭绫》中描写了吴越地区高级丝织品——缭纱，"缭纱织成费功绩，莫比寻常缯与帛"，系奉诏贡品，"天上取样人间织"。按缭绫在唐代后期是官府所需的高级奢侈品，如敬宗在长庆四年（824）九月"诏浙西织造可幅盘绦缭绫一千匹"[①]。这种缭绫据当时宰相李德裕讲，"所织千匹，费用至多"，"文彩珍奇，只合圣躬自服"[②]，系高级丝织品中的精品。元稹《阴山道》诗中亦讲，吴越地区生产的缭绫，"十匹素缣工未到"。这样的记载不胜枚举。

从上引材料不难看出，唐代中后期南方地区纺织业有了突飞猛进的发展，其产品质量和数量均已经超过了北方地区。据常贡材料统计，唐代前期长江下游18州进贡的丝织品有19种，唐代后期则有38种之多，品种增加了一倍[③]。其中以越州、宣州、扬州、润州等地区的发展变化最为突出。如越州前期仅仅有白编、交绫、十样花纹绫等三种，后期则有宝花、花纹罗等，白编、交绫、十样花纹绫，轻容、花纱、吴绢等九种。尤其贞元以后，"凡贡之外，别进异文吴绫及花鼓歇单丝吴绫、吴朱纱等纤丽之物，凡数十品"[④]。处州开元时只贡葛、苎布等粗纺品，元和年间进贡品则包括小绫、纱、绢等约八种，其中包括高级丝织品在内[⑤]。宣州开元时仅仅有白苎布一种纺织贡品，"自贞元后，常贡之外，别进五色线毯及绫绮等珍物"，其进贡的纺织品可与"淮南、两浙相比"[⑥]。苏州在唐代后期土贡的纺织品中有丝葛、丝绵、八蚕丝、绯绫、布等等。润州后期贡衫罗、水纹、方纹、鱼口、绣叶花纹等绫及火麻布等等[⑦]。如此琳琅满目的纺织品，已使北方地区难望其项背。

具有悠久历史传统的今四川地区的丝织业，在唐代中后期依然保持着强劲的势头。《通鉴》卷218唐肃宗至德元年（756）记载，益州每年"贡春彩十

---

① 《旧唐书》卷17上，《敬宗本纪》。
② 《旧唐书》卷174，《李德裕传》。
③ 卢华语：《唐代桑蚕丝绸研究》，第68页，首都师范大学出版社，1995年版。
④ 《元和郡县图志》卷26，《江南道·越州》。
⑤ 《元和郡县图志》卷26，《江南道·处州》。
⑥ 《元和郡县图志》卷28，《江南道·宣州》。
⑦ 《新唐书》卷41，《地理志》五。

万匹”，其中包括罗、绸、绫、绢等丝织品。玄宗出逃四川时，正是靠这些数量可观的春彩赏赐军队，才稳定了在四川的局势。成都地区农业和手工业都比较发达，故在当时有“扬一益二”之美誉。“大凡今之推名镇为天下第一者，曰扬、益。以扬为首，盖声势也。人物繁盛，悉皆土著，江山之秀，罗锦之丽，管弦歌舞之多，伎巧百工之富，其人勇且让，其地腴以善，熟较其要妙，扬不足侔其半”①。唐代人卢求在《成都纪胜》中的这种评价不一定客观，而扬州和益州在唐代社会经济都比较发达，二者难分轩轾，应该说是没有什么疑问的。同时我们从卢求的这段关于成都与扬州的评论中可以清楚地看出，在历史上具有“天府之国”美称的成都地区，在唐代中后期大多数人的眼中，其经济富庶的程度已经让位于扬州地区，“扬一益二”的格局已经形成并且成为不可逆转的事实。

中唐以后南方手工业经济除了纺织业如上所述在全国处于领先地位外，其他手工业的情况也大体如此。如金属加工业在中唐以后明显地超过了北方地区。这方面的记载非常多，并且在地下考古中已经多次得到证明。法门寺出土的唐代金银器，是不可多得的精品。这些制作精美的金银器，除了由京师官府作坊文思院制作的外，有相当部分是唐代后期由“浙西”进奉皇室的贡品，从而体现了南方金银器加工技术在全国处于无可取代的重要地位。其中如最有代表性的鎏金鸳鸯团花双耳圈足银盆，盆口成花瓣形状，底衬阔叶石榴组成大团花，盆底饰鸳鸯相戏，探头于花丛，形象生动自然。壁部饰有站立于仰莲座上鼓翅欲飞的鸳鸯，周围用流云点缀，花纹缜密，是我国迄今发现的金银器皿中最大最精美的珍品。这件口径460毫米、重155两的银盆，盆外底壁錾有“浙西”二字②。

陶瓷是与上至宫廷，下至庶民日常生活关系密切的手工业品，唐代中后期南方地区瓷器制造业发展迅猛，是全国陶瓷尤其高级陶瓷生产的重要基地，其产品源源不断地供给北方地区。生活于唐代中后期的陆羽在《茶经》卷中

---

① 《全唐文》卷744，卢求：《成都纪胜》。

② 韩金科：《法门寺与法门寺文化》，《文博》，1993年第4期，《法门寺研究》专号；李发良：《法门寺志》，陕西人民出版社，1995年版。

《四之器·碗》中，对瓷器有如下比较：

> 碗，越州上，鼎州次，婺州次，岳州次，寿州、洪州次。或者以邢州处越州上，殊为不然。若邢瓷类银，越瓷类玉，邢不如越，一也；若邢瓷类雪，则越瓷类冰，邢不如越，二也；邢瓷白而茶色丹，越瓷青而茶色绿，邢不如越三也。晋杜毓荈赋所谓器择陶拣，出自东瓯。瓯，越也。瓯，越州上，口唇不卷，底卷而浅，受半升已下。越州瓷、岳瓷皆青，青则益茶，茶作白红之色；邢州瓷白，茶色红；寿州瓷黄，茶色紫；洪州瓷褐，茶色黑，悉不宜茶。

陆羽是我国历史上著名的茶叶专家，其所著《茶经》系有关茶叶生产、加工和饮用的经典著作。陆氏对瓷器质量标准的评价主要根据饮茶之效果，这难免有失偏颇，但他毕竟提出了一个可供我们今天评价当时瓷器的参考标准。尤其值得一提的是，唐代后期饮茶之俗风靡全国，陆羽对瓷器的评价标准，想必为当时朝野所认同。按陆羽在《茶经》中所列举的瓷器，即使越瓷和邢瓷不分轩轾，则寿州瓷、洪州瓷等等，均在长江流域，瓷器生产的主要基地在南方无疑。正因为如此，越瓷在唐代后期颇得人们的青睐，其市场价格远在其他瓷器之上。如嵊县升高二村出土的一件瓷罂，腹部标明“元和拾肆年（819）四月一日造此罂。价值一千文”字样。这样一件制作并不算精致的瓷器，在越瓷中属于一般产品，而价格却高达千文，这与晚唐岳州窑生产的青瓷注子标价仅仅“五文”相比，悬殊很大。越窑在当时具有很高的声誉，其产品已经作为一种贵重的商品在市场上流通①。

除此之外，中唐以后南方地区的造船业也在历史的基础上有了进一步的发展。南方地区的船运业，在隋及唐初就比北方地区发达，这是由南方河流湖泊资源丰富的自然条件所决定的。但是，中唐以后造船及其船运业的繁荣景象却是以前未曾有过的。中唐以后除了因漕运带动官府造船业的发展外，民间造船业及其船运业也有了长足的发展。前面所举大历、贞元年间俞大娘超级大型船，就是一个典型的例子。崔融曾上疏指出航运业的盛况：

---

① 参见朱伯谦：《古瓷中的瑰宝——秘色瓷》，载《首届国际法门寺历史文化学术研讨会论文选集》，陕西教育出版社，1992年版。

> 天下诸津，舟航所聚，旁通巴汉，前指闽越，七泽十薮，三江五湖，控引河洛，兼包淮海，弘舸巨舰，千舳万艘，交贸往还，昧旦永日。[1]

贞元（785~805）年间，萧洞玄“自浙东抵扬州”时，看到的是“舳舻万艘，隘于河次，堰开争路，上下众船，相轧者移时”[2] 的情况。日本僧人圆仁于文宗开成三年（838）也在扬州见到了如此现象：“江中充满大舫船、积芦舡、小船等不可胜计”[3]。由上可知，唐代中后期官私造船业都相当发达，船运业成了南方地区经济活跃的重要支柱之一。尤其重要的是，造船业的发展还带动了当时南方地区农业、商业和交通运输业的繁荣，其意义远远超过了造船业本身。

2. 中唐以后手工业经济重心南移的完成

经过数百年社会经济的发展变化与消长，到唐代中后期，南方地区在农业、商业和手工业各个方面，均已超过了北方地区，成了全国经济的重心所在与主要财赋来源之地，南北经济重心易位终于完成。这一过程比较长，以致于对我国经济重心南移完成的时间至今众说纷纭，莫衷一是，通过对前面的史料分析后不难发现，唐代中后期经济重心的南移基本完成是能够站住脚的。

据记载，“天宝之后，中原释耒，辇越而衣，漕吴而食”[4]。这当然有藩镇割据的因素在内，但也清楚地表明，南方地区变为国家农产品和手工业产品主要来源地已经成为定局。杜牧曾说，浙东“机杼耕稼，提封九州，其间蚕税鱼盐，衣食半天下”[5]。“今天下以江淮为国命”[6]，已成了中唐以后的社会现实。现实主义文学家白居易和韩愈等人均在自己的文章里表述了这一重大的社会变化。如白居易指出，“当今国用，多出江南；江南诸州，苏为最大”[7]；韩

---

① 《旧唐书》卷94，《崔融传》。
② 《太平广记》卷44，“萧洞玄”条引《河东记》。
③ 《入唐求法巡礼行记》卷1。
④ 《文苑英华》卷901，吕温《韦府君神道碑》。
⑤ 《全唐文》卷748，《李纳除浙东观察使兼御使大夫制》。
⑥ 《文苑英华》卷660，《上宰相求杭州启》。
⑦ 《白居易集》卷68，《苏州刺史谢上表》。

愈则是这样表述的："当今赋出于天下，江南居十九"①。长江中游的湖州，其经济发展也令人刮目相看："其贡桔柚纤缟茶苎，其英灵所诞，山泽所通，舟车所会，物土所产，雄于楚越，虽临淄之富不若也"②。当时人们对经济重心南移的议论很多，其中李白《为宋中丞请都金陵表》最能反映唐代后期南北经济的变化和南北经济重心易位完成的社会现实：

……今自河以北，为胡所凌；自河之南，孤城四壁。大盗蚕食，割为洪沟，宇宙峣杌，昭然可睹。臣伏见金陵旧都，地称天险，龙盘虎踞，关扃自然，六代皇居，五福斯在，雄图霸迹，隐轸犹在。咽喉控带，萦错如绣。天下衣冠士庶，避地东吴，永嘉南迁，未盛于此。

臣又闻汤及盘庚五迁其邑，典、谟、训、诰，不以为非；卫文徙居楚邱，风人流咏。伏惟陛下因万人之荡析，乘六合之诪张，去扶风，万有一危之，近邦就金陵，太山必安之，成策苟利于物，断在宸衷。况齿革羽毛之所生，楩楠豫章之所出，元龟大贝，充牣其中，银坑铁冶，连绵相属，铲铜陵为金穴，煮海水为盐山。以征则兵强，以守则国富……③

北方地区因长期战乱，社会经济遭受到了严重破坏，相对来说，南方地区社会比较安定，经济发展具有一定的社会环境。这一点当然是非常重要的。另外，自东汉以来的长期开发，使南方经济的潜能充分发挥了出来，北方地区的经济优势在中唐以后已经不复存在。李白文中所言，正是南北社会经济变化的反映，是南北经济重心易位过程完成的表述。但是，李白关于迁都的论述却不得要领。随着我国古代经济重心的南移，政治重心也在发生着变化，而政治重心的变动，是一个非常复杂的问题，它除了受社会经济的影响外，还受到当时政治、军事、民族、地理环境和国际关系等因素的制约。这样，我国古代政治中心的变动没有循着与经济重心南移相一致的方向，而是呈现东移的趋势。尽管如此，我国经济重心的南移与政治重心的东移在唐代中后期已经成为不可逆

① 《韩昌黎集》卷19，《送陆歙州诗序》。
② 《全唐文》卷529，顾况《湖州刺史厅壁记》。
③ 《全唐文》卷348，李白《为宋中丞请都金陵表》。

转的历史事实。

3. 附论：均田制在南方推行的情况

在讨论唐代手工业经济重心南移以致整个经济重心南移的同时，还有一个问题需在这里略加表述，以加深对经济重心南北易位的认识。这就是在数百年的均田制实行过程中，迄今为止还未发现在南方推行均田制的具体记载，这不能看作是当时史学家的疏忽，而是与当时社会经济的具体现状有关。

均田制自北魏太和十年（485）颁布实行后，历经北齐、北周、隋及唐初诸政权的沿用实施，其间虽然有许多发展变化，但作为一种重要的土地制度基本内容没有改变，按法定授受田数是当时征收租庸调的基本依据。而对于南方推行均田制的记载，史书或缺或略，因此在学术界出现了争论，或认为东晋南朝以来江南大土地占有制处于优势，均田制不可能在江南顺利推行①；或认为均田制既推行于北方，必然会推行于南方②。笔者推测，均田制推行于南方的记载之所以很少见到，这反映了南方经济在当时全国所处的历史地位。均田制最终瓦解于唐代开元天宝之际，已经成为学术界基本接受的结论，因如上面所论述的，中唐之前，我国经济重心在北方，南方经济在均田制实行时期还处于开发时期，国家的财赋所系，主要依赖于北方，因此政府对于税收的侧重点不在南方，对均田制在南方的推行也就不太重视。像隋文帝在平陈之前令“州县大索貌阅，户口不实者，正长远配，而又开相纠之科。大功已下，兼令析籍，各为户头，以防容隐”，是将重点放在财赋重地山东等黄河中下游地区的：“是时山东尚承齐俗，机巧奸伪，避役惰游者十六七”。高颎设置的“输籍定样”，是“每年正月五日，县令巡人，各随便近，五党三党，共为一团，依样定户上下”，“自是奸无所容矣”③。这种情况也主要限于黄河流域，对于南方地区基本上维持原来的状况。至于如开皇九年（589）平陈后“以江表初定，给复十年”④ 之类记载，中原地区则基本上没有享受过如此的优待，故不

① 韩国磐：《北朝隋唐均田制研究》，上海人民出版社，1984 年版。

② 金宝祥等：《隋史新探》，兰州大学出版社，1989 年；唐长孺：《魏晋南北朝隋唐史三论》，武汉大学出版社，1992 年版。

③ 《隋书》卷 24，《食货志》。

④ 《隋书》卷 24，《食货志》。

曾出现于史书记载。

安史之乱后，开凿决策者和设计者当初主要基于政治和军事考虑的南北大运河，则已变成了唐王朝得以维持的经济大命脉，南方粮食和纺织品通过大运河源源不断地运往唐统治中心地区与用兵之地，藩镇割据下战乱频仍，北方财赋大量被藩镇所据有，而举国开支却与日俱增，在这种情况下唐王朝还能维持百年之久，主要依仗于江南财赋。在这样的历史条件下，唐政府对经济经营的重点，也由北方转向南方。也就是说中唐以后经济重心南移以后，政府的经济经营的重点也相应地由原来的北方地区转向南方地区。明乎此，便可以比较清楚隋唐时期均田制不见于南方地区的原因。

从上面的简单叙述中可以看出，隋及唐初全国经济重心在北方地区尤其黄河中下游地区，南方地区正处于开发时期，经济相对落后一些，其在当时全国经济中所占据的地位并没有北方地区那样重要。在隋唐有效统治区域内全面推行均田制的大背景下，尽管在南方地区也实行了均田制，而对于均田制的实施，政府最关心的并不是对土地的如何分配与调整，它最大的兴趣在于租庸调的征收。这，我们从政府对于均田在实际中并没有认真实施及时授受土地，而政府在征收租庸调时却按均田令规定的受田全额来征收看得比较清楚。既然南方地区在当时社会经济中所占有的地位并不高，政府便对这里的均田制的实施及租庸调的征收不会十分重视，史书对其记载或缺或略，当也在情理之中。随着南方地区经济有了比较大的发展，其在全国社会经济中的地位有所提高的时期，均田制已经是强弩之末，就连北方地区也是均田户大量逃亡，政府已经无地继续分配或调整，均田制形同虚设，其被废除已指日可待。这样，即使南方地区的经济地位在全国所占地位有了较大的提高，也不会见有南方地区推行均田制的记载。知道这一点，对于我们理解隋唐手工业经济及其手工业经济的南北易位意义重大。

三、手工业与市场和商品经济联系的变化

隋唐手工业与市场和商品经济的联系自始至终都存在，但是其联系密切与否在不同时期、不同类型的手工业又有比较大的差异。这主要表现在两个方面：一是受手工业不同类型的决定，手工业经济与市场和商品经济的联系差异

较大。其中官府手工业生产主要是满足统治阶级的各种消费，其与市场的联系相对要少。家庭副业手工业，因受规模的制约，除了满足自己的消费及上缴官府部分外，已是所剩无几，进入市场的部分非常有限。寺院、道观手工业生产法器及寺院内的其他消费品，其生产本身不以交换为目的，虽然并不排除有进入市场的成分，而进入市场的数量微乎其微。只有个体工匠和作坊手工业的生产主要以商品生产为目的，其与市场的联系比较密切。二是隋唐不同时期，各种类型的手工业与市场和商品经济的联系程度是不同的。除了个体工匠及作坊手工业外，其他类型的手工业与市场之间的联系，如果以中唐为界，可以分为前后不同的两个时期，即前一时期与市场联系较少，后一时期相对要多一些。尤其两税法实行以后，两税法的内容使两税户不得不与市场联系密切起来。

隋唐手工业与市场和商品经济之间的关系非常复杂，这里只就其中的官府手工业生产、家庭副业手工业与市场的联系及其变化作一点论述，以期对这一重大问题的认识有所帮助。

（一）隋唐官府手工业与市场及商品经济的联系及其变化

官府手工业属于满足统治阶级日用品和奢侈品需要，维护阶级统治的特殊生产部门，在封建社会属于具有充分保障能力的有效需要。官府手工业生产的这种特性，决定了其与市场及商品经济的联系比较少。即使如此，隋唐官府手工业生产还是与商品经济和市场有一定的联系，尤其中唐以后，其联系有了一定程度的加强，这种变化与当时社会政治经济的发展变化相一致。

1. 中唐以前官府手工业与市场和商品经济的关系

中唐以前，受官府手工业自身因素尤其整个社会经济的制约，官府手工业生产与市场及商品经济的联系比较少。作为原料充足，人手保证，机构完备，政府重视的官府手工业，生产以不计成本、与市场脱节为其特征，系一种比较纯粹的消费型手工业生产。从隋及唐初官府手工业的机构设置及其职能，可以看出其与市场和商品经济联系不密切的一般情况。

继承隋制的唐代官府手工业的主要机构之一少府监，“凡天子之服御，百官之仪制，展采备物，皆率其属以供之”，其中中尚署“掌供效祀之圭璧、器玩之物；中宫服饰，雕文错彩之制，皆供之”；“其所用金玉齿革毛羽之属，任土以时而供之。”右尚署“凡刀剑、斧钺、甲胄、纸笔、茵席、履舄之物，靡不毕供；具用绫绢、金玉、毛革等，所出方土，以时支送”①；左尚署“其用金帛胶漆材竹之属，所出方土，以时支送。（漆出金州，竹出司竹监，松出岚胜州，文柏出陇州，梓楸出京兆府，紫檀出广州，黄杨出荆州）”②。一些官府手工业作坊所用装饰品，也由所产地如陇右诸州、安南以及诸军州支送③。织染署令“掌供天子、皇太子及群臣之冠冕”。染料是纺织手工业生产中必备原料，“凡染，大抵以草木而成，有以花叶，有以茎实，有以根皮，出有方土，采以时月，皆率其属而修其职焉”④。不仅官府手工业作坊及其大型工程建设中的原材料，一般由地方进贡，而且有些半成品也由地方交纳，如“每岁京兆、河南制革、理材、铄金以为之，送之于署，令工人增饰而进焉”⑤。

上面所引材料虽然说明的是整个唐代的一般情况，但主要却指的是中唐以前的内容。上面所据的基本材料是《唐六典》，而其成书于唐玄宗开元时期，其反映中唐以前的实际当无大错。尤为重要的是正如下面将要专门论述的，唐代中后期官府手工业的生产虽然仍以征集原料为主，但却发生了比较大的变化，而这种变化在隋及唐初或未曾出现，或只是偶尔为之，与唐代中后期在程度上的差异比较大。

总之，从隋及唐初官府手工业生产的原料来源来看，其与市场的联系比较少，这种原料主要靠征集、上贡，再从分配与消费环节来看，系根据政治地位高低的供给制与不计成本、不计人力的高消费型，其与商品经济的联系微乎其微。如果我们将隋及唐初官府手工业生产原料来源用一句话加以概括，这就是“任所出州土，以时而供”。当然，隋及唐初也曾有过原料通过市场而获得，工匠通过和雇而来的史例，但这种情况并不常见，其普遍程度与中唐以后不可

---

① 《旧唐书》卷44，《职官志》三。按少府出现较早，秦时的少府“掌山泽之税”，汉代时掌内府珍货。其后历代或设或缺。隋代大业五年，“始分太府置少府监”。

② 《唐六典》卷22，《少府监》。

③ 《唐六典》卷22，《少府监》。

④ 《唐六典》卷22，《少府监》。

⑤ 《唐六典》卷22，《少府监》。

同日而语。

2. 中唐以后官府手工业与市场和商品经济联系的不断加强

唐代中后期官府手工业发生了比较大的变化，其中包括其原料来源、工匠征用及一部分手工业品的来源，均与市场发生了一定的联系，这种现象呈现出中国封建社会后期的一些特征，即市场与商品经济对社会经济的影响在不断增强。

从官府手工业生产原料来源来看，唐代中后期虽然征集、上贡依然占有重要地位，但和买的部分却呈不断增长的趋势，“换科配以和市之名”① 虽然说得比较绝对，但却道出了中唐以后官府手工业生产原料来源的一种势头。唐德宗时中央王朝与藩镇割据之间战争正酣，在军费开支不断增长的压力下，政府除了实行两税法外，还在京师实行“和市”以保证官府手工业生产部分原料的获得。因为和市是两税外对工商业者的一种盘剥，引起的负面影响很大。建中三年（782），宠臣卢杞，对长安工商者进行大肆掠夺，其中内容包括手工业品和手工业生产原料，京师嚣然，若遇大盗，终于引起“长安为之罢市”的严重后果②。由宦官主持的“宫市”，反映了官府对民间手工业生产者和商人的掠夺。《通鉴》卷235唐德宗贞元十三年（797）十二月条对宫市有如下记载：

> 先是，宫中市外间物，令官吏主之，随给其值。比岁以宦者为使，谓之宫市，抑买人物，稍不如本估（胡三省注：“本估，价也”）。其后，不复行文书，置白望数百人于两市（胡三省注：“白望者，言使人于市中左右望，白取其物，不还本价也”）及要闹坊曲，阅人所卖物，但称宫市，则敛手付与，真伪不复可辩，无敢问所从来及论价之高下者，率用直百钱物买人直数千物，多以红紫染故衣、败缯，尺寸裂而给之，仍索进奉门户及脚价钱。人将物诣市，至有空手而归者。名为宫市，其实夺之。商贾有良货，皆深匿之。每敕使出，虽沽浆、卖饼者皆撤业闭门。……谏官御史数谏，不听。

① 《陆宣公集》卷22，《均节赋税恤百姓》第一条《论两税之弊须有厘革》。
② 《旧唐书》卷135，《卢杞传》。

从这条记载中可以清楚地看出，在宫市出现之前，和市就已经比较普遍地存在。和市一般由官吏主持，官府购买手工业原料及手工业品时，尽管买卖双方之间按规定填写文书，但是这种交易已经不是公平的交换。宫市则由宦官主持，它通过掠夺手段来为官府攫取手工业原料及手工业半成品及其手工业产品，双方不再填写文书，宫市则将和市的掠夺性质推进了一步。和市因是官府在市场上购买手工业品及其原料，二者之间的不等价交换已是不言而喻的事实，至于专门以掠夺为目的的宫市，更将这种不等价交换推向了极端。和市尤其后来的宫市，实际上是官府掠夺手工业生产者和商人的一种苛政，对正常的市场秩序是一种破坏。就连唐德宗本人也不得不承认，和市范围相当广泛，使当时“百姓困穷，弊由奸吏，政苟不扰，人皆自安”①。德宗曾下诏禁止和市，因为和市在当时是官府手工业品及手工业生产原料的主要来源之一，故诏令形同空文，不但在实际中没有奏效，反而宫市在德宗时普遍存在。

和市的普遍及宫市的出现，虽然有官府掠夺手工业品及其原料的用意在内，但它却从另一个方面反映了唐代中后期官府手工业生产与市场联系有所加强的社会现实。官府手工业生产中比较封闭的状况有所改变，官府手工业与市场及商品经济的联系有所加强，这在隋及唐初是未曾有过的。

唐代中后期和市已不仅仅限于国内市场，而且也已经开始涉足于民族和国际市场，市舶司使的设置便是其中最有力的说明。唐代中后期市舶司使设置后，舶来品便成了官府手工业的奢侈品原料的基本来源之一。按当时规定，凡外族、外国船舶上岸后，首先由官吏为少府监挑选所需要的手工业原料的物品后，才允许在民间自由交易。因为这种舶来品对官府手工业生产影响颇大，后来宦官便染指其中，逐渐变成政府的收入来源之一。《陆宣公集》卷18《论岭南请于安南置市舶中使状》：

> 岭南节度经略使奏：“近日船舶多往安南交易，进奏事大，实惧阙供。臣今欲差判官就安南收市，望定一中使与臣使司同勾当，庶免隐欺。希颜奉宣圣旨：宜依者。
>
> 远国商贩，唯利是求，绥之斯来，扰之则去。广州地当要会，俗

① 《全唐文》卷52，德宗：《禁和市诏》。

号殷繁，交易之徒，素所奔凑。今忽舍近而趋远，弃中而就偏，若非侵刻过深，则必招怀失所。曾无内讼之意，更兴出位之思，玉毁椟中，是将谁咎；珠飞境外，安可复追？……若缘军国所须，皆有令式恒制，人思奉职，孰敢阙供？岂必信岭南而绝安南，重中使而轻外使？殊失推诚之体，又伤贱货之风。望押不出。

按安南即唐代调露元年（679）在今越南北部设置的安南都护府。岭南节度经略使所称，正是官府从市舶司使处购买舶来品的情形，舶来品已成为中唐以后官府手工业奢侈品生产的重要原料来源之一。陆贽设想在安南互市，因为官府购买不便而不会奏效。市舶司使"与商贾争利"，锱铢必较，正是唐玄宗时监察御使杨范臣在海南索取珠翠奇珍时看到的现象[1]。总之，唐代中后期官府手工业生产中的来源构成发生了比较大的变化，已由原来比较单一的"任所出州土，以时而供"向"换科配以和市之名"转变，这种情况只有在封建商品经济比较活跃的条件下才有可能。

唐代中后期除了官府手工业生产中原料来源与市场联系比较紧密外，直接生产者的来源构成也发生了一定的变化，即和雇工匠所占比例有所增加，工匠通过纳资代役而不须非到官府作坊生产不可，同时官府可以用工匠上缴的代役钱，根据生产所需工种、人数和具体时间来和雇工匠。这种情况在前面已经作了一些介绍，此不赘述。

另外，官府手工业的部分产品，在唐代中后期也有进入市场的迹象。尽管关于这一方面的记载比较少，我们还是能看到其中的蛛丝马迹。与其他封建社会一样，唐代中外交流也被蒙上了一层神秘的面纱，这就是封建统治者出于维护天朝上国面子的需要，往往将正常贸易中的买与卖关系，说成是进贡与赏赐的关系。这种首先基于政治、外交方面的考虑同其他国家和民族发生的交往，无疑有重要的经济原因在内。唐代中后期我国生产的大量手工业品通过陆上与海上丝绸之路畅销中亚、西亚、欧洲乃至非洲广大地区，因仰慕唐代先进文化和手工业品，同时也为了满足其对物质财富尤其奢侈品的追求，外籍商人和工匠来华者接踵而至。那些外籍工商者或打着进贡者的旗号，或者随同本国使者

① 《资治通鉴》卷211，唐玄宗开元四年。

一同前来，在进贡的名义下进行商品交易，既满足了唐代统治者天朝上国的虚荣心理，又成了外籍工商者获取商业利润的一种捷径，各得其所。在进行诸如此类的商品交换时，所用者均系手工业精品，其中包括不少由官府手工业作坊所生产的产品。官府手工业品用于“赏赐”外籍工商者而得到其“进贡”物品，是这一时期官府手工业与市场乃至国际市场联系的曲折反映。唐代大历年间不包括给以使节名义的外籍工商者的招待费用，仅仅为其提供的粮食一项，代宗大历（766~779）时期就“每岁一万三千斛”，因为代宗“永泰（765~766）已后，益以多事，四方奏计，或连岁不遣，仍于右银台门置客省以居之”，“蕃戎将吏，又数十百人”，“其费甚矣”①。因安史之乱所致，仅停居长安一地的外籍人就多达4000户，虽然其中有人定居已达40年之久，并且不少人在唐朝境内从事经商活动，但他们仍然被冠以“外国朝贡使者”，鸿胪寺每年仅以“朝贡使者”名义为他们发放的钱币，每年多达50万缗，这甚至成了长安工商者的一种沉重负担②。

（二）家庭副业手工业与市场和商品经济联系的发展变化

隋唐家庭副业手工业作为耕织经济不可或缺的组成部分之一，其产品首先是为了满足个体小生产农业或地主家庭成员的衣着需要及完成政府的赋税，以及维护简单再生产的必要支出，属于自给自足的范畴。当然，这并不意味着这种手工业生产与市场及商品经济一点联系也没有，即使一家一户的生产数量非常小的个体小农业生产中的家庭副业手工业产品，也必然有一部分进入市场以换取诸如茶叶、食盐等生活必需品和农具这样的生产必需品。换言之，隋唐家庭副业手工业自始至终都与市场保持着一定的联系，但是隋唐不同时期家庭副业手工业与市场联系的程度有所差异，唐代中后期家庭副业手工业与市场联系呈现出有所加强的势头。

1. 隋及唐初家庭副业手工业与市场联系的萧条

隋及唐初实行着均田制，个体小农业生产者以租庸调形式为政府承担义务，即以实物地租和劳役地租相结合的形式，完成按均田令规定下应受田数的

---

① 《唐会要》卷66，《鸿胪寺》。

② 《资治通鉴》卷232，唐德宗贞元三年。

足额地租及徭役，尽管均田户受田不足的情况一直存在。相对而言，当时个体小农业生产者负担最重者或者说对其生产影响最大者是劳役而非上缴实物。早在隋文帝开皇十年（590），政府就规定男子年满50就可以享受免役收庸的权利，但这并没有认真付诸实施，随着隋代后期对内对外战争的不断扩大以及炀帝幸游的多次进行、大型工程建设无日休息、奢侈性消费的与日俱增，非但男子免役收庸没有实行，男子自残肢体谓“福手”、“福足”以逃役，甚至到了役及女子的程度。在这样的形势下，个体小生产农业及其家庭副业手工业惨遭破坏，地主家庭副业手工业也受到不同程度的影响，由家庭副业手工业生产的产品进入市场的部分，则数量更加减少。但是这并不意味着隋代家庭副业手工业生产中的产品没有进入市场的例子。《隋书》卷31《地理志》下中记载的豫章地区一年蚕四五熟，并出现了夜浣纱而旦成布的“鸡鸣布”，是人人皆知的例子。据有的学者揭示，“之所以赶在清晨成布，很可能是便于清晨携布去交易”[①]，这是非常有道理的。

据《隋书》卷24《食货志》记载，隋代开皇年间诸州调物，每年达于京师“昼夜不绝者数月”，以致家庭副业手工业的基本产品——纺织品在国库积满为患，皇帝每年用于赏赐的纺织品达数百万匹之多。这除了反映个体小生产农业及家庭副业手工业活跃外，也说明家庭手工业品绝大部分被国家所剥夺，其进入流通领域的部分非常有限。炀帝时滥用民力，“老弱耕稼”，“妇工纺绩”，已经不足以维持正常的生活需要。不仅如此，还要“妇人兼役”，尤其在“扫地为兵”的残暴统治下，“逆征数年之征”。因此，挣扎在死亡线上的广大个体小生产农业者的家庭副业手工业品几乎与市场失去联系，便是可想而知的事实。

总之，隋代家庭副业手工业品与市场联系的萧条，在当时既有特殊原因，也有一般原因。所谓特殊原因，是由当时统治者滥用民力造成的；所谓一般原因，是指隋承前制，政府向直接生产者征收实物并征发力役，纳资代役还没有在较大范围内实行。正因为后面的原因在当时是至关重要的，即使如实行轻徭薄赋的隋文帝开皇（581～600）年间，在国库储存充盈的情况下，政府也很

① 龙登高：《中国传统市场发展史》，第109页，人民出版社，1997版。

少实行纳资代役的措施，而是采取减免租赋的措施，在部分地区尤其在南方地区减免甚至达十年之久。也就是说，在和平年代，隋代采取“轻税之法”来保护个体小农业生产及家庭副业手工业经济。可见，魏晋以来力役为直接生产者沉重负担的状况，在隋代并没有得到多大改善。

唐代前期的情形与隋代差不多，力役仍是直接生产者的主要负担，在租庸调制下，个体小生产者须为国家承担规定的租庸调。同时还规定，“凡丁，岁役二旬；若不役，则收其庸，每日三尺”①。“每日三尺”，在唐代一定时期内是一个劳动日的平均价格②，纳资代役如此，和雇时亦如此。但是，当时和雇和纳资代役并不普遍。如唐中宗景云（707~710）初年，“作金仙等观”时，“虽资出公主”，还是受到韦凑等人的非议。韦凑认为，“方农月兴功”，“然高直售庸，则农人舍耕取雇，趋末弃本，恐天下有受其饥者”③。唐代前期个体小农业生产及家庭副业手工业，除了上缴租庸调及维持简单的农业及家庭副业手工业再生产与人口再生产外，用于市场交换的部分还是相当有限。由封建国家征收的租庸调的性质所决定，虽然免役收庸已经开始实行，但是庸收的是手工业产品——纺织品而非钱币，这严重阻碍了手工业品进入市场。

总之，隋及唐初家庭副业手工业品主要以实物形式上缴国家及用于生产者或所有制者自己的消费，其与市场的联系还比较薄弱，这与我国封建社会的发展阶段相一致。当然，当时作为农业收入的必要补充，尤其作为日常生活和生产必要支出的重要来源之一，隋唐家庭副业手工业的部分产品要以商品的形式出售，而这一部分所占的比例尽管比较低，也就是说其商品率比较低，却在实际中已经存在。中唐以后，这种情况发生了比较明显的变化，随着国家税收方面的变化，个体小农业生产者必须将部分手工业产品通过市场后，才能如数完成税收，尽管对于直接生产者来说并非出于自愿，但其与市场联系的加强却在客观上有利于社会经济的发展，与隋及唐初比较，这一时期的家庭副业手工业的商品率明显有所提高。

---

① 《旧唐书》卷48，《食货志》上。

② 李伯重：《略论唐代的“日绢三尺”》，《唐史论丛》第二辑，陕西人民出版社，1987年版。

③ 《新唐书》卷118，《韦凑传》。

2. 中唐以后家庭副业手工业与市场联系的加强

与历史上其他时期一样，土地兼并在隋唐自始至终存在，但在均田制实行的时期，国家对于土地买卖和兼并在法律上的限制还是比较严格，尽管这种限制在实际执行过程中并不十分严格。唐玄宗开元天宝（713～756）时期，土地兼并达到了惊人的程度，并对当时的社会经济产生了不可低估的影响。唐代人杜佑认为，唐玄宗时期是均田制最后瓦解的时期："虽有此制（指均田制），开元之季，天宝以来，法令弛坏，兼并之弊，有逾于汉成、哀之间"①。在这种形势下，均田制已经走到了尽头，这时虽然还依然保留均田制，却形同虚设。就连唐玄宗本人也不得不承认：

> 如闻王公百官及富豪之家，比置庄田，恣行吞并，莫惧章程。借荒者皆有熟田，因之侵夺；置牧者唯指山谷，不限多少。爰及口分、永业，违法卖买，或改籍书，或云典帖，致令百姓无处安置，乃别停客户，使其佃食。既夺居人之业，实生浮惰之端，远近皆然。因循亦久，不有厘革，为弊虑深。②

在土地兼并十分激烈的情况下，直接生产者或少地或无地，他们难以承担足额的租庸调，逃亡者不计其数，这使政府正常的收入受到严重影响。实际上，早在开元天宝之前，土地兼并就已存在。如唐高宗"永徽（650～655）中，禁买卖世业、口分田，其后豪富兼并，贫者失业"。尽管"诏买者还地而罚之"③，实际上难能奏效。武则天时"天下户口，亡逃过半，租调既减，国用不足"④。政府财赋所倚的山东地区，也是"家道悉破，或至逃亡，剔屋卖田，人不为售，内顾生计，四壁皆空"⑤。因此，唐玄宗开元时期，尽管政府仍有均田制的敕令，实际上已经到了无地可均的地步，其敕令没什么实际意义，均田制已经形同虚设。尤其安史之乱后，使北方经济遭到了很大破坏，政府财政所倚重的黄河地区，已不能为国家机器的正常运转提供足够的财赋保

① 《通典》卷2，《食货典》注文。
② 《全唐文》卷33，玄宗：《禁官夺百姓口分永业田诏》。
③ 《新唐书》卷51，《食货志》一。
④ 《旧唐书》卷88，《韦思谦传附韦嗣立传》引韦嗣立言。
⑤ 《旧唐书》卷89，《狄仁杰传》引狄仁杰疏。

证。最后，唐王朝不得不更弦易辙，在法令上承认均田制破坏的社会现实，在全国范围内实行两税法。两税法实行后，不管是地主家庭副业手工业还是个体小生产农业家庭副业手工业，都与市场的联系有了明显加强。

早在唐玄宗时期，和雇在一定范围内比较普遍地实行，个体小生产者不必非到官府服役不可，从而保证了其生产的稳定性和延续性，也使其必须将自己的部分手工业产品进入市场。玄宗《令钱货兼用制》就道出了这一社会现实：

> 绫罗绢布杂货等，交易皆合通用。如闻市肆必须见钱，深非道理。自今已后，与钱货兼用。违法者，准法罪之。①

市场交易中以货币为价值尺度，而不以实物直接交换，这反映了商品经济的相对活跃和直接生产者与市场联系的加强等等。唐玄宗企图以诏令形式来改变这种社会现实，是不可能有所奏效的。因为市肆"交易"是供需双方的自愿经济行为，它直接规定于当时社会经济的发展阶段及人们的观念，不可能仅凭一道诏令就能改变这种社会现实。两税法实行后，这种趋势进一步明确。关于建中元年（780）两税法，史书是这样记载的：

> 建中元年（780）二月，遣黜陟使分行天下，其诏略曰："户无主客，以见居为簿；人无丁中，以贫富为差。行商者，在郡县税三十之一。居人之税，秋夏两征之，各有不便者，三之。余征赋悉罢，而丁额不废。其田亩之税，率以大历十四年（779）垦数为准。征夏税无过六月，秋税无过十一月。违者进退长吏。令黜陟使各量风土所宜、人户多少均之，定其赋。尚书度支总统焉"。②

两税法的内容相当丰富，系我国封建社会税收方面的一次重大改革，并被后来所继承。其中有两点最值得注意，一是税及客户，二是征收钱币或以钱币折算实物③。早在代宗大历四年（769）正月十八日就有按九等户以钱收税的敕令：

> 天下及王公已下，自今已后，宜准度支长行旨条，每年税钱：上上户四千文，上中户三千五百文，上下户三千文；中上户二千五百

① 《全唐文》卷25，玄宗：《令钱货兼用制》。

② 《旧唐书》卷48，《食货志》上。

③ 金宝祥：《安史乱后唐代封建经济的特色》，《甘肃师大学报》，1981年第2期。

文，中中户二千文，中下户一千五百文；下上户一千文，下中户七百文，下下户五百文。其现任官一品，准上上户税，九品准下下户税，余品并准依此户等税。……其百姓有邸店行铺及炉冶，应准式合加本户二等税者，依此税数勘责征纳。其寄庄户，准旧例从八等户税，寄住户从九等户税，比类百姓。事恐不均，宜各递加一等税。其诸色浮客及权时寄住户等，无问有官无官，亦所在为两等收税，稍殷有者，准八等户税，余准九等户税。如数处有庄田，亦每处纳税。诸道将士庄田，既缘防御勤劳，不可同百姓例，并一切从九等输税。①

大历四年（769）度支长行旨条关于九等户纳钱的记载非常详细，上至王公贵族，下及庶民百姓，无不包括在九等户内。这种规定统一税率，便于实际操作，反映了当时税收政策趋于成熟。由于在执行过程中官吏上下其手，对于官吏户等标准的降低及实行过程中的减免隐匿，当在不言之中。而对于个体小生产农业的户等确定及征收钱币，则意味着将其推向了市场，尽管对于他们来说并非出于自愿而是处于被动。因为不管按大历四年（769）度支长行旨条，还是建中元年（780）的两税法的具体规定，个体小农业生产者为了完成税钱，只有将自己的产品进入市场。农业生产因受土地面积及亩产量的制约，粮食产量的较大幅度的提高相当困难，即使精耕细作潜力也很有限。这样，个体小生产农业者只能主要地在家庭副业上下工夫来完成税钱。按建中元年（780）“岁敛钱二千五十余万缗，米四百万斛，以供外；钱九百五十万余万缗，米六百余万斛，以供京师”②。3000余万缗钱币，主要来自个体小生产农业的家庭副业生产和个体工匠的产品，并且钱币收入及手工业产品数量已经远远超过了农业收入。这一新的情况应该引起我们足够的重视。

由上可知，中唐及其以后，家庭副业手工业经济有了比较大的发展，其与市场有了比较紧密的联系，这不仅仅取决于上面所强调的税收的变化，而且还与在商品经济相对活跃的条件下，和雇及纳资代役比较普遍有关。“变征役以召雇之名”这种中唐以后的现象，不仅适应于个体工匠，而且也适应于个体

① 《唐会要》卷83，《租税》上。

② 《新唐书》卷52，《食货志》二。

小生产农业。

两税法以户等为依据直接向生产者征收钱币，而钱币非私人所能生产，铸币权由国家所垄断。另外，唐代中后期流通领域的钱币并不富裕，钱荒现象时有发生。因此，政府在规定以户等纳钱的同时，允许部分户税计钱纳物。建中元年（780）实行两税法时规定，纳绢一匹，折钱3200文，这在相当长的时期内是官定钱绢标准比价，纳税者或直接交钱，或计钱纳物。但是，两税法实行不久，出现了钱重物轻的现象，而且一发不可收拾，钱重物轻的现象越来越严重，钱物比价在成倍地增加。从表面上看，两税税额没有增加，而直接生产者的实际负担却在成倍地增长。关于钱重物轻增加了百姓负担的讨论，两税法实行后一直存在，系朝野议论的一个重要话题。《全唐文》卷60宪宗《置两税使诏》讲得比较切中要害："两税之法，悉委郡国，初极便人，但缘约法之时，不定物估"。两税法简化税收，并由政府一揽子征收，是税制方面的重大改革，但不定时估，一直按建中元年（780）的比价计算，无形中加大了生产者的实际负担。后来也进行过一些补救措施，如部分地区实行"虚估"就是其中的一项内容，但从整体上看，钱重物轻的势头没有得到有效遏制。这正如陆贽所言，"百姓所营，唯在耕织"；两税法则"所征非所业，所业非所征"①。

总之，唐代自玄宗开元天宝（713～756）以来，尤其是建中元年（780）实行两税法后，个体小农业生产中的家庭副业手工业部分，与市场的联系日益加强，这一方面说明当时和雇和纳资代役比较普遍，个体小生产农业者的人身依附关系有所减轻，生产者有了较多的时间安排自己的生产活动。另一方面，随着钱重物轻现象的日益严重，封建剥削率在成倍增长。个体小农业生产者同市场联系在不断加强，意味着其负担也在不断加重。

（三）隋唐私营手工业作坊与行会

在隋唐手工业发展演变过程中，变化最大者莫过于私营手工业作坊中出现了行会，这在以前是未曾有过的。民间手工业作坊的出现，是手工业经济发展和商品经济比较活跃的必然结果；而出现于唐代的行会，除了是民间手工业作坊发展的体现外，在一定程度上还与封建国家对民间手工业作坊的控制分不开。我国

① 《陆宣公集》卷22，《均节赋税恤百姓》第二条《请两税以布帛为额不计钱数》。

手工业行会一出现，就表现出与欧洲很大的差异，这是首先应该注意的。

1. 商品经济的发展与民间手工业作坊的出现

私营手工业作坊的生产专业性比较强，生产规模较大，而且要雇佣一定数量的工匠。私营手工业作坊的生产与个体工匠一样，主要是为了进入市场，系一种商品生产。我国民间手工业作坊到底出现于什么时期，因史书无明确记载，今已不好确定具体时间，而唐代尤其唐代中后期民间手工业作坊比较普遍却是事实。纳资代役在中唐以后比较盛行后，除使直接生产者——工匠能有较大程度的自由外，对于封建国家来说，也更加方便有利。纳资代役的比较盛行，意味着劳动生产率的提高，剥削量的增加，政府可以利用由此获得的剩余劳动，购买种类繁多、质地精美的手工业品及其官府所需的手工业原料，以满足统治阶级不断增长的奢侈消费。纳资代役比较普遍后，工匠通过缴纳代役钱而不须非到官府从事生产不可，使得劳动者本身得到了发展，个体工匠的劳动兴趣有所提高，这有利于提高劳动生产率和社会分工的加强，雇佣关系也开始在封建经济的缝隙中迂回曲折地显现出来。这样，民间手工业作坊便有了存在和发展的条件和空间。应该指出，唐代作坊手工业在当时家庭副业手工业和个体手工业的汪洋大海中，其生产总量微不足道，因此，对这种手工业生产不宜估计过高。不能忽视的另外一点是，唐代私营手工业作坊尤其比较大型的私营手工业作坊，还往往表现出与官府或官吏相结合的特色。对于唐代私营作坊手工业的研究，学术界已经取得了不少成果①，下面的论述就是在前人研究的基

① 比较有代表性的研究成果有：全汉昇先生《中国行会制度史》（上海新生命书局，1934 年版）；鞠清远《唐宋官私工业》（新生命书局 1934 年版）；加藤繁先生《论唐宋世代的商业组织“行”并及清代的会馆》（《史学》第 14 卷 1 期，1935 年。该文收入《中国经济史考证》卷 1，商务印书馆，1995 年版）；李文海先生《唐代官手工业的性质和作用》（《教学与研究》1955 年第 8、9 期）；王永兴先生《专制主义在唐代行会制度上的表现》（《光明日报·史学》1956 年 2 月 16 日）；唐长孺先生《魏晋至唐官府作场及官府工程的工匠》（载《魏晋南北朝史论丛续编》，三联书店，1959 年版）；胡如雷先生《中国封建社会形态研究》（三联书店，1979 年版）；童书业先生《中国手工业商业发展史》（齐鲁书社，1981 年版）；傅筑夫先生《中国封建社会经济史》（第 4 卷）（人民出版社，1986 年版）；冻国栋先生《唐代的商品经济和经营管理》（武汉大学出版社，1990 年版）；冻国栋先生《吐鲁番出土文书所见的唐代前期的工匠》（载唐长孺先生主编《敦煌吐鲁番文书初探》，武汉大学出版社，1990 年版）；张泽咸先生《唐代工商业》（中国社会科学出版社，1995 年版）；巫宝三先生《试释关于唐代丝织业商人的一则史料》（《中国经济史研究》1996 年第 2 期）；魏明孔《唐代手工业作坊与行会》（《西北师范大学学报》1991 年第 1 期）等。

础之上略作申述。

与后来的私营作坊手工业一样，唐代的手工业作坊除了具有一定的生产者、场地和生产工具外，还必须具备相当的资金，以确保生产的正常进行。唐代民间手工业生产中的雇佣关系多次见于史书，“雇日佣人”、“广召日庸人”[①]、“雇得月作人”、“愿得月雇”[②] 比较普遍。同唐代一脉相承的宋代，更是“凡雇觅……作匠之类，各有行老供雇”[③]，手工业工匠的雇佣已经比较规范。唐代作坊主对工匠“日考月课，唯恐不程”[④]。作坊主与工匠之间的剥削与被剥削的关系反映得比较清楚。正是有这些比较自由的个体工匠，才为民间作坊的生产准备了必要的人手条件。这些比较自由且有一定技艺的“日佣人”、“月作者”之类，在作坊内的生产具有计时付酬的雇工性质。这些工匠的生产是作坊主获得经济利益的前提。正因为如此，唐代“以女工致利”[⑤] 的私人作坊主见于记载，因“代传染业”而“家富于财”[⑥] 者频频出现于史乘。

民间作坊内雇主与工匠之间并没有严格的人身依附关系，工匠的生产积极性较官府工匠要高，这势必要促进生产工具的日益改进、技术的不断提高、手工业品质量的逐渐完善、社会分工的进一步扩大和经济效益的长足增加。民间作坊手工业生产对社会经济的贡献在封建社会是非常明显的。这种生产单位在当时的生产已经不再是简单的再生产，而具有扩大再生产、积累货币财富的因素。当然，我们只是在唐代的有关文献中看到了其萌芽朦胧状态。从人所熟知的家藏织机五百张者[⑦]、通化门长店“多是车工之所居也，广备其财，募人集车”[⑧]，以及家“广厦，百工制作毕备”[⑨] 等史料中，可以比较清楚地看出，当时民间私营手工业作坊已有了相当的规模和比较严密的分工。这种民间私营

① 《太平广记》卷243，“窦乂”条引《乾𦠆子》。

② 《太平广记》卷84，“唐庆”条引《逸史》；“卢钧”条引《唐摭言》。

③ 《东京梦华录》卷3，“雇觅人力”条。

④ 《太平广记》卷299，“韦公干”条引《投荒杂录》。

⑤ 《酉阳杂俎续集》卷3，《支诺皋》下。

⑥ 《太平广记》卷36，“李清”条引《集异记》。

⑦ 《太平广记》卷243，“何明远”条引《朝野佥载》。

⑧ 《太平广记》卷84，“奚乐山”条引《集异记》。

⑨ 《太平广记》卷315，“吴延瑫”条引《稽神录》。

手工业作坊，是历史进程在憧憬着新的生产关系。我国匠籍废除于明代，而以积累货币财富为主要目的的民间私作坊，在唐代确实有了一定的发展。

景德镇陶瓷名扬天下，是众人皆知的史实，实际上其在唐初就已经成为私营手工业者所从事的一种生产。《景德镇陶录》卷5《景德镇历代窑考·陶窑》记载景德镇瓷器在初唐时的情况：

> 唐初器也，土惟白壤，体稍薄，色素润，镇钟秀里人陶氏所烧造。《邑志》云：唐武德中，镇民陶玉者，载瓷入关中，称为假玉器，且贡于朝。于是昌南镇瓷名天下。

按这里的昌南镇，即后世的景德镇。陶氏生产出质地精良的瓷器，并将其携带到关中地区，以“假玉器”之名贡献于朝廷，这正是生产者追求商品知名度和较高商业利润的通常做法。瓷器的生产过程比较复杂，主要包括选土、和泥、制坯、合模、施釉、装窑、烧焙等一系列程序，一般需要相当数量的技术娴熟的工匠同时协作配合才能进行正常的生产，绝非一家一户个体工匠所能独立完成。这应该是比较典型的私营作坊手工业，陶氏也应是私营作坊手工业作坊主。从陶氏在武德年间就有瓷器精品进贡朝廷，并且这种贡品有“假玉器”之美誉，看来这一作坊至迟在隋代就已开始生产才有可能。对于一项比较成熟的工艺的掌握，在信息和技术比较封闭的封建社会，要经过一个较长的摸索阶段，绝非完成于一朝一夕。在当时，这种手工业作坊比较常见的情况是生产场地作坊与销售场所店铺连在一起，既是产品的生产场所，又是商品的出售之地。陶氏生产的陶瓷精品，除了在当地及周围地区出售外，就连去京师提高产品的知名度也要由主人亲自完成。这除了说明作坊主对产品在京师的知名度看得非常重要外，更为重要的是，这时的私营作坊是生产、销售合二为一，陶氏兼有手工业作坊主和商人于一身的特点，他不但重视产品质量，而且连销售环节也由自己把握，其对生产和销售环节同样重视。这种情况在唐代是比较普遍的，如《太平广记》卷355“广陵贾人”条引《稽神录》有这样的记载：

> 广陵有贾人，以柏木造床，凡什器百余事，制作甚精，其费已二十万，载之建康，卖以求利。……复归广陵，至家，已有人送钱三十万。……

唐代毓材坊内的“当垆为业”的郭大娘也是其中的一例[①]。据有的学者考证，“当垆为业”，就是以酿酒为职业的手工业者，也有应他人约请而从事生产的情况。[②] 这种比较普遍的情况说明唐代私营手工业作坊的原始性。

除了前店后场的作坊外，唐代私营手工业作坊还盛行从事来料加工或从事产品修理的业务。

> 文宗朝有内人郑中善胡琴，内库有二琵琶，号大小忽雷。郑尝弹小忽雷，偶以匙头脱，送崇仁坊南赵家修理。大约造乐器，悉在此坊，其中南北二赵家最妙。[③]

这种乐器作坊除了从事制造乐器外，还负责对顾客乐器的修理。有些作坊主在一些情况下为用户定做产品：

> 唐定州安嘉县人王珍，能金银作。曾与寺家造功德，得绢五百匹。同作人私费十匹，王珍不知。[④]

王珍作为作坊主一次得到500匹绢的报酬，可见其金银作坊的规模不小；再从其雇佣的工匠预先擅自支出10匹绢而居然没有觉察的史实中可以看出，这类工匠与主人之间没有严格的人身依附关系，系一种比较简单的雇佣关系。据此似乎可以做出如此推测，在作坊主王珍手下从事金银加工的工匠人手不少，“同作人”可能是作坊的技术或部门负责人。

唐代私营手工业作坊一般设置在人口比较集中、消费经济比较活跃的城镇，一些交通要道也有设置手工业作坊的例子：“晋公午桥有文杏百株，其处立碎锦坊”[⑤]。这里往来人员比较多，产品销售有比较固定的顾客，在这里设坊织锦当在情理之中。

私营作坊手工业主一般来说系技术高超的工匠，他们掌握有秘不外示的绝技。隋唐之际的阎立德父子就是以技艺高超出名并显于世的。《旧唐书》卷77《阎立德传》称阎立德：

---

① 《太平广记》卷382，“河南府吏”条引《广异记》。
② 冻国栋：《唐代的商品经济与经营管理》，第9页，武汉大学出版社，1990年版。
③ 《乐府杂录》。
④ 《太平广记》卷134，“王珍”条引《广古今五行记》。
⑤ 《云仙杂记》卷6，“碎锦坊”条引《曹林异景》。

雍州万年人，隋殿内小监毗之子也，其先自马邑徙关中。毗初以工艺知名，立德与弟立本早传家业。

阎立德父子凭着家传绝技在隋代城建及宫廷建设中成为设计大师并受到皇帝的宠信。《太平广记》卷231“李守泰”条引《异闻录》记载作坊主从事手工加工时的保密情况非常典型，特录文如下：

唐天宝三载（744）五月十五日，扬州进水心镜一面，纵横九寸，青莹耀日，背有盘龙长三尺四寸五分，势如生动。玄宗览而异之。进镜官扬州参军李守泰曰：“铸镜时，有一老人，自称姓龙名护，须发皓白，眉如丝垂，下至肩，衣白衫。有小童相随，年十岁，衣黑衣，龙护呼为玄冥，以五月朔忽来，神采有异，人莫之识。谓镜匠吕晖曰：‘老人家住近，闻少年铸镜，暂来寓目。老人解造真龙，欲为少年制之，颇将惬于帝意。’遂令玄冥入炉所，扃闭户牖，不令人到，经三日三夜。……镜龙长三尺四寸五分，法三才，象四气，禀五行也。纵横九寸，类九州分野，镜鼻如明月珠焉”。

“扃闭户牖，不令人到”，是为了不泄漏铸镜技艺，这是当时私营手工业者的共同做法；因为制作的是进贡朝廷的精品，做工考究，制造精良，夜以继日达三昼夜才将此一面铜镜完成。这是手工业作坊为地方政府生产进贡朝廷精品的典型一例。

唐代官府手工业的变化、家庭副业手工业的活跃，这必然影响到私营作坊手工业的发展，因为官府手工业生产规模的巨大，官府往往不需要从市场获取商品，而官府尤其宫廷的正常手工业品及奢侈品的需求既数量庞大又能得到有效保障。家庭副业手工业的活跃，使自给自足的生产和消费形式在一定程度上得到了保证，限制了广大农民通过市场购买个体手工业者和私营作坊手工业者的商品。这只是从一般意义上看的，实际上还有问题的另外一个方面，这就是私营作坊手工业是初具规模的生产，工匠之间的分工比较明确，其产品的质量比较高，同一产品的数量比较多，往往成为贵族、地主、官吏和外籍商人竞相购买的对象，甚至成为皇室获取高级奢侈品的基本途径之一。这些正是个体工匠和家庭副业手工业所难望其项背的。因此，在官府手工业生产继续发展、家庭副业手工业活跃的条件下，私营作坊手工业的存在有一定的社会条件和经济基础，其在技术上和规模上的优势甚至使其在一定程度上有所发展。

2. 唐代较大规模的私营手工业作坊及其与官府或官吏的结合

隋唐是我国封建社会经济得到比较大的发展时期之一，就手工业经济来说，确实如前面所论及的，不管家庭副业手工业经济还是个体工匠的经济，都有了长足发展，而私营手工业作坊经济的兴起并得到一定程度的发展，则是这一时期社会经济发展的最明显的特色。下面就唐代比较大型的私营手工业作坊进行叙述，并就这些手工业作坊在存在和发展过程中与官府或官吏联系密切的普遍现象作一点必要的分析。

《太平广记》卷146“尉迟敬德”条引《逸史》：

> ……书生访求不见，至冶铁处。有锻铁尉迟敬德者，方袒露蓬首，锻铁之次，书生伺其歇，乃前拜之。尉迟公问曰：“何故?”曰：“某贫困，足下富贵，欲乞钱五百贯得否?”尉迟公怒曰：“某打铁人，安有富贵? 乃侮我耳!”生曰：“若能哀悯，但赐一帖，他日自知。”尉迟不得已，令书生执笔，曰：“钱付某乙五百贯”，具日月，署名于后。书生拜谢持去。

尽管对这条史料学术界多有歧义，对尉迟敬德的身份看法不一，我们还是可以推论出这里的尉迟敬德可能是个亲自参加生产劳动的手工业作坊主，并有少量雇佣工匠。尉迟敬德以500贯的票据与人，可见其有一定的经济实力。造船业在隋唐是得到迅速发展的手工业部门之一，隋代的造船业是与皇帝幸游、进行大规模的战争紧密地联系在一起的，尤其是隋炀帝几乎将全国的经济纳入战时经济的轨道，民间造船业不但没有得到发展，而且连已有的船只也受到了严重掠夺，这一时期官府手工业包括官府造船业得到畸形发展，而民间造船业却呈十分萧条的境况①。唐代的官府手工业造船业规模之大自不待言，而民间造船业之规模，亦令人不可等闲视之。《唐国史补》卷下称：

> 江湖词曰：“水不载万”。言大船不过八九千石。然大历、贞元间，有俞大娘航船最大，居者养生送死嫁娶悉在其间。开巷为圃，操

① 参见魏明孔：《隋代军事手工业初探》，载朱雷主编《中国唐史学会第六届年会暨国际唐史学会研讨会论文选集·唐代的历史与社会》，武汉大学出版社，1997年版。

驾之工数百，南至江西，北至淮南，岁往一来，其利甚溥，此则不啻载万也。洪、鄂之水居颇多，与邑殆相半。凡大船必为富商所有，奏商声乐，从婢仆，以据舵楼之下，其间大隐，亦可知矣。

像俞大娘航船这类专门为富商大贾定做的大型货运船只，远非个体工匠所能独立完成。制作如此之大的船只，雇佣的工匠一定很多，其间的分工比较明确，尤其造船设计复杂，施工管理复杂，制作用工之多等等，是值得研究的重大课题。因为具体史料匮乏，只好待以后再来完成。造船业如此，唐代制车行业中的私营手工业作坊也很典型：

上都通化门长店，多是车工之所居也，广备其财（材），募人集车，轮、辕、辐、毂，皆有定价。每治片辋，通凿三窍，悬钱百文，虽敏手健力，器用利锐者，日止一二而已。有奚乐山者，携持斧凿诣门自售，视操度绳墨颇精。徐谓主人："幸分别辋材，某当并力。"主人讶其贪功，笑指一室曰："此有六百片，甘任意施为。"乐山曰："或欲通宵，请具灯烛。"主人谓其连夜，当倍常功。固不能多办矣，所请皆依。乐山乃闭户屏人，丁丁不辍。及晓，启主人曰："并以毕矣。愿受六十缗而去也。"主人洎邻里大奇之，则视所为精妙，锱铢无失。众共惊骇，即付其钱。乐山谢辞而去。①

这是长安通化门内的一个大型私营制车坊，主人准备好制车所需要的一切原材料，而其中的工匠则是通过"募人"而获得，在具体生产过程中实行计件付酬制，所谓"每治片辋，通凿三窍"就指此。因为实行的是计件付酬制，奚乐山因技艺高明，又终夜不息，居然一昼夜可以获得高达60缗的报酬，这是一般熟练工人报酬的300～600倍之多，似不可信。再从其生产过程来看，将制车分为轮、辕、辐、毂等几道不同的工序，因为制车行业比较特殊，工匠可以根据自己的技术特长独立完成其中的一道工序或几道工序。车坊主在进行组织和管理工作时，主要是制订质量标准和价钱、招募工匠、监督工匠的生产、保证原材料的提供、验收产品，最后将工匠生产的不同部件组合成完整的车。我们从这条材料中可以清楚地看出，唐代的一些大型车坊不论生产还是管理都

① 《太平广记》卷84，"奚乐山"条引《集异记》。

比较成熟，这无疑从一个侧面反映了这一时期私营作坊手工业的开始活跃。这种生产属于手工工场的形式之一，是不同的手工业生产者集合起来在同一场所从事劳动的雏形[①]。

与此同时，唐代私营手工业作坊中的另一种手工工场的另一种形式，即在同一场所劳动而有生产过程的分工，也初见端倪。下面材料具有一定的代表性：

……（窦乂）又令小儿拾破麻鞋，每三辆，以新麻鞋一辆换之，远近知之，送破麻鞋者云集。数日，获千余量。然后鬻榆材中车轮者，此时又得百余千。雇日佣人，于宗贤西门水涧，从水洗其破麻鞋，曝干，贮庙院中。又坊门外买诸堆弃碎瓦子，令功人于流水涧洗其泥滓，车载积于庙中。然后置石嘴碓五具，锉碓三具。西市买油靛数石，雇庖人执爨，广招日佣人。令锉其破麻鞋，粉其碎瓦，以疏布筛之，合槐子油靛，令役人日夜加工烂捣，候相乳尺，悉看堪为挺，从臼中熟出，命工人并手团握，例长三尺已下，圆径三寸，垛之得万余条，号为“法烛”。[②]

这里作坊主制烛过程的分工比较细致，计有收购原料、破碎破麻鞋并将其冲洗干净、晾干、将碎瓦泡成泥状、粉碎、过滤、加添油靛、搅匀捣烂、加温融化、用手团握成烛等。其中大部分工序比较简单，一般劳动者均可胜任，故“雇日佣人”，一旦最后加工成形时，因为需要众多劳动人手，则“广召日佣人”。只有最后制烛时对工艺的要求比较高，烛长不能过三尺，并且要求粗细均匀，这道工序非一般劳动者所能胜任，只能由具有一定技艺的“工人并手团握”。作坊主窦乂组织生产并且亲自指挥制烛的全过程，而整个生产过程的组织显得比较松散。这是在同一场所劳动而有生产过程的分工，属于手工工场的雏形。再从一次生产万余条烛的规模来看，当时窦乂的私营手工业作坊的规模不小，动用人手多；以一双新麻鞋获取三双破麻鞋，一次得用数百双新麻鞋，另外还有油靛及所雇佣劳力和工匠的报酬，所花费的资金比较大，如果没

① 宁可：《中国封建社会的工商业》（未刊稿）。
② 《太平广记》卷243，“窦乂”条引《乾𦠆子》。

有一定的经济实力难能从事正常的加工生产。窦乂为了降低生产成本，曾经雇佣“长安诸坊小儿及金吾家小儿等”拾捡槐子实和破麻鞋，对这些童工的报酬是“日给饼三枚，钱十五文”，工资明显低于成人的标准劳动力价格①。当然窦乂只是偶尔为之，并没有形成稳定、规模的生产。

唐代大型私营手工业作坊的记载比较普遍，有“唐书印纸，坚致莹洁，每页有‘虢侯之裔’篆文红印，在纸背十之九，似是造纸家私记其姓为诸葛”②。私营印刷作坊的规模不小。现藏英国伦敦图书馆内的敦煌莫高窟藏经洞发现的9世纪的印本历日残片，上面引有“上都东市大刁家大印”数字。标有“武侯之裔”、“大刁家”之类的印纸在唐代比较常见，如果私营印刷作坊手工业主没有一定的经济实力和生产规模，是很难做到这一点的。造纸业随着隋唐社会经济的发展、科举考试的兴起和文化的普及而日益发展。我们从上面的材料中不难看出，造纸业在当时的竞争比较激烈，私营作坊手工业在造纸方面为了立于不败之地，往往重商标、创名牌。造纸业方面的私营手工业作坊是当时比较活跃的私营作坊之一。

唐代在建筑业方面也有作坊主之类的情况。柳宗元在《梓人传》中所记录的梓人③，就是典型的一个事例。鞠清远在《唐宋官私工业》一书中认为，梓人“虽为一包工，实亦行老之类也。或则由于竞争激烈，必须瓜分市场”④，是很有见地的。建筑业及其公共工程建设，是当时比较发展的手工业行业之一，关于建筑业中的技术包工头及“行老”之类的记载比较多。

唐代饮茶之风盛行，而茶叶生产一般在丘陵山区，这样私人占山植茶的现象相当普遍，茶叶加工业也因季节性强而出现作坊主雇佣工匠的情况，尽管茶叶加工业的季节性强，而这种加工作坊有相当一部分的规模比较大。如“九

① 《太平广记》卷243，“窦乂”条引《乾【月巽】子》。按《旧唐书》卷48《食货志》上规定：“凡丁，岁役二旬；若不役，则收其庸，每日三尺”。“每日三尺”，在唐代一定时期内是一个劳动日的平均价格，纳资代役如此，和雇时亦如此。若以此为标准，则可知窦乂使用的童工的价格明显低于当时劳动力的标准价格。

② 《天禄琳琅》，转引自朱伯康、施正康：《中国经济通史》上册，第541页，中国社会科学出版社，1995年版。

③ 《全唐文》卷592，柳宗元：《梓人传》。

④ 鞠清远：《唐宋官私工业》，新生命书局，1934年版。

陇人张守珪，仙君山有茶园，每岁召采茶人力百余人，男女佣功者杂处园中”[①]。雇佣人手从事茶叶种植并进行加工，是唐代制茶业的一个特点。

有些私营手工业作坊的生产规模尽管比较大，但是基于技术保密方面的考虑，其技术仅仅限于大家族内流传，作坊主对其既是家族成员又是作坊内成员有一定的约束力与控制力，但这种约束和控制并不很严格，因为基于社会竞争的需要，其家族成员一般不会泄漏技术机密。如人人皆知的“代传染业”的青州人李清，“家富于财，素为州里之豪氓，子孙及内外姻族近百数家，皆能游手射利于益都”，即家庭成员主要从事纺织品染色加工和销售活动，李清本人是集手工业生产与商人一身的作坊主，其成员凭借染业技术，“各能生活”。李清作为作坊主及其及家族“老长行”这种特殊身份，每到其生日时家族成员“则争先馈遗，凡积百余万”。李清对此“来则不拒，纳亦不散”。在李清69岁生日时，他提出了这样的要求：成年成员“各能遗吾洪纤麻縻百尺，总而计之，是吾获数千百丈矣”[②]。与其说李清在这里是以族长的身份出现，毋宁说是以作坊主的身份获取其成员的馈送的。这种情况在唐代比较普遍，在“莫传其法”[③] 的技术保密的氛围下，才能做到“代传染业”，而“家富于财”者，一般系多子孙者，家族人口繁衍快。而如李清者，其在家族中的地位不可动摇，除了其年长德高外，还与其技艺高超并传授其他成员有关。

在唐代私营手工业作坊中，工商结合的现象比较普遍是人人皆知的史实。实际上，同时还存在着私营手工业作坊与官府或官吏结合的现象。这一方面说明当时这类手工业作坊的规模之大，同时也说明这类手工业作坊的不成熟性。

《太平广记》卷269“韦公干”条引《投荒杂录》有如下记载：

> （琼山）郡守韦公干者，贪而且酷，掠良家子为臧获，如驱犬豕。有女奴四百人，执业者太半。有织花缣文纱者，有伸角为器者，有熔锻金银者，有攻珍木为什具者，其家如市。日考月课，唯恐不程。

---

① 《太平广记》卷37，“阳平谪仙”条引《仙传拾遗》。

② 《太平广记》卷36，“李清”条引《集异记》。

③ 《南部新书》卷乙。

韦氏在比较偏僻的琼山地区，以掠夺的形式获得400名良家女子为女奴，其中一大部分主要从事手工业生产，内容包括纺织品织造、金银器制作、木器加工等等。从手工业生产的内容包括金银器和木料加工可以判断，当时这里的工匠不会只限于女工，一定还有一定数量的男性工匠在内，因为按这些工种的生产过程完全由女性完成非其体力所能胜任。再从“其家如市”的记载可知，韦氏掠夺工匠并非在地方官府手工业机构内从事生产，而是在自己家内从事手工业生产。韦氏以权谋私，靠政治权利在家内从事手工业生产，他实际上成为这种特殊手工业生产的作坊主。另外，从“日考月课，唯恐不程”的内涵中可以看出，在韦氏自己作坊内的工匠的身份，并不一定全是“女奴”，而是有一定自由度的工匠；其劳动有一定的报酬，并非无偿的奴隶劳动，并且基本上是计时与计件报酬相结合的工资形式。尽管如此，这种与官吏紧密结合在一起的私营手工业作坊，对于手工业的正常发展并不有利，尤其那些生产者被强行征集过来以后，情况更是如此。

在谈到唐代私营手工业作坊时，关于河北定州何明远的记载系人人皆知且被广泛征引的重要史料：

> 定州何名（明）远，大富，主官中三驿。每于驿边起居停商，专以袭胡为业，赀财巨万。家有绫机五百张。远年老，惑不从戎，即家贫破；及如故，即复盛。①

“家有绫机五百张”之类的记载在唐代文献中很少见到，因此学术界对这一史料的揭示歧义颇多，至今众说纷纭，莫衷一是。目前学术界比较有代表性的观点主要有如下几种：

傅筑夫先生认为：

> 何明远是一个资本所有者，即拥有500张绫机的大作坊所有者，也就是说何明远是一个资本家，而不是织绫工人。……这个有500张绫机的绫织作坊，是在一个富有的资本家指挥下经营的。②

朱伯康等先生指出，何明远是：

---

① 《朝野佥载》卷3；《太平广记》卷243，“何明远”条引《朝野佥载》。

② 傅筑夫：《中国封建社会经济史》第四卷，第343页，人民出版社，1986年版。

> 大商人兼营旅店及家庭手工业作坊。①

李仁溥先生则认为，何明远：

> 是前代少见的纺织业大作坊主。②

巫宝三先生是如此揭示的：

> 何明远经营的丝织业家有绫机500张，只可能是定州三驿附近500农家织机，这500户是与他人合约，其织品归他包销，而不是何明远自有织机500张。③

尽管各家说法从不同的侧面对何明远“家有绫机五百张”的性质作了有益的诠释，对我们今天理解这一史料很有启发，相对而言，巫宝三先生的诠释比较符合原意。下面仅就何明远经营的背景和其经营的范围在前辈的基础上作一简要考证，以期对何明远作坊的生产和经营的时代背景有一个比较清晰的认识。

关于这一条重要史料的时间断限，巫宝三先生根据定州在天宝元年(742)由高阳郡更名的史实，断定其下限应在安史之乱之前，是颇有见地的，此不赘述。本来唐政府对于民间与“胡人”的经济交易控制很严，诸多商品都在严格控制范围之内，依《关市令》规定：

> 锦、绫、罗、縠、绸、绵、绢、丝、布、犛牛尾、珍珠、金、银、铁，并不得度西边、北边诸关，及至缘边诸州兴易。④

如果不按《关市令》规定，要追究当事人及地方官吏的刑事责任，据《唐律疏议》卷8《卫禁》规定，“共化外蕃人私相贸易”者，“一尺徒二年半，三匹加一等，十五匹加役流”，处罚是相当严厉的。在这种基本国策下，外籍及周边少数民族商人与唐政府之间的商品贸易，往往被打上“进贡”与“赏赐”的标签，在这种色彩下从事着民族贸易。当然这并不排除当时民间的各种走私活动，民间民族贸易自始至终就没有中断过，它构成了封建社会民族贸易的主

---

① 朱伯康、施正康：《中国经济通史》上册，第543页，人民出版社，1995年版。

② 李仁溥：《中国古代纺织史稿》，第88页，岳麓书社，1983年版。

③ 巫宝三：《试释关于唐代丝织业商人的一则史料》，《中国经济史研究》，1996年第2期。

④ 《唐律疏议》卷8，《卫禁》。

体[①]。在这里，唐王朝对民族贸易首先是基于政治的、外交的和军事方面的考虑。而何明远却公然"专以袭胡为业"，即将生产的高级纺织品——绫只向外籍及周边少数民族商人特供，以获取巨额利润。尤其其身为政府的"三驿"主持，其所控制的绫机数量特别之多，而居然视唐政府的法律于不顾，这到底是什么原因呢？

原来安禄山在唐玄宗天宝（742～756）初年任平卢、范阳、河东节度使后，恩宠有加，"刑赏在己"，为了做好公开与中央政府分庭抗礼的准备，他除了厉兵秣马以外，还采取各种措施增强自己的经济实力，其中途径之一就是与外籍商人和周边少数民族商人进行交换，以获取高额回报。史称安禄山不顾中央政府法令的限制，"潜于诸道商胡兴贩"；"每商至"，"遂令群胡于诸道潜市罗帛"[②]。由此可以看出，"与胡商兴贩"罗帛等高级纺织品，在安禄山的统治范围之内是不受任何限制的贸易活动，这正是何明远"专以袭胡为业"的特殊历史背景。"专以袭胡为业"，即将绫这类高级纺织品用来与"胡商"交易；而何明远作为交通要道"三驿"的主持者，无疑又有与外籍及周边少数民族商人直接进行交易的得天独厚的便利条件。素来以纺织品发达而著称的定州正好在安禄山的直接控制的范围之内，这里中央政府关于限制与"胡商"交易的法令难以奏效，何明远的行动不但不会受到限制，相反还会得到安禄山的鼓励。或者说，何明远正是在安禄山"令群胡于诸道潜市罗帛"的环境下，通过"专以袭胡"来使自己"赀财巨万"的，这是安禄山积累经济实力的重要途径之一。

何明远"主官中三驿"，即有60～120里左右的势力范围，又是"赀财巨万，家有绫机五百张"的作坊主。他之所以家资实力雄厚，是靠控制了数量可观的绫机，并且将产品专门销售与"胡商"，正是这种产销对路，才保证了其有厚利可图。这只是问题的一个方面。更为重要的是，何明远的纺织手工业作坊的正常维持，除了这种产销对路以外，还有一个绝对不可忽视的条件，即他主持了"三驿"，或者说他凭借政治权力垄断了这里与外籍和周边少数民族

① 魏明孔：《唐代对外政策的开放性与封闭性及其评价》，《社会科学》，1989年第2期。
② 《安禄山事迹》卷上。

商人的贸易权。“惑不从戎”，即失去了与“胡商”直接贸易的有利条件，“即家贫破”；而一旦重操主持三驿旧业，“即复盛”。定州纺织业发达在唐代是自始至终的[①]，民间纺织业即家庭副业纺织业的繁荣，使大型私营作坊纺织手工业的产品销售受到了一定的限制，而只有对外发展民族贸易才是其真正的优势。因此，何明远控制的纺织作坊的盛衰，不无与其是否主持“三驿”有关。

从上面的两点论述中可以清楚地看出，何明远作为家有绫机500张的大型私营作坊主，是在安禄山全面控制河北地区时鼓励与“胡商”交易的特殊条件下出现的，是藩镇对工商利润剥夺的直接结果，而这又与何明远身兼司三驿官吏有关。这是私营手工业作坊与官吏或官府结合的一个典型例子，是在藩镇势力膨胀下鼓励与“胡商”交易条件下的一个特例，并不反映唐代私营手工业作坊的正常发展水平。这正是“家有绫机五百张”之类的大型私营手工业作坊很少见于史乘的原因所在。同时也应该承认，何明远家有绫机五百张，并非史书记载有误，它比较真实地反映了唐代中期以来封建商品经济的活跃、商人社会地位的提高、藩镇对工商利润的追求、民族贸易的发展以及藩镇在其辖区内控制经济等一系列基本史实。

关于私营手工业作坊与官府或官吏结合的史料在唐代还有不少，如“善贸易之算”坐镇泽潞的节度使刘从谏，便充分利用其政治权力庇护其亲属在当地从事大规模的手工业和商品经营活动，他怂恿其子“岁榷马，征商人，又熬盐，货铜铁，收缗十万”[②]。上面提及的琼山郡守韦公干，也是官吏与私营手工业作坊相结合的一个例子。官吏经营手工业作坊，是其积累财富的有效途径之一，与此同时，私营手工业作坊主为了提高自己的政治地位，也为了使自己的生产得到官府或官吏的庇护从而更加有利可图，除了与官吏在经济上发生密切联系外（包括向官吏行贿），有时不惜重金来买官求职，如糕坊主用金

---

① 河北地区纺织业素来比较发达，其中定州丝织品在隋唐时期是很出名的，系进贡品中的精品。据《隋书》卷24《食货志》称，此时官府手工业机构中，中尚方别领地方四居丞，而“定州绸绫局”便是其中之一。另据新旧《唐书·地理志》、《元和郡县图志》等史书记载，唐代定州地区的丝织业一直比较发达。

② 《新唐书》卷214，《刘悟传附刘从谏传》。

钱买得员外官，被当时人昵称为“花糕员外”[1]，是人人熟知的史实。因此，私营手工业作坊与官吏或官府的结合，是我国专制主义集权制下的普遍现象，而非何明远一例。这种情况反映出私营手工业作坊的脆弱和封建势力的腐败与强大的体现，这种结合严重制约了私营手工业作坊的正常发展，说明私营手工业作坊一经产生就受到封建势力的扼制。

私营手工业作坊的生产是属于商品生产性质的，其产品作为商品进入流通领域，系一种追求商品利润的生产而非自给自足的生产形式。因此作坊手工业生产者与市场发生着千丝万缕的联系，生产者同时兼营商品销售在当时相当普遍。其生活必需品同样只有通过市场来获得。就连“每岁召采茶人力百余人”的大型私营茶叶作坊的张守珪，“一旦山水泛滥，市井路隔”，便有“盐醋既阙”之困惑，最后不得不“取钱出门”购买[2]。至于其他私营手工业作坊的情况，当与此大体差不多。

总之，私营手工业作坊尤其大型私营手工业作坊，是唐代出现的新生事物，它反映了社会经济的发展、商品交换与市场经济的活跃、手工业生产技术的提高以及直接生产者人身依附关系的相对减轻等等。但是，当时私营手工业作坊却有着十分明显的不成熟性和缺陷，这其中包括较大型的私营手工业作坊往往与官府或官吏有着形形色色的结合，官坊结合是当时私营手工业作坊的一个明显特点。即使靠正常积累发展起来的私营手工业作坊，作坊主为了求得自身的安全和进一步发展，也或千方百计勾结官吏或官府以求庇护，或不惜血本跻身于官吏行列，这里面尽管有主动者，而对于大多数私营作坊手工业主来说是出于无奈。这一现象在我国封建社会的后期尽管依然存在，但就程度而言，远不及唐代严重。唐代兴起的私营作坊手工业，在后来的历史长河中之所以没有得到应有的发展，其中的原因是多方面的，而其或自己热衷于或被迫于与官府及官吏的结合，以及其与土地的结合，无论如何是不可忽视的重要原因之一。这种私营作坊手工业向土地投资的资金转移和与官吏、官府的结合，当与重本轻末的基本国策及官本位的观念有关，这与欧洲中世纪的私营手工业作坊

① 《清异录》卷下，《花糕员外》。

② 《太平广记》卷37，“阳平谪仙”条引《仙传拾遗》。

迥然不同。对此，将在后面还要作专门论述。

3. 唐代行会的出现及其社会功能

重本轻末是我国封建社会自始至终奉行的一个原则或基本国策[①]。政府对于商品经济和市场的态度是，允许其存在，在一定时期和一定环境下还鼓励其发展。但是，政府往往将商品经济的发展严格控制在一个限度之内，决不允许其超出这个限度。民间作坊生产的出现，集中反映了商品经济在封建经济领域内的繁荣与发展，也反映了货币财富集中的趋势，这与封建社会限制商品经济发展的基本国策相违背，因而一开始就受到政府的严格限制，一是将其发展规模限定在一定的度之内，二是将其严格纳入封建国家的严厉控制之下，这样便出现了由国家控制工商业的组织——行会。

一提起行会的产生，人们习惯于套用中世纪欧洲行会的模式：农民从地主那里逃亡后，聚集在城镇从事工商业，这些比较自由且相对独立的工商业者，为了防止内部竞争分化，也为了对付官府的盘剥与压榨，最后组成自己的行业组织——行会。这种观点强调的是，行会一开始就同封建生产方式相抵触，若结合唐代的具体材料进行分析，就会发现这一说法颇有商榷的余地，甚至有削足适履之嫌。

随着商品经济的相对发展、市场范围的扩大、个体工匠数量的增加以及民间私营作坊的出现，封建国家除了对工匠和作坊进行经济方面的掠夺外，还不遗余力地对其进行规模限制和政治控制。在这种条件下，行会便出现了。行会与其说是工商业者自己的组织，不如说是官府控制民间私营作坊的组织。民间私营作坊与行会在时间上几乎是同时产生的，但从行会的社会职能来看，则一定是先有民间私营作坊尔后才有旨在对其进行严厉控制的行会。民间私营作坊的出现是社会经济发展尤其封建商品经济发展的必然结果，它以生产交换价值的商品和积累货币财富为主要目的，一开始就与以生产使用价值为主要目的的自然经济相对立；行会产生的主要目的在于对民间私营作坊进行限制和控制，它与商品经济相对立，系货币经济的一种折射反映。

---

① 《史记》卷66，《商君列传》注文："末，谓工商也。"封建社会的"末"，正指的是商品经济。

唐代开始比较常见的“行”，是指工商业组织，并且主要指的是城市中的商业组织，范围相当广泛。这一点日本前辈学者加藤繁早有先见之明[①]，无须在此赘述。“坊”由“里”转化而来，唐代逐渐成为操同样手艺的工匠和从事同类商品买卖的商人群居的地段，这一方面符合封建国家统一管理工商者的户籍要求，另一方面便于居民采购商品，同时还在一定程度上有利于工商者的经营活动。据记载，唐代长安一地就有110行之多[②]，有东市西市之分。东都洛阳也有东西二市，仅其中的丰都市，就有邸店312区，资货100行。其中相当一部分是作坊手工业集中的地区。“坊”，虽然有时也指商业组织或商业区，而主要地还是指手工业者的组织或居住区。《太平广记》卷219“田令孜”条引《玉堂闲话》：

仆……遂诣一染坊。

《酉阳杂俎续集》卷8：

汴州百姓赵怀正，住广德坊。大和三年（829），妻阿贺尝以女工致利。

《三水小牍》卷上“风卷曝纸如雪”条：

唐文德戊申岁，钜鹿郡南和县街北有纸坊，长坦悉曝纸。忽有旋风自西来，卷壁纸略尽，直上穿云，如飞雪焉。

《太平广记》卷257“织锦人”条引《卢氏杂说》：

（有姓李者自称）世织绫锦，离乱前属东都官锦坊织宫锦巧儿。以薄艺投本行。皆云：如今花样，与前不同。不谓伎俩儿以文采求售者，不重于世，且东归去。

《清异录》卷下《碧金仙》：

有刁萧者，携一镜，色碧体莹，背有字曰：“碧金仙大中元年

---

① 加藤繁：《论唐宋时代的商业组织“行”并及清代的会馆》，《中国经济史考证》第一卷，华世出版社，1976年版。

② 《唐六典》卷7，《工部尚书郎中员外》条：“皇城之南，东西十坊，南北九坊；皇城之东西各一十二坊，两市居四坊之地，凡一百一十坊。”李健超先生《增订唐两京城坊考》（三秦出版社，1996年版，第51页）同意此说：“隋唐长安城以一百一十坊或一百零九坊（曲江池占一坊）说为宜”。除此之外，比较流行的说法是220行。

（847）十二月铜坊长老白九峰造”。

《太平广记》卷47“许栖岩”条引《传奇》：

二玉女托买虢县田婆针。乃市之。技系马鞍上，解鞍放之。

这样的记载还有不少。唐代两京内有内衣行、鞦辔行、织锦行、秤行、染坊、绢行、金银行等，是人人皆知的史实，另外还有冶成坊[①]。除此之外，随着隋唐食品加工业的发展，出现了“糕坊”[②]。隋唐的手工业作坊记载在敦煌吐鲁番文书中得到了印证，据吐鲁番阿斯塔那206号墓出土《唐质库帐》记载，早在唐高宗时，长安新昌坊内就设有染坊，该坊的南半部还有钗坊里匠师居住的情况[③]。不仅如此，上面指出的县城内既然有“针坊”、“纸坊”，一定还有其他作坊。小小县城如此，其他城市更是可想而知。作坊主的称谓不尽一致，有“师傅”、“行东”、“行老”、“长老”、“削师”、“行头”、“主人”等等，视不同情况、不同行业而定。房山石经题记内容十分丰富，其中题记盛唐时期石经内容不仅有经名、卷数、品名、面背，甚至连施主、刻式、字数等内容都有记载。据不完全统计，房山石经出现的手工业行会包括布行、小彩行、大绢行、丝行、小绢行、生铁行、炭行、磨行、染行、帛行、幞头行、靴行等等[④]。曾经公布的北京房山石刻，保存了很重要的史料，它比较真实地反映了唐代幽州地区社会经济的繁荣景象与民间手工业作坊的发达情况，对我们今天了解当时的私营手工业作坊颇有意义。仅从上面所引的材料可以清楚地看出，“坊”在一般情况下指的是手工业组织。应该指出，这里只是为了讨论方便与统一起见而定性的，因为在唐代要将手工业生产者与商人严格区分开，无论如何是有困难的。据《唐六典》卷3记载，“工作贸易者为工，屠沽兴贩者为商”，唐人没有将二者区分开，说明作坊内是生产与销售相结合，这是封建商品经济有了一定程度的发展但却还不充分的表现。手工业生产者同时兼营买卖或批发商者很多，生产与销售往往合二为一。这样的史例较

① 《太平广记》卷330，“杨元英”条引《广异记》。

② 《清异录》卷下，《花糕员外》：“皇建僧舍，旁有糕坊。主人由此入资为员外官，盖显德（954～960）中事也，都人呼为花糕员外。”

③ 《吐鲁番出土文书》第五册。

④ 曾毅公：《房山石刻中所存的重要史料》，《文物》，1959年第9期。

多，如冶成坊削师既从事金属加工生产，同时又兼营销售[①]。正因为如此，胡三省指出，“市列为行，市列造金银器贩卖，率淆他物以求赢，俗为之行作”[②]。由此可知史书记载将手工业作坊与店肆不分的原因了。那么，唐代手工业作坊的管理组织行会的具体社会职能如何呢？下面就这一方面的情况作一点申述。

首先，行会作为对各种手工业行业的生产者工匠尤其对作坊的管理组织，与其说是工匠及作坊为了反抗官府的压榨和防止内部分化而自发组织起来的，不如说是封建国家为了防范工匠及作坊的不轨行为而设置的。

唐高宗永淳元年（682）规定，“私铸者抵死，邻、保、里、坊、村正皆从坐”[③]。有些坊正应是行会头目，是封建国家在最基层组织坊中的代理人，其以严格控制本行业或居住区工匠及作坊为基本职责，失职者要受到法律处罚。坊正的社会职责与村正、里正一样。按唐代规定，“邑居者为坊，别置正一人，掌坊门管钥，监督奸非”。每百户为里的里正“掌按比户口，课植农桑，检察非违，催驱赋役”。坊、里都是封建社会的最基层的政权组织形式，其头目为统治阶级中最下层成员，只不过坊正和里正所督察的具体对象不同而已。正由于此，唐代坊正有诸多特权，他们可以豁免课役[④]，甚至家庭成员中只要一人挂名于诸军诸使，便可以免去全家的赋税徭役[⑤]。坊正往往武断于坊市，欺压工匠和作坊主。只要看成都坊正张和，对管内“幽房闺稚无不知”，人们“见坊正甚谨”[⑥] 的记载，就可以想见其横蛮之程度。欧洲中世纪的谚语“城市的空气使人自由”[⑦]，在我国封建社会却始终不曾存在过，作为私营手工业作坊及其行会产生的唐代，更是如此。

其次，行会是封建国家为了保证在经济上对工匠和作坊主进行剥削而设置的管理组织。

---

① 《太平广记》卷330，“杨元英”条引《广异记》。

② 《资治通鉴》卷206，武则天圣历元年八月。

③ 《新唐书》卷54，《食货志》四。

④ 《文献通考》卷12，《职役考》一。

⑤ 《唐大诏令集》卷71，文宗：《太和三年南郊赦》。

⑥ 《酉阳杂俎续集》卷3，《支诺皋》下。

⑦ ［比利时］亨利·皮雷纳（Henri Prinne）：《中世纪的城市》，第119页，商务印书馆，1985年版。

从“坊正、村正部内容止逃亡，亦同里正之罪”① 的规定中可知，坊正的另一职能是控制浮浪之人。因为保证国家注籍工匠人数，是国家获取剩余劳动的基本途径之一，这决定了民间私营作坊内的工匠，也严格受到国家户籍的控制。唐德宗时规定，“因交关用欠陌钱者，宜但令本行头及居作主人、牙人等，检察送官。如有容隐，兼许卖物，领钱人纠告其行头、主人、牙人，重加科罪。府县所由祗承人等，并不须干扰”②。行会头目在经济上剥削工匠的职能，只要一看距唐不远的宋代的情况，便会更加清楚。宋人吴自牧根据自己耳闻目睹写成的《梦粱录》记载，“市肆谓之团行者，盖因官府回买而立此名”③。灌圃更是斩钉截铁地指出，“市肆谓之行者，因官府科索而得此名”④。宋代的“行”，不但不是为了应付官府的盘剥而设置，恰恰相反，正是适应了官府在经济上剥削工匠和作坊主的需要，同时也是为了便于官府掠取手工业作坊的手工业品的方便。需要澄清的一点是，这里的“行”或“团行”，并非只限于商业组织，而是包括手工业行会在内，因为同样是宋代，号称“大小货行”的东西巷，“皆工作伎巧所居”⑤。宋代的这些材料，对我们逆向理解唐代手工业行会和作坊不无启迪。

正因为唐代私营作坊手工业没有形成自己的组织，它们自己的权益很难得到保证，政府对民间私营作坊极尽掊敛掠夺之能事。如大历四年（769）定九等户税钱时规定，“其百姓有邸店行铺及炉冶，应准式合加本户二等税者，依此税数勘责征纳”⑥。这明显地带有对民间私营作坊盘剥的性质。按当时规定，那些无官职的所谓寄庄户，即退休官吏，只是按八、九等户来纳税，其负担较作坊主轻微得多。除了这种对民间私营作坊的“合法”剥削外，唐后期对于“豪商富户”所进行的“率贷”⑦，更是额外掠夺。唐代盛行的“宫市”⑧，实

---

① 《唐律疏议》卷28，《捕亡》。
② 《全唐文》卷54，德宗：《禁欠陌钱敕》。
③ 《梦粱录》卷13，“团行”条。
④ 《都城纪胜》，“诸行”条。
⑤ 《东京梦华录》卷2，“酒楼”条。
⑥ 《旧唐书》卷48，《食货志》上。
⑦ 《通典》卷11，《食货典》十一。
⑧ 《全唐文》卷560，韩愈：《顺宗实录》二；《资治通鉴》卷235，唐德宗贞元十三年十二月。

际上是对工匠、作坊主和商人的强行榨取。一有急用，更是对工商者肆意掠夺，以致曾经引起“长安为之罢市”[①] 的严重后果。唐德宗时，“大搜市廛，夺所入献，逮捕匠徒，迫胁就功”，由此所得的“羡余”，民间私营作坊首当其冲[②]。到了宋代，更是有过之而无不及，官府对于“柜坊”曾经严厉查禁，“令开封府戒坊市谨捕之，犯者斩”[③]。封建国家对于作坊生产一开始就采取限制态度，是再清楚不过的事实。

再次，行会作为政府控制民间私营作坊的最基层组织，其职掌之一是对作坊进行多方面的干预。

唐代政府对于民间私营作坊的干预无所不用其极。如秉承官方意志，禁止某些产品的制作[④]；对于作坊规模有严格限制，既不准任意拆毁，亦不能在原有的基础上加大规模[⑤]，以符合唐代都城“棋布栉比，街衢绳直”[⑥] 的规划和设计要求；通过包买收货的形式，官府少付原料多收产品以剥削作坊[⑦]；为了有效地控制作坊，夜市也属禁止之列[⑧]。凡此种种，举不胜举。政府对于民间私营作坊的干涉，莫过于规定产品的价格和样式，凡不合官定标准者，以违法论处。唐代法律中就有“诸造器用之物及绢布之属，有行滥、短狭而卖者，各杖六十”[⑨] 的规定。《唐六典》卷20《两京诸市署》的规定尤为明确具体：

> 凡建标立候，陈肆辨物，以二物平市，以三贾均市（精为上贾，次为中贾，粗为下贾）。
>
> 凡与官交易及悬平赃物，并用中贾。其造弓矢长刀，官为立样，

---

① 《旧唐书》卷135，《卢杞传》。

② 《新唐书》卷167，《裴延龄传》。

③ 《续资治通鉴长编》卷32，太宗淳化二年闰二月己丑诏。

④ 《全唐文》卷26，玄宗：《禁坊市铸佛写经诏》：“自今已后，禁坊市等不得辄更铸佛写经为业”。

⑤ 《唐会要》卷59，《工部尚书》：大历六年敕“京城内诸坊市宅舍，辄不得毁拆，有犯闻奏”。大历十四年敕“诸坊市邸店楼屋，皆不得起楼阁，临市人家，勒百日内毁拆”。

⑥ 《长安志》卷7，注文。

⑦ 《唐大诏令集》卷82，高宗：《申理冤屈制》：“或于所部，频倩织作，少付丝麻，多收绢布。”

⑧ 《唐会要》卷86，《市》；《册府元龟》卷504。

⑨ 《唐律疏议》卷26，《杂律》。案原文注文：“不牢谓之行，不真谓之滥。”“行”、“滥”均指伪劣产品。

仍题工人姓名，然后听鬻之。诸器物亦如之。以伪滥之物交易者，没官；短狭不中量者，还主。

上引史料只提及商品出售的价格，似乎与民间私营手工业作坊关系不大，实际并不然。正如前面所述，唐代民间私营手工业作坊主同时兼商人者不少，而手工业品如果不是作为商品出售的话，也就没有规定价格的必要了①。民间私营作坊以积累货币财富为其基本目的，官府通过对其规定价钱和样式，再以包买商的角色出现，便在实际中达到了限制和控制民间私营作坊之目的。

4. 民间私营手工业行会出现于唐代的社会原因

在生产者人身依附关系比较强化的隋及唐初，工匠主要以力役的形式在官府从事生产，工匠的“独立”性不能不受到这种力役形式的限制，个体工匠自己从事生产受到比较大的影响。中唐及其以后，一方面，直接生产者的人身依附关系有了明显的减轻，和雇及纳资代役在一定范围和条件下实行，这对于生产者来说在安排自己生产时间和品种上有了比较大的自主权。在这种历史条件下，个体手工业经济有了较大程度的发展。另外一方面，随着政府较大数额的代役钱的获得，意味着政府对工匠的剥削量有了进一步的提高，政府靠已经获取的代役钱，通过市场乃至国际市场来得到部分手工业产品及其手工业生产原料，官府与市场的联系有了一定的加强。这样，政府从市场获得的手工业品已经不仅仅限于高级奢侈品，而是包括部分生活日用品在内。随着和雇及纳资代役的比较普遍，工匠身份有了相对提高，再加上封建国家对市场依赖程度有所加强，私营手工业经济有了比较大的发展，以生产商品和积累货币财富为主要目的的民间私营手工业作坊便应运而生，与此同时，旨在限制和控制民间私营手工业作坊的行会也随之出现。

前面已经强调过，民间私营手工业作坊的出现，与封建商品经济有着密不可分的联系，毫无疑义，商品经济在封建社会自始至终存在着，但受地主土地所有制的制约，不同时期商品经济的程度存在着比较大的差异。魏晋南北朝时期，直接生产者人身依附关系强化，封建商品经济显得相当萧条。这时不会出现民间私营手工业作坊的主要原因有三：一是这时的个体工匠要为封建政府承

① 王永兴：《专制主义在唐代行会制度上的表现》，《光明日报》，1956年2月16日。

担繁重的兵役和力役，其自主支配的劳动时间比较有限，他们在自己支配时间内生产的手工业品，除了用于自己必要的生活开支和维持简单再生产外，进入流通领域的商品非常有限，个体小农业生产及其家庭副业手工业的情形与此也相差无几，商品经济难以形成对自给自足的自然经济打开缺口的力量。二是根源于力役繁重和商品经济的相对萧条，使得工匠生产局限于维持简单再生产的状态，分工受到比较大的限制。三是封建国家有一个规模庞大的比较封闭的官府手工业生产体系，其中包括京师的、中央政府在地方经营的、地方政府经营的以及军事手工业等不同类型，统治阶级的消费基本上由官府手工业得到满足，官府的其他手工业品的获得也基本上由官府手工业作坊和民间上缴的产品得到保证，官府与生产的联系非常薄弱。上面三点原因说明，魏晋南北朝时期自给自足的自然经济占有绝对优势，官府手工业生产在国家经济生活中占有非常重要的地位，个体工匠的生产能力主要投入到为官府服役及为官府缴纳实物上，个体经济相当萧条，民间私营手工业作坊因不具备主客观条件而不曾出现。

及至唐代尤其中唐以后形势为之一变，随着直接生产者人身依附关系的相对减轻，力役开始局部废除，个体工匠如同个体小农业生产者一样，可以纳资代役。为了缴纳代役钱，个体工匠不得不将自己的部分产品出卖，商品经济有了一定程度的起色，自给自足的状况在一定程度上被打破。正是这种商品经济在封建经济领域内的徐徐活跃，才使个体工匠有较多的时间和自由从事比较专门的手工业生产。社会分工相对明显，使社会上出现了部分以生产交换价值为主要目的的工匠，其中一部分工匠在社会竞争中不断积累经济实力并不断扩大生产规模，于是出现了民间私营作坊；另一部分工匠则在竞争中失去独立经营的能力，不得不受雇于人，向作坊主出卖自己的劳动力。与此同时，随着社会经济的发展和人们生活水平的提高，社会对手工业产品的质量也提出了更高的要求，原来的手工业生产方式因分工有限不能满足社会的需用，分散在民间的有一定自由的个体工匠被组织在作坊内从事生产便成为现实。

个体手工业经济的发展，为民间私营作坊的出现创造了条件，而民间手工业经济的发展，根源于直接生产者的人身依附关系的相对减轻和封建商品经济的相对活跃。民间私营作坊出现后，封建政府不得不设置专门的行会，以达到限制作坊发展，控制作坊主及其工匠的目的。这样，行会便应运而生。

综上所述，唐代民间私营手工业作坊的出现，与封建商品经济的相对发展及直接生产者的人身依附关系的有所减轻分不开。也就是说，随着唐代社会经济的发展，社会分工进一步加强，已经出现了一定数量的可以不必非到官府服役不可的个体工匠，出现民间私营作坊的条件已经具备。民间私营作坊是以生产交换价值商品和积累货币财富为主要目的的生产单位，这本身形成了对封建生产方式的一定腐蚀力量，与封建国家历来奉行的“重本轻末”或“重农轻商”，即与限制商品经济发展的基本国策相抵触。由此，唐政府一开始就对民间私营作坊不遗余力地进行限制和控制，行会正是适应了这一社会要求而产生的。唐代“重本轻末”或“重农轻商”的传统没有改变，农业仍然是国家立国的基础，与商人一样，手工业生产者及其行会组织没有出现如同西方中世纪的自由与自治权利和意识，手工业及其行会得不到自由发展的空间，手工业行会成为官府与手工业生产者之间的中介，系传达官府法令与摊派赋税徭役的组织。从唐代手工业行会的产生和社会职能来看，套用西方行会的说法，显然是站不住脚的。

第四章　商　业

第一节　唐代市场管理体制

唐朝商业的发展，是建立在农业和手工业发展的基础之上的。农业劳动生产率的显著提高，使粮食产量大为增加。粮食的丰足，不仅能为日益扩大的、不从事农业生产的手工业、商业从业人员提供充足的口粮和一些必须的原料，为手工业和商业的发展奠定物质基础。而且，农产品商品化的扩大，手工业部门的增加和种类的繁多，为市场提供了空前丰富的商品，从而促使了商业的繁荣。

唐朝的建立，结束了汉末以来四百年的分裂，形成了大一统的稳定局面，国内外，各地区之间的联系和交往空前活跃，这对商品的流通和商业的发展也是极为有利的。

唐朝幅员辽阔，疆域广大，“东西九千五百一十一里，南北一万六千九百一十八里。……举唐之盛时，开元天宝之际，东至安东，西至安西，南至日南，北至单于府，盖南北如汉之盛，东不及，而西过之。”① 为了对这个庞大的国家进行有效的统治，唐中央政府十分重视建立连接沟通全国各地的水陆交通网络，以及建立健全交通管理的各级机构和各项制度，便利的水陆交通，不仅有利于中央集权的加强，而且促进了各地区间商业贸易的往来。

在古代，由于水路运输量大，成本低，因而较陆路运输的经济意义更为重要。唐代水路运输发达，主要是继承了隋代开凿大运河带来的便利。我国自然

① 《新唐书》卷37，《地理志》。

地理环境是西高东低，河流流向多为从西向东，大运河的开凿，连接贯通了黄河、淮河、长江三大水系，使南北得以沟通，日益发展的江南经济得以充分支持位于关中的唐中央政权，并有力地促进了唐朝社会经济的繁荣。所以，唐人在论及运河的作用时说："自扬、益、湖南至交、广、闽中等州，公家运漕，私人商旅，舳舻相继。隋民作之虽劳，后代实受其利"[①]。高度评价了运河对发展经济和商业贸易的重要意义。

唐代对大运河注重整修疏浚，使其畅通无阻，并陆续进行了运河交通的建设。开元二十五年（737），润州刺史齐澣开尹娄河，便利了运河与长江汇流处的瓜步、扬州段的通行。多次设法改善、整治砥柱三门的交通状况。由于三门地势险要，河流湍急，无论是凿山开道，变水运为陆运，还是开凿人工运渠，使纤夫挽舟而行，都收效甚微。再就是修整汴河，提高其通航能力。汴河是运河中最重要的一段。唐人李方敬在《汴河直进船》一诗中写道："汴水通淮利最多，生人为害亦相和。东南四十三州地，取尽脂膏是此河。"除此之外，以运河为水陆交通的主干线，各道州府都从本地区的实际情况出发，加强水运路线的修建，因而，唐代形成了便利的水路交通网络。江淮以南，尤其是东南地区，水路交通更为发达，所谓"凡东南郡邑，无不通水，故天下货利，舟楫居多。"[②] 水路交通的繁忙，在唐人笔记小说中给我们留下了生动形象的描述。如《太平广记》卷44记："至贞元中，（萧）洞玄自浙东抵扬州，至庱亭埭。维舟于逆旅主人。于时，舳舻万艘，隘于河次，堰开争路，上下众船，相轧者移时，舟人尽力挤之。"

唐代的陆路交通也相当发达。在隋唐之前，秦汉时所修的驰道已贯通全国，虽然在魏晋以来的长期分裂中有一定的破坏，但在隋炀帝时曾对全国道路进行了大规模的整修。史载炀帝"凿通渠，开驰道，树以柳杞，隐以金槌，西出玉门，东逾碣石，堑山堙谷，浮河达海。民力凋尽，徭戍无期，率土之心，鸟惊鱼溃"[③]。炀帝大修御道、驰道，劳民伤财，给百姓带来巨大的灾难，

---

① 李吉甫：《元和郡县图志》。

② 《唐语林》卷8。

③ 《隋书》卷70，《史臣曰》。

但却给唐代的陆路交通奠定了良好的基础。

唐代陆路交通以长安为中心，四通八达。主要驿道交通有向西到凤翔，从凤翔转向南，经汉中，走蜀道至四川。从凤翔再向西，经秦（今甘肃天水）、兰、凉（今武威）、甘（今张掖）、肃（今酒泉）、瓜（今安西东南），越过玉门关，可至沙（今敦煌）、伊（今新疆哈密）、西（今吐鲁番）等州。再向西经焉耆、龟兹（今库车），至姑墨（今阿克苏），这是通西域的道路，也就是著名的丝绸之路。从长安东至洛阳，从洛阳南下广州，主要取道汴河，沿运河南下，经汴、宋、泗、扬、润、苏、杭、衢、洪、吉诸州至虔州，越过大庾岭，经韶州到达广州。从长安南下的另一条路线是越秦岭，至蓝田，经商州、商洛、武关、襄阳、荆门到江陵，再南下洞庭，经岳、潭、衡诸州至郴州，越过南岭经韶关至广州。这条路如从洛阳出发，则南下经伊阙、陆浑、伊阳至邓州、襄阳。从长安向北可渡过黄河至太原，再折向东北至范阳。驿道沿途食宿便利，商旅交通繁忙。《通典》记开元时，由长安“东至宋汴，西至岐州，夹路列店肆待客，酒馔丰益，每店皆有驴赁客乘，倏忽数十里，谓之驿驴。南诣荆襄，北至太原、范阳，西至蜀州、凉府，皆有店肆，以供商旅。远适数千里，不持寸刃。”①

唐代不仅国内水陆交通发达，对周边各少数民族及西域南海诸国的交通也空前便利，因而唐代中外经济、文化交流频繁，贡使商贾不绝于途。贞元时宰相贾耽曾将对外交通的道路概括为七道，他说：“其入四夷之路，与关戍走集最要者七：一曰营州入安东道，二曰登州海行入高丽、渤海道，三曰夏州（今陕西横山县西）塞外通大同、云中道，四曰中受降城（今内蒙古自治区包头市附近）入回鹘道，五曰安西入西域道，六曰安南（今南河内）通天竺道，七曰广州通海夷道。”② 唐廷在这些对外的交通要道上，都设有守捉城镇，驻兵戍守，以保其安全畅通。

唐廷还制定和建立了有关交通管理的各项制度，对关津、桥梁、驿传、客舍等都有严格而完善的管理办法。关津是政府在水陆交通要地设立的关卡，驻

① 《通典》卷7，《历代盛衰户口》。

② 《新唐书》卷43下，《地理志》。

有官吏，管理、稽查行旅，检验商货，征纳税收。在重要的桥梁处，设专人管理与维护维修。唐代的驿传制度尤为完善，“凡三十里一驿。天下凡一千六百三十有九所：二百六十所水驿，一千二百九十七所陆驿，八十六所水陆相兼。若地势险阻及须依水草，不必三十里。”① 每个驿站置驿长一人，负责管理。根据驿站的闲要不同，配有数量不等的马匹、舟船。各级官员按驿传制度的规定享有各种待遇，食宿行旅都很方便。交通的便捷，保证了中央的政令能迅速传达四方，四方的情况能及时报到中央。

由于驿站都位于交通便利的地方，又只准官吏居住使用，因而，在驿站旁边往往会出现供普通百姓和商贾居住使用的旅店。如“（李）行修缓辔出关，程次稠桑驿，已闻敕使数人先至，遂取稠桑店宿”②。可见稠桑驿附近有私人旅店。有些管理驿站的人也在驿站边建立旅店、商店以营利。定州何明远“主官中三驿，每于驿边起店停商”③ 即是。有些驿站边的旅店则是由官府所建。如开元二十七年，在易州“开北山通车道三所，置县三，每驿旁造店一百间”④。驿站及其附近的私营旅店，是交通要道上过往官吏、百姓、商贾食宿的地方，人烟稠密，各种服务性行业应运而兴，因而驿站往往成为商贸交易繁忙的地方。

便利的水陆交通，为商品的流动提供了良好的条件，但商品的交换则依赖于市场，市场的状况是商业发展程度的重要标志。唐前期的商业，尽管在不断发展，但从总体水平上看，其发展水平远不如唐后期。唐前期商业的特点，是它仍然受封建国家的严格控制和管理，传统的坊市制度发展得空前完善⑤。

市场是商业活动的主要场所。唐代的市场可以分成三种类型，一种是城市中的固定的商业区域，一种是城市以外，在广大乡村中民间自发形成的集市或草市，还有一种是在边境地区与周边少数民族或外国商人进行贸易的互市监。其中，城市中的“市”在市场体系中占有最重要地位，它在唐廷的严密控制之下。

---

① 《唐六典》卷5，《兵部驾部郎中员外郎》。
② 《太平广记》卷160，《李行修》。
③ 《太平广记》卷243，《何明远》。
④ 《金石萃编》卷83，《易州铁象颂碑》。
⑤ 参见武建国：《唐代市场管理制度研究》，《思想战线》，1988第3期。

唐代对市的设置有明确的规定，景龙二年（707）十一月敕："诸非州县之所，不得置市。"[①] 也就是说，不允许任意设置市场，必须是州、县（及州、县以上）治所所在的地方可以设市。只有一个例外，即皇帝外出时，"车驾行幸处，即于顿侧立市，官差一人权检校市易"[②]。城市设置市场的数目，则可据商业发展的需要而确定。

唐政府还设官立制，对各级城市的"市"进行管理。

西京长安和东都洛阳的市由两京诸市署管理，"各令一人，从六品上，丞各二人，正八品上。京、都诸市令掌百族交易之事，丞为之贰"[③]。两京诸市署不属京兆府和河南府管辖，直属太府寺管理。可见其地位和规格都较其他府、州市场机构为高。尚书省户部的金部司也过问两京市事及一些有关贸易的工作。《新唐书》卷46《百官志》述金部司职掌时说："掌天下库藏出纳、权衡度量之数，两京市、互市、和市、宫市交易之事。"

两京之外，诸都督府、州、县各级城市的市署官吏的设置、品级、人数都有具体的规定，现据《唐六典》《旧唐书·职官志》《新唐书·百官志》等记载，综合整理列表如下：

政区 \ 职名 人数	令	丞	佐	史	帅	仓督
大、中都督府	1	1	1	2	3	2
下都督府	1	1	1	2	2	2
上州	1	1	1	2	3	2
中州	1	1	1	2	2	2
下州	1		1	1	2	1
畿县	1		1	1	2	
上县	1		1	1	2	2
中县	1		1	1	2	1
中下县	1		1	1	2	
下县	1		1	1	2	

① 《唐会要》卷86，《市》。
② 《唐会要》卷86，《市》。
③ 《唐六典》卷20，《太府寺》。

都督府与州的市场官吏，分别隶属于府、州的仓曹、司仓曹参军事管辖，“仓曹司仓掌公廨、度量、庖厨、租赋、征收、田园、市肆之事。”① 县级市场，由于唐代京县分设司功、司仓、司兵、司户、司法、司士与州府的六曹相对应，畿县设司功、司仓、司户、司法，京畿县市场由司仓管理，而上县以下诸县只设司户佐、司法佐，因此，县级市场的官吏当直接受县令管理。

市场官吏的职责各有不同。市令是主管市场的官员，“掌交易、禁奸非，通判市易”②。丞为市令的副贰，“兼管监印，勾稽。录事掌受事发辰”③。仓督专管出纳，佐、史、帅则分行检察。市场官吏办事则根据坊市制度的有关规定。

唐代坊市制度是国家管理商业的法令，在总结历代坊市制度的经验基础上，其内容相当系统、完备。可以分为市场的行政管理和贸易的业务管理两方面。

一、市场的行政管理

1. 定时开闭。唐令规定：“凡市，以日午击鼓三百声而众以会，日入前七刻，击钲三百声而众以散。”④ 市门的开闭必须严格地按照规定的时间，如果不按规定开闭市门，要受到法律制裁。“若擅开闭者，各加越罪二等；即城主无故开闭者，与越罪同。未得开闭者，各减已开闭一等。疏议曰：……其坊正、市令非时开闭坊、市门者，亦同城主之法。”⑤ 因此，各市均设“市门监”一职专司市门启闭和稽查出入人等。对不经市门而越坊市垣篱，或从沟渎入市者，也要受到法律制裁。唐律规定：“越官府廨垣及坊市垣篱者，杖七十。侵坏者，亦如之。（从沟渎内出入者，与越罪同。越而未过，减一等。余条未过。准此。）”⑥

---

① 《旧唐书》卷44，《职官志》。
② 《新唐书》卷49下，《百官志》。
③ 《唐六典》卷20，《太府寺》。
④ 《唐六典》卷20，《太府寺》。
⑤ 《唐律疏议》卷8，《卫禁》。
⑥ 《唐律疏议》卷8，《卫禁》。

2. “建标立候，陈肆辨物。”[①] 也就是说，市内出售同类商品的商店要集中在一个地方，称为“行”或“肆”，并需建立标牌，题写行名，标以商品种类，如绢肆、布肆等，这样既便于交易，也便于管理。史载长安东市“市内货财一百二十行”。“行”即同业商店。

市内同业商店集中在一起，各行各业店铺排列有序，店铺之间的通道宽敞，便于顾客往来选购及货物运送。为了保持市容的规整和市内建筑物的整体规划。唐政府也作了相应的规定。景龙元年（707）十一月敕：“两京市诸行，自有正铺者，不得于铺前更造偏铺。各听用寻常一样偏厢。”[②] 即不得在铺前再设铺，以保持铺前通道的整齐、畅通。大历二年（767）五月敕：“诸坊市街曲，有侵街打墙，接檐造舍等，先处分一切不许，并令毁拆。”[③] 即禁止筑墙造舍侵及市场，破坏市容。

3. 维护市场的秩序与安全。唐律规定：“诸在市及人众中，故相惊动，令扰乱者，杖八十；以故杀伤人者，减故杀伤一等。因失财物者，坐赃论。其误掠杀伤人者，从过失法。”[④] 所谓“故相惊动”，据疏议解释是说故意谎说有猛兽之类事，使人们惊吓扰乱者，要杖八十。如因惊扰人众而导致市人死伤的，按故意杀伤人罪，减本刑一等。由于惊扰市场造成混乱而发生丢失财物的，肇事者依照坐赃论处。至于由于误会引起惊扰因而使人死伤的，按过失杀伤人罪处罚。这些法律规定说明，扰乱市场秩序者，要视其情节和造成的后果给予相应的处罚。

为了维护市场秩序，唐政府还严禁在市场内进行非法的政治活动。大中二年（848）九月敕：“比有无良之人，于街市投匿名文书，及于箭上或旗旛纵为奸言，以乱国法。此后所由潜加捉搦。如获此色，使即焚瘗，不得上闻。”[⑤] 由于市场是民众集中的地方，利用市场来进行不利于封建国家的宣传活动，“纵为奸言，以乱国法”，不仅扰乱市场秩序，而且对封建统治的危害性极大，

---

① 《唐六典》卷20，《太府寺》。

② 《唐会要》卷86，《市》。

③ 《唐会要》卷86，《街巷》。

④ 《唐律疏议》卷27，《杂律》。

⑤ 《唐会要》卷86，《市》。

因此，政府严加禁止，如发现“无良之人”，及时捉拿，其罪证销毁，不得扩散。

二、贸易的业务管理

1. 监校度量衡器物。度量衡器物即斛斗、秤、度尺，是商业贸易得以进行的基本工具。对斛斗、秤、度尺实行统一标准和监校是贸易公平开展的基本保证。因此，唐《关市令》规定：“凡官私斗、秤、度尺，每年八月诣寺校印署，无或差缪，然后听用之。”[①]“不在京者，诣所在州县平校，并印署，然后听用。”[②] 对于在市上使用私造不合标准的斛斗秤度者，或使用未经检校、印署的斛斗秤度者，都要受到法律的制裁。唐律规定：“诸私作斛、斗、秤、度不平，而在市执用者，笞五十；因有增、减者，计所增减，准盗论”，“其在市用斛斗秤度虽平，而不经官司印者，笞四十。”[③] 如果市司校斛斗秤度不平者，也要受处罚。唐律规定：“诸校斛、斗、秤度不平，杖七十。监校者不觉，减一等。知情，与同罪。”[④] 可见政府对统一度量衡器物标准的重视。

2. 评议商品价格。唐代市场商品价格由市司直接评定，即“以三贾均市。(精为上贾，次为中贾，粗为下贾)”[⑤]。具体做法是：每月按旬对商品价格评定三次，把所有的商品按质量精、次、粗评出三个等级，同一等级的商品每旬又有三等估。也就是说，同一种物品有九等价格，而且这些价格都要登记在册、记录在案，并每旬申报州府，州府每季申报户部。市司在评定物价时，主要根据当时实际交易的物价确定。这些管理物价的规定是相当细致并有些繁琐的，但在当时是确实实行了的。吐鲁番出土的“唐天宝二年（743）交河郡市估案”[⑥] 中便有具体反映。由于市估案原文甚长，现转录其中片段，以见一斑：

---

① 《唐六典》卷20，《太府寺》。

② 《唐律疏议》卷26，《杂律》。

③ 《唐律疏议》卷26，《杂律》。

④ 《唐律疏议》卷26，《杂律》。

⑤ 《唐六典》卷20，《太府寺》。

⑥ 池田温：《中国古代籍帐研究》（录文），第447～462页，以下所引两段材料均出自此文书页。

次绵䌷壹尺　上直钱肆拾贰文　次肆拾文　下叁拾捌文

粗绵䌷壹尺　上直钱叁拾柒文　次叁拾伍文　下叁拾文

细緤壹尺　上直钱肆拾伍文　次肆拾肆文　下肆拾叁文

次緤壹尺　上直钱叁拾文　次贰拾伍文　下贰拾文

粗緤壹尺　上直钱拾壹文　次壹拾文

[下　　]

緤鞋壹量　上直钱叁拾文　次贰拾柒文 [下　　]

緤花壹斤　上直钱柒文　次陆文 [下　　]

有些商品虽然只记其三等价格，但同类物品详记其产地、颜色，似已包含质量的等次之分。

帛练行

……

河南府生絁壹疋　上直钱陆佰伍拾文　次陆伯肆拾文

下陆佰叁拾文

蒲陕州　絁壹疋　上直钱陆佰叁拾文　次陆佰贰拾文

下陆佰壹拾文

……

缦紫壹疋　上直钱伍佰陆拾文　次伍伯伍拾文

下伍佰肆拾文

缦绯壹疋　上直钱伍佰文　次肆佰玖拾文

下肆佰捌拾文

同样是絁，但写一产于河南府，一产于蒲、陕州；同样是缦，但写以一为紫，一为绯。产地、颜色不同，质量与价格自然不同。因此可以视为按九等价格的规定定价。

市司为商品评定价格，在唐代文献中也有反映。如李复言《续玄怪录》卷四《梁革》云："按察使于公敖有青衣美色而艳者，曰莲子，念之甚厚。一旦以笑语获罪，斥出货焉。市吏定值曰七百缗，从事御史崔公者闻而召焉。"莲子当为家内奴婢，在出卖时，由市吏评定价格。

国家对物价的管理是相当严格的。如果市司在评定物价中营私舞弊，致使物价不公平，要受到法律制裁。唐律规定："诸市司评物价不平者，计所贵贱，坐赃论；入己者，以盗论。……疏议曰：谓公私市易，若官司遣评物价，或贵或贱，令价不平，计所加减之价，坐赃论。'入己者'，谓因评物价，令有贵贱，而得财物入己者，以盗论，并依真盗除、免、倍赃之法。"①

3. 检查商品质量。为了保证市场商品质量，防止劣质商品上市，市司有检查商品质量的职责。在出售商品时，要求在手工业产品上标明制作者的姓名。唐令规定："其造弓矢长刀，官为立样，仍题工人姓名，然后听鬻之。诸器物亦如之。以伪滥之物交易者，没官，短狭不中量者，还主。"② 唐令还规定，不合格的商品不准上市，"用器兵车不中度，布帛精粗不中数，幅广狭不中量，奸色乱正色，五谷不时，果实未熟，木不中伐，禽兽龟鳖不中杀，均不鬻于市"③。如果发现伪劣商品，要绳之以法。唐律规定："诸造器用之物及绢布之属，有行滥、短狭而卖者，各杖六十（不牢谓之行，不真谓之滥）。得利赃重者，计利准盗论。贩卖者，亦如之。市及州、县官司知情，各与同罪，不觉者，减二等。"④ 这一法律条文表明，不仅制造、贩卖伪劣产品的要受到处罚，而且州、县及市司有关人员知情不禁、查而不觉也要受到处罚，可见对商品质量检查要求之严。

4. 对特种商品的交易管理。特种商品主要指奴婢、牛马等。这些商品在交易时，要由市司负责为买卖双方订立券契，以避免可能发生的纠纷。唐令规定："凡买卖奴婢牛马，用本司本部公验以立券。"⑤ 敦煌文书中保存有这类券契文书，使我们可见这类券契的内容及格式。如《唐天宝时代（744～758）敦煌郡行客王修智卖胡奴市券公验》⑥

[　　] 客王修智牒称，今将胡奴多宝载拾叁 [　　]

---

① 《唐律疏议》卷26，《杂律》。
② 《唐六典》卷20，《太府寺》。
③ 《唐六典》卷20，《太府寺》。
④ 《唐律疏议》卷26，《杂律》。
⑤ 《唐六典》卷20，《太府寺》。
⑥ 池田温：《中国古代籍帐研究》（录文），第490页。

[ ] □惠温，得大生绢贰拾壹疋，请给买人市券者。依

[ ] 安神庆等款，保前件人奴，是贱不虚。又胡奴多宝甘心

[ ] 修智其价领足者。行客王修智出卖胡奴多宝与□□

[ ] 绢贰拾壹疋，勘责状同，据保给券，仍请郡印。□□□

[ ] 罪，

绢主

郡印 奴主行客王修智载陆拾壹

胡奴多宝载壹拾叁

保□□□□百姓安神庆载伍拾玖

保人行客张恩禄载肆拾捌

保人敦煌郡百姓左怀节载伍拾柒

保人健儿王奉祥载叁拾陆

保人健儿高千文载叁拾叁

市令 李昂 给券 史 [

从这件文书中可见，王修智在卖胡奴多宝时，要由保人（多至五人）确认多宝身份“是贱不虚”，并是多宝“甘心”情愿，修智出卖多宝所得绢贰拾壹匹，“其价领足”，这些情况，都写在券上，由市令李昂给券，史亦签署，并加盖郡印，可见立券是非常严格的。

如果在进行特定商品交易时，不立券契，要受到法律制裁。唐律规定：“诸买奴婢、马牛驼骡驴，已过价，不立市券，过三日笞三十；卖者，减一等。立券之后，有旧病者三日内听悔，无病欺者市如法，违者笞四十。即壹买已讫，而市司不时过券者，一日笞三十，一日加一等，罪止杖一百。”①律文说明在进行特定商品交易时，如不立券，买卖双方都要受罚，而市司在买卖完成后不及时给券，也要受惩罚，可见在监督检查立券时也是非常严格的。

5. 禁止买卖交易中的不正当行为，违反者要受处罚。唐律中有如下规定：“诸卖买不和，而较固取者；及更出开闭，共限一价；若参市，而规自入

① 《唐律疏议》卷26，《杂律》。

者：杖八十。已得赃重者，计利，准盗论。”①

据律文规定，以下三种情况要杖八十：

一是“较固取者”，就是说在卖物及买物人之间不能协商一致时，出卖者强横地把持市场，不允许别人购物，垄断行市，牟取暴利。

二是“更出开闭，共限一价”，就是说贩卖货物的人，共同商定欺诈的计谋，出售货物时，以劣充优，抬高价格；收购货物时，以优为劣压低价格。或者在出售货物时，不论优劣，统一价格，以牟取暴利。

三是“参市，而规自入者”，就是说挑担贩卖的人，共同勾结，相为表里，用优劣产品相混杂的办法，欺骗消费者，或者在买卖时，他们在旁边故意抬高商品价格或压低价格，使人迷惑而牟取暴利。

这些交易中的不法手段（包括欺行霸市，哄抬物价，扰乱物价，巧取豪夺，结伙行骗等）最低要杖八十。如果所获非法利润，计赃重于杖八十，比照盗窃罪判刑。

对于官府购买物品的不正当行为，唐律也有所限制。唐律规定：“若卖买有剩利者，计利，以乞取监临财物论。强市者，笞五十；有剩利者，计利，准枉法论。”②

唐律中这些对交易中不正当行为的惩罚规定，对于保证商品交易的公平进行和买卖双方的正当权益都是十分必要的。

从以上所述可知，唐代坊市制度的内容是相当系统和完备的，其中有许多规定是赋予了法律的形式而有相应的强制、惩罚手段，可见政府对控制、管理市场的重视。坊市制度对商业的发展既有有利的一面，也有不利的一面。一方面，坊市制度对市场秩序和市容的整顿、维护，对统一度量衡的检查监督，对商品价格、质量的管理，对交易不法行为的制止，都有利于商业的正常进行。这些规定是总结历代商业发展经验基础上制定的，也反映了唐前期商业发展的实际情况和水平。另一方面，坊市制度的总体指导思想是国家严密控制商业的发展，把商业限制在一定的时间和空间之内，坊市制度对坊市的设置，开闭的

① 《唐律疏议》卷26，《杂律》。
② 《唐律疏议》卷11，《职制律》。

时间，商业区域的规划都有严格的限制，这是不利于商业的发展的。随着社会经济的发展，特别是商品经济的发展，人们的日常生活日益广泛地同商业发生密切联系，社会进行再生产的生产工具和资料，人民日常生活所需的器物，都更多、更广泛地依赖于市场交易所取得，这种在空间和时间上都对商业采取严格限制的坊市制度，就不适应日益发展的社会经济的需要而成为商业发展的障碍，就必然会被突破。

第二节　唐后期商业的发展

安史之乱后的唐后期，社会经济依然在发展，尤其是商业，较唐前期更为繁荣。唐后期商业的发展，在城市冲破了国家严格控制商业的坊市制度，在农村则草市大量增加，各类专业市场形成，这使唐朝商业出现了一片新的气象。

首先，商业的发展冲破了坊市制度规定的交易买卖必须在指定市区内进行的束缚，使商业活动的范围扩大，更加贴近城市居民的生活。

其实，即使在唐前期坊市制度严格执行的时候，也有一些特殊的行业，不设在市区之内。如经营殡葬业务的"凶肆"。在唐人小说《李娃传》中记长安的东西凶肆，西肆在丰邑坊，东肆也不在东市之内。再如饮食业，由于和居民生活息息相关，一些小贩也在里坊之中设摊贩卖。武则天时，"张衡，令史出身，位至四品，加一阶合入三品，已团甲。因退朝，路旁见蒸饼新熟，遂市其一，马上食之，被御史弹奏。则天降敕：流外出身，不许入三品。遂落甲。"[①]但当时这些在市区之外的行业摊点，毕竟是少数，并不普遍。所以，张衡在街上买食蒸饼，被视为行为不轨，受到御史弹劾。安史之乱后，情况便大不相同，街上卖饮食的摊点增多，买食者也司空见惯，不再受罚。如："刘仆射晏，五鼓入朝，时寒，中路见卖蒸胡饼之处，热气腾上，使人买之，以袍袖包裙帽底啖之，且谓同列曰：'美不可言，美不可言。'"[②] 刘晏街上买食，成为

① 《朝野佥载》卷四。
② 《刘宾客嘉话录》。

佳话，张衡街上买食，则被弹劾，两者的区别，正反映了商业活动的发展。

商业活动突破市区的限制，大约在开元天宝时期就比较广泛了。《任氏传》记，天宝九年（750）郑子入开平之北门，遇任氏后，“既行，及里门，门局未发。门旁有胡人鬻饼之舍，方张灯炽炉，郑子憩其帘下，坐以候鼓”①。可见当时坊门定时开闭的制度仍然存在，但鬻饼的小铺已开设在里门之外，更不在市区之内。安史之乱后，在市区之外，或开设店铺，或游走贩卖，这些商业活动在史料中屡见不鲜。

唐后期长安城内各处都有店铺。《资治通鉴》记德宗年间的宫市，以宦者为使，“置白望数百人于两市及要闹坊曲，阅人所卖物，但称宫市，则敛手付与”②。唐文宗太和九年（835）甘露之变，宰相王涯被宦官追杀，“王涯徒步至永昌里茶肆，禁兵擒入左军”③。可见永昌里有茶肆。《北里志》记长安定阳坊有彩缬铺，出售印染布帛。平康坊张住住“为小铺席，货草锉姜果之类”。此外，延寿坊有卖金银珠玉的店铺，制作乐器主要在崇仁坊，长兴里有卖特殊风味的食品店“毕罗店”④ 等等。除城内各处都有店铺外，还有不少走街串巷的小商小贩。如赵璘《因话录》卷四记：“李纾侍郎好谐戏，又服用华鲜。尝朝旦，以同列入坊门，有负贩者呵不避。李骂曰：‘头钱价奴兵辄冲官长’。负贩者顾而言曰：‘八钱价措大漫作威风’。”《北里志》《张住住》条也写到长安平康坊有人名田小福，曾在街头卖马。

洛阳的情况也大抵如此。如李匡义《资暇集》言绥福里有卖风味食品“乳饧”的店铺。《玉泉子》《苗耽》条记：“苗耽进士登第，闲居洛中有年矣。……日晏，有货枯鱼者至焉。耽复专其至而谛听之。其家竟连呼之，遂挈鱼以入，其实无一钱，良久方出。”可见在洛阳市区之外开店设铺、游走贩卖也是常见的。

长安、洛阳两京是唐廷控制最严的地方，专门设有两京诸市署管理，到唐后期尚且如此，其他城市的情况就可想而知了。如素以商业繁荣著称的扬州，

① 《太平广记》卷452，《任氏传》。
② 《资治通鉴》卷235，德宗贞元十三年。
③ 《资治通鉴》卷245，文宗太和九年。
④ 《酉阳杂俎》续集卷1。

有“十里长街市井连”之称，可见商业活动早已突破指定市区。荆州江陵城，有胡饼师之子“恒日捉饼笥”，叫卖于街坊之间①。楚州龙兴寺集会时，“寺前负贩、戏弄，观看人数万众。”② 汴州城有水门，水门侧近有桥市。王建《寄汴州令狐相公》诗云：“水门向晚茶商闹，桥市通宵酒客行。”这桥市就是在原市区之外新形成的市场。

其次，商业的发展冲破了坊市制度规定的时间限制。夜市的广泛出现就是主要标志。

唐前期，城市中有宵禁制度，即夜鼓之后，坊、市闭门，百姓不许在街巷行动。全年只有正月十五前后二夜，金吾弛禁，特许夜行。唐中期以后，宵禁制度逐渐废弛。《唐会要》记：“太和五年（831）七月，左右巡使奏：伏准令式及至德、长庆年中（756～842）前后敕文，非三品以上及坊内三绝，不合辄向街开门。各逐便宜，无所拘限，因循既久，约勒甚难。或鼓未动即先开，或夜已深犹未闭，致使街司巡检，人力难周，亦令奸盗之徒，易为逃匿。”③ 由此可见，从肃宗至德以后，任意临街开门的现象已难约束，而门户“或鼓未动即先开，或夜已深犹未闭”，则说明居民的活动已冲破了宵禁制度的限制，虽一再禁止，但“因循既久，约勒甚难。”宵禁制度的破坏，是由于社会经济的发展，物质生活的丰富，人口的增加，使人们已不满足于在漫漫长夜中，局处于斗室之内。而随着城市居民夜间生活的兴起，为满足居民夜间生活消费的夜市，便相应出现并越来越繁荣。如李隐《潇湘录》记载：“贞元末，有布衣于长安中游酒肆，吟诵以求酒饮，至夜，多酣醉而归旅舍。”可见在德宗时，长安夜晚已有酒肆。韦庄在《秦妇吟》中也说：“朝闻奏对入朝堂，暮见喧呼来酒市。”可见到唐末京师的夜生活还是相当活跃的。

夜市的繁荣破坏了传统的坊市制度，唐廷曾一再下令禁止夜市：

“开成五年（840）十二月敕：京夜市，宜令禁断。”④

天祐三年（906）闰十二月，皇城使奏：“伏以皇城之内，咫尺禁闱，伏

---

① 《酉阳杂俎》卷2。

② 《集异记》。

③ 《唐会要》卷86，《街巷》。

④ 《唐会要》卷86，《市》。

乞准元敕条流，鼓声绝后，禁断人行。近日军人百姓，更点动后，尚恣夜行。特乞再下六军止绝。从之。”①

虽然禁令屡颁，但夜市依然是禁而不止，史不绝书，禁令也就徒具空文。刘崇远《金华子杂编》卷上记：“王尚书式，初为京兆少尹，好纵情酣饮，京城号为王邓子。性复放率，不拘小节。长安坊巷中，有栏街铺设，中夜乐神，迟明未已。式因过之，驻马寓目，舞者喜贺，主人持杯跪献于前，……式笑而饮，愧领而去。”王式为京兆少尹，夜间出行，遇乐神乐舞，不加禁止，反而驻马观看，笑饮献酒，可见夜间娱乐已普遍存在，习以为常了。长安崇仁坊北街，临近东市，又与皇城景风门相连，“一街辐辏，遂倾两市，昼夜喧呼，灯火不绝。”② 可见夜市之盛。

京城夜市繁盛，其他城市可想而知。“扬州，胜地也。每重城向夕，倡楼之上，常有绛纱灯万数，辉罗耀烈空中。九里三十步街中，珠翠填烟，邈若仙境。”③ 扬州夜市，灯红酒绿，歌舞娱乐，吸引了大批商贾游人，文士骚客，留下了许多歌咏扬州的诗篇，如：“夜市千灯照碧云，高楼红袖客纷纷。如今不似升平日，犹自笙歌彻晓闻。”（王建）“天下三分明月夜，二分无赖是扬州。”（徐凝）“夜桥灯火连星汉，水郭帆樯近斗牛”（李绅）等，都描写了扬州夜市的繁华。唐诗中关于吟咏各地夜市的诗篇很多，可见唐后期夜市的广泛存在，而以江南夜市尤盛。

第三，草市的大量出现。草市是相对于官市而言的。也就是那些国家规定的在州县治所之外的非官办的市场，这是从广义上说。

广义的草市大致可分为两大类。一类是广泛在农村存在的定期交易集市。这类市场的由来已久，“神农氏作……日中为市，致天下之民，聚天下之货，交易而退，各得其所”④。产生于原始社会末期的集市，一直在乡村存在。这类市场，主要是适应自然经济的需要，在农民与农民之间，或在农民与小手工业者之间，调剂和交换剩余产品，以满足生活和生产的需要。在交易时，往往

① 《唐会要》卷78，《皇城使》。
② 宋敏求：《长安志》卷8。
③ 《太平广记》卷273，《杜牧》。
④ 《易经·系辞下》。

采用以物易物的方式。由于自给自足的农民对市场的需求十分有限，因而交易量小，多采取定期而集的方式，或三日五日，或十天半月。因各地习惯的不同，有集市、墟市、亥市等不同名称，但可以通称为集市。另一种是市镇，它有固定商业店铺，常住人口以工商业者为主，以及满足住地居民日常生活需要的酒肆、药肆等。在市镇常常进行商业活动。这种市镇就是我们所说的狭义的草市。这类草市，最早见于东晋南北朝。如《水经注》记："肥水又西，分为二水，右即肥之故渎，遏为船官湖。肥水左渎，又西经石桥门，□亦曰草市门。"① 市镇大量见于记载，则在唐中叶以后，至宋代则更加广泛。唐代文献中的草市一般指狭义的草市。

草市乃由定期的乡间集市发展而来，即由于商品经济的发展，商业交易频繁，开市时间的间隔缩短，最终集市成为经常性的草市。但集市的草市化，往往又和集市所处的地理位置有关。转化为草市的地方，一是水陆交通的要津，或驿站所在地。王建在《汴路即事》一诗中写道："千里河烟直，青槐夹岸长。天涯同此路，人语各殊乡。草市迎江货，津桥税海商。回看故宫柳，憔悴不成行。"② 这里写的就是汴水渡口的一个草市，草市所在的渡口是水路要津，聚会着南来北往的商船，各地货物商品都在这里交换，所以有"天涯同此路，人语各殊乡"的热闹情景。二是邻近城市的郊区。这些地区是城乡的结合部，便于城乡的物资交流，因而发展成草市。东晋成帝时，苏峻作乱，使建康的宫城被焚，移往苑城，在建康城外置七尉，其中，南尉在草市北③。可见这个草市就在建康城郊。唐代也如此。《长安志》记载："太宁驿在县城东草市，东至昭应驿四十六里，西至秦州驿四里。"④ 可见太宁驿与草市在一起，都在万年县城东。史载："蜀东西川之人，常互轻薄，西川人言梓州者，乃我东门之草市也，岂得与我为耦哉。柳仲郢闻之，为幕宾曰：吾立朝三十年，清华备历，今日始得与西川作市令，闻者皆笑之。"⑤ 两川人

---

① 郦道元：《水经注》卷32，《肥水》。

② 《全唐诗》卷11。

③ 《太平寰宇记》卷90，升州上元县。

④ 宋敏求：《长安志》卷11。

⑤ 《北梦琐言·逸文》卷3。

以“草市”互相轻薄，说明草市不像城市市场那样富丽繁华，而带有更多的乡土气息。

唐中叶以后草市的大量出现，南方较北方更为显著，是由于草市的兴起和商品经济的发展相适应。江南经济发展的水平在唐中叶以后已超过北方，江南草市的大量出现，正是全国经济重心南移的标志之一[①]。

江南河道纵横，水运交通发达，因此草市每在津渡码头形成。杜牧在《上李太尉论江贼书》中写活动于长江中游的私茶贩的状况时，也反映了这一地区草市的大量存在。他说：“（江贼）水劫不便，逢遇草市，泊舟津口，便行陆劫。白昼入市，杀人取财。……凡江淮草市，尽近水际，富室大户，多居其间，自十五年来，江南江北，凡名草市，劫杀皆遍，只有三年再劫者，无有五年获安者。”[②] 可见江南草市分布在长江、汉水等通航河道两岸，为数甚多，见于记载的有沔州汉阳县的赤壁草市[③]，鄂州的汨口草市[④]，江陵县东的白洑南草市[⑤]，荆州附近后湖的草市，以及沙头市、曾口市等。

草市的大量发展，是对坊市制度的冲击和破坏，因此，唐廷对草市持反对态度。早在中宗景龙元年（707）就曾下敕重申“非州县之所不得置市”，可见当时在州县之外已有草市存在。虽然官方一再重申禁止草市，但草市的增加是社会经济发展的必然结果，是政治权力无法遏止的。唐廷在屡禁失败后，采取将草市官市化的办法，或者，将大规模的草市设为县治，以加强对草市的控制与管理。如洪州分宁县“本当州之亥市也。……聚江、鄂、洪、潭四州之人，去武宁二百余里，豪富物产充之，唐贞元十六年置县。”[⑥] “大历七年正月，以张桥行市为县。”[⑦] 行市即草市。草市提升为县治，草市自然也就官市化了。唐廷还采取对草市设吏置场院或置军镇等措施管理。如白洑南草市于大

① 牟发松：《唐代草市略论——以长江中游地区为重点》，《中国经济史研究》，1989年第4期。
② 《全唐文》卷751，杜牧《上李太尉论江贼书》。
③ 《元和郡县图志》卷27。
④ 《全唐文》卷753，杜牧《为堂兄慥求泮州启》。
⑤ 《太平广记》卷43，《庐山人》。
⑥ 《太平寰宇记》卷106，洪州分宁县。
⑦ 《唐会要》卷71，《州县改置下》。

中十一年设立征科巡院[①]。鄂州唐平县锡山，以产银著名，该地有草市名锡山市。元和中，于其地置军镇[②]。柳宗元在《童区寄传》中，写年幼的区寄在郴州一个“虚所”，用计杀了劫持并想出卖他的两个“豪贼”，区寄的勇敢行动，使“一虚皆惊，……虚吏白州，州白大府。”可见这个“虚所”已有虚吏管理。唐廷竭力使繁荣的草市官市化，实际上是对草市在商业活动中占有一席重要地位的肯定。

第四，各种专业市场的形成和发展。

从唐中叶开始，饮茶之风从江南传播到北方中原地区，在全国盛行，以至“关西、山东闾阎村落皆吃之，累日不食犹得，不得一日无茶也”[③]。“自邹、齐、沧、棣，渐至京邑，城市多开店铺，煎茶卖之，不问道俗，投钱取饮。”[④]可见饮茶已成为全国人民日常生活的必需品。由于有广大的消费市场，茶叶的生产和销售规模相应扩大，在著名的茶叶产地形成了售货茶叶的专业市场。如祁门（今安徽祁门县），“祁之茗，色黄而香，贾客咸议，愈于诸方。每岁二、三月，赍银缗缯素求市将货他郡者，摩肩接跡而至。虽然，其欲广市多载，不果遂也。或乘负、或肩荷、或小辙，而陆也如此。纵有多市，将泛大川，必先以轻舟寡载，就其巨艎，盖是阊门之险。”[⑤]像祁门这样的专业茶市，江南茶业产地所在多有。在长江上行劫的江贼，在劫设商人的大量财物后，往往到茶山去销赃。他们“不敢货于城市，唯有茶山可以销受。”因为每到茶熟季节，“四远商人，皆将锦绣缯缬，金钗银钏，入山交易，妇人稚子，尽衣华服，吏见不问，人见不惊，是贼徒得异色财物，亦来其间，便有店肆为其囊橐，得茶之后，出为平人。”[⑥]可见，茶山下的茶市，热闹非凡，并有居人停物的店肆，实际是一种专业性质的草市。

除茶市外，还有蚕市、橘市、药市、木材市等。如“成都城中鬻花果，

---

① 《太平寰宇记》第146，荆州潜江县。

② 《读史方舆纪要》卷76，鄂州崇阳。

③ 杨晔：《膳夫经手抄》。

④ 《封氏见闻记》卷6。

⑤ 《文苑英华》卷813，张途：《祁门县新修阊门溪记》。

⑥ 《全唐文》卷751，杜牧：《上李太尉论江贼书》。

蚕器於一所，号蚕市，鬻香、药於一所，号药市；鬻器用者号七宝市。”[①] 眉娘在《和卓英英锦城春望》一诗中写道：“蚕市初开处处春，九衢明艳起香麈”[②]。蚕市虽以蚕农类交易为主，但也兼及百货，是大型的物资交易市场。此外，荆州有橘市，信州版山脚下的汭口市场则以木材交易为主，江南水乡则多有鱼市，等等。专业市场自然也属草市一类，但也有与一般草市不同之处。专业市场都是以当地土特产品或特种工艺品为依托，因此，有些地方虽然交通不便，由于对当地某种货物的需求量大，也可以形成专业市场。如祁门的茶市。祁门地处山区，交通不便，本不易形成草市，但为了适应茶叶交易的扩大，对阊门溪进行了修治，改造了通航的艰险地区，从而使“贾客巨艘，居民叶舟”，通行无阻，形成了茶市。茶市的形成又使当地的经济得以繁荣，居民生活得以改善。专业市场的形成和发展，反映了社会分工的发展和商品交换水平的提高。

由上所述可知，唐中叶以后，坊市制度已突破，夜市的出现，草市的发展，专业市场的形成，以及在农村中广泛存在的传统的定期集市，使商业网点覆盖的面积扩大，营业的时间延长，商品流通的数量和范围都空前增长，这些都表明唐后期的商业有长足的发展。

为什么唐后期在中央集权趋向衰弱，藩镇割据，社会比较动荡的情况下，商业却能够有所发展并日益繁荣，其原因，大约有以下几个方面：

一是均田制和租庸调制的破坏，使农业生产的生产关系及经营方式发生了变化。在均田制下的农民，虽然占有一小块土地，但其种植的范围是受限制的。如均田制规定：“每亩种桑五十根以上，榆枣各十根以上，三年种毕。乡土不宜者，任以所宜树充。”[③] 而租庸调以征收粮食、绢布等实物为主，这就限制了农民经营土地的自主权，从而也限制了农民出卖农产品的自主权。随着均田制的破坏和封建大土地所有制的发展，租佃佃农制有相应的发展。佃农在向地主缴纳地租之后，可以自主地支配自己的产品，他们往往用自己的剩余产品去交

① 《资治通鉴》卷253，乾符六年。

② 《全唐诗》卷863。

③ 《通典》卷2，《田制下》。

换所缺的生产和生活资料，因此增加了市场的商品量，刺激了商业的发展。

二是封建大土地所有制的发展。早在开元天宝时期，随着均田制的破坏，土地兼并之风盛行。封建地主庄田的发展，使他们拥有大量的农副产品。史载韦宙："善治生，江陵府东有别业，良田美产，最号膏腴，积稻如坻，皆为滞穗。咸通初，授岭南节度使，懿宗以番禺珠翠之地，垂贪泉之戒，宙从容奏曰：'江陵庄积谷，尚有七千堆，固无所贪矣'。帝曰：'此所谓足谷翁也'。"① 韦宙囤积的大量粮食，自然不会是自己食用，而要把其中大部分投入市场赢利，以维持其奢侈生活。正如《唐阙史》卷上《赵江阴政事》载："时有楚庄淮阴农者，比庄顷以丰岁而货殖焉。"庄田丰收，农产品增多就出售，这是一般的规律。有些封建大地主则自觉地利用庄田从事商品性的农业生产。前举唐初的裴明礼就是典型的例证。中唐以后，像裴明礼这样从事农业商品生产的封建地主大量增加。九陇人张守珪经营茶园，大历年间江南黄氏广种蔗田，以甘蔗制糖霜出售获利甚丰②，等等。封建地主大土地所有制的发展为商业繁荣提供了更多的商品。

三是唐后期藩镇割据局面形成，各地藩镇为扩大自己的势力，都多方开辟财源，其中，商业利润就是重要的一项。因此，他们往往托名军用，把军储作为资金，派军吏或商人到各大城市贸易取利。在以商业繁华著称的扬州就有各地藩镇的贸易机构。"先是，诸道节度、观察使，以广陵当南北大冲，百货所集，多以军储货贩，列置邸肆，名托军用，实私其利息。"③ 唐末，赵在礼"历十余镇，善治生殖货，积财巨万。两京及所莅藩镇，皆邸店罗列"④。藩镇经营商业，就要招徕商人，优待商人，希望他们促进商业的发展，也希望他们提供财政支援。因此，唐后期，大商人"挟资行天下，所至州镇为右客，富人倚以自高"⑤。在藩镇"恤商"政策之下，不仅商人的经营活动不受藩镇割据、战事不断的影响，而且，有些商人还受到重用，被委以官职，参与割据。

---

① 《太平广记》卷499，《韦宙》。
② 王灼《糖霜谱》。
③ 《唐会要》卷86，《市》。
④ 《旧五代史》卷90，《赵在礼传》。
⑤ 《新唐书》卷180，《李德裕传》。

昭义节度使刘从谏“榷马牧及商旅，岁入钱五万缗，又卖铁，煮盐亦数万缗，大商皆假以牙职，使通好诸道，因为贩易”①。各地藩镇对商业的重视，也是唐后期商业发展的重要原因。而中央集权的衰弱，减轻了国家对商业的控制，也为商业的发展，提供了良好的条件。

第三节　商人的活跃

商人在社会经济生活中起着重要的作用。隋唐时期商业的繁荣是和商人的活跃分不开的。商人作为一个阶层，不仅人数众多，而且身份、资本也各异，大致可以分为如下几种类型。

一、大商人

大商人是商人阶层中的上层分子，他们拥有巨大的财富，雄厚的商业资本。随着商业的发展，唐代大商人的数量远较前代为多。他们大多居住在大城市，如长安、洛阳、杨州、益州等。史称：“扬州地当要冲，多富商大贾。”②“广陵（即扬州）为歌钟之地，富商大贾通逾百数。”③在中小城市也有不少大商人，如河北诸州以“邢州富商最多”④。

大商人聚敛的财富是相当惊人的。长安巨商邹凤炽“其家巨富，金宝不可胜计。常与朝贵游。邸店园宅，遍满海内，四方物尽为所收。虽古之猗、白，不足过也。其家男女婢仆，锦衣玉食，服用器物，皆一时惊异。……又尝谒见高宗，请市终南山中树，估绢一匹，自云：‘山树虽尽，臣绢未竭。’事虽不行，终为天下所诵。”⑤玄宗时，随着经济的繁荣，富商大贾的数量也相应增多，当时，仅长安城著名的巨商就有郭行先、任宗、杨崇义、王元宝、郭

① 《资治通鉴》卷247，武宗会昌元年。
② 《旧唐书》卷88，《苏瓌传》。
③ 《全唐文》卷897，罗隐：《广陵妖乱志》。
④ 《资治通鉴》卷248，会昌四年。
⑤ 《太平广记》卷495，《邹凤炽》。

万全、任令方等人。他们凭借雄厚的经济实力，把活动深入到政治领域。史载："长安富民王元宝、杨崇义、郭万全等，国中巨豪也。各以延纳四方多士，竞于供送。朝士名僚，往往出于门下，每科场文士，集于数家，时人目之为豪友。"① 安史之乱以后，富商大贾的人数和财力都有显著的增长。唐顺宗时，长安东市巨商王布"藏钱千万，商旅多宾之"②。唐末的王宗更是"富拟王者，……侯服玉食，僮奴万指"③。

富商大贾经营的内容和活动的范围都十分广泛，但最主要的是靠长途贩运，买贱卖贵，利用不同地区价格上的差异来牟取暴利。唐代水运的发展则为长途贩运提供了便利。如江淮著名的富商俞大娘所用商船，"居者养生送死嫁娶悉在其间，开巷为圃，操驾之工数百，南至江西，北至淮南，岁一往来，其利甚博，此则不啻载万也"④。以至唐人李肇说："凡大船必为富商所有。"⑤ 长途贩运的活动范围相当广泛。如江陵富商郭七郎，资金雄厚，"江淮、河朔间，悉有贾客仗其货买易往来者"⑥。四川的商人则通过蜀道远至长安、洛阳、太原、幽州（今北京）等地。南方的茶商则源源不断地北上贩卖茶叶。长途贩运给大商人带来丰厚的利润，如豫章诸县"尽出良材，求利者采之，将至广陵（今江苏扬州），利则数倍"⑦。

大商人由于有巨额财富，他们具有较高的社会地位，甚至可以同皇室交往。武则天时在宫中举行宴会，张易之"引蜀商宋霸子等数人在座同博"⑧。唐玄宗在宫中接见富商王元宝后，曾对臣下说："我闻至富可敌贵。朕天下之贵，（王）元宝天下之富。"⑨ 可见玄宗心目中富商的重要。大商人也竭力与官府勾结。元稹在《估客乐》一诗中描写富商："经游天下遍，即到长安城。城

---

① 《开元天宝遗事》。
② 《太平广记》卷220，《王布》。
③ 《旧唐书》卷182，《王处存传》。
④ 《唐国史补》卷下。
⑤ 《旧唐书》卷182，《王处存传》。
⑥ 《太平广记》卷499，《郭使君》。
⑦ 《太平广记》卷331，《杨溥》。
⑧ 《资治通鉴》卷207，久视元年。
⑨ 《太平广记》卷495，《邹凤炽》。

中东西市，闻客次第迎。迎客兼说客，多财为势倾。客心本明黠，闻语已心惊。先问十常侍，次求百公卿。侯家与主第，点缀无不精。归来始安坐，富与王者勍。"[①] 富商大贾与官府、官吏交往，一是为了寻求政治保护，二是为了扩大经济利益，兜揽生意。《唐会要》记："开元十八年十一月敕：……比来富商大贾，多与官吏往还，递相凭嘱，求居下等。"[②] 也就是为了降低户等，减少所交税额。有些商人则依附度支盐铁院，以免差科。唐穆宗时曾下诏："度支盐铁院等，所在影占，富商高户，庇入院司，不伏州县差科。"[③] 有些官吏也主动与富商交往，利用商人的财富去谋求自己的发展。禁军有些将领向商人借贷钱财，以谋外任节度使等官，因而被称为"债帅"。

唐朝继续奉行"重农抑商"的传统政策，对商人加以歧视和限制。唐初规定："工商杂类，无预士伍。"[④] 唐太宗认为："工商杂色之流，假令术逾侪类，止可厚给财物，必不可超授官佚，与朝贤君子比肩而立，同坐而食。"[⑤] 尽管唐廷有禁止商人入仕的规定，但即使在唐前期，商人以经济实力为后盾，仍然能通过各种途径进入仕途。如中宗时，"虽屠沽臧获，用钱三十万，则别降墨敕除官，斜封付中书，时人谓之斜封官"[⑥]。这种卖官鬻爵的行为，使当时"公府补授，举荐推择，遂使富商大贾，尽居缨冕之流，鬻伎行巫，咸涉膏腴之地"[⑦]。与唐前期相比，唐后期商人的政治势力加强，入仕的人数更多，有些甚至身居高位握有重权，特别是在唐末五代。如陈敬瑄，"少贱，为饼师"[⑧]。僖宗时，官至西川节度使，检校左仆射、同中书门下平章事，并封为颍川王。长安富商王宗"善兴利，乘时贸易，由是富拟王者。仕宦因赀而贵，侯服玉食，僮奴百指"[⑨]。官至检校司空、金吾大将军、左卫使。其子王处存，曾任

---

① 《全唐诗》卷418。
② 《唐会要》卷85，《定户等第》。
③ 《册封元龟》卷160，《帝王部·革弊》。
④ 《资治通鉴》卷190，武德七年。
⑤ 《全唐文》卷761，曹确：《谏用伶官李可及为威卫将军疏》。
⑥ 《资治通鉴》卷209，景龙二年。
⑦ 《旧唐书》卷101，《辛替否传》。
⑧ 《新唐书》卷224下，《陈敬瑄传》。
⑨ 《旧唐书》卷182，《王处存传》。

检校刑部尚书，义武军节度使，王处直天祐元年，加太保，封太原王，后又封为北平王。由此可见，随着大商人经济实力加强和政治势力膨胀，限制商人入仕的规定已形同空文了。

二、官商

隋唐时期贵族官僚经商之风日益兴盛。他们涉足商业，由于在政治、经济等方面有特殊的地位，和一般商人有不同之处，名之为官商。官商有如下几种情况。

一种是贵族、官僚直接经营商业。

隋代贵族杨素“负冒财货，营求产业，……爰及诸方都会处，邸店、水硙并利田宅以千百数”①。唐太宗时，霍王元轨尝使国令征封，“令自请依诸国赋，贸易取利，元轨曰：汝为国令，当正吾失，反说吾以利耶?”② 霍王元轨拒绝贸易取利，正说明唐初皇室贵族贸易取利者是比较普遍的。

隋及唐初，朝廷三令五申，禁止官吏经商，官吏经商的人数很少，但随着经济的发展，到开元、天宝时，官吏经商者日渐增多，致使唐玄宗不得不一再颁布诏令禁止，如：（开元二十五年令）“诸王公主及宫人，不得遣亲事帐内邑司、奴客部曲等，在市兴贩，及邸店沽卖者出举”③。

开元二十九年春正月，丁丑，“禁九品以下清资官置客舍、邸店、车坊”④。（“九品以下”的“下”似应为“上”）

天宝九年十二月敕：“郡县官僚，共为货殖，竟交互放债侵人，互为征收，割剥黎庶。自令以后，更有此色，并追人影认一匹以上，其放债官先解见任，物仍纳官，有賸利者，准法处分。”⑤

从上述诏令可以看出，当时上至诸王公主，下至刺史县令都有参与经商者，经商的范围也相当广泛，包括贸易、旅店、车坊、放债等。安史之乱以

① 《隋书》卷48，《杨素传》。
② 《唐会要》卷90，《缘封杂记》。
③ 《唐令拾遗》，杂令第三十三。
④ 《旧唐书》卷9，《玄宗本纪》。
⑤ 《唐会要》卷69，《县令》。

后，官吏经商更为兴盛。有些甚至以经商致富而出名。代宗时，陈少游先后在宣、越、扬州任官。“十余年间，三总大藩，皆天下殷厚处也。以故征求贸易，且无虚日，敛积财宝，累巨亿万。”[①] 德宗时，王锷任广州刺史，“西南大海中诸国舶至，则尽没其利，由是锷家财富于公藏。日发十余艇，重以犀象珠贝，称商货而出诸境，周以岁时，循环不绝，凡八年，京师权门多富锷之财。”[②] 王锷不仅利用职权掠夺外商财货，而且自己也经营珍宝生意，积累了大量财富。由于广州是当时最大的对外贸易港口，聚集了大批外国商人和财富，史称：“南海有蛮舶之利，珍货辐凑，旧帅傚法，兴利以致富，凡为南海者，靡不捆载而还。”[③] 至唐末五代，官吏经商更为兴盛，如五代后唐庄宗刘皇后，“分遣人为商贾，至于市肆之间，薪刍果茹，皆称宫中所卖，……宫中货贿山积。”[④] 赵在礼“历十余镇，善治生殖货，积财钜万，两京及所莅藩镇，皆邸店罗列”[⑤]。

唐代后期出现藩镇割据的局面，割据的藩镇为增强自己的经济实力，都很重视发展商业，往往托名军用，把军储物资作为资金，派出军吏或商人到大都市贸易取利。史载：“诸道节度、观察使，以广陵当南北大冲，百货所集，多以军储货贩，列置邸肆，名托军用，实私其利息。”[⑥] 有些官府经商甚至深入到农村。武宗会昌五年赦文说：“诸使诸军诸司，在乡村及坊市店舍经纪。”[⑦] 有些藩镇靠经商和征商税取得了巨额利润，如刘从谏在昭义，“榷马牧及商旅，岁入钱五万缗，又卖铁、煮盐，亦数万缗。大商人皆假以牙职，使通好诸道，因为贩易。商人倚从谏势，所在多陵轹将吏。”[⑧] 刘从谏从商业中攫取财富，商人也靠官僚的权势取得社会地位和更大的经济利益。

---

① 《旧唐书》卷126，《陈少游传》。
② 《旧唐书》卷151，《王锷传》。
③ 《旧唐书》卷177，《卢钧传》。
④ 《新五代史》卷14，《皇后刘氏》。
⑤ 《旧五代史》卷90。
⑥ 《唐会要》卷86，《市》。
⑦ 《文苑英华》卷429，《南郊赦文》。
⑧ 《资治通鉴》卷247，武宗会昌三年四月。

官商的第二种是为官府经营商业的商人。

唐代中央各部门及州县的办公费用，主要靠国家财政拔给一定数量的公廨本钱，然后，由指定的商人用这笔钱去从事商业或放高利贷，取得利润上缴，充作官俸、公廨杂用、食用、和雇、祠祭等。《唐会要》记："武德元年十二月，置公廨本钱，以诸州令史主之，号捉钱令史。每司九人，补于吏部，可主才五万钱以下，市肆贩易，月纳息钱四千文，岁满授官。"① 充当"捉钱令史"的都是富商，他们在政治上、经济上都享有一定的特权。他们由所属诸司诸使给牒，免去杂差遣、徭役，如有过犯罪，府县不敢劾治，须送本司本使科责，本司本使则往往对他们包庇纵容，开脱罪责。因此，他们的身份与普通商人不同，具有官商的性质。在经营官府本钱的同时，他们假公济私，在"官本"中，放入私钱，私钱数额远远超过官本，从中渔利。唐后期为各地藩镇经商的商人也带有"官商"的性质，而且，为官府经商也是商人入仕的一条途径。

第三种是官监商营的商人。

主要是盐商。盐业被政府控制，实行专卖后，有一些盐商向官府约定，包销若干斛（石），交纳一定的榷税，即可在全国各地自由贩卖，享有不再交纳通过税，豁免差科等特权，因此他们也具有官商的性质。白居易说："上农大贾，易其资产，入为盐商。……居无征徭，行无榷税，身则庇于盐籍，利尽入于私室"②。杜牧也说，江淮地区"每州皆有土豪百姓，情愿把盐每年纳利，名曰土盐商。如此之流，两税之外，州县不敢差役，……土盐商皆是州县大户"③。白居易、杜牧所说的正是官监商营的商人。

三、中小商人

和大商人相比，中小商人的商业资本少，经营内容简单，活动的范围也有限。中小商人中，以小商人人数众多，他们经商的形式基本分两种，一是行

---

① 《唐会要》卷93，《诸司诸色本钱》。
② 《白居易集》卷63，《论盐法之弊》。
③ 《樊川文集》卷13，《上盐铁裴侍郎书》。

商，即流动贩卖，他们本小利微，一般在短距离、小范围内流动。一是坐贾，即坐行列肆的零售商，他们有自己的店铺，但要受政府赋税的剥削，受批发商、高利贷的剥削，其生活和经营都是很艰难的。

隋唐时期的中小商人较前代大为增多，除专门以商业为生者外，主要来源于私营手工业者和农民。

唐代私营手工业有很大的发展，其作坊门类之多，从业人数之众，都超越前代。见于文献记载的作坊种类有纺织、印染、铸造、印刷、陶瓷、木材加工、粮食加工、车辆制造、造纸、油坊、糖坊、醋坊等等，这些私营手工业作坊，多数是自产自销，前店后铺，作坊主既是商品生产者，同时也是商人。所以《唐六典》解释：工者，“工作贸易者”，就是讲的这种情况。

中小商人的另一个来源是农民。农民作为小生产者本身和市场就有着天然的联系，他们总是要出售一部分农产品以交换回生产和生活的必需品。在唐代，农民弃农经商或亦农亦商之风日益兴盛，唐前期已经有不少农民加入了商人的队伍。中宗时，宋务光就曾指出，当时“稼穑之人少，商旅之人众”[①]。唐后期这种现象更为严重。宪宗元和年间李吉甫指出：“国家自天宝以后，中原宿兵，见在军士可计者，已八十余万。其余去为商贩，度为僧道，杂入色役，不归农桑者，又十有五六。”[②] 晚唐诗人姚合在《庄居野行》一诗中写道：“客行野田间，比屋皆闭户。借问屋中人，尽去作商贾。”[③] 可见当时农民经商者人数众多。

农民弃农经商或亦农亦商最根本的原因在于商业利润较农业利润高，司马迁早已指出：“用贫求富，农不如工，工不如商，刺绣文不如倚市门。”[④] 在唐代，农民经商也有当时的具体的历史条件，如随着农业生产率的提高，农产品商品化程度相应提高，因而，有不少农民专门从事商品生产，尤其是在茶叶、瓜果、蔬菜、水产、捕猎等行业中，农民往往同时从事商业。在南方，“江南百姓，多以种茶为业。”[⑤] 在黄山地区，“山多而田少，水清而地沃，山且植

① 《册府元龟》卷544，《谏诤部·直谏》。
② 《唐会要》卷69，《州府及县加减官》。
③ 《姚少监诗集》卷6。
④ 《史记》卷129，《货殖列传》。
⑤ 《册府元龟》卷494，《邦计部·山泽》。

茗，高下无遗土。千里之内，业于茶者十七八矣”[①]。可见在南方有相当数量的农民从事茶叶的生产和贩卖。宣城郡当涂民刘成、李晖“俱不识农事，尝用巨舫载鱼蟹，鬻于吴越间”[②]，这是以贩卖水产为生。四川人龚播“其初甚穷，以贩鬻蔬、果自业”[③]。上党农民侯元，“家道贫寒，唯以鬻薪为事”[④]，等等，可见农民经营的商业活动相当广泛。

农民经商者增多，和阶级关系、生产关系的变化有关。随着均田制的破坏，封建地主的大土地所有制以土地兼并为主要途径而迅速扩大，失去土地的农民只好背井离乡，或者重新成为半自耕农或佃农，或者去从事工商业，加入小商小贩的行列。这种情况在高宗武则天之后，更为严重。唐睿宗时曾下诏说：“今正朔所及，封疆无外，虽户口且增，租赋不益，莫不轻去乡邑，共为浮惰。”[⑤] 所谓“浮惰”中即有离开土地去经商的农民。

农民经商者增多，也和赋税制度的变化有关。德宗时推行的两税法，规定税收交纳货币的比重加大，迫使农民将农副产品拿到市场去交换成货币以纳税，这就加强了农民与市场的联系，扩大了农村市场，也给农民经商创造了条件。

由于中小商人经营的商品主要是生活、生产用品，如粮食、布帛、衣服、盐、茶、油、柴禾、家禽、蔬菜、水果、小型铁制工具等等，因此，中小商人数量的增长，反映了商业和百姓的生活、生产的联系加强了，或者说，人们的生活、生产更多地依赖于市场交换，这是商业发展的重要标志。

另外，在唐代有不少中小商人上升为大商人。如：曹州人史无畏初为农民，“衣食窘困，”后来借朋友一千贯作资本，“父子江淮射利，不数岁已富”[⑥]。信州人童安玗“初甚贫窭，与同里人郭珙相善，珙尝假借钱六七万，即以经贩，安玗后遂丰富”[⑦]。四川人龚播“其初甚穷”，后“经营贩鬻，动获

① 《全唐文》卷802，《祁门县新修阊门溪记》。

② 《太平广记》卷470，《刘成》。

③ 《太平广记》卷401，《龚播》。

④ 《太平广记》卷287，《侯元》。

⑤ 《唐大诏令集》卷110。

⑥ 《太平广记》卷395，《史无畏》。

⑦ 《太平广记》卷134，《童安玗》。

厚利，不十余年间，积财巨万，竟为三蜀大贾”[1]。齐州刘十郎，初“穷贱至极，与妻庸舂以自给”。后“渐习商贾，数年之内，其息百倍，家累千金”[2]。这些贫困农民通过经商而致富的情况表明唐代商业发展的水平较高，商业利润的形成有良好的客观条件。

四、蕃商

蕃商指少数民族商人和外国商人。唐人亦称之为“胡商”、“商胡”、“蕃客”等。由于唐朝实行较为平等的民族政策和对外开放的政策，因此，蕃商成为商人阶层中人数众多又非常活跃的一批商人。

蕃商来隋唐内地经商，主要是沿汉代开辟的丝绸之路。在隋代，丝绸之路上的商人们来往频繁。隋炀帝“以西域多诸宝物，令裴矩往张掖，监诸商胡互市，啖之以利，劝令入朝。自是，西域诸蕃，往来相继”[3]。裴矩依据“富商大贾，周游经涉”[4]的情况，写成《西域图记》三卷，记述了西域的风俗物产，山川交通。隋末丧乱，西域商路严重受阻。唐初统治者力求通西域商路，平定高昌和打败西突厥后，唐太宗对安国使者说：“西突厥已降，商旅可行矣。”史称“诸胡大悦”[5]。从此，西域各族商人及波斯、大食等外商纷纷来唐朝内地经商，所谓“伊吾之右，波斯以东，职贡不绝，商旅相继”[6]。

唐代北方及东北方诸族，如突厥、薛延陀、回纥、契丹、奚、党项等族商人也不断来唐内地贸易。安禄山叛乱之前，就曾“分遣商胡诣诸道贩鬻，岁输珍货数百万”[7]，以增强自己的经济实力。

唐代也有不少蕃商是通过海路来唐贸易的。如朝鲜半岛的新罗商人往往渡海到山东半岛登州等地，日本商人则渡海至扬州、明州、泉州等地。唐朝重要的外贸港口广州，聚集着来自南亚、西亚以至欧洲、非洲的商人。真人元开

---

① 《太平广记》卷401，《龚播》。
② 《太平广记》卷138，《齐州民》。
③ 《隋书》卷24，《食货志》。
④ 《隋书》卷67，《裴矩传》。
⑤ 《新唐书》卷221，《西域传》。
⑥ 《唐大诏令集》卷130，《讨高昌鞠文泰诏》。
⑦ 《资治通鉴》卷216，玄宗天宝十载。

《唐大和上东征传》记玄宗天宝中，广州西江“江中婆罗门、波斯、昆仑等舶不知其数，并载香药、珍宝，积载如山，其船深六七丈，师子国、大石国、骨唐国、白蛮、赤蛮等往来居住，种类极多”。可见广州蕃商的兴盛。

唐政府对于蕃商的贸易活动是给予支持，提供方便的。在长安、洛阳、扬州、登州、广州等蕃商集中的地方，设有新罗馆、渤海馆、蕃坊等，专门负责接待少数民族商人和外国商人。唐文宗还下诏：“其岭南、福建及扬州蕃客，宜委节度观察使常加存问，除舶脚收市进奉外，任其来往通流，自为交易，不得重加率税。”[①] 诏令要求对“蕃客”的商贸活动加以保护。

蕃商在唐代的商业中很活跃，其经营的范围也颇具特色，主要集中在以下几个方面：

一是马牛羊等牲畜的贸易。隋朝与突厥就进行牲畜与丝织品的互市，唐前期这种贸易仍然在进行。唐玄宗于开元九年（721）写信给毗伽可汗说：“国家旧与突厥和好之时，蕃汉非常快活，甲兵休息，互市交通，国家买突厥马羊，突厥将国家彩帛，彼此丰足，皆有便宜。”[②] 可见这种贸易对双方的经济发展都有好处。开元年间，唐朝每年都以缣帛几十万买突厥马匹。唐后期，主要是同回纥进行绢马贸易，茶马贸易，由于唐朝本身的衰弱，在与回纥的贸易中，唐朝的利益已经受到伤害。此外，唐朝和党项、契丹、吐蕃等族也都进行着用丝织品、茶叶、瓷器等交换牲畜的贸易。

二是珠宝珍奇的贸易。蕃商长途贩运，四处流动，一般都经营体积小、重量轻、价值高的珠宝、金银、玉器、香料及名贵土特产。唐人文献里有许多关于蕃商贩宝的记载。如开元时，韦弇将三宝（碧瑶杯、红蕤枕、紫玉函）带至广陵，被胡商“以数十万金易而求之”[③]。韦弇因此致富。长安大安国寺有宝珠，开元十年，西域胡人，“阅市求宝，见珠大喜。……明日，纳钱四千万贯，市之而去”[④]。《太平广记》卷35《王四郎》条记唐元和中，长安金市有“西域商胡，专此伺买，且无定价”。这是专门从事金器买卖的商胡。有关此

① 《全唐文》卷75，《太和八年疾愈德音》。
② 《册府元龟》卷980，《通好》。
③ 《太平广记》卷33，《韦弇》。
④ 《太平广记》卷402，《水珠》。

类记载，不胜枚举。从这些材料可见经营珠宝珍奇的商胡，大多资本雄厚，交易数额高，所获利润，当也相应很高。

三是经营高利贷。唐文宗大和五年诏指出："京城内衣冠子弟及诸军使并商人百姓等，多有举借蕃客本钱，岁月稍深，征索不得，致蕃客停滞，市易不获及时，……其今日以前所欠委府县速与征理处分。"[①] 可见长安城内有胡商经营高利贷，其举债人有官僚、军人、商人以及一般市民。有些人不能按期还本付息，还得由政府出面干预。

四是经营酒店饭馆。在长安、洛阳、扬州等城市中，都有胡商经营的餐饮业，因而，像饆饠、甜饼、胡麻烧饼一类的胡食在各地渐为流行。在胡商开设的酒店里常以胡姬陪酒，生意相当兴隆。唐代诗人也每每咏及。如李白《少年行》云："五陵少年金市东，银鞍白马度春风。落花踏尽游何处，笑入胡姬酒肆中。"李白在另一首《前有樽酒行》中也写道："胡姬貌如花，当垆笑春风。笑春风，舞罗衣，君今不醉将安归？"

蕃商在唐朝内地活动的范围很广，不仅在长安、洛阳、扬州、益州、广州等大城市和商业城市中有，许多中小城镇亦当有他们活动的足迹。开元初年，李勉在睢阳（今河南商丘）遇到一位年迈的波斯商人，自称"我本王贵种也，商贩于此，已愈二十年"[②]。

蕃商由于有雄厚的经济实力，人数又多，他们很自然地也要扩张政治的势力。天宝中，"胡人康谦善贾，资产亿万计"，他依附杨国忠，出为安南都护，肃宗时，官至试鸿胪卿[③]。唐肃宗至德二载（757）"武威郡九姓商胡安门物"[④] 等勾结河西兵马使盖庭伦攻杀节度使周泌，可见当地胡商势力的强大。昭武九姓分布于今新疆、中亚一带，"善商贾，争分铢之利。男子年二十，即远之旁国，来适中夏，利之所在，无所不到"[⑤]。这是一些善于经商的民族，他们遍布于各地。安史之乱后，"回纥留京师者常千人，商胡伪服而杂居者又

---

① 《册府元龟》卷999，《外臣部·互市》。
② 《太平广记》卷402，《李勉》。
③ 《旧唐书》卷186下，《敬羽传》。
④ 《旧唐书》卷10，《肃宗本纪》。
⑤ 《旧唐书》卷198，《西戎传》。

倍之。县官日给饔饩，殖赀产，开第舍、市肆，美利皆归之，日纵贪横，吏不敢问”①。回纥商人在长安城中已经形成一股恶势力，昭武九姓胡商“常冒回纥之名，杂居京师，殖货纵暴，与回纥共为公私之患。”② 胡商势力的膨胀，已经影响到社会的安定，成为社会问题，超出了经商的范围之外了。

隋唐时期，商人阶层的日益发展和活跃，标志着商业的日趋繁荣。

第四节 五代十国的商业

唐末黄巢起义虽然失败，但唐王朝在其打击下也摇摇欲坠，行将崩溃。黄巢部将朱温叛变降唐，在镇压农民起义及军阀混战中势力日益强大，于907年推翻唐朝，自立为皇帝，建国号梁（史称后梁），定都开封，从此，进入五代十国时期。

五代是指从907年至959年的53年间，在中原地区相继建立的后梁、后唐、后晋、后汉、后周五个王朝。十国则是在此期间出现的十个割据政权，其中有九个在南方，即前蜀（都成都）、后蜀（都成都）、吴（都扬州）、吴越（都杭州）、南汉（都广州）、南平（都荆州，今江陵）、南唐（都金陵，今南京）、楚（都潭州，今长沙）、闽（都福州），一个在北方，即北汉（都晋阳，今太原）。此外，边疆还有少数民族建立的政权，如辽、吐蕃、大理等。

五代十国时期实际上是唐末藩镇割据局面的延续。这一时期，各个割据政权之间相互攻击，战乱不已，周边少数民族的入侵，特别是契丹贵族的骚扰，使社会经济遭到破坏，人民生活动荡不安，商业的发展必然受到影响。但这一时期也是由分裂走向统一的时期，各个割据政权为了自身的存在和发展，都不得不重视经济实力的增加，采取一些发展经济的措施，使社会经济虽遭战争破坏而不至崩溃，有些地方甚至有所恢复和发展。商业在一度萧条后，至五代后期又有复苏和走向兴旺的趋势。在这一时期，北方和南方经济发展水平的差距

① 《资治通鉴》卷225，代宗大历十四年。

② 《资治通鉴》卷226，德宗建中元年。

加大，南方经济进一步超过北方，使安史之乱后经济重心南移的事实再也不可逆转。五代时期的北方是受战争灾祸最深的地方。唐末蔡州节度使秦宗权的军队所至，“屠老孺，焚屋庐，城府穷为荆莱”①。秦宗权与其他藩镇互相攻战，弄得“西至关内，东极青齐，南出江淮，北至卫滑，鱼烂鸟散，人烟断绝，荆榛蔽野”②。五代的军阀，其凶残酷虐，与秦宗权不相上下。后梁朱温父子为阻止李克用父子的骑兵南下，先后三次掘开黄河堤防，使山东、河南一带大量土地、村庄被水淹没，人民流离失所。战乱使北方的农业、手工业受到严重破坏，商业也相应衰落，主要表现在：

第一，市场体系遭到破坏。城市是封建市场体系的主体部分，但在动乱之中，各地军阀为鼓舞士兵斗志，常以允许城破之后任意抢掠为诱饵，如后周太祖郭威在夺取后汉政权时，事先与士兵约定，“俟平定京城（指入开封后），许尔等旬日剽掠”③。这种入城之后，纵兵大掠的做法，使城市遭到严重破坏。唐都长安从唐末农民起义至唐亡，屡经战火，早已残破不堪。东都洛阳经过孙儒、诸葛爽、李罕之等军阀的攻杀抢掠，已经是“都城灰烬，满目荆榛”，“井邑穷民，不满百户”④ 了。长安与洛阳素称繁华的商业自然也就衰落了。后晋末年，契丹贵族南下骚扰，河北一带“千里之内，焚剽殆尽”⑤。在进攻开封时，契丹贵族以“打草谷”为名，纵兵劫掠，大肆烧杀，使开封四周数百里内荡为灰烬，开封城也残破不堪。城市的破坏，也就是城市市场的破坏，农村的萧条也就是农村市场的萧条。农村的草市、墟市在战火中也受到严重破坏。如后晋天福二年（937）魏州天雄军节度使范延光叛乱，范延光的军队渡黄河，“焚草市”⑥，破坏了农村的商业。

第二，封建统治者加强对商业的控制和掠夺，限制了商业的发展。

封建统治者为增加财政收入，首先是对重要商品实行专卖，牟取暴利。后

---

① 《新唐书》卷225下，《秦宗权传》。
② 《旧唐书》卷200下，《秦宗权传》。
③ 《旧五代史》卷110，《周太祖纪》。
④ 《旧五代史》卷63，《张全义传》。
⑤ 《新五代史》卷72，《四夷附录一》。
⑥ 《资治通鉴》卷281，天福二年。

唐时的盐专卖，行实“计口授盐”，随屋税之数，授与盐斤，征收盐钱，是为“屋税盐”。政府在各州、府、县设立榷盐场院，“应食颗盐州府，省司各置榷粜折博场院。应是乡村，并通私商兴贩”[①]。即在设置折博场院的地区，严禁私盐贩卖，违者严惩。在场院无法管辖的穷乡僻壤，允许私盐贩卖。后晋时，盐税更重，不仅要按户等征收盐税，而且在食盐销售中也收盐税，住商斤税十文，过商七文，形成了一盐两税的情况。到后汉，对食盐的垄断更为严酷。贩私盐者，不论斤两多少，一律处以极刑。后周时，诏改盐法，盐法略宽。城镇实行专卖，农村允许商销。但盐税并没有减轻多少，依然是一盐两税。除食盐专卖外，五代时，茶、酒、曲，甚至醋等重要商品都实行专卖，排斥商人经营，不利于商业的发展。其次，政府对商业的征税苛重。后唐天成元年(926)“诏省司及诸府置税茶场院，自湖南至京六七处纳税，以至商旅不通”[②]。后晋时的一盐两税，亦属重税。后周时各类商品既征交易税，也征通过税，也是十分苛重的。商税的苛重给商业的发展设置了严重的障碍。复次，封建统治者直接掠夺商人的情况也时有发生。后梁建国前，淮南杨行密遣押牙唐令回持茶万余斤，至汴京贸易。朱全忠拘捕唐令回，尽夺其茶，不仅使双方关系恶化，也妨碍了商业的来往。李克用在河东经常纵使其部下抢劫商贾，侵扰市肆。最后，官僚贵族直接插手商业，破坏了正常的商业秩序。后梁昭义节度使李嗣昭的夫人杨氏“治家善积聚，设法贩鬻，致家财百万”[③]。后唐庄宗皇后，“生于寒微，既贵，专务蓄财，其在魏州，薪苏果茹皆贩鬻之”[④]。后晋军阀赵在礼历任十余镇节度使，贪残苛暴，善于货殖，积累了巨额财富，“两京及所莅藩镇，皆邸店罗列”[⑤]。五代时，从事商业的这些皇亲国戚、贵族官僚为数众多。他们可以凭借特权，巧取豪夺，牟取暴利，从而损害普通商人的利益，影响了商业的发展。

第三，货币经济衰退，货币流通紊乱。这既是影响商业发展的原因，也是

---

① 《旧五代史》卷146，《食货志》。
② 《册府元龟》卷504，《关市》。
③ 《旧五代史》卷52，《李嗣昭传》。
④ 《资治通鉴》卷273，同光二年。
⑤ 《旧五代史》卷90，《赵在礼传》。

商业萧条的反映。

五代时，仍然沿用唐开元通宝钱。后梁、后唐基本上没有铸钱，后晋、后汉、后周前期虽有铸钱，但数量甚少。因此，五代铜钱短缺严重，短陌钱也就更短了。唐末官定以80文为一陌（百），到后唐时，一陌已不是80文，所以政府下令，“凡有买卖，并须使八十陌钱”。如果“辄将短钱兴贩，便仰收捉，委逐州府枷项收禁勘责”[①]。这一诏令事实上并未执行。后汉时，便明确规定官府收入以80文为陌，支出以77文为陌。货币短缺不仅由于新铸货币数量少，而且还由于富户奸商或“换易好钱，藏贮富室”[②]，或销熔铜钱以铸造器物，高价出售，牟取暴利。铜钱短缺，劣质货币铅锡钱、铁钱则大肆泛滥，充斥市面。政府多次下令禁止。后唐天成四年（929）九月敕：“先条上三京、诸道州府，不得于市使钱内夹带铅铁钱，虽已约束，仍闻公然行使。今后有人于钱陌内捉到一文至两文，所使钱不计多少纳官，所犯准条流科罪。”[③] 劣币虽屡禁而不止。更有甚者，有些地方军阀强行使用劣币。幽州的刘仁恭“悉敛境内钱，瘗于（大安）山颠，令民间用堇泥为钱”[④]。货币滥恶，反映了社会经济的萎缩，也使人民倍受盘剥，深受其害。

五代时期，南方商业发展的情况有与北方相似之处，也有不同的地方。

北方存在的阻碍商业发展的因素，南方也都有，但程度一般较轻。南方社会经济同样遭受各割据政权之间战争的破坏，但南方发生战争的次数较少，规模较小，而且，不存在契丹贵族南下侵扰的问题，因而社会经济遭受的破坏就不像北方那样剧烈。南方割据政权对人民的压迫和剥削也很沉重。如吴越“常重敛其民，以事奢僭，下至鸡鱼卵彀，必家至而日取”[⑤]。致使人民生活，贫困不堪。闽国王氏据福建，“残民自奉，人多衣纸”[⑥]。南方对商人的掠夺和商税的征收虽比北方稍轻，但有些也相当苛重。如王延政在闽建殷国，“殷国

---

① 《五代会要》卷27，《泉货》。
② 《五代会要》卷27，《泉货》。
③ 《五代会要》卷27，《泉货》。
④ 《资治通鉴》卷266，开平元年。
⑤ 《五国故事》卷下。
⑥ 王禹偁：《小畜集》卷30，《建溪处士柳崇墓志铭》。

小民贫，军旅不息，杨思恭以善聚敛得幸，增田亩山泽之税，至于鱼盐蔬果，无不倍征，国人谓之杨剥皮”[①]。南汉王刘晟则“以兵入海，掠商人金帛”[②]。闽国王氏政权也常以掠夺商人来聚敛财富。以富人为和市官，“恣所征取，薄酬其直，富人苦之”[③]。富人应包括富商在内。南方各国虽都有金属铸币，但铸币形制不一，重量不同，多是铅铁钱。货币的滥恶直接影响商业的发展。

尽管南方存在着诸多影响商业的因素，但从商业发展的情况看，南方比北方有较大的发展，也比唐末有所发展。

南方商业的发展，是由于整个社会经济在相对安定的环境下继续发展，并呈上升的趋势。南方各国，都重视农田水利建设，加之，北方人民的大量南迁，给南方带来了先进的生产技术，使南方增加了劳动力，因而，南方农业生产得以发展，粮食产量增加，经济作物的种植，如茶、桑、棉花等都有大幅度增长，农产品商品化程度加强。如江淮地区的吴国，大力奖励农桑，使“江淮间旷土尽辟，桑柘满野，国以富强”[④]。

在农业发展的基础上，南方的手工业也有相应的发展，特别是民间手工业比较发达。制茶业遍布南方各国，江淮、福建、两浙、蜀中都是重要的茶产地，民间制茶业相当广泛。纺织业、印染业也很普遍。吴绫、蜀锦素来著名，江淮地区的吴国以丝织品输税，可见民间丝织业的普遍。蜀中自古为织锦盛地，成都有锦官城之称，“蜀锦”品种繁多，技巧精美，产量巨大，闻名于世。过去蚕桑业不发达的湖南，在楚国马氏政权奖励农桑的政策下，纺织业得到空前发展，“民间机杼大盛”[⑤]。冶炼业在南方诸国也有新的发展。吴和南唐的宣州盛产铜铁，吴武昌军节度使秦斐创置的大冶矿成为重要产铁区，对后世有深远影响。湖南盛产铅铁，所以楚用铅铁铸钱。楚的潭州出产丹砂，数量巨大，堆积如山。南汉则多产金银。在冶炼技术上，当时发明了胆水浸铜法，这是世界上最早的湿法冶铜技术。此外，制盐业、制瓷业、造船、造纸、雕版印

---

① 《资治通鉴》卷283，天福八年。

② 《新五代史》卷65，《南汉世家》。

③ 《太平广记》卷126，《陈岘》。

④ 《资治通鉴》卷270，均王贞明四年。

⑤ 《资治通鉴》卷274，庄宗同光三年。

刷等业都有较大的发展。

南方农业和手工业的发展，为商业的发展提供了物质基础，而南方各国统治者对商业的重视更促进了商业的发展。

楚国地处湖南，为南方各国的中心，又盛产茶叶，多铅钱，马殷利用其有利的地理位置和丰富的物产，以商立国，重视发展以茶叶为主的商业贸易。楚"茶利尤厚，由是财货丰殖"①。"初，楚王殷既得湖南，不征商旅，由是四方商旅辐辏。湖南地多铅铁，殷用军都判官高郁策，铸铅铁为钱，商旅出境，无所用之，皆易他货而去，故能以境内所余之物易天下百货，国以富饶。"② 地处湖北江陵的南平是十国中占地最小，国力最弱的，全靠发展中转贸易和集散贸易，以征收商税为主要经济来源。南平靠发展商业为立国的基础，在古代是仅见的。杨行密为吴王时，曾派马殷之弟马赍回湖南去，为恢复吴、楚政治、经济关系作说客，他对马赍说："昔吾爱子之貌，今吾得子之心矣。然勉为吾合二国之欢，通商贾，易有无以相资，亦所以报我也。"③ 让马赍转达发展通商贸易的意向，可见杨行密对商业的重视。南汉王刘隐出身于商人家庭，其祖上"商贾南海"④，所以南汉统治者很重视商业。刘陟"广聚南海珠玑，西通黔蜀，得其珍玩"。"末年起玉堂珠殿，饰以金碧翠羽"⑤。可见南汉商业当以买卖珠玑珍宝为主。前后蜀、南唐、吴越等国统治者也很重视商业。

如上所述，南方尽管存在一些不利于商业发展的因素，但有利于商业发展的因素却占有主导地位，因而，在五代时期，从总体上看，南方商业是日益发展、欣欣向荣的，南方各国之间以及南方和北方之间的贸易往来都相当活跃。

南方商业的发展，首先表现在城市的繁荣。扬州在唐后期是最繁华的商业城市，有"扬一益二"之称。但在唐末，屡经兵燹，已残破不堪。在五代时，吴都广陵（即扬州），经过几年的恢复和经营，"广陵殷盛，士庶骈阗"，但终究不如唐后期繁荣。南唐建都于金陵，对金陵大肆修整，在城外套建罗城，分

---

① 《资治通鉴》卷283，齐王天福八年。
② 《资治通鉴》卷274，庄宗同光三年。
③ 《新五代史》卷66，《楚世家》。
④ 《新五代史》卷65，《南汉世家》。
⑤ 《旧五代史》卷135，《刘陟传》。

作内外城，并在外城建立市区。经过修整，“制度壮丽，甚为繁荣”[①]。金陵紧靠长江，有舟楫通商之利，不仅可通过水路与南方各地及中原地区贸易往来，而且可以与远在东北的契丹贸易。南唐升元二年（938）契丹东丹主遣使南唐，“以羊马入贡，别持羊三万口，马二百匹来鬻，以其价市罗纨、茶、药”[②]。从海路还可与新罗、高丽、占城、大食诸国贸易。吴越的杭州在唐代较为繁荣，钱镠又进行了大规模扩建，使杭州城“邑屋之繁会，江山之雕丽，实江南之胜概也”[③]。杭州城内商业繁华。僧契盈陪吴越王钱宏俶游碧浪亭。“时湖水初满，舟楫辐辏，望之不见其首尾，王喜曰：‘吴国地去京师三千余里，而谁知一水之利，有如此邪！可谓三千里外一条水，十二时中两度潮。’”[④] 由“舟楫辐辏，望之不见其首尾”的情景，可以想见杭州城内商业的繁华。在福建，泉州在唐代已是重要港口，五代更为繁华。闽王王审知的侄儿王延彬主泉州26年，善于招徕南海商贾，致取宝货，因而有“招宝侍郎”[⑤]之称。王审知还扩建福州城，建成甘棠港，以广开海上贸易，使福州成为重要的外贸港口。福州水陆交通发达，“故得填郊溢郭，击毂摩肩”[⑥]，人烟稠密，商业繁盛。南汉都城广州历来是重要的对外贸易港口，商业素来发达，各地商贾来这里都受到良好的礼遇。刘龑父子对“岭北商贾至南海者，多召之，使升宫殿，示以珠玉之富”[⑦]。南平高氏政权重视商业，两次扩建江陵城，江陵地处四方交会之所，商贾荟萃，交易繁忙。为适应商业发展的需要，高氏又在江陵附近辟沙头市，成为商业城镇，这就是后世的沙市。蜀中的成都，在唐后期已相当繁荣，唐末扬州衰败，成都依然保持着繁荣。前、后蜀时，成都是都城，是蜀中政治、经济、文化的中心。唐代成都市内有著名的蚕市、药市、七宝市，五代时依然保持。如每年三月的蚕市，“货物毕集，阛阓填委”[⑧]，市内“歌乐掀天，

---

① 陆游《南唐书》卷1，《烈祖本纪》。
② 陆游《南唐书》卷15，《契丹传》。
③ 《旧五代史》卷133，《钱镠传》。
④ 《五代史补》卷5。
⑤ 《十国春秋》卷94，《闽王审邽·子延彬传》。
⑥ 《金石萃编》卷118，《王审知德政碑》。
⑦ 《新五代史》卷65，《南汉世家》。
⑧ 《五国故事》卷上。

珠翠填咽，华轩彩舫，共赏万花潭上”[①]，其盛况有逾于唐后期。

南方不仅城市商业繁荣，农村的草市、墟场也很繁荣。草市在唐代中后期发展较快，五代时，南方许多草市得到进一步的发展。由于人口稠密，经济繁荣，一些场、镇升格为县，仅在吴、南唐两国辖区内，就有19个场、镇升为县，即靖安、清江、海陵、如皋、嘉鱼、永安、通山、大冶、德兴、铅山、德安、湖口、东流、龙泉、瑞金、龙南、石城、上犹、万载。新置的场、镇有8个。这种由场、镇升格为县，或新置场、镇的情况，在其他割据政权的辖区应该也有。墟市向草市的发展，草市向城镇转化都是商业发达，商品经济活跃的重要标志。

江南商业的发展，还明显地反映在对外贸易的发达。南汉、闽、吴越、吴和南唐等国都有对外贸易的港口城市。如南汉的广州，闽的福州、泉州可以同日本、东南亚各国贸易往来。吴越以杭州为港口，向南可通闽、广，并可远与阿拉伯的大食及东南亚联系。据说吴越的猛火油就“得之海南大食国，以铁筒发之，水沃，其焰弥盛”[②]。向北可通往日本及新罗、高丽、百济。吴越和日本的贸易交往频繁，规模可观。从吴越出口的物品主要是丝织品、瓷器等。从日本进口的有椤木、布、铜器等。吴和南唐也从占城输入猛火油，并从海道再将猛火油运输到契丹[③]。由于南北因战争或政治等因素发生阻隔，南方沿海诸国也借海路与北方交往通商。后梁时，闽臣服于梁，但因受阻于吴，陆路不能交往，只好开辟海上路线，泛海到青州。南平由于地当南北交通要冲，商业发达，在促进对外贸易中也发挥重要作用。

从商业发展的状况看，五代时，南方优于北方，但北方在950年郭威建立后周后，开始出现转机。后周太祖郭威和世宗柴荣顺应社会发展的需要，在政治、经济、军事等方面进行改革，严惩贪官污吏，认真选拔人才，整顿吏治，整顿禁军，选练士兵，轻徭薄赋，劝课农桑，使社会经济迅速发展。后周二主的改革，特别是世宗柴荣的改革，加强了后周中央集权的力量，奠定了开始的

---

① 《野人闲话》。

② 《吴越备史》卷2，《文穆王》。

③ 《资治通鉴》卷269，均王贞明三年。

统一事业和抗击契丹的物质基础。

后周世宗柴荣是太祖郭威的内侄，曾为郭威管理家务，偕商人颉跌至江陵等处贩卖茶叶，以佐家用。因此，柴荣对商业在财政收入中的重要意义是有亲身体会的，他执政后，比较重视商业的发展，在他的经济改革中，与商业发展有关的措施主要有下述几点。

一、放宽了对商业的控制和减轻对商税的征收

后晋、后汉盐、曲之禁特别苛虐。后汉三司使王章“峻于刑法，民有犯盐、矾、酒曲之令，虽丝毫滴沥，尽处极刑”①。郭威广顺二年（952）八月诏改盐曲法，规定“诸色犯盐曲五斤以上，并重处死，以下科断有差”②。较之汉法，有所放宽。在柴荣时，显德四年（957）再次改革曲法，解除官曲不许出卖给民户的禁令，规定“据年计合使曲数，依时踏造，候人户将到价钱，据数给曲，不得赊卖，抑配于人”③。允许人户买曲造酒，买糟（酒糟）造醋，但不得自行造曲。柴荣对商税也有所减轻，如显德五年（958）令：“应有商贾兴贩牛畜者，不计黄牛、水牛，凡经过处，并不得抽税。如是货卖处，只仰据卖价，每一千抽税钱三十，不得别有邀难。”④ 对于牛畜只征交易税，不征通过税。减轻商税是有利于商业发展的。

二、浚清漕路，使阻塞已久的大运河重新通航

后周显德四年“诏疏汴水，北入五丈河，由是，齐鲁之舟楫皆达于大梁。”⑤ 次年，发楚州丁壮开鹳水以通运路，使江淮间得以沟通。又“浚汴口，导河流达于淮，于是江淮舟楫始通”⑥。开封与江淮间的航运全部畅通。接着，又疏浚蔡河，使开封水道直连秦州。这样，开封成为水运四通八达，各地财货

---

① 《旧五代史》卷107，《王章传》。

② 赵翼《廿二史札记》卷22，《五代盐曲之禁》。

③ 《五代会要》卷26，《曲》。

④ 《文献通考》卷14，《征榷一·征商》。

⑤ 《资治通鉴》卷293，显德四年。

⑥ 《资治通鉴》卷294，显德五年。

荟集之地。运河的重新通航对北方商业恢复和发展的促进作用是不言自明的。

三、扩建开封，使之成为北方商业中心

开封历来是北方重要城市之一。在唐代，它不能与西京长安、东都洛阳相比，但在五代，它就取代唐两京而成为北方中原地区政治、军事、经济的中心。从后梁开始，以开封为京都，但连年战争，开封经常遭到破坏，难以营建。柴荣对开封的重要地位有深刻认识，决心扩建开封。他在诏书中说："东京车马辐辏，水陆会通，时向隆平，日增繁盛。而都城因旧，制度未恢；诸卫军营，或多窄狭。百司公署，无处兴修。加以坊市之中，邸店有限，工商外至，亿兆无穷。僦货之资，增添不定。贫乏之户，供办实难。而又屋宇交通，街衢湫隘。入夏有暑湿之苦，居常多烟火之忧。将便公私，须广都邑。"[①] 在扩建都城的众多理由中，柴荣特别考虑到商业发展的需要，这是很有远见的。当时，有识之士也看到了开封地理位置的重要，交通便利，必然会带来商业的繁荣。柴荣曾派周景疏浚汴口，"景心知汴口既浚，舟楫无壅，将有淮浙巨商贸粮斛、贾万货临汴，无委泊之地，讽世宗，乞令许京城民环汴栽榆柳，起台榭，以为都会之壮。世宗许之"[②]。周景率先在汴河附近起巨楼12间，作商业使用，后来"邀百货于楼，山积波委，岁入万计。"[③] 开封经过一年多的扩建，规模宏大，布局整齐，绿树成荫，面貌焕然一新。在北宋，开封成为誉满中外的名城。

四、整顿币制

钱币滥恶是唐末五代以来一直存在的问题，严重地影响了商业贸易的发展。柴荣采取切实措施，整顿币制。显德二年（955）柴荣下诏立监铸钱。为了增加铸钱数量，规定限制铜器的使用，"除朝廷法物、军器、官物及镜，并寺观内钟、磬、钹、相轮、火珠、铃铎外，其余铜器，一切禁断"。同时，要

① 《五代会要》卷26，《城郭》。
② 《王壶清话》卷3。
③ 《王壶清话》卷3。

求各地限期收集上缴铜器，民间献铜，据斤论价，“应两京诸道州府铜象、器物、诸色装较所用铜，限敕到五十日内，并须毁废送官，其私下所纳到铜，据斤两给付价钱”。对私自藏匿铜器者，处以重刑。柴荣还允许青、登、莱州人户兴贩朝鲜铜货[①]。由于佛教寺院广占田产，广收僧徒，使国家税收减少。为巩固封建政权，发展社会经济，柴荣下令“灭佛”，限制寺院，淘汰僧尼，毁佛像铸钱是其中一个重要内容，当时有人反对此举，柴荣说：“夫佛以善道化人，苟志于善，斯奉佛矣。彼铜象岂所谓佛邪？且吾闻佛在利人，虽头目犹舍以布施。若朕身可以济民，亦非所惜也，”[②] 表明了他毁像铸钱的决心。经过这些切实的措施，周世宗时铸钱数量大增，质量提高，使货币滥恶的情况得以改善，对商业贸易的发展起了积极的作用。

周世宗的改革，使北方社会经济得以恢复、发展，商业日趋繁荣，这就为宋朝的统一奠定了基础。

① 《五代会要》卷27，《泉货》。

② 《资治通鉴》卷292，显德二年。

第五章　货币与物价

隋唐五代在中国古代历史发展的过程中，是一个相当重要的时期。在政治上，隋朝和唐朝先后结束了社会的分裂与战乱，重新建立了统一的多民族国家，长期未能获得的和平与安定再度出现。封建经济在全国范围内得到了较长时间的稳定发展，特别是在唐朝前期，生产、贸易和文化事业都呈现出繁荣兴旺的景象，是我国封建社会的鼎盛阶段。社会经济的发达、商品交换的频繁，促使隋唐五代的货币制度产生了进步的变化，其时代特点可以用“承上启下，继往开来”这几个字来概括。说它“承上”，是由于隋唐的货币制度基本上继承了魏晋南北朝“钱帛兼用”的传统，仍然以使用铜钱、绢帛为主要的流通手段；说它“启下”，是因为这个时期的货币结构里初步发生了某些变化，为宋元时期货币制度的重大变革准备了历史条件。这些变化大致表现在以下几个方面：

1. 金属铸币（铜钱）的复兴　魏晋南北朝时期占据优势的是实物货币——布帛谷粟等等，铜钱常常受到它们的排挤，时废时兴[①]；政府对钱币

---

① 《晋书·食货志》：“及献帝初平中，董卓乃更铸小钱，由是货轻而物贵，谷一斛至钱数百万。至魏武为相，于是罢之，还用五铢。是时不铸钱既久，货本不多，又更无增益，故谷贱无已。及黄初二年，魏文帝罢五铢钱，使百姓以谷帛为市。至明帝世，钱废谷用既久，人间巧伪渐多，竞湿谷以要利，做薄绢以为市，虽处以严刑而不能禁也。”

《晋书·石勒载记》：“（勒）令公私用钱，而人情不乐。乃出公绢市钱，限中绢一千二百，下绢八百。然百姓私至中绢四千，下绢二千。巧利者贱买私钱，贵卖于官，坐死者十数人，而钱终不行。”

《魏书·食货志》：“魏初至于太和，钱货无所周流，高祖始诏天下用钱焉。十九年，冶铸粗备，文曰‘太和五铢’，诏京师及诸州镇皆通用之。……熙平初，尚书令、任城王澄上言：‘……太和五铢虽利于京邑之肆，而不入徐、扬之市。土货既殊，贸鬻亦异，便利荆、郢之邦者，则碍于兖、豫之域。’”

《隋书·食货志》：“梁初，唯京师及三吴、荆、郢、江、湘、梁、益用钱，其余州郡，则杂以谷帛交易。……（陈时）岭南诸州，多以盐米布交易，俱不用钱云。……（北齐时）冀州之北，钱皆不行，交贸者皆以绢布。”

发行、使用的管理也处在比较混乱的状态。隋唐时期由于社会经济的增长，商品交换日益频繁，其流通范围也愈发扩大，布帛谷粟等原始落后的自然物货币不能适应时代进步的要求，逐渐衰败没落；铜钱则越来越受欢迎。这一趋势发展到北宋初年，绢帛便正式退出了流通领域，不再充当国家法定的货币了。与此相呼应，铜钱则由封建政府进行统一的大量铸造并投入使用。尽管如此，在唐朝的整个历史阶段，流通领域当中还是经常感到铜钱的不足；特别是在唐中叶实行两税法以后，国家征收铜钱做赋税，运用上层建筑的力量扩大了钱币的使用范围，促成了为时几十年的长期货币紧缩现象，就是所谓“钱荒”。“钱荒”的出现，标志着金属铸币在社会经济中的影响明显地加强了。

2. 白银的使用逐渐推广　在商品经济发展的冲击下，实物货币绢帛在唐末五代逐步退出了历史舞台，但是它在货币结构中的地位和作用需要由其他形态的货币来代替。这项任务由谁来承担呢？铜钱是无法完成的，因为铜是贱金属，价值较低，铜钱的主要作用是进行小额交易；绢帛则是成匹的，价值较高，多数情况下是以匹为单位来进行交换，也就是主要用于大额贸易；铜钱缺乏这方面的功用，较大的款项就得成十百贯的支付，分量很重，具有种种不便。在此背景下，唐后期与五代，价值较高的贵金属——白银进入了流通领域，在某些方面发挥着货币的作用，有限地、部分地补充着绢帛退出货币结构所造成的空缺。

3. 纸币萌芽——“飞钱”、“便换”的出现　宋代到明朝前期，货币制度是铜钱和纸钞并用，元朝甚至一度以纸钞为主。相对铜钱而言，纸钞是一种先进的货币形态，其普遍使用虽然是在宋元时期，但是它的萌芽状态——“飞钱”、“便换”却出现在唐朝后期。

综上所述，在这个时期，古老的自然物货币——布帛谷粟衰败没落，逐渐被淘汰，而新兴的货币形态——纸钞、白银即将登场表演。隋唐五代正处在这样一个变革交替的时代，它的货币制度在古代中国货币发展的历史上，有着非常重要的地位。

第一节　隋代的货币发行与流通

一、“开皇五铢”的行用与全国货币的统一

581年，杨坚通过政变取代了北周的宇文氏政权，建立了隋王朝。到589年，他又遣兵南下，灭掉了割据江南的陈朝，结束了西晋以来近三百年的分裂状态，重新统一了中国。隋朝前期的政治稳定，赋税、徭役得到了显著的减轻，人民得以休养生息，社会也呈现出繁荣景象。为了适应全国统一的新局面，促进生产和贸易事业的发展，封建统治集团在隋朝建立之后，就立即着手整顿当时的货币制度，并在全国范围内实现了统一的隋五铢钱的流通。

隋朝初年，在它所控制的北方疆域里，铜钱使用的情况非常混乱，据历史记载，当时市场上通行的钱币种类繁杂，大致有西魏五铢，北齐的“常平五铢”，北周的“布泉”、“五行大布”、“永通万国”；还有汉魏以来历代封建政府发行的各种旧钱。这些钱币的轻重大小都不相同，使用起来很不方便；加上私铸的各种小钱混杂其中，给商品交换带来了很多困难。为了革除以上弊端，隋文帝杨坚在开皇元年（581）九月发行了一种新的五铢钱，同时宣布废除各种旧钱的使用。后人称这种新钱为“隋五铢”或“开皇五铢”，其形制大小仿照西魏五铢，但是制造的更为精致，政府规定隋五铢钱的标准重量是一贯（1000枚）铜钱重4斤2两[①]。

隋朝政权下了很大力量在境内推行新钱的统一使用，开皇三年（583）四月，朝廷命令在各个关口放置100枚隋五铢作为样钱，对携带铜钱过关入境者进行检查，合乎标准的才允许携钱入关，不合制令的铜钱予以没收，回炉重铸；并在国内严令禁止前代的各种钱币流通使用。次年又宣布：县令执行此项法令不力者，扣除半年的俸禄。经过中央政府的全力整顿，到开皇五年（585），隋五铢钱终于成为境内流通使用的统一货币。《隋书·食货志》称：

---

① 《资治通鉴》卷175：“初，周、齐所铸钱凡四等，及民间私钱，名品甚众，轻重不等。隋主患之，更铸五铢钱，背、面、肉、好皆有周郭，每一千重四斤二两。悉禁古钱及私钱。”

“自是钱货始一，所在流布，百姓便之。”

隋朝除了中央政府铸钱之外，平陈以后，隋文帝还曾对几个藩王赐炉铸钱，就是允许这些亲王在藩国内自己设置钱炉，铸造发行新币，使隋五铢钱的行用得以推广。其中开皇十年（590）晋王杨广在扬州被朝廷准许设五炉铸钱，这批钱币的成分除了铜之外，还掺有较多的锡铅，因此颜色发白，民间俗称为“白钱”。“白钱”的轻重大小和“开皇五铢”相等，但是字体书法和铸造的工艺较为精美，数量并不多见。

隋五铢钱的铸造使用虽然获得了成功，但其本身还存在着一些问题，影响到它的延续。首先，隋五铢低于4克的重量标准。自汉武帝发行五铢钱之后，在正常情况下，中国古代铜钱的重量一般维持在3克多到4克左右。从唐朝改行“开元通宝”钱直到清朝中叶，铜钱的轻重大小仍然以4克左右为标准；这说明在封建社会的经济条件下，钱币采取这样的重量是最为合适的。魏晋南北朝时期由于商品经济的衰退，各种减重的小钱、恶钱普遍流行，铜钱的标准重量也下降到2克多。考古学界通过对1978年长沙出土的大量隋五铢钱进行实测，其平均重量为2.42克[①]，和魏晋南北朝时期的币制标准基本相同；这种情况不适应隋朝逐渐发展的商品流通水平。

其次，钱币重量名实不符。隋朝曾对度量衡制度进行改革，以古3升为1升，古3尺为1尺，古3斤为1斤。按每贯铜钱1000枚重4斤2两的标准计算，一枚隋五铢钱的实际重量只有1.584铢，这和钱币的名称“五铢”相差甚远。隋五铢钱存在的这些问题很快暴露了出来，直到唐初发行“开元通宝”钱才解决了上述矛盾。

二、隋朝政府禁绝恶钱的措施

隋五铢钱在国内统一使用后，民间为求牟利而私铸的恶钱开始泛滥起来。史载“是时见用之钱，皆须和以锡铅。锡铅既贱，求利者多，私铸之钱，不

---

① 参见《长沙发现隋代钱币》，《考古》，1983年第1期。萧清称隋五铢一枚约重3克，见《中国古代货币史》第174页，人民出版社，1984年版。千家驹、郭彦岗合著《中国货币史纲要》第48页称隋五铢“每枚应重3.168克”，上海人民出版社，1986年版。看来都不符合出土实物2.42克的平均重量。

可禁约”。[1] 隋文帝遂在开皇五年（585）下诏，禁止百姓私自开采锡铅矿藏。开皇十年（590）后，盗铸之风又盛，“奸狡稍渐磨鑢钱郭，取铜私铸，又杂以锡钱，递相放效，钱遂轻薄”[2]。政府下令禁绝恶钱，在京师长安及诸州市肆之上立榜设置样钱，铜钱不合标准者，不许入市。因为新铸的隋五铢钱数量相对不足，未能满足市场流通的需求，恶钱的铸造使用还有其客观必然性，所以屡禁不止。隋朝政权对此采取了有效的措施：

1. 增加铸钱数量，投入市场。开皇十八年（598），“诏汉王谅，听于并州立五炉铸钱。是时江南人间钱少，晋王广又听于鄂州白苎山有铜矿处，锢铜铸钱。于是诏听置十炉铸钱。又诏蜀王秀，听于益州立五炉铸钱”[3]。

2. 收缴恶钱，严惩违法者。《隋书·食货志》载：“是时钱益滥恶，乃令有司，括天下邸肆见钱，非官铸者，皆毁之，其铜入官。而京师以恶钱贸易，为吏所执，有死者。数年之间，私铸颇息。”经过增铸新钱和对违法行为的坚决打击，恶钱的泛滥得以控制，恢复了商品货币经济的正常运行。

三、隋代的绢帛

隋代社会的自然经济色彩浓重，商品交换不够发达。这个时代特征反映在货币领域，就表现为实物货币——绢帛的用途比较广泛，其地位和作用甚至超过了铜钱。

首先，从国家的收入来看，是以粮食和布帛为主。《隋书·食货志》载当时征收正赋的情况：“丁男一床，租粟三石。桑土调以绢绝，麻土以布绢。绝以疋，加绵三两。布以端，加麻三斤。单丁及仆隶各半之。……开皇三年正月，……减十二番每岁为二十日役，减调绢一为二丈。”百姓交纳的代役税“庸”也是纺织品。“（开皇）十年五月。又以宇内无事，益宽徭赋。百姓年五十者，输庸停防”[4]。

其次，从国家对臣下百官颁发的赏赐来看，也是以绢帛为主。据《隋书》

---

① 《隋书·食货志》。
② 《隋书·食货志》。
③ 《隋书·食货志》。
④ 《隋书·食货志》。

的记载，皇帝赏给下属铜钱的情况很少，而赐帛非常普遍，事例不胜枚举：如重臣杨素，屡立殊勋，前后受赏多次，得到绢帛、锦段、金银无数；但据其本传所载，仅有两次赐钱。隋朝政府每年所用赐帛的数量达到数百万段[①]；规模最大的一次，是对灭陈奏凯之师的颁赏，未用铜钱，几乎全是绢帛。《隋书·食货志》载："（开皇）九年陈平，帝亲御朱雀门劳凯旋师，因行庆赏。自门外，夹道列布帛之积，达于南郭，以次颁给。所费三百余万段。"

再次，在大额的支付、授受场合，绢帛或金银往往发挥重要的作用，而金属货币——铜钱在这方面则显得略逊一筹。例如《隋书·赵元淑传》载其家贫，得娶长安富翁宗连之女，"遂聘为妻，（宗）连复送奴婢二十口、良马十余匹，加以缣帛锦绮及金宝珍玩，元淑遂为富人"。陪嫁财物当中就没有铜钱。

再次，隋代各地的市场上，除了使用铜钱进行交易之外，实物货币——粟帛也很流行。政府为了保证贸易的正常开展，打击作弊行为，不仅提供样钱，还设置了标准的量具，以便民用。例如《隋书·赵煚传》载其任冀州刺史，"冀州俗薄，市井多奸诈，煚为铜斗铁尺，置之于肆，百姓便之"。

再次，国家在计赃定罪时所用价值尺度也是以绢帛为主，铜钱只是用做轻微赃款的计价，如隋文帝曾推行盗取一钱弃市之法。在有些州县，甚至连小额的赃款也是以实物货币——粟帛来计算。如《隋书·酷吏传》载库狄士文任贝州刺史，"发择奸隐，长吏尺布升粟之赃，无所宽贷"。

另外，据《隋书·刑法志》所载，隋朝建立后曾改变了北周以绢赎罪的法律，规定以铜代绢[②]。这反映出国家的收入中绢帛过多，而铸钱的原料相对不足，所以推行了这项措施。

四、隋末币制的败坏

隋炀帝统治的后期，随着社会矛盾的尖锐激化，五铢钱的正常流通受到了

---

① 《隋书·食货志》："（开皇）十二年，有司上言，库藏皆满。帝曰：'朕既薄赋于人，又大经赐用，何得尔也？'对曰：'用处常出，纳处常入。略计每年赐用，至数百万段，曾无减损。'于是乃更辟左藏之院，构屋以受之。"

② 《隋书·刑法志》："其品第九已上犯者，听赎。应赎者，皆以铜代绢。赎铜一斤为一负，负十为殿。笞十者铜一斤，加至杖百则十斤。徒一年，赎铜二十斤，每等则加铜十斤，三年则六十斤矣。"

破坏。隋炀帝为政暴虐，奢侈糜乱，浪费无度；登极后又大兴土木，开凿运河，修筑宫殿，三次征天下兵马讨伐高丽，搅得海内不宁，老百姓受不了沉重的赋税和无休止的兵役、徭役，纷纷起义反抗。当时政治腐败，经济衰退，私铸的恶钱又开始流行。《隋书·食货志》载："大业已后，王纲弛紊，巨奸大猾，遂多私铸，钱转薄恶。初每千犹重二斤，后渐轻至一斤。或翦铁锞，裁皮糊纸以为钱，相杂用之。货贱物贵，以至于亡。"各地的物价也迅速上涨，从斗米数百钱升到数万①，导致了货币经济的全面崩溃。

第二节　唐及五代的货币结构

货币是商品交换的产物，它的形态在根本上是由商业贸易发展水平决定的。在封建社会的商业流通领域里，总是同时具有几种不同的货币形态，它们交错并存，既相互制约，又相互排斥，相互转化，组成特定历史阶段的货币结构。就唐代的情况而言，其国内的生产力和贸易发展程度存在着两个不平衡，对货币体系的构成起着重要影响：

首先，各个地区的经济水平有较大的差距。中原内地的商业发达，主要使用铜钱和绢帛为币；而偏僻落后的边远地区货币实物化的色彩则更为浓重。其次，即便在中原地区，也有城乡之间、州道之间的经济差别；特别是在自然经济占据优势地位的农村，除了使用钱帛之外，还广泛采用谷粟、禽畜及种种商品货币。

从动态的角度来考察，可以看到，在商品经济发展的有力推动下，唐代的流通领域发生了变化，铜钱与绢帛在货币结构中的位置、作用有所改变。唐朝前期，实物货币——布帛显然占据着主导地位，统治阶级认为"布帛是本，

---

① 参见《资治通鉴》卷181，隋炀帝大业七年："帝自去年谋讨高丽，诏山东置府，令养马以供军役。又发民夫运米，积以泸河、怀远二镇，车牛往者皆不返，士卒死亡过半，耕稼失时，田畴多荒。加之饥谨，谷价踊贵，东北边尤甚，米直数百钱。"

《太平广记》卷267："隋末荒乱，狂贼朱粲起于襄邓之间；岁饥，米斛万钱，亦无得处，人民相食。"

《资治通鉴》卷184，隋恭帝义宁元年十二月："东都米斗三钱（千），人饿死者什二三。"

钱刀是末”。在国家每年的财赋收入里，铜钱的数量很少，绝大部分是布帛和谷粟。《新唐书·食货志》载玄宗时“天下岁入之物，租钱二百余万缗，粟千九百八十余万斛，调绢七百四十万匹，绵百八十余万屯，布千三十五万余端”。然而到了唐朝后期，布帛的作用和影响日益缩小，其本位货币的地位被铜钱取代。铜钱的使用范围不断扩大，由中原内地向边疆区域推广。《新唐书·食货志》载户部尚书杨于陵言铜钱：“昔行之于中原，今泻之于边裔。……大历以前，淄青太原魏博杂铅铁以通时用，岭南杂以金银丹砂象齿，今一用泉货。”人们在社会生活里更愿意储存铜钱，在交易中乐意接受钱币，以致引起了铜钱的短缺，出现了“钱荒”。

一、钱币

（一）唐朝前期“开元通宝”钱制的创立

开元通宝是唐朝最先铸造使用的铜钱，也是唐朝发行数量最多、最为重要的一种本位货币。这种钱币是在唐高祖武德四年（621）首次铸造行用的。唐朝建立之初，仍然沿用隋五铢和其他古旧钱币。由于隋末社会长期动荡，钱法大乱，市场上充斥着各种轻薄劣小的钱币。《新唐书·食货志》载：“高祖入长安，民间行线环钱，其制轻小，凡八九万才满半斛。”这种混乱的状况给商业贸易带来了很大的困难。唐朝政府为了稳定市场流通，采取了统一币制的做法，在武德四年宣布废除五铢钱，开始铸造发行新的“开元通宝”铜钱；其字为直读，“开元”具有改朝换代、开国建业之意；“通宝”则是指“通行宝货”[①]，唐代一些大臣的奏议里，常有“钱者通宝”的字句[②]，亦是此意。开元通宝钱的发行，在中国货币演变的历史上有着重要的地位，它确实像钱文中“开元”一词的含义那样，标志着我国古代钱币的发展进入了一个新的阶段。以下分为几个方面予以详述：

1. 开元钱的名称

秦朝以降，唐朝以前，历代封建政府发行的钱币基本上是以重量为名称，

---

① 见彭信威：《中国货币史》，第293页，上海人民出版社，1988年版。

② 见彭信威：《中国货币史》，第293页，上海人民出版社，1988年版。

如半两、三铢、五铢、四铢等等。这类钱币曾被后代学者称之为“量名钱”；它们虽然在货币的内容上属于进步的金属铸币，但是在名称上还保留着旧的金属称量货币的形式。统治者为了搜刮百姓的财物，往往巧取豪夺、发行减重的铜钱，经常出现钱币的重量名称和实际重量不相符合的矛盾现象；例如西汉发行的各种半两钱和小五铢钱，均不足数；蜀汉、西魏和隋朝铸造的五铢钱也是如此。从唐朝发行开元通宝钱开始，直至近1300年后的清末，中国的铜钱不再以重量为名称了，而是改称为“某某通宝”、“某某元宝”或“某某重宝”，前面一般还加上皇帝的年号或者朝代的国名。这一改变消除了旧的金属称量货币的残留痕迹，也不再出现铜钱重量名实不符的矛盾现象了。钱币称“宝”，反映出它的流通范围和社会影响大大增强了，成为人们心目中可以支配一切的、名副其实的宝物。

2. 开元钱的书法

开元通宝钱币上的文字是初唐书法名家欧阳询所写，兼有数种书体，造诣很高。《旧唐书·食货志》载：“初，开元钱之文，给事中欧阳询制词及书，时称其工。其字含八分及隶体，其词先上后下，次左后右读之。”秦汉到隋朝的钱币，文字通常采用篆书，仅有个别乱世的小国短暂发行过隶书的铜钱，数量既少，流通的时间又短，没有显著的社会影响。开元通宝钱发行之后，中国铜钱上的文字书法逐渐向隶书、楷书过渡，很少采用篆书字体了。

3. 开元钱的重量

唐朝的法令规定，开元通宝钱“径八分，重二铢四絫，积十文重一两，一千文重六斤四两”①。据有关学者的测量，唐朝一斤重约680克，而标准的开元钱径长2.5厘米，重4.25克左右②，纠正了隋五铢偏轻的缺点，恢复到西汉五铢钱的标准重量。这项措施适应了当时商品经济发展的需要，结果受到了民众的普遍欢迎，“议者以新钱轻重大小最为折衷，远近甚便之”③。

---

① 《旧唐书·食货志》。

② 参见胡戟：《唐代度量衡与亩里制度》，载《西北大学学报》，1980年第4期。另外，唐朝前期墓葬出土的开元钱多有重至4.5克左右者，有些学者据《唐六典》注认为是玄宗时铸造，见彭信威：《中国货币史》，第299页，上海人民出版社，1988年版；还有人认为这是武德年间铸造的开元钱，见徐殿魁：《唐代开元通宝的主要品类和分期》，载《中国钱币》，1992年第3期。

③ 《旧唐书·食货志》。

此外，开元通宝钱发行之后，还影响到中国的计量制度，使重量单位也出现了一次变革。两汉到隋朝的重量进制是斤、两、铢、絫，其中一两重24铢，而一枚铜钱通常重五铢。唐朝规定10枚开元通宝钱重一两，一枚钱重2.4铢。后来，人们觉得2.4铢这个数目不整齐，就废除了“铢”，而把“钱”作为一个新的重量单位，一两等于10钱，一钱就是一枚开元通宝钱的重量。由于改成了十进位制，计算比过去方便多了。后来各代铸钱，其轻重大小基本上多是以开元通宝为标准；例如，清朝库平一钱就和一枚标准的开元通宝钱重量相等①。“钱”这个重量单位，也一直沿用到现代。

4. 开元钱的形制

自西汉发行五铢钱以至隋朝，各代的铜钱大多在正面只有外郭而没有内郭。唐朝的开元钱在形制上彻底改变了这种情况，这种钱币的正面和背面上都具有内郭与外郭，成为以后历代王朝铸造铜钱的楷模。

5. 开元钱的成分

唐朝以前，我国铜钱铸造的成分没有十分严格的标准。例如汉代流行“即山铸钱”，就是直接在产铜的矿山开采冶炼，铸造铜钱。到了唐朝，对于铜钱的成分开始有了一定的要求，制定了统一的标准。如天宝年间规定铜钱中各种金属含量的比例为：铜83.32%、铅14.56%、黑锡2.12%，这是铸钱制度史上的一个明显进步②。

6. 开元钱的字体区别和背面的图案

开元通宝是唐朝近三百年间铸造使用的主要钱币，而不同时期发行的开元钱在字体及钱币背面的图案上有细微的区别。唐初发行的开元钱为光背，“元”字第二横划的左端向上挑起，称为“左挑开元”；以后的大部分开元钱也是如此。另外，还有少量的“右挑开元”、“双挑开元”以及“元”字横划不向上挑起的开元钱。

唐朝以前的钱币，背面通常没有花纹和图案；而开元钱中的一部分背面铸

---

① 彭信威：《中国货币史》，第293页，上海人民出版社，1988年版。

② 《通典》卷9，《食货九·钱币下·注》：“每铸约用铜二万一千二百二十斤，白镴（铅）三千七百九斤，黑锡五百四十斤。”

有星点、太阳、月牙、祥云和飞鸟，还有星月在一起的，被称为“孕星”。有一种开元钱，背面有一个仰月的图案，据某些史籍记载，是太宗文德皇后在蜡制的钱模上用指甲掐出的痕迹①。背面有文字的开元钱，是唐武宗会昌年间铸造的，其字多为州名，详情见后文。

开元通宝新钱的发行和使用相当成功，很快就成为全国统一的金属铸币。由于唐朝初年政治安定，天下太平，社会生产得到了迅速的恢复与发展，在太宗时期出现了“贞观之治”的繁荣景象。因为连年丰收，物价很低，加上开元钱制作精整，币值稳定，购买力也比较高，常常出现一斗米只卖三四文钱的现象。开元通宝钱在唐朝灭亡以后虽然不再发行，但是仍然和历朝的新钱一起混杂使用，继续流通了七百多年，直到明朝后期才被禁止使用②。

（二）唐代其他种类铜钱的发行情况

唐朝除了主要行用开元通宝钱之外，自高宗时开始，还陆续铸造流通过以下几种钱币：

1. 乾封泉宝

唐高宗时由于对外频频用兵，财政支出困难，政府因此在乾封元年（666）铸造了“乾封泉宝”铜钱，企图以此来搜刮民财。这种钱币环读，是正式的年号钱。它比开元钱仅稍稍重一点，却要当开元钱十文来使用。“径一寸，重二铢六分。仍与旧钱并行，新钱一文当旧钱之十”③。结果引起了物价飞涨，民众拒用，“商贾不通，米帛增价”④。导致了市场的混乱。高宗不得不在第二年正月下诏承认失误，废止了乾封泉宝钱；“今废旧造新，恐乖先旨。

① 《唐会要》卷89，引郑虔《会粹》云：“（欧阳）询初进蜡样，自文德皇后掐一甲迹，故钱上有掐文。”

② 姜绍书《韵石斋笔谈》：“余幼时见开元钱与万历钱杂用，轮郭圆整，书体端庄，间发青绿朱斑，古雅可玩。背有指甲痕，相传为杨妃以爪拂蜡模，形如新月。天启三年，南工部郎白绍光执掌鼓铸，建议前朝旧钱，非时王之制，不应互用，致泉壅滞，悉宜追毁，以裕国储。大司空以为能，严禁民间不得以开元钱贸易，凡有存者，俱作废铜，归炉改铸。白君虽一时之见，规划利权，遂使八百余年流传泉贝，销于烟烬，深可痛惜。”

③ 《旧唐书·食货志》。

④ 《旧唐书·食货志》。

其开元通宝，宜依旧施行，为万代之法。乾封新铸之钱，令有司贮纳，更不须铸。仍令天下置炉之处，并铸开元通宝钱”①。

2. 乾元重宝

唐肃宗在乾元年间铸造的钱币。当时处于安史之乱的战争年代，军费开支浩大，国家财政极为困难，因此根据第五琦的建议，先后发行了几种贬值的大钱，名称都是“乾元重宝”，有以下各种：

甲、当十乾元钱　乾元元年（758）发行，每枚约重 6 克②，钱径 2.7 厘米，每千枚重 10 斤。政府规定每枚当开元钱 10 文，两者并行③。

乙、当五十重轮大钱　乾元二年（759）发行，这种钱币的背面外缘有两道凸起的棱郭，所以被称为“重轮钱”或“重棱钱”，一枚当开元钱 50 文。其直径约为 3.5 厘米，重 12 克左右，每千枚重 20 斤。重轮钱的重量约为开元钱的 3 倍，法定币值却是开元钱的 50 倍，结果造成了严重的通货膨胀。“寻而谷价腾贵，米斗至七千，饿死者相枕于道”④。在民众的强烈反对和盗铸之风愈盛的情况下，政府被迫把重轮钱改为一当三十，后又改为一当三，最后定为大小钱平价流通。这样，重轮大钱多被人们销毁，改铸成器物或小钱，从而逐渐退出了流通领域。

丙、乾元重宝小钱　文字形制仿照重轮乾元钱，但是和开元钱的大小相同。唐代宗宝应元年（762）曾下诏规定此钱一当开元钱二，后又改为两者价值相等⑤。

3. 得一元宝和顺天元宝

安史之乱中史思明再占洛阳，称大燕皇帝后发行的两种钱币。轻重大小与

---

① 《旧唐书·食货志》。

② 彭信威在其《中国货币史》中认为乾元重宝当十钱的标准重量应为 5.97 克，但有些考古学者根据出土乾元钱的实物不同意他的说法，参见《咸阳发现大批唐代货币》，载《考古与文物》1981 年第 4 期。

③ 《旧唐书·食货志·上》载乾元元年诏曰：“……御史中丞第五琦奏请改钱，以一当十，别为新铸，不废旧钱，冀实三官之资，用收十倍之利，所谓于人不扰，从古有经。宜听于诸监别铸一当十钱，文曰‘乾元重宝’。其开元通宝者依旧行用。所请采铸捉搦处置，即条件闻奏。”

④ 《旧唐书·食货志》。

⑤ 《新唐书·食货志》。

重轮乾元钱相同，规定每枚当开元钱100文，属于贬值严重的军用货币。《新唐书·食货志》载："史思明据东都，亦铸'得一元宝'钱，径一寸四分，以一当开元通宝之百。既而恶'得一'非长祚之兆，改其文曰'顺天元宝'。"历史记载"顺天"是史思明登极后采用的年号，"得一"的含义则不清楚；考古学界有人认为"得一"是史思明最初的年号，后为"顺天"所取代①。

4. 大历元宝和建中通宝

这两种钱币分别是唐代宗和唐德宗的年号钱。《新唐书·食货志》记载了大历、建中年间政府铸钱的事情，但未能详述。由于这两种钱币大多轻薄劣小，有些学者认为它们是民间私铸的。不过，当时私人盗铸通常是仿照政府法定钱币的样式来铸造，应该是官府先发行了这两种钱币，然后才会出现私铸的效仿。

5. 开元通宝当十大钱

《册府元龟·邦计部·经费》载唐德宗建中四年（783），政府出动大军镇压淮西藩镇李希烈的叛乱，用费浩大，财政困难。户部侍郎判度支赵赞奏请采连州（今广东连县）白铜铸造当十大钱。据传世古钱和新近出土的文物资料来看，这种钱币的形制大小和当十乾元钱相同，直径3.05厘米，厚0.2厘米，重约10克②。

6. 会昌开元

唐武宗时铸造的开元通宝钱，始铸于会昌六年（846）。唐朝后期，佛教在全国非常流行，天下广建寺庙，占用了大量土地、人力和财物，尤其是铜与黄金的耗费巨大，如各处庙宇里的铜铸佛像、钟磬及种种法器，数量极多。据《旧唐书·王缙传》记载，当时五台山的金阁寺甚至以铜铸成屋瓦，"涂金于上，照耀山谷，计钱巨亿万"。唐朝政府为了扩大财政收入，并解决钱币短缺的困难，于会昌五年（845）下令废国内佛寺4600余所，让僧尼数十万人还俗，并且把庙里的铜像、法器没收毁掉，重新铸造钱币。《新唐书·食货志》载次年淮南节度使李绅在当地所造的开元钱背面加铸"昌"字，以表示"会

---

① 潘连贵：《"得壹元宝"应为年号钱》，《中国钱币》，1983年第3期。

② 参见《陕西发现罕见开元通宝当十大钱》，《中国钱币》，1984年第4期。

昌”的年号，进献给皇帝；并奏请朝廷下令让各地在所铸铜钱背面铸上本州的名称，获得批准。后人称这类开元钱为“会昌开元”。目前发现的有20余种，背面文字有州名的共17种，为丹、平、兖、兴、润、越、福、宣、洪、鄂、广、桂、襄、潭、益、梓、梁；此外京兆府（长安）为“京”，河南府称“洛”，江陵府为“荆”，扬州用“昌”，蓝田县用“蓝”，永平监用“永”。会昌开元钱的制造不太精整，略为轻小。这种钱币的存世数量远远少于普通的开元钱，因为唐宣宗即位后，一反武宗的灭佛政策，恢复了各地的许多佛寺；认为先前销毁佛像铸钱是一种罪孽，就专门收集背面有字的开元钱，把它们熔掉重新铸成佛像。“尽黜会昌之政，新钱以字可辨，复铸为像”①。本来会昌开元发行的数量就很有限，这样一来留下的就更加稀少了。

7. 咸通玄宝

唐懿宗咸通十一年（870），政府在桂阳监铸造的，数量很少②。

8. 大齐通宝

这种钱币在历史上只发现过两枚，最初是清朝学者戴熙在其著作《古泉丛话》中提到的，认为它是唐朝末年黄巢起义占领长安、建立大齐国后铸造的。今人马定祥则认为它是南唐烈祖徐知诰在称帝并改国号为大齐之后发行的③。这两枚大齐通宝钱现在都已散失了，又未见明确的历史记载，所以难予断定。

（三）五代十国的钱币

唐朝灭亡以后，出现了五代十国的动乱时期。从907年朱温篡唐到960年北宋代周，这期间我国出现了分裂割据局面，北方（中原）经历了5个王朝、15个皇帝，改朝换代非常频繁。南方则先后出现了9个小国。南北方之间虽然经常开战，但是通商贸易并不间断。由于商业的发达，对货币的需要量不断增加，有许多小国自己发行质量低劣的钱币，以此作为增强本身经济实力、削弱它国的手段。因为受战乱割据影响，铜矿的开采和冶炼大大减少，导致铸钱的铜料来源不足，所以各国发行的铜钱数量都不多，而且常常行用不足值的当

① 《新唐书·食货志》。

② 《泉志》引旧谱。

③ 马定祥：《大齐通宝辩》，《中国钱币》，1983年第2期。

十、当百乃至当万大钱，甚至用铅、铁、锡等低质合金铸钱，把它们和旧的开元钱、金银、谷物及布帛混在一起使用，是货币流通十分混乱的一个阶段。

1. 五代的钱币

五代十国期间，北方的后梁、后唐、后晋、后汉、后周五个军阀政权称为“五代”，旧史家曾把它们算做唐宋之间所谓“正统”的小朝廷；实际上它们只是占据了北方中原的大部分地区，势力范围并没有越过长江。由于长期的战乱破坏，社会动荡不宁，生产衰败，货币的价值很不稳定，流通领域里基本上沿用唐朝的开元钱，军阀政权自己铸造的钱币并不多，主要有以下几种：

甲、开平元宝（通宝）。“开平”是后梁太祖朱温的年号（907 ~910），旋读，文字不太工整，传世极少。广东还出土过一种铅质的“开平通宝”小平钱，彭信威认为“可能是岭南刘隐奉梁正朔的时候所铸”[①]。

乙、天成元宝。后唐明宗李嗣源的年号钱。

丙、天福元宝。后晋高祖石敬塘的年号钱，旋读，有官铸和私铸两种，前者比较精整，但很少见；后者数量稍多。后晋政权在天福三年（938）十一月曾下诏允许民间铸造铜钱[②]，有人认为可能是因为当时铜料缺乏，故听任百姓私铸。

丁、汉元通宝。后汉高祖刘知远铸造的钱币，直读。

戊、周元通宝。后周世宗柴荣发行的小平钱。在五代铸造的铜钱里，周元通宝的数量最多；因为周世宗曾在显德二年（955）下令灭佛，废除国内（北方）佛寺3336所，销毁庙里的铜佛像、钟磬法器，并收集民间的铜器铸钱，所以数量比较多。有些迷信的大臣反对这样做，柴荣巧妙地回答说：“吾闻佛说以身世为妄，而以利人为急，使其真身尚在，苟利于世，犹欲割截。况此铜像，岂其所惜哉?”[③] 致使那些大臣无言以对。

2. 十国的钱币

十国当中，除了北汉在北方，其余九国都在南方；它们的地域广阔，人口

---

① 彭信威《中国货币史》第312页，上海人民出版社1988年8月版。

② 《旧五代史·晋书·高祖纪》。

③ 《新五代史·周本纪·末论》。

众多，经济也比较富庶。北汉、吴越和南平三个政权没有铸钱，另外七国都发行过钱币，一般仅限于在本地区使用。其中有：

甲、南唐　十国当中要属南唐的领土最广，经济最为繁荣，因此发行钱币的种类和数量也最多，计有：

保大元宝。是南唐元宗李璟的年号钱（943～957）。

永通泉货、开元通宝大钱。都是当十的贬值钱币。

大唐通宝，国号小平钱。

开元通宝、唐国通宝对钱。这两种钱币的文字比唐朝的开元通宝钱略小，外郭也比较宽，都有隶书和篆书两种，所以称为“对钱”。

后主李煜时，由于政治腐败，国力日益衰弱，没有条件大量铸造铜币，开始发行价低质劣的铁钱。百姓们纷纷把铜钱藏了起来，不再使用；商人们则用10兑1的比价将铁钱换成铜钱，运送出境。于是政府正式下令，规定铜钱1文当铁钱10文。

乙、前蜀、后蜀　即先后割据四川的王氏、孟氏政权。四川地区在五代十国时期战乱比较少，相对安定；又有较好的自然环境，被称为“天府之国”，物产丰饶，因此铸钱比较多一些。前蜀王建、王衍父子铸有永平元宝、通正元宝、天汉元宝、光天元宝、乾德元宝、咸康元宝等几种年号钱。后蜀孟知诰、孟昶父子铸有国号钱“大蜀通宝”，以及年号钱“广政通宝”。

丙、楚　割据湖南的楚王马殷也发行了几种钱币，有“天策府宝”铜、铁大钱，是他在接受后梁太祖授予的“天策大将军”封号时铸造的；还有“乾封元宝”铜、铁大钱。这两种年号钱都是铁钱多而铜钱很少。据《资治通鉴》卷274记载，马殷听从了高郁的建议，大量地用铅、铁等贱金属铸钱，并且不征商税，以此吸引外地的客商来到湖南进行贸易。当他们卖掉货物后，所得的铅、铁钱币带回去没有用，所以只得购买当地的土产离境。这样就促进了楚国经济的发展。

丁、南汉　刘氏政权曾在广州铸造过几种年号钱，如“乾亨通宝”、“乾亨重宝”铜、铁、铅钱，“大有元宝”等。

戊、闽　占据今福建地区的王审知父子曾大量铸造铅质的“开元通宝”小平钱，背有“闽”或“福”字；又铸造了“开元通宝”铜、铁、铅质的大钱，文字较大而不平整。此外还有年号钱“永隆通宝”和“天德通宝”大铁钱。

3. 刘仁恭父子的铁钱、泥钱

刘仁恭、刘守光父子是割据幽州（今北京地区）的军阀，不在十国之内。刘仁恭曾称燕王，后来其子刘守光把他拘押起来，自称“大燕皇帝”，年号“应天”。三年后被后唐庄宗李存勖发兵灭掉，父子二人都被俘虏处死。

刘氏父子发行过“永安一十”、“永安一百”、“永安五百”、“永安一千”的铁钱、铜钱；还有铁钱“应圣元宝”背“拾”字，“乾圣元宝”背“百”，“应天元宝”背“万”，很可能还有一种背“千”的钱币未被发现。刘氏父子贪得无厌，历史记载他们把境内百姓的铜钱全部收集起来，藏在大安山（今北京房山）的洞穴里，掩埋洞口后杀死所有的工匠以保守秘密①。另外，还在幽州境内以堇泥作钱，强迫百姓使用②。

二、绢帛

在封建社会里，占统治地位的是自给自足的自然经济，其商品交换当中也带有浓厚的自然经济色彩，经常以实物作为流通手段。唐代虽然有了铜钱——先进的金属铸币，但是由于种种客观条件的限制，例如商品贸易发展的水平较低，社会分工不够发达，铜钱铸造发行的数量有限，实物货币仍然在交换领域中发挥着重要的作用。清人黄宗羲曾说：“唐时，民间用布帛处多，用钱处少”③。因为铜钱本身的价值低贱，适于小额买卖；如果用来进行大额贸易和长途贩运商业，其携带和收授、支付都很不方便，所以唐代货币行用的基本制度，仍是“钱帛兼行”。大宗的交易、支付常用丝织品——绢帛，兼以麻布。如《唐六典》卷20所载；“凡绢、布出有方土，类有精粗；绢分为八等，布

---

① 《旧五代史·刘守光传》。

② 刘仁恭父子造用泥钱的记载见于《旧五代史·刘守光传》。《册府元龟·邦计部·钱币下》：“长兴元年正月，鸿胪少卿郭在徽奏请铸造新钱或一当十，或一当三十，或一当五十，兼进钱谱一卷，仍于表内征引故幽州节度使刘仁恭为铁钱、泥钱事。敕旨：刘仁恭顷为燕帅，不守藩条，辄造泥钱，号为山库，殊非济物，一向害人，丑状寻除，恶名犹在。……”

③ 《明夷待访录·财计一》。

分为九等，所以迁有无和利用也。”下面予以详述：

（一）绢帛的货币职能

“钱帛兼行”中的“帛”，是当时丝织品的总称，其中包括绢、练、缣、绫、罗、锦、纱、绡以及绵等许多种，质地和价格的差距也很大，作为货币支付的时候随行就市；购买货物可以付钱，也可以付绢帛，它在社会上具有以下几种货币职能：

1. 价值尺度

唐朝的商品价格在很多情况下是用绢帛计算的，特别是在唐前期废除了旧的五铢钱，而开元通宝又刚刚发行，数量有限，因此绢帛的货币性能得到了较强的发挥。例如市场的物价常常以帛来计算标明，特别是一些高价商品，像牛马等大牲畜、奴隶、珍玩、田宅等等多是以帛定价①。一个普通男劳动力的每日工值，官定为绢三尺，政府征收代役税——“庸”以及与百姓“和雇”时，均以此为计价标准。另外官府审理贪赃及各种债务案件时，赃款和债款的计算单位通常也是绢帛，往往把各种财物折成绢匹②。由于各地绢价不统一，唐玄宗在开元十六年（728）还专门下诏，命令定赃时绢与铜钱的比价一律为每匹550钱③。

2. 支付手段

绢帛作为支付手段也使用得相当广泛，如在赏赐、借贷、薪俸、租金、劳务报酬、购物付款以及向政府交纳赋税等等。两税法实行后，赋税在名义上征收铜钱，实则允许百姓通过折估来交纳布帛。穆宗时又取消了折估，许可直接交纳布帛。政府的财政收入，大部分是布帛、谷粟等实物，铜钱所占的比重并不大。尤其是在两税法实行之前。如天宝中国家每年的总支出，“其度支岁计粟则二千五百余万石，布、绢、绵则二千七百余万端屯匹，钱则二百余万贯”④，铜钱仅占3.7%。所以政府的开支也是以支付绢帛为主，如官吏的月俸

---

① 典型材料可参见吐鲁番文书《天宝二年交河郡市估案》，载池田温：《中国古代籍帐研究》（录文）。

② 《唐律疏议》卷4，《平赃者》：“诸平赃者皆据犯处当时物价及上绢价，……”

③ 参见《唐会要》卷40，《定赃估》。

④ 《通典·食货典六·赋税下》。

常常半给匹段，行政、军事费用亦多付绢帛。官府向民间百姓征购各种物品，即所谓“和市”、“和籴”，一般也是给付绢帛、丝绵。

3. 储藏手段

唐代人们贮藏财物，不仅保存金银、铜钱，也收藏绢帛。《独异记》曾载唐玄宗问长安富人王元宝有多少财物，他回答说可以把自己家藏的绢帛系在终南山的树上，每棵树系一匹，“南山树尽，臣帛未穷”。《旧唐书·杨国忠传》载其“中外饷遗辐辏，积绢至三千万匹”。《旧唐书·郑注传》亦载其罢官后，“既籍取其家财，得绢一百万匹，他货称是”。国家的府库中也存有大量布帛，如《资治通鉴》卷217载李萼称清河的府库，“今有布三百余万匹，帛八十余万匹，钱三十余万缗”。

（二）绢帛的流通法规

为了保障布帛作为货币在商业领域中的正常流通，唐朝政府在法律上制订了许多有关规定。例如：

1. 肯定布帛的货币地位

朝廷曾在开元二十年（732）、二十二年，贞元二十年（804），元和六年（811）数次下诏，宣布在货币制度上实行“钱帛兼行”的复本位制。布帛在公私交易中和铜钱并行使用，具有相同的法律偿付能力，卖方不得拒收，违者有罪。特别是大额交易，像购买庄宅、奴婢、马匹或者是10贯钱以上的贸易，都要用绢帛支付①。

2. 颁行布帛的定式

布帛作为通行的货币，本身的价值量应该具有一定的标准，这样便于在交换、授受时进行计算。南北朝时布帛的官府定式是幅广2尺2寸，绢长40尺为1匹，布长60尺为一端。至隋开皇年间改成大尺，以古3尺为1尺。唐朝继承了此项制度，而将布帛的幅度改为1尺8寸，长度则以4丈为匹，5丈为端②。

---

① 参见《册府元龟·邦计部·钱币三》开元二十年九月制，开元二十二年十月诏，元和六年二月制，《新唐书·食货志四》。

② 《通典·食货典六·赋税下》开元二十二年五月敕条注：“准令，布帛皆阔尺八寸，长四丈为匹，布五丈为端。”

当时民间常有奸诡之徒，织造短狭的布帛投入市场，以此牟利。另一方面，封建地方政府（州、县）为了加重剥削，有时也强迫百姓交纳加长的布帛，“有至五丈为匹者，理甚不然”[①]，连皇帝也看不过去。为了保证布帛的质量，维持这种实物货币本身的稳定，唐朝政府除了颁行布帛的定式——长度、幅度标准之外，还把样品送往各州，以便地方政府在征收布帛时进行核对。使“好不至精，恶不至滥”[②]。

另外，朝廷还屡屡颁布法令，给作奸取巧者以种种惩罚。如《唐律·杂律》即规定：“诸造器用众物及绢布之属，有行滥、短狭而卖者，各杖六十。”《唐律疏议》注曰：“行滥谓器用众物不牢、不直，短狭谓绢匹不至四十尺。布端不满五十尺，幅阔不至一尺八寸之属而卖，各杖六十。”开元八年（720）政府又颁行庸调法，重申了唐初的制度，此后各代皇帝亦频频降旨，严禁织造不合标准的绢帛。

不过，从唐朝后期到五代，在布帛的定式问题上出现了两个值得注意的倾向：

第一，作弊方法从短狭转为次弱　从唐朝历代政府颁布的诏书来看，贞观到元和年间，朝廷通过法律手段进行处罚打击的主要是织造短狭布帛的行为，即长度、幅度不合标准的违法现象。元和以后，打击惩罚的对象则以织造次弱布帛为主。奸人作弊的方法比以前更加隐蔽，布帛的长度、幅度都符合要求，但是过于疏薄、次弱，这种情况不易被检查发现出来。尤其是在五代，此种违法活动愈发严重。封建统治者为了消除这种流弊，规定“并须斤两尺度合官定规程，不得辄为疏薄”[③]，但是作弊者随即又在绢帛上施加粉药，增加次弱匹段的重量，使官府防不胜防。

第二，定式的长度、幅度有所增加　唐朝前期虽然也出现过这种现象，但只是个别地方政府所为，朝廷在法律上是不承认的。唐朝中叶以后，封建国家为了搜刮民财，在征收布帛时逐步加大其幅度和长度。其初起于唐德宗

① 《旧唐书·食货志·上》开元八年正月敕。
② 《旧唐书·食货志·上》开元八年正月敕。
③ 《册府元龟·邦计部·丝帛》，汉隐帝乾祐三年左司员外郎卢振上言条。

推行两税法，钱重物轻，因而颁布了加长、加宽布帛定式的规定。见《李文公集·疏改税法》载元和十五年奏："今若诏天下，不问远近，一切令不督见钱，皆纳布帛；凡官司出纳，以布帛为准，幅广不得过一尺九寸，长不过四十尺，比两税之初，犹为重加一尺。然百姓自重得必乐而易输，不敢复望建中之初矣。"此后愈演愈烈，下面是唐初至五代布帛定式演变的各种数据①。

唐初至建中前：幅广1.8尺，长40尺，面积为72平方尺。

建中时：幅广1.9尺，长39尺，面积为74.1平方尺。

元和时：幅广1.9尺，长40尺，面积为78平方尺。

五代时（后周显德三年前）幅广2尺，长42尺，面积为84平方尺。

后周显德三年后：幅广2.5尺，长42尺，面积为105平方尺。

（三）唐代布帛作为货币通用的原因

布帛属于实物，它和铜钱相比，显然是一种落后的货币形态，其自然属性（坚固、耐磨损方面）要差得多。对这一点，古人早就有明确的认识；那么，它为什么还能在唐代的流通领域中占据重要的地位呢？其主要原因有以下几点：

1. 受生产力水平、商品经济发展程度的制约

隋唐时期，中国封建社会的生产、贸易比起前代来，无论在深度、广度上都有很大的进步。但是总的来说，社会分工仍不够发达，商品种类有限，自然经济的色彩还比较浓重。尤其在广大的乡村里，百姓男耕女织，安土重迁，与外界和市场的联系很少。农民和地主家庭尽量把生活用品的需要放在自己的内部来解决，他们的理想生活是"树之谷，艺之麻，养有牲，出有车，无求于人"②。个体小农除了生产粮食之外，主要的产品就是布帛，如齐抗所言："今两税出于农人，农人所出，唯布帛而已。"③ 自耕农经济和地主经济为市场提供的商品有限，获得钱币比较困难；如韩愈所言："除城郭外，有钱粜盐者十

---

① 参见《册府元龟》卷501，《邦计部·丝帛》。

② 《柳宗元集》卷24。

③ 《新唐书·食货志》。

无二三。”[①] 白居易亦曰：“钱者，桑地不生铜，私家不敢铸，业于农者何以得已！”[②] 而在男耕女织的条件下，需要购物时可以直接用它去交换。以布帛作为货币，对于封建小农来说是比较方便的。官府的财政收入、官员的俸禄发放大部分也是布帛，所以封建统治者们也具备使用纺织品为货币的客观条件。

2. 铜钱的价值较低，发行数量有限

铜钱的单位价值很小，主要是用来支付小额交易。如果用做大额贸易和长途贩运商业的支付手段，携带与授受都很不方便。另一方面，唐朝发行铜钱的数量有限，即使在铸钱最多的年份（玄宗开元、天宝年间），也不过是每岁数十万贯，还不到北宋最高年产量的10%。平常每年只有数万或十数万贯，不能完全满足当时商品经济的需要，客观上必须有大量其他形态货币作为补充。

3. 金银的产量不多

古代中国的黄金产量很低，白银在唐朝的开采数量也很有限，例如唐朝后期，每岁只产银12000~25000两[③]，远远不够充当本位货币，因此当时许多大额交易不得不用绢帛来支付。

4. 布帛本身具备充当货币的条件

就布帛本身来说，它具有一定的价值，匹端又有定式，即幅度与长度标准，支付、收取时计价较为方便。另外，更重要的是，绢帛在唐代拥有广阔的国内外市场，是人们乐于接受的商品，所以能够充当一般等价物。

丝麻织物是衣装材料，用途相当广泛，市场的需要量很大。尤其是轻便柔软的绢帛，穿着舒适，深受各个阶层的人们欢迎。隋唐时期，黄河流域及长江流域都是盛产丝织品的地方，产品除了供给南北方各族人民服用之外，还通过

---

① 《昌黎先生集·论变盐法事宜状》。

② 《白氏长庆集·息游惰策》。

③ 参见《新唐书·食货志》：“元和初，天下银冶废者四十，岁采银万二千两，铜二十六万六千斤，铁二百七万斤，锡五万斤，铅无常数。开成元年，……增银冶二、铁山七十一，废铜冶二十七、铅山一。天下岁率银二万五千两、铜六十五万五千斤、铅十一万四千斤、锡万七千斤、铁五十三万二千斤。”

但日本学者加藤繁在《唐宋时代金银的研究》一书中，认为上述数据指的是矿税，产银量大约相当于这个数目的5倍。我国学者秦波根据《元和郡县志》卷28饶州乐平县条的记载，认为元和年间全国岁产银当在20万两以上，开元、天宝时岁产银可能还要略高于这个数字。（见《西安近年来出土的唐代银铤、银板和银饼的初步研究》，载《文物》，1972年第7期）不过，即使是年产20万~30万两的数量，在幅员辽阔、人口众多的唐朝也远远不够作为本位货币的用度。

互市送往西北的游牧民族突厥、回纥，或经过丝绸之路和海运远销到中亚、西亚、南亚、日本、朝鲜和欧洲。各地与国外的商人普遍乐意接受绢帛，从而加强了它的流通与使用能力，有条件充当货币。

（四）唐代布帛的使用单位和价格

绢帛作为通用的货币，以疋、匹为单位计价支付，两税法推行以前每匹长四丈；布称“端”，长五丈，亦有为“匹”者（长四丈）；幅宽都是一尺八寸。建中年间以后有变化，前文已述。绢帛有时也论“段”交易，为半匹，长二丈[①]。绢帛通常的使用都是以匹（疋）计算，用于大额贸易；这是因为购物款项如果数额较高，用铜钱支付则点算数目相当麻烦。而绢帛若是用于小额交易，一经剖开截断，价值就要受到减损，所以平常不用于小额买卖的支付。但是在唐朝的历史记载里，也有一些用尺帛来购买少数粮食、柴薪或鱼肉的情况[②]。

绢帛的价格在唐代各个阶段、各个地区也并不一致，有高低之分。例如盛唐——开元、天宝年间，山南（汉中、四川）绢贱，每匹合铜钱200～300文；河南绢贵，每匹约值700余文。政府曾在开元十六年（728）下令，规定在审理司法案件时，以每匹绢合550文作为平均计算价格[③]。唐中叶推行两税法之后，绢的价格在每匹800文上下浮动。

关于麻布价格，较为典型的数据材料是吐鲁番文书中的《天宝二年交河郡市估案》，记载较贵的赀布、火麻布、常州布每端或每匹在500文左右，最贱的小水布每端值320文（次估），普通的杂州布每端为400文（次估）。

（五）唐代绢帛货币地位的衰落

唐代绢帛作为货币来说，其地位、作用最为重要的乃是在唐朝前期。由于唐朝政府在建国之初废除了隋五铢和其他古旧铜钱，新铸的开元通宝钱数量又不多，所以绢帛在流通领域中的使用范围很广。但是到了盛唐时期，经济繁荣，生产和贸易事业比较发达，铜钱的铸造量大增，绢帛的货币地位随即开始动摇。例如从玄宗开元二十年九月制中，就可以看出当时市场上的商贾多愿意

---

① 《五代会要》卷8：“太常礼院例，凡赙匹帛，言段不言端匹，每二丈为段，四丈为匹，五丈为端。”

② 《云仙杂记》卷4：“开成中，物价至微。村落买鱼肉者，俗人买以胡绢半尺。”

③ 参见《唐会要》卷40，《定赃估》。

接受铜钱，而不喜欢收取绢帛，政府专门为此颁布命令："绫、罗、绢、布、杂货等，交易皆合通用；如闻市肆必须见钱，深非道理。自今以后，与钱货兼用，违者准法罪之"[①]。玄宗在开元二十二年十月六日的敕文中还强调说："货物兼通，将以利用，而布帛是本，钱刀是末"[②]。到了唐朝后期，统治阶级也不再这样认识了；像《通典》的作者杜佑就在他的著作里充分肯定了铜钱在货币结构中的主导作用，批评绢帛、谷粟等实物货币的缺点。"凡万物不可以无其数，既有数，便乃设一物而主之。其金银则滥于为器为饰，谷帛又苦与荷担断裂，唯钱可贸易流注，不住如泉。若谷帛为市，非独提挈断裂之弊，且难乎铢两分寸之用。"绢帛毕竟是比较落后的实物货币形态，和金属货币相比，它的缺点很多，例如：

不耐久藏。作为储藏手段，绢帛存放时间过长会发生腐朽损坏。

容易污染破裂。绢帛的质地柔软，在运输和交换中频繁易手，常常被污损、扯裂，造成其价值的贬损。

不便于小额交易。如果用绢帛购买零星物品，必须把成匹的衣料撕为小片，不仅麻烦，还降低了匹端的价值。

有次弱、短狭之弊。用绢帛做货币容易被人从中捣鬼作弊，对于织造短狭的匹段，交易时需要丈量检查，核对每一匹，手续相当繁琐。对那些故意偷工减料织成的薄绢，还要进行称重。尽管唐朝政府多次下令，采取各种措施来打击作弊者，但是效果不大，直到唐末五代也未能消除这种现象。

鉴于以上原因，唐中叶以后，随着社会生产和商业贸易水平的发展，金属货币的流通范围日益扩大，绢帛在商品交换领域越来越受到铜钱的排挤；人们普遍喜欢收取铜钱，而不大愿意接受绢帛。唐代后期经常出现铜钱短缺的情况，即所谓"钱荒"。政府一再重申"钱帛兼行"的法令也没有什么作用，绢帛的货币地位愈发难以维持；到了宋代，它又退回到日用品的领域，不再充当国家的法定货币了。

---

① 《册府元龟·邦计部·钱币三》。

② 《唐会要》卷89，《泉货》。

三、谷粟及其他实物货币

在唐代广大的农村和商品经济不发达的边远地区，铜钱的使用很是有限；除了绢帛，各种粮食也是常用的货币。韩愈曾在奏文中提到，“除城郭外，有钱籴盐者十无二三，多用杂物及米谷博易”[①]。吐鲁番出土的唐代文书里，也记载了西州地区支付佣价多用粮食，“日求升合养姓（性）命。”在敦煌文书里也可以看到，当地农村中买卖土地、房屋、奴婢以及借贷时的货币支付，常常使用麦、粟等粮食[②]。谷物是人们生活中最基本的消费品，每日不可缺少，可以说是社会上最重要的商品，粮价的升降就是社会经济形势好坏的晴雨表；因为它拥有最广泛的市场，所以也能充当一般等价物，发挥货币的职能。

唐朝政府在某种情况下也准许粮食代替铜钱来做货币，像贞元元年官府雇佣贫民搬运物资时，“便以米充脚价”。唐文宗太和四年诏曰：“凡交易百缗以上者，匹帛米粟居半。河南府、扬州、江陵府都会之剧，约束如京师”[③]。不过，谷粟作为货币缺点很多，因为本身的单位价值太小，分量较重，难以携带，对于贸易支付、尤其是长途贩运来说很不方便。古语说：“百里不贩樵，千里不贩籴。”要进行大额、长途转运的贸易活动，谷粟充当货币是难以胜任的，所以它在多数情况下只是在当地用做支付手段。

唐代西南少数民族地区由于经济落后，还在使用贝壳、盐块等实物货币。有些偏僻的山区甚至处于更为原始的物物交换状态，没有通用的货币。例如长庆二年（822）韦处厚曾谈到在山南道（今四川、湖北交界处）某些地区，“不用见钱，山谷贫人，随土交易；布帛既少，食物随时，市盐者或一斤麻，或一两丝，或蜡、或漆、或鱼、或鸡，琐细丛杂，皆因所便；今逼之布帛，则俗且不堪其弊”[④]。

---

① 《昌黎先生集·论复盐法事宜状》。

② 参见中国科学院历史研究所资料室：《敦煌资料》第一辑，唐乾宁四年张全义卖庄宅契（斯3877），丙子年阿吴卖儿契（斯3877），甲子年汜怀通兄弟贷绢契（伯3565），辛巳年康不子借生绢契（伯2633）。中华书局，1961年版。

③ 《新唐书·食货志》。

④ 《唐会要》卷59，《度支使》。

四、金银

（一）有限的货币职能

唐代的黄金和白银并不是通用的货币，它们在社会生活里主要是用做器物、首饰和宝藏，用金银来做价值尺度和支付手段的事例相当罕见，基本上出现于乱世。人们通常先要把金银兑换成铜钱或绢帛，然后再去购物①，而很少直接用它来买东西。但是唐代的金银在几个次要方面也发挥过它的货币职能。例如：

1. 部分充当过支付手段

这不是在日常生活的交换活动中，而主要是在皇帝赏赐臣下、军费调拨和地方的贡献。唐代边远州道向朝廷上缴赋税时为了运输方便，曾将庸调所收的布帛折成银两送往京师国库收纳，称为“变造”。《旧唐书·食货志》载此制始于玄宗时，“凡金银宝货绫罗之属皆折庸调以造焉”。此外，唐朝政府允许私人开采银矿，银丁可以用自己生产的白银来折充课役②。民间也用金银来充当谢礼、贿款，以及远行时携带金银用做旅费等等。由于金银的体积小、价值高，携带方便，故此能够在以上这些场合代替绢帛与铜钱来做货币。

2. 充当储藏手段

唐朝的官宦、贵族与富豪之家窖藏金银的记载也很多。例如：《太平广记》卷350载：“浮梁张令，家业蔓延江淮间，累金积粟，不可胜计。”《旧五代史·贾纬传》：“身没之后，有白金八千铤。”

总的来说，金银在唐代并没有取得法定的货币地位。如唐律规定私铸铜钱

---

① 参见《太平广记》卷25，《采药民》：“（蜀郡青城民）乃至一城中，人物甚众，问其地，乃临海县也，去蜀已远矣，遂鬻其金为资粮，经岁乃至蜀，时开元末年。”《太平广记》卷95，《道林》：“唐调露中，桂州人薛甲常供一僧，法号道林。……经岁余，开锁，见有金数千两，后卖一半，买地造菩提寺。”又可见《入唐求礼巡法行记》卷一所载圆仁至扬州后卖金用做旅费事。

② “1963年在长安县发现了唐天宝年间宣城郡的‘采丁银’银铤，正面刻‘天宝十三载采丁课银每铤伍拾两’。背面还刻有朝议郎行司士参军李口等字样。《唐六典》卷三十记，司士参军是‘掌津梁舟车、舍宅、百工众艺之事’。下注云：‘凡界内有铜铁处，官不采者，听百姓私采。煮铸得铜及白镴，官为市取。如欲折充课役亦听之。’以上虽只说铜、铁和白镴可折充课役，对银矿也可能如是。”载秦波《西安近年来出土的唐代银铤、银板和银饼的初步研究》，《文物》，1972年第7期。

属于犯罪，要受到惩处；而百姓铸造金银钱币即不算犯罪，《唐律疏议·杂律》曰："若私铸金、银等钱，不通时用者不坐。"唐宪宗元和元年（806）六月禁岭北采银诏亦曰："天下有银之山必有铜矿，铜者可资于鼓铸，银者无益于生人"①。可见，政府在法律上并不把金银当做货币来看待。

（二）银币流通区——岭南与西州

唐朝的广大内地虽不使用金银进行交换，但是有两个特殊的边疆地区却以白银作为主要货币。

1. 岭南

包括今两广和越南北部一带，早在南朝时期就已流行用金银购物。如《隋书·食货志》所载："交、广之域，全以金银为货。"元稹亦称唐代"自岭以南，以金银为货币"②。岭南地区开采的银矿比较多，又是古代中国同南洋、西洋各国通商贸易的窗口，大额的买卖比较流行，许多外国商人不接收铜钱，只要价值较高、便于携带的贵金属——金银；另一方面，外商购货所付的款项主要也是金银，其中以银为主。由此便出现了唐诗中所描写的"海国战骑象，蛮州市用银"③ 之情况。

2. 西州

即今新疆的吐鲁番，北朝到唐初，那里由高昌王国的麹氏家族统治。当地的自然条件和地理位置相当优越，处在西域的北道要冲，中国和西方进行贸易往来的丝绸之路正从那里经过，因此有着较为发达的农业、畜牧业、手工业和过境转运商业。6~8 世纪中叶，高昌的封建经济发展很快，逐渐成为西北边境的一个军事、政治和商业中心。据历史记载和出土文书的反映，高昌的货币以银钱为主，兼用铜钱和纺织品。银钱的购买力很高，一文银钱可以买一斤铁，或是一根木料、一只半羊腿。从当地墓葬的发掘情况来看，使用的银钱是波斯萨珊王朝的银币，重约 4 克，圆形无孔，正面图案是国王的侧像，背面是拜火教的祭坛。④ 6~7 世纪，波斯国势强盛，贸易繁荣，它铸造了大量的银

---

① 《唐会要》卷 89，《泉货》。

② 《元氏长庆集》卷 34，《钱货议状》。

③ 张籍：《送南迁客》。

④ 夏鼐：《综述中国出土的波斯萨珊王朝银币》，《考古学报》，1974 年第 1 期。

币，在中东、近东和东欧广泛使用，被当作一种国际货币。我国的河西与西域也流通过这种银钱，《隋书·食货志》载北朝时，“河西诸郡，或用西域金银之钱，而官不禁”。唐朝贞观年间，高昌王麹文泰断绝西域朝贡，后被唐朝大将侯君集领兵攻灭，改设西州，仍然以银钱为主要货币，和铜钱、绢帛并用。直到公元7世纪末、8世纪初，情况发生了变化，银钱废止不用。其原因有以下几点：

甲、波斯亡国，银钱来源枯竭　651年，波期萨珊王朝被新兴的“大食”、阿拉伯帝国所灭，国王伊嗣候被杀，王子俾路斯逃到吐火罗（今阿富汗、巴基斯坦），后来在高宗咸亨四年（673）投奔唐朝，请求唐政府发兵助其复国，但未能得到应允。8世纪初，萨珊王朝的残余势力被大食消灭，高昌地区通用的波斯银钱由此来源枯竭，无法补充流通中的损耗以及因为经济发展而增加的货币需要，不得不让位给铜钱和绢帛。

乙、唐朝币制在西域日益推广　从贞观年间开始，唐朝的国势日益强盛，为了确保西北边境的安全，唐政府向西域投入了大量的人力、财力，经过和突厥、吐蕃的反复争夺，终于在公元7世纪末控制了这一地区。随着唐朝势力和影响的加强，中原地区实行的“钱帛兼行”货币制度也在西域得到了推广；铜钱和绢帛通过各种途径源源不断地从内地运到那里。西州地区使用银钱的旧制度由于来源断绝，无力和它抗衡，因此逐渐萎缩，最终被内地的货币制度所取代了。

丙、银钱在流通中受到剪凿破坏　据考古学者们统计，在吐鲁番出土的波斯银钱当中，被剪边、凿孔及有残缺的钱币为数不少，大约占三分之一左右。这种破坏的目的，是作弊取利，将剪凿下来的银屑另行熔铸，作为它用。被剪凿破坏的银钱在吐鲁番文书里称为“残钱”，同样投入流通，价值低于完整的银钱，往往和好钱搭配使用。如果银钱得不到充分的补给，残钱的比例就会越来越大，产生劣币驱逐良币的作用，促使良币逐步退出流通领域，而被储藏或转为它用。银钱日益减少，最后则被来源充足的铜钱和绢帛所代替，从而彻底离开了当地的货币舞台[①]。

---

① 宋杰：《吐鲁番文书所反映的高昌物价与货币问题》，《北京师范学院学报》，1990年第2期。

（三）金银的铸造形式

唐代金银主要铸成以下几种形式：

1. 铤

长方形的金铤、银铤，是当时最流行的铸造样式。“铤”字源于“梃”，原来是指木棍，而唐代的“铤”是用来表示长条形或板状的贵金属。《唐六典·太府寺》载：“以二法平物：一曰度量，二曰权衡。……绢曰匹，布曰端。……金银曰铤。”“铤”有时也称“笏”，两字互用，因为“笏”原指手板，与铤的形状很相似。唐代常见的有50两重的大银铤和20两重的小银铤[①]，金铤目前发现的有唐制30两、20两和20小两（小两每两合大两的三分之一）重的几种[②]。除了上述形状，近年还出土过马蹄形和砝码形（束腰形）、船形的银铤。

2. 饼

圆饼形式的金银由来已久，可以追溯到战国秦汉，唐代也沿用这种铸造样式。文献所载如《太平广记》卷63《黄观福》：“以金遗父母，使移家益州，以避凶岁，即留金数饼。”《太平广记》卷313《张璟》：“……庙神喜，以白金十饼为赠。”考古发掘中亦多有出土[③]。

3. 钱

唐代铸造的金钱、银钱通常都是仿效开元通宝钱的形制，例如1970年10月西安南郊何家村唐代窖藏中曾出土金质开元钱30枚，银质开元钱421枚，铸造十分工整，笔划清晰，和武德年间所铸的开元铜钱如出一模；金钱径2.3厘米，穿径0.65厘米，郭宽0.2厘米；银钱径2.5厘米，穿径0.7厘米，郭宽0.2厘米，重5.7克[④]。金银钱多为官府制作，供皇帝颁赐给上层社会中的人们玩赏。宫中逢年过节以及皇帝、后妃、太子、皇子们做寿时，常常赏赐给

---

① 《弥足珍贵的天宝遗物》，《文物参考资料》，1957年第4期；《陕西蓝田出土的唐末广明元年银铤》，《文物资料丛刊》第一集，文物出版社，1977年版。

② 《山西平鲁出土一批唐代金铤》、《唐长安城东市遗址出土金铤》，《文物》，1981年第4期。

③ 《西安南郊何家村发现唐代窖藏文物》，《文物》，1972年第1期。

④ 《西安南郊何家村发现唐代窖藏文物》，《文物》，1972年第1期。《河南偃师杏园村的六座纪年唐墓》，《考古》，1986年第5期；《西安韩森寨唐墓清理记》，《考古通讯》，1957年第5期。

臣下、宫女们金银钱[①]。开元、天宝盛世之时，皇帝甚至在承天门上抛洒金钱，看大臣们在下面争拾取乐[②]。民间也有铸造金银钱币的，售给富贵人家玩赏、佩戴，以图吉利。但以上金银钱都不是流通所用的货币。

4. 器皿、饰物

唐代金银的另一种普遍铸造形式就是做成各种器皿，如杯、盘、碗、瓶等等，赏赐、馈赠或买卖它们的时候，计算单位不是件数，而是重量——两。此外投入市场的还有金银做成的各种首饰。

（四）金银的价格

有关隋唐五代金银价格的历史记载不多，据《太平广记》卷118所言，唐朝金价在每斤10万钱左右[③]，合每两6250钱。唐代算书《夏侯阳算经·卷下》第4题亦载："今有金一斤，直钱一百贯，问一两几何？答曰：一两，六贯二百五十文。"这个数据相当于汉朝金价的10倍；不过若是考虑到衡制的变化（隋唐1斤合古代3斤），实际上只等于3倍多。可以与之参照的还有圆仁《入唐求法巡礼行记》卷1所载，开成三年（838）十月，"砂金每两五千五百三十文。"价格低于经过熔炼的黄金。又《因话录》载在开成、大中年间，有人"持金鬻于扬州，时遇金贵，两获八千"。金价下滑较低时可达每两3500文[④]。白银价格的有关记载较少，可参见《册府元龟·邦计部·山泽一》所载玄宗开元年间银价一两200文的情况。

（五）唐末五代白银逐渐进入流通领域

唐朝中叶以后，由于商业贸易和货币经济的发展，使铜钱流通使用的地区范围扩大了；因为政府铸造的铜钱数量太少，不能满足社会的需要。例如开元、天宝年间铜钱的产量最高，全国设置钱炉99座，每岁铸钱仅为32.7万

---

① 《泉志·撒帐钱》："（唐）景龙中，中宗出降睿宗荆仙公主，特铸此钱以撒帐，亲力近臣及修文馆学士拾钱。其银钱则散贮绢中，金银则每十文即系以彩条。"

② 《旧唐书·玄宗纪》先天二年九月："宴王公百僚于承天门，令左右于楼下撒金钱，许中书门下五品以上官及诸司三品以上官争拾之。"

③ 《太平广记》卷118："唐豫章民有熊慎者，……得黄金数斤，明日赍诣都市，市人云此谓紫磨金也，酬缗数十万。"

④ 《太平广记》卷45，《衡山隐者》："隐者闻女嫁，邀僧往看，喜欲取之，仍将黄金挺正二百两，谓女父曰：'此金直七百贯，今亦不论。'付金毕将去。"

贯；而元和年间岁铸只有 13.5 万贯。另一方面，盛唐之后，绢帛作为货币的各种缺点充分地暴露出来，难以适应时代进步的要求，日益不受人们的欢迎，逐步退出流通领域；其结果导致货币结构中的铜钱数量一直不足，即发生所谓“钱荒”。在这种情况下，唐末五代的时候，贵金属白银开始有了正式进入流通领域的趋势，主要表现在以下几个方面：

1. 积蓄白银之风日盛

唐代中、后期，人们主要用铜钱作为储存手段。到了五代，白银的货币性能已经逐渐受到人们的重视，白银本身比铜钱价值高，体积小，贮存方便；因此人们在收储铜钱时，也开始大量地积蓄白银。例如后唐李继韬之母杨氏，善于经商；其子犯罪被判死刑，杨氏到京师上下贿赂打点，用掉白银数十万两，然后其子得释①。由于铜钱短缺，政府在收税的时候，也允许百姓按照一定比例折纳金银②。

2. 各地上贡多用白银

唐代地方州县向朝廷贡奉白银的情况不多，基本上是产银之州把它当做土特产品来进贡；皇室主要把银用做工艺、装饰品的材料，征收的数量较少。根据《通典》的土贡记载，每州一岁仅上缴数十两至百两。这和当时银矿开采量不大也有关系，如开成年间天下每岁向银矿征税 25000 两。而五代时各地上贡的白银名目增多，如有“助国银”、“助军银”，可见是当作货币来使用的，其数量也大大增加了。据《册府元龟》记载，五代时各方镇、藩国向中原朝廷上贡白银有 72 次，少者数百两，多者达到数千、数万两，最多的一次是周世宗显德三年，南唐贡银 10 万两③。这些现象反映出五代时期全国的白银产量已经远远地超过了唐朝；采银数量的显著提高，为白银进入流通领域奠定了基础。

3. 白银用于日常交易有所增多

社会上的各种交易开始有了直接用白银支付的现象。像后梁太祖朱温在魏

---

① 《旧五代史·李嗣昭附李继韬传》。

② 参见《旧五代史·唐书·明宗纪》《册府元龟·邦计部·济军》《册府元龟·邦计部·纳贡献》。

③ 《旧五代史·周书·世宗纪》。

州用银万两购买军粮[1]，民间也有用银买米、买缣、买贵重药品的记载。不过，用来表示和支付物价的主要还是铜钱，白银在零售贸易中的货币作用还是相当有限的，只是刚刚进入流通领域；随着历史的发展，它在货币结构中的地位和作用正在逐步提高。

第三节　唐代货币流通中的矛盾问题

唐朝存在的290年（618~907）中，货币流通领域里先后出现过三次阻碍经济发展的矛盾问题，这就是唐前期的私铸与恶钱流行，安史之乱时的通货膨胀，唐后期的钱重物轻和通货紧缩问题。详述如下：

一、唐前期的私铸与恶钱流行

唐朝前期，从“贞观之治”到开元、天宝的繁华年代，社会的政治稳定，生产和贸易迅速发展，文治武功都达到了鼎盛，货币流通基本是良好的。但是自高宗永徽、显庆年间，私铸之风始盛，市场上恶钱充斥，妨碍交易，成为引人注目的社会问题。唐高宗曾谓侍臣曰：“钱之为用，行之已久，公私要便，莫甚于斯。比为州县不存检校，私铸过多。如闻荆、潭、宣、衡，犯法尤甚，遂有将船筏宿于江中，所部官人，不能觉察”[2]。武后至玄宗即位之初，民间私人铸钱愈演愈烈，政府亦无治理良策。《旧唐书·食货志》曾载：“则天长安中，又令悬样于市，令百姓依样用钱。俄又简择艰难，交易留滞，又降敕非铁锡、铜荡、穿穴者，并许行用。其有熟铜、排斗、沙涩、厚大者，皆不许简。自是盗铸蜂起，滥恶益众。江淮之南，盗铸者或就陂湖、巨海、深山之中，人迹罕到；州县莫能禁约。以至神龙、先天之际，两京用钱尤滥。其郴、衡私铸小钱，才有轮郭，及铁锡五铢之属，亦堪行用。乃有买锡熔销，以钱模夹之，斯须则盈千百，便赍用之。”各种轻薄恶小、掺杂铁锡的恶钱到处流

---

① 参见《资治通鉴》卷257。

② 《旧唐书·食货志》。

通，和好钱混在一起，严重妨碍了商业活动的正常进行，成为困扰国计民生的一大社会流弊。

1. 私铸泛滥的原因

中国封建社会的历代王朝都不同程度地出现过私铸铜钱的问题，不过其社会背景有所区别：或者是遇到战争、动乱、灾荒，社会经济受到严重破坏；或者是因为国家政策不当，搜刮民财，发行贬值的大小钱币，引起私人效仿等等。但是唐前期却不存在上述问题，高宗永徽、显庆年间，政治、经济形势都比较稳定，没有出现大的波动，唐朝政府的财政、货币政策也未出现显著的失误，私铸恶钱的主要原因显然是缘于其他因素，例如：

（1）商品经济的迅速发展　这个时期，中国社会经过隋末唐初的战乱之后，获得了长期的休养生息，政治稳定，经济繁荣，直到盛唐的开元、天宝年间，全国商业活动的形态、种类、规模和经营内容比起前代都有新的发展，落后的实物货币——绢帛不能适应商品经济更高水平的要求，客观上需要更多的铜钱投入流通，这是货币供需矛盾存在的一个主要方面。

（2）赋税征收铜钱数量的扩大　金属铸币在唐代的地位有所提高，无论是流通、贸易还是财政领域里，人们都更为愿意接受铜钱，使得它的社会需求量明显增加。像赋税方面，唐朝初年征收的租庸调内只有粟帛，自高宗时起陆续发生变化：

甲、开始收取户税，百姓以钱缴纳。高宗永徽年间岁征 15.2 万贯，至玄宗天宝年间增至岁收 200 余万贯。

乙、政府推行公廨钱，即发放官营的高利贷。自永徽至天宝年间逐步扩大，由京师遍及全国，收取利息来补贴官俸的开支，每岁达到 100 余万贯。

丙、以铜钱纳资代役，充当代役税，也是财政收入重要的一项。

商品经济的发展和赋税征收钱币的增加，都对铜钱的数量提出了更多的需求；但是由于政府每年铸造钱币有限，最多不过 32 万余贯，满足不了社会的需要，铜钱的供需矛盾越来越尖锐，“公私之间，给用不赡”。私铸就是在这样的形势下泛滥起来。

2. 唐政府禁绝恶钱的手段措施

面对因钱币不足而引起的大量私铸问题，唐朝政府采取了以下几项对策来解决：

（1）严刑禁绝、迫令追缴。唐初武德年间，政府曾颁布严禁私人铸造铜钱的法令，“敢有盗铸者死，家口配没”①；起到了显著的效果。但是随着社会经济的发展，铜钱需要量增加，盗铸者可以获得巨利，私铸遂日益增多。高宗时曾数次颁行严令，打击私铸活动；如《新唐书·食货志》载：“仪凤中，濒江民多私铸钱为业，诏巡江官督捕，载铜、锡、铅过百斤者没官。……永淳元年，私铸者抵死，邻、保、里坊、村正皆从坐。”但是仍未能够禁绝私铸现象。

玄宗开元六年（718），宰相宋璟奏请禁断天下恶钱，《旧唐书·食货志》载：“时江淮钱尤滥恶，有官炉、偏炉、棱钱、时钱等数色。璟乃以遣监察御史萧隐之充江淮使。隐之乃令率户出钱，务加督责。百姓乃以上青钱充恶钱纳之，其小恶者或沉之于江湖，以免罪戾。于是市井不通，物价腾起，流闻京师。隐之贬官，璟因之罢相，乃以张嘉贞知政事。嘉贞乃弛其禁，人乃安之。”

从唐朝前期的情况来看，政府如果不能增加铜钱的供应，仅仅单纯采取强制性的严禁私铸措施，只能引起市场与社会的混乱，是无法获得预期效果的。

（2）收兑恶钱。国家用官铸的好钱收兑私人手中的恶钱，再回炉重铸。此项措施起于高宗显庆五年（660）九月，“敕以恶钱转多，令所在官私为市取，以五恶钱酬一好钱”②。结果因为官定好钱与恶钱的比价太高，很少有人兑换。“百姓以恶钱价贱，私自藏之，以候官禁之弛。高宗又令以好钱一文买恶钱两文，弊仍不息。”③

高宗仪凤四年（679）四月，政府又命令东都洛阳在市场上出售陈年米粟，每斗别纳恶钱100文。“时米粟渐贵，议者以为主前渐多，所以钱贱而物贵。于是权停少府监铸钱，寻而复旧。”④

玄宗即位后，宋璟为相，曾奏请出官米10万斛收兑恶钱，后遭到少府部门的反对，未能成功⑤。天宝十一载（752），政府亦下令出好钱数十万贯，限

① 《旧唐书·食货志》。
② 《旧唐书·食货志》。
③ 《旧唐书·食货志》。
④ 《旧唐书·食货志》。
⑤ 《新唐书·食货志》。

期一月之内兑换百姓手中恶钱，引起了市场的混乱。“是时京城百姓，久用恶钱，制下之后，颇相惊扰。时又令于龙兴观南街开场，出左藏库内排斗钱，许市人博换，贫弱者又争次不得。俄由宣敕，除铁锡、铜沙、穿穴、古文，余并许依旧行用，久之乃定”①。

唐朝政府采取收兑的措施来禁绝恶钱，没有起到良好的效果。其主要原因首先在于国家的财力有限，不能按照较低的比价把民间的恶钱全部兑换成好钱或米帛。其次，因为经济条件不足，政府的收兑活动通常仅限于长安、洛阳等大城市，无力在全国范围普遍推行。这样做即便暂时减少了两京地区的恶钱，其他区域的劣质钱币也会再次涌进，恢复原有的局面。如《旧唐书·食货志》所载玄宗时，“富商奸人，渐收好钱，潜将往江淮之南，每钱货得私铸恶者五文，假托官钱，将入京私用，京城钱日加碎恶”。《新唐书·食货志》亦载开元末年，“天下盗铸益起，广陵、丹杨、宣城尤甚。京师权豪，岁岁取之，舟车相属”。因此政府的收兑活动仅仅起到了部分调节作用，而未能彻底消除私铸与恶钱流行之弊。

（3）增加官府铸钱的数量。唐朝自高宗乾封年间以后，逐步增设钱炉，扩大官府铸钱的数量。至玄宗开元年间，天下钱炉增至70余座；天宝年间扩充至99座，每岁铸钱32.7万余贯，达到唐朝历史上的最高产量。政府把官营铸钱业里的徭役制度改为雇佣制，提高了工匠的劳动积极性和生产效率。官铸铜钱数量的显著增加，对于补充交换领域内的钱币需要量起到了重要作用。

（4）有限制地允许恶钱流通。唐朝前期，政府虽然对私铸恶钱的行为采取了种种打击和限制措施，但是由于官铸铜钱的数量不足，无法满足社会需要。按照天宝时期的价格，官府铸钱每贯耗费原料的价格合750钱②，如果加上雇工的工资、铸造和运输等辅助费用，则在900文左右，盈利很少，组织得不好还得赔钱；官府要想大量地铸造好钱有很多困难。私铸钱币虽然有很多弊病，却也在一定程度上缓和了铜钱短缺的矛盾；因此，唐朝封建国家除了实行收兑、增铸之外，在大部分时间内不得不对私铸采取比较宽容的政策。一方面

① 《旧唐书·食货志》。

② 《通典·食货典九·钱币下》注：“……约每贯钱用铜铅锡价约七百五十文，丁匠在外。”

禁止私铸，另一方面又许可部分质量较好的恶钱投入流通。例如：高宗仪凤四年（679）下令收兑并销毁恶钱，但是宣布“其厚重径合斤两者，任将行用”①。武后长安年间，曾悬样钱于市，令百姓依样用钱，“又降敕非铁锡、铜荡、穿穴者，并许行用”②。玄宗天宝之初，“府县不许好钱加价回博，好恶通用”③。虽然对私铸活动有所放纵，但是也起到了缓和铜钱短缺状况的积极作用。

3. 小结

唐朝前期封建国家对待私铸恶钱的各项政策，基本上是比较合适的，它使钱币不足和私铸问题始终被限制在一定程度上，没有过分地恶化。封建统治者采取积极的措施，例如增加官铸，收兑恶钱，对货币流通进行调节。促进了当时社会经济的顺利发展，这里需要强调、指出的是：

（1）开元、天宝年间正是唐朝社会经济最繁荣的时期，生产发展迅速，物资供应充足，因此在很大程度上把恶钱对经济活动的消极影响抵消了。

（2）从财政收入的情况来看，唐朝前期直到开元、天宝年间，以租庸调为主的实物收入还占据绝对优势。如前引《新唐书·食货志》所述，玄宗时全国每岁财政收入中铜钱仅有 200 多万贯，只占总收入的 5% 左右。比例很小。所以，货币流通中大量恶钱的存在对财政收入的影响也是有限的，并不十分严重。

（3）当时的恶钱减重有限，还不像南北朝那样，“十万钱不盈一掬”④，每贯仍有 3～4 斤重（官铸铜钱为 6 斤 4 两）。物价虽然会因为恶钱减重而上涨，但是幅度不会很大。即使全部上市的都是恶钱，也只能上涨一倍。何况实际上流通的还有大量的好钱和布帛，对恶钱的作用能够起到很大的制约。

以上就是唐朝前期私铸恶钱能和好钱同时流通的根本原因，也是封建国家货币政策能够基本上落实、奏效的原因。

---

① 《旧唐书·食货志》。
② 《旧唐书·食货志》。
③ 《旧唐书·食货志》。
④ 《宋书·颜竣传》。

二、肃宗、代宗时期的通货膨胀

唐肃宗即位时，正值“安史之乱”，政府与叛军的战争进行得非常激烈，烽火遍及关中、山东、河南、河北、河东等地，持续数年，使北方的社会生产受到了严重的破坏。郭子仪曾述中原地区的毁败情况：“夫以东周之地，久陷贼中，宫室焚烧，十不存一，百曹荒废，曾无尺椽。中间畿内，不满千户，井邑榛棘，豺狼所号。既乏军储，又鲜人力，……人烟断绝，千里萧条。”① 政府的军费开支浩大，财政出现危机，被迫采取了多种增加收入的措施。例如卖官爵，度僧尼，将盐价从每斗 10 文提高到 110 文，增收赋税，发行贬值的乾元重宝当十、当五十大钱等等。史思明在洛阳也发行了“得一元宝”、“顺天元宝”等当百大钱。他们虽然搜刮了不少民财，却造成了经济领域里的严重混乱，物价上升了数十倍；如米价即从开元、天宝时期的每斗数十文上涨到 7000 文②。由于大钱定价过高，导致私铸蜂拥而起。《旧唐书·食货志》载：“长安城中，竞为盗铸，寺观钟及铜像，多坏为钱。奸人豪族，犯禁者不绝。京兆尹郑叔清擒捕之，少不容纵，数月间榜死者八百余人。”此外，贬值钱币的行用，使货币的名义价值和实际价值明显分离，人们称虚抬作价的各种贬值大钱为“虚钱”，称开元钱为“实钱”；在流通中则出现了“虚钱”、“实钱”两种计价、支付方法，引发了交易、转让中的许多矛盾争执。上元元年（760）十二月，肃宗曾为此下诏曰：应贴典庄宅、店铺、田地、碾硙等，先为实钱典贴者，令还以实钱赎；先以虚钱典贴者，令虚钱赎。其余交关，并依前用给价钱。”③

唐代宗即位后，战事逐渐平息，由于国内遭受战乱的破坏太严重，生产有待恢复，物资供应短缺，市场上货物的价格仍然偏高。永泰二年（766）朝廷开科录取进士，元结所出的题目就是：“问，往年粟一斛，估钱四百犹贵；近年粟一斛，估钱五百尚贱。往年帛一匹，估钱五百犹贵；近年帛一匹，估钱二

① 《旧唐书·郭子仪传》。
② 《旧唐书·食货志》。
③ 《册府元龟·邦计部·钱币下》。

千尚贱。今耕夫未尽，织妇犹在；何故往年耕织，计时量力，劳苦忘倦，求免寒馁。何故今日甘心寒馁，惰游而已。”① 可见粟价比战前上涨了近一倍，帛价则在4倍以上。因为物价上涨得太高，政府的收入按铜钱计算好像不少，但是若按实物计算反而下降了许多。这样不仅影响到国家经费的调拨使用，也导致了统治阶级本身生活水平的下降；官吏所得俸禄的数字虽然高于战前，而实际的购买力却大大减少了。面对如此恶劣的经济形势，唐朝政府采取了许多开源节流的方法来治理通货膨胀。计有：

（一）增加国库收入

1. 鼓励发展生产，恢复农业经济

较为突出的措施是开办大量的屯田、营田，即让有条件的军队兵士在驻地附近种地，自己解决军粮的供应，以此减轻国家的负担。如《资治通鉴》卷224载重臣郭子仪率士卒屯垦，“河中野无旷土，军有余粮”。并且招募无地失业的农民来参加营田。

2. 改革税制

增加新的税种，如大历元年，“天下苗一亩税钱十五，市轻货给百官手力课。以国用急，不及秋，方青苗即征之，号‘青苗钱’。又有‘地头钱’，每亩二十，通名为‘青苗钱’”②。又实行榷盐法，对官盐采取加价办法，从每斗110文升到310～370文。任命刘晏为盐铁使，重视对盐场、盐监的管理，征纳的盐税逐年增高；《新唐书·食货志》载“晏之始至也，盐利岁才四十万缗，至大历末，六百余万缗。天下之赋，盐利居半。宫闱服御、军饷、百官禄俸皆仰给焉。”德宗时又推行两税法，规定百姓用铜钱交税，以此来回笼货币。

3. 括借民财，敛富商财货

向各地百姓强行征调借贷。《新唐书·食货志》载：“肃宗即位，遣御史郑叔清等籍江淮、蜀汉富商右族訾畜，十收其二，谓之率贷。”《资治通鉴》卷222肃宗宝应元年（762）建寅月：“租庸使元载以江淮虽经兵荒，其民比诸道犹有赀产，内按籍举八年租调之违负及逋逃者，计其大数而征之；择豪吏

① 《全唐文》卷380，《元结·问进士·永泰二年通州问》。

② 《新唐书·食货志》。

为县令而督之，不问负之有无，赀之高下，察民有粟帛者发徒围之，籍其所有而中分之，甚者什取八九，谓之白著。”德宗时任赵赞判度支，行借钱令，长安积蓄钱帛粟麦者，必须借给政府四分之一。“钱不及百缗、粟麦不及五十斛者免，而所获裁二百万缗”①。

4. 卖官爵、度僧尼

如《旧唐书·肃宗纪》至德二载（757）十月：“彭原郡以军兴用度不足，权卖官爵及度僧尼。”同年，“（御史）郑叔清与宰相裴冕建议，以天下用度不充，诸道得招人纳钱，给空名告身，授官勋邑号；度道士僧尼不可胜计；纳钱百千，赐明经出身；商贾助军者，给复。及两京平，又于关辅诸州，纳钱度道士僧尼万人”②。

5. 增加官府铸钱

唐代宗在大历四年（769）开始增设官炉铸钱，后来又禁止民间销毁铜器。德宗时亦发行了“建中通宝”铜钱。在当时滥铸大钱、通货膨胀非常严重的情况下，买卖双方多用虚钱计价，而用实物交易，铜钱——尤其是标准铜钱并不上市。政府大量铸造标准铜钱投入流通，对于稳定币值和物价是有好处的。

（二）减少政府支出

其措施包括：

1. 裁减官吏

代宗大历四年（769）曾下诏：“其京兆府长安、万年宜各减丞一员、尉两员，余县各减丞、尉一员。余委吏部条件处分。”③

2. 减少京官的职田

如《旧唐书·代宗纪》永泰元年（765）闰十月丁未：“百僚上表，以军兴急于粮饷，请纳职田以助费，从之。”

3. 整顿遣返诸胡（少数民族政权和外国）的驻京人员

《资治通鉴》卷225大历十四年载：“初，代宗之世，事多留滞，四夷使

---

① 《新唐书·食货志》。
② 《新唐书·食货志》。
③ 《旧唐书·代宗纪》。

者及四方奏计，或连岁不遣，内于右银台门置客省以处之；及上书言事、失职未叙，亦置其中，动经十岁。常有数百人，并部曲、畜产动以千计，度支廪给，其费甚广。上悉命疏理，拘者出之，事竟者遣之，当叙者任之，岁省谷万九千二百斛。”

（三）皇帝和宰相等大臣提倡节俭，反对奢靡之风

例如代宗曾任杨绾为中书侍郎，“绾性清俭简素，制下之日，朝野相贺。郭子仪方宴客，闻之，减坐中声乐五分之四。京兆尹黎干，刍骑甚盛，即日省之，止存十骑。中丞崔宽，第舍宏侈，亟毁撤之”[1]。

在实行以上各项措施之后，随着生产的恢复发展，内外贸易逐渐活跃起来，物价开始回落并稳定；但是比起安史之乱以前的盛唐时代还是高多了。例如唐德宗建中元年（780），粟斗价盈 100 文，米斗 200 文，缣每匹 3000 ~ 4000 文，相当于盛唐的 3 ~ 10 倍[2]。不过，持续 20 余年的通货膨胀基本消除了，经济形势又开始向相反的方向运动，出现了钱重物轻和通货紧缩现象。

三、唐后期的“钱重物轻”和通货回缩

唐朝从德宗贞元年间（785 ~ 805）开始，出现了“钱荒”——商品货币经济运转中铜钱短缺的现象，引起了长达数十年的通货回缩。

（一）通货回缩的各种表现

1. 物价下跌

大臣李翱在唐宪宗元和年间的进士策问中提到，建中元年（780）初定两税法时，粟价斗盈 100 文，米价斗 200 文；目前（30 年后）分别为 20 文和 50 文[3]。代宗大历年间，绢价每匹 4000 文，建中元年为 3200 ~ 3300 文，贞元末到元和、长庆年间则下跌到每匹 800 文[4]，仅仅是代宗时期绢价的五分之一。

---

① 《资治通鉴》卷 225。

② 参见《新唐书·权德舆传》、李翱：《李文公集》卷九。

③ 《全唐文》卷 634，《进士策问二道》。

④ 《新唐书·权德舆传》：“贞元十九年，……又言大历中一缣直钱四千，今止八百。”《陆宣公集》卷 22《均节赋税恤百姓》：“往者初定两税之时，百姓纳税一匹，折钱三千二三百文，大率万钱为绢三匹。”《韩昌黎集》卷 40，《论度盐法事宜状》（长庆二年）：“今绢一匹，直钱八百。”

2. 短陌流行

由于铜钱供应紧张，市场上用铜钱支付时发生了“短陌”现象，即流行所谓“除陌钱”，不做十足付给。元和年间，京师短陌每贯少给20文①。政府原来明令禁止短陌，但在穆宗时被迫下令承认这种现实，下诏规定每贯少给80文②。到唐朝末年，“京师用钱八百五十为贯，每百裁八十五，河南府以八十为百云”③。短陌的支付办法经过五代，延续到北宋时期。

3. 销钱为器

在铜钱来源减少的情况下，其购买力持续提高；而且因为市场上铜料价格迅速上扬，很多人为了获利，把铜钱熔化后铸成铜器出售。据《旧唐书·杨嗣复传》记载，当时“市井逐利者，销钱一缗，可为数器，售利三四倍”。

出现“钱荒”和通货紧缩的原因，主要是铜钱的发行数量明显减少，而社会上对钱币的需求却大大增加，结果导致了它的价格上涨与供应短缺。

（二）“钱荒”出现的具体原因

1. 政府的铸钱数量下降

玄宗天宝年间每岁曾铸钱32万余贯，而宪宗、文宗时最多不过岁铸10余万贯。另一方面，民间的私铸活动也大大减少了，因为铜料价格上升，销钱为器比起盗铸恶钱更加有利可图，人们也就不再违禁铸钱了。

2. 囤积、窖藏

由于通用货币中的绢帛容易污染、破损和腐朽，人们更为愿意用铜钱来做储藏手段。社会上的王公大臣、贵族官僚以及富商、豪门家里，囤积、窖藏的钱币数量巨大，甚至一人家中就有数十万贯，比官府一年铸造的铜钱还多。例如《旧唐书·食货志》载：“时京师里闾区肆所积，多方镇钱，王锷、韩弘、李惟简，少者不下五十万贯。”民间百姓也盛行窖钱之风，因为藏钱流行，当时在买卖房地产时，除了支付正常价格之外，往往还要另外加上“掘地价款”；这样付款之后，买主如果挖出铜钱，就归自己所有，卖主不能再来争

① 《新唐书·食货志》：“元和四年，京师用钱缗少二十及有铅锡钱者，捕之。”

② 《新唐书·食货志》：“穆宗即位，京师鬻金银十两亦垫一两，籴米盐百钱垫七八。京兆尹柳公绰以严法禁止之。寻以所在用前垫陌不一，诏从俗所宜，内外给用，每缗垫八十。”

③ 《新唐书·食货志》。

执。因此，有大量的铜钱退出了流通领域。

3. 销钱铸造佛像、法器

唐朝后期佛教流行，宫廷、豪贵之家经常修建寺庙，使用铜来铸造佛像和许多钟磬法器，消耗的铜料数量也是相当惊人的。

4. 税收征钱增多

两税法实行后，全国收税一度都征铜钱。后来的商税、间架税（房产税）、除陌税（交易税）、茶税、盐税也收钱币。

5. 铜钱流通地区扩大

由于国内商品货币经济的发展，使用金属货币的地区扩大了；据《新唐书·食货志》记载："大历以前，淄青、太原、魏博贸易杂用铅铁，岭南杂用金银、丹砂、象齿，今一用钱。"这样就引起了铜钱需要量的增加，这是在广度上的扩展。从深度上讲，城市商业、贩运贸易和农村定期集市贸易日益兴旺，也需要在流通中投入大量的铜钱。

6. 外贸中的铜钱流出

唐代中后期的边疆和国际贸易也有很大的发展，除了西北的丝绸之路，又开创了海上贸易，大量的外国商人"贾胡"到中国来做买卖，输入的货物大多是高价的奢侈品，如珠宝、香料、贵重药材等等。相反，中国出口的货物多是丝绸、茶叶、瓷器等大宗的普通商品，价格不高，所以经常处于入超状态。除了支付金银，大量的铜钱也因为购买外国的贵重货物而流出边境，唐朝的开元通宝钱在日本、朝鲜、东南亚、西亚的波斯湾，甚至在非洲和南美洲的海岸上都有出土发现，数量往往也是相当可观的。

综上所述，铜钱的供应日益减少，而它的需要量却不断增加，结果就供不应求，出现了"钱荒"与"钱重物轻"，原来的通货膨胀转变为通货紧缩问题。尽管物价偏低，政府却可以从维持原先高物价的赋税征钱数额中得到很大的好处，而人民的负担反而加重了。权德舆曾说："大历中，一缣直钱四千，今止八百，税入如旧，则出与民者五倍于初"①。农民为了交纳铜钱，常常被迫贱价出卖粮食、布帛，或者去借高利贷，造成了生活的困苦，成为严重的社

① 《新唐书·权德舆传》。

会问题，引起舆论的不平，诗人白居易曾愤慨地写道："私家无钱炉，平地无铜山；胡为秋夏税，岁岁输铜钱？钱力日已重，农力日已殚；贱粜粟与麦，贱贸丝与绵，岁暮日已尽，恶得无饥寒。"①

（三）政府为缓和通货回缩而采取的措施

为了缓和经济领域里的"钱荒"以及通货紧缩的矛盾，唐朝政府主要在以下几个方面采取了对策：

1. 增加货币流通中的铜钱数量

甲、禁止民间销钱为铜器、佛像。唐德宗于贞元九年正月下诏，重申以往不许毁钱为器的禁令②。次年宣布对市场的铜器实行限价，"其器物约每斤价值不得过一百六十文，委所在长吏及巡院同勾当访察，如有销钱为铜，以盗铸钱论罪"③。企图用压低铜器售价的办法使销钱者感到无利可图，从而停止毁钱为器。宪宗元和元年二月甲辰，又"以钱少，禁用铜器"④。元和七年五月，又下诏："自今已后，诸州府有请以破钟再铸，宜令所在差人监，颇不得令销钱为器，别有加添。"⑤

唐敬宗宝历元年十月，批准执行河南尹王起的奏议，"不准销铸见钱为佛像，仍令京兆河南尹重立科条奏闻，今请犯者以盗铸钱论"⑥。文宗太和三年，"诏佛像以铅锡土木为之，饰带以金银鍮石乌油蓝铁，唯鉴磬钉环钮得用铜，余皆禁之，盗铸者死"⑦。

乙、宣布铜料由官府统购，不许私自买卖。贞元时，诸道盐铁使张滂曾上奏，请求国家对私人采铜和破损的铜器实行专买，得到朝廷的批准⑧。

丙、鼓励地方官府和私人开采铜矿。建中初年，户部待郎韩洄建议，"以商州红崖冶铜多，请复洛源废监，起十炉，岁铸钱七万二千缗，每千钱费九

---

① 《白氏长庆集》卷2，《赠友》。
② 《册府元龟·邦计部·钱币三》。
③ 《唐会要》卷89，《泉货》。
④ 《旧唐书·宪宗记》。
⑤ 《册府元龟·邦计部·钱币三》。
⑥ 《册府元龟·邦计部·钱币三》。
⑦ 《新唐书·食货志》。
⑧ 《册府元龟·邦计部·钱币三》。

百。德宗从之”[①]。贞元九年正月，政府宣布“自今已后，应有铜山，任百姓开采，一依时价，官为收市。除铸镜外，一切不得铸造，及私相买卖”[②]。唐宪宗时，开采了郴州等地的铜矿二百多处，“复置桂阳监，以两炉日铸钱二十万”[③]。《新唐书·食货志》又载元和年间，“蔚州三河冶距飞狐故监二十里而近，河东节度使王锷置炉，疏拒马河水铸钱，工费尤省。以刺史李听为使，以五炉铸，每炉月铸钱三十万。河东锡钱皆废。”

丁、武宗时则没收天下寺庙道观的佛像、铜器，铸造会昌开元钱，也使市场上的铜钱显著增加。

2. “蓄钱禁”

为了加快铜钱的周转速度，政府推行“蓄钱禁”，限制私人铜钱的储藏量，使退出流通领域的窖藏铜钱重新投入市场。唐宪宗元和三年（808），朝廷宣布将限制私人蓄钱，诏曰：“泉货之法，义在通流，若钱有所壅，货当益贱。故藏钱者得乘人之急，居货者必损己之资。今欲着钱令以出滞藏，加鼓铸以资流布，使商旅知禁，农桑获安。”[④] 为使蓄钱者有处理的准备，通告在一年以后实行，但实际上一直拖到 9 年之后。元和十二年（817）颁布蓄钱禁令，规定官民私贮铜钱不准超过 5000 贯，超过限额者必须在两月之内购买实物储存，过期仍违禁者给予严惩。“如限满后有违反者，白身人等宜令所司痛杖一顿处死。其文武官僚及公主等并委有司闻奏，当重科贬；戚属中使，亦具名御闻奏”[⑤]。这项法令受到了藩镇、贵族豪门与富商的抵制，难以推行；朝廷只好在长庆四年（824）作出让步，放宽限额，规定贮钱逾限 1～10 万贯者，可在一年内处置完毕，超过 10 万贯者，处置期限延长到两年[⑥]，最后则不了了之。

3. 禁钱出境

为了保障国内流通领域中铜钱的供给，唐朝政府严加禁止铜钱流出到境

① 《新唐书·食货志》。
② 《册府元龟·邦计部·钱币三》。
③ 《新唐书·食货志》。
④ 《册府元龟·邦计部·钱币三》。
⑤ 《册府元龟·邦计部·钱币三》。
⑥ 《册府元龟·邦计部·钱币三》。

外。德宗贞元初，“骆谷、散关禁行人以一钱出者”[①]。元和四年（809），“复诏采五岭银坑，禁钱出岭”[②]。但当时许多州县也纷纷禁钱出境，结果损害了正常的商业贸易往来与货币流通，以致造成“商贾皆绝”的情形。

4. 减少钱币征收

两税法实行后，赋税征收钱币过多，给百姓带来了许多不便，而且在自然经济占主要地位的封建社会里是很难做到的。唐穆宗时，朝中大臣经过长期讨论，终于改变了原来的决定，在长庆元年（821）下诏，允许主要赋税按各地的物价来折纳粟帛等实物。“由是两税、上供、留州，皆易以布帛、丝纩，租、庸、调不计钱而纳布帛，唯盐酒本以榷率计钱，与两税异，不可去钱”[③]。

5. 尽量向流通领域投入粟帛等实物货币

据《新唐书·食货志》记载，德宗贞元二十年，“命市井交易，以绫、罗、绢、布、杂、货与钱兼用”。宪宗元和六年规定：“贸易钱十缗以上者，参用布帛。”文宗太和四年又宣布：“凡交易百缗以上者，匹帛米粟居半。”八年又命令方镇，“纵钱谷交易”。

这些措施的实行，取得了明显的效果，通货回缩问题渐渐缓和下来，绢帛的价格开始回升，文武百官的俸禄也能够发放铜钱了。不过，就唐朝后期的整个货币流通情况来看，铜钱的数量始终不是很充足，民间一直在使用短陌，即除陌钱。而且随着唐末的政治腐败，经济衰退，除陌的数额越来越多。黄巢起义爆发之后，天下大乱，物价飞涨，米每斗高到30~50万钱，甚至1斤黄金也换不到5升米，民间恢复了实物交换，币制混乱，直到唐朝灭亡。

第四节　唐代的信用关系和金融事业

一、长安金融市场的形成

唐代是我国封建社会的鼎盛时期，政治和经济出现了较长时间的安定，国

---

① 《新唐书·食货志》。
② 《新唐书·食货志》。
③ 《新唐书·食货志》。

内的商业和对外贸易都相当发达，有许多城市非常繁华、富庶，如首都长安，扬州、成都、杭州、广州等等，人口达到数十万甚至上百万。国内最大的市场是长安的东市、西市，像东市四周各600步，“市内货财，二百二十行，四面立邸，四方珍奇，皆所积集”①。长安之外的城市，商业繁盛者首推扬州、益州（成都）；唐诗所称扬州“十里长街市井连”，“夜市千灯照碧云”②。陈子昂在《上蜀川军事书》中曾盛赞其地，“伏以国家富有巴蜀，实天府之藏。自陇右及河西诸州，军国所资，邮驿所给，商旅莫不皆取于蜀。”黄河、洛水、三江五湖之中，“弘舸巨舰，千舳万艘，交易往还，昧旦永日”③。陆地上的贸易往来，则以长安、洛阳为中心，形成了四通八达的交通网，沿途都有客店旅馆，供商人们住宿。《通典·食货典七》记载当时从岐州至长安、洛阳到汴州（今河南开封）的东西大道上，“每店皆有驴赁客乘，倏忽数十里，谓之驿驴”，太平时节，商旅们“远适数千里，不持寸刃”，可见其商业之繁荣情景。

唐朝的国际贸易比起前代，也有很大的进步。两汉时期的对外贸易，不论是对西域，还是南亚、东南亚，都是以陆路为主。南北朝时，西北的丝绸之路经常被战乱干扰、切断，主要是依靠海上交通。而唐朝则是海上、陆地两条商路都比较畅通。来到中国做生意的外商，唐朝前期主要是波斯人，唐中叶以后主要是大食人（阿拉伯商人）。当时正是伊斯兰教兴起的时候，阿拉伯人的势力积极地向外扩张，无论是军事还是商业上都很活跃，来中国经商的人很多，并且充当着欧亚通商的中间人；东方的货物常常由他们贩运到埃及的亚历山大港，再转运到欧洲，甚至有些商人就长期居住在中国。唐朝人往往将波斯人和大食人通称为“波斯”或“波斯胡”。每年到广州来的外国商船很多，有大食舶、波斯舶、师子（斯里兰卡）舶、婆罗门（印度）舶、昆仑（南海）舶等等，运来珍宝、香料、药材，再购买中国的丝织品、纸张、瓷器、漆器、茶叶等携回。唐朝政府在开元二年（714）于广州设置了提举市舶使④，来管理海上贸易并征收商税，有时甚至和唐朝政府的正税——两税相等。此外，中国商

① 宋敏求：《长安志》。
② 《野客丛书》引张祜、王建诗。
③ 《旧唐书·崔融传》。
④ 《册府元龟·帝王部·纳谏门》开元二年十二月。

船还经常从福州、宁波等地开往日本通商。在这种情况下，唐朝的货币经济有了显著发展，从而产生了中国最早的金融市场——京师长安的西市。

在这个金融市场里，进行着各种信用活动，像私人典当抵押借款的“质库”，国家经营贷款放债的“公廨”，有负责收贮、保管个人财物的柜坊、寄附铺和各种商店，有从事兑换、买卖贵金属的金银店，还有办理汇兑业务的官府和商人组织。现代的几种主要的金融业务，当时大多数已具雏形。

唐朝的这个最初的金融市场，有时会受到封建政府的压榨和破坏。官府一旦发生财政困难，往往就拿市场上的商人、富户开刀，向他们摊派、勒索钱款。例如唐德宗建中三年（782），因为淮西的藩镇李希烈发动叛乱，政府出兵平叛，军费不足，就对长安市场“括僦柜质钱，凡蓄积钱帛粟麦者，皆借四分之一，封其柜窖”[①]。市场上囤积的钱财粮食基本都是商人和富户存放的，这些人非常愤怒，为之罢市，并有成千上万的人上街游行请愿，拦住宰相卢杞的马申诉。商人、百姓经过斗争，终于迫使官府作出让步，停止了强制借款，取得了胜利。

二、官府与私人的放债

唐朝历代皇帝在位时，都有政府拨款给各级机构进行放债和经商，赚得了利息、利润就供给这个部门的官吏，作为薪俸、膳食、油烛和修缮费用。这种业务称为“公廨钱”或“公廨本钱”，起源于隋朝，后因扰民而被禁止[②]。唐朝的官府放贷又有进一步的发展，设置了“捉钱令史”来负责这项事务[③]。唐中叶以后，公廨钱的经营日益败坏，不但官吏从中贪污，还有许多商人投资入股，和主管官吏共同经营、放贷[④]，赚了钱便置进私囊，若有亏损就算在公家的账上。据《新唐书·沈既济传》所言：“今关辅大病，皆言百司息钱，毁室破产。”看来公廨钱很可能演变为对百姓的强制摊派，已经成为严重的社会

① 《资治通鉴》卷227，建中三年。

② 《隋书·食货志》，开皇八年，“先是京官及诸州并给公廨钱，回易取利，以给公用。……”

③ 《唐会要》卷93，《诸司诸色本钱》：“武德元年十二月置公廨本钱，以诸州令史主之，号捉钱令史，每司九人，补于吏部。”

④ 参见《唐会要》卷93，《诸司诸色本钱·上》元和十一年八月条载右御史中丞崔从奏文。

问题。

唐朝政府对于公私放债的利率是有限制的，各个时期的利率有所不同，从开元初的每月七分到会昌年间的四分[①]，呈下降趋势，可能是和唐朝后期“钱重物轻”、通货紧缩的经济形势有关。市场不景气，银根较紧，导致借款人数减少，放贷者只好降低利率。官府始终不许收取复利，即所谓“回利作本”[②]。

在私人借贷方面，和南北朝不同的是，债权人除了国内的官僚、贵族、商人、富户之外，又增加了“蕃客”、“贾胡”，即边疆民族和外国商人。他们放债的对象非常广泛，包括衣冠子弟、军官、商人、百姓等等[③]。放债的方式通常分为两种：

1. 信用放款

对借款人或担保人比较信任，不用提供抵押物品的借贷；通常是对于刚刚上任的官员或调任节度使的禁军将领[④]，贷款的利率较高，甚至有“倍称之息”。但是也常有赖账不还的现象，如《旧唐书·许孟容传》载：“神策吏李昱假贷长安富人钱八千贯，满三岁不偿，孟容遣吏收捕械系，克日命还之。”

2. 抵押借款

对借贷者不信任，必须提供财物做抵押，才出借钱款。抵押品通常有衣物、粟麦、田地、房屋、金银等等，甚至还有人身抵押。如韩愈《柳子厚墓志铭》曰：“（永州）其俗以男女质钱，约不时赎，子本相侔，则没为奴婢。”最普遍的是“质库”（当铺）的抵押借款。在南北朝的时候，史籍所载基本上都是寺庙兼营典当业务，可是在唐朝“质库”已经是独立的私人事业了。当时政府曾经规定不得随意变卖抵押品，对于过期不赎的东西，可以在报告当地

---

① 参见《唐会要》卷88，《杂录》：“（开元初）五千之本，七分生利，一年所输四千二百，兼算劳费，不啻五千。”《唐会要》卷93，《诸司诸色本钱·上》开元十八年条、会昌元年六月条。《新唐书·沈既济传》建中二年上谏事。

② 《唐会要》卷88，长安元年十一月十三日敕：“负债出举，不得回利作本，并法外生利，仍令州县严加禁断。”

③ 《全唐文》卷72，文宗四《禁与蕃客交关诏》：“顷者京城内，衣冠子弟诸军使并商人百姓等，多举诸蕃客本钱。……”

④ 《唐会要》卷92，会昌元年：“选人官成后，皆于城中举债，到任填还，致其贪求，罔不由此。”《资治通鉴》卷243：“自大历以来，节度使多出禁军，其禁军大将资高者皆以倍称之息，贷钱于富室，以赂中尉，动逾数万。”

官府之后予以处理。但是抵押品在变卖后如果偿还了债款和利息还有剩余，则应该把余下的款子退还给债务人[①]。

三、存款业务的开展

唐朝的商人和百姓对于闲置的资金除了窖藏之外，积存在亲友或寺庙里的情况也很普遍。这方面出现的新现象就是有了专门收受、包换别人钱财的业务机构：柜坊和寄附铺。

1. 柜坊

在南北朝的时候，商人外出到他乡贸易，寄宿在旅店里；带来买货的钱，或是卖货所得的款项，数量很大，不能整天带在身上，通常是锁在自己房间的箱子里，或存在亲友家中；这样会造成许多不便，甚至出现丢失[②]。到了唐朝，由于商业的发展，市场上有了专门接收存款的店铺——柜坊。柜坊的业务和以前托付亲友、寺庙保管钱财的性质有所不同，首先，原来的寄存者主要是官僚、贵族和富豪，现在则主要是外地和本地的商人。其次，原先存款的目的是为了保险和避乱，和商业并没有直接的联系；现在则是商人们为了在市场上做交易时付款方便，免得随身携带或放在旅店。

开设柜坊的有专门的店铺，也有大商号、药店兼营存款业务的[③]，还有外国人开设的“波斯邸”[④]，类似后代的洋行。商人、百姓们在柜坊存款的数目多少不等，往往达到百贯、千贯，甚至在十万贯以上；取款的时候，也不一定必须本人自己去。可以凭书帖让柜坊支付给第三者[⑤]。这种书帖是临时书写的，而不是像后代那样采用事先印好的空白格式。书帖上由存户本人写上付款数目、日期，收款人姓名，出帖人的署名，可以说世界上最早的支票。有时甚至可以凭存户的信物去取款，像竹杖、席帽等[⑥]，表明它还是比较原始的

① 参见《唐令拾遗》。
② 参见《周书·柳庆传》。
③ 《太平广记》卷123，引《广异记·张李二公》。
④ 《续玄怪录·杜子春传》。
⑤ 《太平广记》卷140，引《唐逸史·尉迟敬德》。
⑥ 参见唐代小说《逸史·卢李二生》，《太平广记》卷123，引《广异记·张李二公》。

形态。

2. 寄附铺

这是一种寄售商店，办理客户寄存东西和出售寄卖的各种货物，收取手续费，如长安西市的“景先宅”①。寄附铺寄售各种首饰、玩物、高级服装，也代为保管商人、百姓的金钱和贵重物品。唐代政府的法令禁止利用寄托的财物去经营求利，柜坊和寄附铺在名义上不能用客户的存款去放高利贷或者经营商业，只能在暗中进行。客户存钱是交纳保管费，还是领取利息，史书上没有明确的记载。

四、飞钱、便换——我国最早的汇兑业务

唐代的汇票称为“飞钱”，或“便换”②；产生于宪宗元和初年。当时各道的地方政府在首都长安都有进奏院，外地的商人在长安售出货物后，如果携带大量的铜钱、绢帛回家，一来很沉重，携带不方便；二来目标显眼，路上容易被强盗抢劫，危险性较大，于是想出了通过进奏院汇兑的办法。商人们可以把钱款交给家乡所在道的进奏院，领一张单据，上面写着付款的数目、日期，以及付款人的姓名等等，其中一半交给付款的商人，另一半寄回本道，经过核实无误，就可以在当地领取现款。这种票据就叫“飞钱”或“便换”。这样做使汇款者既方便又安全，进奏院也可以用这笔钱在长安交纳本道上供的赋税，省得再从外地跋山涉水运送钱财到京师来。这种汇兑，好像钱在两地之间飞来飞去，以此得名。它属于有价证券，可以说是纸币的萌芽状态。但是它不能用来任意地购买商品、交纳赋税，所以还不是真正的货币。

经营汇兑业务的，既有地方政府和藩镇的驻京机构，也有私家大商人、大官僚③；汇款一般是“敌贯”，即平价汇兑，不收汇费。

“飞钱”出现的主要原因，是唐朝后期地区间商业贸易发展的需要。另一

---

① 蒋防:《霍小玉传》。

② 参见《因话录》:“有士鬻产于外得钱数百缗，惧以川途之难赍也，祈所知纳钱于公藏，而持牒以归，世所谓便换者。”

③ 《新唐书·食货志·四》:“时商贾至京师，委钱诸道进奏院及诸军、诸使、富家，以轻装趋四方，合券乃取之，号飞钱。”

方面，有两个因素也促成了它的产生。首先，唐朝中后期，政府推行两税法之后，“钱荒”严重；由于铜钱短缺，各地州县纷纷颁布禁令，不许铜钱出境。朝廷也在贞元年间下令禁止商旅带钱出骆关（今陕西周至县西南）、散关（今陕西宝鸡市西南），不许销钱做铜器。但是这些措施并没有缓和“钱荒”，而各地禁止携钱出境的法规更是破坏了贸易的开展，造成“商贾皆绝”。但是白银数量太少，未能成为主要货币；绢帛又属于实物货币，性质落后，具有种种缺点，民众不愿意用，于是促成了“飞钱”这种汇兑方式的产生。

其次，唐朝中后期饮茶的风俗开始在北方流行，人们喝茶已经成为习惯，不论身份贵贱，僧道俗人，普遍饮茶。茶叶的产地在南方，北方和西北的商人需要带大量的现钱去南方贩货，而四川和江南的茶商来京师长安售货之后，也需要带大量的现钱回乡。“飞钱”、“便换”等汇兑业务适合贩茶贸易的需要，于是就应运而生了。①

唐朝政府曾在元和六年（811）下令禁止公私办理“飞钱”，结果反而引起大量的铜钱被带出长安，人们更加藏钱不出，促使物价下跌得更为严重；故此只好在第二年解除了禁令②。中央政府也开始经营汇兑，由户部、度支、盐铁三司专门办理。起初，曾规定每贯（千钱）要收汇费百文，即十分之一；商人们嫌汇费太高，无人来办，政府被迫又改为平价汇兑，不受汇费③。官府营办的汇兑保持到唐末，后来因为政治腐败，常有留难、拖延不付铜钱的现象，失去人们的信任，“以此商人疑惑，乃致当司用度不充”④，这项业务也就逐渐败亡了。

---

① 《旧唐书·食货志·上》元和六年二月制条有“茶商等公私便换见钱，并须禁断”之语，亦可反映出汇兑与茶叶贩运的密切联系。

② 《唐会要》卷89，《泉货》：“（元和）七年五月，兵部尚书判户部事王绍、户部侍郎判度支卢坦、盐铁使王播奏：付以京都时用，多重见钱，官中支计，近日殊少。盖缘比来不许商人便换，因兹家有滞藏，所以物价转轻，钱多不出。臣等今商量，伏请许令商人于户部、度支、盐铁三司，任便换见钱，一切依旧禁约。伏以比来诸司诸使等，或有使商人钱多留城中，逐时收贮，积藏私室，无复流通。伏请自今以后，严加禁约。从之。”

③ 《册府元龟·邦计部·钱币三》元和七年：“七月，度支、户部、盐铁等使奏：先令差所由，招召商人每贯加饶宫中一百文换钱，今并无人情愿。伏请依元和五年例，敌贯与商人对换。从之。”

④ 《唐会要》卷59，咸通八年十月户部度支崔彦昭奏。

第五节　唐代的物价

考察唐代经济生活的状况，物价研究是一个重要的课题。价格是商品价值的货币表现，它的升降往往能直接反映出社会生产的规模、劳动效率以及商品经济的发达程度。此外，物价的剧烈波动大多是受到自然、社会两方面突发因素的干扰，如天灾、兵祸等原因所造成的。在唐代近三百年的历史上，其首、尾皆与农民起义的战火连接，中间则爆发过安史之乱，这三个短暂时期的社会经济遭受了战乱的严重破坏，因此物价腾贵，民不聊生。其余大部分时间内，社会秩序较为安定，物价也比较平稳。但是由于封建经济的发展变化，唐前期和唐后期的物价水平差异较大。从贞观到天宝末年，国内的政治形势基本稳定，生产与贸易持续发展，物价相当低廉；甚至连连出现了米斗数钱的情况，这是唐朝后期从未有过的现象。安史之乱当中，百物涌贵；战争结束后，物价虽然有所回落，但是直到唐末战乱重开之前，百余年内的物价整体水平仍然明显高于唐朝前期。究其原因，一方面在于货币本身价值的变化，唐朝前期废止前代旧钱流通，新铸的开元通宝钱币数量有限，制造精致，重量又足，所以购买力较高。而唐朝后期的开元钱重量从4克多下降到3克左右，质量又差，购买力当然会大打折扣。另一方面，中唐实行两税法后，农民的负担比起唐朝前期明显加重了，这对市场的主要商品——粟帛的生产成本也会产生负面影响，促使物价在较高水平上徘徊不下。下面即对唐朝的各项主要商品的价格情况予以阐述：

一、粮价

在古代的各种商品当中，粮食因为是人们生活消费所必需，其地位最为重要。俗称："五谷食米者，民之司命也"，"凡五谷者，万物之主也"[①]。唐代的粮食价格，主要以粟（谷子）、米（小米）价格为代表。王祯《农书》曾曰：

---

① 《管子·国蓄篇》。

“夫粟者，五谷之长，中原土地平旷，惟宜种粟，古今谷禄，皆以是为差等；出纳之司，皆以是为准则。”粟在当时不仅是种植最广的粮食作物，而且还是商品交换中的一般等价物。由于唐代自然经济的色彩很浓重，粟作为实物货币相当流行。根据唐朝粮价总体的变化情况，可以把它分为以下几个阶段：

（一）唐朝前期的粮价

1. 唐初的粮价下降

李唐建国之初，正值隋末以来的长期战乱，各地百废待举，物价昂贵，尤以粮食为甚。如《资治通鉴》卷 185 载武德元年七月，“东都大饥，私钱滥恶，大半杂以锡环，其细如线，米斛直钱八、九万。”

《旧唐书·高祖纪》载武德元年（618）：“十一月己酉，以京师谷贵，令四面入关者车马牛驴各给课米，充其自食。”

《新唐书·宗室李叔良传》：“武德初，例王，镇泾州，……于是大饥，米斗千钱。”

《新唐书·高祖纪》武德二年（619）闰二月乙卯条载：“以谷贵，禁关内屠酤。”

《资治通鉴》卷 189 载武德四年三月，洛阳“城中乏食，绢一匹直粟三升，布十匹直盐一升。”

《资治通鉴》卷 192 载贞观元年（627）十二月戊申：“诏以关中米贵，始分人于洛州选。”卷 193 载：“（贞观）元年，关中饥，米斗直绢一匹。二年，天下蝗；三年，大水。”《贞观政要·政体》也记载道：“太宗自即位之初，霜旱为灾，米谷踊贵。……是时自京师及河东、河南、陇右，饥馑尤甚，一匹绢才一斗米。”斗米匹绢的价格约合数百钱。但是经过太宗的励精图治，社会很快得以安定，生产迅速恢复发展，又遇到连年丰收，自贞观四年（630）以后，粮价跌到了每斗数钱，并持续稳定了一段时间。例如：

《新唐书·食货志》载：“贞观初，户不及三百万，绢一匹易米一斗。至四年，米斗四五钱，外户不闭者数月。马牛被野，人行千里不赍粮，民物蕃息，四夷降伏者百二十万人。是岁天下断狱死罪者二十九人，号称太平。”

《新唐书·魏征传》：“于是帝即位四年，……米斗三钱。”

《通典》卷 7：“自贞观以后，太宗励精为理，至八年九年，频年丰稔，米斗四五钱，马牛布野，外户动则数月不闭。至十五年，米每斗直两钱。”

《资治通鉴》卷196载贞观十五年八月乙巳太宗曰：“比年丰稔，长安斗粟直三四钱。”

《贞观政要·务农》：“贞观十六年，太宗以天下率计斗直五钱，其尤贱处计斗直三钱。”

高宗即位之后，粮价低廉的状况继续了一段时间。如《资治通鉴》卷199载永徽五年（654），“是岁大稔，洛州粟米斗两钱半，杭米斗十一钱。”

《唐会要·封禅》麟德二年（665）十月丁卯条载：“是时频岁丰稔，斗米至五钱，豆麦不列于市。”

《通典》卷7载：“麟德三年，米每斗折五文。”

综上所述，唐朝初年的粮价在经历了短暂的高昂时期后，于太宗贞观四年（630）到高宗麟德三年（666），始终维持在很低的水平；通常秋收之后粟米每斗数钱左右，稍高者不过斗十余钱。而在冬、春、夏季的粮价应该高于这个指数。

2. 高宗末年至睿宗时的粮价上浮

高宗自公元666年改元乾封后，国内的经济形势略有恶化，导致粮价上涨。其中原因，首先是由于政府一度发行了贬值的钱币“乾封泉宝”，扰乱了正常的市场贸易秩序。

其次是缘于官铸铜钱数量增多，投入流通后引起的。《旧唐书·食货志》载：“时（仪凤四年）米粟渐贵，议者以为铸钱渐多，所以钱贱而物贵。于是权停少府监铸钱，寻而复旧。”

再次是由于天灾屡屡流行，政府又忙于对外用兵，如征伐高丽、突厥、吐蕃等等，致使粮价升高①。这一趋势，一直延续到中宗、睿宗在位时。其具体记载如下：

《旧唐书·食货志》载：“至乾封元年（666）封岳之后，又改造新钱，文

① 参见《旧唐书·韦思谦附韦承庆传》：“仪凤四年五月，诏皇太子监国。时太子颇近声色，与户奴等款狎，承庆上书谏曰：“……自顷年以来，频有水旱，菽粟不能丰稔，黎庶自致煎穷。……今夏亢阳，米价腾踊。贫窭之室，无以自资，朝夕遑遑，唯忧馁馑。……今关陇之外，凶寇凭陵。西土边氓，凋丧殆尽。干戈日用，烽柝荐兴。千里有劳于馈粮，三农不遑于稼穑。”

曰乾封泉宝。径一寸，重二铢六分。仍与旧钱并行，新钱一文，当旧钱之十。……又缘改铸，商贾不通，米帛增价，乃议却用旧钱。”

《资治通鉴》卷201乾封二年（667）正月癸未条曰：“自行乾封泉宝钱，谷帛踊贵，商贾不行。”

《新唐书·高宗纪》载咸亨元年（670）：“八月庚戌，以谷贵，禁酒。”

《通典·食货九·钱币下》：“仪凤四年（679）四月，令东都出远年糙米及粟就市粜，斗别纳恶钱百文。”

《旧唐书·高宗纪》载永隆二年（681）闰七月：“丙寅，雍州大风害稼，米价腾踊。”

《资治通鉴》卷203永淳元年（682）四月丙寅条载：“上以关中饥馑，米斗三百，将幸东都。”同年五月乙卯条载：“关中先水，后旱蝗，继以疾疫，米斗四百。”

《旧唐书·五行志》：“永淳元年六月十二日，连日大雨，至二十三日，洛水大涨，……西京平地水深四尺以上，麦一束止得一二升，米一斗二百二十文。……饥馁相仍，加以疾疫，自陕至洛，死者不可胜数，西京米斗三百已下。”

《资治通鉴》卷207长安元年（701）载：“（郭）元振又令甘州刺史李汉通开置屯田，尽水陆之利。旧凉州粟麦斛至数千，及汉通收率之后，一缣籴数十斛，积军粮支数十年。”

《新唐书·宗楚客附纪处讷传》载神龙元年（705）“夏，大旱谷价腾踊。”

《旧唐书·张仁愿传》载神龙二年（706）：“时都城谷贵，盗窃甚众。”

《资治通鉴》卷209景龙三年（709）载：“是岁关中饥，米斗百钱。运山东、江淮谷输京师，牛死什八九。”

《册府元龟》卷501载：“先天元年九月，谏议大夫杨虚受以京中用钱恶，货物踊贵，上疏曰：……。”《旧唐书·严挺之传》载先天二年正月严挺之上疏曰：“……况自去夏霖霪，经今亢旱，农乏收成，市有腾贵。”

但是，这一阶段的粮价上涨幅度并不严重，历史记载所提到的高价，通常不过是每斗百钱至数百钱之间。可见平时大约在数十钱之内，距前一阶段相差不远。

3. 开元、天宝年间的低廉粮价

玄宗在位时期，正是唐朝和中国封建社会的鼎盛阶段，生产、贸易发达，风调雨顺，荒歉时少，致使农业连岁丰稔，公私仓储皆满。元结《次山文集》卷7曰："开元天宝之中，耕者益力，四海之内，高山绝壑，耒耜亦满。人家粮储，皆及数岁。太仓委积，陈腐不可校量。"粮价低廉，与贞观、永徽年间相等。历史记载如下：

《旧唐书·食货志》载开元二年（714）九月敕："天下诸州，今岁稍熟，谷价全贱，或虑伤农。……"

敦煌文书中《唐开元九年？于阗某寺支出簿》载小麦"斗别三十文"，粟"斗别十五文"①。

《旧唐书·玄宗纪》开元十三年（725）十二月己巳条载："时累岁丰稔，东都米斗十钱，青、齐米斗五钱。"

《通典·食货七·历代盛衰户口》："至（开元）十三年封泰山，米斗至十三文，青齐谷斗至五文。自后天下无贵物，两京米斗不至二十文，面三十二文。"

《旧唐书·食货志》载开元十六年（728）十月敕曰："自今岁普熟，谷价至贱，必恐伤农。……"

《唐会要》卷85《逃户》载开元十八年（730）裴耀卿上奏曰："官司每丁收纳十石，其粟更不别支用，每至不熟年，斗判三十价，然后支用。"灾年的粟价亦不过每斗三十文。

《册府元龟》卷501载开元二十二年（734）："谷帛稍贱伤本。"

《册府元龟》卷502载开元二十五年（737）九月戊子敕曰："……今岁秋苗，远近丰熟，时谷既贱，则甚伤农。"

《新唐书·食货志》载："（开元）二十六年，宣、润等州初置钱监。两京用钱稍善，米粟价益下。"

《旧唐书·玄宗纪》载开元二十八年，"其时频岁丰稔，京师米斛不满二百。"

① 池田温：《中国古代籍帐研究》（录文），第140页。

《旧唐书·食货志》载："至天宝之初，两京用钱稍好，米价丰贱。"

《册府元龟》卷502载天宝四载（745）五月诏曰："如闻今载收麦，倍胜常岁。稍至丰贱，即虑伤农。……"

《新唐书·食货志》载天宝五载（746），"是时海内富实，米斗之价钱十三，青、齐间斗才三钱。"

以上粮价，大多属于丰收后极为低廉的价格，玄宗时期的正常粮价，可参见敦煌文书《天宝四载河西豆卢军和籴会计牒》，为粟每斗27~32文，糜每斗27~32文，小麦每斗32~37文，青麦每斗30~35文，豌豆每斗29~34文。《天宝六载十一月河西豆卢军军仓收纳籴粟牒》载粟每斗价21文[①]。

又敦煌文书《唐天宝年代敦煌郡会计牒》载五谷时价，其数据为：小麦斗49文，粟斗34文，糜斗31文，豌豆斗35文，麻斗53文[②]。

《全唐文》卷380载元结《进士策问》中曾提到："往年（开元天宝年间）粟一斛，估钱四百犹贵。"综合以上数据来看，这一阶段的正常粟价大约在每斗20~30文上下。

（二）肃宗、代宗时期的粮价

安史之乱爆发后，中原长期经受战火，耕桑皆废，又加天灾频仍，致使粮价扶摇直上。《新唐书·食货志》曰："自两京陷后，民物耗弊，天下骚然。……而百姓残于兵盗，米斗至七千，鬻籺为粮，民行乞食者属路。"至代宗即位之后，战乱渐息，但因为生产的衰败，粮价虽有回落，并未恢复正常。参见以下记载：

《新唐书·鲁炅传》载至德二载（757）："（南阳）城中食尽，米斗五十千，一鼠四百，饿者相枕籍。"

《旧唐书·安禄山附子庆绪传》载乾元元年（758）邺城："米斗钱七万余，鼠一头直数千。"

《旧唐书·食货志》载乾元二年（759）三月铸当五十乾元重宝钱后，"寻而谷价腾贵，米斗至七千。"

---

① 池田温：《中国古代籍帐研究》（录文），第211、213页。

② 池田温：《中国古代籍帐研究》（录文），第219页。

《旧唐书·肃宗纪》载乾元三年（760），“是岁饥，米斗至一千五百文。”“时大雾，自四月雨至闰月末不止。米价翔贵，人相食，饿死者委骸于路。”

《旧唐书·五行志》载乾元三年闰四月，“是月史思明再陷东都，京师米斗八百文。”

《资治通鉴》卷221上元元年（760）六月，“属岁荒，米斗至七千钱，人相食。……是时史思明亦铸顺天、得一钱，一当开元钱百，贼中物价尤贵。”

《旧唐书·李皋传》：“上元初，京师旱，米斗直数千，死者甚多。”

《新唐书·刘晏传》载宝应元年（762），“时大兵后，京师米斗千钱，禁膳不兼时，甸农挼穗以输。”

《旧唐书·五行志》载：“广德元年秋，虸蚄食苗，关西尤甚，米斗千钱。”

《旧唐书·代宗纪》载广德二年（764）九月：“自七月大雨未止，京城米斗值一千文。”“是秋，蝗食田殆尽，关辅尤甚，米斗千钱。”

《旧唐书·代宗纪》载永泰元年（765）三月，“岁饥，米斗千钱。”“是春大旱，京师米贵，斛至万钱。”七月，“时久旱，京师米斗一千四百，他谷食称是。”

《全唐文》卷380载永泰二年（766）元结在考进士出题时曾说，“近年粟一斗，估钱五百尚贱。”

《旧唐书·代宗纪》载大历四年（769）八月，“自夏四月连雨至此月，京城米斗八百文。”大历五年（770）秋七月，“是月，京城斗米千文。”大历六年（771），“是岁春旱，米斛至万钱。”

《册府元龟》卷502《邦计部·平籴》载：“代宗大历八年十一月癸未敕度支江淮转运三十万石，米价并脚价充关内和籴。时京师大稔，谷价骤贱，大麦斗至八钱，粟斗至二十钱。”同书同卷又载大历九年（774）年丰，诸道因之而行和籴。安史之乱以来的高昂粮价渐渐趋于好转。

（三）唐朝后期的粮价

1. 德宗时期的粮价下落

德宗即位，行两税法（780）后，出现了钱重物轻和通货回缩，粮价也随之下降。不过，由于德宗一朝战乱天灾仍连连发生，所以粮价并不稳定。平常粟每斗约在百余钱到二百钱之间，丰稔时可跌至数十钱，灾乱时则达到数百乃至千余钱；但总的趋势还是逐步回落，到贞元末年则基本上平稳下来。可参见以下史料：

《全唐文》卷634载李翱《进士策问》曰："初定两税之寸，钱直卑而粟帛贵，粟一斗价盈百，……"同书同卷载其《疏改税法》又曰："臣以为自建中元年初定两税，至今四十年矣。当时绢一匹为钱四千，米一斗为钱二百。"还可以参考《夏侯阳算经·定脚价》："今有两税米一千五百七十八斛九斗送州，每斗脚一十三文，并于身内抽充。时估斗别一百三十文。问正及脚各几何？"

至兴元元年（784）因灾乱粮价又升，见《资治通鉴》卷213载："时（兴元元年五月）关中兵荒，米斗直钱五百。"待漕运米至后，"减五之四。"同年十一月李泌对曰："今天下旱蝗，关中米斗千钱。"

《白氏长庆集》卷3《捕蝗诗》曰当年，"河南长吏言忧农，课人昼夜捕蝗虫；是时粟斗钱三百，蝗虫之价与粟同。"

《新唐书·五行志》载："贞元元年春，大饥，东都、河南、河北米斗千钱，死者相枕。二年五月，麦将登而雨霖，米斗千钱。"

《新唐书·食货志》载："贞元初，关辅宿兵，米斗千线。"

《资治通鉴》卷231载贞元元年六月李晟上言："今河中斗米五百，刍藁且尽。"

《旧唐书·张孝忠传》曰："贞元二年，河北蝗旱，米斗一千五百文。"

但当年秋收时粮价又趋低廉，《册府元龟·邦计部·经费》载贞元二年十一月，"度支奏请于京兆府，折明年夏秋税钱二十二万四千贯文，又请度支给钱添成四十万贯，令京兆府今年内籴粟麦五十万石以备军食。诏从之。"合每斗80文。

次年又遇丰收，《资治通鉴》卷233贞元三年（787）十二月载："自兴元以来，至是岁最为丰稔，米斗直钱百五十，粟八十。"

《资治通鉴》卷234贞元八年（792）陆贽上奏时曾提到："今江淮斗米直百五十钱，运至东渭桥，僦直又约二百，米糙且陈，尤为京邑所贱。据市司月估，斗粜三十七钱。"又言："今河阴、太原仓见米犹有三百二十余万斛，京兆诸县斗米不过直钱七十。”

《全唐文》卷475又载陆贽上奏言京兆府“据时估豌豆每斗七十已上，大豆每斗三十价已下。”

《权载之集》卷40载其于贞元十八年（802）作《进士策问》时曾说当时，“粟帛寖轻，而缗钱益重。或去衣食之本，以趣末作。自非翔贵之急，则有甚伤之贱。”反映出人们认为德宗末年的粮价偏低，“谷贵”已不再是一个严重的社会问题。

2. 宪宗至宣宗时的低廉粮价

公元9世纪的前半期，唐朝社会的政治、经济形势较为稳定，农业生产趋于正常，使粮价摆脱了此前居高不下的困境。另一方面，两税法推行以来，“钱重物轻”的现象愈发严重，流通领域中铜钱短缺，造成了“谷贱伤农”。这一时期朝野的议论，往往围绕着如何克服上述时弊而进行。而史籍的记载则表明，米价平时每斗约为数十钱，灾年升至百钱、二百钱已被人们看作是很贵的了。例如：

《资治通鉴》卷237元和三年（808）七月条载卢坦任宣歙观察使，“坦到官，值旱饥，谷价日增或请抑其价。坦曰：‘宣、歙土狭谷少，所仰四方之来者；若价贱，则商船不复来，益困矣。’既而米斗二百，商旅辐辏。”

《全唐诗外编·续补遗·九》载张祜《忧旱吟》：“……今年已憔悴，斗米百钱偿。富豪崇高价，闭廪几绝粮。”

《全唐文》卷634载元和五年（810）李翱《进士策问》中说到当时，“钱直日高，粟帛日卑，粟一斗价不出二十。”

《资治通鉴》卷238元和六年（811）载：“是岁，天下大稔，米斗有直二钱者。”

《文苑英华》卷957载李翱作《河南府司录参军卢君墓志铭》曰：“尝摄职同州，当征官税钱时，民竞出粟易钱以归官，斗至十八九。君白刺史言状，请倍估纳粟，下以泽民，上可以与官取利。刺史诘状，君辨其所以必然。刺史行之，民用得饶。未一月，果被有司牒和收官粟，斗给六十。”

元和末年的正常米价大约是50钱一斗，见《全唐文》卷634载李翱元和十五年（820）《疏改税法》：“臣以为自建中元年初定两税，至今四十年矣。……今税额如故，而粟帛日贱，钱益加重，绢一匹价不过八百，米一斗不过五十……”

长庆元年（821）朔方米斗40钱，见《新唐书·吴武陵传》。

《唐会要》卷92《内外官料钱·下》载长庆四年（824）五月以谷价稍贵，百官俸禄一半给粟，每斗折钱50文，后来涨到每斗70文。太和七年（833）三月因久旱米贵，粟一斗折钱70文。

《册府元龟》卷484《邦计部·经费》载文宗开成元年（836）二月畿内和籴粟麦，贵籴每斗60文，平籴每斗50文，贱籴每25文。

日本僧人圆仁所著《入唐求法巡礼行记》卷2曾载开成五年（840）山东各地遭灾后的粮价，分别为：登州粟米斗30文，粳米斗70文；莱州粟米斗50文，粳米斗90文；北海米斗60文，小豆斗30文；青州粟米斗80文，粳米斗100文；禹城粟米斗45文，粳米斗100文，小豆斗25文，面斗70~80文。

《太平广记》卷499引《闻奇录》言大中咸通间，“京国米价每斗四十。”

3. 唐末粮价的上涨

从懿宗咸通年间起，唐朝社会的阶级矛盾日趋激化，各地的农民起义不断发生，与镇压的官军展开激战；灾荒也频频出现。《资治通鉴》卷252乾符元年条曰：“自懿宗以来，奢侈日甚，用兵不息，赋敛愈急。关东连年水旱，州县不以实闻。上下相蒙，百姓流殍，无所控诉，相聚为盗，所在蜂起。”连年的战乱使农业生产受到了极大的破坏，致使各地粮价飞涨，民不聊生。

《皮日休文集》卷103《三羞诗》言咸通七年（866）淮右大饥而物价踊贵，“一金易芦菔，一缣换凫茨。”

《资治通鉴》卷251咸通九年（868）庞勋在徐州起义，“愿效力献策者远近辐辏，乃至光、蔡、淮、浙、兖、郓、沂、密群盗，皆倍道归之，……旬日间，米斗直钱二百。”

皇甫枚《三水小牍》卷上载咸通十一年（870）河南遇灾：“唐咸通庚寅岁，洛师大饥，谷价腾贵。……”

《资治通鉴》卷254载中和二年（882）黄巢入长安后，“民避乱皆入深山筑栅自保，农事俱废，长安城中斗米直三十缗。”

《旧唐书·僖宗纪》载光启二年（886）五月，“荆南、襄阳仍岁蝗旱，米斗三十千。”

《旧唐书·高骈传》载光启三年（887）四月，“既而蔡贼杨行密自寿州率兵三万，乘虚攻（扬州）城，城中米斗五十千。”《旧唐书·杨行密传》载当年“十月，城陷，秦、毕走东塘，行密入广陵，辇外寨之粟以食饥民，即日米价减至（斗）三千。”

《资治通鉴》卷258载大顺二年（891）四月，“成都城中乏食，……截筒径寸半，深五分，量米而鬻之，每筒百余钱，饿殍狼籍。”

二、布帛价

在唐代的生活领域里，纺织品——绢帛和麻布是极为重要的消费资料，其地位仅次于粮食；其中尤以丝织品为甚。唐朝的货币制度是“钱帛兼行”，绢帛与铜钱都是法定货币，在流通领域中具有偿付能力。国家对绢布的幅长标准颁有定式，缣帛幅广2.2尺，长4丈为匹；麻布幅广2.2尺，长5丈为端。其价格的变化情况如下：

（一）唐朝前期的绢布价格

唐初承袭隋末的战乱，经济凋敝，粮价高昂，绢帛与粟的比价很低，如《资治通鉴》卷189载武德四年（621）洛阳，“城中乏食，绢一疋直粟三升，布十匹直盐一升。”卷193载贞观元年（627），“关中饥，米斗直绢一匹。”但是随着生产的恢复，粮价陡降，斗仅数钱；绢帛的价格则很快上升。《贞观政要·奢纵》载贞观十一年（637）马周上疏曰：“……自五六年来，频岁丰稔，一匹绢得十余石粟。”

高宗、武周时期的绢布价格记载较少，吐鲁番出土文书《唐和籴青稞账》[①]中曾提到当地练一疋值银钱10文，同出高宗麟德二年（665）墓志，银钱与铜钱的比价为1:32[②]，合练每疋320文。又《唐课钱账历》载有白布一端价铜钱300文[③]，同墓出土有永昌元年（689）墓志。绢1.4丈

① 《吐鲁番出土文书》第六册。

② 参见《吐鲁番出土文书》第七册第441页，《武周如意元年里正李黑收领史玄政长行马价抄》。

③ 《吐鲁番出土文书》第五册第282页，298页。

价铜钱 120 文，合每疋 343 文；白练 7.5 尺价 80 文，合每 427 文[①]。

《敦煌资料》第一辑 453 页《唐咸亨二年阚祐洛等卖练文书残卷》，载卖练十二疋半得银钱 46 文，每疋合铜钱 118 文。

《朝野佥载》卷 3 载睿宗景云二年（711）汴州单丝罗每匹价 3000 文。

（二）盛唐时期的绢布价格

玄宗开元、天宝年间，社会安定，生产贸易发达，物价趋势呈现出低廉而又稳定的特点。绢布的价格在每匹（端）400～500 文上下，贱者至 200 文，可以参见以下记载：

敦煌文书《唐开元九年？于阗某寺支出簿》[②] 载采帛每疋值铜钱 170 文，土布 1 丈 20 文，合每端 100 文。

《通典·食货七·历代盛衰户口》载开元十三年（725）封泰山，"自后天下无贵物，两京米斗不至二十文，面三十二文，绢一匹二百一十文。"

《唐会要》卷 40 载开元十六年（728）五月二日御史中丞李林甫奏："天下定赃估，互有高下，如山南绢贱，河南绢贵；贱处计赃不至三百即入死刑，贵处至七百以上方至死罪，即轻重不侔，刑典安寄。请天下定赃估绢，每匹计五百五十为限。"

又《开元十六年末庭州轮台县钱帛计会稿》[③] 载当地大练每疋 400 文，絁每疋 480 文。

《资治通鉴》卷 214 开元二十八年（740）："西京东都米斛直钱不满二百，绢匹亦如之。"

大谷文书《天宝二年交河郡市估案》[④] 载当地布价每端上、中、下估分别为：常州布 500、490、480 文，杂州布 450、400、380 文，火麻布 500、490、480 文，赀布 550、540、500 文，小水布 330、320、300 文。

敦煌文书《天宝四载河西豆卢军和籴会计牒》[⑤] 载当地大生绢每疋 465

---

① 《吐鲁番出土文书》第五册第 314 页，《唐质钱库帐历》。

② 池田温：《中国古代籍帐研究》（录文），第 140 页。

③ 池田温：《中国古代籍帐研究》（录文），第 150 页。

④ 池田温：《中国古代籍帐研究》（录文），第 210 页。

⑤ 池田温：《中国古代籍帐研究》（录文），第 211 页。

文，河南府絁620文，练460文，陕郡熟絁600文。

《新唐书·食货志》曰天宝五载（746）："是时海内富实，米斗之价钱十三，青齐间斗才三钱，绢一匹钱二百。"

敦煌文书《天宝六载十一月河西豆卢军军仓收纳籴粟牒》① 小生绢每疋380文。《天宝十载？二月敦煌郡酒行安胡到芬牒》② 载生绢每疋580文。

《全唐文》卷380元结《问进士》中提到"往年（天宝年间）帛一匹，估钱五百犹贵。"

（三）肃宗至德宗时期的绢布价格

安史之乱爆发后，中原屡经战火，生产遭到严重的破坏，绢价也急剧上升，曾达10000文一匹。见杜甫《忆昔诗》："岂闻一绢直万钱！"为此，肃宗上元二年（761）颁布诏令，废除以前制订的绢估。见《唐会要》卷40载："……自今已后，应定赃数，宜约当时绢估，并准实钱。"

战乱平息后，社会经济的衰弊还延续了一段时间，绢价虽有所回落，但仍是居高不下。代宗时，绢帛的价格在每匹2000～4000文左右，参见《全唐文》卷380载元结永泰二年（766）《问进士》曰："……近年帛一匹，估钱二千尚贱。"

《新唐书·权德舆传》载："又言大历中，一缣直钱四千。"

直到德宗即位，于建中元年（780）行两税法后，绢价的高昂仍维持了数年，价格水平与代宗时期的情况相等。参见《全唐文》卷634载李翱《进士策问》："初定两税时，钱直卑而粟帛贵，粟一斗价盈百，帛一匹价盈二千。"同书同卷载其《疏改税法》又道："臣以为自建中元年初定两税，至今四十年矣。当时绢一匹为钱四千，……"

《陆宣公翰苑集》卷22曰："往者初定两税之时，百姓纳绢一匹，折钱三千二三百文；大率万钱为绢三匹。"

《韩昌黎集》卷40《论变盐法事宜状》曰："初定两税时，绢一疋直钱三千。"

① 池田温：《中国古代籍帐研究》（录文），第213页。

② 池田温：《中国古代籍帐研究》（录文），第216页。

到德宗贞元九年（793），随着通货回缩和“钱重物轻”趋势的进一步发展，绢价出现了显著的下降。如《新唐书·食货志》载陆贽在当年上疏曰：“近者万钱为绢六匹，价贱而数加。”合每匹1600余钱。

至贞元十九年（803），绢价又跌到每匹800或900文。见《权载之集》卷47《论旱灾表》：“大历中，绢一疋价近四千，今止八百九百。”另见《权文公集补遗·上陈阙政》曰：“大历中，一缣直钱四千，今止八百。”

布匹的价格可以参见两税法颁行前后成书的《夏侯阳算经》：“每端直钱二贯六百文”，“每端直钱一贯八百文。”

（四）唐朝后期的绢价

自德宗末年至宣宗时期，唐朝的绢帛价格基本上稳定，在每匹700钱到1100钱之间浮动。例如《全唐文》卷634载元和十五年（820）李翱《疏改税法》曰：“臣以为自建中元年初定两税，至今四十年矣。……今税额如故，而粟帛日贱，钱益加重，绢一匹价不过八百，米一斗不过五十。”

《元氏长庆集》卷39《为河南百姓诉车状》称，元和年间绢每匹虚估4000文以上，实估700文。

《韩昌黎集》卷40载长庆二年（822）《论变盐法事宜状》曰：“今绢一疋，直钱八百。”

《入唐求法巡礼行记》卷1载开成三年（838）十月圆仁在扬州“更买白绢二疋，价二贯。”

《全唐文》卷78《武宗·加尊号后郊天赦文》载：“其京畿应纳诸色钱等，许纳诸州及本土上色绢，每匹与折八百文。”

《文苑英华》卷429《会昌五年正月三日南郊赦文》载当时，“委（两川）刺史、县令商量劝课，有机杼之家，依果阆州县织重绢，仍与作三等估，上估一千一百，下估九百。”

《唐会要》卷40载宣宗大中六年（852）闰七月敕，定天下赃估上绢每匹900文。“……兼以州府绢价，除果阆州外，无贵于宋亳州。上估绢者，则外州府不计有土绢及无土绢处，并请一例，取宋亳州上绢估，每匹九百文结计。”

三、奴婢价

唐代虽然是封建社会，但是其内部长期保存着奴隶制的残余，官宦富豪家中多蓄养奴婢。有唐一代近三百年，其中各时期、各地区的物价水平有所不同，奴婢本身在性别、年龄、体力和技能等方面也存在着明显的差别，因此价格很难有统一的标准。另外，奴婢属于贵重商品，买卖时除了用铜钱计价支付，还常常使用缣帛。下面分述唐代奴婢的几种价格情况：

（一）唐朝前期高昌、敦煌地区的奴婢价格

《吐鲁番出土文书》第五册第134页《高昌延寿四年赵明儿买作人券》载买20余岁男奴一人价银钱380文，合铜钱12160文。

《吐鲁番出土文书》第六册第390页《唐李贺子上阿郎、阿婆书》载其贞观廿年（645）买胡婢一人用铜钱7500文，次年买奴婢一人用9000文。

《吐鲁番出土文书》第六册第410页《唐龙朔元年左憧熹买奴契》载买奴（15岁）一人用练6疋、（银）钱5文，当时当地练一疋直铜钱320文，银钱一合铜钱32文，奴价合铜钱2080文。

（二）玄宗、肃宗时期的奴婢价格

《旧唐书·王毛仲传》：“玄宗问临淄王，常伏事左右。及出兼潞州别驾，又见李宜德矫捷善骑射，为人苍头，以钱五万买之。”

《全唐文》卷226《张说碑》载开元十三年（715）于四川严道买奴千人用绢8万匹，合每人用绢80匹。

吐鲁番文书开元十九年（731）二月《准给唐荣买婢（失满儿券）》载买婢（11岁）一人用练40疋[①]，按当时定赃估价每匹合钱550文，为铜钱22000文。

《太平广记》卷381《六合县丞》载开元中赎扬州富人女事，以二百千，即200000文。

《新唐书·杨慎矜传》载天宝三载（744），“会婢春草有罪，将杀之。（史）敬忠曰：‘勿杀，卖之可市十牛，岁耕田十顷。’慎矜从之。”据大谷文书《天宝二年交河郡市估案》所载，当时牛价约在每头4000文上下，依此类

① 王仲荦：《试释吐鲁番出土的几件有关过所的唐代文书》，《文物》，1975年第5期。

推，婢价约在40000钱左右。

敦煌文书载天宝某载买胡奴（13岁）一人用大生绢21疋，约合11550文[1]。

又敦煌残文书载开元、天宝时期当地上蕃丁奴价45000文，上蕃中奴价35000文，上蕃中奴（次）价30000文，上蕃中婢价27000文，上蕃中婢（次）价25000文[2]。

《太平广记》卷166《吴保安》载玄宗时唐军败于姚州南蛮，“其没落者，皆通音耗，令其家赎之，人三十匹。”约合16500文。

《旧唐书·颜杲卿传》载至德二年（757），“妹女流落贼中，泉明一女亦落贼中，俱索购钱三万。”

（三）唐朝后期的奴婢价格

《太平广记》中记载的奴婢价格，多属于宪宗元和年间至文宗太和、开成年间的情况，可以分为两类：

1. 普通奴婢，每人价数万至10万左右，略高于唐朝前期和盛唐时的奴婢价格。例如：

《太平广记》卷144《吕群》载其元和十一年（816）入蜀，“成都人有曰南竖者，凶猾无状，货久不售，群则以二十缗易之。”即2万文。

《太平广记》卷372《张不疑》载开成四年（839）长安事，“不疑曰：‘某以乏于仆使，今唯有钱六万，愿贡其价，却望高明，度六万之直者一人以示之。’朱衣人曰：‘某价翔庳各有差等。’遂指丫鬟重耳者曰：‘春条可以偿耳。’”

《太平广记》卷366《曹朗》：“进士曹朗，文宗时任松江华亭令。秩将满，于吴郡置一宅，又买小青衣，名曰花红云，其价八万。”

《太平广记》卷436《韦有柔》载：“其家奴年二十余岁，直四十五千”，即4.5万文。

《太平广记》卷455引《奇事记》曰唐长安某妇因穷困自卖，得钱10万。

---

① 《从一件奴婢买卖文书看唐代的阶级压迫》，《文物》，1972年第12期。

② 张勋燎：《敦煌石室奴婢马匹价目残纸的初步研究》，《四川大学学报》，1978年第3期。

2. 特殊奴婢，基本都是年轻貌美、善歌舞奏乐的婢女，每人价格在15万以上至数十万文不等。例如：《太平广记》卷177引《云溪友议》：“……其婢端丽，饶音伎之能，汉南之最姝也。姑贫，鬻婢于连帅，连帅爱之，以类无双，给钱四十万。”

《太平广记》卷219《梁革》载：“太和初，为宛陵巡官。按察使于敖有青衣曰莲子，念之甚厚。一旦以笑语获罪，斥出货焉，市吏定直曰七百缗。”即70万文。

《太平广记》卷372《张不疑·又》曰：“有崔氏孀妇甚贫，有妓女四人，皆鬻之。今有一婢曰金缸，有姿首，最其所惜者，……即酬其价十五万以获焉。”

又《唐摭言·义气》载买国色婢女一人，用缣300疋，若按唐后期绢帛匹直千钱计算，则为30万文。

四、牲畜价

（一）马价

隋唐时期，中原地区的生产活动以农业为主，畜牧业、尤其是马牛等大牲畜的繁养不够发达，马匹的价格较贵。据《启颜录》载侯白言隋时，“马有数等，贵贱不同。若从伎俩，筋脚好，形容不恶，堪得骑乘者，直二十千以上。若形容粗壮，虽无伎俩，堪驮物，直四五千以上。”

《资治通鉴》卷181载隋大业六年（610）征高丽，“课天下富人买武马，匹至十万钱。”

唐代马匹的价格水平与隋代基本相同，普通乘马每匹数千至数万不等，骏马可达10万钱以上，甚至为数十、百万钱。可参见以下史料：

《新唐书·兵志》载唐朝前期马价至廉，“自贞观至麟德四十年间，马七十万六千，置八坊岐、豳、泾、宁间，地广千里，……方其时，天下以一缣易一马。”

高宗永徽三年（652）成书的《唐律疏议》卷6《名例》有：“一事分为二罪者，假将私马直绢五疋，博取官马直绢十疋，……”卷15《厩库》有：

“假有杀马，直十五疋绢，准盗合徒二年，此名‘赃重’。……如所杀马牛准所减价，当绢十五者，徒二年以上减三等，合杖一百，如此计赃得罪重，即从重论。”

敦煌残文书载开元天宝时，当地“上家生细敦父马”一匹值钱7万文，次值6.5万文；“上家生本（?）敦父马”一匹值2.3万文，次值2.1万文[①]。

《新唐书·兵志》载府兵“当给马者，官予其直市之，每匹予钱二万五千。”

《贞松堂藏西陲秘籍丛残》第41页载开元十六年（728）轮台马价每匹值练33疋、14疋、6疋。当地大练时价为每疋400文，马价分别合铜钱13200文，5600文，2400文。

《吐鲁番出土文书》载开元廿一年（733）西州马骝敦六岁一匹价大练18疋，合铜钱7200文[②]。

大谷文书《天宝二年交河郡市估案》载突厥敦马次上、次、下分别直大练20、18、16疋，草马次上、次、下分别直大练9、8、7疋，大练时价每疋470~450文[③]。

《唐天宝十三载敦煌郡会计牒》载购马百匹，用绢2500疋[④]，合每匹用绢25疋。

《唐会要》卷72大历七年（772）八月条载：“回纥恃功，自乾元后，仍岁来市，以马一匹易绢四十匹，动至数万马。”贞元廿一年（805）四月条提到闽中万安监，“马之良者，直钱数千，不经时辄死。”

《文苑英华》卷468载白居易《与回鹘可汗书》载宪宗元和中市回纥马2万匹，用绢50万疋；合每匹值绢25疋。

《太平广记》中多载有唐朝各地的马匹价格，例如卷436《卢从事》条载元和中江陵售良马，“军将曰：‘郎君此马，直七十千已上，请以七十千市之，亦不试水草也。’”

---

① 张勋燎：《敦煌石室奴婢马匹价目残纸的初步研究》，《四川大学学报》，1978年第3期。
② 王仲荦：《试释吐鲁番出土的几件有关过所的唐代文书》，《文物》，1975年第5期。
③ 池田温：《中国古代籍帐研究》（录文），第210页。
④ 池田温：《中国古代籍帐研究》（录文），第218页。

卷281《李进士》载其与妹夫卖马，“合得二十七千。”

卷436《韦有柔》条载马价分别为10万文，4.5万文，3万文。

卷452《任氏》载天宝中马价2万~6万，伤马匹价6000钱。

卷435《续坤》载咸通乾符中，京师善马匹值10万。

《集异记·宁王》载“鬻马牙人麹神奴者，请呈二马焉。宁王即于中堂阅试步骤，毛骨形相，神骏精彩，座客观之，不相上下。宁王顾问神奴曰：‘其价几何?’牙人先指曰：‘此一千缗。’次指曰：‘此五百缗。’宁王怡然谓左右曰：‘如言付钱，送马上厩。’”

《新唐书·裴冕传》亦载其，“性豪侈，既素贵，舆服食饮皆光丽珍丰，枥马直数百金者常十数。”

（二）驴骡价

《太平广记》卷243载：“……商客有一骡，日行三百里，曾三十千不卖，市人报价曰十四千。”

《太平广记》卷436《张高》载元和十二年（817）长安张高者买驴一匹用2万钱。

《酉阳杂俎·前集·诺皋记下》载“开成初，东市百姓丧父，骑驴市凶具。……即牵行，旋访主卖之。驴甚壮，报价只及五千，诣麸行，乃还五千四百，因卖之。”

《唐国史补·上》载韦丹驴值3000钱。

（三）牛价

唐代牛价远低于马价，用绢帛计价者，大多为数匹；例如：《唐律疏议·厩库》载：“假有一牛，直上绢五疋，……”

大谷文书3786－1号载开元中西州八九岁犍牛头值大练9疋，五六岁犍牛值5~7疋，七岁特牛值大练4~8疋。

《资治通鉴》卷232贞元三年（787）载李泌建议用彩帛向吐蕃购牛，“每头不过二三匹，计十八万匹，可致六万余头。”

《册府元龟·邦计部·屯田》载文宗太和（827~835）中沧、齐、德等州观察使上奏：“……臣去年躬亲劝责，酌量人力，于一万三千户内请牛一具，支绢绫五疋，计三万余疋。”

如以铜钱计价支付，每头为数千钱至万钱，参见《太平广记》卷434《路伯达》载永徽（650～655）中汾州义县人赎牛犊用钱五千文。

《太平广记》卷434引《纪闻》曰：“唐先天中，有田父牧牛嵩山，而失其牛，求之不得。……逢一人问曰：‘汝所失牛，其直几耶？’田父曰：‘十千。’”

《朝野佥载》卷5载卫州新乡县李进饲母牛六头，“养五年，产犊三十头，例十贯已上。”

大谷文书《天宝二年交河郡市估案》载细犍牛上者值钱4200文，次者4000文，下者3800文；次犍牛上者值3200文，次者3000文，下者2200文[①]。

《太平广记》卷363《王诉》载建中三年（782）长安事：“（女巫曰：）‘今日西北上有人牵二水牛，患脚，可勿争价买取。旬月间，应得数倍利。’至时，果有人牵跛牛过，即以四千货买。经六七日，甚肥壮。同曲磨家，二牛暴死，卒不可市。遂以十五千求买。”

《文苑英华》卷353沈亚之《学解嘲对书》曰：“代宗临陕，关中流离，羸牛一缰当市钱二百千。”看来与通货膨胀或虚估有关，应属于不正常的价格。

《太平广记》卷134《上公》载“宜春郡东安仁镇有齐觉寺，……常住有老牛一头，无故而死。主事僧与街市鬻之，只酬钱八百。如是数处，不移前价。”

又《敦煌资料》第一辑第290页《寅年令孤宠卖牛契》载紫挞牛一头值麦汉斗19硕。

同书第295页《未年尼明相卖牛契》载黑牛一头，值汉斗麦12硕、粟2硕。

（四）猪价

《太平广记》卷439《李校尉》载“唐龙朔元年，怀州有人至潞州市猪至怀州卖。有一特猪，潞州三百钱买，将至怀州，卖与屠家，得六百钱。”

《太平广记》卷303《韩光祚》载：“光祚又以千钱召金工，令更造像。

---

① 池田温：《中国古代籍帐研究》（录文），第210页。

工以钱出线，遇人持猪，将烹之；工悯焉，尽以其钱赎之。”

五、佣价

唐朝初年，始铸开元通宝钱，数量不多，官府制定的劳动力雇佣价格主要以绢布计算支付，一日为绢三尺，一直延续到玄宗时期。参见《旧唐书·食货志》载：“武德七年（625），始定律令。……凡丁，岁役二旬。若不役，则收其佣，每日三尺（绢）。”

永徽三年（652）制订的《唐律疏议》卷4《名例》曰：“庸，谓私役使所监临及借车马之属，计庸一日为绢三尺。”《卷11职制》曰：“其借使人功，计庸一日绢三尺。”

《通典·食货六·赋税下》载开元二十二（737）年五月敕：“诸丁匠不役者收庸，无绢之乡绝布三尺。”注：“绝、绢各三尺，布则三尺七寸五分。”

《唐会要》卷91《内外官料钱》天宝五载（746）三月二十日敕：“郡县官人及公廨白直，天下约计一载破十万丁以上，一丁每月输钱二百八文，每至月初，当处征纳。”

《唐会要》卷40《定赃估》天宝六载（747）四月八日敕节文：“……若贪欠官物，应征正赃，及赎物无财，以备官役折庸。其物虽多，止限三年，一日折绢四尺。”

同书同卷载安史之乱发生后，肃宗上元二年（761）正月敕重申：“评赃者，皆据犯处当时物价，及上绢估。评功庸者，计一人一日为绢三尺，牛马驴骡车亦同。”

佣价若以铜钱计算，则高低不等。原因一是随粮价起伏而有变动，二是由于劳动力本身的体力强弱与有无特殊技能而存在差别。例如：《唐会要》卷33《散乐》载唐初诸州乐人，“轮次随月当番，遇闰月六番，人各征钱一百六十七文。”

《新唐书·食货志·五》开元二十四年（739）条载：“先是州县无防人者，籍十八以上中男及残疾以守城门及仓库门，谓之门夫。番上不至者，间月督课，为钱百七十，忙月二百。至是以门夫资课给州县官。”

《册府元龟》卷487《邦计部·赋税一》载大历八年（773）正月诏：“诸

色丁匠，如有情愿纳资课代役者，每月每人任纳铜钱二千文。”

《册府元龟》卷503《邦计部·屯田》载建中元年（780）关中营田园丁每人月给8000文，米6斗。又见《新唐书·严郢传》。

《册府元龟》卷631载文宗时丁匠亦每人月资课纳2000文。

《入唐求法巡礼行记》卷1开成四年（839）四月七日条载：“更雇驴一头，从尼寺到县廿里。晚头到县，到押司录事王岸家宿。驴功与钱廿文，一日行百里，百廿文。”

《太平广记》卷243《窦乂》载长安雇少年劳作，“日给饼三枚，钱十五文。”

《太平广记》卷53《麒麟客》载大中（847～859）初南阳张茂实于洛阳南市雇一仆人，“年可四十余，佣作之直月五百，勤干无私。”

《全唐文》卷87僖宗《奖高骈筑成都罗城诏》载用人功960万，计钱150万贯，合每人每日156文，应是当时物价腾贵使然。

唐代农村中的雇佣活动往往用粮食计价给付，如《敦煌资料》第一辑第342页《戊子年梁户某雇工契》载“断作雇价，每月断八斗七升。……”第344页《戊戌年令狐安定雇工契》载“从正月至九（月）末，断作价值，每日五升。……”

六、盐酒价

（一）盐价

唐朝前期，政府对盐业的生产和销售控制并不严格；玄宗至肃宗初年，盐每斗售价仅10文[①]。但随着“安史之乱”战争的延续和扩大，朝廷入不敷出，被迫采取了种种聚敛民财的措施。《新唐书·食货志》载乾元元年（758），第五琦出任盐铁使，初变盐法，“就山海井灶近利之地置监院，游民业盐者为亭户，免杂徭。盗鬻者论以法。”后来他兼任诸州榷盐铁使，对食盐实行专卖，由国家制定统一价格。“斗加时价百钱而出之，为钱一百一十。”德宗贞元四年（788），淮南节度使陈少游上奏，请求增加盐赋，“自此江淮盐每斗亦增二

① 《新唐书·食货志》。

百，为钱三百一十，其后复增六十，河中两池盐每斗为钱三百七十。江淮豪贾射利，或时倍之，官收不能过半。”

（二）酒价

唐朝初年亦无对酿酒业的控制与专卖，普通酒价一斗为数十文。如《唐开元九年？于阗某寺支出簿》[①] 载：“酒一石，价三百七十五文。”“出钱一百二十文，沽酒三斗。”美酒价格昂贵，见王维诗《少年行》：“新丰美酒斗十千，咸阳游侠多少年。……”李白诗《将进酒》：“金樽清酒斗十千，玉盘珍馐直万钱。……”但据有些学者研究，这类诗句是借用了曹植《齐琴行》中的典故，并非是实际价格[②]。

安史之乱爆发后，国家财政困难，开始实行榷酤，酒价涨到每斗 300 文。《新唐书·食货志》载“广德二年，定天下酤户以月收税。建中元年罢之。三年，复禁民酤，以佐军费，置肆酿酒，斛收直三千，州县总领。……寻以京师四方所凑，罢榷。贞元二年，复禁京城、畿县酒，天下置肆以酤者，斗钱百五十，免其徭役，独淮南、忠武、宣武、河东榷麹而已。”

七、吐鲁番文书所反映的高昌物价

古代高昌地区（吐鲁番盆地一带）位处西域的北道要冲，中国和西方贸易往来的“丝绸之路”正从此处经过。6～8 世纪中叶，麹氏王国与唐朝政府统治当地期间，那里的封建经济发展较快，逐渐成为西北边疆的一个军事、政治和商业中心。解放后，吐鲁番县陆续出土了大量唐代文书，可以供我们研究上述阶段当地货币经济的有关情况；下面对几种主要商品的价格加以辨析。

（一）粮食价格

文书记载的粮价有以下几组数据：

甲：《高昌乙酉、丙戌岁某寺条列月用斛斗帐历》[③]，登记了每次支出粮食的数量和用项，文书中的乙酉、丙戌岁为高昌延寿二年、三年，即 625、626

---

① 池田温：《中国古代籍帐研究》（录文），第 140 页。

② 吴慧：《中国酒类专卖》，第 53 页，中国商业出版社，1982 年版。

③ 《吐鲁番出土文书》第三册。

年。账内有8条出卖粮食得钱多少的记载，分别为：

（1）粟七斛，得钱五文。

（2）麦五斗、粟一斛四斗，得钱一文。

（3）粟十六斛，得钱十文。

（4）粟三斛九斗，得钱三文。

（5）穈六十九斛，得钱六十九文。

（6）麦二斛七斗，得钱三文。

（7）麦十二斛，得钱十二文。

（8）麦八斛，得钱八文。

折成单价，粟平均每斛0.7文，麦为每斛1文左右，穈为每斛1文。其中第（2）条因为是粟麦混合，难以分别计价，故未折算。

需要说明的是，文书中的“钱”乃是银钱，而非铜钱。麴氏高昌时期，当地以银钱为主要货币。《北史·高昌传》载其“赋税则计田输银钱，无者输麻布。”其他文书的内容也表明，当时官府别的税收如“丁正钱”、“科钱”、“臧钱”、“称价钱”等也是征取银钱；如果纳绢，则要折成银钱入账①。民间的借贷、评定物价、支付货款租金亦以银钱为主，兼用铜钱和纺织品。银钱的购买力很高，一文钱可以买一斤铁，或是一根木料、一只半羊腿。在这个时期的文书里，银钱通常以“文”称，铜钱以“个”称②；上述粮价均以“文”计，当属银钱，铜钱也不会有那样高的购买力。

高昌使用的银钱是何种类？这个问题在史籍和文书中都没有明确的记载。从对当地近400座晋至唐代墓葬的发掘清理结果来看，其中发现的银钱只有波斯萨珊王朝的银币③。6世纪中叶到7世纪前期，波斯国势强盛，贸易发达，其大量铸造的银币在中东、近东和东欧广泛流行，被当做一种国际货币。我国的西域与河西等地也使用过波斯银钱；国内北朝、隋唐时期的遗址中，先后发现过33批这种银币，总数达到1174枚；其中以吐鲁番出土的次数为最多，共

① 《吐鲁番出土文书》第三册。

② 《敦煌吐鲁番出土经济文书研究》，第299、300页。

③ 《吐鲁番县阿斯塔那——哈拉和卓古墓群清理简报》，《文物》，1972年第1期。

达18批，超过半数[①]。而该地晋至唐代的墓葬里又从未发现过其他种类的银钱，所以我们认为，高昌使用的银钱当以波斯萨珊银币为主。

乙:《唐和籴青稞帐》:“（银）钱一文，籴得青科（稞）一斗。”“银钱一文，籴得青科一斗三升”[②]。使用的也是银钱，每斗青稞合0.77~1文。

与此文书同出土有唐麟德二年（665）墓志，可见它反映的是高宗前期或太宗末年的情况。唐朝政府虽未发行过银钱，却不禁止境内的少数民族继续使用这种货币。高祖武德七年曾令诸国蕃戎内附者，“上户丁税银钱十文，次户五文，下户免之”[③]。可以用它交税。从其他文书的内容里也能看到，唐灭高昌改设西州之后，当地仍以银钱为主要货币，与铜钱、练帛并用。

唐代西北地区青稞的价格，一般在粟麦之间；敦煌文书《天宝四载河西豆卢军和籴会计牒》就载有粟价每斗27~32文铜钱，青麦（稞）每斗30~35文，小麦每斗32~37文[④]。武周时文书《西州买物案》也提到用银钱50文籴得小麦四斛，每斗单价合银钱1.25文[⑤]，亦高于每斗0.77~1文的青稞价。但是，甲组数据中的麴氏高昌麦价为每斛1文，而乙组的唐青稞价却达到每斗1文，相差10倍，怎么会出现这样大的差距呢？我们分析，这里面和高昌地区不同时期使用的量制大小有关。隋朝开皇年间曾改变旧制，以古三升为一升，唐朝也继承了这项规定[⑥]；而麴氏高昌的斛斗则是沿用汉代遗留下来的古制，约合唐制三分之一[⑦]。若按唐代大斗计算，甲组的粟价每斗应为银钱0.21文，麦、穈每斗0.3文，由此判断青稞的价格在每斗0.25文上下，和乙组粮价的实际差距在三四倍之间，并没有10倍之多。

此外，乙组的粮价虽然贵于甲组数倍，却没有大大超出唐代邻近地区的普通粮价。吐鲁番唐文书有“史玄政付长行马价银钱二文，准铜钱六十四文”[⑧]

---

① 夏鼐:《综述中国出土的波斯萨珊朝银币》,《考古学报》, 1974年第1期。
② 《吐鲁番出土文书》第六册。
③ 《唐六典》卷3,《旧唐书·食货志》。
④ 池田温:《中国古代籍帐研究》（录文），第211页。
⑤ 《新疆历史论文续集》，第149页。
⑥ 《隋书·律历志》《旧唐书·食货志》。
⑦ 《敦煌吐鲁番出土经济文书研究》，第125、213页。
⑧ 《吐鲁番出土文书》第七册。

的记载，银钱和铜钱的官定比价是1∶32。乙组青稞每斗为银钱0.77～1文，合铜钱25～32文，还略低于前引敦煌文书中的青麦和粢价格（每斗30～35文）。这反映出麴氏高昌的粮价非常低廉，入唐后虽有大幅度的提高，也不过与河西地区的粮价比较接近罢了。

丙：《唐景龙二年宋悉感举钱契》：“景龙二年四月十七日，交河县安乐城人宋悉感，于高昌县人成义感边铜钱三百廿文。至其年八月卅日内，六十四文作緤花二十斤；六十四文至九月卅日内，作乌麻高昌平斗中九斗，钱一百九十六文作粟一十斛八斗，其物至九月卅日内不得，一罚二入成。（下略）”①。

上述文书是一件借贷契约，表明宋某向成某借用了铜钱320文，而折还实物。其中64文到九月三十日须折还乌麻九斗，196文折还粟十斛八斗，历时5个月。据其他文书的记载，高昌地区的借贷利率普遍为月息一分，即十分之一②。按此推算，粟十斛八斗合铜钱294文（本钱196文加利息98文），每斛合27文，相当于银钱0.85文。文书注明用的“高昌平斗”，而不是唐制大斗。粟每斛合银钱0.85文的价格，与麴氏高昌时期的甲组粮价接近，而低于乙组粮价水平3倍左右。我们认为，丙组的粮价是比较特殊的，放债人利用四月青黄不接之时，贷钱出去，待秋后新谷上市，粮价跌落时，再以粟、麻籽等实物还账，这是旧时代债主盘剥农民的惯用手法，其价格也是被放债人抑抵了的廉价，并非正常情况。丙组粮价如按唐制大斗计算，每斗合铜钱8.2文，在8世纪前期的内地，只有开元十三年和天宝五年特大丰收时才出现过这种极低的粮价③。

8世纪初到中叶，高昌地区的正常粮价由于缺少明确记载，我们只能做些估算。丙组文书中每大斗合铜钱8.2文的粟价，属于特殊的廉价，平价应略高于此，估计约在一二十文左右。大谷文书《天宝二年交河郡估案》中有743年高昌地区的白面价格，每斗为铜钱36～38文④。小麦手工或水磨加工的出粉率约为80%，磨出1斗白面需用1.25斗小麦。白面1斗价（次估）为铜钱37文，据此推算，小麦每斗价钱约为30文。前引甲组粮价数据表明，高昌

---

① 《吐鲁番出土文书》第七册。

② 《敦煌吐鲁番文书初探》，第228页。

③ 《旧唐书·玄宗纪》，开元十三年；《新唐书·食货志》。

④ 池田温：《中国古代籍帐研究》（录文），第210页。

地区粟麦比价为7:10，麦价每斗30文，粟价则为每斗21文；这个数据大致上与当时河西地区的粟价（每斗21、27文、32文）相等或略低于一些①。

由以上分析可见，唐朝占领高昌以后，当地粮价有明显的上升趋势。7世纪初，小麦每大斗仅合银钱0.3文，粟合0.21文。而到7世纪后期，小麦每斗为1.25文，提高了4倍。8世纪中叶每斗小麦约值铜钱30文，合银钱0.93文；粟每斗估算为铜钱21文，合银钱0.65文，也都比7世纪初的价格上涨了3倍。同时，上述数据也反映出盛唐时当地的粮价比起高宗、武周时有所下跌，大体上与河西的粮价持平。

（二）纺织品及其原料价格

甲、丝价　北凉《某人条呈为取糜及买毯事》，“取官糜四斛，为丝十三两。”“得糜十一斛，作丝二斤三两半，阎儿前买毯贾（价）”②。

前者丝1两合糜3.25斗，后者丝1两合糜3.23斗。此量衡皆为汉晋古制。按唐朝1两合古制3两，1斗合古制3斗，若依唐朝量衡制度折算，价格数据如旧不变。按《天宝二年交河郡市估案》文书所载，盛唐时高昌地区生丝依质量高下，1两分别合铜钱60、50、40文。据我们前边的估算，当时麦价每斗约30文，糜和麦的价格相近，按此计算，丝1两（中估）价50文合糜1.66斗，和北凉时丝与谷物的比价相比，几乎降低了一倍，这也从一个侧面反映了当地粮价的上升趋势。

乙、练、绵价　练是白色的熟绢，吐鲁番文书中常常见到购买牲畜、奴婢、粮米用练支付，贷取银钱用练酬还的记载，可以说练在当地是一种十足的货币。关于练和丝绵的价格，可见前引文书《唐和籴青稞帐》：“绵一屯，准次估直银钱五文，两屯当练一疋。”

唐代丝绵一屯重为六两③，上述文书表明唐前期高昌地区一屯绵的中等价格（次估）为银钱五文。两屯绵当一疋练，则练价为每疋十文。同文书第（二）部分又有“练一疋籴得青科（稞）一石三斗。……一银钱一文籴得青科

① 池田温：《中国古代籍帐研究》（录文），第213页。
② 《吐鲁番出土文书》第一册。
③ 《通典·食货·赋税下》注。

一斗三升。”亦可证明。

如按前述唐朝官定的比价，则上述练价每疋合铜钱320文，绵一屯合铜钱160文，低于盛唐时当地的练、绵价格（大练一疋次估值铜钱460文，大绵一屯上估210文，次估约为200文）[①]。后者比前者分别高出44%和25%。

丙、锦价　锦是用彩色经纬线织出各种花纹图案的丝绸，因为做工精致，鲜艳华美而相当珍贵。吐鲁番地区的晋至唐代墓葬里，先后发掘出很多织锦的残片，以及用锦做成的裙、履、袜等等，五彩缤纷，绚丽夺目。出土文书也有关于锦价的记载，见《延昌十四年（574）高昌条列出臧钱文数残奏》：

“提婆锦一匹平（银）钱五十（下残）。”

“提婆锦三匹平钱一百五（下残）。”

“红锦二匹，平线九十文。”[②]

吐鲁番文书所提到的高昌织锦，有些以产地、颜色命名，有些则以花纹图案的形状命名，如“柏树叶锦”等。上述文书中的“提婆锦”，可能亦属此类。按“提婆”一词为梵语“云天”之意[③]，《事物异名录》引《椒园记》亦曰：“匈奴呼天为祁连，西域曰提婆。”古代织锦图案中有自然天象流云者，提婆锦或是此属，它的织造比较复杂，所以价格高于红锦。

丁、布价　麻布价格可见《高昌作头张祐等偷丁谷寺物平钱帐》[④]，该文书年代在7世纪初，高昌重光元年（620）以前的，文中有“八纵布一匹平钱五文。”亦以银钱计价。

古代麻布的质量粗细通常以经络多少来计算，80缕为一升，也叫一“纵（緵）。”最粗的布是3升（纵）布，即在经面上有240缕经线。据《礼记·间传》所言，布从3升、4升依次至15升。3～6升布只用于丧服；7升布也很粗糙，汉朝官府曾定其为刑徒和奴婢的专用服料[⑤]。从其他文书的记载来看，

---

① 池田温：《中国古代籍帐研究》（录文），第140页。

② 《吐鲁番出土文书》第二册。

③ 《翻译名义集》卷1。

④ 《吐鲁番出土文书》第四册。

⑤ 参见《史记·孝景本纪》。

“八纵布”在当地使用最为普遍，亦较粗糙，故价格不高，每疋仅值银钱5文。

又见《唐课钱帐历》：“成大将白布一作三百文上。”“田十一白布一端价三百文”①。与账历同墓出土的有唐永昌元年（689）墓志，由此推测文书中物价反映的是高宗至武周初年的情况。布的价格是每端值铜钱300文，按当时的比价合银钱9.37文。文书未提布的种类，估计也是普通的布匹。吐鲁番地区使用的尺度长短前后亦有变化，从当地出土的木尺来看，阿斯塔那22号墓的北凉木尺长24.5厘米，而191号唐墓发掘出的木尺则长29.3厘米，相差20%②。甲组文书中的“八纵布”如按唐代大尺计算，每端合银钱7.5文（铜钱240文），乙组的布价高出其25%。

8世纪中叶当地的布价，见丙.《天宝二年交河郡市估案》，赀布、常州布、火麻布每端在铜钱500文左右，最贱的小水布每端次估320文；普通的杂州布每端次估为400文，高于乙组的布价。如以甲组布匹单价指数为100，那么乙组为125，丙组的普通杂州布为166。也就是说，7世纪初到8世纪中叶当地麻布的价格大约上涨了66%。

戊、緤（叠）花、緤布价　緤花、緤布即棉花、棉布。我国中原地区普遍种棉是在元朝初期，但是在西北、特别是吐鲁番地区，植棉织布却有很早的历史；最早见于《梁书·高昌传》，称织布的棉花为“白叠子”。当地晋至唐代的墓葬里，也多次发现了纯棉纤维织成的布，以及棉布衣裤、口袋等物品。阿斯塔那326号墓曾出土了某次举贷叠布60疋的借据，44号唐墓的文书则提到从西州一次征调270条叠布口袋供内地军用的事情，这些都反映了高昌地区盛产棉布的情况。

緤花价格可见前引《唐景龙二年宋悉感举钱契》，自四月十七日借铜钱64文，至八月卅日还緤花20斤，历时四月，如按月一分计算，緤花20斤合钱90文（本钱64文加利钱26文），每斤合铜钱4.5文。又，《天宝二年交河郡市估案》绵帛行条有“緤花一斤，上直钱七文，次六文，[下五文]。”略高于《宋

① 《吐鲁番出土文书》第五册。

② 《中国古代度量衡图集》，第18、22页。

悉感举钱契》的价格；因为债主借钱折还实物，一般都要压价，每斤棉花 4.5 文可能略低一些，这个时期的市场正常价格看来当以《天宝二年交河郡市估案》的记载为准。

叠布的价格可见前引《高昌作头张庆祐等偷丁谷寺物平钱帐》，其中提到张某独偷“六纵叠五疋，疋平钱□二文。”中间残缺一字，接上下文的情况来看，应是“十”字，每疋布值银钱十二文。

唐代西州的緤布价格，亦可见《天宝二年交河郡市估案》，以次估计算，细緤每尺为铜钱 44 文，合每疋 1760 文。次緤每尺 25 文，合每疋 1000 文。粗緤每尺 10 ~ 11 文，合每疋 400 ~ 440 文。前引 7 世纪初高昌《平钱帐》中的叠布价，如按银钱和铜钱 1∶32 的比例折算，每疋合铜钱 384 文；再以唐制大尺换算，增加 20%，每疋约合 460 文，与唐代西州粗緤的价格很接近，该文书中写的正是“六纵叠”，也属于较粗的棉布。

从以上数据来看，高昌地区的棉布价格在 7 世纪初到 8 世纪中叶变化不大；但是它和其他纺织物相比，还是相当昂贵的。如 8 纵布每疋合银钱 5 文，只相当于“六纵叠”价钱的 42%。而《交河郡市估案》中细緤、次緤的价格也高出练、绢、絁等丝织品好几倍，更不要说各种麻布了。对新疆出土唐代棉籽的分析鉴定表明，当时吐鲁番等地区种植的棉花为草棉，也称小棉、非洲棉。草棉的棉铃很小，产量比较低，棉铃成熟时铃壳开展不大，采摘较麻烦①。緤布的价钱贵，不仅是因为当时棉花在国内未得到广泛种植，也和草棉的品种差、产量低，种植、采摘、纺绩时花费的劳动较多有关。不过，由于高昌地区的自然条件很优越，“气候温暖，厥土良沃”②，种植和棉纺织业的开展相对其他地区要发达一些，当地的叠布价格也比西域别的产棉区便宜。如《唐开元九年于阗某寺支出簿》有“出钱五百二十文，买土緤布一，长一丈，给付厨子家钦状请充绔用”③。该地所产緤布每疋合铜钱 2080 文，其价格比《交河郡市估案》中的细緤高出 18%，比其次緤高出 1 倍，比其粗緤则高出 5

① 沙比提：《从考古发掘看新疆古代的棉花种植和纺织》，《文物》，1973 年第 10 期。

② 《魏书·高昌传》。

③ 池田温：《中国古代籍帐研究》（录文），第 140 页。

倍之多。

高昌地区的纺织品价格，吐鲁番文书记载的唐代情况较多，麹氏王国时期的情况较少。总的来看，和粮价相比，7 世纪前期到 8 世纪中叶当地纺织品价格上升的幅度并不大，如麻布价上涨了66%，练价上涨了44%，丝棉为25%，叠布价格则是大致维持原状。

（三）马匹价格

甲：阿斯塔那 48 号墓出土的高昌延昌二十七年（587）《兵部条列买马用钱头数奏行文书》七件[①]，均用银钱。其中有单价为每匹用钱 32、33、35、36、37、45 文六种，按已知马匹头数和单价计算，平均每匹合银钱 34 文。如按银钱和铜钱 1∶32 的比价，平均每匹合铜钱 1088 文。

延昌二十七年正当隋开皇七年，当时陈朝犹在，全国尚未统一，这段时期中原地区的马匹价格，据《朝野佥载》和《启颜录》的记载，上乘每匹值铜钱 20 千，下乘约值四五千，远远超过了枀氏高昌的马价。

乙：《武周军府牒为请处分买十驮马欠钱事》[②]，文书年代约在长安四年（704）前后，其中提到为购十驮马一匹，领得银钱 50 文，合练 5 疋，或铜钱 1600 文。十驮马为府兵载运装备的驮马，非战马，属于下乘。

丙：阿斯塔斯 188 号唐墓所出的三件文书[③]。

1.《唐神龙三年和某牒为被问买马事》，其中两处提到七岁公马一头值大练 13 疋，合银钱 130 文。

2.《唐译语人何德力代书突骑施首领多亥达干收领马价抄》，文中有“……钱二十贯四伯（百）文，右酬首领多亥达干马三疋直”钱币论贯，当是铜钱，合每匹值 6800 文。8 世纪前期的西州练价，可参见《天宝二年交河郡市估案》，大练一疋次估值铜钱 460 文，按此计算，上述马价每匹约合练帛 15 疋。

3.《唐市马残牒》，有“赤敦七岁，直一十五疋。……大练八疋。”

---

① 《吐鲁番出土文书》第三册。

② 《吐鲁番出土文书》第七册。

③ 《吐鲁番出土文书》第八册。

乙、丙两组马价均在8世纪初，每匹单价合练帛5~15疋不等，即相当于银钱50~150文。比麹氏高昌时期32~45文的马价高出56%~233%。不过，它们如果和8世纪中叶的当地马价相比较，则差别不大。在《天宝二年交河郡市估案》中，突厥敦马每匹值练16~20疋，合铜钱7360~9200文；草马每匹值7~9疋练，合3220~4140文，稍高于乙、丙两组数据。但是应该指出，乙、丙两组马价是官府和市马匹的收购价格，而《交河郡市估案》记载的是市场出售价格，其中包含着商人赚取的利润，自然会高出前者。如果考虑到这个因素，那么可以认为它们处在同一价格水平，也就是说高昌地区的马价在8世纪初到8世纪中叶实际上没有明显的上升，基本上保持着稳定。

尽管乙、丙两组马价比甲组数据提高了许多，可是和同时期的内地马价相比，仍然是相当低廉的。例如《新唐书·兵志》载府兵“当给马者，官予其直市之，每匹予钱二万五千”。按开元十六年官定疋绢值550文的价格计算[①]，合45疋。又开元天宝时期的敦煌残文书亦载“上家生细敦父马”一匹值钱70千文，次值65千文。“上家生本（?）敦父马”一匹值23千，次值21千[②]。劣马每匹合绢帛38~41疋，良马每匹合118~127疋，都大大超出了同时期高昌地区的马价，由此可见后者的低廉。

（四）雇佣价格

吐鲁番文书所反映的当地雇佣关系范围较广，涉及到耕田、收获、牧马、放羊、运送货物等各种劳动，因为出土文书多有残缺，不少记载缺少雇价或者雇期，难以进行价格的定量分析，内容比较完整的主要有以下两组数据：

甲：《高昌乙酉、丙戌岁某寺条列月用斛帐》[③]，记有7世纪初某所寺院用粮食支付雇工佣价的情况。

1. “粟八斛四斗雇外作人20人，用西涧重桃中（葡萄种）掘沟种。”是说某日雇了20人挖沟种植葡萄，一共支付了佣价8斛4斗，平均每人每日得粟4斗4升。

---

① 《唐会要》卷40，《定赃估》。

② 张勋燎：《敦煌石室奴婢马匹价目残低的初步研究》，《四川大学学报》，1978年第3期。

③ 《吐鲁番出土文书》，第3期。

2.“粟二斛五斗二升，用雇外作人六人，用政（中残缺），并食粮。”劳动内容不清楚，每人一日亦得粟4斗2升。

3.“[粟?] 五斛、糜一斛二斗，用雇外作人十人，用刈麦，并食粮。”是说雇了十人割麦一日，花费的雇价并饭食共计谷物6.2斛，平均每人每日为6.2斗，因割麦是重体力劳动，故报酬较高。

4.“麦二斛八斗、糜粟四斗，供雇小儿用蒿糜，并食粮。”是说雇少年十人除去糜地中的蒿草，花费雇价、饭食共3.2斛，人均日得3.2斗。

以上数据反映了麹氏高昌时期从事普通体力劳动的成年男子每日雇价为粟4.2斗，劳动强度高者为6.2斗，少年每日则为谷物3斗多。当时人们的普通食量，从吐鲁番文书的其他记载来看，每人每日合原粮1斗~1斗3升[①]。每日4.2斗的佣价可以勉强维持一家三四口人的食用。

乙：《唐雇人上烽契》。唐朝曾在西北边境设置哨所，称为“烽候”，相隔为30里，望见寇贼或闻警后，白昼放烟，夜晚举火以传信息。烽候内有帅、副帅与烽子六人[②]。上烽（充当烽子）是边境百姓、府兵承担一种徭役，实行番代，一次服役15日；本人不去，可以雇人代役，价格一般依从当地市场的行情。吐鲁番文书中有十余件唐代雇人上烽的契券，其中9件载有雇价，均以银钱计算支付。现按文书纪年或墓葬年代前后列表如下。表中资料出处一栏内的《吐鲁番出土文书》第四、五、七集，简写为“吐四、五、七”。

序号	文书年代	十五日雇价（银钱）	每日雇价	资料出处
1	贞观末年	5文	0.33文	吐四，220页
2	贞观、永徽间	5文	0.33文	吐五，57页
3	贞观、永徽间	6文（银钱4文残钱3文）	0.4文	吐五，57页
4	贞观、永徽间	6文	0.4文	吐五，62页
5	永徽六年	4文	0.26文	吐五，84页
6	显庆三年	7文	0.46文	吐五，142页
7	总章元年（?）	8文	0.53文	吐五，169页
8	武周初期	10文	0.66文	吐七，271页
9	武周初期	10文	0.66文	吐七，272页

① 《吐鲁番出土文书》第三册，第250、261页。

② 《武经总要前集》卷5，引《唐烽式》。

从表上列举的数据来看，太宗末年到武周初期，不过50年间，雇人上烽的佣价上升了1倍，其原因何在？我们分析，这很可能和当地粮食价格的上涨有关。麹氏高昌时期粮价很低，如粟每斛仅值银钱0.7文；每日得4.2斗的普通佣价，合银钱0.294文。表中序号1、2的雇价每日0.33文略高于它，可能是因为上烽属于比较危险的工作，遇到敌寇有性命之虞，所以得到的报酬略高于普通佣价。看来太宗初平高昌后的几年里，当地粮价变化不大，佣价也没有明显上升。而高宗、武周时期，当地粮价提高，达到原来的三四倍，生活费用的增加当然会引起劳动力价格的上涨。不过，佣价提高的幅度却低于粮价的水平。按照《唐和籴青稞帐》中的价格，银钱1文可以买青稞1.3斗，受雇上烽的最高价格是每日0.66文，只能买青稞0.86斗，合高昌小斗2.6斗，即使折成价钱较贱的粟，也就是3小斗左右，只相当于麹氏高昌时期普通佣价的4.2斗的71%。由此看来，受雇人的名义工资虽有增加，而实际收入却减少了。某些文书的记载表明，唐代西州的普通雇工待遇很低，所谓“客作佣力，日求升合，养姓（性）命”[①]。仅够自己勉强糊口，还拿不到受雇上烽者那样的报酬。若按练帛计算，唐前期当地练价每疋值银钱10文，最高佣价每日0.66文合练2.66尺；高昌地区练和绢的价钱相等（参阅大谷文书《天宝二年交河郡市估案》练帛行条），可见这个数额低于唐代民户向国家纳庸的标准——每日绢3尺。

吐鲁番文书中的有关记载，还反映出6世纪末到8世纪中叶高昌地区物价上升趋势的不平衡；如粮价、马价提高了三四倍，佣价（名义工资）则为1倍，而纺织品的价格只有百分之几十。出现这种情况的原因，我们认为和入唐以后当地政治、军事形势的演变有关。

麹氏王国时期，高昌的粮价、马价非常低廉，其原因一方面在于吐鲁番盆地具有优越的自然条件，那里“气候温暖，与益州相似”[②]，全年的日照时数在3000小时以上，无霜期长达230天；由于热量资源丰富，土地肥沃，又有渠水灌溉，因此“谷麦一岁再熟”[③]，粮食的产量比较高。附近的草原也适于

---

① 《吐鲁番出土文书》第三册。

② 《通典》卷191。

③ 《魏书·高昌传》。

放牧牛马等大牲畜[①]。物产的丰富造成了当地粮食、马匹价格的低贱。另一方面，当时高昌处于小国寡民的政治状况，和中原内地的交往不很密切，当地方圆数百里，仅有8000户居民，地广人稀，又没有多少战事，对粮食、马匹的需求数量有限，因此也抑制了这两种商品价格的上涨。

但是，高昌地区入唐以后，情况发生了很大变化，以致在很大程度上改变了当地粮食、马匹等商品的供求关系。太宗平定高昌后，随即派军队戍守该地，并向那里大量移民，“诏在京及诸州死罪囚徙，配西州为户，流人未达所者，徙防西州”[②]。唐朝政府先后两次在高昌设安西都护府，逐步把它变成了西陲重镇，并以此为基地，出兵和各种敌对势力争夺西域。高宗、武周时，安西四镇几度没于突厥、吐蕃，而西州却始终被唐朝军队牢牢控制着。由于这段时期西域的战争频繁，高昌地区屯驻了不少唐军和内地移民，人口大量增加，用粮主要仰仗官府供应，吐鲁番唐文书中的许多家口给粮账目就证实了这一点。《新唐书·食货志》写道：“贞观、开元后，边土西举高昌、龟兹、焉耆、小勃律，北抵薛延陀故地，缘边数十州戍重兵，营田及地租不足以供军，于是初有和籴。”边境粮食的需求数量剧增，政府不能全部依靠内地供应，只好被迫向缘边居民和籴收购，以致后来成为一种固定的制度。在这种背景下，粮价的上升是很自然的，只是因为麴氏高昌的粮价较低，这种上涨的趋势才特别引人注目。到8世纪初，随着唐朝在西域统治的巩固，战事减少，粮价就又有回跌了。

高宗前期，承“贞观之治”，社会稳定、经济繁荣，政府又在陇右等地设置诸监，大力养马，以致马价甚廉。永徽中，马一匹贱者值绢五疋，中者十疋，贵者十五疋[③]。到麟德期间，诸监“马七十万六千”，甚至出现过“以一缣易一马”[④] 的情况。而高宗晚年到武周时期，突厥、吐蕃、契丹屡以强悍的骑兵犯境，唐军与之频频交战，需要大量马匹。战争中马匹死伤既多，境内诸监的养马又受到疫病和抢掠而损失惨重。如“永隆中，夏州牧马之死失者十

① 参见《宋书·高昌传》。

② 《旧唐书·太宗纪》。

③ 《唐律疏议》卷6、卷15。

④ 《新唐书·兵志》。

八万四千九百九十”[①]。久视元年，突厥“掠陇右诸监马万余匹而去”[②]。国内马匹数量锐减，需求量又剧增，致使马价升到每匹值绢帛数十疋（前文已述）。看来，高昌地区马价的上升也是因为受到西域的频繁战事和整个国内市场马匹缺少的影响。但是，我们也应该看到，与粮价不同的是，8 世纪前期的高昌马价仍然明显地低于内地，这不仅是由于当地的畜牧业比较发达，还因为那里邻近游牧民族——突厥，可以通过交市的途径来获得廉价的马匹。唐朝与突厥休战时常常进行绢马贸易，“国家买突厥马、羊，突厥将国家彩帛，彼此丰足，皆有便宜”[③]。安西都护府所在处就是双方的一个交市点，突骑施一次曾驱马千匹来此互市。高昌地区这种贸易的例子可见前引吐鲁番文书《唐译语人何德力代书突骑施首领多亥达干收领马价抄》；在《天宝二年交河郡市估案》里，也可以看到当地市场上标价出售的各种突厥马匹。尽管这个时期的高昌马价比以前提高了数倍，可是价格上升的幅度仍然比内地低得多；廉价突厥马的输入，就是造成当地马价继续处在国内较低水平的一个重要原因。

① 《新唐书·兵志》。

② 《旧唐书·突厥传》。

③ 《全唐文》卷 40，《赐突厥可汗书》。

第六章　城市与交通

城市与交通相互独立又密不可分。中国古代的城市是政治、军事、经济中心，是皇室、达官、显贵乃至平民百姓的居住和活动区域。中国大大小小的城市（镇）是集权体制网络的节点，中央政府通过城市（镇）和交通道路将统治的触角伸展到全国城乡的各个角落。遍布全国的水陆交通线将帝国联结成一个整体，并成为沟通中外的孔道。

隋唐时期，从世界范围看，形成国际交往日趋频繁、中外交流日趋扩大的大环境，外向性贸易需求的扩张以及亚洲内部民族的交往与融合、经济交往的加强，促使亚洲内部以及亚洲与外部世界的联系更加紧密。商品经济的宏观发展在这种大环境下，不断促进着城市与交通整体面貌的持续更新。

围绕商品经济发展的主线，我们探讨城市和交通在封建经济结构运转中的变化和地位，从这一视角审视城市的彼兴此衰，探讨水陆交通线的变迁及经济功能，对隋唐五代时期的社会经济面貌和变化及其在社会经济发展史中的地位会有更深刻的认识。

中国古代城市的建立与延续很大程度上是政治、军事的需要，但城市的发展与多功能的强化是以一定经济基础为前提的，商品经济在城市的发展及变化中发挥着越来越重要乃至决定性的作用。

隋唐五代处于承前启后的时代，它之所以具有承前启后的历史意义，很重要的一个方面就是商品经济的发展进入第二个高峰期。与战国秦汉时期形成的第一个高峰期相比，这时期商品经济开始冲破地区樊篱，向全国性的大市场网络体系迈进（当然，这一过程仍然是漫长的），中国与周边地区以及更大范围的国际性的商贸往来的经常化，不仅有量的显著增长，在很大程度上也有了质的变化，即商品经济的发展已经逐步深化，这主要表现在日用品不仅是国内而且也已成为国际贸易的大宗。

如果说分裂的魏晋南北朝，商品经济的发展，已导致了商品经济发展的深化。但从全国范围看，南北方经济发展处于不平衡状态，全国性的市场发育尚不成熟，各主要城市的经济功能是以某一区域为辐射区，各中心城市之间的沟通与影响还带有区域性。那么隋唐时期在政治上实现了统一，与世界的联系更加紧密，使得商品经济的发展进入新的阶段。长江流域经济的发展与城市的兴起，使城市布局随着经济重心东南移而出现的变化，城市的经济功能越发展，而更新了面貌的城市又进一步促进和丰富了商品经济的发展。市场体系在走向成熟的过程中，又推动了交通道路的完善，拓展了交通运输道路的经济功能，延伸了交通运输道路的网络体系。

史念海先生指出："隋唐两代，前后相继，版图开阔，可以上迈秦汉。——在此广土众民的国家中，欲妥为治理，就必须整治往来道路，使政令不致壅塞。交通发达，都会亦相继兴起"①，很好地说明了城市与交通两者之间的关系。

第一节　商品经济和城市的发展

一、隋唐五代商品结构的特点与城市发展的关系

隋和唐前期时期商品经济虽然有了很大的发展，但总体发展水平并不高，商品经济结构仍是沿袭汉代以来的传统格局，即：

一部分属日用品的交换，包括消费资料和生产资料。这部分市场的基础主要是当地农业和与农业相结合的家庭手工业以及个体小规模的手工业，交换种类以当地或周边地区的农副产品、手工业产品为主。因此，所形成的市场属地区性的，以初级市场为主。少数需要长途贩运的商品，不占主要成分，不占主要地位。如粮食有所谓"千里不贩籴"之说，指其运输不便，利润微薄而言。

① 白寿彝总主编：《中国通史》第九卷《典志》，第757页，上海人民出版社，1996年版。

隋炀帝打高丽时，征发民夫用独轮车运粮，因路途遥远，所载有限，运到军中，粮食也被民夫吃的差不多了。

一部分是奢侈品（或非日用品）的交换。这类商品珍贵、稀少、价高质轻，即所谓“轻货”，易于运输，产地与市场相距较远，往往通过长途贩运，虽有风险，但利润极高。这类商品形成的市场一般来讲范围较大，往往是全国性的市场。在农业剩余产品总量增加的前提下，皇室、贵族、官僚、豪富对奢侈品的需求也会日益增长，这类商品的主要消费群体集中在城市，主要的交易活动和交易场所也集中在城市。信息的交流，同时刺激了国际化的大市场的形成，在中外交通道路的开辟、国际化大都市的形成上，这类商品在初期起了较大的作用。

再有一部分是有关国计民生的日用品，如盐、铁，由于为官府垄断生产和经营，虽然流通量很大，但商品化程度受到很大的限制。

唐中叶以后，商品结构逐渐发生变化。

一是商品结构中的第一部分（即消费资料和生产资料）商品的交换日益成为国内商品交换的大宗（如粮食、瓷器、纺织品等），在国际贸易上也逐渐占据越来越重要的地位。从朝贡使团的贡物可以看出，唐后期，虽然中央政府的权力与前期相比已大为削弱，来长安使团的国别地区也明显减少，但朝贡使的人数、频率以及贡物的数量并未减少，原因就在于唐后期朝贡使来华的主要目的更多的是为官私贸易而来，在某种程度上，经济目的已经大过政治目的，而唐后期国际贸易及周边贸易官府垄断的程度逐渐松弛，如与回鹘的绢马、与吐蕃的茶马交易，与渤海国频繁贸易往来。有的使团动辄数百人，足以见所携货物量之大。此外，还有不少过去打着朝贡旗号而实际以贸易为主要目的的海外商团，转而从东南沿海各港口登陆，不再通过西北陆路通道。日用品的交换逐渐加入了长途贩运的行列。在国内和对外贸易中日用品的数量和比重都有了明显的增长的情况下，全国性的中心城市和地区性的中心城市的商品集散功能增强，覆盖的市场范围扩大，给商品流通和商品交换提供了有利条件。

二是官府垄断的盐、铁在一定程度和某些环节上由产品交换逐渐向商品交换转化。政府放宽了对民间边境贸易的限制，而边境贸易中铁器的出口占了很大的比重，增加了商品的流通量，加大了日用品在商品交换中的数量。

三是以茶为代表的经济作物成为国内和出口商品交换中的大宗。虽然不能从整体上改变农业的生产结构，但必然使农业与市场的联系更为密切，农业商品化与近代社会的接轨正是以经济作物为突破口的。

上述变化对城市与交通的影响是多方面的，对城市与交通系统经济职能的加强起了很大的促进作用。中心城市经济职能加强，商品运输量的增加，日用品越来越多地加入长途运输的行列，全国性的市场网络（发展趋势）对交通道路的更高要求，城市人口及其为城市居民提供服务性工作人口的增加，对日用性商品的需求随之增加，相对稳定的政治局面等等，有利于全国总人口的增长，必然扩大对市场的需求。

二、商品经济发展所带动的以城市为中心的市场体系与网络

（一）两汉时期的传统城市市场体系

中国封建社会发展历程上两个具有典型意义的时代——两汉和唐正处于中国封建社会商品经济发展的第一和第二个高峰。

中国古代社会传统市场的特点是以各级城市为中心或枢纽、向下一级城镇或乡村辐射的网络体系，全国或较大区域内的商品经济运作是以各级城市为中心展开的。

两汉，中国社会商品经济的第一个高峰时期，《史记·货殖列传》云："汉兴，海内为一，开关梁，弛山池之禁，是以富商大贾周流天下，交易之物莫不得所欲。"

《史记·货殖列传》中提到的，这时出现的六大具有明显较强经济职能的城市，正好覆盖了当时经济较为发达的主要地区。

长安——由于是都城所在地，具有覆盖、沟通全国市场以及宏观调控对外贸易的经济职能，同时也是关中地区的经济中心城市（与经济职能为主的城市尚有重大区别）。《盐铁论·力耕篇》所述"自京师东西南北，历山川，经郡国，诸殷富大都，无非街衢五通，商贾之所臻，万物之所殖者"，正是对以京师长安为中心的城市商品经济体系的描绘。关中，东可通三晋，西则联甘

陇、远达西域，南可至巴、蜀，“北却戎翟”，“四方辐凑并至而会”①，长安亦成为覆盖四周地区的区域性中心城市。

洛阳——具有全国意义，亦属河南及周边地区的中心城市。因其地理位置及经济发达的优势，往往与长安形成东西并峙、互相呼应的全国政治、经济中心。王莽时称洛阳为东都，东汉则定都洛阳。“废居积贮，满于都城”② 是当时人对洛阳繁盛的真实感受。

南阳（宛）——河南地区南部及江汉地区的中心城市。“西通武关、郧关，东南受汉、江、淮、宛亦一都会也”③。

邯郸——“亦漳、河之间一都会也。北通燕、涿，南有郑、卫”④，是河北地区的中心城市。

成都——四川地区的中心城市。巴蜀地区，北以栈道连关中，东赖长江达荆楚、江南，南临滇黔，西近青藏，左思《蜀都赋》赞其商业繁荣曰：“市廛所会，万商之渊。列隧百重，罗肆巨千，贿货山积，纤丽星繁。……异物崛诡，奇于八方。”

汉武帝在上述六大城市设均输官，正是缘于它们在经济和商品物资流通中举足轻重的地位以及覆盖全国或地区性市场的作用。但上述城市仍属于以政治军事职能为主要特征的传统城市，带有封闭性，逐渐严格的市制以及商业活动往往在城圈之外或关厢一带进行，如汉长安七市、九市，其中大部分都在城外，无疑限制了商业经营的广度和深度。

（二）唐代以各级城市为枢纽的市场网络体系

唐代城市按其在经济生活中的地位和在市场网络体系中的作用，可分为几类（或几个层次），第一层级是在全国市场体系网络中具有中心或枢纽意义的大都市，长安、洛阳以及唐中叶以后的扬州等。第二层级是覆盖较大区域性市场的中心城市，如成都、广州、幽州等。第三层级是具有辐射、吸纳周边市场的州县治所。

---

① 《史记》卷129，《货殖列传》。
② 《史记》卷129，《货殖列传》。
③ 《史记》卷129，《货殖列传》。
④ 《史记》卷129，《货殖列传》。

1. 具有中心城市意义的大都市

《隋书·食货志》云：“京邑所居，五方辐凑。”京都一般都是具有全国意义的中心都会。

这类城市商品经济的网络中心是按城市规划设置的市区。隋唐两朝，基本是两都制，即长安与洛阳。

唐长安设有东西两市，各占两坊之地，比汉代市的规模大。据《长安志》卷8所述：“东市，隋曰都会市，南北居二坊之地，东西南北各六百步，四面各开二门。定四面街，各广百步。……街市内货财，二百二十行（一说应为一百二十行）[①]。四面立邸，四方珍奇，皆所积集。……又公卿以下，民止多在朱雀街东，第宅所占勋贵。由是，商贾所凑多归西市。”卷10云：“西市，隋曰利人市。南北尽两坊之地，……市内店肆如东市之制。”东西两市考古实测分别为：1000×924平方米和1031×927平方米。唐高宗时，将安善坊及大业坊之半“立中市署，领驼马牛驴之肆”，但因其“偏处京城之南，交易者不便”，“至武后末年，废为教弩场”[②]。玄宗天宝八年（749），曾于威远营置南市，于华清宫置北市[③]。

洛阳，共设三市，隋曰大同市、通远市、丰都市。史载，大同市，傍漕渠，周四里；通远市，东合漕渠，南临洛水，周六里，二十门分路入市，其内郡国舟船，舳舻万计；丰都市，临洛水，周八里，通门十二，重楼延阁，珍奇山积。唐代三市略有变化，更名为西市、北市、南市，分别临近通济渠、漕渠、运渠。此外，由于北市以南，车船云集，政府又开新潭停泊船只，“为天下舟船所集，常万余艘，填满河路，商旅贸易，车马填塞”[④]，显然仍没能满足完全疏通商路的需要。

这类中心城市所设的市有几个特点：一是市区虽然较前朝扩大，但仍被限制在有限和固定的空间内，长安108坊[⑤]，东西两市各占两坊之地，洛阳126

---

① 杨宽：《中国古代的都城制度史研究》下编，《唐代长安的东西两市制度》，上海古籍出版社，1993年版。

② 《长安志》卷7。

③ 《唐会要》卷86，《市》。

④ 《河南志》卷1。

⑤ 另有109、110坊之说。

坊，三市仅占两坊之地，反映了政府对商业经营采取既积极扶持又严加控制的双重性政策导向；二是市区所占空间虽然有限，但它们所起到的商品流通中心枢纽、内外销商品集散地、覆盖较大区域性市场及辐射全国乃至周边和更大范围具有国际性意义的市场、沟通及导向商品经济的流通渠道、激活都城商品经济等作用，并非是有限的空间和固定的时间所能包容和束缚的。洛阳如上所述，水路交通便利，以东都的政治地位和居中的地理位置，三市所沟通、所辐射的市场具有全国意义，正所谓“天下四会”，利之所聚。据《洛阳伽蓝记》卷3、卷4载，大富商刘宝以洛阳为中心，建立庞大的信息网和运输网①，于各州郡都会之处，“皆立一宅，各养马十匹。至于盐粟贵贱，市价高下，所在一例。舟船所通，足迹所履，莫不商贩焉。是以海内之货，咸萃其庭”，正是基于洛阳的经济地理位置的优势。韦述《两京新记》描述东都丰都市“居二坊之地，四面各开三门，邸凡三百一十二区，资货一百行”，长安东市（隋曰都会市）“东西南北各六百步，四面各开二门，定四面街，各广百步，北街当皇城南之大街，东出春明门，广狭不易于旧，东西及南面三街向内开，壮广于旧街，市内财货二百二十行。”长安城外有泾、渭、滈、丰、灞、浐等八水环绕，与八水相沟通的永安渠（又称交渠，引交水）、龙首渠（引浐水）、清明渠、漕渠（即隋所开凿的广通渠，引渭水），皆引水入城，其作用不仅是为了解决城内官民的饮用水，如漕渠，隋文帝开凿的初衷就是作为关东粮食入京的运输渠道，唐代仍以交通运输功能为主。玄宗天宝二年（714），韩朝宗引渭水入金光门，置潭于西市，以贮材木②。长安向各地辐射的陆路共有14条，水路交通则可环绕城周的水系、渠道沟通包括今四川、华北、江南、湖南、闽、广等广大区域，因此，处于政治中心位置的长安的市，网联、沟通的是具有全国意义和对外贸易的大市场，虽然全国意义的市场体系在隋唐两代并未发展成熟，经济中心地与行政等级序列两者基本是统一的。

再看扬州。扬州的政治地位并不具有全国意义，属于江淮地区最重要的中心城市之一。安史之乱前后，使职系统已趋于普遍化，财政体制、税收征管体

① 龙登高：《中国传统市场发展史》，第131页，人民出版社，1997年版。
② 《新唐书》卷37，《地理一》；卷118，《韩朝宗传》。《唐会要》卷87，《漕运》。

系已进行了带有根本性的改革，北方地区以安史之乱为转折点，动乱频仍，南方地区则在相对安定的社会环境下持续发展。随着经济重心的逐渐南移，扬州作为以大运河为主干的南北运输枢纽重镇、盐铁转运使的本衙所在（扬子留后院是盐铁转运使所辖的最大及最重要的留后院），盐的集散地，南茶北上的转运中心，与东亚贸易往来的重要港口，再加上西北陆路对外交通的阻绝与衰落，唐中期以后，扬州的经济地位逐渐上升至具有全国经济中心意义的城市。安史之乱后，中央政府所需物资十之七八仰仗江、淮等东南各道，漕运繁忙时，东南数以万计的漕船浮江而上，多集中于扬州，再行北运，以供京师所需，扬州正为“扼吭”。设在扬州的扬子仓，成为唐后期最重要的转运仓之一。唐后期形成的“扬一益二”的城市格局，不仅是指扬州城本身的繁荣居全国之首，发展成为经济大都会，也表明扬州的经济地位具有了全国意义，在唐后期的经济生活中，处于举足轻重的地位。

前期中心城市严格的坊市制度，唐后期逐渐遭到破坏。代宗时，长安“诸坊市街曲有侵街打墙、接檐造舍等”①，这种突破，可能是为商用，也可能是为民用（扩大居住面积）。再如人们常引用的邻近尚书省的崇仁坊，因诸多举子选人留连，昼夜喧嚣，但还只是局限在特殊的一坊之内。武宗开成五年（840）十二月，“敕，京夜市宜令禁断”②，看来夜市已开了一段时间。贞元以后，“京都多中官市物于廛肆，谓之宫市”③，是为宫内采办物品的，因强买强卖，不胜扰民，至使怨声载道，但从另一个侧面反映了宫中所需也要通过市场，未必不是一种进步，是商品经济突破政府控制的反映。扬州因不在天子脚下，对坊市制的突破更为明显，唐人诗句中的“夜市千灯照碧云，高楼红袖客纷纷”④ 是对当时扬州城市面貌的真实描述。德宗时，因外来人口的增加，城内侨居者和工商业者多侵衢造宅，行旅为之拥塞⑤。肃宗至德初，宋州刺史刘展叛乱，平卢节度副使田神功讨叛至扬州，大开杀戒，“大食、波斯贾胡死

---

① 《唐会要》卷86，《街巷》。
② 《唐会要》卷86，《市》。
③ 《唐会要》卷86，《市》。
④ 《全唐诗》卷301，王建：《夜看扬州市》。
⑤ 《旧唐书》卷146，《杜亚传》。

者数千人”[①]。可知由于海外贸易的繁盛，扬州城内外居住着为数众多的外国客商。

2. 覆盖较大区域性市场的中心城市

第二层级的城市在经济生活中的地位和在市场网络体系中的作用，可以概括为：覆盖较大区域性市场的中心城市，同时与具有全国意义的中心城市有直接沟通的渠道，是全国市场网络体系的次中心节点，或是重要的国际贸易枢纽城市。属于这一类城市的如成都、广州、幽州、汴州、荆州、苏州、梁州、沙州（敦煌）、凉州、西州等。

这一层级的城市又可分为不同类型。

一是政治地位与经济中心相结合、相统一的城市，有成都、幽州、广州、江陵等。

成都。因巴蜀地区相对独立的地理环境，使成都成为历朝政治与经济职能合一的区域性中心城市。战国秦汉时期，成都已成为五大经济都会之一。左思《蜀都赋》对此有生动描绘。隋唐时期，成都为剑南节度使治所，“水陆所凑，货殖所萃”[②]，亦是西南的经济中心、全国重要的经济都会。唐中叶以后，有“扬一益二”之称，正是对其工商业发展而居于全国领先地位的称许。而“江山之秀，罗锦之丽，管弦歌舞之多，伎巧百工之富，其人勇且让，其地腴以善。熟较其要妙，扬不足以侔其半”[③]。顾炎武论及长安与蜀地云：“长安之地，天府四塞，辟如堂之有室；蜀以膏沃之土，处其阃阈，譬如室之有奥”[④]。

广州。广州自西汉以来就是中国对外商贸往来的重要港口城市，唐代为岭南节度使治所。由于岭南本身的经济发展，水运交通的发达，尤其是大运河的开凿沟通了包括珠江在内的五大水系及其支流，以广州为中心枢纽的对外贸易更为活跃。“地当要会，俗号殷繁”[⑤] 的广州虽然也属于政治与经济中心合一的城市，但是由于远离全国政治中心，主要是商品经济的发展（主要是对外

① 《新唐书》卷141，《邓景山》。

② 《隋书》卷24，《食货志》。

③ 《全唐文》卷744，卢求《成都记序》。

④ 顾炎武《天下郡国利病书》，北直上《榖山笔尘》。

⑤ 《陆宣公集》卷18，《论岭南请于安南置市舶中使》。

贸易）造就了城市繁荣，其经济职能更为明显。当时人记载，广州商品交易最盛者为奢侈品，“蛮胡贾人，舶交海中。……外国之货日至，珠、香、象、犀、玳瑁，奇物溢于中国，不可胜用”①。

王锷曾出任广州刺史、岭南节度使，史载：“西南大海中诸国舶至，则尽没其利。由是锷家财富于公藏。日发十余艇，重以犀象珍贝，称商货而出诸境。周以岁时，循环不绝。凡八年，京师权门，多富锷之财。”②

黄巢起义军入广州，有史载曾杀戮10万以上至20万胡人③，此数显然是被夸大了，但广州胡商云集确是事实。

再如泉州、明州、登州、莱州等也都因是海外交通和贸易的重要港口而先后兴盛，成为重要的经济型城市。

幽州。河北地区“东滨海，南控三齐，西阻太行，北届沙漠”④，自战国秦汉以来就以富庶而著称。幽州因其政治军事地位的重要，为唐景云开元间所置缘边十镇之一，担负着绥靖东北边境、扼控辽东（包括朝鲜半岛和日本列岛)、屏障华北的重任，是大运河永济渠的北至地。《新唐书·地理志》载贞元宰相贾耽考“其入四夷之路与关戍走集最要者”，列出唐对外交通贸易的7条路线，其中通往东北地区的营州入安东道，经卢龙道（由今喜峰口通过燕山）入营州柳城再继续前进，迄唐为止，在东北与中原的交通上起主导作用⑤。东亚朝鲜半岛和东北地区的少数民族政权，如渤海、契丹等，唐后期来朝贡使团的次数和规模都明显多于唐前期，往往每团达数百人，以致唐中央政府不得不采取限制进京人数的措施，规定从东北方向陆路朝贡者，许30人进京，余者留在幽州就地安置。因此，唐后期，东北地区的少数民族及政权，利用唐内缩有效辖区之机，更频繁地更大规模地开展对唐的官私贸易，在东北、河北地区的活动空前活跃，而幽州正是他们与中原经济贸易交往的中心和枢纽地区。

---

① 《韩愈集》卷21，《送郑尚书序》。
② 《旧唐书》卷151，《王锷传》。
③ 张星烺：《中西交通史料汇编》第3册，第29节《阿布赛德哈散之记录》，辅仁大学丛书第一种。
④ 《读史方舆纪要》卷10，《直隶一》。
⑤ 辛德勇：《古代交通与地理文献研究》，中华书局，1996年版。

荆州（江陵）。江陵位于江汉上游，处南北交通干线与长江交会之所，自古因“江山重险、舟车要冲”[①] 而成为长江中游的重镇，政治军事地位十分重要。唐代利用其“右控巴蜀，左联吴越，南通五岭，北走上都”[②] 的水路交通优势，使之发展成为重要的转运中心，官府物资转运，“江淮租赋山积于江陵”[③]。四方货物集散，南来北往的中外客商，北上进奉的使节，可谓“万商罗鄽阛”[④]，“地利西通蜀，天文北照秦”[⑤]。但因水运不如扬州发达，商业比之逊色。

二是占有特殊地理位置的城市，如西州、沙州、凉州、泉州、梁州、汴州等。

汴州。因北控燕赵，南通江淮，正“当天下之要”，“总舟车之繁”[⑥]。隋开通大运河，汴州成为南北经济贸易往来的枢纽，逐渐取代洛阳成为中原地区的经济中心城市，在经济重心东南移的过程中，汴州经济地位的上升是重要因素。五代朱梁都于此，后周、北宋，开封又成为政治中心，显然是与经济地位的变化密切相关的。

梁州。“县道带蛮夷，山川扼陇蜀。……兵兴多故，其任益重”[⑦]。

西州、沙州、凉州都属于中西交通道上的要镇，因中西贸易的活跃而成就了城市的繁荣。唐代诗人张籍“无数铃声遥过碛，应驮白练到安西”[⑧] 的诗句描述了西州内外贸易的繁盛，敦煌壁画对此也有生动的表现。“葡萄酒熟恣行乐，红艳青旗朱粉楼。……大宛来献赤汗马，赞普亦奉翠茸裘”[⑨]，是元稹感叹凉州盛唐时曾有过的繁华。在唐后期，随着中西陆路交通的阻隔，以上城市相继衰落。

---

① 《唐大·诏令集》卷53，《李石荆南节度平章事制》。

② 《全唐文》卷336，颜真卿：《谢荆南节度使表》。

③ 《旧唐书》卷107，《玄宗诸子·永王璘》。

④ 《全唐诗》卷166，李白：《南都行》。

⑤ 《全唐诗》卷232，杜甫：《江陵望幸》。

⑥ 《文苑英华》卷803，刘宽夫：《汴州纠曹厅壁记》。

⑦ 《全唐文》卷606，刘禹锡：《山南西道节度使厅壁记》。

⑧ 《全唐诗》卷386，张籍：《凉州词》。

⑨ 《全唐诗》卷419，元稹：《西凉伎》。

凉州。西控西域，北遏回纥，南阻吐蕃，不仅是唐西北重镇，而且地处中西交通安西入西域道之要冲，逐渐取代甘州成为河西地区商业核心城市①。

三是由于水陆交通的便利、商品经济的发展而兴起的工商业城市。一部分分布在南方地区，这类城市大都是唐后期兴起，前所述的扬州、益州属于此类。此外还有苏州等。一部分是运河开通后的沿河城市。除扬州外，再如宋州、洪州等。

饶州。唐后期茶叶作为商品大规模进入商品流通领域，仅浮梁一县，“每岁出茶七万驮，税十五万余贯”②。白居易《琵琶行》：“商人重利轻离别，前月浮梁买茶去”③。史载“大中（847～859）中，以婺源、浮梁、祁门、德兴四县茶货实多，兵甲且众，甚殷户口，素是奥区”④。

北方城镇虽不产茶，但自江淮贩运来的茶，“舟车相继，所在山积，色额甚多”⑤。

苏州。白居易诗云：“人稠过杨府，坊闹半长安。”⑥ 吴融诗云：“姑苏碧瓦十万户，中有楼台与歌舞。”⑦

这中间有的城市是因当地特殊的条件，形成了独具特色、成规模的手工业产品生产和商品交易市场而发展起来的。如景德镇，因土质条件得天独厚，从一个不起眼的小城镇发展成为闻名遐迩的“瓷都”。江南地区桑树品种的特点不同于北方，蚕吐出的丝优于北方的柞蚕丝，一批以丝织业为主要特色的工商业城市因此而兴起，长盛不衰一千余年。

唐玄宗天宝二年（743），陕郡太守、水陆转运使韦坚为取悦玄宗，引浐水至长安城东望春楼下，积成广运潭，聚江、淮漕船数百艘，每船书写郡名，并陈列当郡以手工业品为主的土特产品，首尾相衔，“连樯数十里”⑧，代表了当地手

---

① 前田正名：《河西地理学研究》，第3章第7节，中国藏学出版社，1993年版。
② 《元和郡县图志》卷28，《江南道四》。
③ 《全唐诗》卷435。
④ 《全唐文》卷871，刘津：《婺源诸县都制置新城记》。
⑤ 《封氏闻见记》卷6，《饮茶》。
⑥ 《全唐诗》卷447，《齐云楼晚偶题十韵》。
⑦ 《全唐诗》卷687，《风雨吟》。
⑧ 《旧唐书》卷105，《韦坚传》。

工业和商业发展的特色。如广陵郡、会稽郡、晋陵郡、吴郡等江浙诸郡的丝织品，豫章郡（南昌市）的瓷器，南海郡（今广州市）由于是重要港口，所载展品珍珠、玳瑁、象牙、沉香等，体现了海外贸易以奢侈品为主的特点。

还有的城市基本属于转输性质的城市。如唐末荆南节度使、五代南平政权的创立者高季兴利用江陵控扼长江，又是南北转输必经之地的便利，靠征收商税和掠夺过往客商财物维持财政收入，以方圆200平方公里左右的四战之地，周旋在几大割据势力之间，竟达57年之久。

以第二层级城市为中心，构成区域经济形成和发展的中心圈。五代十国时期南方割据政权的基础，正是以上述中心城市和中心圈为核心的。如马殷建立的楚，以潭州为长沙府，占有澧、衡、道等二十余州，大力发展本区经济作物——茶，作为向外输出的主要商品，于汴、荆、襄、唐、郢、复等州设"回图务"经销茶业，"于中原卖茶之利，岁百万计"①。楚还发挥交通便利的优势，"关市无征，四方商旅，闻风辐辏"②。又造铅铁钱，与铜钱间行，"百货流通，国日益以富"③。

3. 辐射、吸纳周边市场的州、县治所

第三层级的城市一般是州（郡）县两级治所所在地和具有较强经济功能的镇，它们具有覆盖、辐射、吸纳周边地区商品市场的职能。

唐代的城市有了明显的变化，变化主要发生在与城市经济职能有关的量变和质变上。

量的变化表现在城市规模的扩大，城市数量的增加，城市人口的膨胀；质的变化则表现在城市本身各职能比重的变化，城市类型的变化，城市居民结构的变化，城市布局的变化，城市管理体制的变化，各级城市构成的市场网络体系逐渐系统化。

据《旧唐书·地理志》，隋代盛世，全国设郡190，县1255；唐玄宗开元时，全国设郡328，县1573。

---

① 《旧五代史》卷133，《马殷传》。

② 《十国春秋》卷67，《楚一·世家》。

③ 《十国春秋》卷72，《楚六·秦彦辉传》。

三、隋唐城市的变化

（一）隋唐城市内部布局结构的变化

唐长安城是在隋大兴城的基础上略事扩建、改建而成。全城分为外郭城、皇城和宫城三部分，皇城和宫城又合称内城。宫城是皇帝办公、举行朝仪、宴会以及太子、后宫居住和活动的场所，位于全城正北，主体建筑是居中的太极宫，东侧为东宫，西侧为掖庭宫。皇城位于宫城之南，是中央官署所在。宫城和皇城的东西两侧以及正南为外郭城，是居民区和市区，皇城南有横街与外郭城相隔。唐太宗于贞观八年（634）在太极宫东北禁苑内龙首原高地建大明宫（原名永安宫，次年更名），高宗以后大明宫取代了太极宫的地位。全城以贯通宫城承天门、皇城朱雀门和外郭城明德门呈南北向的朱雀大街为中轴线，外郭城有13座城门，东、南、西三面各有3座，间距匀称，明德门最大，北面有4座城门。城内有南北向大街11条，东西向大街14条。全城总面积为87.2平方公里（隋大兴城面积84平方公里，大明宫面积3.2平方公里），宫城和大明宫合为7.4平方公里，皇城为5.2平方公里，兴庆宫约为1.4平方公里，城内居民区、东、西两市、寺观以及其他公共场所所占面积约为72.8平方公里，宫殿和官署区与居民区的比例约为1∶4.7～1∶4.8。

唐代洛阳城也是在隋城基础上建造而成的，总面积约47平方公里。与长安城建制同样，洛阳也是由宫城、皇城和坊市区三部分组成，内城（包括宫城和皇城）位于全城的西北角，洛水曲折横贯城中，郭城内纵横各10街，计112坊（原为103坊，后增）①，各坊面积均小于长安各坊，坊制同于长安。郭内设三市，分别为：北市，位于北郭中心，占一坊之地；南市，位于南郭中心，占两坊之地；西市，位于西郭的西南角，占一坊之地。三市分别临近漕渠、运渠和通化渠。内城与坊市区的比例大体同于长安②。

杨宽纵观中国古代都城规划的历史，总结出都城布局有三次重大的变化：一是从西周到春秋战国时期，由一个“城”发展为“城”和“郭”连结的结

① 辛德勇：《隋唐两京通考》，第108页，三秦出版社，1997年版。

② 参见中国社会科学院考古所洛阳队所绘《唐洛阳东都坊里复原示意图》，《考古》，1978年第6期。

构；二是从西汉到东汉，从坐西朝东转变为坐北朝南；三是从魏晋南北朝到隋唐，从坐北朝南发展为东西对称、南北向的中轴线布局[①]。

就“城”与“郭”连结而言，隋唐都城不同于前朝之处在于，棋盘式的坊市，宫殿、官署与民居分离的布局，使内城与外郭的职能区分更加清楚，以坊市制为基础的城市结构及管理体制在隋唐时期达到顶峰。而坊市区的相对独立，以及所占面积及居住人口的优势，又给自身发展创造了更大的空间。都城的政治中心当然在宫城和皇城之内，而都市文化、社会经济和社会生活确是围绕着坊市而展开的。此后都城发生的关键性变化，如由封闭式的坊市结构向开放式的街市演变，居民区与商业区连成一片，或是城关经济区的发展，使大都市的界限不再以外郭城墙为标志，等等，都与始终保持其封闭性的宫城和皇城无涉。

（二）城市坊市制度的完善与衰落

汉代已实行坊市制，城郭内居民住宅区为坊，商品交易场所为市。

唐制，“两京及州县之郭内分为坊，郊外为村里及村坊”[②]。唐代长安有万年和长安两畿县，共108坊和东、西两市，“郭中南北十四街，东西十一街，其间列置诸坊”[③]。万年县领辖朱雀门以东54坊及东市，长安县辖朱雀门以西54坊及西市。每坊“居人四五百家”[④]。郭子仪宅在亲仁坊，占去该坊的四分之一，史载“家人三千”，不能认全。由于坊有大小，人户疏密有别，一般情况下，一坊大约居住数千人不等。各坊四周有坊墙，除皇城以南四列坊只设东、西二坊门，以防“泄气”，“冲城阙”，其余各坊均开东西南北四门，坊内有十字街贯通，坊内又分成四区，各区有十字形小巷贯通，每坊实际由16个小区组成。洛阳诸坊，坊制同于长安，只是各坊占地面积小于长安诸坊。非三品以上高官及“坊内三绝”者，禁止向街开门，必须由坊门出入，坊门有“守卒”负责守卫和治安。坊门早晚定时以击鼓为号，天明开启，日落关闭，坊门关闭后，街上禁断行人，如无特殊情况，犯禁者将受到严厉处罚。其他城

---

① 《中国古代都城制度史研究》上编，上海古籍出版社，1993年版。

② 《唐六典》卷3，《户部》。

③ 《长安志》卷7。

④ 《文苑英华》卷578，李峤：《代公主让起新宅表》。

市坊的规模和数量不及两京，建制基本相同①。

唐代长安的东西二市是在隋的都会市和利人市的基础上设立的，洛阳的南市是在隋丰都市的基础上设立的。据史载，隋丰都市周回八里，四面各开二门，其内一百二十行，三千余肆，四百余店，“珍奇山积”②。据考古勘探，长安东西两市面积较为接近，四周有围墙，沿墙有街，四面墙各开二门，市中间街道呈井字形，通往四面的八个门。市内按“行”分列布局，见于记载的两京和各州有药行、金银行、肉行、珠宝行、绢行、大衣行、香行、油行、屠行、米行、彩帛行、果子行、画行、杂货行、生铁行、秤行、染行、布行、椒笋行、菜子行、书肆等。日本僧人圆仁《人唐求法巡礼行记》卷四，记武宗会昌二年（843）六月二十七日长安“东市失火，烧东市曹门以西十二行四千余家”。

市有严格的管理制度。长安东西两市设有市署和平准署，隶属于太府寺。市署设市令，负责校正度量衡器，统制物价，检验手工业品规格，市门启闭等。市场交易商品，以经太府寺（各地则由州县负责）核校的度量衡器为标准，每十天重新评估一次各商品的物价，依精、次、粗分为上、中、下三等，报官府备案。平准署主要负责官用必需品的购入和官府不用之物及罚没物品的卖出。《唐六典·两京诸市署》云“凡与官交易及悬平赃物并用中贾（中等价）”。市门早开晚闭，日午时击钲三百下，开启市门，日入前七刻击钲三百下，关闭市门。对市区交易中使用的货币，官府也有定样。《隋书·食货志》载：“京师及诸州邸肆之上，皆令立榜，置样为准。不中样者，不入市。”

城内街道不得穿坑取土，除按规定于道路两旁种植槐、柳、榆等树，不得辄有种植，坊市街衢不得侵街打墙、接檐造舍，三品官以下（坊内三绝除外），不得向街开门。

坊市制达到高度完善的同时，在商品经济的强烈冲击下，严格的管理制度逐渐松弛。唐代的坊市制已达到尽善尽美的顶峰，城市整体布局浑然一体。市成为整个城市规划的有机组成部分，但同时坊市制度逐渐被突破，又成为城市

① 杨宽认为每坊居民约一千至三千户，见《中国古代都城制度研究》上编，与上说不同。
② 唐杜宝：《大业杂记》，大业元年条。

的活力所在。

唐后期，严格的坊市制度越来越不适应市民和工商日常生活、工作节奏及现实需要，大量流动人口的存在亦是突破坊市制的主要力量。坊区内出现居民“向街开门，各逐便宜，无所拘限”，坊门“或鼓未动即先开，或夜已深犹未闭”，“侵街打墙，接檐造舍”等违章建筑屡禁不绝，官宅杂赁，难于管理①。小商小贩和从事服务性娱乐性行业者，越来越多的活跃于大街小巷。长安长兴里有饽饦店，升平坊的里门旁有“胡人鬻饼之舍”，洛阳殖业坊有酒家。晚唐时期，坊区内酒楼、茶肆已比较普遍了。王建有诗描述唐后期的汴梁：“水门向晚茶商闹，桥市通宵酒客行，”② 显然通宵达旦的夜市是当时都市生活和经济生活的一大特色。其他如楚州、苏州、扬州、广州等都有夜市的记载，但对夜市的禁令却不见重申。王建诗云：“夜市千灯照碧云，高楼红袖客纷纷，如今不似时平日，犹自笙歌彻晓闻。”③ 扬州的繁华区主要是“商贾如织”的罗城，史载“扬州胜地也，每重城向夕，倡楼之上，常有绛纱灯万数，辉罗耀列空中，九里三十步街中，珠翠填咽，邈若仙境”。张祜诗云：“月明街廓路，星散市桥火。”④ 五代时的都城汴梁，“华夷辐凑，水路会通，时向隆平，日增繁盛”，“工商外至，络绎无穷”⑤，不得不新建罗城，以容纳大量的外至和流动人口。北宋太宗时，“诏开封府，令京城夜市，至三鼓以来，不得禁止”⑥，从法律上肯定了夜市的合法性，封闭性的坊市制度正式宣告结束。

（三）城市规模的扩大

中国古代城市的规模主要取决于以下几个因素：以农业为基础的商品经济发展水平；当时整个历史发展阶段城市人口发展的总体水平；城市本身所处的地理位置的政治、军事、经济地位和意义；城市内涵各职能之间的比例关系；城市居民的结构。如果上述因素发生单一或综合性变化，都会影响城市

---

① 《唐会要》卷 86，《街巷》。

② 《全唐诗》卷 300，《寄汴州令狐相公》。

③ 《全唐诗》卷 301，《夜看扬州市》。

④ 《全唐诗补逸》卷 11，《庚子岁寓游扬州赠崔荆四十韵》。

⑤ 《五代会要》卷 26，《城郭》。

⑥ 《宋会要辑稿·食货》六之七。

的规模。

隋唐大中城市的规模逐渐扩大的趋势极为明显。一是表现为城区规模的扩大。如隋唐长安城，其位置和规划都与前代有所不同，新城址建在距西魏、北周所因袭的汉长安城东南13里的龙首原。据专家考定，汉都城长安，城周长25.1公里，以直线距离计，东垣5940米，南垣6250米，西垣4550米，北垣5950米。在隋文帝设计兴建的大兴城的基础上，唐高宗永徽五年（654）全面建成的唐长安城，城周36.7公里，东西9721米，南北8651.7米，总面积约84平方公里，相当于今西安城的9.65倍。

东汉洛阳，整个大城（包括西晋时修筑的金墉城）周长约14公里，面积9.5平方公里。北魏情况比较特殊，在汉魏旧城外，新建一重外廓城，东西20里，南北15里，南临洛水，北依邙山，三百余坊和主要的市分布其间，前代都城规模无如此宏伟者，实际上包括了近畿地区。唐东都洛阳，周长约28公里，东垣7312米，南垣7290米，北垣6138米，西垣6776米。

与第一个商品经济高峰时期相比，唐代都城的规模至少比两汉时期扩大了一至数倍[①]。

唐后期的主要商业城市扬州，据考古发掘测定，子城和罗城城周长度在17公里以上，在当时城市规模中是较大的[②]。

二是城市人口数量的增加，人口结构的变化。唐长安城所领长安、万年两县注籍人口为8万户左右[③]皇族、宫人、军队、工匠等也属相对固定的人口，除了自然增长的因素以外，“浮寄流寓不可胜计”——即大量流动人口存在是人口数量增加而又难于统计的主要原因，也是使人口结构发生变化的主要原因。有学者估计[④]，唐长安各坊，一般有一二千户，多的到五千户以上，如以

① 史念海等：《长安和洛阳》，《唐史论丛》第七辑，陕西师范大学出版社，1998年版。《洛阳伽蓝记》卷四。《中国都城历史图录》第二集，兰州大学出版社，1986年版。宿白：《隋唐长安城和洛阳城》，《考古》，1978年第6期。

② 参见李廷先：《唐代扬州刺史考》，江苏古籍出版社，1992年。

③ 《长安志》卷10。

④ 参见杨宽：《中国古代都城制度史研究》下编，《唐代都城的坊制》，上海古籍出版社，1993年版。书中对唐代长安人口具体数字的估计最高为180万，最低为50万，见拙文《唐代长安流动人口中的举选人群体——唐代长安流动人口试析之一》。

平均二千户计，按每户平均5口人，108坊约为108万，宫城和皇城内皇族、宫人、宦官勤杂人员、工匠、军人等尚未计算在内。

唐长安在籍在册的相对固定的人口，约四五十万，而流动人口至少不低于固定人口的数量。流动人口中的大多数是从事商业、娱乐业、手工业、运输业、服务业等人员，其中域外商人不仅数量可观，而且在社会生活中异常活跃。正是这些流动的人口，不断调整和改变着都市原有的人口数量和人口结构。《旧唐书·张建封传》中所记“京师游手堕业者数千万家，无土著生业”，以及“浮寄流寓不可胜计”，正是对京师流动人口的写照。其他大中城市，工商业者和外来的流动人口比例也很大，如前所述的汴梁，随着经济重心和政治中心的东南移，逐渐取代了洛阳的地位，外来的流动人口明显增多。五代时，“外至工商，络绎无穷”[①]。

城内人口结构与布局。以长安为例，人口密度分布，北部坊区远比南部人口多，西部长安县人口较东部万年县人口多。东、西两市及周围地区人口又是全城人口密度最大的地区。人口结构分布，东部万年县多为贵族和高官居所，进京的举子、选人也多愿意选择租赁靠近尚书省的房屋。东市经营的商品也以奢侈品为其主要特色。一般百姓、商人等更多的集中居住在西部长安县的北部和中部，人口密度和人口增长的速度（自然增长和外来流入人口）都比东部万年县为甚。《长安志》东市条云：“万年户口减于长安，又公卿以下居止多在朱雀街东，第宅所占勋贵，由是商贾所凑，多归西市。”又同书西市条云：“长安县所领四万余户，比万年县多，浮寄流寓不可胜计。”人口密度高，商贾多，流动人口多，是西部长安县的特点。这种东西部人口结构和发展趋势的不平衡正是由人口结构的差异造成的。北魏都城洛阳实行“大市”制度，市中心区主要为商店区，市周围设八里，专门是手工业者、小贩行商、屠夫、卖艺者以及从事服务性行业者的居住区[②]。唐代两京虽然没有如此具体的规定，如从政府管理和工商、服务性从业者经营和方便的角度讲，这种布局是较合理

① 《五代会要》卷26，《城郭》。

② 杨宽：《中国古代都城制度史研究》下编，《唐代长安的东西两市制度》，上海古籍出版社，1993年版。

的。史载，东市西北的平康坊、之北的胜业坊，多为娼妓聚集之所，西北的崇仁坊“大约造乐器悉在此坊”[①]，并有二十多处地方藩镇的常设机构——进奏院。西市西南的宣阳坊有綵缬铺[②]，西市东北的延寿坊有“鬻金银珠玉者”[③]，大富商邹凤炽住在西市西南的怀德坊，“四方物尽为所收”。东市有出版印刷行业，西市有可寄存钱财的柜坊，从一个侧面反映了东西部不同的人口结构对东西两市经营行业和经营结构的影响。由于人员流动性大，外来人口逐渐增多，包括房屋租赁业也相应发展起来。租赁房屋的房客与人口分布结构密切相关，选人举子一般选择东城靠近尚书省的坊区或清静的寺院，工商业者一般选择靠近市区。扬州城内子城为官衙所在，又称“牙城”。一般市民和工商业都住在罗城，又称大城，张祜“十里长街市井连”[④]，杜牧“春风十里扬州路”[⑤] 都是描述罗城中最繁华的一条长十里（一说为九里）的主要街道。

市民文化与娱乐生活的丰富，一方面反映了物质生活和精神文化生活水平的提高，另一方面也为服务（餐饮、旅店、交通）和娱乐行业的发展，创造了更大的空间和更多的机会，而服务业与娱乐业的发展必然刺激与此有关的社会经济的活跃和商品需求量的增长。隋炀帝时，每年正月，为了接待来东都洛阳朝见的国宾，举行大规模的歌舞表演，在端门外、建国门内，“绵亘八里，列为戏场，百官起棚夹路，从昏达旦以纵观，至晦而罢”，参加表演者“殆三万人”[⑥]。唐代长安常在天门街（即朱雀大街）举行“广较胜负”的娱乐性赛事。如贞元中，遇大旱，于天门东西两街对阵，举行琵琶演奏比赛，双方各建彩楼，妙择高手，竞弹新曲，以取悦观众[⑦]。唐人小说《李娃传》[⑧] 描述长安东西（市?）两凶肆，举行“士女大和会”，在天门街上陈列办理丧事所用器

---

① 《乐府杂录·琵琶》。

② 《北里志》王团儿条。

③ 《唐阙史》卷下，王居士神丹条。

④ 《全唐诗》卷511，《纵游淮南》。

⑤ 《全唐诗》卷523，《赠别》。

⑥ 《隋书》卷15，《音乐下》。

⑦ 《乐府杂录·琵琶》。

⑧ 《太平广记》卷484。

物，由各肆长主持，选善歌者唱哀歌，以决胜负，“聚者数万”，以致“巷无居人”。这些赛事，不仅是同行之间的竞争，也相应提高了本行业的知名度，起到对外宣传、扩大影响的作用。而普通市民从中获得了乐趣，服务和饮食等行业获得了更多的发展机会。《唐国史补》卷中，记载德宗时，长安“两市日有礼席，举铛釜而取之。故三五百人之馔，常可立办”，可见京城餐饮业的需求市场已形成一定规模。

隋唐城市发展的总趋势是城市数量不断增加，不仅表现在大中城市总量的增长，更主要表现在交通沿线和南方地区具有经济意义的新兴城市的增长。大运河开通后，带动了运河沿岸城市的发展；南方经济区域的开发和形成，使一批更多具有经济职能的城市兴起；覆盖全国的水路交通网的形成和完善，交通沿线的城市和因地处交通要道而新兴的城镇，都得到了发展。

四、城关经济区和各种类型的市

各级城市起的作用是连结全国主要市场，它们是市场网络体系中的节点。而沟通城乡市场，以及由点向面的扩展和渗透，则是城关经济区和农村乡镇各种类型的市（集市、草市、墟市等）在发挥着作用。

城关经济区是指在各级城市城门一带自发形成的交易市场，因以城关为中心而命名。由于贴近中心城市的大市场，主要交易场所设在城门外，可不受城内市场管理的限制，所以有更多发展的空间，比起城内市场更充满活力。城乡结合部或水路交通要道自发形成的星罗棋布、日益勃兴、灵活机动的草市、集市等民间交易市场，它们不具有任何政治或军事意义，但在沟通城乡之间、沟通乡村不同地区、不同城市之间的商品经济市场、扩大中心城市的商品经济辐射力、市场覆盖面、活跃商品经济等方面起到越来越重要的作用，是商品经济深化发展的重要特征。

《隋书·食货志》描述江淮一带集市之盛云：“江左人竞商贩，不为田业。……淮水北有大市百余，小市十余所。”

乡村市集的大量市镇化或者说草市化，严格说是在唐中叶以后出现的①。

---

① 牟发松：《唐代草市略论一的长江中游地区为重点》，《中国经济史研究》，1989 年第 4 期。

“草市迎江货，津桥税海商”[①]，是形容汴州城外草市的繁盛景象。益州人称梓州为成都东门外草市[②]。苏州草市，“灯火穿村市，星歌上驿楼。何言五十里，已不属苏州”[③]。荆州城附近有后湖、草市、沙头市及其对岸的马头和曾口市。江淮草市，“尽近水际，富户大室，多居其间”[④]。四川彭州唐昌县定德乡的定期集市，“百货咸集，蠢类莫遗；旗亭旅舍，翼张鳞次”，开市时，“商旅辇货而至者数万，珍纤之玩悉有，受用之具毕陈”[⑤]。日僧圆仁所撰《入唐求法巡礼记》卷2记述了“莱州城外西南置市”。柳宗元曾任职柳州，因描述柳州农村集市云“郡城南下接通津，异服殊音不可亲。青箬裹盐归峒客，绿荷包饭趁虚人”[⑥]。

有的草市，因商业繁荣而提高了政治地位，政府将其纳入城镇系列。如唐代宗大历七年（772），“以张桥行市为县”[⑦]。归化县的设置更具有代表性，《唐会要》卷71《州县改制下》载：“德州。归化县。开元十三年（725）横海军节度使郑权奏：当道管德州安德县，渡黄河南，与齐州临邑县邻接，有灌家口草市一所。顷者，成德军于市北十里筑城，名福城，割管内安德、平原、平昌三县五都，置都知管勾当。臣今请于此置前件城，缘隔黄河与齐州临邑县对岸，又居安德、平原、平昌三县界，疆境阔远，易动难安。伏请于此置县，为上县，请以归化为名。从之。”

有的草市交易规模相当大，如剑南道雅州蒙顶山麓的遂斯安草市，“岁出茶千万斤”。

城关内外人在城关一带的活动，也是城关经济发展的一个重要因素。

日僧圆仁《入唐求法巡礼行记》记录了扬州附近的如皋镇，开成二年（837）七月四日：“比至午时，水路北岸杨柳相连。未时到如皋，茶店暂停。掘沟北岸，店家相连。……水路左右，富贵家相连，专无阻隙”。如皋

---

① 《全唐诗》卷299，王建《汴路即事》。

② 《太平广记》卷265，《西川人》。

③ 《白香山集》卷54，《望亭驿酬别周判官》。

④ 《樊川文集》卷11，《上李太尉论江贼书》。

⑤ 《文苑英华》卷808，陈谿《彭州新置唐昌县建德草市歇马亭镇并天王五院记》。

⑥ 《全唐诗》卷352，《柳州峒岷》。

⑦ 《唐会要》卷71，《州县改制下》。

镇依托扬州，水路交通便利，是唐代典型的以商业为龙头迅速发展起来的小市镇。

北魏都城洛阳外郭城北依邙山，东西二十里，南北十五里，其规模甚是宏伟，它是把市场和水陆交通要道都括进了外廓城，商业交易在大城——即宫城之外。隋唐时期，市区正式设在城内，于是，城关经济区才应时而兴起。

有学者指出，"唐代许多名称上分明是定期交易的乡村市集，由于交换趋于活跃导致交易间隔时间缩短，最终演为交易不再间断、不受集虚限制的市镇"①。

五、城市人口数量与商品经济

中国古代的城市人口没有具体记载，对城市人口的理解也有狭义和广义之分。狭义的城市人口，主要计算城区内相对固定的居住人口，而广义的城市人口应包括以城市为中心活动的城区、城郊（或城关）常住居民和流动人口。城市人口数量的变化和结构与城市职能有直接关系。在一般情况下，城市人口的常量主要是由政治、军事因素决定的，而城市人口的变量则主要是受经济因素左右，经济因素的核心是商品经济。

人口升降的变化从总体上看，隋代著籍户口与魏晋南北朝相比有较大幅度的增长，大业中，全国著籍户口达900余万，北方地区户口增长多于南方。唐初，户口大量流失，贞观初仅300余万，后逐渐回升，天宝时达900余万，安史之乱爆发后，户口直线上升的趋势也由盛转衰，急剧下降。德宗初年，逐渐回升，开成、会昌年间接近500万。唐末，户口无考。

人口分布状况。隋代人口密度较高的是黄河中下游地区和关中地区。唐代人口分布发生了明显的变化，随着经济重心的东、南移，人口重心也同时转移，人口密度布局也发生了改变，总体趋势是南方人口从数量和密度上都超过了北方。

但就各城市人口的变化，又有不同。

长安城，隋唐都城所在。隋平陈后，强迫陈后主及王公百官迁居长安，史

① 牟发松：《唐代草市略论——以长江中游地区为重点》，《中国经济史研究》，1989年第4期。

载“大小在路，五百里累累不绝”[①]。唐开元、天宝时著籍户口为36万余户，安史之乱，造成“京畿户口，减耗大半”，但由于唐王朝仍以长安为政治中心维持了150年左右的统治，户口下降的比例低于北方其他地区。如以开元户数与元和户数相比，关内道下降了61.1%，而河南道、河东道、河北道分别下降了89%、66.1%、82.9%（据《元和郡县图志》，河北道因不申报户口，应有缺漏）[②]。就实际人口来看，一般认为，天宝时长安城常住人口和流动人口已达百万之众。岑参《天门街西》诗云：“长安城中百万家，不知何人吹夜笛。”[③] 而到唐德宗、宪宗、穆宗时，有诗文仍称长安有百万人口。韩愈《出门》诗“长安百万家，出门无所之，”[④] 贾岛《望山》诗“长安百万家，家家张屏新”[⑤]。如果说文学作品可能有夸大之嫌，那么，韩愈上的《论今年权停举选状》[⑥] 中“今京师之人，不啻百万”，应是比较客观的数字。唐后期，安史之乱给中原地区经济造成了大面积的破坏，户口流失极为严重，元和时著籍户口有所恢复，关内道约相当于天宝时期户口的三分之一，京兆府户数相当于天宝时的三分之二，而长安仍有百万之众，可知虽然北方地区人口变化的总趋势是下降（中间也有回升，但幅度有限），人口分布密度南方超过了北方，随着经济重心的转移长安的经济地位亦明显下降，而长安仍具有的政治中心职能对恢复和维系百万人口发挥了关键性的作用。代宗时，李栖筠为浙西观察使，“奏部豪姓多徙贯京兆、河南，规避徭役”[⑦]。遇到灾荒，不少流动人口也纷纷趋避京师，权德舆在《论旱灾表》中言及甸畿因旱灾，“流庸转徙之人，或趋近畿，或抵京西”[⑧]。可见京都吸纳人口的能力还在发挥作用。

太原府，隋唐两朝经略北边的重镇，唐高祖李渊起家之所，又居唐五都之一，因而府辖人户的变化不同于河东道其他州府。河东道人口变化的总趋势是

---

① 《资治通鉴》卷177，隋文帝开皇九年。

② 冻国栋：《唐代人口问题研究》，第159页表，武汉大学出版社，1993年版。

③ 《全唐诗》卷201。

④ 《全唐诗》卷337。

⑤ 《全唐诗》卷571。

⑥ 《韩昌黎集》卷37。

⑦ 《新唐书》卷146，《李栖筠传》。

⑧ 《权载之文集》卷41。

隋大业年间户口统计数为852001（《隋书·地理志》），达到隋唐时期的最高点，贞观户数急剧下降为27199，开元、天宝户比贞观时有显著增长，分别达到587397和630511，元和时又下降至241224，更少于贞观时期。唐太原府的人户统计数字在唐代没有发生大起大落的现象，贞观时期为97874户，天宝时为129805户，元和时为124000户，变化比较平缓。原因之一，太原的政治和军事地位极为重要，政治军事职能的需要，使城市人口维持着相当的规模。安史之乱对河东地区也有影响，但河东节度使在唐后期始终是强藩。唐末五代北方地区的军阀大战，主要是以太原为根据地和控制河汴地区的两大集团势力逐鹿中原之战。原因之二，太原府及其周边地区工商业并不发达，又不是重要的转输城市，流动人口数量相对于较发达的工商业城市少得多，如没有受到大战乱的直接破坏，人口的变化一般不会骤起骤落。

洛阳和汴州户口的变化明显是由政治和经济双重因素决定的。洛阳（河南府），开元时为127440户，汴州（开封）为82190户，约为洛阳的四分之三；天宝时，洛阳为194746户，较开元时增长了50%左右，汴州为109876户，较开元时增长了33%左右，户口总数约为洛阳的二分之一强，可以说就增长的速度和规模而言，汴州逊于洛阳。元和时，洛阳户数降至18799户，汴州则降至8218户，两者都只相当于天宝户数的十分之一左右，但汴州的降幅大于洛阳①。代宗永泰元年（765）四月诏书中说到河南道人口锐减的原因和状况："自东都至淮泗，缘汴河州县，自经寇难，百姓雕残，地阔人少稀，多有盗贼。"② 唐末僖宗光启年间，因军阀"迭相攻伐"，洛阳城居民"不满百户"③。北宋初年，开封府成为拥有10万户以上的大城市，太平兴国年间达到17万户。河南府（唐洛阳）户数虽然也有较大增长，但增长幅度和城市规模都比开封小的多，与盛唐时的规模更不可同日而语。唐代宗时刘晏改革漕运，实行分段运输法，使"江船不入汴，汴船不入河，河船不入渭。江南之运积于扬州，汴河之运积于河阴。河船之运积渭口，渭船之运入太仓。……轻货自

---

① 冻国栋：《唐代人口问题研究》，第173页表，武汉大学出版社，1993年版。

②《册府元龟》卷64，《帝王部·发号令三》。

③《旧五代史》卷63，《张全义传》。

扬州至汴州”[①]。河阴位于洛阳与汴州之间，汴州位于河、汴交汇之处，舟船可自江淮直达河洛转输东南财赋，地理位置更为优越，政治中心在从洛阳东移到开封的过程中，河阴起到了过渡的作用。政治和经济的双重因素使洛阳和开封的地位发生了变化，人口比例关系也随之发生变化。

扬州，自唐初到元和时期，户口的变化与江、淮地区发展的大趋势是一致的，而且具有典型意义。贞观时户数不到5万户[②]，天宝时已成为7万~10万户的较大城市[③]。而淮南其他较重要的州，如庐、舒、申、楚、和、安、寿、光、蕲、滁、濠等，户数都在2万~5万户[④]，扬州元和户数虽然缺载，但估计不会少于天宝时期[⑤]，如以苏州、鄂州等为参照，甚至应多于天宝户数。赵嘏《送沈单作尉江都》诗云：“十万人家如洞天”[⑥]，可证当时扬州城内人户殷繁，不减天宝时期。扬州以“当南北大冲，百货所集”[⑦]，河、海港口兼具的地理优势，成为唐后期中央政府倚办转输赋税的重镇，善于抓商机的“富商巨贾，动逾百数”，大批避乱的北人亦投奔至此，侨寄衣冠侵衢造舍，商贾如织，熙熙攘攘，户数应不下10万户。“扬一益二”的称谓也表现了以扬州城为中心区域人口集中的趋势。唐末到宋初，淮南因地处兵交之所，扬州遭受严重破坏，人口大量流失。宋初统计，扬州已降为与舒、蕲、寿、楚、庐、滁等州同为2万~5万户的中等城市[⑧]。北宋以后，南方人口继续上升，但扬州一直没有恢复到唐时的最高水平。它的衰落，战乱的破坏是重要因素，但更主要的原因是由于运河的壅塞，长江入海口的迁移，原有的地理及经济优势不存在了，那么，以工商人口为主的扬州城，自然无法再现往日的辉煌。宋人洪迈有感于昔日“扬一益二”风光不再而叹曰：“本朝承平百七十年，尚不及唐之什一，今日真可酸鼻也”[⑨]。

---

① 《新唐书》卷53，《食货三》。
② 冻国栋：《唐代人口问题研究》第151页表，武汉大学出版社1993年版。
③ 《旧唐书》卷40，《地理三》。
④ 冻国栋：《唐代人口问题研究》，第157页表，武汉大学出版社，1993年版。
⑤ 冻国栋：《唐代人口问题研究》，第161页表，武汉大学出版社，1993年版。
⑥ 《全唐诗》卷549。
⑦ 《唐会要》卷86，《市》。
⑧ 冻国栋：《唐代人口问题研究》，第165页表，武汉大学出版社，1993年版。
⑨ 《容斋随笔》卷9，《唐扬州之盛》。

南方城市，城市人口一直呈上升趋势。安史之乱，“中原鼎沸，衣冠南走，”[①] 北方人口的大量南下，是造成短期内某些地区人口迅速膨胀的重要原因，但南下流亡的普通百姓和衣冠士族选择的地区，以及较长时段的户口增长趋势，主要是经济因素在起作用。如长江中游地区，安史之乱后，“襄邓百姓”、“两京衣冠”，“尽投江湘”，使“荆南井邑，十倍其初。”[②] 据《资治通鉴》记载，晚唐时，“江陵城下旧三十万户”[③]。元稹咏江陵府诗“城中百万家，冤哀杂丝管”[④] 之句，显然是指口数而言，因此江陵府城内及城关一带的人口，约略估算当在100万~150万之间。

鄂州“居杂商徒偏富庶，地多词客自风流，”[⑤]“阎闾皆土著之安，货贝有山积之富”[⑥]。洪州，贞观时，在江南诸道中人口处于中间偏上，开元、天宝时，户口数仍少于润、杭、苏、宣、越、台等州，自大庾岭路开通后，洪州成为连接江淮、巴蜀与岭外的重要交通及商贸枢纽，中外商贾盛聚，地理上的优势带来了商品经济的繁荣，对人口增长的积极作用也逐渐显露出来。元和时，洪州著籍户数已达91129，在江南各道中仅次于苏州[⑦]。杜牧诗句“控压平江十万家”[⑧] 正反映了因商品经济活跃带来的人口兴盛，如加上隐漏和外来流动人口，当远过著籍户数。

由于江南大户挟藏人户较为普遍，隐漏接近半数，著籍户数无法反映全貌。如长江下游地区的苏州，据官方统计，贞观户11859，开元户68093，元和户100808[⑨]，上述数字包括属县户口，而实际户口远多于此。白居易弃官苏州刺史时，“苏州十万户，尽作婴儿啼”[⑩]，吴融所云：“姑苏碧瓦十万户，中

---

① 《太平广记》卷404，《肃宗朝八宝》。
② 《旧唐书》卷39，《地理三》。
③ 《旧唐书》卷253，僖宗乾符五年正月。
④ 《全唐诗》卷398，《遣兴十首》。
⑤ 《全唐诗》卷682，韩偓：《过汉》。
⑥ 《全唐文》卷790，郑薰：《内侍省监楚国公仇士良神道碑》。
⑦ 冻国栋：《唐代人口问题研究》，第206页表，武汉大学出版社，1993年版。
⑧ 《樊川文集》卷4，《怀钟陵旧游四首》之四。
⑨ 冻国栋：《唐代人口问题研究》，第206页表，武汉大学出版社，1993年版。
⑩ 《全唐诗》卷355，刘禹锡：《白太守行》。

有楼台与歌舞”[①]，晚唐诗人皮日休的“全吴缥瓦十万户”[②] 诗句，显然都是指城区户数。

江南地区的开发，使之成为“国用所系”[③] 之所，赋税倚办的重地。农业生产的发展，使江南能够养活更多的人口，农产品中的剩余产品量增加，使更多的农产品进入商品经济的流通领域。如润州“厌饫江淮，膏润数州”[④]，太湖流域“江东诸州，业在田亩，每一岁熟，则旁资数道”[⑤]，杭州“有户十万，税钱五十万”[⑥]，再如浙东一带，“机杼耕稼，提封九州。其间茧税鱼盐，衣食半天下。”[⑦]

以对外贸易为主要经济特色的海港城市人口增长的趋势是很明显的。

广州，开元户数为62550，元和时达到74009户，实际人口应更多。广州城居人口的增长与内外贸易的发展有很大关系。对外，海运业的发展，对内，大瘐岭的开通，使广州的政治经济地位都得到提高，尤其是经济地位的提高，主要表现在商品经济的发展上。

北方的某些州城，由于水陆交通的便利，又位于重要中心城市的辐射区内，人口数量仍能保持一定规模。如许、陈两州，安史之乱后，人口减损严重，后又有恢复。文宗大和四年（830）三月，两州分别发生大火，“烧万余家”[⑧]。

唐后期，粮食作为长途贩运的大宗商品，正是在农业发展、城市人口、主要是工商业人口增加的基础之上的。如吉州“土沃多稼，散粒荆扬”[⑨]，显然是指吉州的粮食通过长途贩运，用以供应工商业发达、城市和非农业人口众多的荆扬两州。杜甫诗“云帆转辽海，粳稻来东吴”，说明粮商品通过海船将米

① 《全唐诗》卷687，《风雨吟》。
② 《全唐诗》卷613，《奉和鲁望早春雪中作吴体见寄》。
③ 《白氏长庆集》卷55，《除裴堪江西观察使制》。
④ 《全唐文》卷314，李华：《润州丹阳县复练塘颂并序》。
⑤ 《全唐文》卷486，权德舆：《论江淮水灾上疏》。
⑥ 《全唐文》卷753，杜牧：《上宰相求杭州启》。
⑦ 《全唐文》卷748，杜牧：《李讷除浙东观察使兼御史大夫制》。
⑧ 《新唐书》卷34，《五行一》。
⑨ 《全唐文》卷686，皇甫湜：《吉州庐陵县令厅壁记》。

运至河北地区。五代时期，南粮北运已形成相当大的规模。《玉壶清话》云："淮浙巨商，贸粮贾货，万货临汴"，正反映了这种情况。

某些粮商，囤积居奇，乘时射利，《唐国史补》卷中载"江淮贾人积米以待踊贵，图画为人，持钱一千，买米一斗，以悬于市"，说明粮食市场的普遍。

中小粮商如广陵江阳人李珏，世居城市，贩籴自业[①]，洪州胡氏子，"主船载麦，溯流诣州市出售"[②]。还有同时经营商品粮种植和销售的，如泉州龙溪人林昌业，"有良田数顷，学欲舂谷为米，载诣州货之"[③]。

粮食加入大宗商品的长途贩运，是城市中不依靠官府官运漕粮人口大量增加的基础，这些不吃官粮的人，除一部分城中原有的居民，大部分是外来的工商杂户及从事各种服务或运输行业者。

由于人口流动及流动人口，官方统计的城乡户口数都无法反映真实情况。

杨炎行两税法，查核土户客户共300余万，"而就中浮寄，乃五分有二"，"得客户百三十万"[④]。

如范阳，领户万，"流庸附占者亦如之"。

大量"流庸"、"浮寄"者的存在，使各大中城市的实际人口远远超出官方统计数字[⑤]。

六、城市布局的变化与商品经济的发展

中国传统社会，城市布局与人口分布是基本统一的，这是由中央集权的政体所决定的。

隋唐五代是城市布局与人口布局发生变化的关键时期，变化的总趋势，从量上讲，是大中城市比重由北方向南方倾斜，人口所占比重南方逐渐超过北方；从构成讲，新兴的工商业城市的发展速度加快，以工商业（包括转输业）为主要职能的城市所占比重明显增加，城市中从事工商业（包括服务和娱乐

① 《太平广记》卷31，《李珏》。
② 《太平广记》卷374，《胡氏子》。
③ 《太平广记》卷355，《林昌业》。
④ 《通典》卷7，《历代盛衰户口》。
⑤ 王育民：《唐代人口考》，上海师大出版社，1989年版。

性行业）人口的比例加大，甚至成为城市居民的主体。

隋唐时期，人口增长的特点，是南方人口增长的速度和人口数量逐渐超过了北方，城市人口的增长速度超过了农村，人口向城市集中的趋势极为明显。以关内道为例，开元年间官方统计户数为710352，全道共有100多个县，京兆府下辖长安、万年两县，著籍户数在8万左右，人口达百万以上。《旧唐书·地理志》载，京兆府，天宝领县23，户36万余，人口196万余。长安城置万年、长安两县，盛时人口达百万以上。如按杜佑的推估，隐漏户口相当于著籍户口二分之一，京兆府人口当在300万左右，长安就集中了至少三分之一的人口。河东道开元户数为723367，仅太原府就达10万户以上。可以说各区域中，大中城市的人口数量变化是本区域兴衰的晴雨表。

以唐贞观、天宝和元和三朝长安所在的关内道、洛阳所在的河南道和北都太原所在的河东道户口统计为依据：

贞观十三年（639），关内道户数398066，其中，20万户以上的州府1个：京兆府；5万～10万户1个：同州；2万～5万户1个：岐州。河南道户数275618，其中，5万～10万的州府1个：汴州；2万～5万户一个：陕州。河东道户数271199，其中，5万～10万户的州府一个：并州；2万～5万户4个：蒲、晋、汾、潞等州[①]。

天宝十一载（752），关内道户数81063，10万户以上的州府仍为京兆府，5万～7万户2个：同州和凤翔府；2万～5万户7个：华、鄜、陇、庆、邠、泾、宁。河南道户数1795539，10万户以上的州府4个：河南府和宋、曹、汴3州；7万～10万户7个：郑、蔡、亳、青、许、滑、兖州；5万～7万户5个：汝、濮、齐、陈、徐；2万～5万户12个：陕、颍、泗、沂、淄、莱、登、虢、郓、海、密、棣州。河东道户数632611，10万户以上的州府仍为太原府，7万～10万户2个：河中府和绛州；5万～7万户3个：晋、汾、潞州；2万～5万户2个：泽州和代州[②]。

元和年间，关内道户数283778，10万户以上的州府1个：京兆府；河南

---

① 冻国栋：《唐代人口问题研究》，第148、156页表，武汉大学出版社，1993年版。

② 冻国栋：《唐代人口问题研究》，第154、156页表，武汉大学出版社，1993年版。

道，5 万户以上的州府没有，2 万 ~5 万户 1 个：濠州；河东道，10 万户以上的 1 个：太原府，2 万 ~5 万户 1 个：隰州[①]。

综上，贞观时期，5 万户以上的州府，关内道 2 个，河南道 1 个，河东道 1 个，三道人口比例约为：3∶2∶2。天宝时期，5 万户以上的州府，关内道 3 个，河南道 15 个，河东道 6 个，三道人口比例约为：8∶17∶6。元和时期，5 万户以上的州府，关内道 1 个，河南道没有，河东道 1 个，三道人口比例约为 38∶22∶34。5 万户以上的州府，基本可以形成以州治或府治所在城市为中心的区域，各道户数多寡、人口增减与中心城市的数量及规模有直接关系。河南道除洛阳以外，在安史之乱前兴起了一批中等以上的城市，与经济重心的东南移使河南道的政治经济地位日益重要有直接关系。唐后期，长安与太原因其政治和军事的重要地位尚能维持一定规模，其他中等以上的州府都明显衰落。河南道位于四战之地，安史之乱对其的破坏更甚于他道，从天宝年间拥有 5 万户以上州府 15 个的鼎盛局面，跌落到元和年间一个都没有的境地，中心城市洛阳遭受破坏的程度最为严重，从极盛时的 20 万户，骤降至不足 2 万户。中心城市对本区域经济引导和吸纳吞吐功能的削弱，中心城市起到的引导以工商业者为主的流动人口向大中城市集中的趋势也就中断了。

唐后期，南方地区经济发展的重要标志就是大中城市的增加，人口向大中城市集中的趋势尤为明显。据统计，贞观年间，山南、淮南、江南和岭南道，没有超过 5 万户的州府[②]。天宝年间，山南道的合州和淮南道的扬州户口在 5 万户以上，江南道则有宣、润等 12 州的户数超过 5 万。元和年间，据《元和郡县图志》记载，京兆府和太原府户数仍名列第一二位，南方只有山南道的襄州和江南道的苏州超过 10 万户；5 万以上，10 万户以下的州全在南方，共有 8 个；1 万 ~5 万户的州共 50 个，北方有 15 个，南方有 35 个。人口比重，与户数的变化是一致的。杜佑认为不著籍户约为著籍户数的二分之一[③]。在大城市著籍户与不著籍户大概达到 1∶1，如长安“浮寄流寓不可胜计”。在

---

① 冻国栋：《唐代人口问题研究》，第 161 页表，武汉大学出版社，1993 年版。

② 冻国栋：《唐代人口问题研究》，第 151 页表，武汉大学出版社，1993 年版。

③ 《通典》卷 7，《历代盛衰户口》。

农村和边远地区一般情况下人口流动和集中状况远逊于城市，比例会低得多。但杜佑的估计还是偏于保守。宪宗元和时吕温任衡州刺史，当时著籍的差科户为万余户，而他搜括出的隐户就达16000余户①。

在上述这些大中城市中，新兴的城市和在唐后期有显著发展的城市，多集中在南方。就中古社会而言，城市能获得长期发展的基础主要是农业经济的发展，新兴工商业城市的形成和发展一般都具有较优越的地理位置，或本区域商品生产有特色，并具有一定范围的市场。优越的地理位置可以便利于四方商品的交易与流通，有特色的商品则往往使之成为这类商品的集散地。城市人口的增加，工商业人口比重的上升，直接表现在市场的扩建。成都在贞元时，对市场进行了较大规模的扩建，创置了新南市。荆州，元和中，就把城郊方圆十里的后湖，辟为新城区和交易市场，工商云集，交易兴旺。五代后周时，深感"都城因旧，制度未恢"，不仅"诸卫军营，或多窄狭；百司公署，无处兴修"，更因"坊市之中，邸店有限，工商外至，络绎无穷"，"广都邑"已迫在眉睫，由此于"京城四面，别筑罗城"②。唐后期以来主要的大中城市中出现的突破坊市界限，不遵守交易时间和交易限定在市区的规定的种种现象，是由于商品经济的发展，为适应市场需求扩大及城市中工商业者和从事服务性行业者大量增加的民间反映。

七、城市人口结构及其变化与商品经济

隋唐五代时期城市人口的构成有几种情况。

都城。都城的人口构成是政治与经济中心相结合的典型。

隋代"京兆王都所在，俗具五方，人物混淆，华戎杂错。去农从商，争朝夕之利，游手为事，竞锥刀之末"③。最盛时，可统计人口达33万多户，百姓从事工商业的占了很大比重。隋代后期洛阳有22万多户，人口应超过百万。炀帝为经营洛阳，"徙洛州郭内人及诸州富商大贾数万家以实之"④，如此算

---

① 《吕温集·简获隐户奏》。
② 《五代会要》卷26，《城郭》。
③ 《隋书》卷29，《地理上》。
④ 《隋书》卷74，《食货志》。

来，至少有十几万或几十万的商业人口被迁入洛阳。

唐代都城人口由以下几种群体组成：一是皇族、戚属及宫内从属人员，包括宦官、宫女等；二是任职京都、京畿地区的百官；三是卫戍京城的禁卫军；四是文武官吏的家属及仆隶；五是普通市民；六是寺观人口；七是外来流动人口，包括使团，外商，外僧，留学生，赴选应举的选人举子及仆从，服役的工匠，云游挂单的僧侣，公务进京干办的官吏及随从，进京经商、务工谋生、投亲、访友或游览京城者等。

据严耕望估测[①]，唐代长安盛时人口当达 180 万左右。他对长安人口的构成和各成分的数量估测如下：

宫庭人口：3.5 万人。包括皇宫、诸王、诸孙院内的宫女、宦官、乐工等。

中央政府官吏员额：前期 5 万人左右，后期至少达 6.5 万人。包括京兆府、长安、万年两县员吏。

京师禁卫军：20 万人。

官吏军将（主要是中下级官吏）之眷属与仆隶：将近 50 万人。

寺观人口：13 万人。

外人侨寓：2 万 ~3 万人。

一般市民：80 万人。

流动人口：4 万 ~5 万人。

如以上述估测为依据，那么长安城的政治、军事人口占二分之一左右。这种比例，随着人口总量的增减，也不会发生大的变化。

在都城内外从事商业及服务性行业的群体应引起我们足够的重视，在唐宋城市变革的进程中，他们是长安城变化和发展的变量。从空间分布看，长安城的商业和服务业逐渐突破坊墙市区的限制，与官民日常生活的联系更加紧密。日本学者妹尾达彦对唐代长安市区以外的店铺立地和城内繁华区进行了研究[②]，他所绘制的平面示意图上标出 40 多处店铺，包括饭店、食品店、旅馆、

---

① 《唐代安人口数量之估测》，《第二届唐代文化研讨会论文集》（台），1995 年版。

② 《史流》27，1986 年版。《布目潮沨先生古稀纪年论集 · 东亚的法和社会》，汲古书院，1990 年版。

服装店、乐器制造业、仓库、金融业、运输业、印染业、丧葬业、玉器业、妓院等，大多分布在东市周围，均不在市内。他所标出的城内繁华区是邻近东市和尚书省选院的平康坊和崇仁坊，也是因有特色的经营活动而倾动京城。其实，长安的大小店铺恐怕远不止妹尾图上所标明的数量。此外，除了走街串巷的小商小贩，不少特殊或临时性的经营活动也并不在店铺内进行。

洛阳从城市布局看，皇城和宫城位于全城的西北角，五渠（漕、运、通济、通津、泄城）四水（洛、伊、穀、瀍）流贯城中，穿坊入市。含嘉仓设在城内，与宫城相邻，有泄城渠穿仓城而过。南、北、西三市“货贿山积”。“为天下舟船之所集，常万余艘，填满河路，商旅贸易，车马填塞”①。隋唐两朝，洛阳一直是官私运输的水陆转运枢纽，隋炀帝时为营建东都洛阳，曾“徙洛州郭内人及天下诸州富商大贾数万家以实之”②。

在经济重心东南移的过程中，洛阳的作用更为突出。由此看来，洛阳的流动人口和从事工商业及服务性行业的人口比例应该大于长安。

汴州在隋文帝时隋称浚仪，不少“游食”就较为活跃。一些船客“停于郭外”，散落“星居”。它的进一步发展和繁荣是与大运河的开凿联系在一起的，逐渐成为“舟船辐辏，人庶浩繁”经济职能更为明显的大都市。唐晚期政治中心逐渐东移，五代时正式移到了汴京。五代后晋高祖曰：“今汴州水路要冲，山河形势，乃万庾千箱之地，是四通八达之郊，……宜升为东京，置开封府。”③ 除了保持一定比例的政治军事人口，工商业人口所占的比重明显的日益增多。周世宗时，“东京华夷辐辏，水陆会通，时向隆平，日增繁盛，……坊市之中，邸店有限，工商外至，亿兆无穷，僦赁之资，增添不定”④。可见工商业的发展以及外来工商业人口的大量增加，使城中原有的早已突破坊市界限设立的邸店远远满足不了需要。“淮浙巨商，贸粮斛贾，万货临汴”，竟“无委泊之地”⑤，为使“舟楫无壅”，周世宗曾派人疏浚汴口，可见运输及交易量之

① 《河南志》卷1。

② 《隋书》卷24，《食货志》。

③ 《册府元龟》卷14，《都邑》。

④ 《五代会要》卷26，《市》。

⑤ 《玉壶清话》卷3。

大。北宋时，汴梁人口至少在140万，而其中的工商业人口与唐代的长安相比，数量更多，也更为活跃，张择端的《清明上河图》形象生动的表现了城市工商业的繁荣，工商业者的众多。

扬州城是典型的工商业城市，城内居民和外来人口工商业者居多。宋人洪迈言："唐世盐铁转运使在扬州，尽斡利权，判官多至数十人，商贾如织。"[①]《太平广记》载："时四方无事，广陵为歌钟之地，富商大贾，动遍百数。"[②]"扬州，江吴大都会，俗喜商贾，不事农"[③]，地当要冲，往来交易量大，造就了一大批富商大贾。因"侨寄衣冠及工商等多侵衢造宅"，造成"行旅拥挤"[④]，只好开拓新城，新城反倒成了最繁华的地区。扬州城外来人口中"侨寄衣冠"占了很大比例，他们之所以选择扬州作为侨寄之地，应该主要是看好扬州因工商业的发展带来的城市繁荣和良好的文化氛围和方便舒适的城市生活。他们择居扬州，同时也给扬州的发展繁荣带来新的商机，因为他们的消费能力和物质文化生活水平远远高于一般百姓，不少王公长吏在扬州亦官亦商，进退自若。"腰缠十万贯，骑鹤下扬州"，说明扬州有着广阔的消费市场。

幽州既是北边军防重镇，又是联结河北与长安、洛阳和中原王朝沟通北方蒙古草原和松辽流域等东北各民族及朝鲜半岛的转运枢纽要地，"沧海环其东，太行拥其右"[⑤]，"关、河自北，转输幽燕"[⑥]。北京房山云居寺石经题记中，记录了唐幽州城市内近30种商业和手工业行业名称，足以说明当时市场的繁荣。唐后期，渤海国使者频繁朝贡，动辄组成数百人的使团，商贸交易已成为主要目的。唐朝规定只允许少数人进京，其余人均在幽州安置，这些留下的人在幽州主要进行商业活动，卖出他们带来的大批商品，买入他们所需的商品带回国内。正由于有较高回报的利益驱动，才能解释渤海使团如此庞大的原

---

① 《容斋随笔》卷9，《唐扬州之盛》。
② 《太平广记》卷290，《吕用之》。
③ 《新唐书》卷91，《李袭志传附弟袭誉传》。
④ 《旧唐书》卷146，《杜亚传》。
⑤ 《读史方舆纪要》卷10。
⑥ 《旧唐书》卷50，《刑法志》。

因。周边贸易的兴盛和民族杂居及流动性较大，因此，幽州的人口构成应能体现出这两方面的特点。如安禄山在未发迹之前，曾做过互市牙人，可见经商及从事与商业有关的人口所占比例不会小。

广州作为对外贸易的重要港口城市“地当要会，俗号殷繁，交易之徒，素所奔凑”[①]。奔凑广州的交易之徒，外商占有很大数量。

在大都市里，除商业交易外，有几种行业比较普遍，而且不一定在市区内进行。

佣仆业，即人力市场。王梵志《天下浮讨人》诗云“天下浮讨人，不啻多一半”[②]。长安“流寓浮寄”不可胜计的流动人口相当一部分是农村涌入的浮逃之人，多是无资无贯无业，由于京城对流动劳动力的需求量很大，他们多以出卖劳动力为生。《太平广记》这类的记载不少。如《太平广记》卷53引《续玄怪录》载：“麒麟客者，南阳张茂实客佣仆也。茂实家于华山下。唐大中初，偶游洛中，假仆于南市，得一人焉。其名曰王琼，年可四十余。佣作之直月五百。勤干无私，出于深诚”。大城市中有专门的佣作坊[③]，被雇者，称月作人。如唐庆，“泊京师，偶雇得月作人”[④]。卢钧，及第后，因“颇窘于牵费”，他的一个仆人自愿为“月佣”[⑤]。

占卜业。胡芦生，是京城小有名气的卜者[⑥]。长安宣平坊“王生善易，问卜者云集，自辰及酉，不次而有空返者”[⑦]。天宝末，术士钱知徽尝至洛，居天津桥卖卜[⑧]。长庆中，青龙寺僧善知人之术，“知名之士，莫不造焉”[⑨]。邢和璞，因善方术，“开元二十年至都，朝贵候之，其门如市”[⑩]。“长完安盛之时，有一道术人，……自言三百余岁，京都人甚恭之。至于输货求丹，横经请

① 《陆宣公集》卷18，《论岭南请于安南置市舶中使状》。
② 《王梵志诗辑校》卷5。
③ 《太平广记》卷74，《陈生》。
④ 《太平广记》卷84，《唐庆》。
⑤ 《太平广记》卷84，《卢钧》。
⑥ 《太平广记》卷77，《胡芦生》。
⑦ 《太平广记》卷150，《王生》。
⑧ 《太平广记》卷77，《钱知徽》。
⑨ 《太平广记》卷155，《郑朗》。
⑩ 《太平广记》卷6，《邢和璞》。

益者，门如市肆”[1]。

邸店业。大中城市都有官私经营的邸店和货栈。如隋朝重臣杨素，“爰及诸方者会处，邸店、水磑并利用田宅以千百数”[2]。唐中后期，王公百官纷纷假公济私开设邸肆，与民争利。

旅店及房屋租赁业。各都市都有专门的旅店业。长安，有客户坊。陈仲禹，天宝末，“洛阳清化里，假居一室”[3]。李僖伯，元和初参加调选，假居上都兴道里[4]。寺庙也用作出租。《太平广记》卷256《青龙寺客》记载乾符末，一进京客寄居在青龙寺之事。在某些特殊时期，旅馆甚至人满为患。卢杞少时，“穷居东都，于废宅内赁舍”[5]。进士王胜，元和中，为走捷径，“求荐于同州，时宾馆填溢”[6]。进士臧夏僦居在长安安邑坊十字街东陆氏宅[7]。进士段何，大和八年夏，赁居客户里[8]。甚至官舍也须租赁。《唐会要》卷86《街巷》载，大和年间，有司奏：“诸司有官宅，多是杂赁。”有的是专门的旅店，有的是私人可供租赁的房屋，有的是寺庙。有的人看房屋租赁业有利可图，专门造店出租收利。唐玄宗时，曾因“两市及近场处，广造店铺，出赁与人，干利商贾，莫甚于此”而颁布《禁赁店干利诏》[9]。《太平广记》卷243，记载窦乂，曾在长安西市“造店二十间”用于出租。有进士杨祯，“家于渭桥。以居处繁华，颇妨肄业。乃诣昭应县，长借石甕寺文殊院”[10]。

走街串巷的小商贩。长安人邹骆驼，“尝以小车推蒸饼卖之”[11]。《太平广记》卷402记载一个在京应举的士子，“邻居有鬻胡饼者”。

运输业、车马租赁业。《唐国史补》卷中载，长安光宅里有车坊，经营马

---

① 《太平广记》卷289，《目老叟为小儿》。
② 《隋书》卷48，《杨素传》。
③ 《太平广记》卷231，《陈仲禹》。
④ 《太平广记》卷343，《李僖伯》。
⑤ 《太平广记》卷64，《太阳夫人》。
⑥ 《太平广记》卷343，《窦玉》。
⑦ 《太平广记》卷346，《臧夏》。
⑧ 《太平广记》卷349，《段何》。
⑨ 《全唐文》卷32。
⑩ 《太平广记》卷373，《杨祯》。
⑪ 《太平广记》卷400，《邹骆驼》。

车出租。《册府元龟》卷459《台省部·公正》载，长安兴唐寺外有商贩车坊，不仅出租车，还可措办斋席，兼作食店。

其他。以书判为生的如，陈季卿，举进士“羁栖辇下”，靠“书判给衣食”[1]。

寺院除宗教意义外，还兼有多种功能，是讲学、寄宿、旅店、金融信贷、游乐、赏花、休闲等的重要场所。僧人也参与经营活动。

非工商业者，有势力或有条件的人也参与了有利可图的经营活动。德宗时，不少王公百官在坊市内“置邸店贩鬻与人争利”[2]。一些坊市的邸店楼屋为扩大经营，“临市”的与不“临市”的都纷纷起造楼阁[3]。扬州因地处“南北大冲，百货所集”，唐中叶以后，诸道节度观察使，“多以军储货贩，列置邸肆，名托军用，实私其利”[4]。玄宗天宝时，“郡县官僚共为货殖，竟交互放债侵人，互为征收，割剥黎庶”[5]。武宗会昌年间，“朝列衣冠，或代承华，或在清途，私置质库楼店，与人争利”[6]。

市区内外的商业经营活动相互呼应，经营范围和影响力不断冲击坊墙市区所造成的限制。如经营丧葬业的在朱雀大街摆擂竞歌。两市经营礼席业的店铺，对象当然主要是住在两市外的官贵和大户人家。

走街串巷的小商小贩和坊区内小型、零散的小店在各个城市都越来越普遍。

上述参与经营或交易活动的人，一部分是大小工商业者，只是把他们的经营活动移到了市区以外，如兴唐寺的商贩经营的车坊，卖胡饼的小商贩，善卜的胡芦生和善方术的邢和璞亦属此类，因为他们显然以此为生；一部分是兼营或带有临时性质，如经营邸店的官僚，青龙寺僧，靠书判以给衣食的陈季卿。但是第二部分人的存在或转化也在很大程度上影响到整个城市的人口结构和工

① 《太平广记》卷74，《陈季卿》。
② 《册府元龟》卷160，《帝王部·革弊》。
③ 《唐会要》卷59，《工部尚书》。
④ 《唐会要》卷86，《市》。
⑤ 《唐会要》卷69，《县令》。
⑥ 《文苑英华》卷429，《会昌五年正月三日南郊赦文》。

商业的整体水平。

因工商业而兴盛的城市，人口结构的主体是工商业者，人口数量基本取决于城市的经济和商业地位，如属于区域性的中心城市，人口的流动性和流动量则取决于以这一城市为中心的经济区域有代表性、流通量大的商品种类。如饶州的茶，景德镇的瓷器，江浙的丝绸。元稹形容商人为追逐利润“求珠驾沧海，采玉上荆衡。北买党项马，西擒吐蕃鹦，炎洲布火浣，蜀地锦织成。越婢脂肉滑，溪僮眉眼明。通算衣食费，不计远近程。经游天下遍，却到长安城”①。这种跨地区性的流动，在隋和唐初，从元稹诗中可看出，还是以奢侈性商品为主。

城市工商业群体中，有相当数量的外商，是隋唐五代时期的重要特色。外商中既有万里求宝鬻珠的行商，也有开店设铺的坐贾；既有在民间游走的私商，也有以朝贡名义开展变相经贸活动的官商。胡商、胡店、胡饼、胡姬等名称正是现实的反映。大城市有专门接待胡商的邸店和住坊，朝廷为规范胡商的经营，专门为胡商立法。由于胡商人数众多，富有资财，唐后期政府遇到财政窘迫不得不向民间举借时，胡商也成为被征敛的对象②。各大都市，胡商人数虽无较确切数字，但数量是很可观的。上元元年（760）淮南节度使田神功借平刘展之乱，大掠扬州，“商胡大食、波斯等商旅死者数千人”③。广州因外贸发达，“在任者常致巨富，世云广州刺史但经城门一过，便得三千万也”④。《唐大和上东征传》记述唐玄宗天宝时期，广州北面的西江，“江中有婆罗门、波斯、昆仑等舶不知其数，并载香药、珍宝，积载如山，其船深六七丈，师子国、大石国、骨唐国、白蛮、赤蛮等往来居住，种类极多”。这些往来居住的外商在中国的活动范围很大，几乎所有水陆交通发达的大中城市都有他们的足迹，也可以说，凡是外商经常出入或聚集人数较多的城市，必是商业或转输贸易兴盛的城市。长安“市肆多贾客胡人”⑤，饶州属中下等州，著籍户数

---

① 《全唐诗》卷418，元稹：《估客乐》。
② 《资治通鉴》卷253，僖宗乾符五年。
③ 《旧唐书》卷110，《邓景山》。
④ 《南齐书》卷32，《王琨传》。
⑤ 《太平广记》卷403，《魏生》。

不过数万，但因属于转输城市，“颇通商外夷，波斯、安息之货，国人有转估于饶者”①。

大都市化的重要表现是城市人口的膨胀。城市人口的增加，主要是因为工商业人口和流动人口增加造成的。隋唐五代，城市数量逐渐增多，新兴城市以南方为主，兴起的原因主要是因工商业的发展，因此，无论是从城市人口的整体结构比例还是各主要城市内在的人口结构比例，总的趋势都是工商业人口所占比例逐渐增大。

当然，为贵族官僚服务役使的人口也不在少数。如郭子仪，“其宅在亲仁里，居其地四分之一，通永巷，家人三千，相出入者，不知其居”②。

有人估计，北宋都城汴京，工商人口约为15000余家，占总人户的十分之一强。这个比例已较为可观了③。

第二节　交通体系和主要交通网络

隋唐官方确立的交通体系和主要交通网络的构建是以保证政治的需要为基本原则，因此交通干道的构建基本是以长安和洛阳为中心向四方呈放射状分布的。交通干道的完善和畅通，从政治的角度，可保证中央和各级政府有效的行使其统治和管理职能，同时也为经济的发展以及全国各市场、各经济区域的联系提供了基本条件，为商品的流通和商品经济的发展奠定了基础。苏轼曰：“都会待百货而后盈”，而百货需待途通而后方能交流。

秦和西汉时期由于定都关中，已经形成了以京师咸阳和长安为中心的交通干道，“自京师东西南北，历山川，经郡国，诸殷富大都，无非街通五衢，商贾之所臻，万物之所殖。”④ 隋唐两朝，交通体系更加完备，交通网络也更加完善。

---

① 《文苑英华》卷371，沈亚之：《表医者郭常》。

② 《太平广记》卷176，《郭子仪》。

③ 王永太：《隋唐都城粮食供应》，《浙江学刊》，1987年第5期。

④ 《盐铁论·力耕》。

一、以长安和洛阳为中心向四方辐射的交通干道

史念海先生的《隋唐时期的交通与都会》[①]，归纳了隋唐时期由长安出经环绕京城的各个关塞，向各地辐射的陆路主要有14条。要言之如下：

自长安东行，出蓝田关（今陕西蓝田县东南）东南行，经商州（治所在今陕西商县）、邓州（治所在今河南邓县）到襄州（治所在今湖北襄樊市）和荆州（治所在今湖北沙市西北），循溯长江可达上下游各处，亦可转入湘水经潭州（治所在今湖南长沙市）直达广州；出潼关（今陕西潼关县东北）东行可直抵洛阳，以洛阳为枢纽，北可渡河东北行，直达幽州（治所在今北京市），远可至辽东，东行则可至齐、鲁各地。

自长安东北行，出蒲津关（在今陕西废朝邑东）东行渡河即到蒲州（治所在今山西永济县西南蒲州城），溯汾水而上东北行经绛州（治所在今山西新绛县）、晋州（今山西临汾）可达北都太原府（今山西太原市西南），由此东行经井陉（今石家庄市西北）便进入河北道；亦可自蒲州北行至龙门（今山西河津市）出龙门关，东行至绛州。

自长安西或西南行，出散关（今陕西宝鸡市南秦岭上）越过秦岭南下，可至梁州（治所在今陕西汉中市），再西南行可达益州（治所在今四川成都市）。秦岭其他关口通梁州之路，还可由散关之东出骆谷关（在今陕西周至县西南）和子午关（在今陕西长安县西南）。亦可由子午关东，出库谷关（在今陕西长安县东南）越秦岭入洵水，再循汉水而上可至金州（治所在今陕西安康市）。

自长安西行，出大震关（在今陕西陇县西北），过陇山，可经陇右道沿途重镇，再偏北上行至沙州（治所在今甘肃敦煌市），西出玉门关或阳关可分道通西域。自长安西北行经邠州（治所在今陕西彬县）和泾州（治所在今甘肃泾川县），登六盘山出陇山关（在今宁夏固原县西南六盘山上），可至原州（治所在今宁夏固原县），再北上达灵州（治所在今宁夏灵武县）；自原州亦可西至渭州（治所在今甘肃陇西县），再至临洮军（今甘肃临洮县）。

---

① 载《唐史论丛》第六辑，陕西人民出版社，1995年版。

自长安西北行，过六盘山下，出木峡关（设在原州西南蔚茹水源头颓沙山上）为北行要道，过原州折向西行，出石门关（在今宁夏固原县西北）再出会宁关（今甘肃靖远县西北黄河岸边），可通往河西、安西及西域各地；北上可达灵州。

自长安北行，经坊州（治所在今陕西黄陵县）、鄜州（治所在今陕西富县）出芦子关（在今陕西延安市北），北上可达唐北方重镇夏州（治所在今陕西靖边县白城子），再经鄂尔多斯高原到丰州（治所在今内蒙古五原县南）。由延州东北行，还可到绥州（治所在今陕西绥德县），乃至胜州（治所在今内蒙古准格尔旗东北十二连城），由胜州渡黄河东行可到单于都护府（在今内蒙古和林格尔县），西行则可达安北都护府（治所在今内蒙古包头市西）。

严耕望则以长安洛阳为中心，以通两京间干道为轴心，归纳了由轴心两极成辐射状的11条陆路交通经线（大多是官驿沿线）和联结各经线的主要纬线交通路线①。

由长安为起点的水路干线是利用隋时开通的大运河。大运河以洛阳为中心，南到余杭，北抵涿郡，共分三大段：中段由连结黄河、淮水、长江的通济渠与邗沟组成，北起洛阳，南至江都（扬州）；南段名江南河，北起长江南岸之京口（今镇江），南抵余杭；北段名永济渠，南起洛阳，北到涿郡。北上路线是循渭水沟通黄河水，循黄河水沟通洛水，抵达洛阳，再循永济渠北上沿途经河北道魏州、冀州等重镇通到幽州；南下是循汴渠（隋谓通济渠）、淮水和邗沟通到扬州，由扬州可直接或辗转与江苏、四川、湖南、福建、广东及海外相通。显然，国内水路交通是以漕运为中心沟通长江、黄河、淮河、珠江等主要水系及其支流，形成整体的水路运输网络。

南方交通水运线是最主要的。李肇《国史补》云："天下货利，舟楫居多"。杜甫有诗言："蜀麻吴盐自古通，万斛之舟行若风"（《夔州歌》）、"风烟渺吴蜀，舟楫通盐麻"（《柴门》）等诗句，形象地说明了水运的发达与物资交流、商品流通的关系。水运在隋唐五代的发达，当时人已有评说。唐人崔融曰："且如天下诸津，舟航所聚，旁通巴、汉，前指闽、越，七泽十薮，三江

① 严耕望：《唐代国内交通与都市》，《大陆杂志》史学丛书第一辑第四册，原载第八卷第四期。

五湖，控引河洛，兼包淮海，弘舸巨舰，千舳万艘，交贸往还，昧旦永日。”①运河的通航能力及运输量对隋唐两朝都是至关重要的。隋炀帝曾乘舟巡游永济渠，“发江淮以南民夫及船，运黎阳及洛口诸仓米至涿郡，舳舻相次千余里”②。武则天万岁通天元年（696），发江南诸州船数千艘，“计有百余万斛”，“勒往幽州，纳充军粮”③，自然是走永济渠。经通济渠（唐之汴渠），则转运使“岁运米二百万石输关中”。

安史之乱以及此后发生的“四王二帝”的相继叛乱，使漕路阻绝，河、汴转运线不时中断，唐政府另行开通了江汉转运线，江淮漕船溯长江转汉水，以襄州（今湖北襄樊市）为枢纽，分两路：一条溯汉水北上入淅水，经内乡（今河南西峡县）水陆转运站走商州（今陕西商县）入京；另一条自襄州继续溯汉水到洋州（今陕西西乡），转为陆运，经梁州（今陕西汉中）至扶风（今陕西扶风）④。这条运路的开通成为当时唐政府的重要生命线。

二、与周边及国外联结的交通道路

隋唐时期产生了几部重要的地理学著作，是当时人对地理学的认识与总结。在这些著作中，中原王朝对外的交通是重要的内容，反映了当时对外交往的频繁和对外交通的重要性。

唐德宗时宰相贾耽撰《皇华四达记》，所记当时通往周边民族地区和域外七条主要的交通干道：一曰营州入安东之道，二曰登州海行入高丽、渤海道，三曰夏州塞外通大同、云中道，四曰中受降城入回鹘道（参天可汗道），五曰安西入西域道，六曰安南通天竺道，七曰广州通海夷道。此外，还记有从长安分别通往南诏的南诏道和通往吐蕃的吐蕃道。

与周边地区和国外联结的通道，是国内水陆交通干道的延伸。

上述道路，西向可通往西域，穿越帕米尔高原和天山的各个山口，到达中亚、南亚、西亚，远至欧洲，即著名的陆路“丝绸之路”。包括贾耽所列的安

---

① 《旧唐书》卷94，《崔融传》。
② 《资治通鉴》卷181，大业七年。
③ 《陈子昂集》卷8，《上军国机要事》。
④ 参见张弓：《唐朝仓廪制度初探》，第2章，中华书局，1986年版。

西入西域道。据《隋书·裴矩传》，裴矩所撰《西域图记》将通西域之路分为三条，“自敦煌至于西海，凡为三道，”北道经伊吾可达地中海，中道经高昌可达波斯湾，南道经于阗可达印度洋①。

北上之路可到大漠南北的广大地区，折而西行，穿越天山和阿尔泰山之间及阿尔泰山和萨彦岭的各个山口，通往中亚、西亚和欧洲大陆，是北方草原游牧民族向西迁徙的通道。中国历史上，北方草原民族几次大规模的迁徙活动都是利用此道而展开的。参天可汗道，即贾耽所列的中受降城入回鹘，史载，贞观二十一年（647），“回纥等请，于回纥以南突厥以北置邮驿总六十八所，以通北荒，号为参天可汗道。俾通贡马，以貂皮充赋税。”② 还包括大同、云中道。

南可经东南沿海各港口走海路或经印度支那半岛通往东南亚、南亚、西亚乃至非洲或欧洲。包括贾耽所列的安南通天竺道、广州通海夷道。未提及的还有泉州等港口通海道。

东北经幽州、营州可通东北地区和朝鲜半岛。包括贾耽所列的营州入安东道。东北与中原之间的主要交通道路有三条：傍海道，经榆关（今山海关）出辽西走廊；卢龙道，由今喜峰口通过燕山；古北道，由今古北口通过燕山。隋唐时期以卢龙道为主，但傍海道的地位已开始上升③。

东部沿海的各港口，可通往朝鲜半岛和日本列岛。包括贾耽所列的登州海行入高丽、渤海道。未提及的还有莱州、扬州、明州等通海上之路。此外，还有以目的地或用途命名的道路，如：

新罗道。《入唐求法巡礼记》记载了由浙东明州、扬子江口、楚州、海州、登州等五处通往新罗的海道④。

朝贡道。即今东北地区走海路入长安之路。从上京龙泉府（今黑龙江宁安西南）陆行至西京鸭绿府（今吉林临江镇），乘船沿鸭绿江顺流而下，入海

---

① 程喜霖：《从唐代过所文书所见通“西域”的中道》，《敦煌研究》，1988 年第 1 期。

② 《资治通鉴》卷 198。

③ 辛德勇：《论宋金以前东北与中原之间的交通》，载《古代交通与地理文献研究》，中华书局，1996 年版。

④ 韩国磐：《南北朝隋唐与百济新罗的往来》，《历史研究》，1994 年第 2 期。

南下，取道登州通长安[①]。

松灌丝道。松灌丝道是丝绸之路河南道的一支，经考古学专家实地考察，它是南北朝时期4~6世纪沟通南朝与西域的唯一通道，唐初仍在使用[②]，这条道南起成都（益州），北止唐陇右道叠州（今甘肃迭部），溯岷江而上，途经唐郫县、汶川、茂州、翼州、松州等，基本是沿周边少数民族聚居区而行。这条道到明代仍是颇受重视的官方驿道。

日本道。中国通往日本的主要道路。

此外，如香料之路、陶瓷之路、白银之路、海上丝绸之路等都因其与对外贸易的商品种类有直接或间接的关系而得名。日本的三上次男明确指出，晚唐五代输送中国瓷器到西方世界的中枢是海路，即海上陶瓷之路[③]。

上述道路不是孤立的，往往或重叠，或延伸，或交叉。

三、区域性中心城市联结各州县的交通道路

以长安为中心或起点的水陆交通干道，使长安和洛阳两京之间通畅无阻，并以两京为中心和枢纽，沟通了太原、江陵、凤翔等重要陪都，沟通了以扬州、益州为代表的经济都会，沟通了全国各道治所所在州府，沟通了与周边地区和域外各国联系的孔道。

严耕望在《唐代交通图考》[④]一书中将唐辖地分为京都关内区、河陇西区、秦岭仇池区、山剑滇黔区、河东河北区、河南淮南区、江南岭南区7个大区，“以区域分卷，以路线为篇，每篇考论所经州府军镇、馆驿津梁、山川形势、道里远近，并及古迹诗篇”（凡例）。这7个大区的划分，表明它们具有相对独立的自然人文地理区域特征，而各大区与两京以及其他大区之间都有交通干道相联。区域性经济区的形成是隋唐五代时期的特点，严耕望七大区的划分应基于此。唐后期藩镇体制下的各道，设立的基础大多是依自然地理形势而

① 陈显昌：《渤海国经济试探》，《北方论丛》，1982年第3期。

② 陈良伟：《松灌丝道沿线的考古调查——丝绸之路河南道的一支》，《中国社会科学院研究生院学报》，1996年第6期。

③ 《陶瓷之路》，文物出版社1984年版。

④ 载台湾中央研究院历史语言研究所专刊，1985年出版前5卷，原计划共10卷。

划定，政治经济的交互作用也使各道区域性经济色彩越来越浓厚。各大区域内又形成以某几个城市为中心的子经济区，各经济区内部和与其他区域的联系则构成两京之下的第二级交通道路网络。如山南东西道，唐人所称的荆南地区，“右控巴蜀，左联吴越，南通五岭，北走上都”①，形成了一个四通八达的以地域为中心的水陆交通网络。区域性中心城市就是联结京都与各级州县的节点。以此下推，州是联结京都和区域性中心城市与属县的节点。

交通体制与城市建制是相辅相成的。

隋唐城市建制体系，京都（或称西京）长安（隋称大兴）和东都（武周时称神都）洛阳为两京，唐朝时期，太原府（并州）、蜀郡（益州）、河中府（蒲州）、凤翔府（岐州）、江陵（荆州）曾先后为陪都②。唐制州县等级名称因地位险要、规模大小、户口多寡而定。州分为上、中、中下、下，县分为上、中、下，又有因政治军事地位的重要程度，州中有三辅、雄、望、紧，县中有赤、次赤、畿、望、紧等，不限户数多少，并同上州或上县。

《元和郡县图志》的体例体现了唐以长安、洛阳为中心，以各地州县为节点的大一统政治地理概念和交通网络体系。各州，都记有“八到”，即以当州州治为中心可沟通的四面八方的重要都会。每州首先列出通往长安及洛阳之路，再按方位列举其他重要都会。如广州八到：西北至上都取郴州路4210里，取虔州大庾岭路5210里。西北至东都取桂州路5085里。东北至韶州530里。西北沂流至连州890里。正西微北至端州沿泝相兼240里。西南至恩州水路600里。西北至贺州876里。正南至大海70里。再如记忻州八到：西南至上都1440里。南至东都1070里。东北至代州160里。西至岚州240里。南至太原府180里。可知虽谓八到，是根据当时州与两京和周围有水陆交通要道直接联系的重要城市而列。有的州虽然没有干道直通长安或洛阳，必注明取何道而至。

以州为中心，又有区域性的交通网络。仍以《元和郡县图志》为例，河南道所属沂州，下辖五县，以州治为中心，各县分别注明方位及至州距离。如

① 《全唐文》卷336，颜真卿：《谢荆南节度使表》。

② 《旧唐书》卷10，《肃宗纪》。

临沂县，为郭县；沂水县，南至州 200 里；费县，东南至州 90 里；承（应作“筸”）县，东北至州 185 里；新泰县，东南至州 263 里。

平定安史之乱后，藩镇制度逐步推广到全国，李吉甫撰《元和国计簿》，记载了宪宗元和二年（807）时的地方行政建制，总计方镇 48，州府 295，县 1453，实际形成了以节度使藩府所在州城为中心的道—州—县三级地方城市体系。唐朝的政治形势和政治格局发生了变化，边疆形势也发生了变化，尤其是西北有效辖区的内缩，政治中心逐渐东移，经济重心逐渐东南移，以长安和洛阳为中心的交通网络不再适应变化了的形势。唐后期，中央财政主要倚重江南诸道的赋税，晚唐乃至五代北方政治中心向汴州的转移，使汴州和扬州在交通网络体系中具有了举足轻重的地位。

四、交通道路的开辟与维护

隋唐两代，为确保道路的畅通，提高道路的运输能力，为新开、重修、扩修道路工程投入大量的人力、物力和财力。开商州西至蓝田的商山路，昭义至太原的夷仪山路，山南西道从灵泉驿至白云驿的文川谷路，“通千里之险峻，便三川之往来”①，开斜谷路；新开水路，据《新唐书·地理志》记载，有二十五六处，如广济新渠（宿县）、天宝河（陕州）、新河（卫州）等都是较为重要的工程。这些道路的开通和修整，对政治、经济的意义非常重要。如大庾岭开通后，南下广州之路就赫然通畅，“坦坦而方五轨，阗阗而走四通，转输以之化劳，高深为之失险”②。为广商山路“役工十余万”，整修后，“人不留滞，行者为便”③。对天然河道的利用和开拓也很有发展，除长江、黄河两大主要航运线，“若渭、洛、汾、济、漳、淇、淮、汉，皆亘达方域，通济舳舻，从有之无，利于生人者也”④。

隋唐政府很重视对道路的维护和整修，唐代诗人白居易有咏御道隋柳诗：“大业年中炀天子，种柳成行夹流水，西自黄河东至淮，绿影一千三百里”。

① 《唐会要》卷 86，《道路》。
② 《曲江集》卷 11，《开凿大庾岭路序》。
③ 《唐会要》卷 86，《道路》。
④ 《旧唐书》卷 43，《职官二》。

两京道路侧旁种植槐树、榆树、柳树和果树，由殿中侍御史充使监管，官道两旁也广植树木。

道路的开辟与维护，促进了各地区经济交流与商品经济的发展。扬州，“淮海奥区，一方都会，兼水漕陆挽之利，有泽鱼山伐之饶，俗具五方，地绵千里”①。《河东记》记贞元年间，扬州“舳舻万艘，溢于河次，堰开争路，上下众船相轧者移时”②，正反映了水陆运输的繁忙状况。

五、交通管理体系及构成

唐代承隋制，继续健全和完善交通管理体制。

（一）驿传制度

政府对官道的管理和使用有专门机构负责。官道设传驿，“以通使命”。据《唐六典·兵部尚书·驾部郎中》，由兵部尚书下属驾部掌管驿传，当时天下共设驿1639所，其中水驿260所，陆驿1297所，水陆相兼驿86所③。规定距30里设一驿，但实际上，因地势险阻、水草所依、悬殊有别，往往因地制宜。两京附近距10里或20里就设一驿，而西北边远地区有上百里才设一驿，如夏州与丰州间相距750里，仅置8驿。新开道路往往因地创置驿所，量驿闲要配给相应的马匹，自75匹到8匹不等，水驿则配给相应的船只。驿于近处置田，以供日常开支和饲养马匹所需④。各郡又有传马，负责日常不急之务的传递⑤。

驿站除有驿马外，还配备驿驴，规定：“凡陆行之程，马日七十里，步及驴五十里”⑥。凡传驿马驴，每岁上其死损肥瘠之数⑦。每驿设驿长，唐初由当地富户充任，代宗以后，始由官府委派。被征在馆驿服役的民丁称驿丁或驿子，在水驿服役的称水夫，由丁男分番服役。各地有“专知官”负责驿传事

① 《翰苑集》卷9，《授淮南节度使制》。
② 《太平广记》卷44，《萧洞玄》。
③ 《六典》所载天下总驿数与小驿、陆驿、小陆相兼驿点数不符。此处从《今典》原文。
④ 《通典》卷1，《田制》。
⑤ 《唐六典》卷8，《门下省》。《唐会要》卷61，《馆驿》；卷86，《道路》。
⑥ 《唐律疏仪》卷10，《职制律》。
⑦ 《新唐书》卷46，《百官一》。

务，“畿内有京兆尹，外道有观察使、刺史迭相监临”，“台中又有御史充馆驿使，专察过阙”①。唐后期，又以宦官充任馆驿使，以确保中央对馆驿的有效控制。公派使者、官员出行，都可以按照有关规定持官方发放的凭证，由沿途馆驿提供食宿及交通工具。柳宗元对唐朝的馆驿体系有如此描述：“馆驿之制，于（京师）千里之内尤重”，长安四周重要的七条驿道与关险，“由四海之内总而合之，以至于关；由关之内，束而会之，以至于王都”②。驿路也有等级之分，唐代规定“从上都（长安）至汴州为大路驿，从上都至荆南为次路驿”③。史载，“两京之间，多有百姓僦驴，俗谓之驿驴。往来甚速，有同驿骑”④。可见驿道给官民出行都带来极大的方便。日僧圆仁《入唐求法巡礼记》卷一有关于民间雇驴的记载，开成四年四月七日，“雇驴三头骑之发去。驴一头行廿里，功钱五十文，三头计百五十文”。

唐在敦煌、河西道、西州、伊州和北庭都设有长行坊，附属于各地都护府、都督府、州、县，属地方官府交通机构。主要承担官府长途运输任务，如迎送使者及官员家属、传递信函、承担货运等，故称长行坊，坊内所备马匹牲畜称长行马、长行驴。敦煌和吐鲁番出土文书中都有长行坊文书，可知西北地区长行坊有一套严格的管理制度。专家指出“从文献资料看，唐代其他地区也存在长行方式的交通活动，故长行坊的设置应不限于西北地区”⑤。

对水驿和水陆相兼驿也有严格的管理制度。唐规定“水驿量事闲要以置船，事繁者每驿四只，闲者三只，更闲者二只，船一给丁三人”⑥。

唐后期，藩镇托大，各地节度往往自批条子，行者凭条子非法享用馆驿提供的食宿，一些官方使者多恃势违规超额索供，超限淹留，各处馆驿不堪负担，“实难济办”，造成“馆驿贫虚”⑦，馆驿制度遭到严重的破坏。因战事纷

① 《旧唐书》卷171，《裴潾传》。
② 《柳宗元集》卷26，《馆驿使壁记》。
③ 《唐会要》卷61，《馆驿》。
④ 《册府元龟》卷159，《帝王部·革弊一》。
⑤ 《敦煌学大辞典·长行坊》，上海辞书出版社，1998年版。
⑥ 《唐六典》卷5，《驾部郎中员外郎》。
⑦ 《唐会要》卷61，《馆驿》。

扰，“使命繁并”[①]，道路又不能得到及时修整，造成“驿马多死”，更有甚者，矫称敕使，诈乘传驿，此端种种，难以为继。

（二）关津制度

陆路设关。《唐六典》卷6记刑部尚书属下司门掌天下门、关，共计26关，分为上、中、下三等。京城四周所设为上关，有驿道相通，“余关有驿道及四面关，无驿道者为中关”，其余为下关。各关均设关令，设关有“掌禁末游，察奸慝”[②] 对内防范、治安的作用。此外，还有“限中外、隔华夷”的防外职能，凡“蕃客往来，阅其装重”[③]。关设关门，各有门禁，因公出行者，持官府所发符券、递牒、总历等公文，勘验过关[④]，一般客商须向当地政府申请过所，唐后期则广泛使用公验，经勘验无误，才准通行过关[⑤]。

水路重要渡口设津，津设津主，职掌同关令，设津吏，“掌桥船之事”。据唐令：“诸度关津及乘船筏上下经津者，皆当有过所”[⑥]。唐五代规定水行航运有统一规定“水行之程，舟之重者溯河日三十里，江四十里，余水六十里。沿流之舟则轻重同制，河日一百五十里，江百里，余水七十里。其三峡、砥柱之类不拘此限。若遇风、水浅不得行者即于随近官司申牒案记，听以年功”[⑦]。

行人凭官府路证度关津，最早见于敦煌出土的汉武帝元鼎二年至六年（前115～前111）汉简。唐中央政府颁布了完整的“过所式”，过所须有持过所者的名年、身份、贯属、出行目的、随员名年身份、牲口头数毛色、官吏签署、印鉴等诸项。凡诸州都督府、州县镇戍守捉、关津、烽铺等地方军政机构对过往行客都要勘察过所[⑧]，敦煌和吐鲁番文书都保存了一些唐代过所和公验文书。

---

① 《唐会要》卷61，《馆驿》。

② 《新唐书》卷49下，《百官四下》。

③ 《新唐书》卷46，《百官一》。

④ 《唐律疏议》卷8，《卫禁》。

⑤ 新、旧《唐书》刑部，参见黄正建：《唐代衣食住行研究》，第199页，首都师大出版社，1998年版。

⑥ 《唐令拾遗·关市令第二十六》。

⑦ 《唐六典》卷3，《户部·度支郎中员外郎》。

⑧ 参见《敦煌学大辞典·过所》，上海辞书出版社，1998年版。

设置关津的主要目的，“襟要斯在，义止惩奸”[①]，但由于过关手续繁复，稽查严格，限制过多（对身份、所携物品的种类、数量等均有限制），如武德年间“金银绫绢等杂物，依格不得出关”[②]，对正常的商业活动必然会起阻碍作用，处置不当往往使“商旅寝废，行李稽留”[③]。武则天长安二年（702），有司上表请税关市，建议不仅敛出入之商贾，甚至税往来之行人。当时“天下诸津，舟航所聚，洪舸巨舰，千舳万艘，交货往还，昧旦永日”，一旦江津河口置铺纳税，检核过往船只，必发生迟留，而影响通航与商贸正常开展。开元时，规定纺织品和金铁等“不得与诸蕃互市”，尤其是“金铁之物，亦不得将度西北诸关”[④]。天宝年间，因关西商民与外蕃“兴贩往来不绝”，当时西北边疆局势渐趋紧张，从政治军事原因考虑，“殊非稳便”，于是“自今以后，一切禁断。仍委四镇节度使及路次所由郡县严加捉搦”[⑤]，人为地阻断了商路。

六、仓址与水陆交通

隋唐两朝都有严密的仓廪制度，形成了正仓、太仓、转运仓、军仓、义仓、常平仓组成的仓廪体系敛集、储运、分配及调节从全国各地征收上来的实物，主要是谷物和绢帛两大类[⑥]。隋朝时，西京太仓、东京含嘉仓和各地转运仓所储粮食，多者至千万石。隋炀帝时于巩县所修洛口仓，城周围二十里，内穿三千窖，每窖可容米八千石。两京、太原国库所储的绢帛各达数十万匹。隋文帝末年，粮食储积可供五六十年。唐天宝八载（749），官仓储粮达9600万石。杜甫诗“忆昔开元全盛日，小邑犹藏万家室。稻米流脂粟米白，公私仓廪俱丰实”（《忆昔》），反映了当时的一些真实情况。

仓设置的位置，特别是转运仓，一般选择交通发达的水陆枢纽之处。隋大

---

① 《唐会要》卷86，《关市》。
② 《唐会要》卷86，《关市》。
③ 《册府元龟》卷504，《邦计部·关税》。
④ 《册府元龟》卷504，《邦计部·关税》。
⑤ 《册府元龟》卷504，《邦计部·关税》。
⑥ 张弓：《唐朝仓廪制度初探》，中华书局，1986年版。

业年间，于洛水入河处置洛口仓，通济渠口置虎牢仓等，以保障东都粮食供应。河阴（今河南武陟县南），因“地当汴河口，分汜水、泽、武陟三县地于输场东置，以便漕运”，开元中置县，并置河阴仓，“自江、淮来者悉纳河阴仓”，候水情，西可“浮漕送含嘉仓”，北上可“递送太原仓”[1]。唐中叶，转运使下所设河阴院，成为重要的贮存转运中心。太原仓仓址“北临焦水，西附大河”[2]，“控两京水陆二运”[3]。

唐玄宗时，裴耀卿创立“节级运输”法，分不同河段运输漕粮。代宗时，刘晏改革漕运，他指出：“江、汴、河、渭，水力不同”，应“各随便宜”，原则是“缘水置仓，转相授给”[4]，形成“江船不入汴，汴船不入河，河船不入渭。……岁转百一十万石，无升斗溺者”[5]。缘水所置的各转运仓，在唐后期维系中央财政、保障两京供给方面发挥了重要作用。

七、交通干道所发挥的经济功能

史念海指出，地处交通枢纽是长安城发展的主要地理条件之一。辛德勇曾专门撰文论述长安城兴起与发展的交通基础[6]。

唐后期使职差遣普遍化，财政使职尤为显要，它的重要职责就是保证交通线路的通畅，使各地，主要是江南地区供应朝廷的物资能源源不断运到中央政府所在地。

《国史补》卷上曾描述渑池道因道路狭窄而发生阻塞旅客的状况，“渑池道中，有车载瓦瓮，塞于隘路，属天寒，冰雪峻滑，进退不得。日向暮，官私客旅群队，铃铎数千，罗拥在后，无可奈何。”可见，交通道路的畅通与否，对官对民对商都有很大影响。也说明，道路的利用率较高，以致不能适应官民商旅的需要。

---

① 《元和郡县图志》卷5，《河南道一》。
② 《元和郡县志》卷6，《河南道二》。
③ 《旧唐书》卷185，《姜师度》。
④ 《资治通鉴》卷226，德宗建中元年七月。
⑤ 《旧唐书》卷53，《食货三》。
⑥ 参见《古代交通与地理文献研究》，中华书局，1996年版。

交通干道所具有的经济功能是不言而喻的。体现在承担运输各级官仓、军仓所储物资、军需；承担大中城市官民所需以粮食和纺织品为主的基本生活日用品；承担各地调剂交换的物资；承担官府工程建造所需原料；承担皇族、贵族、官僚和富商所需奢侈品的长短途贩运；承担对外贸易往来商品运输；民间商旅往来；因经济原因发生的人口自然或人为的流动。

前三项所占比例相当大，水陆交通干道的修筑，完善的驿传体系，在很大程度上是为保障上述功能的有效实现。

西州出土的官文书，有一部分是记载经西州而申请过所的文书，有的文书详细记载了申请者的姓名，随从人数及身份，随行牲畜种类及数量，旅行起迄地点，旅行目的。大部分都是以经商为目的的。

陶瓷之路、丝绸之路、白银之路、香药之路、朝贡路等路名，恰好表明了这些道路是以经济功能为主。

隋文帝时，“诸州调物，每岁河南至潼关，河北自蒲坂，达于京师，昼夜不绝”[①]。为此，官府新开道路，疏通河道，以保证上供。

隋开凿永济渠后，大业七年（611）“发江淮以南民夫及船，运黎阳及洛口诸仓米至涿郡，舳舻相次千余里”[②]。

晚唐诗人皮日休咏汴河之利：“万艘龙舸绿丝间，载到扬州尽不还。应是天教开汴水，一千余里地无山。”又，“尽道隋亡为此河，至今千里赖通波。若无水殿龙舟事，共禹论功不较多”[③]。

唐朝漕运量逐渐增加，唐初几十万石，到唐中叶多至数百万石。开元年间，裴耀卿任盐铁转运使，主江淮漕运，凡三年，运抵京师漕米为六七百万石。陕郡太守李齐物“凿三门山以通运”[④]。

《唐会要·盐铁转运使总叙》提到漕运畅通的重要性时云：“三秦之人，待此而饱；六军之众，待此而强。”“舟车既通，商贾来往，百货杂集，航海梯山”，才可能呈现“贞观永徽之盛”。

---

① 《隋书》卷24，《食货志》。

② 《资治通鉴》卷181。

③ 《全唐诗》卷615。

④ 《唐会要》卷87，《盐铁转运使总叙》。

唐太宗贞观二十二年（648）开斜谷道水路，是为“运米以至京师”①。

唐中宗神龙三年（707），沧州刺史姜师度为备奚、契丹之寇，“约旧渠，傍海穿漕，号为平虏渠，以避海难运粮”②。

玄宗开元十四年（726）七月，因“沧州大风，海运船没者十一二，失平卢军粮五千余石”③。可见军粮运输是永济渠、平虏渠和海运的主要目的之一。

玄宗以韦坚为“天下转运使。天宝中，每岁水陆运米二百五十万石入关”④。天宝二年，长安尹韩朝宗“引渭水入金光门，置潭于西市，以贮材木”。

安史之乱爆发后，荆襄水路成为漕运入京的重要通道，“驿道由汉、沔，则襄阳乃天下喉襟”⑤。安禄山叛兵进据长安时，朝廷整修上津路，江淮“贡献”，“皆自襄阳取上津路抵扶风，道路无壅”⑥，保障供应不致中断。

代宗大历元年（766），京兆尹黎干自南山开漕渠抵景风、延喜门，“入苑以漕薪炭”⑦。

代宗大历末，李芃为陈州刺史（今河南淮阳），“开陈颍路以通漕挽”⑧。

德宗贞元十五年（799）三月令：“江淮转运米，每年宜运米二百万石”⑨。

秦时始开灵渠，此后历朝多次修浚。唐代，因“年代浸远，堤防尽坏，江流且溃，渠道遂浅”，为使王命通达，“军储速赴”，咸通九年（868），桂阳刺史鱼孟威，花费钱530余万，用工5.3万余，历时两年，对灵渠加以整修、疏浚，“渠遂汹涌，虽百斛大舸，一夫可涉”⑩。

安南至广州，“江漕梗险，多巨石”，高骈任安南都护，募人凿除横在漕

① 《册府元龟》卷498，《邦计部·漕运》。
② 《旧唐书》卷49，《食货下》。
③ 《旧唐书》卷37，《五行志》。
④ 《通典》卷10，《食货十·漕运》。
⑤ 《新唐书》卷202，《萧颖士传》。
⑥ 《资治通鉴》卷218，肃宗至德元载。
⑦ 《新唐书》卷37，《地理一》。
⑧ 《册府元龟》卷498，《邦计部·漕运》。
⑨ 《册府元龟》卷498，《邦计部·漕运》。
⑩ 《文苑英华》卷813，鱼孟威：《桂州重修灵渠记》。

运道中的巨石，“由是舟济安行”，“储饷毕给”[①]。

唐朝海运的发展，从政治、军事需要出发，主要是运江淮租税以给幽燕，是天宝间重要的海运线。杜甫诗句“吴门转粟帛，泛海陵蓬莱”[②]形象的描述了海运的繁忙。因此，如道路阻隔，对中央政府来讲，最大的危害莫过于“列镇贡赋，无计流通，行在诏书，亦难传降”[③]。

各级官府凡有水路处都备置官船，但公务繁忙，官船往往供不应求，于是以和雇、差雇等方式向私人借用，但“州县虽云和雇，商人焉敢请钱?”[④]，从另一个侧面说明公务交通事繁量大。

交通道路的整修和开辟，也促进了民间商业往来、沿途商业、旅店、饮食、运输及服务性行业的发展，便利了私人旅游出行。后人说到唐朝陆路交通的发达，常引用《通典》卷7所云：“东至宋、汴，西至岐州，夹路列店肆待客，酒馔丰溢。每店皆有驴赁客乘，倏忽数十里，谓之驿驴。南诣荆、襄，北至太原、范阳，西至蜀川、凉府，皆有店肆以供商旅。远适数千里，不持寸刃。”当时人提到大运河的凿通对贯通南北、促进社会经济发展的作用，十分感慨：“东南四十三州地，取尽脂膏是此河”[⑤]。交通的发达便利了商旅往来，商旅的往来又促进了交通沿线的运输业、旅馆饭店、商品交易的兴盛。运河的开凿使沿线兴起一批工商业城市，海上贸易的发展，则使重要的港口城市走向繁荣。各地物资、商品和土特产可以流通和调配，“徙有之无，利于生人者矣”[⑥]。

如永济渠，其开凿的主要目的当然是为政治军事统治的需要，但河北遇灾，可以通过此渠“转江淮之租米百万石以赈给之”[⑦]，平时又可“通江、淮之货”，进行民间商业往来。

通济渠修通后，“天下利于转输”，由于此渠西可通河、洛，南可达江、

① 《新唐书》卷224下，《高骈传》。
② 《全唐诗》卷222，《昔游》。
③ 高骈：《桂苑笔耕集》卷2，《请巡幸第二表》。
④ 《全唐文》卷89，《僖宗车驾还京师德音》。
⑤ 《全唐诗》卷508，李敬方：《汴河直进船》。
⑥ 《唐六典》卷7，《水部郎中员外郎》。
⑦ 《新唐书》卷153，《颜真卿传》。

淮，通交、广、扬、越、益等州，“运漕商旅，往来不绝”①。

唐宪宗元和年间，淮河汝水通航后，官民均受其益，自庐州（今合肥）至汴梁，“斗门堰埭，盐铁税缗，诸侯榷利，骈指于河，故衣冠商旅，率皆直蔡会洛”②。

如斜谷道，一再整修，目的之一“其商旅及私行者，任取稳便往来”③。宣宗大中年间收复河湟之地，遂敕令：“秦川至陇州以来道路，……如商旅往来，兴贩货物，任择利润，一切听从，关镇不得邀劫”④。

利用原有河道，发挥其通航能力，富庶地区所产，“可以兼济中国”⑤，加强各地物品交流，余缺相济。

再如运河修通，扬州成为南北转输中心，正可谓“广陵当南北大冲，百货所集”，于是官吏、军府假公济私“多以军储货贩，列置邸肆，名托军用，实私其利息”⑥。

水路畅通，官运漕粮轻货，私船商运，官运私带之风也日渐兴起。

宋初恢复东南漕运不久，漕船运卒、梢公私有夹带或替商人搭载货物的现象就引起统治者的重视。但是，宋人也看到“缘路虽失商税，而京师坐或富庶”，一旦对漕船严行盘查，则“商贾全然不行，京师坐至枯涸”⑦。这种漕运夹带在唐盛行漕运时，因有利可图，也会存在，只是不如宋朝之甚。但利用漕路私船商运，非常普遍。由于水路运输量大，漕船及商船也成为横行出没江、淮一带的“江贼”劫掠的重点目标，他们杀人越货，以此为生。黄巢等私盐贩就曾利用水路，长途走私贩运私盐⑧。

驿路、驿站，原本是官府为公文传递、公务往来、官员出行之便利而置，但私驿亦附之而兴，官方备驿马，则私驿备驿驴。朝廷指派定州大富何名远主

---

① 《通典》卷177，《州郡七》。

② 《全唐文》卷612，陈鸿：《庐州同食馆记》。

③ 《唐会要》卷86，《道路》。

④ 《唐大诏令集》卷130，《收复河湟德音》。

⑤ 《旧唐书》卷190中，《陈子昂传》。

⑥ 《唐会要》卷86，《市》。

⑦ 《苏轼文集》卷34，《论纲稍失折利害状》。

⑧ 宁欣：《唐朝的“江贼”与江路》，《中国史研究》，1998年第1期。

持官中三驿，他于是利用主驿之机，“每于驿边起店停商，专以袭胡为业，资财巨万，家有绫机五百张”[①]。不论五百张绫机数量是否属实，经营的性质属于何种生产关系（对此史学界有不同看法），但何名远借官务经营工商业而致富是可信的。也说明当时驿路上客商往来频繁。何名远所袭之胡，显然是以北方和东北方向的外来客商为主，可见中原与东北及蒙古草原贸易往来之频繁。有个叫三娘子的，看到汴洛之间官私旅客络绎不绝，在板桥镇开店，“多有驴畜，往来公私车乘有不逮者，辄贱其估以济之。……故远近商旅多归之”[②]。

可与周边民族及远域交通的干道，除了政治外交往来、军事调兵运输的功能，也便利了经济贸易交流和商旅通行。隋唐两朝与周边民族的经济往来或以朝贡的名义，或在缘边州县置场互市。

《隋书·食货志》载：“又以西域多诸宝物，令裴矩往张掖，监诸胡互市。啖之以利，劝令入朝。自是……往来相继。”

隋炀帝时，“每岁正月，万国来朝”，为炫耀国威，大陈百戏歌舞，绵亘八里，歌舞表演者殆三万人，两京缯锦为之中虚”[③]。

唐太宗贞观时期，“四夷大小君长遣使入献见，道路不绝，每元正朝贺，常数百千人”[④]。

再如“参天可汗道”，“置邮驿总六十六所，以通北荒”，“俾通贡马，以貂皮充赋税”[⑤]。

外商运进中国行销的商品种类主要是珠宝、玉石、香料、稀有珍奇动物、药材、马匹以及土特产品，运出的主要是中国的丝绸。唐中期以后，瓷器、逐渐成为对外出口的大宗，海运的发展也为运输瓷器这类质重易损的商品提供了便利条件，因此有人将海上丝绸之路又称为“瓷器之路”。在朝鲜、日本、东南亚、南亚、西亚、非洲都出土了大量唐代和五代的瓷器。

唐代粮食已进入流通领域，成为商人贩运的大宗，《唐国史补》卷中载，

---

① 《朝野佥载》卷 3，《何名远》。
② 《太平广记》卷 286，《板桥三娘子》。
③ 《隋书》卷 15，《音乐下》。
④ 《资治通鉴》卷 198，贞观二十二年。
⑤ 《唐会要》卷 73，《安北都护府》。《资治通鉴》卷 198 记为六十八驿。

“江淮贾人积米以待踊贵，图画为人，持钱一千，买米一斗，以悬于市”，显然是粮商。广陵江阳人李珏，“世居城市，贩籴自业”①，洪州胡氏子，“主船载麦，溯流诣州市出售”②，这是粮商。还有同时经营商品粮种植和销售的，如泉州龙溪人林昌业“有良田数顷，尝欲舂谷为米，载诣州货之”③。

“宣、歙土狭谷少，所仰四方之来者，……商旅辐凑，民赖以为生”④。

城市居民须通过市场购买粮食，地狭谷少地区，需要外运粮食，以经济作物为特色的地区，需要异地调剂粮食，粮食成为大宗商品，交通运输的作用更为突出，城镇发展与人口增长才有基础。

粮食、茶、陶瓷、盐等日用品都加入长途贩运的行列，前提之一是上述产品生产有了较大的发展，大规模投入市场才有了可能，之二是交通运输事业的发展，交通道路的畅通和交通工具的完善。如陶瓷，靠陆运装载量有限，易碎，风险大，利润低。唐代内河水运和海运发达，造船技术有了较大的发展，长途贩运有利可图，于是陶瓷才能加入长途贩运的行列，并成为对外经销的大宗商品。据苏莱曼《中国印度见闻录》⑤ 记载，唐末在广州从事贸易活动的外国人有一个时期竟达12万人以上，他们带着香料、药物和珠宝，换取中国的丝织品、瓷器等物。

“海上丝绸之路”的兴起，也是基于海运事业的发展。《新唐书·阎立德传》记载，贞观时阎立德在洪州造“浮海大船五百艘”。《西山杂志》提到天宝中泉州所造海舶“舟之身长十八丈，面宽四丈二尺许，高四丈五尺，底宽二丈，作尖圆形。桅之高十丈有奇。银镶舱舷十五格，可贮货品二至四万石之多。”

粮食也是如此，南方经济发展的主要特征之一是粮食产量的提高，水运成本低，因此粮食利润虽远远低于奢侈品，但仍进入商品流通领域，加入长途贩运，主要是依靠水路。李肇云：“凡货贿之物，侈于用者，不可胜计。丝布为

---

① 《太平广记》卷31，《李珏》。
② 《太平广记》卷374，《胡氏子》。
③ 《太平广记》卷355，《林昌业》。
④ 《资治通鉴》卷237，宪宗元和三年。
⑤ 苏莱曼著，穆根莱等译：《中国印度见闻录》，中华书局，1983年版。

衣，麻布为囊，毡帽为盖，革皮为带，内邱白瓷瓯，端溪紫石砚，天下无贵贱通用之”[①]。李肇所举，基本为生活日用品，天下通用之，说明日用品流通量增加，流通领域扩大，显然只能是通过长途贩运才能实现。政府也鼓励若“年岁不稔，有无须相通，所在州县，不得闭籴”[②]。此外，木材由于需求量大，多依靠水路，自产地顺江河而下至经销地，既降低了运输成本，也利于异地长途贩运。果产、水产也往往利用水路进行长途贩运。如宣州渔商刘成，以“巨舫载育蟹，鬻于吴越间”[③]。

茶叶是在唐朝成为大宗的商品而加入长途贩运的行列。“茶，古不闻食之，近晋宋以降，吴人采其叶煮，是为茗粥。至开元、天宝之间，稍稍有茶，至德大历遂多，建中以后盛矣。”[④] 茶叶产地主要在南方，由于北方民众“转相仿效，遂成风俗”[⑤]，甚至此风蔓延到塞外及西南的吐蕃。由于产地与经销地的分离，因此，“茶熟之际，四远商人，……入山交易”，茶商“循还往来，终而复始”[⑥]。茶业产地和集中销售市场的格局是在唐后期开始形成的。产地主要在秦岭、淮河以南，销售集散地主要以汴州为中心，运销到中原和北部、西北部周边少数民族地区[⑦]。如五代马殷充分利用楚地盛产茶的经济优势而致富，但经销茶叶的中心机构是设在开封。宋人云“商于海者，不宝珠玉，则宝犀瑁；商于陆者，不宝盐铁，则宝茶茗”[⑧]，说明经营茶业因最有利可图而成为国内商贸往来的大宗商品。茶叶的广泛流通，带动了其他商品的生产与流通。唐以后，饮茶之风的兴起，促进了瓷器需求量增加，从而使其生产规模扩大，生产工艺愈加精美。史载，唐末，山东、河南走私茶盐兼劫江者，活动区域有较明确的划分，“濠、亳、徐、泗、汴、宋州贼多劫江西、淮南、宣润等道，许、蔡、申、光州贼多劫荆襄、鄂岳等道。劫得财物，皆是博茶，北归本

---

① 《唐国史补》卷下。
② 《唐会要》卷90，《闭籴》。
③ 《太平广记》卷479，《刘成》。
④ 杨晔：《膳夫手经钞录》。
⑤ 《封氏闻见录》卷6，《饮茶》。
⑥ 《樊川文集》卷11，《上李太尉论江贼书》。
⑦ 李晓：《论宋代的茶商和茶商资本》，《中国经济史研究》，1997年第2期。
⑧ 李新：《跨鳌集》卷2，《上王提刑书》。

州货卖，循环往来，终而复始”①。这种劫掠区域的划分，与水系网的分布有直接关系，他们利用四通八达的水系网络既作贼又经商。

晚唐至五代，北方地区战事频繁，但中原王朝与北方、西北、西南和东北的周边民族和政权，还维持着以“朝贡”名义开展的官私商贸往来。来华使团与隋和唐前期相比，国别有所减少，但总次数和规模并不逊色，尤其是东北的渤海、奚、契丹，西北的回鹘使团，动辄数百人，携带大量用于交换的物品，其经济目的是显而易见的。周边的交通道路仍然发挥着经济职能。

① 《樊川文集》卷11，《上李太尉论江贼书》。

第七章 区域经济

第一节 北方的区域经济与城市

中国是一个大国，各地区经济发展程度不同，在农产品、手工业产品以及土特产等方面都各有特色，因而，从秦汉以来逐渐形成了各具特色的区域经济，以及作为这些区域经济活动，尤其是商业活动中心的一些城市。各个经济区域和城市的不断发展变化，是商品流通和商业发展的重要社会经济条件，也是商人活动的广阔舞台，他们能够从沟通不同区域间的商品交流之中获取丰厚的利润。

从东汉末年开始，北方的黄河流域中原地区，一直处于分裂动荡，战争混乱之中，社会经济遭到严重的破坏，哀鸿遍野，民不聊生。直到北朝时，情况才有所好转，社会趋于安定，各民族间的矛盾逐渐缓和，胡汉逐渐融合。进入中原地区的少数民族改变了自己原有的生产方式，从畜牧经济向农业经济转化，因此，北方社会经济出现了恢复、发展的良好势头。

北方社会经济的恢复和发展，为隋统一中国奠定了物质基础。

隋朝经济富裕，国力强盛。由于隋炀帝的残暴肆虐，滥用民力，使强大的隋王朝迅速土崩瓦解。隋末的大动乱，使北方社会经济又一次遭到破坏。唐初的统治者致力于社会经济的恢复，收到了良好的效果，原来的传统经济区域都有不同程度的发展。

秦汉时期非常重要的关中地区，唐前期仍然是全国政治、经济、军事的中心。关中地区沃野千里，素有“陆海”之称，是富庶的农业区。但它发展的局限性在唐前期已表现出来。贞观年间，高季辅就说："今畿内数州，实唯邦本，地狭人稠，耕植不博，菽粟虽贱，储蓄未多，特宜优矜，令得休息。"①可见唐初关中地区已经"地狭人稠"，人多地少，很难发展。关中又是京师所在地，集中了大批皇族宗亲，各级官吏和大量军队，粮食问题就很难解决，只有靠大运河漕运粮食来维持。由于封建地主阶级兼并土地，破坏水利事业，因而关中农业每况愈下，郑、白渠是关中最主要的水利工程，在秦汉时可灌田44500顷，高宗永徽中减到不过万顷，至德宗大历时再减到6000顷。

关中地区的经济发展虽然局限性已经很明显，但京师长安不仅是全国的政治中心，也是全国的经济中心，商业贸易尤其发达。全国各地的各种商品纷纷流向长安。由于唐廷实行开放政策，与周边少数民族及世界各国通过丝绸之路和海上航路，保持着密切的联系与交往，大量外国商品，如珠宝、香料、玉器、珍禽、异兽等，都以长安为集散地，使长安不仅是国内商业贸易的中心，也是当时最重要的国际贸易中心。

长安的商业贸易活动集中在东西两市。两市分别设在皇城的东南和西南，各占两坊之地，平面呈方形，面积约一平方公里，市周围筑围墙，每面各开两个门，市内有宽16米的南北向街和东西向街各两条，将市内划分为井字形的9个区，每区四面临街。由于大明宫、兴庆宫都在长安城东部，为上朝方便，官僚贵族和宦官们都住在朱雀大街以东各坊里，富商大贾和波斯等国商人只能住在朱雀大街以西的各坊，他们多就近在西市开业，因而西市的商业贸易较东市繁荣，有"金市"的美称。李白在诗中写道："五陵少年金市东，银鞍白马度春风。落花踏尽游何处，笑入胡姬酒肆中。"考古工作者自1960年以来，在西市做了多次调查和挖掘。从发掘的遗址中可以看出当时的店铺非常稠密，市内几乎没有什么空地。店铺一般面阔6米，约两间。最大的店铺面阔10米，约为三间②。考古发掘与文献记载是可以印证的。宋敏求《长安志》记东市"街市内货财二百二十行，四面立邸，四方珍奇，皆所积集。"西市"市内有西市局，市内店肆如东市之制。长安县厅领四万余户，比万年多，浮寄流寓，

① 《旧唐书》卷78，《高季辅传》。
② 中国科学院考古研究所西安唐城发掘队：《唐代长安城考古纪略》，《考古》，1963年11月。

不可胜计”。“由是，商贾所凑，多归西市。”

东西两市的商业行业门类很多。根据文献记载和考古发掘来看，大致有食品类（肉行、鱼行、麸行、饮食店、煎饼团子店、酒肆等）、服装类（帛肆、衣肆、彩缬铺、鞋肆等）、器物类（秤行、鞦辔行、笔行、铁行、法烛行等）、金银珠宝类及药材等，多为百姓生活所必须的物品。市内有些店铺是前店后铺、自产自销，也有“寄附铺”，即专门收购或寄卖旧物品的店铺，有类似现代的寄卖店；还有波斯人开设的“波斯邸”，既存货物，也供客商住宿。因此，可以想见东西两市商业繁华的景象。

以洛阳为中心城市的河南地区是黄河下游的传统经济区域，也是中华文明发祥之地。这里土质松软，土壤肥沃，灌溉便利，宜于农业。唐初，在遭受隋末战乱的破坏之后，河南地区的农业得到迅速恢复和发展，社会经济随之日趋繁荣。

洛阳是隋炀帝于大业元年（605）在汉魏洛阳故城西面所建的新城，隋代洛阳置丰都、通远和大同三市，均占两坊之地，其中以丰都市最为繁华，“其内一百十二行，三千余肆。甍瓦齐平，遥望如一；榆柳交阴，通衢相注。市区壁有四百余店，重楼延阁，互相临映，招致商旅，珍奇山积”[①]。但洛阳城在隋末战乱中遭到严重破坏。全城原有居民五十余万，至武德四年（621）平王世充时，所存不足三千户。唐统一后，最先是在丰都市（东市）旧址上置市，“以其在洛水南，故曰南市。”[②] 但其面积较原丰都市小半坊之地。显庆二年（657）在漕渠北面的临德坊置北市，也较隋之通远市（北市）小半坊地。天授三年（692）又于固本坊置西市。西市屡有兴废，到开元十三年（725）最终废止，洛阳仍为南北两市。

唐代洛阳的南、北两市虽然比隋代时面积小了一坊之地，但其繁荣的程度却仍然不亚于隋代。南市中有“一百二十行，三千余肆，四壁有四百余店，货贿山积。”[③] 北市内有彩帛行、香行、丝行、骡马行等。在距北市不远的景

---

① 《大业杂记》。

② 《唐两京城坊考》卷5。

③ 《河南志·京城门坊古迹》。

仁坊东南漕渠一带，是大运河的码头，“皆天下舟船之所集，常万余艘，填满河路，商旅贸易，车马填塞，若西京之崇仁坊。”[①] 这里是南北商船载运商品的集散地，因而，交易繁忙，昼夜喧呼，灯火不绝，其兴盛情况超过南、北两市。在唐前期，洛阳商业的繁荣还反映在商业贸易已经不能限制在固定的市场区内，南、北、西三市之外还有许多小的商业区和店铺，如殖业坊内有酒店、旅店[②]，修善坊内多车坊、酒肆[③]，宣范坊附近有棺材店[④]等等。

洛阳商业的繁荣在武则天、唐玄宗时代达到极盛。由于洛阳地理位置较长安优越，水陆交通都很便利，距离江淮地区较近，西接关中，东控山东。因而，在唐前期，洛阳和长安都是全国最大的商业城市。在安史之乱中，洛阳和长安都遭到战火的破坏，商业受到严重影响。战后虽有所恢复，但远不如盛唐时期，洛阳在政治、经济上的地位逐渐为汴州所代替。

汴州位居水陆要冲，在黄河之南，汴水之滨，是南北漕运的中转枢纽。史称“河南，汴为雄郡，自江淮达于河洛，舟车辐凑，人庶浩繁。”[⑤] 由于水陆交通便利，舟车所会，商旅如云，到开元天宝时，呈现一派富足繁华的景象。安史之乱后，洛阳商业受影响，汴州的经济地位日趋上升，到唐末五代时，已超过洛阳而成为河南地区的中心城市，被升格为东京。后晋天福三年（938）高祖诏称：“今汴州水陆要冲，山河形胜，乃万庾千箱之地，是四通八达之郊，爰自按巡，益观宜便，俾升都邑，以利兵民。汴州宜升为东京，置开封府。”[⑥] 后周时，汴口经疏浚交通更为便利，汴州商业更为繁盛，以致“舟楫无壅，淮浙巨商，贸粮斛贾万货临汴，无委泊之地。”[⑦]

由于河南地区是传统的经济区域，沿汴河及交通便利的地方中等城市较多。洛阳、汴州之外，宋（今商丘市）、相（今安阳）、怀（今沁阳）、蔡（今汝南）、陈（今淮阳）、汝（今临汝）、许（今许昌）、滑（今滑县）、郑

① 《河南志·唐城阙古迹》。
② 《朝野佥载》卷5。
③ 《唐两京城坊考》卷5。
④ 《朝野佥载》卷5。
⑤ 《旧唐书》卷190中，《齐澣传》。
⑥ 《旧五代史》卷77，《晋高祖纪三》。
⑦ 《玉壶清活》卷3。

（今郑州市）等州，都有比较发达的商业。

齐鲁地区也是传统的经济区域，开发较早，历史悠久。在唐代，这一地区经济发展不快，没有显著的变化。齐鲁地区的齐州（今山东济南）历来以盛产高级丝绸著名，号称“冠带衣履天下”，其丝绸产地远销各地，有广阔的市场。其他城市，如兖州、青州（今益都）、郓州（今郓城）、徐州、亳州等，都有比较发达的工商业。

唐代北方经济发展最为显著的是河北地区。河北地区在先秦时是黄河入海处，河道纵横，沼泽遍布，不易开发。后来，地理环境逐渐改变，沼泽地带慢慢变干，社会经济亦随之发展。到北朝时，河北已成为北方主要经济区域之一。

隋大业四年（608），炀帝为北伐高丽，转运粮草，“诏发河北诸郡男女百万人开永济渠，引沁水南达于河，北通涿郡”①。永济渠全长达一千余公里。唐代在河北地区沿渠两岸广泛兴修水利，不仅便于灌溉，也使大片盐碱土地改造为良田。因而，这一地区农业发展迅速，成为供应关中粮食的重要基地。天宝八年，天下屯收 1913960 石，河北为 403280 石，占全国总产量的五分之一②。国家正仓存粮 42126184 石，河北道为 1821546 石，居各道第三位；义仓存粮 63177660 石，河北道为 17544600 石，居诸道第一位③。可见河北道为当时北方最重要的农业生产地区。河北地区的手工业也相当发达，尤其是纺织业是全国的中心。河北定州是传统的纺织区，唐代其产量仍占全国首位。从绢的质量上看，唐中期将各地产绢分为八等，一、二等共六州，河南五州，河北一州；三等十四州，河南五州，河北九州；四等十五州，河南五州，河北十州；五等十四州，河南五州，河北二州，其余七州及六、七、八三等皆在淮河以南，可见河北绢的质量仅次于河南。河北地区经济的发展为唐后期河北三镇的形成和长期割据奠定了经济基础。

河北地区丰富的农业、手工业产品促进了商业的繁荣，永济渠的通航及太

---

①《隋书》卷 3，《炀帝纪上》。

②《通典》卷 2，《食货·屯田》。

③《通典》卷 12，《食货·轻重》。

行山东麓古道的畅通更使商旅往来络绎不绝，河北地区成为东北各族、长城内外与中原地区交易往还的重要通道，出现了一批商业发达的城市。

河北地区的城市首推贝州（治今河北清河县）。贝州紧靠永济渠，又是北去冀、深州或东北去德、沧州的岔路口，是水陆交通要冲，又是军事战略要地。当地农产丰富，盛产丝绸。唐廷曾聚集大量兵甲衣粮于此，号称“天下北库”。安史之乱初期，清河仍“有布三百余万匹，帛八十余万匹，钱三十余万缗，粮三十万斛。昔讨默啜，甲兵皆贮清河库，今有五十余万事，户七万，口十余万”[①]。贝州是北方租赋的重要集散地，人口稠密，交通便利，经济发达，商业繁荣。诗人王维曾写诗称赞：“天波忽开拆，郡邑千万家。行复见城市，宛然有桑麻。”[②]

其次是魏州（今河北大名）。魏州人口稠密，盛产粮食、丝绸，经济发达，民众富庶。开元年间，裴耀卿、韦坚主持漕运，为向长安运粮，“益漕晋、绛、魏、濮、邢、贝、济、博之租输诸仓而转入渭”[③]。可见魏州是主要产粮区。高宗时，刺史李灵龟“开永济渠入于新市，以控引商旅，百姓利之”[④]。到玄宗开元末，刺史卢晖又引永济渠水至城西，“以通江淮之货”[⑤]，可见魏州是一个水陆交会、商贸集散之地，故有“魏郡十万家，彩钟喧里闾”的繁华景象。

定州也是河北的一座重要城市。它位于太行山东麓滱水（今唐河）之滨，水源丰富，土壤肥沃，适宜桑麻。所产细绫、瑞绫和特种花纹绫的数量和质量都居河北诸州之首。可以推知，定州以丝织业为特色的商贸活动是非常繁盛的。

唐代北方经济显著发展的另一个地区是陇右河西区。史载天宝年间，“中国强盛，自安远门西尽唐境万二千里，闾阎相望，桑麻翳野，天下富庶者无如陇右”[⑥]。说陇右是天下最富庶的地方，当言过其实。但陇右河西历来是军事

① 《资治通鉴》卷217，至德元载。
② 《全唐诗》卷125，王维：《渡河到清河作》。
③ 《新唐书》卷53，《食货志》。
④ 《旧唐书》卷64，《楚王智云传》。
⑤ 《新唐书》卷39，《地理志》。
⑥ 《资治通鉴》卷216，天宝十二载。

屯田区，高宗、武后时期，娄师德、郭元振主持屯田都取得了显著的成就，当地农业确有相当的发展。陇右河西又是中原与西域以至中亚交通的主要通道，这就是著名的丝绸之路。丝绸之路在唐代的经济贸易、特别是对外贸易上有重要的意义，因而，沿丝绸之路有一批政治、军事重镇，这些重镇也是繁荣的商业城市。如西州（治高昌，今新疆吐鲁番东南）已正式设市，据出土文书记载，西州市场出售的商品有粮食、布帛、皮制品、日用器具、香料以至奴婢等，品种繁多，交易繁忙。凉州（今甘肃武威）也是一座著名的繁华城市。传说唐玄宗于正月望夜，与叶法善游凉州，就是因为长安“影灯之盛，天下固无与比，唯凉州信为匹亚。……（凉州）灯烛连亘十数里，车马骈阗，士女纷杂。”[①] 凉州人烟稠密，市井繁华，唐人诗文中亦多有反映。如岑参说：“凉州七里十万家，胡人半解弹琵琶。”[②] 元稹说：“吾闻昔日西凉州，人烟扑地桑柘稠，葡萄酒熟恣行乐，红艳青旗朱粉楼。”[③] 除此之外，兰、鄯、甘、肃、沙、庭、伊诸州州城及龟兹、于阗、疏勒诸镇都有繁荣的商业。

唐代北方的山西地区（即河东道）是情况比较特殊的地区。山西地处黄土高原东部，境内山岭峪谷，纵横交错。全区地势高峻，易守难攻，对河南、河北以及陕西关中地区都处于居高临下的有利地势，因而在军事上占有非常重要的地位。在经济上，山西地区以半农半牧为特色。太原以北，以畜牧为主，兼营农业，太原以南，则以农业为主。晋南的运城盆地和临汾盆地是传统的农业区，也是唐代重要的产粮区，在全国正仓储粮中，河东道占第二位，各地义仓储粮中，河东道居第三位。因而，山西也是供应关中粮食的基地之一。

山西地区最大的城市是晋阳城，它是太原府的府治所在地。晋阳城规模宏大，人口众多，开元时，有户34537，若以每户6.4人计[④]共22万人，驻军2万人，如果加上不入户籍的人口，估计在25万人以上，要维持这样众多的人口的生活和消费，需要有相当繁荣的商业。估计晋阳城城内设市不仅一个。北齐时，高阿那肱曾在城内侵占民地，造店80间，租赁给商人，“此店收利如食

① 《太平广记》卷77，《叶法善》。

② 《全唐诗》卷199，《凉州馆中与诸判官夜集》。

③ 《元稹集》卷24，《西凉伎》。

④ 梁方仲：《中国历代户口、田地、田赋统计》，第88页。

千户”[①]，其商业利润已相当可观，唐代经济有长足的发展，晋阳城商业的繁荣是可想而知的。

位于运城盆地西南的河中府（蒲州）是仅次于太原府的重要城市，其繁荣富庶都超过太原府。开皇七年（587）隋文帝巡幸蒲州，曾颇感慨地说：“此间人物，衣服鲜丽，容止闲雅，良由仕宦之乡，陶然而俗也。”[②] 河中府处于西京长安与东都洛阳之间，又是由长安到太原南来北往的必经之地。蒲津桥是沟通黄河两岸运输和贸易的重要通道。河中府水陆交通便利，物产丰富，人文荟萃，是山西境内商业贸易最为发达的地方，尤其是河东盐池在这里，使河中府成为北方盐业贸易的中心。

位于山西高原北部的军事重镇云州（治云中，今山西大同市），地处中原王朝与北方少数民族接触的边缘地带，因而是唐朝与少数民族进行贸易的城市之一。

总之，北方中原地区黄河流域的经济，从北朝时开始恢复，到唐前期仍然在发展，出现了河北、陇右河西两个发展较快的地区。但从总体上看，北方经济发展的速度不如南方。大体上从安史之乱以后，南方经济发展的水平超过北方，全国的经济重心转移到南方。这一变化，对中国经济的发展有巨大的影响，当然对城市和商业的发展，也有巨大的影响。

第二节　经济重心的南移

南方，一般指秦岭淮河以南。南方的长江流域是我国另一个大的经济区域。它的开发并不晚，新石器时代就有人类的活动，农业发展较早，河姆渡文化时已开始种水稻，使用耒耜，平整土地。进入阶级社会后，南方的发展就比较缓慢落后了。主要原因是南方自然环境较恶劣，气候炎热，沼泽地多，原始林莽遍布。在生产工具和技术落后的状况下，不如黄河流域易于开发。到战国

① 《隋书》卷42，《李德林传》。
② 《隋书》卷1，《文帝纪》。

时代，长江流域有所发展，形成了吴越、荆楚、巴蜀三个经济区域。经秦汉到魏晋，长江流域的地位逐渐上升，特别是三国两晋南北朝时期，黄河流域受农民起义、少数民族入侵及军阀混战的影响，生产遭到严重破坏，大量人口南移。南方长江流域虽有战乱，但规模小，时间短，社会相对稳定，经济发展速度远较北方快，经济地位上升，这种发展的良好势头，在唐前期继续存在。

唐代南方经济持续上升的趋势，主要表现在以下几个方面：

一、人口增加

隋大业五年（609），长江流域以南有户200万，占全国总户数的23.5%，不到四分之一。经过130多年，到天宝元年（742），这一带户数增长到345万，占全国总数的35%，达到三分之一。天宝元年，江南东道有户110万，比隋大业时的14.5万户，增加6.5倍。安史之乱后，全国列入户籍的人口普遍减少，北方受战乱破坏严重，人户减少尤甚，有些地方甚至十耗其九。南方受战乱影响小，人口损耗少，由于有大量北方人口南移，以及人口的自然增长，有些地区的户口数还有所上升，以开元户数与元和户数比较如下表①：

州名	开元（万户）	元和（万户）
鄂州	1.9	2.8
洪州	5.5	9.1
饶州	1.4	4.6
吉州	3.4	4.1
衡州	1.3	1.8
道州	2.7	2.8

再以东南八道元和时的户数和开元时相比较，只下降了10.3%，下降幅度不算大。不仅如此，在东南八道中，江西总人口增加了28.4%，淮南道人口则增加了146.2%。元和时，全部在籍人口只有天宝十四年的四分之一多一点，江南地区下降幅度小，有些地区还有所增加，这是十分引人注目的。这些情况，反映了江南社会经济的发展。

---

① 梁方仲：《中国历代户口、田地、田赋统计》，第96～113页。

二、经济区域的扩大

一方面，过去在三个传统的经济区域吴越、荆楚、巴蜀之间，还有大片未开发的地区，如荆州与扬州之间的开发就很差，往往是沼泽四布，不适于人居住。在长江下游，太湖北面，镇江、常州、无锡之间，东晋初年还是大片荒地，没有开垦。从南朝到唐代，长江流域普遍富庶起来，如鄂州、洪州、饶州等地，过去开发得不好，到唐代经济发展速度都很快。另一方面，南方经济区域的界线向南延伸。唐后期现在的湖南、江西（除湘南、赣南的山区外）都很富足，福建、广东的经济也有明显的发展。

三、农业、手工业的发展

南方农业的发展，首先反映在农业生产技术的提高，农业生产工具的改进。如著名的曲辕犁（江东犁）代替直辕犁普遍使用。这种犁，轻便锐利，能翻土断草，调节深浅，“进之则箭下，入土也深，退之则箭上，入土也浅”①。耕作效率大大提高。提水、灌溉工具也有很大改进。水稻移栽技术的普遍应用和土地复种指数的提高，加上水利工程的兴修，这些都使长江流域的稻米产量迅速提高，一般亩产可达3石，高者达6石。江淮地区成为全国最大的粮仓。江南粮食的高产对全国生产的布局和人口增长都有很大影响。

南方手工业也有长足的发展。南方的纺织业，由于一种桑树新品种——宜于南方生长，产量较高的矮桑培植成功而有很大的发展，改变了过去以用麻为主的格局。南方养蚕分春、夏两季。虽然从总体上看，南方纺织的水平还略逊于北方，但南方纺织品的数量和质量都有迅速的增长。如据有关资料统计，江南道的丝织贡品从唐代前期的17州10种发展到后期的15州32种，并且出现了一些著名的丝织精品，如宣州红线毯，会稽缭绫，越州吴绫等。南方的陶瓷业也取得了显著的成就。越州是南方制瓷业的中心。越窑的青瓷制作精美，釉彩晶莹如冰雪，陆羽在《茶经》中认为越州青瓷比北方邢窑的白瓷更好。他说：“或以邢州处越州上。殊不为然。邢瓷类银，越瓷类玉，邢不如越，一

① 陆龟蒙：《耒耜经》。

也。邢瓷类雪，越瓷类冰，邢不如越，二也。”南方的制盐业在唐后期有很大的发展。刘晏主持盐政时，四个盐场、十个盐监几乎全在江淮。四场十监“岁得钱百余万缗，以当百余州之赋”①。中唐后盐利主要来源自江淮，可见江淮制盐业开始居于全国盐业的首位。此外，如扬州铜器，襄阳漆器，越州、宣州造纸，扬、洪、鄂诸州的造船业都在全国享有盛名。

安史之乱以后，南方经济发展水平超过北方，全国经济重心南移大体完成，与此相应，南方城市和商业的发展也超过北方。南方原来就有较好的商业发展基础。南北朝时，南朝商业发展的水平就高于北朝，非官方立市的草市、墟市就有较多的出现，商税成为财政的主要来源。陈寅恪先生说：“南朝则无均田之制，其国用注重于关市之税，北朝虽晚期亦征关市之税，然与南朝此税之地位其轻重颇有不同，然而南朝国民经济国家财政较北朝进步，抑又可知也。”② 南方商业发展的重要标志就是城市的商业性和商业性城市的发展。

南方传统的经济区吴越地区，包括北至淮河，南至钱塘江的长江下游三角洲，相当于唐代的淮南道和江南东、西两道的北部，大致相当于今江苏、安徽淮河以南大部及浙江北部、湖北东部和江西北面的一小部分。在唐后期，这一地区是全国最富庶的地区，也是唐朝赋税的主要来源地。至德元年（756）第五琦就说：“方今之急在兵，兵之强弱在赋，赋之所出，江淮居多。”③ 后来，韩愈也说：“当今赋出于天下，江南居十九。”④ 杜牧则说：“今天下以江淮为国命。”⑤ 可见这一地区对唐朝的盛衰具有举足轻重的地位。

吴越地区最繁华的城市当首推扬州。宋人洪迈说：“唐世盐铁转运使以扬州，尽斡利权，判官多至数十人，商贾如织，故谚云‘扬一益二’，谓天下之盛，扬为一而蜀次之也。”⑥“自毕师铎、孙儒之乱，荡为丘墟。”《资治通鉴》说：“先是，扬州富庶甲天下，时人称扬一益二。及经秦、毕、孙、杨兵火之

---

① 《新唐书》卷54，《食货志》。
② 陈寅恪：《隋唐制度渊源略论稿》，第144页。
③ 《旧唐书》卷123，《第五琦传》。
④ 《韩昌黎集》卷19，《送陵歙州诗序》。
⑤ 《樊川文集》卷16，《上宰相求杭州启》。
⑥ 《容斋随笔》卷9。

余，江淮之间，东西千里，扫地以尽。”[①] 从这两条材料可以看出，在唐后期，扬州商旅辐凑，繁华靡丽，商业的兴盛居于全国首位。但这种特殊的地位仅维持了一百多年，经唐末的破坏，宋以后，扬州就再没有唐时的辉煌了。

扬州作为一座商业城市，在唐初就已初现端倪了。贞观年间，“江都俗好商贾，不事农桑”[②]，可见商业已有一定基础。到武则天时已经是富商大贾集中之地，“扬州地当冲要，多富商大贾，珠翠珍怪之产，前长史张潜、于辩机皆致之数万，唯（苏）环挺身而去”[③]。到开元之际，扬州已经成为百货所集的大商业城市了。

扬州商业的繁荣，一方面是由于江淮地区经济的迅速发展，农业、手工业的发达为商业提供了日益丰富的商品来源。扬州本身的手工业也相当发达，造船业、制盐业、铸钱业、纺织业、铸造业、铜器制造业都具有相当规模，扬州的绫、绢、锦、绸、金银器、铜镜、毡帽都是质量精美，颇负盛名的商品。另一方面，是由于扬州地处长江与运河交汇之处，是南北交通和中外交通的枢纽。“扬州常节制淮南十一郡之地，自淮南之西，大江之东南，至五岭、蜀汉，十一路百州之迁徙贸易之人往还，皆出其下，舟车南北，日夜灌输京师者，居天下十之七。”[④] 以扬州为中心的水陆交通，北达长安、洛阳，西南到剑南，东南到交广，联系着广大的地区。由于唐代扬州濒临长江的入海口，因而也是当时中外交通的重要港口，与福建的泉州，岭南的广州并列为沿海三大对外贸易港口，因而，扬州成为中外商品的重要集散地。

扬州商业繁华达到鼎盛时期，享有“扬一”的地位是在唐后期。唐后期扬州商业的特殊繁荣，主要和当时的政治经济形势有关。安史之乱后，唐政府财政收入主要来源于江淮。扬州成为东南财赋集中、转运之地，具有十分重要的经济战略地位，受到唐廷的格外重视。扬州在武德七年（624）开始设扬州大都督，以后又设立了淮南节度使，盐铁转运使等重要机构，并驻有重兵，从而使扬州成为东南地区的政治、经济、军事中心，聚集了大量消费

① 《资治通鉴》卷259，昭宗景福元年。
② 《旧唐书》卷59，《李袭誉传》。
③ 《旧唐书》卷88，《苏环传》。
④ 沈括：《长兴集》卷9，《扬州重修平山堂记》。

人口，包括官僚贵族、军将士兵、文人学士、僧尼道士及商人、手工业者，形成了一个巨大的商品消费市场，刺激了商业的畸形繁荣。而一旦这种政治形势改变，扬州失去了昔日重要的政治、军事地位，昔日商业的繁荣也就无法再现了。

在吴越地区还兴起了一批经济富庶，商业繁荣的城市。沿运河的有润、常、苏、杭、越诸州，在这一地区的还有湖、宣、和、庐等州。其中重要的有：

苏州是江南开发最早的地区，春秋战国时即已著名。在唐代是东南的一大都会，中唐后，几乎与扬州齐名，曾经做过苏州太守的白居易曾写道："当今国用，多出江南，江南诸州，苏最为大，兵数不少，税额至多。"① 他在诗中写道："欲辞南国去，重上北城看。复叠江山壮，平铺井邑宽。人稠过杨府，坊闹半长安。"② 这说明苏州人口稠密，商业发达。苏州有优美的自然景色，丰富的物产，除盛产粮食外，茶、橘等经济作物也产量甚丰。手工业有纺织、编织、造船、造纸、煮盐、采矿、酿酒等。苏州又地处运河岸边，水陆交通便利。杜荀鹤在诗中写道："君到姑苏见，人家尽枕河。古宫闲地少，水港小桥多。夜市卖菱藕，春船载绮罗。""有园多种橘，无水不生莲。夜市桥边火，春风寺外船。"③ 苏州有夜市存在，说明商业已突破坊市制度的限制有相当的发展了。

杭州是大运河的南端，经济地位十分重要，与苏州并称"苏杭"。白居易诗中屡有："苏杭自昔称名郡"，"江南名郡数苏杭"之句。杭州是水陆交通要冲，"当舟车辐凑之会，是江湖冲要之津"④。人口众多，开天盛世时，达到八万六千户，中唐以后，达十万余户。因而商业日益繁荣，唐廷在杭州设有盐扬。"杭州虽一场耳，然则南派巨流，去闽禺瓯越之宾货，而盐鱼大贾，所来交会，每岁官人三十六万千计。"⑤ 杭州不仅是东南盐鱼交易的一个中心，而

① 《白居易集》卷68，《苏州刺史谢上表》。

② 《白居易集》卷24，《齐云楼晚望，偶题十韵，兼呈冯侍御、周、殷二协律》。

③ 《全唐诗》卷691，杜荀鹤：《送人游吴》《送友游吴越》。

④ 《金石萃编》卷119，《镇东军墙隍庙记》。

⑤ 《全唐文》卷763，沈亚之：《杭州场壁记》。

且为“万商所聚，百货所殖”[①] 之处。大历十年（775）七月，“杭州大风，海水翻潮，飘荡州郭五千余家，船千余隻”[②]。可见杭州水路交通之盛。为适应商品经济的发展，杭州修建了新的罗城，“东眄巨浸，辏闽粤之舟橹，北倚郭邑，通商旅之宝货”[③]。五代时，杭州更为繁荣。

湖州虽不在运河边上，但它位于太湖之滨，有官塘与运河相通，是太湖地区的经济中心，物产丰富，工商业发达。“其贡橘柚纤缟茶纻，其英灵所诞，山泽所通，舟车所会，物土所产，雄于楚越，虽临淄之富不若也。”[④]

宣州是唐代著名的矿业中心，盛产铜、铁、银等矿，采冶业发达，有“梅根、宛陵二监钱官。”[⑤] 宣州农业生产也相当发达，又地处交通要道，因而商业兴盛，成为江南繁华的城市。

传统的荆楚经济区主体是长江中游的江汉平原，其区域大致相当于现在的湖北、湖南、江西三省。在唐代则为淮南道西部的一小部分，山南东道大部分以及江南西道除宣州而外的全部。这一地区经济在唐代有较大的发展，成为唐代重要的产粮区。安史之乱时，运河漕运受阻，“肃宗末年，史朝义兵分出宋州，淮运于是阻绝，租庸盐铁泝汉江而上”[⑥]。江汉漕运线成为通往关中的主要运道，荆州成为财税主要的集中转运地，充分显示了这一地区重要的经济战略地位。这一地区的重要城市有：

荆州（即江陵）是东西水运和南北陆运的交会处，颜真卿说它是“荆南巨镇，江汉上游，右控巴蜀，左联吴越，南通五岭，北走上都”[⑦]。荆州便利的交通地理位置，不仅使它成为战略地位十分重要的军事重镇，而且，也使它成为舟车相会，商旅接踵，交易繁忙的商业城市。李白在诗中说：“南都（指江陵）信佳丽，……万商罗鄽闠。”[⑧] 刘禹锡在诗中也说：荆州“自古如今要

---

① 《文苑英华》卷800，李华：《杭州刺史厅壁记》。
② 《旧唐书》卷37，《五行志》。
③ 《文苑英华》卷811，罗隐：《杭州罗城记》。
④ 《全唐文》卷529，顾况：《湖州刺史厅壁记》。
⑤ 《新唐书》卷41，《地理志》。
⑥ 《新唐书》卷53，《食货志》。
⑦ 《全唐文》卷336，《谢荆南节度使表》。
⑧ 《全唐诗》卷166，李白：《南都行》。

路津，……风天气色属商人”[①]。唐末高季兴据其地建荆南国，由于荆州为中外商人会聚和必经之地，因而荆南就依靠征收商税和掠夺商货来维持国家财政，这在封建社会是绝无仅有的。

鄂州位于汉水与长江交会之处，当荆吴江汉之冲要，交通地理位置也很重要。唐前期，鄂州发展不快。中唐以后，由于长江、汉江航运业的发达和江汉漕运地位的提高，江淮租赋大多运至鄂州，溯汉江而上，便利的交通和日益重要的地位，使鄂州发展迅速，吸引了大量商人前来，时人称鄂州“闾阎皆土著之安，货贝有山积之富”[②]。“居杂商徒偏富庶，地多词客自风流。”[③]可见鄂州已成为繁华富庶的商业城市。

洪州地处鄱阳湖与赣江的交会处，唐初已为江南的重要城市。王勃所写的著名的《滕王阁序》说洪州：“襟三江而带五湖，控蛮荆而引瓯粤”，“物华天宝，人杰地灵。”由于从广州进口的外国商品及岭南地区物产北运，大多越过大庾岭而经赣水至洪州，而东南地区物产南下岭南或广州，也往往是经扬州至洪州，因而洪州是南北物资交流的重要集散地。中唐以后，随着江南经济的发展，南北联系的加强，以及中外贸易的兴盛，洪州人口骤增，商货荟萃，商业繁荣，舟车之盛，尽于江西。

除此而外，荆楚地区的重要城市还有襄州、江州、饶州、潭州、岳州、朗州等。

传统的巴蜀经济区位于长江上游，其地域相当于现在的四川省。在唐代后期的行政区划为剑南三川（即剑南东川，剑南西川和山南西道），以及山南东道和黔中道的部分地区。四川省以邛崃山和大小凉山为界，分为两大地区。西部为青藏高原的东延部分和横断山北段，地势高峻，气候恶劣，人烟稀少。东部则是由四川盆地及其周围的山地组成，巴蜀经济区域的主体是四川东部地区。

巴蜀地区开发很早，自秦时李冰凿离堆，建都江堰，以成都为中心的盆地

---

① 《全唐诗》卷361，刘禹锡：《自江陵沿流道中》。

② 《全唐文》卷790，郑薰：《内侍省监楚国公仇士良神道碑》。

③ 《全唐诗》卷682，韩偓：《过汉口》。

就成为农业发达的地区，并有“沃野千里，天府之国”的美称。由于巴蜀地区特殊的自然地理条件，四面环山，自成格局，历来受中原战乱影响较小。经济一直在稳步发展。从四川盆地沿长江东下受三峡限制，通行困难，而向北，经蜀道可与汉中及关中平原相通，因而这一地区更多的是与关中联系而不是与长江下游联系，实际上是关中平原的后院。所以，顾炎武在《天下郡国利病书》中引《谷山笔麈》说：“唐都长安，每有寇盗，辄为出奔之举，恃有蜀也。所以再奔再北，而未至亡国，亦幸有蜀也。长安之地，天府四塞，譬如堂之有室；蜀以膏沃之土，处其阃阁，譬如室之有奥也。风雨晦明，有所依而避焉。自汉以来，巴蜀为外府，而唐卒赖以不亡，斯其效也。”

巴蜀地区，土壤肥沃，灌溉事业发达，农作物出产丰富，粮食产量不仅够本地食用，还可以外运，支援关中。陈子昂说：“蜀为西南一都会。国之宝府，又人富粟多，浮江而下，可济中国。”[①] 经济作物茶叶、麻等产量也很高。蜀地手工业相当发达，手工业门类众多，产品品种丰富，产量巨大。其中尤为绢锦业最为兴盛，蜀锦最为著称，成为重要的外销商品，吸引了不少商人前来货运。杜牧在《扬州诗》中有“蜀船红锦重”之句可以证实。此外，造纸、印刷、酿造、油漆、军器、瓷器、制糖等行业都很发达，大量的手工业产品成为蜀地商品的重要来源。巴蜀丰富的物产使中外商人纷至沓来，造成了商业的繁荣。

益州（即成都）是巴蜀地区政治、军事、经济中心，也是最大的商业城市。隋代全国设立并、扬、益、荆四总管，益为其一。唐代全国有五大都市为10万户人家，益州“人物繁盛，悉皆土著”，而扬州则外来人口占相当比重，反映了益州的富庶实际是超过扬州的。

益州在唐以前，只有位于城西的少城内有市。入唐后，商业发展，人烟稠密，城内设有四市。开元天宝时创置南市，肃宗时置东市，少城内的市改为西市，唐末僖宗时创立新北市。这些市都是官方设立的市场。在唐后期，益州还形成了各种季节性的民间市场，有的规模巨大。著名的有春季的蚕市。蚕市以交易蚕农之具为主，同时兼进百货，热闹非凡。韦庄诗云：“锦里，蚕市，满

---

① 《新唐书》卷107，《陈子昂传》。

街珠翠，千万红妆。玉蝉金雀，宝髻花簇鸣珰，绣衣长。”① 秋季有药市。蜀中盛产药材，药市商品贸易不限于药材，百货皆有，交易繁忙，热闹欢快，与蚕市相同。冬季的七宝市则主要交易珍奇异宝及各种手工业品。此外，还出现了夜市，“锦江夜市连三鼓，石宝书斋御五更。”②

益州是西南最大的城市，也是西南诸少数民族贸易的中心，益州向西，向南可与印度、缅甸诸国交通，有不少这些国家的商人前来交易，因而，益州也是中外贸易的中心。而蜀地商人也活跃于全国各地，甚至远至印度、东南亚、中亚诸国。

巴蜀地区的重要城市还有梓州、阆州、夔州等。

唐后期，南方还有两个经济区域发展较快，一个是岭南地区。唐代岭南道，“东南际海，西极群蛮，北据五岭”③。约当今广西、广东两省及越南北部地区。这一地区位于热带或亚热带，气候炎热，草木繁盛，多原始森林，人烟稀少，不易开发。岭南的开发早在秦汉，到唐代有较大的发展，唐后期岭南地区农业发展，耕地和人口增多，经济的发展为南汉的立国奠定了基础。

岭南地区的广州（即番禺）滨临海边，早在汉代已为南方重要通商口岸，对外贸易发达，因而开发较早。唐代广州为全国最大的对外贸易中心。陆贽云：“广州地当要会，俗号殷繁，交易之徒，素所奔凑。”④ 唐廷在广州设有市舶司，作为管理对外贸易的机构，其长官为市舶使，有时指派宦官担任，即所谓“市舶中使”，有时由岭南节度使兼任，可见对此职务的重视。

唐代广州是一座开放性的国际城市，有许多外国商人来这里定居经商。唐政府为便于管理，划定区域，让他们集中居住，称为“蕃坊”。来广州的外商以阿拉伯人、波斯人为多，也有新罗、日本、越南、柬埔寨、苏门答腊等地的商人。他们贩运来的货物以珠玉、香料、象牙、玳瑁、犀角等高档奢侈品为主，中国出口的主要是丝绸、陶瓷、茶叶等。中外商品在广州吞吐集散，百物杂陈，市场兴旺，商业贸易繁荣。

---

① 《全唐诗》卷892，韦庄：《怨王孙词》。

② 《方舆胜览》卷51，《成都夜市之鼓》。

③ 《唐六典》卷3。

④ 《陆宣公集》卷18，《论岭南请于安南置市舶中使状》。

唐后期南方经济发展较快的另一个地区是江南东道的今福建地区。唐前期这里相当多的地方还是“左衽居椎髻之半，可耕乃火田之余”[①]，当地人民的生产和生活都处于落后状态。安史之乱后，这一地区的经济有较快的发展，特别是滨海平原地区，农业的发展，使粮食不仅能自给，而且可以有余粮北运关中、南运岭南。福州还出产茶叶，造船、绢布、矿业等手工业也相当发达。福建经济的发展为五代时闽国的建立奠定了基础。由于大运河的开通，“自扬、益、湘南至交、广、闽中等州，公家运漕，私行商旅，舳舻相继”[②]，福建的水运已纳入全国的水运系统。福建又濒临大海，与海外交通方便。泉州是重要的对外贸易港口，不少外国商人航海到泉州登陆，从事贸易。唐末，王审知在闽建国，重视发展外贸，“招徕海中蛮夷商贾”[③]，就是其立国的基本经济政策之一。

① 《全唐文》卷164，陈元光：《请建州县表》。
② 《元和郡县图志》卷5。
③ 《新五代史》卷68，《闽世家》。

第八章　财　政

第一节　租赋制度及其发展变化

隋唐五代的租赋制度以唐德宗建中元年（780）两税法的颁布为标志，可以分为前后两个不同的阶段，前一阶段即隋及中唐以前，系以均田制基础之上的租庸调制为基本内容；后一阶段即建中元年至五代十国时期，在均田制崩溃、租庸调制瓦解的前提下，以“资产为宗”的两税法成为当时租赋制度的主要方面。隋唐五代的这些变化不仅仅只是在租赋制度本身，而是有深刻的社会经济发展变化的原因在内。

一、隋及唐初的租庸调制

隋代和唐代前期的土地制度、赋役政策主要是均田制和租庸调制。均田制下的土地授受和租庸调制下的粟帛征收，均以人丁为基本依据和计量单位。租庸调制实行的先决条件是均田制，也就是说租庸调是建立在均田制之上的一种税收和财政制度。租庸调制是以人丁为本的税收和财政政策，隋代一建立，就在自己的统治范围之内颁行均田令，隋代均田令“皆遵后齐之制”①，而“北齐给授田令，仍依（北）魏朝”②。可见隋代的均田令与北齐乃至北魏是一脉相承的，其中妇女和奴婢授田就说明了这一点。但是隋代的均田制并非只是对

① 《隋书》卷24，《食货志》。
② 《通典》卷2，《食货典》。

历史上的田制的简单继承，而是在具体实行过程中有一系列的发展变化。

从隋代前期的均田令的规定中可以看出，隋代均田制与以前的最大不同是，均田制推行的范围更加扩大。按规定隋代府兵可以得到如同均田户一样的田地；“凡是军人，可悉属州县，垦田籍帐，一与民同”[①]。府兵可以得到田地，正是隋代均田制授田范围扩大的具体表现。从国家的财政支出上看，均田户上交的租庸调部分作为军队的开支，便相应要有所减少。这对于隋代前期实行“轻税之法”具有重要意义。这一方面的表现还有如《隋书》卷24《食货志》、《册府元龟》卷495《邦计部·田制》所记载的对“省府州县，皆给公廨田，以供公用”。所谓“公用”就是指公廨田中的收入可以用来支付官吏俸禄及地方政府的开支。隋代均田制的推行空间范围较以前有所扩大，这就是随着全国南北的统一，均田制除了在广大北方地区继续推行外，在南方地区也开始推行。关于均田制在南方推行的情况，学术界已经取得了令人信服的结论[②]，此不赘述。

隋代在推行均田制的同时，实行租庸调制。租是作为土地直接收获物的粮食，调主要收取的是家庭副业手工业生产的纺织品。庸本来与租调是两回事，按规定，均田户除了上缴租调外，还要为官府在一定时间内服役，而庸正是力役的代替物。早在隋代初年就规定，“始令人以二十一成丁，岁役功不过二十日，不役者收庸”[③]。后来年老者收庸免役成为定制：“民年五十，免役收庸”[④]。力役可以收庸后，庸成为与租调一样的以实物为内容的地租形态。均田制在实行过程中，均田户占地不足额的现象比较普遍，但是政府在征收租庸调时，却是按授田足额来计算的，不管实际占田多少，均要求上缴足额租庸调，以此来保证国家财政正常的收入和财政支出。隋代均田户占田不足的现象，除了正史有所记载外[⑤]，敦煌吐鲁番文书对此有比较集中的反映，这些本属于宽乡的地区，授田不足的现象同样存在，多数均田户只能占有20～30亩

① 《隋书》卷2,《高祖纪》下。

② 金宝祥等:《隋史新探》，兰州大学出版社，1989年版；唐长孺:《魏晋南北朝隋唐史三论》，武汉大学出版社1992年版。

③ 《北史》卷11,《隋本纪》上。

④ 《资治通鉴》卷177，隋文帝开皇十年六月。

⑤ 《隋书》卷24《食货志》记载，隋文帝曾经遣使到各地检查均田的实际状况，结果发现授田不足的现象相当普遍，至于“其狭乡，每丁才至二十亩，老小又少焉”。

土地，甚至还有占地数量更少者。不仅均田户占田严重不足，而且土地定期调整即授受土地并不是如期进行。

唐代一建立，就在隋代的基础上实行均田制和租庸调制。唐代均田制和租庸调制的特点主要表现在：成丁年龄逐渐提高，入老年龄不断降低；均田制中的永业田和口分田的区别明显不及以前清楚；隋代大业年间和唐代，妇女和奴婢授田被取消；道士、僧尼和女冠在唐代可以受田；工商业者在宽乡可以获得一般均田户 50% 的口分田和永业田等等①。这些规定说明，唐代均田制在历史的基础上更加成熟，其反映了当时人口增加与可耕土地之间的矛盾，说明工商业者的社会和经济地位的提高，这与古代“以末致财，用本守之”传统相吻合，同时也说明了在商品经济相对活跃的历史条件下，土地买卖已经成为不可逆转的事实，土地兼并更加激烈而且不再受到国家政权的严格限制。

唐代在武德二年（619）规定租庸调，“每丁租二石，绢二丈，绵三两，自兹以外，不得横有调敛”②。这一时期的均田户除主要上缴的租、调两项内容，即土地收获物和农民家庭副业手工业的产品外，同时还得在一定时间内按规定服力役，力役在一定条件下可以以庸代替。《新唐书》卷 51《食货志》称：“用人之力，岁二十日，闰加二日。不役者日为绢三尺，谓之庸”。以庸代役在唐代逐渐普及并固定化，庸成为均田户承担的基本内容之一。与历史上的区别在于，以庸代役在唐代已经逐渐不受具体年龄的限制，即不再受 50 岁以上男子才可免役收庸的规定。实际上唐代的生产者在政府急需征发徭役时不允许代役，不仅如此，在这种情况下还要延长服役时间。据《旧唐书·食货志》记载，“有事而加役者，旬有五日免其调，三旬，则租调俱免。通正役，并不过五十日”。超过 50 天的部分，由政府按照“日绢三尺”的劳动力每日的一般价格向服役者支付。唐代以庸代役的过程，我们可以从“旧制，凡赋役之制有四：一曰租，二曰调，三曰役，四曰杂徭”③，到“国朝著令，赋役

① 《通典》卷 2，《食货典》；《新唐书》卷 51，《食货志》一。参见武建国：《均田制研究》，云南人民出版社，1992 年版。

② 《唐会要》卷 83，《租税》上。

③ 《唐会要》卷 83，《租税》上。

之法有三：一曰租，二曰调，三曰庸”① 中看得比较清楚。唐代以庸代役在实行过程中，有时候以“纳资代役”的形式出现，在特定条件下二者之间似乎没有什么严格区别。

以庸代役在唐代的普遍化，说明直接生产者的人身依附关系有了相对减轻，生产者不必非要到指定的时间和空间从事劳役不可，这样减少了往来路途的辛苦和时间，他们可以集中精力和时间从事自己的农业或手工业生产，提高生产效率。对于唐政府来说，收取均田户的生产实物绢布之类或上缴按规定的代役钱，政府再利用这些“庸”或“资”就近和雇所需要的劳动者，这是一件利国利民的事。以庸代役及纳资代役的实行，对于直接生产者来说是一定程度的解放，对于封建政府则是增加财政收入的途径。唐代前期社会经济的发展，尤其唐玄宗开元时期出现的盛世，与此不无关系。唐代前期尤其开元时期在我国历史上出现的政治稳定、国势强盛、经济繁荣、文化发展、对外交往活跃等等，从一个方面说明当时的租庸调制的内在功能发挥得比较充分，个体小生产农业及其家庭副业手工业、个体手工业者的潜在能力发挥得比较出色。

前面已经指出过，与历史上的其他时期一样，唐代的租庸调制是建立在均田制基础之上的一种赋役税收政策，是唐代前期财政收入的基本来源。均田制是假定均田户在规定的土地占有足额内上缴租庸调的，实际上均田户占田不足在唐代前期就已经存在。尽管如此，唐代前期均田户占有的土地还是比较接近均田令规定的数额，因为经过隋末农民大起义的扫荡，官僚、贵族和地主受到致命打击，出现了大量的荒芜土地，这为唐代初期实行均田制创造了客观条件。同时，唐代前期吏治清明，行政效率比较高，定期还授土地的制度被严格遵循。另外，鉴于隋末农民起义爆发的原因，唐政府对于土地兼并的限制比较有力。随着高宗、武则天时期开始对均田制中永业田与口分田买卖限制的不断放松，土地兼并日益激烈，地主、贵族、官僚兼并土地的势头得不到遏制，均田户占有的土地不断减少，土地占有不均的情况日益严重。在这种情况下，均田户还得按均田足额上缴租庸调，他们已经承受不了

① 《陆宣公集》卷22，《均节赋税恤百姓》第一条《论两税之弊须有厘革》。

如此沉重的经济负担，而唐政府为了保证财政的收入，不会因此而减免均田户的租庸调额。均田户只好或者逃离国家的户籍，或者变为地主的隐户，在玄宗时期均田制已经走到了它的尽头，皮之不存，毛将焉附，租庸调制也就不能再维持下去了。

《通典》卷2记载开元年间关于均田制中所受之田买卖的规定是："诸庶人有身死家贫无以供葬者，听卖永业田。即流移者，亦如之。乐迁就宽乡者，并听卖口分（卖充住宅、邸店、碾硙者，虽非乐迁，亦听私卖）。诸买地者，不得过本制，虽居狭乡，亦听依宽制。其卖者，不得更请。"这与北魏及其以后的"盈者得卖其盈，不足者得买所不足，不得卖其分，亦不得买过所足"①相比，土地买卖明显放宽。唐代在玄宗时期土地买卖的限制越来越放宽，在实际经济运作中等于取消了限制。开元年间对均田买卖的规定，是对现实土地占有状况的承认。

均田制在遭到严重破坏的条件下，政府对租庸调的征收不但没有及时调整，而且是在原来的基础上加重了均田户的负担。如规定均田户必须在指定的地点缴纳租，若先交县司，则依次集中在州府，再由州府送到指定的地点。在这种情况下通常要将大量运输费用预行摊征在均田户头上，这种被称为"租脚"、"脚钱"的数量没有定额，全凭有关部门临时规定，官吏中饱私囊是非常普遍的，有时还居然作为官吏的俸禄公开使用，这样运脚数倍加钱，成为苛政，就成了连玄宗也知道的公开秘密②。租的状况如此，庸调部分的情况也大体差不多。庸调还存在一个折变问题，通过折变多征收的情况普遍存在。不仅如此，有时还要提前征收一年或数年的庸调。就是在征收庸调时，还要"加其丈尺，至有五丈为匹者"③。按唐代是4丈为匹，仅此一项，就使均田户的实际负担增加了四分之一。

这样，均田制保护个体小生产农业及个体手工业者的本质已经不复存在，它已经成为盘剥均田户的苛政，均田户逃亡达到了空前的地步，而封建政府反

① 《魏书》卷110，《食货志》。

② 《唐六典》卷3，《户部·度支郎中》。关于唐代"租脚"、"脚钱"，可参阅《唐会要》卷93《诸司诸色本钱》。

③ 《通典》卷6，《食货典·赋税》。

过来又将逃亡了的均田户的租庸调负担转嫁到其他均田户身上，造成了更多均田户的进一步逃亡，如此反复，形成恶性循环，政府的财政收入严重受到影响，政治、经济、军事危机进一步加深，封建国家在这样的历史环境下只好更弦易辙，均田制和租庸调制形同虚设，两税法便应运而生。

二、建中元年（780）以后的两税法

唐玄宗开元时期土地兼并非常激烈，农民逃亡现象严重，均田制已经到了无地可“均”的程度，唐高宗、武则天时期农民逃离国有户籍者超过了一半，并且这种势头日益迅猛，其造成的直接后果是租庸调因此而难能征取，唐政府的财政出现了严重危机。一种新的财政税收政策即两税法产生了。两税法作为一种新的财政税收政策，它的出现反映了当时社会政治、经济和军事的发展变化，具体而言，反映了封建社会商品经济的活跃、直接生产者人身依附关系的相对减轻、社会生产力的提高、封建国家财政税收政策的成熟、封建社会内部自我调整功能的加强等等。因此，两税法一经产生，不但成为藩镇割据条件下唐政府财政收入的有效保证，强有力地保证了封建国家机器的运转和封建国家职能的正常发挥，并且成为中唐以后财政税收的主流，其对社会的影响十分深远。宋代人将唐代两税法的设计者杨炎与历史上的改革家商鞅相提并论：“随田之在民者税之，而不复问其多寡，始于商鞅；随民之有田者税之，而不复视其丁中，始于杨炎”[①]。马端临将均田制的瓦解归于商鞅，将均田制和租庸调制的瓦解归于杨炎，是非常深刻的见解，尽管他将商鞅和杨炎的改革持贬义态度。两税法在我国经济史和财政史上具有划时代意义，两税法中以地亩征税顺应了税制改革的发展方向，结束了长期以来赋役制度的混乱局面，并为宋代以后的税制改革理顺了头绪，像明代的一条鞭法和清代的摊丁入亩等，均与唐代的两税法一脉相承。唐德宗在宣布实行两税法的同时，罢黜了刘晏担任的租庸使等职，“天下钱谷委金部、仓部，中书门下拣两司郎官，准格式调掌”[②]。尽管刘晏的被罢黜与当时的政治斗争有关，而刘晏的被罢租调使，却也宣告了服

① 马端临：《文献通考·自序》。

② 《旧唐书》卷12，《德宗本纪》上。

务于租庸调法的租调使之职，至此正式结束[1]。

唐代建中元年（780）两税法的情况，《新唐书》卷52《食货志》二是这样记载的："至德宗相杨炎，遂作两税法，夏输无过六月，秋输无过十一月。置两税使以总之，量出制入。户无主、客，以居者为簿；人无丁、中，以贫富为差。商贾税三十之一，与居者均役。田税视大历十四年垦田之数为定。遣黜陟使按比诸道丁产等级，免鳏寡惸独不济者。敢有加敛，以枉法论。"

《唐会要》卷83《租税》称两税法的主要设计和执行者杨炎在《起请条》中是如此向德宗皇帝建议的：

"凡百役之费，一钱之敛，先度其数而赋于人，量出以制入。"

两税法与租庸调制的主要区别在于，一是改变征收方法。户税改按粮食水获季节的不同分为夏秋两征。二是强调将丁税改为户税。这样做其实是符合土地集中和贫富升降的社会现实。户税按户等以钱币定税，纳税时可以根据实际情况或交钱币或折纳绢绫。

户税在我国历史上出现的比较早，《隋书》卷24《食货志》记载北齐"始立九等之户，富者税其钱"是户税的发轫期；隋文帝开皇十八年（598）高颎"请于所管内，计户征税，帝从之"[2]，是对北齐户税的继续和发展。唐初高宗曾"薄敛一岁税"15万余缗[3]，户税不但数量少，而且没有定制。武则天时期户税的地位有了明显提高，"天下诸州，王公以下，宜准往例税户"[4]。户税地位比较突出时期是唐玄宗时，当时户税每年一小税，三年一大税，分别收入是40万贯和150万贯[5]。按《通典》卷6《食货典》注文记载，玄宗天宝时期户税的具体征收情况是："其八等户所税四百五十二，九等户则二百二十二，今通以二百五十为率"，每年的收入达200万贯左右。代宗大历四年（769）进一步规范户税。《旧唐书·食货志》对此做了如下记载：户税"分为九等：上上户四千文，上中户三千五百文，上下户三千文；中上户二千

---

① 参阅郑学檬：《五代十国研究》，第137页，上海人民出版社，1991年版。
② 《通典》卷5，《食货典》五。
③ 《唐会要》卷93，《诸司诸色》。
④ 《通典》卷6，《食货典·赋税》。
⑤ 《唐六典》卷3，《尚书户部》。

五百文，中中户二千文，中下户一千五百文；下上户一千文，下中户七百文，下下户五百文”。这时户税征收范围扩大，户等制定详细，户税在社会经济中的地位有了明显提高。唐玄宗时期户税地位的提高，说明均田制及其租庸调制处于崩溃时期，政府在寻找新的财源，并将户税作为其有效途径；唐代宗时户税进一步规范并且在国家赋税收入中的比重进一步提高，说明均田制和租庸调制尽管没有明文宣布废除，而在实际中已经不再存在，户税成为政府赋税的基本来源。户税对于政府来说扩大了征税面，即使政府不增加每户的税额，国家的财政收入却在明显增加，在提高政府剥削率的同时，中下层居民的负担也有所减轻。两税法正是从这个意义上继承了户税，对于国家财政收入的增加和使税收趋于比较合理，均有一定意义。

两税法实行的当年，两税数额到底是多少呢？也就是说唐政府在建中元年（780）的主要财政收入（不包括一些专卖收入、海关收入等等）是多少呢？对此有必要在这里进行一些考辨。因为这对于我们理解两税法的内容、当时唐政府的财政收入与支出都有一定的意义。建中元年制定两税数额的依据是："每州取大历中一年科率钱谷最多者，便为两税定额"[①]。这一年正好系两税法颁布的前一年，即大历十四年（779）。由于史书记载前后不一致，故时至今日，或认为建中元年两税数额为2050万缗，或坚持其数是1200万贯，各执一词，莫衷一是。通过认真分析后发现，上述两种观点都是不能成立的，而之所以如此，是因为这两个数字都是指建中元年两税中的不同部分内容，而非指两税的全部内容。《新唐书》卷52《食货志》二载建中元年实行两税法时“岁敛钱二千五十余万缗，米四百万斛，以供外；钱九百五十余万缗，米千六百余万斛，以供京师”。有些论著据此得出建中元年实行两税法时两税数额基数为2050余万缗的结论。这一结论的问题在于，将“供外”与“供京师”这种平行关系，当成是总额与部分支出之间的关系，即建中元年“供外”的2050余万缗中，包括“供京师”的950余万缗在内。《旧唐书》卷49《食货志》下、《通鉴》卷225大历十四年五月条则记载：“大历末，通天下之财，而计其所入，总一千二百万贯。”于是第二种意见便产生了：建中元年两税数额为1200

① 《陆宣公集》卷22，《均节赋税恤百姓》第一条《论两税之弊须有厘革》。

余万贯。这一观点的错误是，没有对两税法作以全面考察，就将上供京师部分误认为是两税全部税额。

实际上，自藩镇割据局面出现以后，中央财政的主要收入中所指的“所入”是特指上供部分，这几乎成为一种通例[①]。要比较准确地解释上述两种观点的缺陷或片面性，我们有必要首先搞清楚唐代中后期财政支出情况。唐代中后期税收是分为三部分支出的：一是上供，二是送使，三是留州[②]。根据当时的规定，这三部分之间是有具体比例的，由于三者之间的具体用途不同，所以预算时是分项计算的。明乎此，我们便清楚欧阳修在《新唐书》中所记载的2050余万缗是指送使和留州部分，因这两部分均不属于中央政府直接支配，所以笼统地将其称为“供外”。而刘昫在《旧唐书》中记载的，则是上供京师部分。我们得出此结论，并非仅凭上面史料。《通典》卷6注文：“建中初，……每岁天下共敛三千余万贯；其二千五十余万贯以供外费，九百五十余万贯供京师”。《文献通考》卷3记载：建中元年“岁敛钱二千五十余万缗，……以供外；钱九百五十余万缗，……以供京师”。史书记载说明上面二种说法均失之偏颇。

如果我们将《新唐书》记载的税收数字与《旧唐书》或《通鉴》所记载的税收数目，即将上供、送使和留州三部分相加，正好与《通典》所记载的“每岁天下共敛三千余万贯”相符。至于《新唐书》《通典》《文献通考》等所记载的2050余万贯以“供外”者，则是特指“送使”、“留州”两部分。自藩镇割据势力形成后，地方节度使“收刺史、县令之权，自作威福”[③]，送使和留州部分完全由地方节度使擅自处理，对于中央政府来说他们都属于“供外”部分，也就没有严格区分的必要了。

《唐会要》卷83记载杨炎在《起请条》中讲到：“其黜陟使每道定税讫，具当州府应税都数，及征纳期限，并支留合送等钱物斛斗，分析奏闻，并报度支、金部、仓部、比部。”可见各地应征收的税额确定下来后，要将具体数字

---

① 《通典》卷六，《食货典》注文；《文献通考》卷3，《食货考》。

② 《唐会要》卷83，《赋税》上；《新唐书》卷169，《裴垍传》。

③ 《资治通鉴》卷241，元和十四年三月。

上呈中央政府，以作为中央与地方财政预算的依据。从唐代实行两税法的情况来看，当时与其说分为三部分支出，不如说根据支出性质分成上供和供外两部分。另外《通典》作者杜佑是唐代著名的经济制度史专家，他著《通典》时，前后花费了36年时间，其学术价值是学术界公认的。尤其值得一提的是，《通典》于大历元年（766）开始编纂，成书于贞元十七年（801），唐代两税法的颁布正值其书编纂之中。杜佑还于贞元十九年（803）出任宰相，他有查阅有关诏告文书、臣僚奏议、政令账册等第一手资料的便当①。由此可见，《通典》关于两税法及其税额记载的可靠性，是其他史料所难望其项背的。《通典》是我们了解唐代建中元年两税税额的可靠依据之一。

将唐代制定两税法时的税额总数看成3000余万贯（缗），且分为上供、送使和留州三个不同部分，还与两税法的制税原则相吻合，同时还与封建社会不断提高剥削率的历史趋势相一致。唐代两税法的制税原则是："凡百役之费，一钱之敛，先度其数而赋于人，量出以制入。"② 量出制入的具体含义是：将大历十四年（779）唐政府财政支出的数额（包括上供、送使、留州）加在一起，以作为建中元年（780）制定两税税额的基数。或者说，唐政府以大历十四年的财政支出，来确定建中元年的财政收入。因此，建中元年两税税额，既不是单指"上供"部分，也不只是包括送使、留州在内的"供外"部分，而是二者相加之和。至此，我们可以确定唐代建中元年两税税额制定的依据和数目：它以大历十四年（779）的财政支出为基数，规定两税总额是3000余万缗（贯），其中上供部分1000万缗左右，供外部分（包括送使、留州）2050余万缗。

两税法规定"税及客户"，不仅仅反映了直接生产者人身依附关系的相对减轻这样的社会变化的现实，而且也说明了租庸调制破坏后尤其藩镇割据时期国家扩大税收征收面的现实。另外，两税法明确规定了"量出以制入"这样的制税原则，这与传统的"量入为出"的制税原则有比较大的差异。关于两税法中量出制入的制税原则，将在本章第二节进行详细阐述，这里姑且从略。

---

① 《旧唐书》卷147，《杜佑传》。

② 《唐会要》卷83，《租税》上。

两税法还规定了“地税”，这时的地税与租庸调制中的地租是有严格区别的，地租是通过均田户人丁所应该授田数额征收农业生产者的实物粮食，地税则根据每户实际占有的土地面积计征。需要特别指出的是，实行两税法后，夏秋两征的户税即两税与地税是分项计算和征收的，不可将其混为一谈。

两税法在建中元年实行以来，随着当时社会经济和政治、军事形势的发展变化，本身经历了一个发展变化过程。这个过程相当复杂，而其中“钱重物轻”的出现并且几乎贯穿于唐代后期，以及两税税额以外的征收，成了当时唐代扩大征收来源的主要途径，也是直接生产者不可忍受的沉重负担，是影响当时正常的社会生产和社会生活秩序的痼疾。

两税法实行后不久，即发生了“钱重物轻”的普遍现象。钱重物轻的出现，直接原因是政府的货币投放量远远跟不上社会经济发展的客观需要，这对政府的财政收入和生产者的负担来说均产生了不可低估的重大影响。因为按两税法规定，纳税户在缴纳两税时是以钱币计算的，即使缴纳绢绫等实物，也是以钱币折算的。当时钱重物轻的幅度很大，政府的实际财政收入在成倍增加，纳税户的实际负担也在相应加重。这方面的例子举不胜举。两税法实行后钱重物轻的出现，往往成为理财家多次着手解决的棘手问题，也是普通百姓最为关心的社会问题，乃至成为科举考试中对策的重要题目之一。两税法实行后一方面是随着钱重物轻的出现和其程度的不断加重，“自初定两税，货重钱轻，乃计钱而输绢绫，既而物价愈下，所纳愈多，绢匹为钱三千二百，其后一匹为钱一千六百，输一者过二，虽赋不增旧，而民愈困矣”；另一方面是官吏在实际中税外加征，“度支以税物颁诸司，皆增本价为虚估给之，而缪以滥恶督州县剥价，谓之折纳，复有进奉、宣索之名，改科役曰召雇，率配曰和市，以巧避微文，比大历之数再倍”①，使百姓的实际负担在成倍增加。本来规定两税外征收一钱一物，均“以枉法论”②，但这在实际中从来就没有很好地贯彻执行过。税外加征这种状况成为唐代后期社会经济的一大

---

① 《新唐书》卷52，《食货志》二；《陆宣公集》卷22，《均节赋税恤百姓》第二条《请两税以布帛为额不计钱数》；《唐会要》卷83，《租税》上。

② 《唐会要》卷83，《租税》上。

特色。

五代十国时期由于政权林立，政令不一，各政权的财政税收政策有比较大的差异，尽管如此，各政权继承唐代两税法的基本精神却是一致的。前面已经强调过，自安史之乱后，藩镇割据局势正式形成，大藩强镇在自己的势力范围之内享有政治、经济、司法和军事特权，当地两税的征收成为其维持割据势力的主要经济基础。节度使以支使负责两税仓廪的掌管，而具体负责户等的确定和核实、两税的征收等工作，则由地方刺史、县令和录事来完成。自唐代后期以至于五代十国，则由藩镇幕僚掌管本地财赋，战时经济的色彩比较明确。《旧五代史》卷4《后梁·太祖纪》记载，朱温任宣武、宣义、天平、护国节度使时，征辟裴迪为幕僚，"自是之后，历三十年，委四镇租赋、兵籍、帑廪、官吏、狱讼、赏罚、经费、运漕，事无巨细，皆得专之"。财政大权掌握在幕僚手中。但是中央财政集中的趋势却随着后周统一全国的条件逐渐具备而显现出来。

第二节　财政制度的演进

隋唐五代财政制度受当时社会政治、经济以及军事形势发展变化的影响，前后有比较大的差异；与当时土地制度及租赋制度的发展变化相一致，可以将租庸调制和两税法基本内容分为两个不同的阶段，不同时期财政的管理制度、管理机构和制税原则都显现出不同的特点。随着隋唐中央集权的加强，虽然政府的财政预算、收入和支出分为地方和中央政府的不同部分，藩镇割据势力形成后则分为上供、送使和留州三部分，但从整体上看，这一时期国家财政实行中央和地方一体化的统筹和支配的原则。

一、隋及唐初以度支为核心的财政管理机构及其运行

如上面一再强调的，隋及唐初继承北魏以来的均田制和租庸调制，租庸调制成为隋及唐初国家财政的主要来源，租庸调是当时生产者的最基本负担。适应这一财政体制，隋唐在中央政府三省六部制的基础上，形成了以户部度支为

基本内容、政令与政事相结合的财政管理和执行机构。这一时期国家的财政预算原则是传统的“量入为出”。

隋代三省六部制刚刚确立，当时的财政预算、征收和支出等等，处于一种摸索和确立阶段。隋代综合南北朝中央政府机构，建立三省六部制，其中六部之一的度支掌管财政。开皇三年（583），改度支为民部。在讨论隋代的财政时，无论如何是不能回避理财家高颎的，高颎对于隋代前期的财政政策的制订、财政收支的编制、财政收入措施的落实等起了难以替代的作用。鉴于各地税收标准不一致，偷税、漏税现象普遍的现状，隋文帝时高颎“以人间课输，虽有定分，年常征纳，除注恒多，长吏肆情，文帐出没，复无定簿，难以推校，乃为输籍定样，请遍下诸州。每年正月五日，县令巡人，各随便近，五党三党，共为一团，依样定户上下。帝从之。自是奸无所容矣”[①]。《通鉴》卷176陈长城公至德三年（585）五月条是这样记载的：“时民间多妄称老小，以免赋役，……隋主命州县大索貌阅，……于是计帐得新附一百六十四万余口。高颎请为输籍法，遍下诸州”。“输籍定样”是隋代的财政与税收的主要内容之一，是政府为了保证租庸调征收、防止均田户“诈老诈小”的一种措施。这一措施的核心内容是，政府编制每丁每户应纳租庸调的标准，由县令及其他工作人员共同监督实施，以确保租庸调的征收，保证国家的财政收入，而当时是以人丁为本的。在这种税制下，租庸调税率是一个常数，每年实际缴纳租庸调的丁男人数，则是影响租庸调财政收入总量的变量。正因为如此，隋政府不遗余力地通过户籍法检索户口。但是这一情况在开皇十八年（598）发生了变化，这一年开始出现了“计户征税”[②]，尽管这时的户税带有临时性质，但毕竟是历史的进程中出现的新的经济因素，其在以后的经济生活中所占比例在不断提高。

隋代财政收入与支出主要是租庸调，即土地收获物粮食和手工业产品。如输籍法实行以后，国家加强了对纳税人的控制和财政收入征收的力度，使国家的财政收入数量大为增加。史称即使“虽数遭水旱”，仍然是“户口岁增，诸

① 《隋书》卷24，《食货志》。
② 《通典》卷5，《食货典》五。

州调物，每岁河南自潼关，河北自蒲坂达于京师，相属于路，昼夜不绝者数月”[①]。隋代文帝时期，在著名理财家高颎的辅佐下，财政编制比较有效，财政收入途径比较畅通，再加上隋文帝奉行节俭的方针，使政府的财政收入的主要内容手工业品——纺织品，在国库库存积满为患。以至于隋代前期犒军及奖赏文武大臣往往以数十万、数百万匹绢计。

至于隋炀帝时将全国经济纳入战时经济的轨道，财政收入和支出以实际需要为准，正常的财政编制和收支程序被打乱，以掠夺性经济为主、不考虑生产者的承受能力，已经完全违背了正常的财政原则，其沉重代价是隋代由强盛而变成不堪一击，隋代短命而亡，对此学术界多有论述，这里不再赘述。

唐代建立后，李渊、李世民父子认真汲取隋代财政收入和支出随意性大而造成百姓及一部分官吏一致反对的教训，一开始就将关系到国计民生的财政制度的编制、收支提到议事日程。早在高祖时，就因经过战争创伤后百姓生活贫困、经济萧条，强调“京师仓廪，军国资用，罄以恤民，便阙支拟”[②]。高祖采取压缩中央统治中枢和高消费中心地京师的消费，以减少政府的财政支出，励精图治的唐太宗认为，“为君之道，必须先存百姓，若损百姓以奉其身，犹割股以啖腹，腹饱而身毙”[③]。在这一思想的指导下，“省徭赋，不夺其时，使比屋之人，恣其耕稼，此其富矣”[④]。这种措施虽然可以解决一时之困难，却非长久之计，在社会政治基本稳定以后还需要由国家财政的编制、预算和收支正常的程序来实行社会经济的正常运行。当然，唐初君臣奉行的勤俭自律的作风，对财政的收支状况还是产生了直接影响。唐代前期的财政预算和编制，以租庸调制的征收和严格的户籍制度为依据。户部及其四司，分掌财政政令和具体操作，其间有严格分工和密切配合。随着隋唐中央集权的加强，中央政府除了对中央的财政完全控制外，对于地方的财政亦实行统一编制、收入和支配的原则。这种行之有效的财政原则，主要是通过法律形式的规定及其严格的监察和审计制度来加强对各级财政机构及其运行机制的管理来完成的。

---

① 《隋书》卷24，《食货志》。
② 《全唐文》卷1，高祖：《定户口令》。
③ 《贞观政要》卷1，《君道》。
④ 《贞观政要》卷8，《务农》。

唐代规定户部掌管全国的财政，户部下设户部、度支、金部、仓部四司。按高宗永徽年间因避太宗讳改民部为户部。户部长官尚书及其侍郎“掌天下户口、井田之政令，凡徭赋职贡之方，经费调给之算，藏货赢贮之准，悉以咨之”①。户部下属的四司的具体分工是：户部司主管户口、土地、赋役、贡献等事，度支司执掌国家财政的预算编制和支出，金部的主要职责是掌管国库金银财宝的收支，仓部主管政府仓库粮食的出纳。四司分工明确，执掌专一，相互配合，彼此制约与监督，分之为四，合之为一，在户部的统一领导下开展工作。“互相关键，用绝奸欺”②，就是对唐代财政机构之间关系的说明。财政是国家控制与调整经济命脉的大柄，是国家经济的核心，因其涉及面广，非户部一个部门所能完全独立完成，其他部门也同时兼司财政之一定职能。如工部的工部、屯田、虞部、水部等分别执掌兴造、屯田、渔猎、水利政务；礼部下属的主客、祠部、膳部等；九寺五监中的太府、司农分别负责钱币、宝物和粮食的出纳等。可见唐代的财政机构虽然以户部为主，却涉及到其他各个职能部门，这是论述当时财政时不可忽略的事实。

与隋代一样，唐代前期的财政在中央政府统一管理和支配下，地方的财政运行被纳入中央政府的行政管理机制之下，也就是说，在“一命之官，州郡无复辟置”的社会形势下，地方官吏的任命权归中央，同样地方财政规定运行纳入地方行政系统。“诸州租及地税等，宜令州县长吏专勾当”③。具体对地方财政的控制和管理，主要通过对地方财政的编制、收支预算的批准以及监察等等途径来实现。每年年初，中央有关财政主管部门向地方政府下达财赋的具体收征方案，年末则要将一地财政的收支情况的具体账目上报中央有关财政职能部门度支、金部和比部等。度支司的分工是，“郎中判入，员外判出，侍郎总统押案而已”④。比部“周知内外之经费而总勾之”⑤。

从这里可以清楚地看出，唐代前期的财政制度比较严密，管理体制显得有

① 《唐六典》卷3，《户部尚书》。
② 《陆宣公集》卷21，《论裴延龄奸蠹书》。
③ 《唐会要》卷83，《租税》上。
④ 《唐会要》卷59，《别官判度支》。
⑤ 《唐六典》卷6。

序而有效，上下一体，地方上有一定的自主权，而最终权归中央。这种多层次的管理体制，有力地监督了各级官吏征收和支配财政过程中的随意性，使中央财政的编制及收支分配具有权威性。唐代前期的财政基本收入的预算程序，是度支在各地户口、田地、课丁上报资料的基础上，根据政府的有关法令、法规和财政支出的实际情况，确定每一州县的具体税收品种和数量指标，这就是所谓的“诸色旨符”[①]。唐初编制“诸色旨符”时，由中央政府诸州诸项抄写下达，因涉及面广，每年耗纸竟多达50余万张，成为中央有关部门繁重的负担。玄宗开元二十四年（736）三月，在宰相李林甫的建议下对此进行了改革，将比较稳定的预算内常规项目汇编成简便易行的《度支长行旨》5卷，发放各地有关部门执行。从此以后，度支每年按《度支长行旨》向地方下达预算指标。由于公文程式简便划一，“省司每年但据应支物数，进书颁行，每州不过一两纸”[②]。这不仅提高了行政效率，也提高了中央和地方财政运行的可操作性。这一改革说明了唐代财政运行已经是相当成熟，反映了财政改革向规范、简便、划一方向发展的趋势。代宗时刘晏主持全国经济时，曾经在全国设置13个巡院，选择精干敬业的官吏主持巡院，这些巡院主要是分布在淮南、江南、岭南和河南道的扬州、陈许、庐寿、白沙、淮西、浙西、宋州、泗州、岭南、兖郓、郑滑等，这些巡院的设置与中央政府在经济相对发达而藩镇势力却比较薄弱的地区提高政府的财政收入有关，是中央政府的重要财政派出机构。

唐代前期的财政管理体制主要由当时的土地制度即均田制和主要税收政策——税庸调制所制约，也就是说，当时的财政收支主要由租庸调的数额及各地的征收分配方案所决定。当然其中也有一些变化，最主要的变化是户税在社会经济尤其在税收中的比例不断上升，财政运行因此而有所不同。另一方面，随着安史之乱后藩镇割据势力的出现和最后形成，本来属于国家征收的相当一部分地方税收被强藩巨镇所截留和支配，政府的财政编制、预算收入和分配格局发生了比较大的变化。

① 陈明光：《唐代财政史新编》，第37页，中国财政经济出版社，1991年版。

② 《唐会要》卷59，《度支员外郎》。

二、唐后期及五代财政运行机制

唐代前后期财政制度及其运行方面表现出了比较大的差异，但是唐代前期财政改革，为唐代中后期的财政运行创造了必要条件，唐代中后期财政的运行主要体现在财政职能部门三司发生了变化以及两税法代替了租庸调制等方面。

唐代财政管理机构由前期的尚书户部四司逐渐演变为度支、盐铁转运、户部三司的新格局①。同时以两税法为特征，唐代财政从中央角度看收入和支出均分为三部分，即上供、送使和留州，而两税法中制定的“量出制入”的制税原则，突破了传统的制税原则，在我国古代财政和经济史上占有十分重要的地位。同时，这一时期财政的另外一个特点是，随着藩镇割据势力的膨胀，政府官吏和军队人数的增加，统治阶级奢侈性消费的提高，政府在正常的财政收支之外，妄征赋税的现象比较普遍，额外加征成为当时百姓不可忍受的负担。尽管唐代后期财政改革有其发展的规律，而安史之乱及其后来形成的藩镇割据，削弱了中央政府集权的财政管理体制，同时打乱了原来的财政格局。据记载，“天宝之后，中原释耒，辇越而衣，漕吴而食”②。杜牧曾经说过：浙东“机杼耕稼，提封七州，其间茧税鱼盐，衣食半天下”③。唐政府“赋取所资，漕挽所出，军国大计，仰于江淮”④。军事形势和经济形势的变化，使唐政府的财政重心南移的格局终于形成。实际上，早在安史之乱爆发之前，经过一百余年的发展变化，开元时期已经形成了南北经济同时进步、南北财政并重的格局。如玄宗开元二十五年在西北地区实行和籴，在黄河南北、江淮地区实行“折租造绢”、“迴造纳布”等政策，就反映了这一趋势。

适应中唐时期均田制的瓦解和租庸调制的崩溃、安史之乱的爆发及藩镇割据局面的形成等一系列变化，使唐政府原来正常的财政操作程序被打乱，尤其北方地区或因惨遭战争创伤经济萧条，或强藩大镇控制经济不向中央上缴财

① 吴丽娱：《论唐代财政三司的形成发展及其与中央集权制的关系》，《中华文史论丛》，1986年第一辑。

② 《文苑英华》卷901，吕温：《韦府君神道碑》。

③ 《全唐文》卷748，杜牧：《李讷除浙东观察使兼御史大夫制》。

④ 《权载之文集》卷47，《论江淮水灾上疏》。

赋，而中央政府的军事开支在不断上升，府兵制瓦解后的募兵制增加了政府平时军费支出，所有这些，均使得唐政府不得不主要通过发展东南漕运和实行两税法来维持日益增长的财政支出。与此相适应，财政机构也进行了较大幅度的调整。各种财政使职在经济中的地位不断提高，度支、盐铁分掌财赋，财政三司机构确立，并成为中央政府调剂财赋和监管地方财政的核心。五代十国的财政机构在藩镇割据的历史条件下形成，既有继承唐代的成分，也有独自的特色，其基本趋势是“权归州县”，最后向中央集权制财政过渡，北周和北宋的财政制度就是唐代后期财政制度的继承和发展。

建中元年（780）德宗在宰相杨炎的具体策划下开始实行“以资产为宗”的两税法，使我国古代财政税收进入了一个新的阶段。在实行两税法之前，虽然均田制和租庸调制没有被明确宣布废除，实际上已经不在社会经济中占据主导地位，正如史书记载：两税法实行以前“科敛之名凡数百，废者不削，重不并去，新旧仍积，不知其涯。百姓受命而供之，沥膏血、鬻亲爱，旬输月送无休息。吏因其苛，蚕食于人。凡富人多丁者，率为官为僧，以色役免。贫人无所入则丁存。故课免于上，而赋增于下。是以天下残瘁，荡为浮人，乡居地著者百不四五，如是者殆三十年”①。租庸调制和其赖以生存的基础均田制在实际中已经不复存在，这样两税法的实行适应了社会经济形势发展变化的客观需要。两税法规定向直接生产者主要征收户税，即“作两税法，以一其名”。两税之外不许妄征一文。“其田亩之税，率以大历十四年（779）垦田之数为准而均征之”。同时根据收获季节的不同，“夏税无过六月，秋税无过十一月”②。杨炎的建议符合当时社会的实际，得到了德宗的支持，建中元年以皇帝的名义宣布了杨炎设计的两税法的基本内容：“宜委黜陟使与观察使及刺史，转运所由，计百姓及客户，约丁产，定等第，均率作年支两税。如当处土风不便，更立一限。其比来征科色目，一切停罢”③。两税法作为一种财政税收制度，具有历史的进步性，而两税法的主要设计者和实际操作者杨炎与历史

---

① 《旧唐书》卷118，《杨炎传》。

② 《旧唐书》卷118，《杨炎传》。

③ 《唐会要》卷83，《租税》上。

上的许多改革家一样，因其改革触犯了既得利益者的利益，最后没有逃脱被诛杀的悲惨命运。

唐代两税法的实行，是我国古代史上的一件大事，反映了封建社会土地兼并的发展和商品经济的活跃，适应了藩镇割据形势下中央政府与地方势力争夺财赋的客观需要，反映了直接生产者人身依附关系的相对减轻及封建剥削率的提高。唐代两税法具有以下特点：

一是划一了全国的税制。两税法规定两税以外不得妄征一文、妄征一物，凡额外征收以枉法论处。两税法实行以前，“科敛之名”多达数百，征收赋税的随意性增加了百姓负担，给各级官吏的枉法徇私提供了便利条件，激化了阶级矛盾和民族矛盾。两税法针对当时存在的这种社会痼疾，“以一其名”于两税，将原来的“丁租庸调，并入两税”。至于“比来征科色目，一切停罢”。按两税法本意，两税外不再征收一切杂税。两税法规定两税由“尚书度支总统”，赋役的规划、征收由中央政府统一规划和宏观把握，各级政府只能在尚书度支的规划下具体实施。中央政府真正控制了经济大权，“自是轻重之权，始归于朝廷”①。至于两税法实行以后不断出现的税外加征，非两税法本身的规定，它与两税法的主旨是相悖的。

二是财政收入和支出均实行两税“三分法”。尽管两税法规定由中央政府统一规划和通盘把握两税，但是由于中唐以后形成的藩镇割据的特殊形势，并不意味着由中央王朝独自控制两税财政收入，而是由中央、地方和藩镇共同分享国家的两税收入。这样两税的收入和支出是分项计算的，具体而言两税收入及支出分成上供、送使和留州三部分，确定了中央、藩镇和地方财政三级分配构成。这种“划分收支，定额管理”② 的税收原则，比较合理地解决了当时财政税收中的矛盾，在中央财政宏观控制下使地方财政收支有一定的自主性。从上面所作的分析中可知，两税法实行以后，中央、藩镇和地方的比例比较固定，不管中央财政预算，还是实际赋税的征收和财政支出，都是按一定比例来实施的。

从上节的具体论述中已经知道，两税法实行后唐代的财政支出与其说是按

---

① 《旧唐书》卷118，《杨炎传》。

② 陈明光：《唐代财政史新编》，第37页，中国财政经济出版社，1991年版。

"三分法"实施，不如说是按"二分法"来实行的，因为在上供、送使和留州三项内容中，上供是单独的一项，而送使和留州则属于同一性质，均属于地方或藩镇的支出内容。那么，二者之间的比例到底是多少呢？根据建中元年颁布两税法时的具体规定中可知[①]，当时上供部分约占两税总收入的31.7%，送使和留州即供外部分约占总数的68.3%。其中送使和留州到底各占多少比例，不得而知。因为送使和留州对于中央政府来说是一回事，所以也就没有对其进行具体划分的必要。中央政府直接控制的财政数量不及总财政支出的三分之一，如此少的数额，使中央政府直接控制的财政支出的缺口比较大。正如文宗时户部侍郎、判度支王彦威于开成二年（837）指出的，"今计天下租赋，一岁所入，总不过三千五百余万，而上供之数三之一焉。三分之中，二给衣赐，自留州、留使兵士衣食之外，其余四十万众，仰给度支焉"[②]。中央财政收支失衡，透支现象自始至终都存在。为了弥补中央财政的缺口，尤其在藩镇割据条件下，中央政府不断增加军费开支以对付强藩大镇，中央政府往往在两税外另辟财源，其中途径之一就是两税外加征。如两税法实行后"京城及畿县所税间架、榷酒、抽贯、贷商、点召等"[③]，就是一个例子。像这样的记载真是不胜枚举。这正是建中元年后中央政府不严格按两税法征收赋税的基本原因。

三是制定了全新的制税原则——"量出制入"。我国古代的传统制税原则是"量入制出"，即根据政府的实际赋税收入来确定支出数额，使财政收入和支出保持平衡。两税法实行以后，则是"皆量出以为入，定额以给资"[④]。唐代实施两税法时，中央权力居于支配地位，采取的是"以支定收"的方法，严格核定了州、使两级地方预算的收入项目及其数量界限，建立了比较规范的地方预算制度。[⑤] 这里所谓"量出制入"的具体含义，就是陆贽在《陆宣公集·论两税之弊须有厘革》所说的"每州各取大历中一年科率钱谷数最多者，

① 《通典》卷6，《食货典》："每岁天下共敛三千余万贯，其二千五十余万贯以供外费，九百五十万贯供京师。"

② 《旧唐书》卷17下，《文宗纪》下。

③ 《陆宣公集》卷11，《论关中事宜状》。

④ 《元稹集》卷35，《钱货议状》。参见魏明孔：《浅析两税法中"量出以制入"的制税原则》，《中学历史》，1983年第4期。

⑤ 陈明光：《唐代财政史新编》，第37页，中国财政经济出版社，1991年版。

便为两税定额”。对于陆贽的这一段话，学者们有不同的解释，至今意见并不统一。比较合理的解释应该是，两税法的税额总数取的是代宗大历年间支出最多的一年（具体而言就是大历十四年，即779年）数目，作为建中元年制定两税税额收入的基数，即以大历十四年（779）的财政支出，作为建中元年(780)两税收入的依据。这里的“量出制入”与以前的“量入制出”决不能仅仅看成是入出次序的随意颠倒，而是有深刻的历史原因，这是封建社会的赋税预算在当时显得比较成熟的体现，一方面政府的财政预算和收支数额增加，正如史书记载的“取大历中一年科率钱谷最多者”，即提高了封建剥削率；另一方面，又将财政预算、收入和支出限定在一个“度”之内，也就是说当年的财政预算、支出以前某一年的支出作为基本依据进行匡算，所谓“凡百役之费，一钱之敛，先度其数而赋于人”就指此。正如李剑农先生指出的：两税法“总括当时所有各种征收之总数，以定两税之总数，盖当时所有各种征收之总数，即为当时支出需要之总数”[①]。这样就对财政预算和收支的随意性进行了限制，使两税税额从理论上讲成为一个常数，同样国家的财政支出和收入也是一个常数，尽管这在实际中并不存在，甚至两税外征收的现象相当普遍，两税法颁布后在经济生活中的一个痼疾就是额外征收各种赋税，但是不管如何解释，这些都往往被视为枉法行为。

四是货币在税收中的地位提高，税收或直接上缴货币，或以钱币为计量单位折算实物。两税法明文规定，纳税户在向政府上缴基本税种——户税时，前引《起请条》称：“据旧税数及人户土客等第及钱数多少，为夏秋两税”，可见两税是以钱币缗或贯、文为计量单位的，其中相当一部分上缴的是货币，另外的部分则上缴实物——纺织品，而上缴的实物部分，并非以纺织品实物的匹、丈、尺、寸等直接计算，而是首先将其折算成货币，以货币为其计量单位。“定税之数，皆计缗钱；纳税之时，多配绫绢”；“所征非所业，所业非所征”[②]。纺织品品种繁多，即使同一品种又分为上中下不同等级，尤其各地的纺织品的品种和质量相差甚远，这使政府在两税征收过程中的统一标准缺乏可

① 李剑农：《魏晋南北朝隋唐经济史稿》，第279页，三联书店，1959年版。
② 《陆宣公集》卷22，《均节赋税恤百姓》第二条《请两税以布帛为额不计钱数》。

操作性，必然会出现不均现象。改成以货币征收或以货币为实物折算计量单位，使中央政府有了一个统一且可操作的税收标准。这样，便使中央政府在财政预算、收入和开支方面进一步精确。另外，两税法以货币为征收对象或以货币折算实物，使直接生产者与市场的联系有了加强，为了上缴两税，他们必须要将一部分产品通过市场。正如《新唐书·食货志》所言："大历以前，淄青、太原、魏博杂铅铁以通用之，岭南杂以金银、丹砂、象齿，今一用泉货"。这是只从两税法统一货币的角度而言，实际上远远不限于此，两税法实行后纳税户以钱换实物的例子举不胜举。尽管这一联系对于农民来说并不是出于自愿，因为他们不可避免地要受到商人和高利贷者的盘剥。即使如此，我们也不可否认两税法对于商品经济发展的推动作用。正因为如此，两税法实行以后，使当时的地租形态在封建经济领域内发生了一定的变化，这就是实物地租和货币地租相结合，货币地租的比例在明显提高。当然，这里只是就整体方面而言的，实际上在当时的地租形态中，还保留着一定的劳役地租，甚至在某些时期、某些地区劳役地租仍然处于主导地位。在我国封建社会，地租形态往往是混合存在，不存在单一的地租形式。但有一点是比较明确的，这就是自两税法实行以后，货币地租在整个地租形态中的地位明显提高，这是值得注意的一个重要事实。

第三节　专卖制度的发展

专卖是由国家直接或授权专门部门对某些商品从生产、销售诸环节进行垄断性经营以获取高额利润的经济活动。一般来说专卖品特指那些关系到国计民生的生活、生产品，这些产品的市场利润比较高，而且往往是日常生活和生产中不可须臾或离的。专卖制下的商品，是由政府直接经营或控制，一般不允许民间百姓直接染指其中，即使民间商人经营，也必须通过政府的特别授权。我国历史上专卖制度产生的时间比较早，至迟在汉代就已经实行了专卖制，当时的专卖内容主要是盐、铁和酒。隋唐时期继续实行专卖制，与历史上的专卖制不同的是，唐代的专卖涉及范围更加广泛，除了盐、铁、酒这些传统的专卖品外，还增加了茶叶等新的专卖内容，专卖收入在国家财政收入中的比例不断提高。

隋唐的专卖的内容相当丰富，唐代的榷“谓专略其利”[①]，榷是其中的内容之一。专卖在唐代财政收入中占有非常重要的地位，如元和十五年（820）穆宗下诏称：“以国用不足，应天下两税、盐利、榷酒、税茶及户部阙官、除陌等钱，兼诸道杂榷税等，应合送上都及留州、留使、诸道支用、诸司使职掌人课料等钱，并每贯除旧垫陌外，量抽五十文，仍委本道、本司、本使据数逐季收计”[②]。再如建中四年（783）发生了泾原兵哗变，哗变的主要原因之一是对政府掠夺商人、增加税收的强烈不满。德宗不得不对专卖政策及榷利制度进行调整：“其垫陌及税间架、竹、木、茶、漆、榷酒钱等诸色名目，悉宜停罢”[③]。宣宗时，“天下两税、榷酒茶盐钱，岁入九百二十二万缗，岁之常费率少三百余万，有司远取后年乃济”[④]。可见榷盐、榷茶等在两税法实行后已经与两税一样是政府财政收入中的基本内容之一。下面只是就其中最主要的专卖内容做一些简要介绍，以期对当时的财政预算、收入和支出有进一步的了解。

一、盐税和榷盐

食盐是居民日常生活中不可须臾或离的必需品，早在西汉时就实行榷盐，将盐税作为国家的基本财政收入之一。隋及唐初政府没有实行食盐方面的专卖制——榷盐，盐税在国家的财政收入中所占比例比较低。直至唐玄宗开元时期，随着租庸调制的瓦解和藩镇割据势力的形成，中央政府的财政压力与日俱增，政府在不断寻找新的财赋途径，这样盐税开始作为政府的重要税收而被征收，榷盐制度重新出现。不仅如此，唐代后期的榷盐收入在整个国家财政预算和收入中所占比例在不断提高。

隋代基本上没有盐税，史称终隋之世，“通盐池、盐井，与百姓共之”[⑤]。

---

① 《唐六典》卷20，《太府寺·两京诸市署》注文。
② 《旧唐书》卷16，《穆宗纪》。
③ 《唐大诏令集》卷5，《奉天改建中五年为兴元元年正月一日赦》。
④ 《新唐书》卷52，《食货志》二。
⑤ 《隋书》卷24，《食货志》。

因为终隋之世对盐采取放开政策，故不见各级机构中设置盐官的记载。唐代前期虽然设有“盐池使”一职，似乎只是对食盐的生产、贮存、运送和产量等进行管理及协调，政府并没有对食盐的生产和销售做出具体的硬性规定，民间可以比较自由地开采食盐，贩卖自由，不仅如此，当时甚至还没有盐税。开元元年（713）河中尹姜师度曾经实行过准军事化生产形式“盐屯”：河中尹姜师度“以安邑盐池渐涸，师度开拓疏决水道，置为盐屯。公私大收其利”[①]。盐屯只是作为特殊情况下的一种措施，在唐代并不常见，并且仅限于特定区域，但是其对于政府的财政收入却是很有意义的。唐代开始征盐税的记载，始于唐玄宗开元年间，不过当时的盐税税率相当低，“天宝、至德间，盐每斗十钱”，这与汉代及下面将要论述到的唐代后期相比，真是微乎其微。

唐代盐税的大额征收，始于第五琦的整顿盐务。第五琦盐法的实行，是与当时国家的财政压力分不开。史称肃宗“至德初，为国用不足，令第五琦于诸道榷盐以助军用”[②]。第五琦的盐法是改食盐征税为官卖的榷盐制。肃宗乾元元年（758）时任盐铁使的第五琦“初变盐法，就山、海、井灶近利之地置监院”；“盗鬻者论以法”。第五琦的盐法对违法者处罚非常严厉，甚至有盗买1石而被处死的例子。后来第五琦为诸州榷盐铁使，进一步严密榷盐之法，唐政府开始对全国各地的食盐（包括海盐、井盐、岩盐、池盐）一律实行榷盐制（在强藩大镇境内能否有效，理当别论）：“就山、海、井灶近利之地”置官，收卖“亭户”生产的盐[③]。同时在各产盐地区设置专门负责征收盐税，纠察私卖的执法机构监院，“官置吏出粜”[④]。第五琦根据当时食盐的实际情况，具体规定了产盐户的生产定额，其所产食盐，全部由官府统购，最后由官府加价出卖，盐利全部归政府所有。“尽榷天下盐，斗加时价百钱而出之。为钱一百一十”文[⑤]。如果除去运费不计，政府对食盐投入与产出的比例为1:11，或

---

① 《旧唐书》卷48，《食货志》上。

② 《旧唐书》卷123，《刘晏传》。

③ 《新唐书》卷54，《食货志》四。

④ 《旧唐书》卷123，《第五琦传》。按监院的职能不单指管理地方专卖，但是管理地方专卖是其基本职能之一却是比较明确的。

⑤ 《新唐书》卷54，《食货志》四。

者说，盐户所受的剥削高达1000%。按“盐并勒斗量”的唐代，在天宝九年(750)以后“三斤四两为斗”[①]。这样，盐税在政府财政收入中的比重明显增加，第五琦“作榷盐法，用以饶”[②]，后来的收入更加可观，榷盐年收入为40万缗。第五琦榷盐法确实增加了政府的财政收入，在一定程度上减缓了政府的财政压力，收到了“于诸道榷盐以助军用”的效果。但是第五琦盐法也产生了州县政府盐吏扰民的弊端，“盐吏多则州县忧”[③]。这主要表现在盐商与官吏勾结，“纳榷为官粜盐，父子相承，坐受厚利”[④]，食盐的消费者和食盐的生产者深受其害，唐代不得不对盐法进行进一步的改革。当然，盐税盐价居高不下并不是第五琦控制盐政的特殊现象，实际上盐价过高在唐代后期基本上没有得到有效控制。

第五琦之后，对唐代盐法贡献较大的是代宗时著名理财家刘晏。刘晏鉴于第五琦盐法的成功之处和流弊，进一步改进盐法，并且取得了良好的经济效益和社会效益。与第五琦盐法的核心官产官销不同[⑤]，刘晏实行政府包买产盐户的所有食盐，再转手卖给商人的办法，由商人将食盐运销全国各地。这样，政府对盐的控制变为放开生产领域，控制流通环节，地方州县不再设立盐官，市场的功能在扩大。政府“收盐户所煮之盐，转鬻于商人，任其所之，自余州县不复置官”[⑥]。为了保证远离食盐产地的居民能够购买到盐，刘晏实行了“常平盐”：“每商人不至，则减价以粜民，官收厚利而人不知贵”[⑦]。在商人向官府上缴盐税时，采取了比较灵活的方式，既可以按一定比例上交盐，也可以上缴绢，并且对于上缴绢者进行鼓励，以减轻政府的运输费用：“商人纳绢以代盐利者，每缗加钱二百”[⑧]。刘晏曾经在淮南、江南、岭南、河南诸道设置十三巡院，巡院系盐铁使所属的重要机构，对于有效地保证专卖的正常进行、

---

① 《唐会要》卷66，《太府寺》。
② 《通鉴》卷219，至德元年十月。
③ 《新唐书》卷54，《食货志》四。
④ 《全唐文》卷550，韩愈：《论变盐法事宜状》。
⑤ 《新唐书》卷54，《食货志》四：第五琦“就山海井灶近利之地置监院，游民业盐者为亭户”。
⑥ 《通鉴》卷226，德宗建中元年七月。
⑦ 《新唐书》卷54，《食货志》四。
⑧ 《新唐书》卷54，《食货志》四。

督收盐利起了积极作用,“自诸道巡院距京师,重价募疾足,置递相望,四方物价之上下,虽极远不四五日知,故食货之重轻,尽权在掌握,朝廷获美利而天下无甚贵甚贱之忧”[①]。这样政府及时掌握了各地的盐价及需求状况,及时调整价格并决定市场的投放量,以保证政府的盐利收入和满足市场的需求,同时又不至于无限度地增加消费者的负担。为了使政府对榷盐的绝对控制权,刘晏还同时加大对走私私盐的打击力度,各地巡院的任务之一就是“捕私盐者”,由于巡院等机构的效率比较高,使私盐猖獗的势头得到了遏制,“奸盗为之衰息”。政府通过盐利增加了财政收入,史称刘晏改革盐政后,国家财政收入大幅度提高,“天下之赋,盐利居半,官闱服御、军饟、百官禄俸皆仰给焉”[②]。社会效益和经济效益都比较明显。

刘晏被解职后,继任者元载进一步加大了盐税的征收范围和数量,后来刘晏曾经一度又被起用,但不久即被罢免。尽管刘晏改革盐法经历了反复,但是刘晏在盐法方面的改革并没有因为他个人的升降和被诛杀而被废除,直至穆宗长庆二年(822)仍就继续推行刘晏盐法还是恢复以前的专卖法,举朝进行过一次激烈辩论,可见刘晏盐法的影响之大。刘晏之后,盐税加重的趋势越来越明显,成为军国财政开支的重要来源之一。唐德宗诏曰:政府“专煮海之利,以为赡国之本,度其所入,岁倍田租。近者军费日增,榷价日贵,至有以谷数斗易盐一升”者[③]。唐僖宗诏书称,“近京赡国之资,榷盐为本”[④],盐税成为这一时期中央财政收入的基本来源之一。

尽管刘晏之后唐代的盐法发生了较大的变化,但是国家的盐税收入在不断增加的趋势却是比较一致的。关于唐代的榷盐或专卖收入,《新唐书》卷54《食货志》四称,刘“晏之始至也,盐利才四十万缗,至大历末,六百余万缗”。《通鉴》卷226同意这一说法:认为“其始江淮盐利不过四十万缗,季年乃六百余万缗”[⑤]。《宋书》卷182《食货志》与上面的说法相一致,认为

---

① 《旧唐书》卷123,《刘晏传》。
② 《新唐书》卷54,《食货志》四。
③ 《唐大诏令集》卷112,德宗:《减盐价敕》。
④ 《册府元龟》卷494,《山泽》二。
⑤ 《资治通鉴》卷226,德宗建中元年七月。

"唐乾元初，第五琦为盐铁使，变盐法，刘晏代之，当时举天下盐利，岁才四十万缗。至大历，增至六百余万缗，天下之赋，盐利居半"。但是新旧《唐书·刘晏传》、《旧唐书·食货志》以及《册府元龟》卷493均认为乾元初盐利收入为60余万缗，后来增加到10倍。张泽咸先生对史书关于乾元时期盐利收入记载出入的解释是："这里存在几种可能，一是四十万缗为第五琦时的榷利收入，六十万缗是刘晏上任后对盐法有所改进的盐利收入；另一种可能，四十万缗只是江淮海盐收入，六十万缗是包括海盐、池盐和井盐的全部收入"[①]。看来对于唐代开始实行榷盐时的具体收入，要取得一致的结论还有待于新材料的发现。即使如此，这并不影响对于唐代自实行榷盐和专卖制度以来收入在不断提高的判断。在唐代国家盐利收入中，安邑、解县两池占有重要地位，如大和三年（829）将安邑、解县两池盐利收入定为100万贯，大中年间（847～859）的实际收入高达121.5万贯多[②]。由此可见，唐代后期盐税的收入确实在不断提高。

五代十国时期由于政权林立、战争频繁，各个政权为了维持正常的社会生活和生产的需要，为了保证战争的庞大开支，均在不遗余力地开辟财源，其中的有效途径之一就是控制食盐产地，控制食盐的生产和销售过程，严禁私人染指其中。《新五代史》卷60《职方考》指出："五代之际，置榷盐务于海旁，后为赡国军，周因置州，割棣州之渤海、蒲台为属县而治渤海"。五代十国各个政权所控制的食盐区域大小有异，每个政权的情况不同，其所采取的盐利政策也就有比较大的区别。

五代盐法继承唐代末年之制，逐年酷密，成为民户的一大祸害。后梁在局部地区实行榷盐制，但从其未设盐铁使一职来看，在全国范围内似乎没有实行统一的榷盐制度[③]。

后唐的榷盐制度比较严密。同光二年（924）下诏整顿盐法，其理由是

---

① 张泽咸：《唐代工商业》，第394页，中国社会科学出版社，1995年版。

② 《旧唐书》卷48，《食货志》上。

③ 《五代会要》卷24，《诸使杂录》；《旧五代史》卷146，《食货志》。参见郑学檬：《五代十国史研究》，第194页，上海人民出版社，1991年版。

"会计之重，"盐利"居先"，盐池"实有丰利"[①]。后唐实行的是"蚕盐"法，就是预先将食盐按实际人口赊销给消费者，等生产者蚕桑事毕后，连本带利向消费者收取纺织品或折还成钱币。后唐除了榷盐的收入外，还有盐钱、蚕盐等收入[②]。盐税在后唐的财政收入中占有非常重要的地位。正由于此，后唐的榷盐制度非常严格，对于违法者处置十分严厉。据《五代会要·盐铁杂条》记载，后唐实行划区供应食盐，如有违反，一斤一两，并处极法。"所有折博并每年人户蚕盐，并不许将带一斤一两入城，侵夺榷粜课利，如违反者，一两已上至一斤，买卖人各杖六十；一斤以上至三斤，买卖人各杖七十；三斤已上至五斤，买卖人各杖八十；五斤已上至十斤，买卖人各徒二年；十斤以上，不计多少，买卖人各决脊杖二十，处死"。同时规定食用末盐的盐法，违法者从一两以上开始处罚杖刑60始，10斤以上者则处以极刑。可见后唐的盐法非常严密，处置十分严厉，其处罚严酷程度远远超过了唐代。

后晋榷盐制度经历了一个由相对松弛到严厉的过程。石敬瑭即位伊始就指出，"盐曲之利，军府所资"，将盐利作为立国的重要经济基础之一。但是对于榷盐控制不严，民间自由买卖没有被严厉取缔，政府主要通过税收来获取收入，并将盐利由折纳米改为按时价纳钱[③]。后晋之初，政府允许商人自行贩盐，官府向消费者按户等征收食盐税钱，其中上户1贯，下户200文。如此措施的实施，明显地降低了盐价，离产盐较近的地区，每斤盐价只有10文，即使远离食盐产地的地区，每斤盐价也不过20文[④]。这一做法对于政府来说比较便当，同时对于商品经济的发展也有一定的意义，但对于生产者和消费者来说，无疑又多了一次被盘剥的机会。自天福七年（942）以后，后晋开始严格榷盐法，"重其关市之征，盖欲绝其兴贩，归利于官"[⑤]。后来对此的具体落实措施是，凡往来盐货均征收税，其中过税每斤7文，住税每斤10文，并责令

---

① 《旧五代史》卷146，《食货志》。
② 《五代会要》卷26，《盐》。
③ 《册府元龟》卷494，《邦计部·山泽》二。
④ 《五代会要》卷26，《盐》。
⑤ 《旧五代史》卷81，《后晋·少帝纪》。

有关部门“差人勾当”①。后晋的盐法，增加了政府的财政收入，盐税相对也不是很高，但是在榷盐制实行以后，按户等征收盐税的规定并没有取消，即使贫穷百姓不消费食盐，也照样纳盐税钱，这无疑是一种苛政。总之，后晋的盐法经历了一个由弛禁到全面禁榷的过程②。

后汉全面禁止食盐由收入生产、贩运、买卖，其盐法较上面几个政权更加严酷。“汉法不计斤两多少，并处极刑”，处罚之严厉到了无以复加的地步。这是因为“国用尤窘，故盐铁之禁甚峻”③。

后周为了做好统一全国的准备，广开财路，对于盐法采取非常严厉的垄断手段，禁止民间获利。周世宗柴荣采取榷海盐的措施，仅此一项，就获利达30万缗。据记载，周世宗对于违反盐榷者“动辄处死”，因盐利丰厚，民间走私者大有人在，“民多犯法”，后周规定擅自贩盐5斤者即处以极刑④。

总之，五代十国时期沿用唐代后期的榷盐和专买制度，盐价高，对私人贩盐采取严厉打击的措施，盐利是这一时期的主要财政收入之一。

二、贱金属专卖

与历史上的大多数时期一样，隋唐五代的矿产主要包括金、银、铜、铁、锡等，这些攸关国计民生的冶铸业被官府所垄断。金、银作为贵金属，具有一般等价物、贮存和保值的特征，但是由于贵金属在隋唐五代一般不在经济活动中作为货币流通，虽然非常重要，却对社会生活不产生直接影响，故在这里不作为重点叙述。这里主要论述贱金属铜、铁，因为铜作为当时货币的主要原材料及一些生活及工艺品器皿的基本原料，被封建政府严格控制，绝不允许私人染指其中；铁作为百姓日常生产和生活中不可缺少的用具的原料，同时其又非每家每户能独立开采和制造，所以在当时是天然的大宗商品，自古以来就与盐一起被作为国家的专卖税收内容而受到重视。总之，隋唐五代将贱金属铜铁作为国家控制经济命脉的大柄，进行了严格的专卖措

① 《五代会要》卷26，《盐》。
② 郑学檬：《五代十国史研究》，261页，上海人民出版社，1991年版。
③ 《册府元龟》卷494，《山泽》二。
④ 《宋书》卷182，《食货志》；《五代会要》卷26，《盐》。

施，从其矿产开采、冶炼到产品制造直至销售，都进行了严格控制。铜作为当时货币的基本原料，对于当时货币经济的运行意义重大，铁作为生产和生活用具的生产原料，在日常生产和生活中不可须臾或离，其税收是国家财政收入的基本来源之一。

（一）铜的禁榷和铸币垄断

铜的开采和生产在隋唐五代自始至终受到重视，是国家重点控制的金属，但由于铜系铸币和一些生活及工艺品的主要原料，系有厚利可图的金属，一些民间私人往往不遗余力地进行“盗铸”和开采，政府与民间争夺利润的事件自始至终存在。

如果我们将我国封建社会控制冶铸业的过程用一句话加以概括的话，这就是国家对于冶铸业控制的总趋势是由控制不严到控制很严，这一过程取决于当时中央权力的强化与否。魏晋南北朝时期的冶铸业，与其说是由国家垄断，不如说是由士族地主经营。史称士族地主“熂山封水，保为家利”[①]，“诸州豪右，在山鼓铸”[②] 是比较常见的事，如《晋书》卷26《食货志》记载，就连“沈郎钱”也在铸币史上出现了。有鉴于此，刘宋政权曾经下诏企图改变士族地主控制冶铸业的状况。但是这势必要引起既得利益者的反对，会影响到其统治基础，最后不得不以“一朝顿去，易致嗟怨”的自我解嘲的理由废除了诏令[③]。正是这种情况比较普遍，就出现了私家“海内之货，咸萃其庭，产匹铜山，家藏金穴”[④] 的局面。只要“虽有南面之尊，无总御之实”[⑤] 的君权真相一天不改观，这种情况就一天难能终止。

隋唐时期尤其中唐以后，这一情况有了比较大的变化，随着直接生产者的人身依附关系的相对减轻，中央权力的相对加强，私家控制或与官府分享冶铸业的局面已经不复存在，中央政府真正控制了经济命脉的大柄——冶铸业。隋代仍然存在着私人染指冶铸业的现象，诸王如晋王杨广、汉王杨凉、

---

① 《宋书》卷54，《羊玄保传附羊希传》。

② 《魏书》卷45，《辛绍先传》。

③ 《宋书》卷54，《羊玄保传附羊希传》。

④ 《洛阳伽蓝记》卷4，《法云寺》。

⑤ 《晋书》卷117，《姚兴载记》。

蜀王杨秀均置炉铸钱[1]，而更多的是民间的“盗铸”，不过已经与以前不可同日而语，只是限于销钱为器或销器为钱的投机生意而已。唐代前期也存在王子铸钱的史实。唐代的铜产量今日已经不能确切统计，宪宗初年年开采铜 26.6 万斤[2]。《唐会要》卷 89 记载：贞元九年张滂奏：“诸州府公私诸色铸造铜器杂物等，伏以国家钱少，损失多门。兴贩之徒，潜将销铸。每销钱一千为铜六斤，造与杂物器物则斤值六千余”。这类记载频频见于史书[3]。白居易在《平百货之价》中将其讲述得非常清楚，其中有这样两句话：“夫官家采铜铸钱，成一钱破数钱之费也；私家销钱为器，销一钱成数钱之利也”[4]。这一变化绝非偶然，而是取决于深远的经济原因，即地主土地所有制的变化。唐代实行的盐铁专买和货币垄断权，既是国家政权为了保证经济秩序的正常运行，同时也是为了保证国家财政的有力措施。铸币乃剩余劳动的结晶，系剩余劳动的产物，历史上一定是先有私铸尔后才有官铸。只要铸币不退出流通领域，盗铸就不会销声匿迹。历史上中央权力的强化与否，决定了盗铸的内容有很大的差异。

就隋唐来说，将铜的开采自始至终置于国家的严格控制之下，不允许私人染指其中，这样就保证了官府铸币的基本原料，同时也使官府对于有厚利可图的铜制器皿及工艺品原料的控制。由于铜在经济生活中有不可取代的地位，它就成为私家竞相盗采的主要内容之一，官府与私家的盗采与反盗采及反盗铸的斗争自始至终存在，就唐代刑法来说，对于盗铸钱币的处置比较严厉，官府将销钱为器或销器为钱视为盗铸，打击力度不可谓不大，尤其在唐政府铸币短缺的情况下更是如此，但是这并没有从根本上杜绝盗采和盗铸现象。

（二）铁的专卖

铁作为生产工具的基本原料，自从铁器工具在社会生产中比较流行后，便被国家进行垄断性生产和经营，并作为国家财政收入的重要内容之一。隋唐五

① 《隋书》卷 24，《食货志》。
② 《新唐书》卷 54，《食货志》四。
③ 《新唐书》卷 54，《食货志》四；《文献通考》卷 9；《五代会要》卷 27 等。
④ 《文苑英华》卷 499。

代在历史的基础上继续对铁进行专卖制，使其作为国家财政收入的内容之一。由于铁是国民经济中的重要生产资料之一，与当时最基本的生活必需品盐一样受到政府的重视，盐铁往往并称[①]。唐代设置盐铁使就很能说明问题，有时则是铜铁连称。

从前面提及的隋代没有实行盐专卖的史实中可以判断，隋代对于铁也没有实行专卖制，只是对于铜进行国家垄断，以作为铸币的材料。唐代则对铁与盐一样实行了专卖，有时候是与铜一并进行专卖的。“凡天下出铜铁州府，听人私采，官收其税”[②]。唐代在铜铁开采和生产领域实行包买商制，这是封建商品经济相对发展的结果，但是也应该指出，唐政府在设置监、场、冶等并以包买商身份行事时，一般仅仅限于非政府直接开采的部分，“凡州节内有出铜铁处，官未采者，听百姓私采”[③]。唐代的金属矿产数量在不同时期有所变化，大体说来“凡银、铜、铁、锡之冶一百六十八。”德宗时户部侍郎韩洄建议，“山泽之利宜归王者”，这被朝廷接受，“自是皆隶盐铁使”。宪宗元和初年，每年开采的铁为207万斤。由于盐铁专卖系国家所垄断，这样对其监督就显得非常不力，官员上下其手，中饱私囊或额外征收比较常见，如曾经在贞元年间任诸道盐铁转运使达7年之久的李锜就采取多贡献以取宠的手法，“盐铁之利，积于私室，而国用耗屈”[④]。

五代十国对于铁的控制情况，与其对盐和铜的控制差不多，将其严格置于国家的权利之下。

三、酒榷与酒税收入

酒作为一种以粮食为基本原料的以酒精为基本成分的饮料，其发源地在中国，其发明历史悠久。酒在消费过程中产生了一系列独特的习俗和传统，这种底蕴深厚的习俗和传统，被称为具有中国特色的酒文化。发展到隋唐，酒文化达到了炉火纯青的程度。隋唐正是我国酿酒业得到长足发展的重要时期之一。

---

① 《全唐文》卷751，杜枚：《上盐铁裴侍郎书》：“盐铁重务，根本在于江淮。”

② 《旧唐书》卷44，《职官志》三。

③ 《唐六典》卷30，《县官吏》。

④ 《新唐书》卷54，《食货志》四。

酒的生产需要耗费大量粮食，社会对酒的需求量比较高，为了减少对粮食的消耗，历代政府都采取措施限制酒的生产量。同时，酒的生产又是一个利润比较高的行业，故政府往往对其进行榷酤。这种对酒的专卖，保证了国家对酒生产的限制和政府财政收入的获得。隋唐五代也不例外。

隋及唐初的酒禁并不严格，至于有了比较严格的酒禁和政府有了比较完善的酒税收政策，则始于唐代中期。肃宗乾元元年（758），“京师酒贵，肃宗以禀食方屈，乃禁京城酤酒，期以麦熟如初。二年，饥，复禁酤，非光禄祭祀、燕蕃客，不御酒”。这是唐代见于史书的关于酒禁的比较早的记载。

广德二年（764）“定天下酤户，以月收税”[①]。《通典》卷11《食货典》十一的记载是，天下州县“各量定酤酒户，随月纳税，除此之外，不问官私，一切禁断”。国家开始向生产酒的专业户征收酒税。不久德宗即位后，便宣布停收酒税，而成为酒榷。建中三年（782）“初榷酒，天下悉令官酿。斛收直三千，米虽贱，不得减二千。委州县综领。醨薄私酿，罪有差。以京师王者都，特免其榷”[②]。建中三年的榷酒，即“禁人酤酒，官司置店收利，以助军费”[③]。本来两税法规定两税外不许妄征一文，酒榷“斛收直三千”，正属于两税外的额外征收，故元和六年（811）规定“榷酒钱除出正酒户外，一切随两税青苗据贯均率”。会昌六年（846）敕令：“扬州等八道州府，置榷麴并置官店沽酒，代百姓纳榷酒钱，并充资助军用，各有榷，许限扬州、陈许、汴州、襄州、河东五处榷麴，浙西、浙东、鄂岳三处置官沽酒。”马端临在《文献通考》卷17《征榷·榷酤》中根据杜甫诗认为，“唐酒价每斗为钱三百，今榷百五十钱，则输其半于官矣。”可见官府的收购价是每斗150文，而其销售价则为300文，官府包买后的利润高达100%。两税法实行后禁止“私酤”，“天下悉令官酿”，对于违法者的处罚相当严厉，“一人违犯，连累数家，闾里之间，不免咨怨”[④]。唐代后期还曾经实行官酿官酤，从生产到流通诸环节均由政府垄断，由于官酒价格过高，严重背离了其价值，民间私酿成为无法控制的局

① 《新唐书》卷54，《食货志》四。
② 《旧唐书》卷49，《食货志》下。
③ 《通典》卷11，《榷酤》；《旧唐书》卷49，《食货志》下。
④ 《旧唐书》卷49，《食货志》下。

面。官府控制酒的生产和流通后，由于“吏缘为奸，酒味薄恶”①，这也是民间酿酒业在政府的严厉打击下因其质量高、价格低廉仍然比较活跃的原因之一。政府采取严厉措施进行酒榷，是基于增加政府的财政收入的考虑。但是由于官府生产的酒的质量低劣、价格昂贵，再加上官吏的贪赃枉法，使官酿官酤酒的销路大受影响，这当然也就影响了政府的财政收入，应该说这与最高决策者的初衷是不相符合的。

“盐曲之利，军府所资”，酒作为后晋的政府和军事开支的基本来源之一，在五代十国时期其他政权的情况大体差不多。

四、茶叶专卖及茶税收入

茶叶作为国家的一种税收对象并且成为政府严格控制的榷利产品，取决于其作为生活消费品的普及性和作为商品的高额利润。茶叶作为一种饮料被人们认识并见于记载的时间比较早，而作为一种普及性的饮料原料，则始于唐代。唐代人李珏说“茶为食物，无疑米盐，于人所资，远近同俗。既祛竭乏，难舍斯须，田闾之间，嗜好尤切”②。茶叶不仅仅是南方地区的重要饮料，而且还是北方地区乃至游牧民族地区的饮料。正因为茶叶饮用在唐代非常普及，茶叶的需求量也就相当大，它成了商人竞相追逐的商品之一。后来也就成为政府税收的重要来源之一，并就其作为国家的榷利内容之一。

在茶叶饮用十分普及的情况下，一到采茶叶节，“四远商人皆将锦绣缯缬金钗银钏，入山交易；妇人稚子，尽衣华服”③。盛产茶叶的祁门成了商人竞相前去的场所：“祁之茗，色黄而香，贾客咸议，愈于诸方。每岁二三月，赍银缗缯素求市，将货他郡者，摩肩接迹而至”④。茶叶作为一种饮料原料，一是其生长的季节性比较强，二是其生产区域比较确定，一般适于在南方山区生长。这样，茶叶运输环节显得比较重要，长途贩运是获得高额利润的基本途径之一。

---

① 《唐文拾遗》卷30，裴谊：《请任百姓自酝奏》。

② 《旧唐书》卷173，《李珏传》。

③ 《全唐文》卷751，杜牧：《上李太尉论江贼书》。

④ 《全唐文》卷802，张途：《祁门县新修阊门溪记》。

茶叶收税始于唐代。唐初没有茶税，唐代中期虽然开始征税，但是仅仅作为“杂税”而存在，实际上因其数量巨大一开始就在国家的财政收入中占有相当重要的位置。唐代茶叶征税的记载见于德宗年间，贞元九年（793）正月“初税茶”，“茶之有税，自此始也”，当时是“岁得钱四十万贯”[①]。关于贞元九年的初税茶，《旧唐书》卷49《食货志》下记载：“先是，诸道盐铁使张滂奏曰：‘伏以去岁水灾，诏令减税。今之国用，须有供储。伏请于出茶州县，及茶山外商人要路，委所由定三等时估，每十税一，充所放两税。其明年以后所得税，外贮之。若诸州遭水旱，赋税不办，以此代之。’诏可之，仍委滂具处置条奏。自此每岁得钱四十万贯。然税无虚岁，遭水旱处亦未尝以钱拯赡”[②]。穆宗长庆元年（821）盐铁使王播增加茶税，“初税一百，增之五十”[③]。唐代开始出现的是茶税，发展到后来则成为榷茶。茶税在中唐的出现乃至后来出现的榷茶，至少反映了三个方面的问题：一是茶税的出现是藩镇割据局面形成后中央政府为了扩大财源不得不采取的一个经济措施，以此来减轻财政方面的压力；二是茶税的出现说明饮茶之风在全国各地已经非常普遍；三是茶税数量之巨，一开始就达到年收入40万缗，其后茶税在不断提高，大中年间年税茶额达60余万贯，太和年间则高达100万贯。茶税已经成为当时财政收入的一个重要组成部分。据记载，文宗开成元年（836），全国各地的矿产税收，“不能当一县之茶税”，茶税在国家财政收入中所占比例由此可见一斑。顺宗时“天下粜盐税茶，其赢六百六十五万缗，”“初岁之利，如刘晏之季年，其后则三倍晏时矣”[④]。产茶重要地区浮梁县，“每岁出茶七百万驮，税十五余万贯”[⑤]。茶税在整个财政收入中的比例确实不低，按两税法规定，政府向商人征收约3.3%的税收，而茶叶是一个有厚利可图的行业，故政府对于茶商则征收高达10%的税收。

---

① 《旧唐书》卷13，《德宗纪》下。

② 《唐会要》卷87，《盐铁转运总叙》：贞元九年张滂“奏立税茶法，郡国有茶山，及商贾以茶为利者，委院司分置诸场，立三等时估为价，为什一之税。是岁得缗四十一万。茶之有税，自滂始也”。

③ 《旧唐书》卷173，《李珏传》。

④ 《新唐书》卷54，《食货志》四。

⑤ 《元和郡县图志》卷28，《江南道·饶州》。

后记

隋唐五代是继秦汉之后，中国封建社会历史上的第二个鼎盛时期，也是中国封建社会历史上的一个承上启下的时期。中国历史上继战国秦汉之后的第二个商品经济发展的高峰，也是从这个时期特别是唐朝后期开始的。

这段时期的经济史的研究，中国和日本学者的著述非常丰富，涉及的方面很广，不少研究深入、细致。本书就是在尽力汲取已有的成果的基础上写成的。凡汲取已有研究成果的地方，尽量注出。但因著述非常之多，仍难免会有脱漏之处。

比之丰富复杂、方面众多的隋唐五代经济生活，比之浩瀚的研究成果，本书只能算是隋唐五代经济的一个概述。着重之处是土地关系特别是商品经济的发展。对于原已有过充分研究的地方则简略叙之，对于研究不足之处更只好从略或割弃了。

本书第一、第四、第七章为闫守诚同志所写，第二章为宋家钰同志所写，第三、第八章为魏明孔同志所写，第五章为宋杰同志所写、第六章为宁欣同志所写。各章作者中，有些过去已发表过有关问题的书、文，此次撰写时多已重写或做了删改增补。我所做的只是对全书总的设想及各章主旨提供了意见，并提供了某些章节的草稿。

还有一点说明的是本书引用的《吐鲁番出土文书》《中国古代籍帐研究》等文献，其中［］□ ⌊ ⌋ ⌈ ⌉等表示缺漏之处，系按原样刊出文献，不一一注明。

宁 可

1999 年 5 月

主编简介

宁 可 1928年生，湖南浏阳人。1951年毕业于北京大学历史系。1953年起在北京教师进修学院、北京师范学院、首都师范大学工作，历任讲师、副教授、教授，1983年起为博士生导师。长期从事中国古代经济史、隋唐五代史、敦煌学和史学理论方面的教学与研究。主要著作：《宁可史学论集》《敦煌社邑文书辑校》等；主编或参加主编：《中国经济发展史》《中华五千年纪事本末》《敦煌学大辞典》《中华文化通志地域文化典》《中国大百科全书·中国历史卷》（秦汉史部分）等；论文70余篇。